Hans-Gerd Spelleken
Honduras

Nur törichte Menschen suchen im Urlaub das große Erlebnis:
ein geglückter Urlaub besteht aus lauter netten Kleinigkeiten.
(J. Ward)

Impressum

Hans-Gerd Spelleken
Honduras

erschienen im
Reise Know-How Verlag Peter Rump GmbH
Osnabrücker Str. 79
33649 Bielefeld

4., komplett aktualisierte Auflage 2005

Gestaltung
Umschlag: M. Schömann, P. Rump (Layout);
Caroline Tiemann (Realisierung)
Inhalt: Günter Pawlak (Layout/Realisierung)
Fotos: der Autor, wenn nicht anders angegeben
Titelfoto: der Autor
Karten: der Verlag, Catherine Raisin

Lektorat (Aktualisierung): Elfi Gilissen, Caroline Tiemann

Druck und Bindung: Wilhelm und Adam, Heusenstamm

ISBN 3-8317-1360-X
Printed in Germany

Dieses Buch ist erhältlich in jeder Buchhandlung
Deutschlands, der Schweiz, Österreichs, Belgiens
und der Niederlande.
Bitte informieren Sie Ihren Buchhändler
über folgende Bezugsadressen:
Deutschland
Prolit GmbH, Postfach 9, D-35461 Fernwald (Annerod)
sowie alle Barsortimente
Schweiz
AVA-buch 2000
Postfach, CH-8910 Affoltern
Österreich
Mohr Morawa Buchvertrieb GmbH
Sulzengasse 2, A-1230 Wien
Niederlande, Belgien
Willems Adventure
Postbus 403, NL-3140 AK Maassluis

Wer im Buchhandel trotzdem kein
Glück hat, bekommt unsere Bücher
auch über unseren **Büchershop**
im Internet: www.reise-know-how.de

Wir freuen uns über Kritik, Kommentare und Verbesserungsvorschläge.

Alle Informationen in diesem Buch sind vom Autor mit größter Sorgfalt gesammelt und vom Lektorat des Verlages gewissenhaft bearbeitet und überprüft worden.

Hans-Gerd Spelleken

Honduras

Vorwort

Von den Ländern Zentralamerikas ist Honduras sicherlich das am wenigsten bekannte, uns allenfalls als Bananenrepublik geläufig, die im „Hinterhof" der USA wenig eigenständige Konturen entwickeln konnte. Auch als Reiseland ist Honduras noch recht wenig erschlossen. Die größten Besuchermagneten sind die Maya-Ruinen von Copán und die fantastischen Korallenriffe der zu Honduras gehörenden Karibikinseln.

Damit erschöpfen sich die Attraktionen, die das zweitgrößte zentralamerikanische Land zu bieten hat, aber noch längst nicht. Immer noch sind große Gebiete von Honduras mit primärem, teilweise unerforschtem Regenwald bedeckt, in dem zahllose Arten von Blumen, Bäumen und Tieren verborgen sind. Doch auch in Honduras ist der Regenwald durch Siedler, Rinderzüchter und Holzeinschlag gefährdet. Eine der Ursachen dafür ist die große Armut weiter Bevölkerungsteile. Zu einem umfassenden Konzept zur Erhaltung des Regenwaldes gehört daher auch, die wirtschaftliche Lage der Menschen vor Ort zu verbessern, die Einrichtung von Schutzgebieten allein reicht bei weitem nicht aus.

Eine mögliche neue Einkommensquelle ist ein vorsichtiger, naturschonender Tourismus, der auch die jahrtausendealten Kulturen der im Wald zurückgezogen lebenden Ethnien respektiert. Da ich selber bei der Entwicklung und Durchsetzung solcher Projekte mitgearbeitet habe, ist es mir wichtig, solche Konzepte mit diesem Buch zu unterstützen.

Die praktischen Informationen dieses Buches sollen eine konkrete Hilfe bei der Reiseplanung bieten. Gleichzeitig ist es mein Anliegen, dieses faszinierende und manchmal rätselhafte Land, seine Natur und seine Menschen besser verständlich zu machen. Um das Erleben einer ganz anderen Kultur und Lebensweise zu erleichtern, habe ich versucht, einige Hintergründe von Geschichte, Politik und Wirtschaft auszuleuchten.

Was das Bereisen von Honduras ebenfalls zum Erlebnis macht, sind die Honduraner selbst. Das Eigenwillige, Unverfälschte und manchmal weltfremd Anarchische in den Menschen zu erleben, bedarf einer Tugend, für die Honduras legendär ist: Gelassenheit. Wer Honduras auf diese Weise kennen lernt, kehrt am Ende bereichert zurück.

Hans-Gerd Spelleken

Inhalt

El Paraiso bis Las Manos

Pazifikküste am Golf von Fonseca

Von Tegucigalpa zur Karibikküste

El Occidente: von Copán bis Marcala

Die Karibikküste zwischen Tela und Trujillo

Islas de la Bahía: Die Karibikinseln

Die Moskitia: von Palacios bis Puerto Lempira

Exkurse

Olancho: der wilde Osten

Anhang

Abkürzungen

AFE	Forstbehörde
Apdo. Postal	Apartado Postal, Postfach
Ave.	Avenida, Straße
Blvd.	Boulevard
Bo.	Barrio, Stadtviertel
C.	Calle, Straße
COHDEFOR	Forstbehörde (auch AFE)
Col.	Colonia, Siedlung
DZ	Doppelzimmer
Ed.	Edificio, Gebäude
EZ	Einzelzimmer
HONDUTEL	Honduranische Telefongesellschaft
IHAH	Honduranisches Institut für Anthropologie und Geschichte
IHT	Tourismus-Institut
Lps.	Lempiras (Währung)
N.	Norden
N. E.	Nordosten
N. O.	Nordwesten
NGO	Non Government Organisation (Nichtstaatliche Organis.)
Res.	Residencia, gehobene Siedlung
S.	Süden
S. E.	Südosten
S. O.	Südwesten

Danksagung

An dieser Stelle möchte ich ***Heike Pratsch*** danken. Sie hat von 2000 bis 2002 in Honduras gelebt und als GTZ-Beraterin Land, Leute und das honduranische Kleingewerbe umfassend kennengelernt. 2002 hat sie das „neue Honduras" in dieses Reisebuch getragen, indem sie insbesondere die gravierenden Einschnitte durch den Orkan Mitch recherchiert und einfühlsam beschrieben hat. 2003 hat sie Honduras noch zweimal bereist und den Autor bei dieser Neuauflage des Buches tatkräftig unterstützt.

Ferner danke ich ***Maria del Carmen Cano*** für die Inforecherche, ***Jose Sosa*** für hilfreiche Anmerkungen zu den Naturschutzverbänden, ***Silja Dressel*** für kritische Anmerkungen, sowie ***Frony*** aus Gracias für gute Tipps aus ihrer Umgebung. Der deutsche Biologe ***Hauke Hoops*** hat das Kapitel „Flora und Fauna" zusammengestellt. Fotos von ***Cornelia Querbach, Gerhard Eisenschink, Wim Guyt, Manfred Neubauer*** und ***Heike Pratsch*** wurden verwendet. Mein Sohn ***Hans K.*** half tatkräftig bei Recherchen 2004 vor Ort. All diesen Personen danke ich für ihr großes Engagement.

Hinweise zur Benutzung

Einen Überblick über alles, was für die Reisevorbereitung wichtig und wissenswert ist, enthält das Kapitel „Vor der Reise“. Hier findet sich auch eine Übersicht über das Land. Zu allem, was während der Reise wichtig ist, enthält der zweite Teil dieses Buches, die „Praktischen Reisetipps von A bis Z“, ausführliche Informationen.

In den folgenden landeskundlichen Kapiteln werden die zum Verständnis von Honduras wichtigen Hintergründe geliefert. Ein Überblick des Landes, ausführliche Informationen über Landschaft, Flora und Fauna und den Naturschutz sind im Abschnitt Land und Natur enthalten. Das Kapitel Staat und Gesellschaft umfasst die Informationen zu Geschichte, Politik, Wirtschaft und Entwicklung des Landes; im Kapitel Menschen und Kultur werden einzelne Bevölkerungsgruppen und die Kultur des Landes vorgestellt.

Der folgende Hauptteil des Buches mit den Beschreibungen der Regionen und ihrer einzelnen Orte richtet sich in der Reihenfolge nicht nach den Bezirken des Landes, sondern folgt mehreren Routen. Honduras ist eben kein Land, das auf eine alles entscheidende Hauptstadt zentralistisch ausgerichtet ist. Neben Tegucigalpa ist das recht moderne San Pedro Sula ein Verkehrsknotenpunkt, von dem aus der Westen des Landes mit den Ruinen von Copán, aber auch die Karibikküste bereist werden kann. Ein anderer Knotenpunkt ist La Ceiba, ein Ausgangspunkt für Touren in die Moskitia oder zu den Inseln.

Dementsprechend ist auch dieses Buch aufgebaut. Zunächst wird Tegucigalpa, die Hauptstadt des Landes, beschrieben. Von hier aus führt die erste Route in die Provinz El Paraíso im Osten, danach geht es zur Pazifikküste im Süden. Das nächste Kapitel beschreibt die Strecke nach San Pedro Sula, der zweitgrößten Stadt des Landes, und zur nahegelegenen Karibikküste. Von San Pedro Sula aus führt der Weg weiter in den Westen des Landes mit den Ruinen von Copán und durch Santa Bárbara zurück auf die Hauptstrecke zwischen Tegucigalpa und San Pedro Sula. Im nächsten Kapitel wird, beginnend von San Pedro Sula aus nach Osten, die Karibikküste von Honduras beschrieben, anschließend werden die Tauchparadiese der Karibikinseln vorgestellt. Die Moskitia, das riesige abgelegene Gebiet im äußersten Osten, kann nicht per Bus oder Auto bereist werden, sondern nur mit Flugzeug und Boot. Dementsprechend wird im zugehörigen Kapitel auch keine durchgängige Route beschrieben. Durch die Zentralprovinz Olancho, von der Karibik in Richtung Tegucigalpa, führt das letzte Kapitel des Buches.

Jedem Regionalkapitel vorangestellt ist eine Karte mit einer Übersicht der wichtigsten Orte und der beschriebenen Strecke, die zu Beginn jeweils zusammengefasst dargestellt wird, ebenso wie besonders bedeutsame Informationen über die Region.

Die dann folgenden Ortsbeschreibungen beginnen ebenfalls mit einer Übersicht, entweder kurz und zusammengefasst, oder – bei wichtigen und sehenswerten Orten – ausführlich und gegliedert. Es folgt, falls vorhanden, eine Beschreibung wichtiger Sehenswürdigkeiten, die zum Teil auch als Stadtrundgang beschrieben werden.

Anschließend folgt ein praktischer Teil, eingeteilt in Abschnitte wie Unterkünfte, Essen und Trinken, Stadtverkehr und wichtige Adressen. Bei größeren Orten findet man auch einen Ortsplan. Bei den Tipps zu den Verkehrsverbindungen wird zunächst immer die Anreise aufgeführt. Die beste Busverbindung von Tegucigalpa nach Choluteca ist also in der Ortsbeschreibung von Choluteca zu finden. Am Ende der Ortsbeschreibung finden sich oft zusätzliche Hinweise zu Ausflügen in die Umgebung. Adressangaben werden, um das Fragen zu erleichtern, auf Spanisch gegeben.

Der Anhang des Buches enthält weitere nützliche Informationen wie eine Liste von Billigflügen, Literaturhinweise, ein Glossar und als Übersetzungshilfe eine Liste von spanischen, deutschen und wissenschaftlichen Tier- und Pflanzennamen. Das Register und ein Kartenverzeichnis ermöglichen das leichte Auffinden von gesuchten Informationen.

Zum Schluss noch eine Bitte: Alle Informationen in diesem Buch sind zwar sorgfältig recherchiert, können sich aber gerade im schnellebigen Honduras oft ändern und sind daher nur als Anhaltspunkte zu verstehen.

Verzweifeln Sie auch nicht, wenn Sie plötzlich zwei Websites eines Hotels im Netz antreffen mit unterschiedlichen Kontaktadressen oder die mühsam auf Spanisch geschriebene E-Mail zurückkommt. Das heißt noch lange nicht, dass das angegebene Hotel nicht mehr existiert. Eine erneute Suche im Internet kann eventuell Aufschluss geben.

Wo es darauf ankommt, beispielsweise bei Verkehrsverbindungen, ist eine Nachfrage vor Ort unbedingt empfehlenswert. Viele Einrichtungen und Dienstleistungen werden im touristisch wenig entwickelten Honduras im Laufe der nächsten Jahren erst noch entstehen. Wir freuen uns daher über jeden Hinweis, der unsere Bemühungen um korrekte Informationen und stete Aktualität dieses Buches unterstützt.

3 P I 4988

Vor der Reise

Informationsstellen

Für Informationsstellen in Honduras siehe „Praktische Reisetipps von A bis Z".

- Ein ***honduranisches Fremdenverkehrsamt*** in Deutschland gibt es nicht.
- ***Informationsstelle Lateinamerika*** – allgemeine Auskünfte zu Politik und Kultur, Heerstr. 205, 53111 Bonn, Tel. 0228-658613.
- ***Edition Nahua*** – Veröffentlichungen zu Mittelamerika, Friedrich-Ebert-Str. 141b, Postfach 101320, 42013 Wuppertal, Tel. 0202-300030, Fax 0202-314346.
- ***Patuca e.V.*** – Freunde und Förderer von Honduras, *Hauke Hoops,* Universität Ulm (Abt. Ökologie und Morphologie der Tiere), Albert-Einstein-Allee 11, 89081 Ulm, Fax 0731-5022683.

Internet

Allgemeine Informationen

- www.honduras.com (mit vielen Links)
- http://portal.rds.org.hn/ *(Red de Desarrollo Sostenible)*
- www.letsgohonduras.com *(Nationales Tourismusinstitut)*

Honduranische Printmedien

- www.tiempo.hn *(El Tiempo)*
- www.latribunahon.com *(Tribuna)*
- www.elheraldo.hn *(Heraldo)*
- www.laprensahn.com *(La Prensa)*
- www.marrder.com/htw *(Honduras This Week)*

Wirtschaftsdaten

- www.hondurasinfo.hn *(FIDE - Fundación para la Inversion y Desarrollo de Exportaciones)*
- www.bch.hn *(Banco Central de Honduras)* Honduranische Zentralbank
- www.eclac.cl *(CEPAL - Comisión Económica para América Latina y el Caribe),* UN-Organisation
- www.bcie.org *(Banco Centroamericano de Integración Económica),* Hinweise auf entwicklungspolitische Projekte

Landwirtschaft

- www.zamorano.edu *(Escuela Agrícola Panamericana)*

Einzelne Organisationen

- www.sdp.gob.hn *(Secretaría de Estado de Despacho Presidencial)*
- www.sre.hn *(Secretaría de Relaciones Exteriores)*
- www.amnesty.org *(Amnesty International)*

Deutsches Forschungsinstitut

- www.duei.de/iik *(Institut für Iberoamerika-Kunde, Hamburg)*

Regierung

Einen Überblick über bedeutende ***Regierungsinstitutionen*** im Internet gibt (nur auf Spanisch):www.gksoft.com/govt/en/hn.htm

Reisezeit

Um die Hauptstadt Tegucigalpa herum und im Hochland beginnt die ***Regenzeit*** Mitte Mai und endet spätestens zur Jahreswende. Gen Norden und Osten verlängert sie sich deutlich, in La Ceiba dauert sie gar bis Februar. Beträgt die Regenzeit im trockenen Süden und Südwesten nur etwa vier Monate (Mai bis September), so regnet es im Dschungel der Moskitia oder in Bergnebelwäldern während acht Monaten (Mai bis Januar). Man sollte die „Regenzeit" allerdings nicht überschätzen: Je bewaldeter das Gebiet ist, desto gleichmäßiger entladen sich die fast täglichen Schauer. Fast immer dauern sie nur etwa eine halbe Stunde. Die Landschaft ist zur Regenzeit grün, die Vegetation wuchert.

Während der ***Trockenzeit*** trocknet die Landschaft hingegen gänzlich aus, in den Städten gibt es dann Wasserknappheit. Rationierung zu bestimmten Tagesstunden (meist zur Arbeitszeit) ist die Folge. Im April, wenn die Trockenzeit ihren Höhepunkt hat, ist es am heißesten, aber wegen der niedrigeren Luftfeuchte lässt sich die tropische Hitze besser ertragen. Viele unasphaltierte Straßen können nun besser bewandert oder befahren werden, allerdings dringt der Staub selbst durch Fahrzeuge in die Kleidung.

Blütezeit der Bäume ist hauptsächlich im April, kurz vor der Regenzeit; Orchideen blühen zwischen April und August.

Anreise

Für Land- und Flugverbindungen aus und in die Nachbarstaaten von Honduras siehe Kapitel „Praktische Reisetipps von A bis Z“ unter „Reise in die Nachbarländer“ sowie unter „Verkehrsmittel“.

Direktverbindungen von Europa nach Honduras bestehen nicht. Wie auch immer man fliegen will, ein Umsteigen im Ausland ist unvermeidlich. Es gibt aber einige Verbindungen mit einem ***Zwischenstopp im Heimatflughafen*** der jeweiligen Airline oder mit ***Anschlussflügen von Partnerfluggesellschaften.*** Dabei ist jedoch meistens eine Zwischenübernachtung am Umsteigeflughafen auf eigene Kosten erforderlich, weil die Anschlüsse nicht passen. Dies gilt meist mindestens auf dem Hinflug.

Man kann aber auch mit einer beliebigen Fluggesellschaft nach Miami fliegen und die Reise von dort mit ***TACA*** nach Tegucigalpa (TGU), San Pedro Sula (SAP) und einmal wöchentlich nach Roatán (RTB) fortsetzen.

Seit dem 11. September 2001 sind die Einreisebestimmungen in die USA schrittweise verschärft worden. Neben einem zusätzlichen amerikanischen Sicherheitscheck in deutschen Flughäfen werden – trotz Transit nach Honduras – Einreisende dort eingehend am Körper untersucht. Zusätzlich werden von den Reisenden Fotos und Fingerabdrücke angefertigt. Die Abfertigung kann – Beispiel Miami – bis zu ca. fünf Stunden in Anspruch nehmen! Auch gelegentliche Flugstornierungen besonders zwischen Großbritannien/Frankreich und den USA kommen vor.

Fluggesellschaften und Preise

Die beste aktuelle Informationsquelle ist www.honduras-reisen.net vom Honduras-Spezialisten der ersten Stunde, dem ***Outdoor Reise Center*** in Wuppertal.

Dies sind die ***wichtigsten Fluggesellschaften*** mit Verbindungen von Mitteleuropa nach Honduras (Tarife jeweils inkl. Steuer und Buchungsentgelt). Wegen der komplizierten und teilweise ärgerlichen Einreisebedingungen in den USA sind die wenigen Alternativen trotz höherer Preise evtl. vorteilhaft. Bei der Ausreise per Flugzeug müssen alle Ausländer 30 $ ***Flughafengebühr*** bezahlen.

•***Lufthansa*** fliegt täglich von allen deutschen Flughäfen über Frankfurt und Miami oder Mexiko City in Kooperation mit American Airlines nach San Pedro Sula. Während die Normaltarife mit bis zu 2000 € sehr hoch liegen, lohnt die aktuelle Anfrage über ein Galileo-Reisebüro (z.B. Outdoor Reise Center bzw. www.honduras-reisen.net). So lag der Tarif im Spätwinter 2005 bei nur 733 € inkl. aller Gebühren.

•***Condor*** fliegt Costa Rica an, hier kostet das Rückflugticket zwischen 800 und 950 € inkl. Gebühren, jedoch ist dieses Arrangement wegen des ca. 300 € teuren Weiterfluges nach Honduras nur für Costa Rica-Reisende interessant.

•Generell als Linienflug preisgünstig ist die ***Air France,*** die über Paris und Atlanta/Houston, aber auch Caracas und New York fliegt, teilweise in Kooperation mit der *KLM*, zwischen 900 und 1050 €.

•***American Airlines,*** www.aa.com. Von Frankfurt über Chicago und Miami nach Tegucigalpa und San Pedro Sula sowie von vielen Flughäfen in Deutschland, Österreich und der Schweiz mit *British Airways* nach London und von dort mit *American Airlines* über Miami nach Tegucigalpa und San Pedro Sula. Das Rückflugticket kostet zwischen 970 und 1350 € (gültig für 90 Tage). Günstig bekommt es nur von Miami, New York oder San José, Costa Rica: zwischen 150 und 240 € one way bzw. 200 und 300 € für das Return Ticket.

•***Continental Airlines,*** www.continental.com. Von Frankfurt, Amsterdam und Zürich über New York und Houston/Texas nach Tegucigalpa und San Pedro Sula. Das Rückflugticket kostet zwischen 760 (z.B. im Mai) und 930 € (z.B. Ostern). Gültigkeit: 180 Tage! Ein Zubringerflug der Lufthansa von allen deutschen Flughäfen kostet gut 150 €.

•***Iberia,*** www.iberia.de. Von Frankfurt, Düsseldorf, München, Hamburg, Berlin, Österreich oder der Schweiz über Madrid nach San José/Costa Rica und weiter mit *TACA* nach San Pedro Sula für 1000 bis 1100 €, gültig 90 Tage.

Sparmöglichkeiten

Für die ***Hauptsaison*** und vor allem für Reisen in den Sommerferien in Europa sowie über Weihnachten und Ostern sollte man seine Flüge so früh wie möglich reservieren.

Gabelflüge (unterschiedliche An-/Abflughäfen, z.B. Frankfurt – San Pedro Sula, Tegucigalpa – Frankfurt) sind in der Regel etwas teurer, können aber für die Reiseplanung von Vorteil bei der Gestaltung von Rundreisen sein.

Preiswerter sind ***Jugend- und Studententickets*** (je nach Airline alle jungen Leute bis 29 Jahre und Studenten bis 34 Jahre). Außerhalb der Hauptsaison gibt es einen Hin- und Rückflug von Frankfurt nach Tegucigalpa oder San Pedro Sula ab etwa 750 € oder von Zürich ab etwa 1300 SFr. Einfache Flüge (one way) werden ab 570 € abgegeben.

Indirekt sparen kann man auch als Vielflieger, indem man Mitglied bei einem ***Vielflieger-Programm*** wird. *Iberia, British Airways* und *American Airlines* gehören zu www.oneworld.com, während *Continental Airlines* und *Aeromexico* zu www.skyteam.com gehören sowie *Austrian Airlines* und *Lufthansa* zu www.star-alliance.com.

Von Zeit zu Zeit offerieren die Fluggesellschaften ***befristete Sonderangebote.*** Dann kann man z. B. mit *Iberia* für unter 700 € von vielen Flughäfen in Deutschland, Österreich und der Schweiz nach San Pedro Sula und zurück fliegen.

Ob für die gewünschte Reisezeit gerade Sonderangebote für Flüge nach Honduras auf dem Markt sind, lässt

Kleines „Flug-Know-How“

Check-in

Bei den meisten internationalen Flügen muss man ***zwei bis drei Stunden vor Abflug*** am Schalter der Airline eingecheckt haben. Viele Airlines neigen zum Überbuchen, d.h., sie buchen mehr Passagiere ein, als Sitze im Flugzeug vorhanden sind, und wer zuletzt kommt, hat dann möglicherweise das Nachsehen.

Das Ticket

Die ***Gültigkeitsdauer des Tickets*** kann 30 oder 45 Tage, 3, 6 und 12 Monate betragen. Nach Ablauf der Frist (siehe Gültigkeitsdauer in der Mitte des Tickets über der Flugstreckenangabe) ist keine Verlängerung möglich, das Ticket verfällt dann. Sonst kann der Flugtermin innerhalb der Geltungsdauer beliebig oft verschoben werden, wofür aber fast immer Gebühren erhoben werden. Aber Achtung, in der Hochsaison sind alle Plätze oft auf Wochen ausgebucht!

Bei ***Billigtickets,*** die einen fixen Termin beinhalten, gibt es keine Änderungsmöglichkeit. Wenn man den Flug verpasst, hat man einfach Pech gehabt.

Geht ein ***Ticket verloren,*** das schon rückbestätigt wurde, hat man gute Chancen, einen Ersatz dafür zu erhalten. Einige Airlines kassieren dafür aber noch einmal 50 bis 100 € und bei manchen läuft gar nichts mehr. Gut ist es, deutlich lesbare Fotokopien des Tickets zu machen und bei einer Vertrauensperson zu hinterlegen. Dies hilft enorm bei einer Neuausstellung des Tickets.

All das kann man sich ersparen, indem man von den ***elektronischen Tickets*** (E-Tickets) Gebrauch macht, die immer mehr Fluggesellschaften anbieten. Die werden im Reservierungssystem der Airline, bei der man einen Flug gebucht hat, gespeichert und können nicht verloren gehen und gestohlen werden. Hinzu kommt, dass für die Ausstellung von Papiertickets neuerdings Zuschläge von bis zu 10 € berechnet werden.

Das Gepäck

In der Economy-Class darf man in der Regel nur ***Gepäck bis zu 20 kg pro Person*** einchecken (steht auf dem Flugticket) und zusätzlich ein Handgepäck von 7 kg in die Kabine mitnehmen, welches eine bestimmte Größe von 55 x 40 x 23 cm nicht überschreiten darf. In der Business Class sind es meist 30 kg pro Person und zwei Handgepäckstücke, die insgesamt nicht mehr als 12 kg wiegen dürfen. Eine ***Sonderregelung*** gilt bei den meisten Airlines für Flüge nach und von sowie über Nordamerika (USA, Kanada und Mexiko), der zufolge Economy-Passagiere zwei Gepäckstücke bis jeweils 32 kg ohne Mehrkosten als Freigepäck aufgeben können. Man sollte sich beim Kauf des Tickets über die Bestimmungen der Airline informieren.

Wenn das Gepäck die Gewichtsgrenze übersteigt, ist die Airline nicht verpflichtet, es auf dem gleichen Flug zu befördern und man trägt die ***Mehrkosten*** für die Versendung als Frachtgut oder die Zulassung als Übergepäck. Wenn man Glück hat, wird ein Auge zugedrückt. Gepäckstücke, die mehr als 32 kg wiegen, können nicht normal eingecheckt werden – zum gesundheitlichen Schutz des Personals, das diese Gepäckstücke heben muss.

Sperrige Gepäckstücke müssen bei der Fluggesellschaft vorab angemeldet werden. Deren Beförderung kann mit Zusatzkosten verknüpft sein, die je nach Airline unterschiedlich sind.

Aus Sicherheitsgründen gehören Waffen (auch z.B. Nagelscheren), Explosivstoffe, Munition, Feuerwerke, leicht entzündliche Gase (z.B. in Sprühdosen, Campinggas), entflammbare Stoffe (z.B. in Benzinfeuerzeugen, Feuerzeugfüllung) sowie Aktentaschen oder Sicherheitskoffer mit installierten Alarmvorrichtungen nicht ins Passagiergepäck.

Rückbestätigung

Bei den meisten Airlines ist heutzutage die ***Bestätigung des Rückfluges*** nicht mehr notwendig. Allerdings empfehlen alle Airlines, sich dennoch telefonisch zu erkundigen, ob sich an der Flugzeit nichts geändert hat, denn kurzfristige Änderungen der genauen Abfluguhrzeit kommen beim zunehmenden Luftverkehr heute immer häufiger vor.

Wenn die Airline allerdings eine Rückbestätigung *(reconfirmation)* ***bis 72 oder 48 Stunden vor dem Rückflug*** verlangt, sollte man auf keinen Fall versäumen, die Airline kurz anzurufen, sonst kann es passieren, dass die Buchung im Computer der Airline gestrichen wird; der Flugtermin ist dahin. Das Ticket verfällt aber nicht dadurch, es sei denn, die Gültigkeitsdauer wird überschritten, aber unter Umständen ist in der Hochsaison nicht sofort ein Platz auf einem anderen Flieger frei. Die ***Rufnummer*** kann man von Mitarbeitern der Airline bei Ankunft in Honduras oder im Hotel erfahren.

Buchtipps

- *Frank Littek*, **Fliegen ohne Angst,** und *Erich Witschi,* **Clever buchen, besser fliegen,** beide erschienen in der Praxis-Reihe, Reise Know-How Verlag.

sich im Internet z.B. auf der Website von Jet-Travel (www.jet-travel.de) unter „Flüge" entnehmen, wo sie als ***Schnäppchenflüge*** nach Mittel- und Südamerika mit aufgeführt sind.

Preiswert sind oft Tickets mit nur 30 oder 45 Tagen ***Gültigkeitsdauer,*** die sich jedoch nicht für Langzeitreisende eignen. Andere Tickets sind günstiger, weil die gebuchten ***Reisetermine*** nicht mehr geändert werden können. Solche Tickets sollte man eher früher als später kaufen, da die billigsten Kontingente als Erstes verkauft werden.

In Europa gibt es von Frankfurt aus die ***häufigsten Verbindungen*** nach Honduras. Tickets für Flüge von und nach anderen Flughäfen sind oft teurer. Da kann es für Deutsche attraktiver sein, mit einem ***Rail-and-Fly-Ticket*** per Bahn nach Frankfurt zu reisen (entweder bereits im Flugpreis enthalten oder nur ca. 50 € extra).

Man kann in Deutschland auch einen preiswerten ***Zubringerflug*** der gleichen Airline von einem kleineren Flughafen buchen. Außerdem gibt es ***Fly & Drive-Angebote,*** wobei eine Fahrt vom und zum Flughafen mit einem Mietwagen im Ticketpreis inbegriffen ist.

Air Pass

TACA bietet einen ***Latin Air Flex*** an. Dieser Air Pass besteht aus 3 bis 10 Coupons, die innerhalb von 6 Zonen (Zone 1 Zentralamerika einschließlich Panama, Zone 2 zusätzlich Mexiko und Karibik, Zone 3 Kolumbien, Venezuela und Ecuador, Zone 4-6 USA und der Rest von Südamerika) Geltung haben. Der Preis für eines Air Pass bewegt sich zwischen 435 $ (3 Coupons für Flüge in Zone 1) bis zu 2600 $ (10 Coupons für Flüge zwischen Zone 1 und 6). Der Air Pass kann in Deutschland, Österreich und der Schweiz in Verbindung mit einem Flug in die USA oder nach Mittelamerika über ein Reisebüro erworben werden.

Stopover-Tipp

Iberia bietet interessante Stopover-Programme an: Transport vom/zum Flughafen und günstige Übernachtungen in guten Hotels. Dies gilt aber nur dann, wenn flugplanbedingt am Tag der Ankunft in Madrid kein Anschluss zum eigentlichen Ziel besteht.

Buchung

Die Preise für Tickets ein und derselben Airline können in den verschiedenen Reisebüros stark variieren. Ein Vergleich (auch über das Internet oder als Anfrage per Telefon) lohnt sich also durchaus. Die vergünstigten ***Spezialtarife*** und befristeten ***Sonderangebote*** kann man nur bei wenigen Fluggesellschaften in ihren Büros oder direkt auf ihren Websites buchen; diese sind jedoch immer auch bei den nachfolgenden Reisebüros erhältlich.

Die folgenden ***zuverlässigen Reisebüros*** haben meistens günstigere Preise als viele andere:

- ***Outdoor Reisecenter*** (Tel. 0202-306911), www.honduras-reisen.net, informiert aktuell über günstige Hondurasangebote
- ***Jet-Travel,*** Buchholzstr. 35, D-53127 Bonn, Tel. 0228-284315, Fax 284086, info@jet-travel.de, www.jet-travel.de. Auch für Jugend- und Studententickets. Sonderangebote auf der Website unter „Schnäppchenflüge".
- ***Globetrotter Travel Service,*** Löwenstrasse 61, CH-8023 Zürich, Tel. 01-2286666, zhloewenstrasse@globetrotter.ch, www.globetrotter.ch. Weitere Filialen gibt es in Baden, Basel, Bern, Biel, Chur, Freiburg, Luzern, Olten, St. Gallen, Thun, Winterthur und Zug.
- ***Air Fair,*** Rokin 52, NL-1012 KV Amsterdam, Tel. 020-6205121, Fax 6205306, info@AirFair.nl, www.AirFair.nl. Ideal für Tickets ab den Niederlanden. Sonderangebote auf der Website (auf Niederländisch) unter „Aanbiedingen" und „AirFair Specials".

Reiseveranstalter

Alle Veranstalter bieten individuell buchbare Natur- und Kulturerlebnisreisen an, die in die Stranddörfer der Garífunas im Norden, in die Bergnebelwälder von La Tigra und Cusuco sowie zu den Ausgrabungsstätten von Copán führen. Die einzelnen Programmteile sind im Baukasten-System kombinierbar. Besonders originell und zuverlässig in der kulturellen Begegnung ist *Äquator Tours,* die *GIB* in der Schweiz arbeitet für jeden buchenden Kunden ein maßgeschneidertes Programm aus. *Miller* und *Sommer* überzeugen durch das Eingehen auf Sonderwünsche. *Trails* bietet die authentischste Naturerlebnisreise nach Honduras an, die zudem einen nachweisbaren Beitrag zum Schutz des Nationalparks Patuca geleistet hat. Auch eine Moskitia-Expedition gehört zum Programm. *Schulz aktiv* bietet eine ähnliche Expedition für Familien an. *Yeti* bringt Honduras-Expeditionen im Bausteinprogramm und *Karibik Inside* aus Leipzig verbindet originelle kleine Erlebnisreisen mit Taucharrangements auf den honduranischen Karibikinseln.

In Deutschland und der Schweiz

- ***Studiosus Reisen München,*** Riesstraße 25, 80992 München, Tel. 089-500600, Fax 50060100, www.studiosus.com
- ***Miller Reisen,*** Millerhof 1, 88281 Schlier, Tel. 07529/97130, Fax 971351, www.miller-reisen.de
- ***FTI Touristik GmbH,*** Nymphenburger Str. 1, 80335 München, Tel. 089-2525-2070, Fax 2525-3507, www.fti.de

Empfehlenswerte Reiseveranstalter in Honduras

- Insgesamt eine gute Übersicht über die verschiedenen Reiseveranstalter bietet: www.hondirectorio.com/ct55.htm.
- San Pedro Sula: ***Explore Honduras,*** Ed. Paseo del Sol, 2ª Ave., 1ª C. N.O., Tel. 552-6242, Fax 552-6239, www.explorehonduras.com sowie ***Meso America Travel,*** www.mesoamericatravel.com.
- Tegucigalpa: ***Adventure Expeditions,*** 1020 Altos de Hoya, Tel./Fax 237-4793 sowie ***Columbia Tours,*** Ed. Maldonado, 2 planta, Col. Alameda, Ave. Luis Bográn, Tel. 232-3532, Fax 232-3532, columbiatour@sigmanet.hn.
- Einzel- und Gruppenreisen im ganzen Land, professionell durchgeführt, bietet *MC-Tours,* San Pedro Sula, Col. Tara, Local No. 3 Adobe 30, Tel. 551-8639, Fax 551-8634, operationssap@mctours-honduras.com; auch in Copán Ruinas, Bo. El Centro, gegenüber Hotel *Marina Copán,* Tel. 651-4453, 651-4154, Fax 651-4297, sales@mctours-honduras.com.
- Spezialveranstalter für Copán, La Ceiba und den Westen (Santa Rosá de Copán) werden in den entsprechenden Ortsbeschreibungen erwähnt.

Ein- und Ausreisebestimmungen

Einreise und Visa

Für die Einreise reicht ein ***Reisepass*** *(pasaporte),* der noch mindestens sechs Monate lang gültig ist. Touristen und Geschäftsleute brauchen bei einem Aufenthalt bis zu 30 Tagen kein Visum, auf jeden Fall aber ***Rück- oder Weiterreisetickets*** oder eine ausreichende Geldmenge. Letztere Anforderungen werden bei Einreise auf dem Landweg abgefragt.

Deutsche, Österreicher und Schweizer erhalten zur Einreise ein Visum für 30 bis 90 Tage. Danach muss der Reisende für mindestens 72 Std. ins Ausland, um anschließend in der beschriebenen Weise wieder einzureisen. Bei ***Aufenthalten über 3 Monaten*** ist eine Aufenthaltsgenehmigung zu beantragen. Aktuelle Reisehinweise zu ***Impfungen*** oder ***Sicherheitswarnungen:***

- ***Deutschland:*** www.auswaertiges-amt.de (Länder- und Reiseinformationen), Tel. 030-5000-2000, Fax 030-5000-51000
- ***Österreich:*** www.bmaa.gv.at (Bürgerservice), Tel. 05-01150-4411, Fax 05-01159-0
- ***Schweiz:*** www.dfae.admin.ch (Reisehinweise), Tel. 031-3238484

Zollbestimmungen

Zollfrei sind alle Gegenstände des persönlichen Bedarfs *(uso personal)* und Geschenke *(regalos)* im üblichen Rahmen. Streng verboten ist die Ausfuhr ***bedrohter Tierarten*** wie z.B. Leguane oder Papageien. Das gleiche gilt für ***archäologische Funde.*** Die Kontrollen sind mittlerweile wirksam. Bei Zuwiderhandlung sind mindestens sehr hohe Geldstrafen zu erwarten.

Bei der ***Mitnahme von Tieren*** erforderlich ist die Importerlaubnis der *Dirección General de Ganadería y Veterinaria* (bei der Ankunft am Flughafen erhältlich) und ein amtstierärztliches Gesundheitszeugnis, beglaubigt durch ein Konsulat von Honduras. Die vorgeschriebene Quarantäne von 30 Tagen steht nur auf dem Papier.

Devisen können unbeschränkt eingeführt werden. Achtung! Schweizer Franken sind in Honduras unbekannt und werden von keiner Bank angenommen. Dafür zahlen die Vertretungen von Master- und Visa-Card (*credomatic* genannt) in Tegucigalpa, San Pedro Sula und La Ceiba innerhalb weniger Minuten bis zu einem Wert von 1000 US-$ wöchentlich bare Lempiras aus.

Bei der ***Rückreise*** gibt es auch auf europäischer Seite Freigrenzen, Verbote und Einschränkungen, die man beachten sollte, um eine böse Überraschung am Zoll zu vermeiden. Folgende folgende ***Freimengen*** darf man zollfrei einführen:

- ***Rauchwaren*** (über 17-Jährige in EU-Länder und in die Schweiz): 200 Zigaretten, 100 Zigarillos, 50 Zigarren oder 250 g Tabak
- ***Alkohol*** (über 17-Jährige in EU-Länder): 1 l über 22 % Vol. oder 2 l bis 22 % Vol. und zusätzlich 2 Liter nicht-schäumende Weine. In die Schweiz: 2 l bis 15 % Vol. und 1 l über 15 % Vol.
- ***Andere Waren für den persönlichen Gebrauch*** (über 15-Jährige): in die BRD 500 g Kaffee, nach Österreich zusätzlich 100 g Tee. Ohne Altersbeschränkung: 50 g Parfüm und 0,25 l Eau de Toilette sowie Waren bis zu 175 €. In die Schweiz Waren bis zu einem Gesamtwert von 300 SFr. pro Person.

Wird der Warenwert von 175 € bzw. 300 SFr. überschritten, sind ***Einfuhrabgaben*** auf den Gesamtwert der Ware zu zahlen und nicht nur auf den die Freigrenze übersteigenden Anteil. Die Berechnung erfolgt entweder pauschalisiert oder nach dem Zolltarif jeder einzelnen Ware zuzüglich sonstigen Steuern.

Einfuhrbeschränkungen bestehen in Deutschland für Tiere, Pflanzen, Arzneimittel, Betäubungsmittel, Feuerwerkskörper, Lebensmittel, Raubkopien, verfassungswidrige Schriften, Pornographie, Waffen und Munition; in Österreich für Rohgold, Tiere, Pflanzen, Lebensmittel, Arzneimittel und Waffen; in der Schweiz für Pflanzen, Lebensmittel, Waffen, Tiere, CB-Funkgeräte, etc. Detaillierte ***Informationen*** gibt es bei:

- ***BRD:*** www.zoll.de oder beim Zoll-Infocenter, Tel. 069-469976-00
- ***Österreich:*** www.bmf.gv.at oder beim Zollamt Villach, Tel. 04242-33233
- ***Schweiz:*** www.zoll.admin.ch oder bei der Zollkreisdirektion in Basel, Tel. 061-2871111

Diplomatische Vertreungen

Vertretungen der Republik Honduras

In Deutschland:

- ***Botschaft:*** Cuxhavener Str. 14, 10555 Berlin, Tel. 030-39749710/11, Fax 39749712; auch für Österreich zuständig
- ***Generalkonsulat:*** An der Alster 21, 20099 Hamburg, Tel. 040-2802205, Fax 246470

In der Schweiz:

- ***Konsulat:*** Taverney No 13, CH 1218 Le Grand-Saconnex, Tel. 227100760, Fax 227100766

In Österreich:

- ***Konsulat:*** Breitenfurterstr. 380, 1235 Wien, Tel. 01-8887077

Vertretungen in Honduras

- **Belize:** *(Consulado de Belice),* Col. Palmira, Centro de Convenciones, Hotel *Honduras Maya,* Tegucigalpa, Tel. 238-4616, 238-4614.
- **Costa Rica:** *(Consulado de Costa Rica),* Col. Lomas del Guijarro, Res. Triángulo, 1ª C., No. 3451, Tegucigalpa, Tel. 232-1054; *(Consulado de Costa Rica),* Hotel *Saint Anthony,* 3ª Ave., 13ª C., San Pedro Sula, Tel. 558-0744, 557-0790.

- ***Deutschland:*** *(Embajada de Alemania),* neben Ed. Los Jarros, Blvd. Morazán, Tegucigalpa, Tel. 232-3161, 232-3162; *(Consulado de Alemania),* 1ª C. entre 8ª y 9ª Ave. S.O., gegenüber Ed. Banco Sogerin, San Pedro Sula, Tel. 553-1244.
- ***El Salvador:*** *(Embajada de El Salvador),* Col. Ruben Dario, 2ª Ave., 5ª C., No. 620, Tegucigalpa, Tel. 239-7015, 239-7017; *(Consulado de El Salvador),* 3ª C. entre 5ª y 6ª Ave., Ed. Ryco, 7 piso, No. 704, San Pedro Sula, Tel. 553-4604.
- ***Guatemala:*** *(Embajada de Guatemala),* Col. Las Minitas, C. López Rodezno, No. 2421, Tegucigalpa, Tel. 231-1543, 232-5018; *(Consulado de Guatemala),* Col. Trejo 24, S.O., naben canal 21, San Pedro Sula, Tel. 556-9550.
- ***Mexiko:*** *(Embajada de México),* Col. Lomas del Guijarro, Ave. Eucalipto, gegenüber *Escuela Americana,* Tegucigalpa, Tel. 232-1670, 232-4039; *(Consulado de México),* 2ª C., 20ª Ave. S.O., No. 205, Bo. Río Piedras, San Pedro Sula, Tel. 553-2605.
- ***Nicaragua:*** *(Embajada de Nicaragua),* Col. Lomas del Tepeyac, Tegucigalpa, Tel. 232-4290; *(Consulado de Nicaragua),* Col. Trejo, 23ª Ave.-A entre 11ª C. B y 11ª C. C, No. 124, San Pedro Sula, Tel. 550-3394.
- ***Österreich:*** *(Consulado de Austria),* c/o Comercial LAEISZ Honduras S.A., Pradera, Blvd. al Aeropuerto Toncontín, Tegucigalpa, Tel. 234-0950; *(Consulado de Austria),* Col. Residencial El Pedregal Costado, östlich von Parque El Pedregal, poste ENEE, No. 171, San Pedro Sula, Tel. 566-3232.
- ***Panamá:*** *(Embajada de Panamá),* Col. Palmira, Ed. Palmira, gegenüber Hotel *Honduras Maya,* Tegucigalpa, Tel. 239-5508; *(Consulado de Panamá),* 4ª C. S.O., Ed. Banco Ficohsa, San Pedro Sula, Tel. 557-4499.
- ***Schweiz:*** *(Embajada de Suiza),* nur in Guatemala: Tel. 236-75520.
- ***USA:*** *(Embajada de Los Estados Unidos),* Ave. La Paz, Tegucigalpa, Tel. 236-9320.

Geld

Honduranische Währung

Die honduranische Währung ***Lempira*** ist recht stabil. Die ***Inflationsrate*** lag 2003 bei etwa 8 %. Alt sehen die Scheine aus, die schon durch viele tausend verschwitzte Hände gewandert sind. ***Münzen*** gibt es aus Zink oder Messing im Wert von 1, 2, 5, 10, 20 und 50 Centavos. Die Zwanziger-Münze ist besonders klein, der Fünfziger zwar größer als die Zwanziger-, aber kleiner als die Zehner-Münze. Schon ab einem Lempira benutzt man in Honduras ***Geldscheine*** mit den Werten von 1, 5, 10, 20, 100 und 500 Lempira. Dann ist Schluss. Wer eine Goldkette oder einen Gebrauchtwagen kaufen mag, sollte entweder einen Scheck oder einen Geldkoffer mitführen.

Der ***Umtauschkurs*** liegt im Februar 2005 bei 19 Lempira für 1 US-$; 1 Euro entspricht etwa 25 Lempira, 1 Schweizer Franken etwa 16 Lempira.

Reisekasse

Bare Euros werden inzwischen von einigen wenigen Banken eingetauscht (z.B. Lloyds), ***Reiseschecks,*** nur wenn sie in US-Dollar ausgestellt sind. Auch dann bleibt es ein kompliziertes Verfahren, da sie nur in manchen Banken akzeptiert werden (Reisepass vorlegen), bieten aber die Sicherheit des umgehenden Ersatzes bei Verlust oder Diebstahl. Beim Tausch der Devisen ist ein gültiger Reisepass (oder eine lesbare Kopie davon) vorzulegen.

Es empfiehlt sich jedoch, ausreichend ***bare US-Dollar*** mit sich zu führen. Diese können an Flughäfen oder in den großen Städten (San Pedro Sula, Tegucigalpa) in Wechselstuben (z.B. *Multicambios*) oder in Geschäftsbanken in die Landeswährung umgetauscht werden. Die Kursunterschiede zwischen diesen Alternativen sind minimal.

Kreditkarten wie MasterCard und VISA haben eine höhere Akzeptanz als z.B. in Deutschland. Fast alles, was teurer als ein Erfrischungsgetränk ist, kann so bezahlt werden. Einzige Voraussetzung: Es steht ein Telefon oder ein Dialogautomat für die Abfrage zur Verfügung (in überdachten Läden meist gegeben). Zu beachten ist, dass in vielen Mittelamerikanischen Ländern die Akzeptanz der Visa-Card höher ist. Diners Club wird nur sehr selten akzeptiert und American Express nur in Fachgeschäften, Boutiquen und besseren Hotels. Auch ***EC-Karten (Maestro)*** werden an fast jedem ***Geldautomaten,*** aber auch in Shopping-Malls und in Bars akzeptiert. Bei Geräten zeigt die Aufschrift CIRRUS diese Möglichkeit an.

Bei der ***Autovermietung*** sind Kreditkarten ein Muss. Zur Sicherung der Selbstbeteiligung werden beim Ausleihen eines Fahrzeugs und für internationale Telefonate auch in guten Hotels unterschriebene Blankoformulare der Kreditkarte elektronisch bestätigt. Achten Sie beim Check-out darauf, dass man diese gemeinsam vernichtet.

Achtung: Der Kurs des Lempira ist bei Visa bisweilen deutlich ungünstiger (ca. 6 %), deshalb ist MasterCard besser. Von Barabhebungen per ***Kreditkarte*** ist allerdings abzuraten, weil dabei bis zu 5,5 % an Gebühr einbehalten werden. Für das ***bargeldlose Zahlen*** berechnet der Kreditkartenaussteller nur eine Gebühr für den Auslandseinsatz in Höhe von ca. 1 bis 2 %.

Credomatic, so heißt die Vertretung von Master- und Visa-Card, zahlt gegen Vorlage der Karte und des Passes Lempiras/US-Dollar im Gegenwert bis ca. 500 € (einfache Karte) bzw. ca. 2550 € (goldene Karte) zum Scheck-Kurs minus 1 % bar aus.

Empfehlenswert ist, einen kleinen Teil des Budgets in sicher verstauten, breit gestückelten Dollarnoten und eine MasterCard oder Visa-Card (ca. 4/5 des Budgets) mitzuführen. Für kleinere Ausgaben gehören ***Lempiras*** ins Portemonnaie, wenn man nicht längere Wartezeiten wegen nicht vorhandenem Kleingeld provozieren möchte. Die Verantwortung für zu hohe, nicht wechselfähige Barmittel (wenn Sie z.B. ein Frühstück für 20 Lps. mit einer 100-Lempira-Note begleichen möchten) trägt in Honduras nämlich der Kunde.

Bei ***Barzahlung*** auf der Straße, auf Märkten oder in der *pulpería* ist es nicht üblich, große Scheine und dicke Bündel zu zeigen. Honduraner zählen das Geld auch immer nach, seien es auch nur drei Lempiras. Erst nach dem Zählen wird das Geschäft mit einem Kopfnicken oder einem *está bien* („das ist in Ordnung") abgeschlossen. Also: Kleines Geld, in Lempiras abgezählt, im Tagesportemonnaie mitnehmen und –

wie immer – genug Zeit und Geduld haben, auch den kleinsten Kauf honduranisch korrekt abzuwickeln.

In fast allen in diesem Buch beschriebenen Ortschaften gibt es zumindest eine ***Bank,*** die bare Dollar-Noten gegen Lempira tauscht. Ist dies nicht der Fall, so weisen wir an geeigneter Stelle darauf hin.

Überweisungen

Banküberweisungen gehen über die USA und dauern viele Wochen. Darüber hinaus sind sie erfahrungsgemäß unsicher. Überweisungen sind daher am besten per Kreditkarte (MasterCard und Visa) innerhalb des Limits zu bewerkstelligen.

Schneller und ziemlich sicher geht es auf ein eigenes Konto, dazu sind 100 $ bis zu 1000 $ Einlage je nach Bank nötig. Der Europäer tätigt eine Auslandsüberweisung (Formular mit grünem Rand, in jeder Bank erhältlich), die per SWIFT über US-Banken abgewickelt wird.

Im Notfall bietet American Express eine teure, aber innerhalb von 24 Std. mögliche Überweisung an, die etwa 2 % des Wertes kostet, den American-Express-Schnellservice. Moneygram und Western Union erlauben Bargeldtransfers von Person zu Person auch ohne ein Konto. Dies ist fast weltweit bei vielen Bankfilialen möglich; in Honduras z.B. bei der Banco de País. Die nächstgelegene Repräsentanz kann man im Telefonbuch oder unter www.westernunion.com und www.moneygram.com nachschlagen. Vertretungen in Honduras:

- *Corporación Financiera,* Ed. Los Jarros, Blvd. Morazán, Tegucigalpa
- *Corporación Financiera,* Ed. Optica Popular, 2ª C. entre 5ª y 6ª Ave. N.O., San Pedro Sula
- *Reisebüro Mundirama,* Ed. Banco de las Fuerzas Armadas, an der Südseite der Kathedrale, San Pedro Sula

Verlust von Geldkarten und Reiseschecks

Die ***Notrufnummern*** des Kreditkarten- oder Reisescheck-Anbieters sollte man getrennt von seiner Reisekasse gut verwahren. Bei Verlust muss unbedingt sofort die Kreditkarte gesperrt werden, ein persönlicher Besuch bei der Vertretung der Kreditkartenfirma in San Pedro Sula und Tegucigalpa mit sichtbarer Bestätigung der Verlustmeldung ist unverzichtbar. Eine telefonische Verlustmeldung allein reicht nicht aus.

- **EC-/Maestro-Karte,** D: Tel. 0049-1805-021021; A: Tel. 0043-1-2048800; CH: Tel. 0041-1-2712230, für UBS Tel. 0041-8488-88601, für Credit Suisse Tel. 0041-8008-00488
- **MasterCard und VISA,** D: Tel. 0049-69-79331910; A: Tel. 0043-1-717014500 (MasterCard) bzw. Tel. 0043-1-71111770 (VISA); CH: Tel. 0041-44-2008383 für alle Banken außer Credit Suisse, Corner Bank Lugano und UBS
- **American Express,** D/A: Tel. 0049--69-97971000; CH: Tel. 0041-1-6596666
- **Diners Club,** D: Tel. 0049-69-66166-123; A: Tel. 0043-1-501350; CH: Tel. 0041-1-8354545
- **American Express Reiseschecks,** D: Tel. 0049-69-97971850; A: Tel. 0043-1-5450120; CH: Tel. 0041-17454020
- **Travelex / Thomas Cook,** alle Länder: Tel. 0044-1733318949 (mehrsprachiger Computer)

Preise

Das ***Pro-Kopf-Einkommen*** in Honduras liegt bei nicht einmal 1000 $ pro Jahr. Eine honduranische Bauernfamilie muss demnach mit umgerechnet ca. 70 € im Monat auskommen. Ein städtischer Angestellter bringt 150 €, der Geschäftsführer eines kleinen oder mittleren Unternehmens 500 € nach Hause. Entsprechend niedriger als in Europa sind die Preise:

Das Preisniveau aller ***honduranischen Produkte*** und Dienstleistungen (also des Warenkorbs der armen Mehrheit) beträgt nur 1/7 bis 1/4 des deutschen Vergleichspreises. Entsprechend billig sind eine *tortilla*, ein *sombrero* oder ein *plato típico* (landesübliches Gericht) in einem einfachen Restaurant. Anders verhält es sich mit ***importierten*** oder international gehandelten Produkten und Dienstleistungen: Ein Hamburger beispielsweise kostet in Honduras so viel wie in Deutschland, ein Flug von Tegucigalpa nach Guatemala ebenfalls. Kurz: Wer in Honduras preisbewusst lebt, wird auch mit einem schmalen Budget auf nichts Wesentliches verzichten müssen. Im Taxi außerhalb der Innenstadt, für Dienstleistungen außerhalb routinierter Praxis und für alle Konsumgüter (von der Schnitzerei bis zur Kleidung) ist alles ***aushandelbar.*** Wer dies unterlässt, der spielt den dummen Gringo, verliert den ihm sonst gezollten Respekt und wird mitunter sogar betrogen.

Preisbeispiele

- Ein ***einfaches Hotelzimmer*** ist schon ab 2,50 $ zu bekommen.
- Ein DZ in einem Hotel der honduranischen ***Mittelklasse*** (Ventilator, Dusche/WC) kostet etwa 12 $.
- DZ in einem ***Drei-Sterne-Hotel*** (AC, TV, Tel.) kosten etwa 30 bis 120 $.
- ***Stadtbusse*** kosten etwa 0,10 $, ***Überlandbusse*** etwa 1,50 $ pro 100 km, spezielle ***Touristenbusse*** dagegen etwa 10 $ pro 100 km.
- ***Kino*** kostet 1,50 $, ***Schuheputzen*** 0,30 $, ***Reinigung*** einer Hose 1,50 $.
- ***Grundnahrungsmittel*** und Konsumgüter aus honduranischer Produktion kosten etwa ein Viertel des deutschen Vergleichspreises, ***Kleidung*** etwa ein Drittel.
- ***Importierte Produkte*** kosten mehr als bei uns, wie bestimmte Kosmetikartikel und bestimmte importierte Lebensmittel (wie Butter, Käsesorten, etc.). Filme für Kameras z.B. am besten gleich im Zehnerpack aus Deutschland mitbringen. In Honduras gibt es allerdings Billigprodukte, deren Existenz in Europa gar nicht bekannt ist (Spielzeugautos für 0,60 $, Uhren für 6 $, eine komplette elektrische Spielzeugeisenbahn bekommt man schon für 5,50 $ etc.).
- Eine volkstümliche ***Mahlzeit*** (Bohnen, Reis, Tortilla und Mettwürstchen) kostet ca. 2 $, ein ***Restaurant-Menü*** zwischen 3 und 6 $. Ein ***Erfrischungsgetränk*** kostet in der Pulpería etwa 0,40 $, im Restaurant etwa 0,70 $. Beim ***Bier*** liegt der Preis pro 0,3 Liter entsprechend zwischen 0,80 und 1,30 $, beim ***Flor de Caña*** zwischen 0,60 und 1,20 $.

Gesundheitsvorsorge

Siehe auch „Medizinische Versorgung“ im Kapitel „Reisetipps A–Z“ sowie im Anhang „Reise-Gesundheits-Informationen Honduras“.

Impfungen

Es gibt keine allgemein vorgeschriebenen Impfungen, außer bei Einreise aus Gelbfieber-Endemiegebieten. Auch eine Cholera-Impfung kann gelegentlich verlangt werden. ***Empfohlen*** wird die Impfung gegen Hepatitis-A, Tetanus und Diphterie, bei erhöhtem Risiko auch gegen Tollwut und Typhus. Genaue und aktuelle Informationen sollte man rechtzeitig (zwei Monate) vor Reiseantritt bei Arzt, Apotheker oder Tropeninstitut einholen.

Malaria

Fast im ganzen Land gibt es Malaria. Zur Zeit gelten die ländlichen Gebiete von Choluteca, Colón, Cortés, Valle und Yoro als Gebiete mit ***mittlerem Risiko.*** Städtische Gebiete und die Regionen Atlántida, Gracia a Dios, Islas de la Bahía und Olancho gelten als Gebiete mit ***geringem Risiko.***

Wichtigste Schutzmaßnahme gegen die von der Anopheles-Mücke übertragene Malaria, ist die Vermeidung von ***Mückenstichen,*** worauf man im ganzen Land achten sollte.

Der zweite wichtige Schritt ist die Verwendung von ***Chloroquin.*** Wer nur Gebiete mit geringem Risiko bereist, kann auf eine Prophylaxe verzichten und muss Chloroquin nur im Krankheitsfall benutzen (*Stand-By*-Medikation). Bei Aufenthalt in Gebieten mit mittlerem Risiko wird eine Prophylaxe mit Chloroquin empfohlen, die eine Woche vor Bereisen des Gebietes beginnt und bis ca. 4 Wochen nach Abreise fortgesetzt werden sollte. Eine ärztliche Beratung ist unbedingt erforderlich! Kontaktieren Sie auch ein Tropeninstitut vor der Abreise. Bei Fieberschüben nach einer Reise sollte man ebenfalls stets an Malaria denken.

Dengue-Fieber

Dengue, eine grippeähnliche Erkrankung, in deren Verlauf sehr hohes Fieber und starke Gliederschmerzen auftreten, wird durch verschiedene ***Moskitoarten*** übertragen. Allgemein gilt die Krankheit zwar als gutartig und ist

HIV/Aids in Honduras – eine Herausforderung für die Entwicklung

Es wird geschätzt, dass ca. 1,2 % der erwachsenen Bevölkerung von Honduras mit dem HIV-Virus infiziert sind, wobei mit 5 % die höchste Infektionsrate im *Valle de Sula* liegt. Unter bestimmten Gruppen sind die Anteile noch höher, so wird von einer Quote zwischen 7 bis 10 % innerhalb der Prostituierten-Szene ausgegangen, unter homosexuellen Männern von etwa 8 %, Strafgefangenen 10 %. Besonders betroffen ist die schwarze Bevölkerung der Ethnie Garífunas an der karibischen Küste mit etwa 10 %. Die am stärksten betroffene Altersgruppe liegt zwischen 20 und 30 Jahren, mit einem Anteil von 1,2 Männern pro Frau.

Es ist allgemein anerkannt, dass HIV/Aids ein Problem für Honduras darstellt. So haben die nationalen Autoritäten mit Unterstützung der internationalen Kooperation auf diese Situation reagiert und einen ***Nationalen Strategieplan*** zur Aufklärung, Vorbeugung und Behandlung bereits infizierter Kranker verabschiedet. Tatsache ist jedoch, dass das polygame Verhalten einer großen Zahl von Honduranern und Honduranerinnen die Eindämmung dieser schrecklichen Krankheit erschwert.

nicht selten nach drei bis vier Tagen überstanden, es gibt aber auch schwerere Verläufe. Eine Impfung oder Chemoprophylaxe ist ebensowenig möglich wie eine medikamentöse Behandlung. Fiebersenkende Mittel schaffen Linderung. Sinnvoll ist, wie bei der Malaria ebenfalls, der Schutz vor Mückenstichen.

Cholera

Cholera ist in Honduras bekannt, kann aber wegen radikaler öffentlicher Hygiene-Reformen heute als kontrolliert bezeichnet werden. Eine Vorsichtsmaßnahme, die auch dem Schutz vor Gelbsucht, Typhus und Darmerkrankungen dient, ist die Verwendung von ***sauberem Wasser*** (auch als Eis im Getränk!) und der ***Verzicht auf rohe Speisen*** (Ausnahme: frisch geschälte Früchte).

Ungeziefer

Neben der als Malariaüberträger bekannten Anopheles-Mücke gibt es in Honduras eine Vielzahl unangenehmer Plagegeister: Sandfliegen nerven den Bade- und Schnorcheltouristen auf Roatán, *colaradías* laufen in der Feuchtsavanne der Moskitia als rote Kleinstkäfer die Waden empor und jucken tagelang, Zecken lauern auf Weiden und Wiesen.

Hygiene

Honduraner sind sehr reinlich, duschen täglich, vermeiden Schweißgeruch und verabscheuen ungepflegte Menschen. Die Hygiene erstreckt sich jedoch nicht auf öffentliche Räume wie Restaurants, Wartehallen etc. Charakteristisch ist deshalb die wie aus dem Ei gepellte Honduranerin, die in einer brüchigen Lehmhütte lebt und im stinkenden Stadtbus-Wrack mitfährt. Auch alle öffentlichen Toiletten, leider auch in Restaurants und Kneipen, sind in einem miserablen Zustand.

Die WCs in Zentralamerika sind in der Regel ***Plumpsklos*** ohne Brille und Deckel. Wegen des geringen Wasserdrucks darf kein Gegenstand und nicht einmal das Toilettenpapier hineingeworfen werden. Stattdessen wird es mit einer Hand in sich selbst gerollt (damit das saubere Papier das Knäuel umgibt) und in den dafür vorgesehenen Korb geworfen.

Hotelzimmer, Restaurantmobiliar, Bussitze und alles, was sozusagen dem Kunden angeboten wird, wird auch regelmäßig sauber gemacht.

Mit Kindern unterwegs

Kinder sind in Honduras ***willkommen*** und werden aufmerksam und freundlich behandelt. In einem Land, in dem fast die Hälfte der Bevölkerung jünger als 16 Jahre ist, sind Kinder vorbehaltlos in den Alltag integriert und können im Allgemeinen auch bei Abendveranstaltungen mitgenommen werden. Babys und Kleinkinder sind jedoch im Kino bei Vorstellungen nach Sonnenuntergang nicht erlaubt.

In guten ***Restaurants*** (und nur da) gibt es Kinderstühle und Kindergerichte. Ein zusätzliches (Kinder-)Bett bekommt man in den formellen ***Hotels*** für einen geringen Aufpreis. In ***Mietwagen*** gibt es keine Kindersitze. Wegen der Überfüllung der öffentlichen Verkehrsmittel rate ich von längeren Busreisen mit Kleinkindern auf jeden Fall ab. ***Kinderwagen*** sieht man sehr selten, sie sind auch nicht angebracht, da Bürgersteige nicht vorhanden oder schmal und zudem häufig noch zugeparkt sind. Trage und Tuch leisten bessere Dienste.

Wegwerf-Windeln *(pañales)*, ***Babynahrung*** (Marke *Gerber*) und Milchpulver *(leche en polvo)* gibt es in größeren Supermärkten und Apotheken. Besonders praktisch für Reisende: *Gerber* bietet eine Babyflasche mit Einweg-Füllbeuteln an.

Die ***Nahrungsumstellung*** kann auch bei Kindern zu Durchfallerkrankungen führen, deswegen sollten entsprechende Medikamente mitgebracht werden. Angemessene ***ärztliche Versorgung*** ist nur in den Städten gewährleistet, Ärzte verschreiben außerdem verschwenderisch allerlei Antibiotika und haben die Spritze schnell zur Hand. Medikamente gibt es in den Apotheken teilweise auch ohne Rezept, das Verkaufspersonal ist aber häufig ungeschult.

Ausrüstung und Reisegepäck

Bekleidung

Im ***tropischen Klima*** ist leichte, luftdurchlässige Baumwollkleidung am angenehmsten zu tragen. Alle hautengen Stoffe, Gürtel, Taschen etc. führen zu ständiger Nässe durch eigenen Schweiß. Variierte Kleidung ist sinnvoll (Baumwolle, für Regengüsse bzw. Wanderungen in der Regenzeit ein leichtes Cape oder eine feste Goretex-Jacke). Gegen die grelle Sonne schützt helle Kleidung und eine angemessene Kopfbedeckung, Menschen mit großen Köpfen finden nur schwer einen geeigneten honduranischen Sombrero aus Stroh.

Auffallend luftige Orient-Stoffe führen zu überraschten Blicken und gelegentlich auch Ablehnung. Empfehlenswert ist normale Sommerkleidung aus luftigem, festem Stoff. Jeans bieten das beste Verhältnis zwischen Festigkeit (hoch) und Lüftung (ausreichend). Leinenschuhe, feste Sandalen oder luftdurchlässige Leder-Sportschuhe leisten im tropischen Klima gute Dienste.

Ganz anders ist es im ***Gebirgsklima.*** Wo der subtropische in einen Bergwald übergeht bzw. die Höhe mehr als 600 m beträgt, herrschen immer stärkere Temperaturunterschiede zwischen Tag und Nacht bzw. zwischen Sonne und Schatten. Da die Luftfeuchtigkeit generell hoch ist, empfindet man dort schon Temperaturen von 15 bis 18 Grad als kalt. Ein Pullover, evtl. gar ein Anorak, ist angebracht, in der

Nacht hilft nur ein solider Schlafsack. Für den abendlichen Restaurantbesuch, das Tanzen (dem Volkssport in Honduras) und die Vorsprache in Behörden gilt das gleiche: Persönliche Hygiene ist Trumpf, saubere und ruhig auch ***elegante Kleidung*** gelten als respektvoll.

Chemische ***Reinigungen*** sind in allen mittleren und großen Städten zu finden. Bessere Lösung: im Hotel oder beim Kontakt mit Einheimischen nach einer *muchacha* (Mädchen, Hausmädchen) fragen. Die wäscht die Kleidung mit der Hand, nicht sehr schonend, aber garantiert sauberer als eine Maschine.

Allgemeine Ausrüstung

Ein diskretes Depot für die ***Reisekasse,*** Ticket und Schecks ist immer sinnvoll. ***Geldgürtel*** sind zwar umständlich, aber konkurrenzlos sicher. Anders ist es bei ***Brustbeuteln.*** Sie sollten unauffällig unter der Kleidung getragen werden, auch die Bänder dürfen nicht sichtbar sein. Ansonsten signalisieren pralle Brustbeutel oder Halsbänder potenziellen Dieben, wo die „volle" Kasse sitzt. Das Wegreißen kann zudem für das Opfer schmerzhaft und gefährlich sein.

Zur Sicherung bei Verlust der Originaldokumente sollten ***Kopien von Reisepass und Ticket*** getrennt von den Originalen aufbewahrt werden.

Natürlich sind in den Tropen auch ***Sonnenschutzmittel*** vonnöten, die in Honduras nur mit niedrigem Lichtschutzfaktor als US-Produkt im Supermarkt oder in guten Hotel-Shops erhältlich sind. Beim Baden und Schnorcheln empfiehlt es sich wegen der auch im Wasser noch wirksamen UV-Strahlen der Sonne, ein T-Shirt zu tragen.

Besondere ***Hygieneartikel*** wie ph-neutrale Seife sind in Honduras schwer zu bekommen.

Moskitoschutz ist unverzichtbar, daneben ist ein geeignetes ***Moskitonetz*** unbedingt erforderlich. Letzteres kann auch vor Ort gekauft oder – aus feinem Stoff – selbst genäht werden.

Wegen möglicher Stromausfälle ist die Mitnahme einer ***Taschenlampe*** (Ersatzbatterien!) sehr zu empfehlen.

Da in Honduras fast nur Spanisch gesprochen wird, ist es sinnvoll, ***Wörterbücher*** oder ***Sprachführern*** im Reisegepäck zu haben. Besonders empfehlenswert, da ganz auf schnelles Lernen und reisespezifische Situationen ausgelegt, zudem auf die Besonderheiten Lateinamerikas eingehend, ist das Büchlein aus der Kauderwelsch-Reihe ***Spanisch für Honduras – Wort für Wort*** von *Veronika Schmidt,* das im Reise Know-How Verlag erscheint.

Landkarten

Landkarten im Maßstab 1:50.000 sind beim *Instituto Geográfico Nacional* zu bekommen. Es sollte gut definiert sein, wohin die Reise geht, denn das ganze Land ist auf über 200 Einzelkarten abgebildet. Beim Tourismus-Institut gibt es zahlreiche Landkarten, die zumindestens eine guten Überblick über die verschiedenen Departments bieten. Die sehr detaillierte Karte der *International Travel Map,* ITMB Publishing, im Maßstab 1:750.000, gibt es im deutschen Fachhandel oder online direkt beim Verlag: www.itmb.com.

Auf Trekkingreisen

Für selbstständige Trekkingreisen braucht man einen ***Rucksack*** mit integriertem Gestell, möglichst mit Innenunterteilung, am besten zusätzlich mit innerem Schutz gegen Staub und Feuchtigkeit. Ein ***Schlafsack*** aus dünnem Baumwolltuch (tropisches Tiefland) oder mit (Daunen-) Füllung (Gebirge) ist angebracht, am besten beides kombinieren. Auch eine ***Schlafmatte*** wird benötigt. ***Wasserflasche*** und Wasserfilter bzw. Entkeimungstabletten dürfen nicht fehlen, ebensowenig ein ***Messer*** und eine ***Taschenlampe*** (Ersatzbatterien!). Da im unerschlossenen honduranischen Dschungel Wegmarkierungen höchst selten sind, sollte ein ***Kompass*** mitgebracht werden.

Je nach Route und Reiseform wird man außerdem verschiedene ***Outdoor-Utensilien*** wie Zelt, Kocher oder Geschirr mitführen müssen. Für Selbstversorger bietet Honduras eine Fülle von Campinglösungen (von *GAZ*- bis *Coleman*-Produkten, die in großen Städten in den sog. *Ferreterías* erhältlich sind, z.B. *Larach & Cia*). ***Boote*** und ***Zelte*** sind aber schwierig zu bekommen. Das gleiche gilt für Fernglas, Kompass und Kamera, wenn sie denn hochwertig sein sollen.

● ***Buchtipp:*** *Roland Hanewald,* **Handbuch für Tropenreisen,** erschienen in der Praxis-Reihe, Reise Know-How Verlag

Bei geführten Touren

Reiseagenturen in Honduras arbeiten nach lokalen Regeln, d.h. Improvisation geht vor Organisation, das Verständnis für europäische Bedürfnisse ist wenig entwickelt und das Personal kaum spezialisiert. ***Koffer*** und ***Taschen*** sollten robust und verschließbar sein. Viele lokale Reiseagenturen achten nicht recht auf Trinkwasserqualität. ***Wasserentkeimungsmittel*** sind angebracht, ebenso wie eine Wasserflasche. Bei ***Naturreisen*** sollten Literatur, Fernglas und Fotoausrüstung in der gewünschten Form mitgenommen werden. Ansonsten gelten die schon oben genannten Empfehlungen.

Fotoausrüstung

Die Fotoausrüstung hat in den Tropen besonderen Anforderungen zu entsprechen. Die ***Kamera*** sollte nicht zu empfindlich gegen hohe Luftfeuchtigkeit sein, besonders bei Regenwaldexpeditionen. Alte mechanische Technik ist da den empfindlichen elektronischen Kameras durchaus überlegen. Wichtig ist auch eine robuste, staub- und wasserfeste ***Verpackung*** der Ausrüstung.

Die benötigten ***Objektive*** hängen von der Motivwahl ab: Tierfotos in der freien Wildbahn sind nur mit einem guten Teleobjektiv machbar, möglichst einem mit einer Brennweite von mehr als 200 mm. Im Dämmerlicht des Urwaldes benötigt man darüber hinaus noch ein Stativ, um zu verwacklungsfreien Aufnahmen zu kommen. Panoramen dagegen können mit einer

Weitwinkeloptik (28 oder 35 mm) gut eingefangen werden.

Zum Vermeiden von Blaustich, aber auch als Objektivschutz sind ***UV-*** oder ***Skylightfilter*** sehr zu empfehlen. Mit einem zusätzlichen ***Polfilter*** lässt sich ein sattes Himmelsblau erzielen und die Reflexe auf Wasseroberflächen, aber auch auf Blättern kontrollieren (sattere Farben).

Das Verfallsdatum des ***Filmmaterials*** sollte ein paar Monate in die Zukunft reichen. Direkte Sonneneinstrahlung und der Einfluss der veralteten Kontrollgeräte an Flughäfen sind zu vermeiden. Die Empfindlichkeit der Filme kann bei Waldaufnahmen hoch (wenig Licht verfügbar), bei Aufnahmen der freien Landschaft niedrig (viel Licht verfügbar) gewählt werden. Entsprechendes Material (zwischen 50 und 400 ASA) vorher in geeigneten Anteilen zusammenstellen! ***Videokassetten*** oder Filme in Standardformat und -auflösung sind in allen größeren Städten zu kaufen. Spezielles dagegen ist rar. Generell gilt: Die Preise entsprechen deutschen Normalpreisen, auch bei Billigmarken.

Filme sind in Honduras vielfach teurer und daher besser von zu Hause mitzubringen. Ebenfalls empfiehlt sich, die Filme in Deutschland zu entwickeln, die Qualität der Maschinen in Honduras ist häufig mangelhaft.

Internationale Garantieansprüche auf Foto- und Videokameras werden in Honduras meist nicht anerkannt.

- ***Buchtipps:*** *Helmut Hermann,* ***Reisefotografie,*** und *Volker Heinrich,* ***Reisefotografie digital,*** Praxis-Reihe, Reise Know-How.

Versicherungen

Die Kosten für eine Behandlung in Honduras und seinen Nachbarländern werden von den gesetzlichen Krankenversicherungen in Europa nicht übernommen, daher ist der Abschluss einer privaten ***Auslandskrankenversicherung unverzichtbar.*** Diese sind z.B. in Deutschland ab 5 bis 10 Euro pro Jahr auch sehr günstig. Bei der Wahl der Auslandskrankenversicherung sollte man typische Leistungsunterschiede prüfen:

- ***Reisedauer:*** Bei einigen Versicherern wird von einer maximalen Reisedauer von 30 oder auch 62 Tagen ausgegangen. Bei längerem Aufenthalt wird auch die Versicherung teurer.
- ***Rücktransport:*** Wird in der Regel nur auf ärztliches Anraten übernommen. Im Todesfall werden unterschiedlich hohe Beträge für die Rücküberführung gezahlt.
- ***Selbstbeteiligung:*** Einige haben z.B. bei Zahnbehandlungen eine Selbstbeteiligung, andere zahlen 100 %.
- ***Nachleistungsfrist:*** Kann man nicht wie geplant nach Hause reisen, sollte die Versicherung die Rechnungen noch eine Zeit lang weiterzahlen.
- ***Altersgrenze:*** Die Kosten sind nach Alter gestaffelt. Die Altersgrenzen sind je nach Versicherer unterschiedlich.
- ***Chronische Krankheiten:*** Wird aufgrund einer Krankheit, die schon vor Urlaubsantritt bestand, eine Behandlung fällig, ist diese nur von wenigen Versicherungen gedeckt.

Zur ***Erstattung*** der Kosten benötigt man grundsätzlich ausführliche ***Quittungen*** (mit Datum, Namen, Bericht über Art und Umfang der Behandlung, Kosten der Behandlung und Medikamente).

Reiserücktrittskostenversicherung

Eine solche Versicherung lohnt sich vor allem, wenn man ***„preiswertes" Flugticket*** mit einer geringen Gültigkeitsdauer oder mit festen Reiseterminen gebucht hat, die nicht mehr geändert werden können. Denn sonst kann der Flugtermin für eine geringe Gebühr innerhalb der Gültigkeitsdauer beliebig oft verschoben werden.

Ob es sich lohnt, die teuren 35 bis 80 Euro auszugeben, hängt nicht zuletzt von der Höhe der ***Stornogebühr*** ab, die im Falle des Reiserücktritts fällig würde. Wie hoch die Stornogebühr sein wird und wann sie fällig wird, sollte man bei Buchung der Reise genau klären.

In jedem Fall muss man eine solche Versicherung je nach Versicherer binnen ***8 bis 14 Tagen nach Reisebuchung*** abschließen, sonst ist es nicht mehr möglich, sich gegen den Reiserücktritt zu versichern. Bucht man weniger als 14 Tage vor Reiseantritt Last-minute, kann man diese Reise nicht versichern.

Bei der **Wahl der Versicherung** sollte man typische Leistungsunterschiede prüfen:

- ***Gründe für Rücktritt:*** Tod, schwerer Unfall oder Erkrankung, Impfunverträglichkeit, betriebsbedingte Kündigung, neuer Arbeitsplatz nach Arbeitslosigkeit, Schwangerschaft, Schaden an Eigentum durch Feuer u.Ä. Es gelten nicht: Krieg, Unruhen, Streik, etc.
- ***Schadensgrenze:*** Sollten 100 % der Stornokosten, Reiseabbruchkosten sowie Umbuchungskosten übernehmen.
- ***Selbstbeteiligung:*** Bei Krankheit 20 % oder mindestens 25 Euro.

Reisegepäckversicherung

Der Abschluss einer Reisegepäckversicherung ***lohnt sich seltener,*** da die Policen zu viele Einschränkungen enthalten. Überdies besteht die Gefahr der Doppeltversicherung, denn Einbruch, Raub und Beschädigung von Eigentum sind in der Regel auch im Ausland durch die ***Hausratversicherung*** gedeckt.

Anbieterauswahl

Der Abschluss einer ***Jahresversicherung*** ist in der Regel kostengünstiger als mehrere Einzelversicherungen. Günstiger ist auch die ***Versicherung als Familie,*** statt als Einzelpersonen. Hier sollte man nur die Definition von „Familie" genau prüfen.

Eine Privathaftpflichtversicherung hat man in der Regel schon. Diese ist jedoch oftmals in ***Reiseversicherungspaketen*** enthalten, wodurch man unnötig doppelt – aber nicht besser – versichert ist. Bei der Unfallversicherung, die man schon hat, sollte man prüfen, ob diese im Falle plötzlicher Arbeitsunfähigkeit aufgrund eines Unfalls im Urlaub zahlt.

Auch durch manche ***Kreditkarten*** oder ***Automobilclubmitgliedschaft*** ist man für bestimmte Fälle schon versichert. Das sollte man noch mal klären, bevor man sich unnötig doppelt versichert. Achtung: Die Versicherung über die Kreditkarte gilt immer nur für den Karteninhaber!

Die ***Stiftung Warentest*** in Deutschland und ***Konsument.at*** in Österreich testen regelmäßig verschiedene Versicherungsarten. Über ihre Websiten kann man Testberichte herunterladen, Online-Abonnent werden oder Hefte zum Thema bestellen: www.warentest.de; www.konsument.at. Weitere Informationen erhält man auch in Deutschland bei der ***Verbraucherzentrale*** (www.verbraucherzentrale.com) und in Österreich bei der ***Arbeiterkammer*** (www.arbeiterkammer.at).

Tipp: Für alle abgeschlossenen Versicherungen die Notfallnummern notieren und mit der Policenummer gut aufheben! Bei Eintreten eines Notfalles sollte die Versicherungsgesellschaft unverzüglich telefonisch verständigt werden.

Veranstalter: Pleite!

Jeder, der eine Rundreise oder eine Pauschalreise bucht, hat das Recht darauf, sich zu vergewissern, dass der Veranstalter gegen eine Insolvenz versichert ist. Spätestens bei der ersten (An-)Zahlung sollte der Veranstalter bzw. das Reisebüro dem Kunden deshalb einen Sicherungsschein aushändigen.

Wenn kein Sicherungsschein ausgehändigt wurde und man annehmen muss, dass der Veranstalter nicht versichert ist, sollte man ermessen, wie wahrscheinlich eine Insolvenz bei diesem Unternehmen ist. Im Zweifelsfall erhält man bereits bezahlte Reiseleistungen nicht – beispielsweise den Rückflug ...

Bei den deutschen Verbraucherzentralen kann man die Broschüre „Recht auf Reisen" für 7,15 Euro erwerben, die im Fall von Ärger mit Veranstaltern weiterhilft (www.verbraucherzentra le.com).

Geographischer Überblick

Honduras ist mit 112.492 km² Fläche das zweitgrößte Land Zentralamerikas, mit knapp 7 Mio. Einwohnern aber das zweitkleinste des Isthmus. Am pazifischen Golf von Fonseca (südlich) verfügt das Land über 124 km dunklen, feinen Sandstrand. Am Atlantik (nördlich) säumen 640 km heller, meist feiner und malerischer Strand die dort karibisch geprägte Küste. Auf der Karte gleicht Honduras einem Trichter, der – wegen der ausdehnten Dschungellandschaft der Moskitia – Richtung Osten etwas auslädt.

Im ***Zentrum*** des Landes befindet sich das ***Bergland,*** das aus verschiedenen von West nach Ost verlaufenden Kordilleren besteht. Hier liegt die Hauptstadt Tegucigalpa und der Westen des Landes, in dem sich auch die berühmte Mayastadt Copán befindet. Im Bergland ist der subtropische Bergwald zu finden, der sich durch gemäßigte Temperaturen, eine Regenzeit exakt zwischen Mai und November und durch Kiefernwald auszeichnet. Ab ca. 1500 m geht dieser allmählich in Bergnebelwald über, der viel dichter, feuchter und kühler ist.

Nach ***Norden*** hin verläuft sich das Hochland allmählich in ***Täler,*** die einst von dichtem tropischem Regenwald bedeckt waren. Dies ist Richtung Nordosten noch der Fall. In Olancho folgt den etwas höher gelegenen Kiefernwäldern zunächst ein fruchtbares Tal, jenseits der Städte Juticalpa und Catacamas dann unberührtester Regenwald, der heute aber auch akut von Holzunternehmen, Viehzucht und extensiver Landwirtschaft bedroht wird. Noch weiter nordöstlich, im unerschlossenen Gebiet zwischen den Flüssen Sico, Plátano, Patuca und Coco, geht der Regenwald dann irgendwann in eine schüttere, von Überschwemmungen heimgesuchte ***Feuchtsavanne*** über.

Gegenüber der honduranischen Karibikküste befinden sich drei ***Inseln,*** die *Islas de la Bahía,* die mitten im zweitgrößten ***Korallenriff*** der Welt, dem *Continental Shelf,* liegen. Hier reicht ein von Mangroven durchsetzter Küstenwald gleich bis an die weißen, von Palmen beschatteten Strände.

Im ***Süden*** schließt sich an das zentrale Hochland eine heute vielfach verkarstete, niederschlagsarme Landschaft an. Hier, im Südzipfel des Landes zwischen El Salvador (westlich) und Nicaragua (östlich), befinden sich noch Flecken des tropischen ***Trockenwaldes,*** ein wegen Waldbränden und Holzeinschlag durch Brennholzsucher stark gefährdetes Ökosystem. Bis in die 1960er Jahre hinein war die Landschaft des honduranischen Südens noch mit Trockenwald bedeckt, dann boomten der Anbau von Baumwolle, Cashews und Melonen.

An beiden ***Küsten*** werden die tropischen Küstenlandschaften durch Flüsse, Lagunen und Ästuare vom Meer getrennt: Durch die Verbindung der stehenden oder ausgetrockneten Gewässer mit dem Meer, die während der Regenzeit teilweise zustandekommt, mischt sich das nährstoffreiche Süßwasser mit dem salzigen Meerwasser – so genanntes Brackwasser entsteht. Dieses Brackwasser bietet ideale Lebensbedingungen für Mangroven, die an beiden honduranischen Küsten in großer Vielfalt zu finden sind. Besonders im Süden des Landes müssen die ausgedehnten Mangrovenwälder vor der Zerstörung durch profitbringende Krabbenzuchtbetriebe geschützt werden.

AROLIN
Thomas
C7756

Praktische Reisetipps von A bis Z

Austauschprogramme und Entwicklungszusammenarbeit

In Landwirtschaft, Gewerbe und Dienstleistung erreichen honduranische Unternehmen nur gut 50 % der durchschnittlichen Produktivität ihrer zentralamerikanischen Nachbarn. Organisationsverhalten und Umwelt bremsen in Honduras häufig den Erfolg von engagierten Initiativen.

Dies bedeutet einerseits, dass die Arbeit und Unterstützung von freiwillig in Honduras tätigen Ausländern sehr sinnvoll ist, wenn diese eine gute Ausbildung und einschlägige praktische Erfahrungen mitbringen. Es heißt zugleich aber, dass die Fähigkeiten und Fertigkeiten Freiwilliger nur eingebracht werden können, wenn diese zunächst das Umfeld in Honduras eingehend kennen lernen und dann noch genügend Zeit haben, ihr Know-how allmählich zu übertragen. Dies erfordert eine Aufenthaltsdauer von zwei bis drei Jahren. Absolutes Minimum ist ein Jahr, darunter hat ein Einsatz in Honduras für niemanden einen Sinn.

• ***Internationaler Christlicher Jugendaustausch (ICJA),*** Kiefernstr. 45, 42283 Wuppertal, Tel. 0202-501081, Fax 0202-506563, www.icja.de, ICJA.Germany@t-online.de

Bietet besonders sinnvolle Austauschprogramme mit Lern- und Arbeitscharakter sowie professioneller Partnerwahl; die Aufenthaltsdauer beträgt ein Jahr.

• ***Carl-Duisberg-Gesellschaft e.V.,*** Lützowufer 6–9, 10785 Berlin, Tel. 030-254820, Fax 030-25482204, www.asa-programm.de

Bietet Forschungsaufenthalte von drei Monaten im Rahmen des ASA-Programms an.

• ***Deutscher Entwicklungsdienst (DED),*** Tulpenfeld 7, 53113 Bonn, Tel. 0228-2434-0, Fax 2434-111, www.ded.de

Büro in Honduras: Col. Humuya, C. Alpha, 3ª C., No. 2401, Tegucigalpa, Tel./Fax 239-2433, dedhonduras@multivisionhn.net

Bietet langfristige Verträge für Honduras, und zwar für geeignete Personen mit soliden Fachkenntnissen sowie Berufserfahrung in Bereichen der Selbsthilfeorganisation, des Ressourcenmanagements, der Betriebswirtschaft, Organisationsentwicklung und Dezentralisierung.

• ***AHEXA,*** Kontakt über *Estela Dominguez*, ahexa_honduras@yahoo.com

Der deutsch-honduranische Verein ehemaliger InWEnt-Stipendiaten, die in Deutschland studiert haben.

• ***Deutsche Gesellschaft für Technische Zusammenarbeit (GTZ) GmbH,*** Dag-Hammarskjöld-Weg 1–5, 65760 Eschborn, Tel. 06196-79-0, Fax 79-1115, www.gtz.de.

Büro in Honduras: Col. Tepeyac, C. Yoro, Ed. Plaza Visión, Tegucigalpa, Tel. 235-5251, 232-3545, Fax 235-5253, gtz-honduras@hn.gtz.de

Berät in Honduras verschiedene Partnerinstitutionen oder unterstützt diese bei der Durchführung von Projekten und Aktivitäten (siehe nebenstehenden Exkurs).

• ***Friedrich-Ebert Stiftung (FES),*** Godesberger Allee 149, 53175 Bonn, Tel. 0228-883-0, www.fes.de

Leistet vor allem im sozialen und politischen Bereich Unterstützung.

• ***Cuerpo de Paz*** *(Peace Corps)*, www.peacecorps.gov

Die US-amerikanische Organisation schickt weltweit Freiwillige in Entwicklungsländer, wo sie in sozialen Bereichen Unterstützung leisten. In Honduras befindet sich die größte Anzahl von Freiwilligen dieser Organisation überhaupt. Es handelt sich vorwiegend um junge Menschen, die gerade ihr Universitätsstudium beendet haben. Sie leben zwei Jahre in kleinen, armen Dörfern und sind vollständig in die Dorfgemeinschaften integriert. Da sie über das ganze Land verteilt sind, und die jeweiligen Regionen sehr gut kennen, lohnt es sich, nach den Peace-Corps-Freiwilligen zu fragen. Neben dem interessanten Gespräch

Die staatliche Entwicklungszusammenarbeit der Bundesregierung mit Honduras

Die staatliche Entwicklungszusammenarbeit Deutschlands wird durch das ***Bundesministerium für wirtschaftliche Zusammenarbeit und Entwicklung (BMZ)*** mit dem Partnerland abgestimmt und finanziert. Generell ist zwischen finanzieller und technischer Zusammenarbeit zu unterscheiden. Seit 2001 ist Honduras Schwerpunktland des BMZ. Übergeordnete Ziele der Zusammenarbeit sind Armutsbekämpfung und Förderung der nachhaltigen Entwicklung. Im Rahmen des Politikdialogs wurden folgende ***Schwerpunkte der Zusammenarbeit*** festgelegt:

- Unterstützung der Bildungsreform
- Umweltpolitik, Schutz und nachhaltige Nutzung der natürlichen Ressourcen
- Wirtschaftsreform und Aufbau der Marktwirtschaft.

Die ***finanzielle Zusammenarbeit*** wird in Honduras ausschließlich von der Kreditanstalt für Wiederaufbau, *KfW*, mit Sitz in Frankfurt abgewickelt. Die ***technische Zusammenarbeit*** wird von verschiedenen Entwicklungsorganisationen durchgeführt. Die beiden wichtigsten sind: der ***Deutsche Entwicklungsdienst (DED)*** und die ***Deutsche Gesellschaft für Technische Zusammenarbeit (GTZ).*** Ein wichtiger Partner der GTZ in Honduras ist das ***Zentrum für Internationale Migration (CIM),*** das deutsche Berater entsendet und in nationale Organisationen integriert.

Die KfW unterstützt in Honduras Vorhaben in den Bereichen sozialer Wohnungsbau, schulische Infrastruktur, Reform der Grundbildung und Naturparkmanagement. Für den DED arbeiten Entwicklungshelfer in ländlichen Projekten, so z.B. in der Förderung ökologischer Landwirtschaft und in der Beratung einer lokalen Nichtregierungsorganisation beim Management des Nationalparks Tawahka.

Die GTZ berät honduranische Partnerorganisationen bei der Durchführung von Vorhaben drei Schwerpunktbereichen; die ***Reduzierung der Armut*** steht dabei im Vordergrund. Die Programme und Projekte sind einem oder mehreren Fachministerien zugeordnet und beschäftigen regionale, entsandte und/oder nationale Fachkräfte als Berater. Die Zusammenarbeit beschränkt sich jedoch nicht nur auf die staatlichen Partnerorganisationen, sondern bezieht auch Partner aus der Zivilgesellschaft, z.B. NGOs, Kammern und Verbände, mit ein. Querschnittsthemen der Arbeit der GTZ sind Partizipation, Gender sowie Dezentralisierung und Gemeindeförderung. Der Fokus der Arbeit der GTZ liegt auf der ***Nachhaltigkeit der Entwicklungsansätze.*** Die GTZ repräsentiert zusammen mit der Botschaft die deutsche Entwicklungsarbeit.

Wesentliche Ursachen für die Armut ist das ***geringe Bildungsniveau.*** Die Verbesserung des Bildungsbereichs ist ein wichtiger Bestandteil der Armutsbekämpfungsstrategie des Landes. KfW und GTZ unterstützen daher die Bildungsreform und die Verbesserung der Bildungsinfrastruktur auf nationaler und dezentraler Ebene. Die deutsche Entwicklungszusammenarbeit beteiligt sich an dem ***Multigeberprogramm „Education for All" (EfA),*** in dem unterschiedliche multilaterale und bilaterale Organisationen zusammen die Verbesserung der Grundbildung in Honduras unterstützen.

Der Bereich ***Umweltpolitik, Schutz und nachhaltige Nutzung*** der natürlichen Ressourcen reagiert auf die wachsende Armut auf dem Land und die zunehmende Zerstörung der natürlichen Ressourcen. Schwerpunktregionen der Arbeit der GTZ sind der Occidente, insbesondere Lempira und Intibucá, wo durch partizipative Ansätze nachhaltige Produktion und wirtschaftliche Entwicklung unterstützt wird. In Olancho, der ***wichtigsten Waldregion des Landes*** werden Gemeinden und lokale Zielgruppen bei der nachhaltigen Waldbewirtschaftung beraten. Die Übernahme der Verantwortung der Gemeinden und Zielgruppen könnte ein Element bei der Einschränkung des illegalen Holzeinschlages darstellen, der in Honduras jährlich große Flächen verschlingt. KfW und GTZ arbeiten darüber hinaus bei der Förderung des nachhaltigen Schutzes der Biosphäre Río Plátano zusammen, die von der UNESCO zum ***Weltkulturerbe*** erklärt wurde. Durch die Unterstützung der Schutzgebietsverwaltung sowie die Verbesserung der Lebens- und Produktionsbedingungen der Bevölkerung in der Randzone leistet die deutsche Entwicklungszusammenarbeit einen Beitrag zum Erhalt dieses ***Biosphärenreservats.*** Dies stellt durch Landknappheit in anderen Regionen von Honduras und durch die komplexe ethnische Vielfalt in der Randzone eine echte Herausforderung dar.

Honduras konnte in den letzten Jahren zwar bescheidene Erfolge durch Wirtschaftswachstum erzielen, diese führten bislang jedoch kaum zu Armutsreduzierung und nachhaltiger Beschäftigung großer Bevölkerungsteile. Im Gegenteil ist festzustellen, dass sich die ***sozialen Unterschiede*** teilweise sogar verstärkt haben. Die Arbeit der GTZ im Schwerpunkt Wirtschaftsförderung zielt daher darauf ab, die Rahmenverbesserungen für kleine und mittlere Unternehmen zu verbessern. Hierbei stehen die Verbesserung der Dienstleistungen und Finanzangebote für diese Unternehmensschicht im Mittelpunkt. Darüber hinaus werden Ansätze der lokalen wirtschaftlichen Entwicklung auf Gemeindeebene gefördert. Da ein sehr hoher Anteil Jugendlicher von der Arbeitslosigkeit in Honduras betroffen ist (die Unterbeschäftigung liegt bei 29 %), soll zukünftig ein besonderer Fokus auf die Beschäftigungsförderung Jugendlicher gelegt werden.

Weitere Informationen beim DED oder GTZ, siehe „Austauschprogramme und Entwicklungszusammenarbeit".

Christel Weller-Molongua
(Büroleiterin des GTZ-Büros Honduras)

über ihre Arbeit, haben sie sicherlich auch ein paar gute Touristen-Tipps (Touren, Sehenswertes etc.) parat.

- ***Honduranisch-Deutsche Industrie- und Handelskammer*** *(Cámara de Comercio e Industria Hondureño-Alemana)*, Ave. La Paz, Ed. Plaza del Sol, 2 piso, Tegucigalpa, Tel. 236-5363, Fax 236-5371, info@cahona.com, www.ahkzakk.com/honduras

  Ansprechpartner, um sich nach einem Praktikum in Honduras zu erkundigen.
- ***Integration International Management Consultants GmbH,*** Kleiner Hirschgraben 10-12, 60311 Frankfurt, Tel. 069-913343-0, Fax 913343-40, int@integration.org, http://integration.org/de

  Kontaktstelle für auswanderungswillige und an Investitionen interessierte Leser.
- ***Spelleken Ruelle Association,*** Zum Simmig 13, 63755 Alzenau, Tel. 06023-503288, Fax 503289, www.SRassoc.de, info@Srassoc.de

  Betreut deutsche Firmengründer und Investoren in Entwicklungsländern und sind auf Honduras spezialisiert.
- ***Centro de Negocios Hondureño-Alemán,*** Ed. Huezo González, 3 piso, gegenüber *Droguería Mandofer*, Col. Alameda, Tegucigalpa, Tel. 228-1452, 987-5609, Fax 230-6044, www.centrodenegocioshonduras.com

  Unterstützt die Kooperation zwischen honduranischen und europäischen Unternehmen.

Der Malteser Hilfsdienst in Mittelamerika

Ein kleines Dorf im Süden von Honduras wurde 1998 durch den Hurrikan Mitch im ganzen Land bekannt. Der Bürgermeister dieses Dorfes war nach der Katastrophe in der Hauptstadt, in Tegucigalpa, vor die Fernsehkameras getreten. Er war 3 Tage lang zusammen mit seinem Vater zu Fuß 100 km in die Hauptstadt gelaufen. Vor den Fernsehkameras berichtete er unter Tränen, wie sein ganzes Dorf von den Wassermassen weggerissen worden war. Kein einziges Haus war übrig geblieben, über 300 Familien hatten alles verloren. 12 Menschen waren in den Fluten des Flusses, an dem das Dorf gelegen war, umgekommen. Der Name dieses Dorfes ist ***Morolica.*** Heute heißt es ***Neu-Morolica.***

Das Dorf wurde mit Unterstützung vom deutschen ***Malteser Hilfsdienst*** neu aufgebaut, nicht an der alten Stelle, sondern ungefähr 5 km davon entfernt. Zusammen mit dem Bürgermeister und einigen Leuten aus dem Dorf waren sie an der gesamten Planung des Wiederaufbaus beteiligt. Insgesamt sind in der Zwischenzeit in Neu-Morolica 312 Häuser gebaut worden. Allerdings sollte man hier eher von Hütten sprechen, sie sind etwa nur 24 m^2 groß. Nichtsdestotrotz sind die Häuser teilweise größer als die früheren. Ersetzen kann eine Neubausiedlung allerdings nicht die alt gewachsene Struktur eines Dorfes. Doch in der Not ist jede Familie froh, aus den Plastikzelten herauszukommen und wieder ein richtiges Dach über dem Kopf zu haben.

Die Malteser haben das Baumaterial, die Baumeister und die Maurer bezahlt. Die Bewohner haben als Hilfsarbeiter mitgearbeitet. Genau ein Jahr nach dem Hurrikan hat der deutsche Hilfsdienst im Oktober 1999 den Bewohnern die Häuser übergeben. Des Weiteren wurde eine ***neue Schule*** und ein ***Kindergarten*** für 300 Kinder gebaut, die ein Jahr lang Schulunterricht in Zelten bei oft über 35 Grad Hitze hinter sich hatten.

Auch in anderen Gegenden von Honduras haben viele Menschen ihre Häuser verloren und mussten sich an anderer Stelle niederlassen. In diesen neuen Ansiedlungen haben die Malteser vor allem ***Gesundheitszentren*** neu gebaut und diese mit Medikamenten ausgerüstet, um den Ausbruch von Epidemien zu verhindern.

Der größte Teil der Finanzierung der Maßnahmen kommt aus ***Spenden der deutschen Bevölkerung.*** Von Menschen, die damals im Fernsehen die Bilder über Mittelamerika gesehen und den Maltesern Geld gespendet haben. Ein anderer Teil kam von der Europäischen Union und von der deutschen Regierung, die den Maltesern für die Nothilfemaßnahmen Geld zur Verfügung stellte.

Weitere Information im Internet unter www.malteser.de.

Autofahren

Ein Auto ist in Honduras so teuer wie in Europa, also im Verhältnis zum Einkommen um ein Vielfaches wertvoller. Entsprechend unfallvermeidend fährt die motorisierte Bevölkerung. Nicht das Vorrecht zählt, sondern die Furcht vor dem größeren und stärkeren Verkehrsteilnehmer. Der Mensch ist leider zweitrangig. Erst im letzten Moment – wenn überhaupt – bremst das fahrende Auto vor dem Fußgänger.

Die Qualität der ***Straßen*** von Honduras ist heute auf relativ hohem Niveau. Dennoch sind tiefe Schlaglöcher und Fahrbahnabsenkungen – im Extremfall bis zu unmarkierten Schluchten – nicht auszuschließen. Auch Tiere und Gegenstände auf der Fahrbahn sind keine Seltenheit. Ein naturgemäß „unbeleuchteter" Esel, nachts auf der Fahrbahn, ist eine akute Lebensgefahr für alle Beteiligten. Deshalb ist vom ***Fahren nach Einbruch der Dunkelheit*** (also nach 18 Uhr) unbedingt abzuraten. Autos und vor allem Mietwagen sollten, falls Nachtfahrten nicht ausgeschlossen werden können, eine stets saubere Frontscheibe haben sowie eine, gerade in der Regenzeit, funktionsfähige Lüftung (gegen beschlagene Scheiben).

Stellt man den Anspruch auf deutsche Präzision hinten an und folgt eher den Regeln auf einer Ameisenstraße, dann ist Autofahren in Honduras vielleicht sicherer als zu Hause. Die wenigen vorhandenen ***Verkehrsschilder*** entsprechen im Wesentlichen der internationalen Norm. Besonders häufig sind die Schilder:

• *Alto*	Halt
• *Baje la luz*	Fernlicht bei Gegenverkehr abblenden
• *No dejar objetos*	Keine Gegenstände auf der Fahrbahn liegenlassen
• *No hay paso*	Einfahrt verboten
• *No rebalse*	Nicht überholen
• *Solo una vía*	Einbahnstraße

Eine generelle ***Vorfahrtsregelung*** gibt es aber nicht: Hat man die Vorfahrt anderer zu achten, so findet sich in der Regel das charakteristische umgekehrte Dreieck oder das mit *Alto* (Stop) beschriftete Stopschild. In den Städten bietet die *Avenida* in aller Regel sozusagen die eingebaute Vorfahrt, während der Fahrer auf einer *Calle* entsprechend an jeder Ecke Vorfahrt zu gewähren hat – sei es gegenüber von links oder von rechts kommenden Fahrzeugen.

Verboten ist es gelegentlich, auf ***Ampelkreuzungen*** links abzubiegen!

Die nicht immer widerspruchsfreien Verkehrsregeln versteht die ***Polizei*** auch nicht viel besser als der wenig versierte Reisende. Dennoch hat die Verkehrspolizei *(tránsito)* natürlich immer recht. Argumente sollten nur darauf abzielen, die persönliche Situation zu erklären und um Verständnis *(por favor comprenda)* zu bitten.

Die bei ***Ordnungswidrigkeiten*** zu entrichtenden *multas* können der meist freundlichen Streife nicht bar ausgezahlt werden. Stattdessen muss sich der Übeltäter mit Fahrzeug im Präsidium des *tránsito* persönlich präsentieren. Bis dahin hat er den Führerschein oder – bei Unfällen mit Personenschaden – das Fahrzeug abzugeben. Das ist ganz normal, also keine Panik!

Bei ***Unfällen*** sollte man die Ruhe bewahren und eine Möglichkeit organisieren, die Verständigung herzustellen. Bei Sachschäden empfiehlt sich, zunächst die eigene Schuld zu leugnen, auf die Grenzen des eigenen Budgets hinzuweisen und eine gütliche Einigung vorzuschlagen *(arreglo)*. Dann sollte ein kleiner Betrag in bar angeboten werden. Hat das keinen Erfolg, ist die Hilfe der Botschaft und – über diese – eines Anwalts zu suchen.

Bei ***Personenschäden*** setzt die Polizei den verantwortlichen Fahrer zunächst fest. Der einzige Weg ist die gütliche Einigung mit dem Opfer bzw. dessen Familie. Sind diese zufrieden und haben dies schriftlich niedergelegt, so kommt der verantwortliche Fahrer auf freien Fuß.

Zum Fahren in Honduras benötigt man einen gültigen deutschen oder internationalen ***Führerschein.*** Der gilt drei Monate, kann aber bei Abgabe eines Lichtbildes und durch einen Nachweis des Sehtests auch auf eine schicke kleine honduranische *licencia* umgeschrieben werden. Die kostet ca. 200 Lps. und hat zwei Jahre Gültigkeit.

Mit einer gültigen Kreditkarte können in den größeren Städten und Copán ***Autos gemietet*** werden. Sie dürfen jedoch in aller Regel nicht außer Landes gebracht werden. Die Haftpflichtversicherung schließt eine hohe Selbstbeteiligung ein, der Preis des Mietwagens entspricht europäischem Niveau.

Tankstationen der Marken *DIPPSA, TEXACO, ESSO* und *SHELL* (selten auch *COPENA*) befinden sich in Abständen von ca. 20 km. Es wird zwischen verbleitem Super/Extra, Normal und Diesel unterschieden. Ein Liter Normalbenzin kostet ca. 0,50 Euro. Maßeinheit ist die Gallone (ca. 3,75 Liter). Die Zapfanzeige wird aber häufig mit einem Koeffizienten auf den echten Betrag umgerechnet, auch das ist normal. In diesem Fall ist der Koeffizient (z.B. x2) auf der Tanksäule ausgezeichnet – oft nur als unscheinbares Zettelchen unter deren Sichtglas geschoben.

Eigentlich nur für Mitglieder, aber gegen Rechnung auch für Ausländer hilfsbereit ist der honduranische ***Automobilclub*** *Club Automobilístico de Honduras*, Tel. 231-5551 (Tegucigalpa), Tel. 552-5991 (San Pedro Sula), Tel. 441-0831 (La Ceiba). Der Club verfügt über einsatzbereite ***Abschleppfahrzeuge.***

Hauptstrecken

- Fernstraße ***CA1:*** *Panamericana* zwischen El Espino (Nicaragua) und El Amatillo (El Salvador)
- Fernstraße ***CA5:*** Südstrecke *(Carretera del Sur)* zwischen Jícaro Galán und Tegucigalpa und Hauptstrecke *(Carretera del Centro)* zwischen Tegucigalpa und San Pedro Sula
- Fernstraße ***CA4:*** Weststrecke *(Carretera del Oeste)* zwischen San Pedro Sula und Ocotepeque (Südwesten)
- Fernstraße ***CA11:*** von La Entrada nach Copán Ruinas (Westen)
- Fernstraße ***CA13:*** Nordstrecke *(Carretera del Norte)* zwischen San Pedro Sula und Trujillo.
- Außerdem führen asphaltierte ***Hauptstraßen*** von der Hauptstadt in die Bezirke El Paraiso (Fernstraße **CA6**) und Olancho.

Unasphaltierte Straßen

Unasphaltierte Straßen führen in häufig sehr interessante, unberührte Ortschaften. Das nicht asphaltierte, aber weitgehend auch in der Regenzeit befahrbare Straßennetz ist größer als das asphaltierte. Auf solchen „Staubstraßen" sind nur ***Geländewagen*** brauchbar. Andere Fahrzeuge verlieren leicht den Auspuff, Ärger durch die Mietwagenfirma ist dann meist unausweichlich. In diesem Buch mit einer durchgehenden Linie gekennzeichnete Strecken sind in der Regel ganzjährig befahrbar. Mit gestrichelter Linie gekennzeichnete Straßen sind dagegen häufig reine ***Sommerstraßen,*** die zwischen Mai und Dezember zunehmend unpassierbar sind. Besonders gefährlich sind Bäche und Flüsse, da deren Brücken häufig nicht mehr vorhanden sind. Warnschilder gibt es in Honduras für solche Fälle kaum!

Einkaufen

In Honduras gibt es fast alles. Mangelware sind lediglich Spezialartikel, die im Land nicht auf Nachfrage treffen, z.B. Campingzelt, Kompass, luftgetrocknete Mettwurst, Bio-Produkte (Kosmetika, Pharmazeutika).

Souvenirs

Produkte honduranischer Herstellung sind preiswerte und schöne Souvenirs. Besonders empfehlenswert sind Lederwaren, geflochtene Körbe, Kinderkleidung und Steinmetzarbeiten aus Copán. Doch das honduranische Kunsthandwerk ist nur in wenigen Bereichen attraktiv. Fragen Sie daher nach *tunus* aus der Moskitia, nach Holzschmuck (vor allem Landschaftsmotive in Mahagonie), nach Korbprodukten aus Santa Bárbara und nach Keramiken der Lencas.

Ein breites Angebot an Souvenirs findet sich in den gleichnamigen Läden (Souvenir oder *Artesanía*) in den Städten. Keramiken, Holz und Lederwaren lassen sich gut in Valle de Angeles, etwa 30 km östlich von Tegucigalpa, erstehen. Steinmetzarbeiten in Form kleiner Stelen und Pyramiden gibt es auf dem Markt in Copán oder am Eingang zu den Ausgrabungen: Diese kleinen Nachbildungen berühmter Stelen oder Figuren aus Speckstein oder Zement kosten in Copán nur einen Bruchteil der in Tegucigalpa oder an der Nordküste verlangten Preise. Sie sind in den anderen Mayaländern wie Guatemala und Mexiko kaum zu finden.

Vorsicht: ***Bedrohte Tierarten*** (Papageien, Leguane etc.) werden von armen Menschen zwar an Landstraßen angeboten, dürfen aber nicht ausgeführt werden. Rufen Sie *prohibido* (verboten), wenn Ihnen ein bedrohtes Tier angeboten wird. Auch die Ausfuhr von ***Antiquitäten*** ist untersagt.

Siehe auch Kapitel „Die Menschen, Kunsthandwerk".

Die unterschiedlichen Geschäfte

Geschäftsart	*Sortiment*	*Öffnungszeit*	*Zahlungsform*
mercado	je nach Stand	6 bis nachm.	bar am Stand
pulpería oder *almacén*	alles außer Frischware	7 bis 21 Uhr	bar an der Theke
supermercado	alles	9 bis 20 Uhr	bar, Mastercard, an der Kasse
ferretería	Haushaltswaren	9 bis 17 Uhr	bar, Mastercard, Auswahl beim Verkäufer, Zahlung an der Theke

Handeln

Je mehr ein Produkt als Luxus gilt und je teurer es ist, desto mehr muss um den Preis gerungen werden. Musikkassetten etwa oder Schmuck kosten real nur etwa 50 bis 80 % des erstgenannten Preises. Lebensmittel und Früchte dagegen werden nur mit geringen Nachlässen verkauft. Man sollte bei diesen Produkten nie den ersten Preis akzeptieren, sondern nach dem: *último precio?* (letzter Preis?) fragen. Grundnahrungsmittel, Zeitungen, Zigaretten und Preise in der Gastronomie sind dagegen nicht verhandelbar.

Elektrizität

Aus der Steckdose kommen 110 Volt Wechselstrom (60 Hz). Umschaltbare Geräte brauchen nur einen Adapter *(enchufle medida europea),* der zum Beispiel bei *Larach* oder in anderen gut sortierten *ferreterías* (Haushaltswarenläden) für etwa 5 Lempiras zu kaufen ist. Hartnäckigen 220 Volt-Geräten hilft ein Trafo, der je nach Kapazität ab 500 Lempiras (300 Watt) kostet. Achtung: Motoren leiden unter der gegenüber Europa (50 Hz) höheren Taktfrequenz.

Die ***Stromproduktion*** ist mittlerweile privatisiert worden, während die Vermarktung weiterhin über das staatliche Energieunternehmen *ENEE* abgewickelt wird. Der größte Anteil elektrischer Energie, ca. 65 %, wird in ***Wasserkraftwerken*** erzeugt, die auf Grund ihrer geringen Auslastung (niedriger Wasserstand) jedoch Energieimporte notwendig machen. Die Energieproduktion hängt somit zu einem großen Teil von der Einfuhr mineralischer Erzeugnisse wie Mineralöl oder Diesel ab. Für die armen Bevölkerungsteile bilden Brennholz und Holzkohle immer noch die Hauptquelle der häuslichen Energieversorgung. Zunehmend wird versucht, mit internationaler Hilfe einerseits die Energiegewinnung durch Wasser durch größere Anlagen zu steigern, andererseits werden große Erwartungen an die ***alternative Energieversorgung*** gestellt. So starten vermehrt Projekte mit ***Solarenergie.*** In so genannten *aldeas solares* – Solardörfern – wird versucht, die Stromversorgung auf umweltschonende Weise zu verbessern.

Im Jahr 2004 sah es knapp aus: In Tegucigalpa gab es monatelang nur ein paar Stunden am Tag Strom. Über die aktuelle Situation informiert die Rezeption des Hotels oder die staatliche Stromgesellschaft *ENEE.*

Essen und Trinken

Typische Speisen

Honduras ist in kulinarischer Hinsicht eine Mischung aus Lateinamerika und Karibik. Im Zentralland und Süden dominiert die möglichst handgemahlene ***Mais-Tortilla*** *(tortilla),* zu der ***Rote Bohnen*** *(frijoles)* ganz oder püriert gereicht werden. Das Bohnenpüree enthält viel Palmfett *(manteca),* deshalb der köstliche, nussige Geschmack. Zu *tortilla* und *frijoles* passt ***Saure Sah-***

ne (*mantequilla crema),* die mit einem Spritzer ***Chili-Sauce*** *(chile)* oder einem Zwiebelchen aus dem großen Mixed-Pickle-Topf perfekt harmoniert. In Tegucigalpa, im zentralen Hochland und im Süden wird ***Maniok*** (*yuca*) mit ***chicharrón*** *(gebratene Schweineschwarte)* als Snack serviert: ein Leckerbissen, dessen Würze allerdings Tage später noch aufstößt.

Diese typisch zentralamerikanische Kost wird nirgendwo so unverfälscht gereicht wie in Honduras. Wer immer treffsicher die klassische Mischung bestellen will, der bestellt das ***plato típico*** oder in einfachen Restaurants: ***plato del día,*** auf dem sich in aller Regel Bohnenpüree, Saure Sahne, ein Stück Fleisch, Geflügel oder Ei, eine gebratene Banane und Reis oder Nudeln befinden. Dazu wird ein Körbchen warmer Mais-Tortillas gereicht. Das *plato tipico* kostet zwischen 2 $ (im einfachen *comedor)* und 7 $ (im teuren Hotel).

Bei entsprechendem Geldbeutel wird *carne asada* (gegrilltes ***Rindfleisch***), *lomo* **(Steak),** *churrasco* **(Rumpsteak)** oder *chuleta* ***(Kotelett)*** dazu gegessen. ***Fleisch*** *(carne)* ist in Honduras preiswert und häufig vom Feinsten (zum Leidwesen des Regenwaldes). Zu gegrilltem Rindfleisch passt das fein gehackte und mit Limetten angemachte Gemüse ***chismol,*** das in kleinen Tonschalen serviert wird. Gerade Schweinefleisch kann wegen der gesunden *cerdos criollos* (kreolischen Schweine) gut gegessen werden.

Vegetarier finden am ehesten in einem *Restaurante Bufete* eine fleischlose Alternative.

Honduranisches ***Frühstück*** gleicht weitgehend dem landesüblichen Mittagessen, stets mit Bohnen, *tortillas* und häufig sogar Fleisch. Einzige Alternative: amerikanisches Frühstück mit *ham/bacon & eggs.* In preiswerten *comedores,* in denen Bauern und Fernfahrer ein- und ausgehen, wird meist aber nur ein ***Spiegelei*** (*huevo estrellado*) oder ein ***Rührei*** *(huevo revuelto)* zu *tortilla* und *frijoles* serviert.

Variiert wird diese Kost durch ***Fisch*** *(pescado)* und ***Meeresfrüchte*** *(mariscos)* aus der Karibik oder aus dem pazifischen Golf von Fonseca. Fisch ist – gerade im Norden – preiswert und köstlich. Die ***Sopa de Caracol*** (Seeschneckensuppe) ist seit dem gleichnamigen Sommerhit (1991) der honduranischen Band *Los Gatos Bravos* legendär. In sauberen Restaurants im Süden und in Tegucigalpa ist das ***Ceviche*** zu empfehlen: Fisch- oder Haifischstückchen werden in einer Limonen-Essig-Tunke serviert. Die erfrischende Kleinmahlzeit eignet sich als leichtes Mittagessen oder für zwischendurch. Auch ***Krabben*** *(camarón)* in verschiedenen Größenklassen *(normal, mediano, jumbo),* ***Hummer*** *(langosta),* ***Krebs*** *(cangrejo),* ***Meeresschnecke*** *(caracol)* und ***Tintenfisch*** *(calamares)* sind geläufig. Nur *langosta* ist richtig teuer (ca. 140-220 Lempiras), die restlichen Gerichte liegen auf dem Niveau eines Steaks (ca. 80 Lempiras). Zu Fisch wird häufig *tajada de plátano* (Chips aus Kochbanane) serviert. Eine halbe Limette darf auch nicht fehlen.

Sehr lecker sind auch *tapado* (***Eintopf*** aus drei Stärketrägern und zwei bis drei Fleisch- oder Fischarten), *tamales* (***Maistaschen*** mit Erbsen und Oliven), *nacatamales* (Maistaschen mit Schweine- und Hähnchenfleisch) und *machuca* (Bällchen aus ***Kochbanane,*** ideal zur Fischsuppe).

Alle Speisen auf der Grundlage von Fisch und Kokosnuss *(sopa de caracol, machuca, pescado, camarón)* stammen aus der ***Garífuna-Küche*** und werden von den Afrokariben selbst am besten zubereitet. In den Dörfern der Garífunas werden außerdem schmackhaftes *pan de coco* (Kokosnussbrot) und *tabletas de coco* (Kokosnuss-Plätzchen) verkauft.

Früchte

Ein absoluter Höhepunkt im Nahrungsangebot des Landes sind die unzähligen Arten exotischer Früchte: Limonen, Limetten, rote Pampelmusen, Tamarinden, Litchees, Mango, Honig- und Wassermelone, Honigapfel *(guanábana),* Breiapfel (*zapote,* meine besondere Empfehlung), Ananas, Papaya, Pitahaya, Mora und viele mehr sind auf den städtischen Märkten oder auch auf Fruchtständen am Rande der Stadt- oder Landstraße zu finden. Hygienisch unbedenklich ist, die Frucht am Stand selbst frisch schälen zu lassen.

Typische Getränke

In Copán gibt es eine Alternative zu den sonst aus den USA stammenden ***Erfrischungsgetränken:*** Das in Santa Rosá de Copán abgefüllte Süßgetränk wird mit viel natürlichem und künstlichen Aroma sowie reichlich Kohlensäure abgefüllt und unter dem Namen *Copán* im Zentralpark von San Pedro Sula (gleich gegenüber vom Gran Hotel Sula) sowie an den meisten Orten im Departamento Copán angeboten. Es ist die honduranische Variante des „Almdudlers". *Frescos naturales* sind natürliche ***Fruchtsaftgetränke*** auf Basis der vielfältigen Fruchtsorten (vor allem Tamarinde, Ananas, Limone). Hier ist die Qualität des zugesetzten Wassers abzufragen. *Frescos Naturales* kosten ca. 0,25 $. *Licuados* sind Milch- oder Wasser-Mixgetränke, die die ***ganze Frucht*** enthalten. Sie kosten schon 0,30 bis 0,70 $. *Wabul* ist das Püree gestampfter, gekochter, meist reifer ***Kochbananen*** mit Milch oder Wasser. *Wabul* gehört zu den Grundnahrungsmitteln der Miskitos und wird ausschließlich von diesen angeboten.

Honduras ist ein ***Bierland,*** alle fünf Arten *cerveza* sind gut: *Imperial* für die volkstümlichen Hauptstädter, *Salva Vida* für heitere Abendstunden (würzig) *Port Royal* für Kenner oder Insulaner (der Exportschlager), sowie *Holsten* unter deutscher Lizenz für die Trendsetter. Importbier gibt es kaum, allenfalls *Heineken, Becks* und viele dünne US-Marken. Entgegen der pseudoökologischen Werbung pumpt die US-gesteuerte Brauerei *Cervecería Hondureña* die Bevölkerung mit Dosengetränken voll, die trotz 20 % höherer Preise bei gleicher Qualität und Menge gerade in den Städten gut ankommen. Auf dem Land wird dagegen *chicha* (fermentierte Stärke) als selbstgebrautes Bier aus Mais, Orangen oder Ananas hergestellt.

Wein ist in Supermärkten zu erstehen, vor allem kalifornische und chilenische Sorten. In italienischen und internationalen Restaurants in San Pedro Sula und Tegucigalpa wird Wein ausgeschenkt, sonst ist es schwierig, welchen zu bekommen.

Auch bei den ***Spirituosen*** gibt es zwei sehr genießbare einheimische Produkte: *Flor de Caña* ist ein edles Zuckerrohr-Destillat zu populären Preisen. Am besten die Version *extra seco* mit Limette und viel Eis. *Yuscarán* ist ein ebenfalls aus Zuckerrohr gemachter weißer Schnaps, der kaum einen Kater hervorruft. Am besten mit Pampelmuse probieren! Aber vorher das Etikett der Flasche prüfen: Billiger Fusel (ohne Etikett) kann gefährlich sein.

Restaurants

Formelle *Restaurantes* bieten Essen nach der Karte. Sie öffnen meist erst ab mittags, die Karte ist sehr vielfältig. Oft wird zwischen *entradas* (Vorspeisen), *ensaladas* (Salate) und *comida principal* (Hauptspeisen) unterschieden. Bei den Hauptspeisen findet man *carnes* (Fleisch), d.h. *cerdo* (Schwein), *res* (Rind), *aves* (Geflügel) und *pescado* (Fisch), sowie *pasta* (Nudelgerichte). Die Gerichte liegen meist zwischen 2,50 $ (Spaghetti) und 15 $ (Languste). Als Beilage ist zwischen Pommes Frites, Reis und Spaghetti zu wählen. Manchmal wird außer den 12 % Mehrwertsteuer auch das Trinkgeld auf den Preis aufgerechnet. ***Restaurantes Bufetes*** servieren Mittagstisch vom Büfett, die Preise liegen zwischen 2,50 und 5 $ für ein Komplett-Menü.

Cafeterías bieten von Erfrischungen über Eis bis zum warmen Essen einfach alles. Der Preis liegt aber fast auf dem Niveau eines Restaurants, die Auswahl ist geringer, vor allem aufwändige Speisen fehlen.

Comedores gibt es an fast jeder Ecke, meist tragen sie ein Markenschild (z.B. *Coco Cola, Mejoral, Sal Andrews*). Hier findet man einfache, zumeist landestypische Speisen.

Zum kleinen Imbiss eignet sich ein *burrito* (Ei und Bohnenpüree in Weizen-Tortilla), *pastelito de carne* (Gehacktes in Teigmantel) oder einfach *pollo* (eine Portion Brathähnchen). Diese kleinen Snacks werden – wie sehr vieles in Honduras – auf der Hand gegessen und sind in ambulanten oder festen ***Garküchen*** zu bekommen. Meist weist ein Schild auf *Golosinas* oder *Carne asada* hin. Die Preise liegen um die 2 $.

Trotz strenger Gerüche und merkwürdigen Aussehens sind Lebensmittel und fertige Speisen meist hygienisch zubereitet. Vorsicht jedoch bei ambulanten Ständen, die nicht über fließendes Wasser verfügen oder an denen sich Tiere herumdrücken!

Mahlzeiten

Desayuno (Frühstück)

Ab 6 Uhr morgens verkaufen Frauen frisch gebackene *tortillas*. Meist dunkle, häufig nur mit kleinen Schildern ausgestattete *comedores* servieren ***landestypisches Frühstück.*** Es entspricht praktisch einer Hauptmahlzeit. Ein solches typisches Frühstück kostet zwischen 1 $ (die ersten drei Beilagen) und 2 $ (alle Beilagen).

- *frijoles enteros fritos:* Bohnen gekocht oder püriert (mit Palmfett, Zwiebeln und Kreuzkümmel);
- *tortillas de maiz/de trigo:* Fladen aus Mais oder (im Norden) aus Weizen
- *huevo estrellado/frito* (Spiegelei) oder *huevo revuelto* (Rührei)
- *arroz* (Reis), *yuca* (Maniok), *espaguetis* (Spaghetti) oder *papas* (Kartoffeln), auch kombiniert
- *mantequilla crema* (Saure Sahne) oder *queso blanco* (salziger Käse)
- *plátano frito* (gebratene reife Banane)
- *ensalada* (Salat aus ungewürztem Weißkohl und Tomate)
- *carnita* (Stückchen Fleisch als Mini-Kotelett oder Stückchen Rindersteak), *pollito* (Hähnchenbein) oder *chorizo* (kleine Mettwurst)

In den Restaurants der Hotels wird alternativ auch ein ***amerikanisches Frühstück*** (Toast, Butter, Marmelade, Orangensaft) oder ein ***kontinentales Frühstück*** (Spiegel- oder Rührei, ansonsten wie amerikanisches Frühstück) angeboten. Dort kostet das amerikanische etwa 2 $, das kontinentale etwa 3 $ und das typisch honduranische Frühstück 4 bis 6 $.

Almuerzo (Mittagessen)

Comedores halten zur Mittagszeit (11:30 bis 13 Uhr) ein *plato del día* (Tagesmenü) bereit, das dem Frühstück entspricht, aber statt Ei mehr Fleisch, Fisch oder Hähnchen enthält. Eine leichte Vorsuppe ist meist im Preis inbegriffen. Der Preis entspricht dem Frühstück oder ist maximal 20 % höher. Ein ***Tipp:*** Auf den Märkten, die als überdachte *mercados municipales* das Zentrum jeder Ortschaft prägen, dort gibt es integrierte *comedores*, die den strengen Anforderungen honduranischer Markthändler gerecht werden müssen. Hier kann man schnell mal in den Topf gucken und sein Mahl selbst zusammenstellen. Seltsame Gerüche der anderen Stände und ungünstig zusammengekehrte Müllberge täuschen: Die Hygiene auf Herd und Tisch ist hier meist einwandfrei, die Atmosphäre echt und herzlich, Preis und Qualität unschlagbar.

In ***Restaurants*** kann von der breit angelegten Karte gewählt werden. ***Hotelrestaurants*** bieten zusätzlich *Bufete* (Büfett) an oder auch ein Tagesmenü, das aber nicht unbedingt preiswerter ist. Ein formelles Mittagessen kostet zwischen 3 und 15 $.

Cena (Abendessen)

Abends sind die ***Comedores*** meist schon geschlossen, ***einfache Restaurants*** mit der Aufschrift *pollo* (Hähnchen), *chorizo* (Mettwurst) oder *golosinas* (Häppchen) übernehmen die Versorgung. Entsprechende Kleinigkeiten kosten zwischen 0,60 und 1 $. Nachtschwärmer müssen ab 22 Uhr zunehmend mit „Hot Dogs" vorlieb nehmen. Wie Eishändler stehen die Verkäufer vor Bars, Hotels und Diskotheken. Im Rollwagen haben sie kleine Würstchen in heißem Wasser und drei Bottiche mit Krautsalat, Essigzwiebeln und Soße. Senf und Ketchup können variiert werden. Hot Dogs kosten um die 7 Lempiras.

Restaurants haben abends Betrieb. Die Preise unterscheiden sich nicht vom Mittag. In den Parilla-Restaurants können speziell abends *pinchos* (Spieße), *carne asada* (Grillfleisch) oder Fischgerichte zum Bier bestellt werden. In den typisch honduranischen Restaurants *El Patio* (Tegucigalpa) und *La Espuela* (San Pedro Sula) werden ohne Aufpreis *anafres* (Stövchen mit Bohnen und Käse) zum Dippen auf den Tisch gestellt. Einige Restaurants stellen gute Snacks zum Bier, das Abendessen kann dann schon mal ausfallen.

Fahrradfahren

Räder aus asiatischer Produktion oder aus honduranischer Endmontage sind gerade im nördlichen Tiefland häufig zu sehen, denn das Rad ist das Fortbewegungsmittel der armen, aber nicht mittellosen Landbevölkerung.

Fahrräder ***leihen*** kann man mittlerweile in einigen größeren Hotels des Nordens. Doch das Radeln ist nur auf den promenadenähnlichen Straßen am Strand unbedenklich. Auf Überlandstraßen leben Zweiradfahrer gefährlich.

Sinnvoller sind ***Mountainbikes,*** die im touristischen Norden sehr häufig, im Rest des Landes eher noch wenig verliehen werden. Auch ein Rad zu ***kaufen*** ist schwierig, Weltmarken findet man nur in einzelnen Spezialgeschäften. Eine Alternative kann es sein, das Fahrrad ***selbst mitzubringen.*** Das ist gerade mit Charterflügen nicht unbedingt teuer, die Preise variieren aber je nach Fluglinie sehr. Eine Versicherung wird dringend empfohlen, und eine geeignete Ausrüstung (Ersatzteile, spezielles Werkzeug) ist essenziell. Die ***Route*** mit etwaigen Hotelarrangements plant man am besten in Zusammenarbeit mit einem honduranischen Reisebüro.

Feste und Feiertage

In Honduras werden die traditionellen ***Patronatsfeste*** zu Ehren der jeweiligen lokalen Heiligen aus vollen Zügen gefeiert. Die *Fiesta Juliana* in San Pedro Sula, zu Ehren des Heiligen Petrus *(San Pedro)* am 29. Juni gefeiert, oder die Fiesta San Isidro in La Ceiba, am 15. Mai, sind die Anlässe und Höhepunkte mehrtägiger Volksfeste. Denn an den Werktagen vor dem Höhepunkt des Festes ziehen Züge durch die Stadtteile. Erst am Samstag der Festwoche klingt das traditionelle Stadtfest mit Livemusik und Tanz im Zentralpark aus. In den feierwütigen karibischen Zentren wie La Ceiba nimmt das Patronatsfest den Charakter eines ***Karnevals*** an. Die Ceibeños selbst behaupten sogar, der *carnaval ceibeño* sei der größte nach jenem von Rio. Er dauert zwei Wochen lang. Am letzten Samstag tanzen Tausende Honduraner ausgelassen in den Straßen des Zentrums zu Livemusik: Salsa, Punta und Cumbia. In dieser Nacht braucht man nicht auf freie Hotelkapazitäten zu hoffen.

Wie viele arme Völker feiert auch das honduranische mit unvergleichli-

Ausgewählte Feste und Patronatsfeste in Honduras

Feste mit Karneval sind mit einem Stern gekennzeichnet.

Tag	*Name des Festes*	*Orte und Bezirke*
Januar		
1	Dulce Nombre de Jesús	Culmí, Olancho
*2	Festival der Pesch	Culmí, Olancho
13	San Antonio	Pespire, Choluteca
14	Señor de Quelala	Jesús de Otoro, Intibucá
15	Señor de Esquipulas	El Triunfo, Choluteca; Esquias, Comayagua; Gualala, Sta. Bárbara; Quesailica, Copán; Victoria, Yoro; Corozal, Atlántida
15	Señor de las Mercedes	Santa Lucía, Nähe Tegucigalpa
15	San Francisco de Asís	San Francisco de la Paz, Olancho
20	San Sebastián	Comayagua, Comayagua; Danlí, El Paraiso; Erandique, Lempira; Ojojona bei Tegucigalpa; Olanchito, Yoro
25	Niño Jesús de Praga	Cedeño, Choluteca
Februar		
2	Virgen de Candelaria	El Corpus, Choluteca; Goascorán, Valle; Sabanagrande, F. Morazán; Yarula, La Paz
3	Virgen de Suyapa	Suyapa, Nähe Tegucigalpa
11	Virgen de Lourdes	Ilama, Santa Bárbara; Comayagua, Comayagua; Choloma, Cortés
22	San Matías	La Campa, Lempira
*28	Festival der Apfelsine	Guinope, Nähe Zamorano
*3. Samstag	Festival des Kaffees	El Paraíso, El Paraíso
März		
19	San José	Bo. Buenos Aires, Comayagüela; Colinas, Sta. Bárbara; Copán Ruinas, Copán; Nacaome, Valle; Nueva Ocotepeque, Ocotepeque
April		
23	Jahrmarkt	French Harbour, Islas de la Bahía
25	San Gaspar	Taulabé, Comayagua
25	San Marcos	San Marcos, Ocotepeque, San Marcos, Santa Bárbara
****Ostern***	Überall	Semana Santa (Musik, Spiel und Tanz)

Tag	Name des Festes	Orte und Bezirke
Mai		
3	Día de la Cruz	Amapala, Valle; Sta. Cruz de Yojoa, Cortés; Triunfo de la Cruz, Atlántida
*15	San Isidro	La Ceiba, Atlántida; San F. de la Paz, Olancho
22	Santa Rita de Casia	Sabá, Colón; Santa Rita, Yoro; Santa Rita, Copán
30	San Fernando	Omoa, Cortés
Juni		
13	San Antonio	El Nispero, Santa Bárbara; Tela, Atlántida; San Antonio, Cortés
21	San Luis	Balfate, Colón
24	San Juan Bautista	El Paraiso, El Paraiso; El Porvenir bei La Ceiba; *Trujillo, Colón; La Entrada, Copán; La Paz, La Paz; Chimistán, Sta. Bárbara; Yuscarán, El Paraiso
*3. Sonntag	Festival von Mango und Mamey-Frucht	Yuscarán, El Paraiso
Juli		
16	Virgen del Carmen	El Negrito, Yoro; Santa Fé, Colón
*22-29	Festival der Kartoffel	La Esperanza, Intibucá
26	Festival der Milch	La Ceiba, Atlántida
26	Santa Ana	Campamento, Olancho; San Marcos, Choluteca
August		
10	San Lorenzo	San Lorenzo, Valle
15	Virgen del Tránsito	Jutiapa, Atlántida; Pimienta, Cortés; Utila, Islas de la Bahía
15	Asunción de Nuestra Señora	Puerto Cortés, Cortés
30	Santa Rosa	El Triunfo, Choluteca; La Lima, Cortés; Santa Rosá de Copán, Copán
*letzter Samstag	Festival des Mais	Danlí, El Paraiso
September		
14-20	Jahrmarkt	Olanchito, Yoro
23	Nationales Apfelsinen-Festival	Sonaguera, Colón
24	Las Mercedes	Progreso, Yoro; San Esteban, Olancho
29	San Miguel	Tegucigalpa; Potrerillos, Cortés; Marcala, La Paz

Tag	Name des Festes	Orte und Bezirke
Oktober		
4	San Francisco de Asís	Catacamas, Olancho; Orica, F. Morazán; Valle de Angeles, Nähe Tegucig
17	Festival des Fisches	Amapala
Dezember		
4	Santa Bárbara	Santa Bárbara, Santa Bárbara
8	Virgen de Concepción	Concepción, Intibucá; Choluteca, Choluteca; Gualaco, Olancho; Juticalpa, Olancho; La Esperanza, Intibucá; Limón, Colón; San Antonio de Flores, Choluteca; Yuscarán, El Paraiso
12	Virgen de Guadalupe	Comayagüela
13	Santa Lucía	Gracias, Lempira

Gesetzliche Feiertage

1. Januar	Año Nuevo	Neujahr
Ostern	Semana Santa	Ostern und die Woche davor
1. April	Día de Las Américas	
1. Mai	Día del Trabajo	Tag der Arbeit (mit Demonstration)
2. Mai-Sonntag	Día de la Madre	Muttertag
15. September	Día de la Independencia	Unabhängigkeitstag (Nationalfeiertag)
3. Oktober	Día del Soldado, Aniversario de Francisco Morazán	Tag der Soldaten, Geburtstag v. Morazán (Nationalfeiertag)
12. Oktober	Día de la Raza	Volksfeiertag
21. Oktober	Día de las Fuerzas Armadas	Tag der Streitkräfte
25. Dezember	Navidad	Weihnachten

cher Hingabe. Jeder Anlass ist dazu recht. Auch die ***Berufsgruppen*** des Landes werden durch herausragende Festtage geehrt. So gibt es den Tag des Lehres *(día del maestro)*, den Tag der Sekretärin *(día de la secretaria)*, den Tag der Krankenschwester *(día de la enfermera)* und den Tag des Buchhalters *(día del perito)*. Allen diesen Ehrentagen ist gemein, dass die entsprechenden Akteure nicht arbeiten brauchen und – je nach Engagement des Berufsverbandes, der örtlichen Vereine und der Gemeindeverwaltung – zu einem Fest zu ihren Ehren geladen werden. Als ich von 1989 bis 1991 in Trujillo lebte, verging in der jeweils ersten Jahreshälfte keine Woche, in der nicht irgendeine Fete im Zentralpark stattfand, stets mit tanzbarer Livemusik, Wettbewerben, Verlosungen und großspurig präsentierten Ehrengästen.

Vielfältig und ergiebig sind auch die ***regionalen Feste,*** die örtlichen landwirtschaftlichen Traditionen und kulinarischen Sitten gewidmet sind. Am 3. Samstag des Februar findet das Kaffeefest in El Paraíso, am 3. Sonntag des Juni das Mangofest in Yuscarán, am 22. bis 29. Juli das Kartoffelfest und am 26. Juli das Milchfest in La Ceiba, am letzten Samstag des August das berühmte Maisfest in Danlí (El Paraiso), am 23. September das Apfelsinenfest in Sonaguera, Colón (zwischen La Ceiba und Trujillo), und am 17. Oktober das Fischfest in der kleinen Hafenstadt Amapala am Pazifik statt.

Diese Feierlichkeiten sind meist laut und recht bewegt. Eintritt wird nur für Sonderveranstaltungen erhoben. Tanzen Sie ruhig mit!

Frauen allein unterwegs

Alleinreisende Frauen sollten ein dickes Fell mitbringen. Honduraner sind zwar stets freundlich und nachgiebig, aber auch auf der Suche nach blonden oder sonstwie in ihren Augen exotisch aussehenden Frauen. Interessiertes, aufgeschlossenes Verhalten von Frauen wird leicht als erotische Offenheit missverstanden, entsprechende Pfiffe, Kommentare etc. sind dann leider ganz normal.

Kleidung, die weibliche Formen unterstreicht, ist in Honduras – besonders in den Großstädten – sehr beliebt. Männer schauen Frauen nach, die solche Kleidung tragen, sprechen über sie und tun alles, um sich ihnen gegenüber ins Gespräch zu bringen. Das genießen honduranische Frauen, und sie fühlen sich in ihrer Weiblichkeit bestätigt. Honduranern ist also völlig unverständlich, wenn eine europäische Frau sich zwar auch entsprechend attraktiv kleidet, die anerkennend zwinkernden Reaktionen aber ablehnt. Weite, leichte Stoffe, die die Körperkonturen durchscheinen lassen, führen oft zu respektloser Anmache.

Bei ***unerwünschter Anmache*** ist es am besten, diese zu ignorieren bzw. sich abzuwenden. Bei Bedarf hilft auch eine bestimmte Antwort wie *Por favor, no me hable* (Bitte sprechen Sie mich nicht an) oder sogar *Por favor, déjeme en paz* (Bitte lassen Sie mich in Ruhe). Aufgeregtheit oder die vorschnelle Suche nach Polizisten ist hier nicht angebracht. Besser ist es, die Hilfe durch andere Frauen oder – in Kneipen zu später Stunde – durch nicht betrunkene Personen zu suchen.

- ***Buchtipp:*** *Birgit Adam,* **Als Frau allein unterwegs,** Praxis-Reihe, Reise Know-How Verlag, Bielefeld

Informationsstellen in Honduras

Das halbstaatliche ***Tourismus-Institut*** *IHT (Instituto Hondureño de Turismo)* unterhält in allen wichtigen Fremdenverkehrszentren Info-Einrichtungen. Adressen finden sich bei den jeweiligen Orten. Das ***Hauptbüro*** befindet sich in Tegucigalpa. Hier gibt es Infos und preiswerte Poster. Sonstiges Infomaterial ist eher spärlich. *Instituto Hondureño de Turismo*, Col. San Carlos, Ed. Europa, Tegucigalpa, Tel. 222-2124, 238-3975 oder kostenfrei 800-222-8687, Fax 238-2102, ihturism@hondutel.hn, www.letsgohonduras.com.

Eine sehr gute touristische Übersicht bietet die Zeitschrift ***Hondurastips*** (auf Englisch und Spanisch), erhältlich in größeren Hotels oder über das Tourismus-Institut, www.honduras.com/hondurastips.

Internetcafés

Besonders in den größeren Städten haben in den letzten Jahren Internet-Cafés einen regelrechten Boom erlebt. Die Preise sind noch relativ unterschiedlich, meist auf dem Dorf deutlich teurer als in den Städten, wo der Durchschnittspreis pro Stunde derzeit bei ca. 2 $ liegt. Es kann aber erwartet werden, dass durch die Konkurrenz diese Preise in den nächsten Jahren deutlich sinken werden. In manchen günstigeren Cafés ist das Surfen im Internet kaum möglich, da sie eine viel zu geringe Übertragungsgeschwindigkeit haben.

Maße und Gewichte

Neben den metrischen Maßen, die uns geläufig sind, werden in Honduras noch eine Reihe uneinheitlicher Maße und Gewichte verwendet, die gerade im ländlichen Raum und auf volkstümlichen Märkten stets vorherrschen.

Länge	1 *pulgada*	2,54 cm
	1 *pie*	30,00 cm
	1 *yarda*	91,40 cm
Volumen	1 *galón*	3,758 l
Gewicht	1 *onza*	28,35 g
	1 *libra*	453,60 g
	1 *quintal*	45,4 kg
Fläche	1 *manzana*	0,744 ha
	1 *vara*	0,9 m²

Medizinische Versorgung

Für allgemeine Informationen zur Gesundheitsvorsorge und Hygiene siehe Kapitel „Vor der Reise“ sowie im Anhang „Reise-Gesundheits-Informationen Honduras“.

Gesundheitssystem

Die medizinische Versorgung findet in drei Systemen statt: Die ***öffentlichen Krankenhäuser*** *(hospitales públicos)* und ***Gesundheitsstationen*** *(centros y puestos de salud)* sind spärlich ausgestattet und meist von Trauben armer Patienten umlagert. Im Notfall ist jedoch tatkräftige Hilfe gratis, besondere Medizin wird extern gegen Vorschuss des Patienten hinzugekauft. Die ***öffentliche Krankenversicherung,*** in der nur ca. sechs Prozent der Bevölkerung (nämlich die formell Beschäftigten) Mitglied sind, betreibt eigene Einrichtungen auf mittlerem Niveau.

Die ***private Gesundheitsversorgung*** schließlich basiert auf einzelnen Praxen oder Praxisgemeinschaften *(clínica médica)* sowie privaten Krankenhäusern *(hospital privado)*.

Die menschliche Kompetenz honduranischer ***Ärzte*** geht über die deutscher und europäischer Kollegen weit hinaus: Zuhören und Trösten gehört zu den ersten Tugenden, mit simplen Methoden werden kluge Diagnosen und Therapien erzielt. Dafür ist die technische Ausstattung nicht auf dem neuesten Stand. Dem entsprechen die relativ bescheidenen Rechnungen, die etwa dem allgemeinen Preisniveau entsprechen (Einfache Untersuchung ca. 150 Lps., Ultraschall-Untersuchung ca. 250 Lps., einfache Zahnbehandlung 300 Lps., pro Zahnkrone neu 300 Lps. usw.).

Krankenwagen gibt es kaum. Im Notfall sollte man ein Taxi nehmen und den Fahrer bitten, ein *hospital de calidad, y sea caro* (ein gutes, jedoch teures Krankenhaus) anzusteuern.

Bei ***schweren Fällen*** sollte außer dem Notfallservice der Versicherung auch die Botschaft bzw. das Konsulat benachrichtigt werden.

Empfehlenswerte Ärzte und Krankenhäuser

Unter dem großen Angebot staatlicher und privater Praxen und Krankenhäuser empfehle ich wegen der Qualifikation und der Anzahl fremdsprachenkundiger (zumeist Englisch) Ärzte folgende privaten Krankenhäuser:

- ***Tegucigalpa:*** *Clinicia Viera,* 5ª C. entre 11ª y 12ª Ave., Tel. 237-3160.
- ***San Pedro Sula:*** *CEMESA, Centro Médico Sampedrano,* Col. Altamira, entre 21ª y 22ª C., Blvd. del Sur, Tel. 552-7401, 552-9421.
- ***La Ceiba:*** *Hospital Vincente D'Antoni,* Blvd. Morazán (auch C. D'Antoni genannt), Tel. 443-2264, 443-0029, 443-2234, Notaufnahme Tel. 443-0593, Fax 443-2214.

Apotheken

Farmacias verkaufen eine ganze Reihe gängiger Präparate, von denen die meisten auch ohne Rezept erhältlich sind. Wie in Deutschland auch, ist ständig mindestens eine Apotheke in jeder Stadt geöffnet. Der ***Notdienst*** wird *turno* genannt. In der morgendlichen Tageszeitung sowie auf einem Schild an der Tür der geschlossenen Apotheken steht geschrieben, welche andere Apotheke gerade Dienst hat. Wie in Deutschland werden die Apotheken an ihrem Namen (z.B. *Farmacia Suyapa)* erkannt, Taxifahrer benötigen zur Findung des Standortes der Apotheke meist keine weitere Adressenangabe.

Nachtleben

Honduras ist ein Land der Musik und der Tänze. Jede mittlere und große Stadt hat eine *zona viva* ***(Vergnügungsviertel)***, die nicht mit der *zona roja* (Rotlicht-Viertel) zu verwechseln ist. *Salones de Baile* ***(Tanzsalons)*** sind der Anziehungspunkt in einfachen Siedlungen und Dörfern, wo meist am Wochenende zu karibischer Musik (auch live) getanzt wird. Hier zählt der gemeinsame Rhythmus, Ambiente und

Getränke sind sekundär. So auch in billigen ***discotecas,*** die wie die *salones* häufig in großen, flachen Holz- oder Blocksteinhallen zu finden sind.

Moderne *discotecas* finden sich in den großen Städten. Sie kosten zwischen 20 und 100 Lps. Eintritt und verfügen über professionelle Musikanlagen. In jeder Stadt befinden sich auch ein paar Night Clubs, Zentren der ***Prostitution.*** Die AIDS-Rate beträgt, vor allem im Norden des Landes, über 50 % bei den in diesem Gewerbe Tätigen.

Öffnungszeiten

- ***Banken:*** Nicht einheitlich, aber meist mit einer Kernzeit (Mo. bis Fr.) von 9 bis 16 Uhr. In den großen Städten gibt es Filialen, die bis teilweise 19 Uhr geöffnet sind. In den kleinen Ortschaften öffnet meist mindestens eine Bank samstags von 9 bis 11:30 Uhr.
- ***Geschäfte:*** Manche Geschäfte schließen mittags, im Allgemeinen wird man wochentags von 9 bis 12 Uhr und von 14 bis 18 Uhr bedient. ***Pulperías*** öffnen vielfach schon um 7 Uhr und schließen erst zwischen 20 und 22 Uhr. ***Supermärkte*** öffnen meist um 9 Uhr und schließen abends um 20 Uhr.
- ***Post:*** Mo. bis Fr. von 7:30 bis 20 Uhr, Sa. 7:30 bis 12:30 Uhr.
- ***Behörden:*** Mo. bis Fr. 8 bis 16 Uhr.

Orientierung

Einen bestimmten Ort zu finden ist in Honduras nicht leicht, wenn die ***Hilfe der Einheimischen*** dazu erforderlich wird. Stets sollten sicherheitshalber mehrere gleichlautende Aussagen abgewartet werden, ein beherztes „sí" oder eine freundliche, überzeugend klingende Erklärung nicht gleich als wahrhaftig gedeutet werden.

Straßenbezeichnungen existieren zwar häufig, sie sind aber nur gelegentlich zu lesen. In den spanisch geplanten Städten wie Comayagüela, San Pedro Sula oder Puerto Cortés unterscheidet man zwischen fast immer vorfahrtsberechtigten ***Avenidas*** und den quer dazu verlaufenden ***Calles.*** San Pedro Sula, Puerto Cortés, Tela und Choluteca sind außerdem in vier ***Zonen*** unterteilt, die nach den ***Himmelsrichtungen*** unterschieden werden: Es gibt je eine Zone Nordwest (in der Landessprache N.O. = noroeste), Nordost (N.E. = norteste), Südwest (S.O. = suroeste) und Südost (S.E. = sureste). Innerhalb der Zone ist die Einteilung in *Calles* (Ost-West-Verlauf) und *Avenidas* (Nord-Süd-Verlauf) eindeutig. Anderswo ist die Angabe der Himmelsrichtung aber nicht notwendig, da die Städte klein sind oder die jeweils 1. Straße am Meeressaum (und nicht im Zentrum) liegt.

Wegen all dieser Komplikationen werden die ***Adressen in diesem Buch*** immer auch mit der ***spanischen Bezeichnung*** genannt. Dadurch wird es leicht möglich, die meist freundlichen Passanten zu fragen.

Damit die Suche nach einer Adresse nicht zur frustrierenden Odyssee wird, enthält die Adresse häufig noch besondere ***Orientierungspunkte.*** Sie werden in diesem Buch nur dann in ***deutscher Übersetzung*** genannt, wenn sie dem Unkundigen wirklich eine Orientierung geben. Sind sie nur für Insider, wird die spanischsprachige Version verwendet. So können Passanten leichter zu Hilfe gezogen werden. Einige ***Beispiele:***

- *1ª Ave. entre 3ª y 4ª C. N.O.*: auf der 1. Avenida, zwischen der 3. und 4. nordwestlichen Calle.
- *Ed. Los Jarros:* Gebäude *(Edificio)* Los Jarros. Den Namen des Hauses anzugeben ist bei großen, bekannten Gebäuden mit Mischnutzung üblich.
- *Casa No. 312* oder nur *No. 312:* Haus Nummer 312. Die Nummerierung der Häuser ist nicht durchgehend (immer wieder fehlen Nummern oder Häuser).
- *Frente del Mango:* Gegenüber des Mangobaums.
- *Contiguo al Tren:* Neben der Eisenbahn.

Zum Verständnis der wichtigsten Orts- und Richtungsangaben siehe „Kleine Sprachhilfe" im Anhang.

Die ***Entfernung von Orientierungspunkten aus*** wird in Honduras (und anderen Ländern Zentralamerikas) per Straßenzug (Block) vorgenommen, das spanische Wort ist **cuadra.** Je nach Ortschaft kann eine *cuadra* 60 m oder 280 m lang sein. Mündet eine Straße ein, so fängt die neue *cuadra* an. Sogar Entfernungen in der unbebauten Wildnis werden mit *cuadras* gemessen. In diesem Fall entspricht eine *cuadra* etwa 100 Metern.

Auch wenn man eine ***Wegerklärung*** einholt, sollte man einige Besonderheiten beachten. Rechts und links werden selten als Merkmale verwendet, Himmelsrichtungen ebensowenig. Wege werden anhand von Orientierungspunkten erklärt, Abbiegungen mit einer Geste angedeutet. Nur durch genaues Hinschauen erfährt man, ob dann links oder rechts die korrekte Richtung ist. Eine typisch honduranische Wegbeschreibung: Laufen Sie hier (Geste) entlang, bis Sie den alten Mann sehen, dann so (Geste) bis zum Mango-Baum, dann den Hügel hinauf und nach dem rosa Haus so (Geste) zum Bach, wo ein Schild den Weg zum *comedor* weist. Einigermaßen sicher kommt an, wer auf dem Weg ***mehrmals fragt,*** am besten an jeder Ecke. Bei Widersprüchen sollte man zum letzten (widerspruchslosen) Halt zurückkehren und von dort aus neu ansetzen.

Post

Die Post arbeitet im Allgemeinen zuverlässig. ***Briefe*** nach Europa brauchen 5 Tage bis 3 Wochen, ***Tarife*** ändern sich ständig und müssen am Schalter erfragt werden. Zur Zeit reist ein Luftpostbrief für 0,80 $ nach Deutschland.

Briefmarken (*sellos* oder *estampillas*) sind nicht immer vorrätig, und wenn, dann nur an Postschaltern und in der Rezeption großer Hotels. ***Postlagernde Sendungen*** *(lista de correos)* kann man sich in die größeren Städte schicken lassen. ***Adressen*** immer absolut lesbar in Großbuchstaben schreiben!

Briefkästen kennt man in Honduras nicht. Das Versendegut muss in jedem Fall persönlich abgegeben werden, es empfiehlt sich, dabeizubleiben, bis die Sendung abgestempelt wurde.

Die Postzustellung per ***Briefträger*** klappt erstaunlich gut. Sicherer ist es, falls angegeben, das ***Postfach*** *(Apartado Postal* bzw. *Apdo. Postal)* zu nutzen.

Neben der staatlichen Post gibt es in den Städten (vor allem Tegucigalpa und San Pedro Sula) internationale ***Kurierdienste*** wie *DHL* (Col. Palmira, Ave. Chile, No. 502, neben *Restaurante El Arriero,* Tegucigalpa, Tel. 220-1800 bis -32), die Sendungen in drei bis vier Werktagen nach Europa transportieren. Innerhalb von Honduras beschleunigt der private Kurierdienst *Expreco* die Versendung.

Pakete

Pakete nach Deutschland sind relativ ***teuer,*** pro Kilogramm ca. 5 $. Hinzu kommt das ***Risiko,*** dass die Pakete nach Abgabe geöffnet werden. Sicherer ist es, einen internationalen Kurierdienst zu benutzen (der allerdings noch viel teurer ist) oder seine Pakete einer heimreisenden Person mitzugeben. Handelt es sich um Bücher oder Kleidung, so sollte bei der Post darauf hingewiesen werden. Das Risiko des Missbrauchs ist dann entsprechend niedriger.

Achtung: Die honduranische Post akzeptiert keine wiederverwendeten Umschläge oder sonstigen Materialien. Eine feste ***Verpackung*** wird unbedingt verlangt. Jedoch sollte diese erst im Postamt geschlossen werden, da bei Sendungen ab 1 kg der Inhalt geprüft werden kann.

Ankommende Pakete werden bis 1 kg zollfrei ausgehändigt. Sind die Pakete schwerer, so muss der Empfänger sie beim Postamt persönlich abholen. Pakete über 2 kg kosten ***Zoll,*** bis zu 20 % des eingeführten Wertes.

Reise in die Nachbarländer

Flugverbindungen

Unter dem Schirm der salvadorianischen *TACA* firmieren die Fluglinien der einzelnen Länder gemeinsam als *Grupo TACA*. Man kann mit folgenden Flugpreisen und Frequenzen ***von Tegucigalpa*** (TGU) und ***San Pedro Sula*** (SAP) planen:

- ***San Salvador/El Salvador*** (SAL): täglich morgens um 6:45 Uhr von SAP bzw. 7 Uhr von TGU und nachmittags um 16:25 Uhr oder 16:40 Uhr von SAP bzw. 17:05 oder 17:40 Uhr von TGU für 205 $
- ***Ciudad de Guatemala/Guatemala*** (GUA): täglich abends um 20 Uhr von SAP und 21:10 Uhr von TGU für 300 $
- ***Belize City/Belize*** (BZE): täglich außer Do. und Sa. um 6:45 Uhr von SAP für 300 $
- ***San José/Costa Rica*** (SJO): täglich um 7:30 und 13:55 Uhr von TGU für 300 $
- ***Ciudad de Panamá/Panama*** (PTY): täglich um 13:55 Uhr von TGU für 410 $

Sondertarife gibt's manchmal für die oben genannten Strecken, Bedingung

21 Tage vor Abreise gebucht, Gebühr bei Umbuchung allerdings 100 $. Flugpreise und Abflugzeiten unterliegen Schwankungen, daher immer aktuell erkundigen.

Landverbindungen

Alle zentralamerikanischen Hauptstädte (außer San Salvador) über die Carretera Panamericana – mit einem Abstecher nach Tegucigalpa – verbindet *Ticabus* (16ª C. entre 5ª y 6ª Ave., Bo. Villa Adela, Tel. 220-0590, 220-0579) für 49 $, mit täglichen Abfahrten um 9 Uhr (Ankunft 17 Uhr) nach Managua und San José.

Die beste, weil sicherste und zuverlässigste Busgesellschaft zwischen ganz Honduras und Guatemala ist *Hedman Alas* mit Büros in Tegucigalpa, San Pedro Sula, La Ceiba, Copán Ruínas, Antigua Guatemala sowie den Hauptstädten von Guatemala und El Salvador.

Zwischen San Salvador, Guatemala und Tegucigalpa verkehrt täglich die Linie *King's Quality* alias *Pullman* (Tel. 225-5415, 225-2600, (nach El Salvador hin und zurück 60 $, nach Guatemala hin und zurück 100 $), Bo. Guacerique, Blvd. de la Comunidad Económica Europea, neben *PACSA*, Tegucigalpa), mit täglichen Abfahrten um 6 und 13 Uhr nach San Salvador und Ciudad de Guatemala.

Guatemala

- Nach Guatemala gibt es zwei ***Grenzübergänge: Esquipulas*** (bzw. Agua Caliente) im Südosten und ***El Florido*** im Osten. Beide Grenzübergänge sind mit dem Bus ab Ciudad de Guatemala zu erreichen. Der Transport endet vor der Grenze. Auf honduranischer Seite fährt ein Kleinbus in die nächste Ortschaft (von Esquipulas aus ist dies Nueva Ocotepeque, von El Florido aus Copán Ruinas). Von dort aus verkehren Busse nach San Pedro Sula.
- ***Einreisebestimmungen:*** Für Deutsche, Österreicher, Schweizer und Bürger aller anderen westeuropäischen Staaten außer Großbritannien und Irland reicht ein gültiger Pass zur Einreise nach Guatemala.
- Bus ab ***Antigua Guatemala*** und ***Ciudad de Guatemala:*** *Hedman Alas,* 2a Ave 8-23, zona 10, Tel. 00502-362-5072 bis 78, bzw. in Antigua Hotel Posada Don Rodrigo 5ª Ave Norte No. 17, Tel. 00502490-5763 (Mobil), täglich ab 4 (Antigua) bzw. 5 (Ciudad) Uhr, sehr sicher und zuverlässig.
- Bus ab ***Ciudad de Guatemala*** bis Esquipulas oder El Florido: *Rutas Orientales,* 19ª C., No. 8-18, Zona 1, Ciudad de Guatemala (Guatemala City), Tel. 53-6714. Außerdem mit *King Quality* (18ª Ave., No. 1-96, Vista Hermosa, Zona 15, Guatemala, Tel. 00502-369-0404, 369-0256) um 6:30 Uhr (Ankunft ca. 20:30 Uhr).
- Bus ab ***Tegucigalpa:*** morgens früh mit *Hedman Alas* um 5:45 Uhr in Comayaguela, 11 Ave entre 13 y 14 Calle, Tel. 00504-237-7143.
- Abfahrten mit *Hedman Alas* nach Guatemala auch ab ***Flughafen San Pedro Sula*** 8 Uhr, San Pedro Sula 9:50 Uhr (Bo. Guaimilito 3ª Calle, entre 7 y 8

Ave N.O., Tel. 553-1361), ab **Copán Ruinas** 13:30 Uhr (Centro de Visitantes Hacienda San Lucas, 2 cuadras al norte del parque central, Tel. 651-4106), *King Quality* (Blvd. Comunidad Económica Europea, Bo. La Granja, Comayagüela, neben *PACSA*, Tel. 225-2600, 225-5415) um 6 Uhr für 40 $. Außerdem etwas günstiger mit *Cruceros del Golfo* (ohne AC).

El Salvador

- Bei Einreise von El Salvador gibt es den relativ schnell arbeitenden ***Grenzübergang El Amatillo.*** Auf honduranischer Seite fahren Busse bis Tegucigalpa. Daneben gibt es den Grenzübergang ***El Poy,*** der über Nueva Ocotepeque erreicht werden kann.
- ***Einreisebestimmungen:*** Ein noch ein paar Monate gültiger Pass reicht für Deutsche, Schweizer und Österreicher zur Einreise nach El Salvador für 30 Tage. Den honduranischen Behörden ist zuvor eine Ausreisegebühr von etwa 2 $ zu zahlen. Bei Mitführung eines Fahrzeuges müssen neben den Einreisebehörden beider Länder auch die Verkehrsbehörde *Tránsito* sowie die Zollbehörde *Aduanas* aufgesucht werden. Die Abfertigung kann in diesem Fall mehrere Stunden in Anspruch nehmen. So genannte *tramitadores* bieten an, den Prozess zu beschleunigen. Wem Zeit wichtiger als Geld ist, wird diese Dienste schätzen.
- ***Bus ab El Salvador:*** *Ticabus* ab San Salvador (*Hotel San Carlos,* C. Concepción 121, entre 10ª y 12ª Ave., Tel. 00506-222-4808, 221-1642) einmal täglich (5 Uhr) für 25 $.
- ***Bus ab Tegucigalpa:*** morgens früh mit *King Quality* (Blvd. Comunidad Económica Europea, Bo. La Granja, Comayagüela, neben *PACSA*, Tel. 225-2600, 225-5415) um 6 und 13 Uhr, für 40 $. Es fährt auch *Cruceros del Golfo* (bei *King Quality* nachfragen) etwas günstiger, aber ohne AC.

Nicaragua

- Mit Nicaragua gibt es drei ***Grenzübergänge: Las Manos*** (von dort zwei Stunden bis Tegucigalpa), ***El Espino*** (von dort zwei Stunden bis El Amatillo, die Grenze nach El Salvador) und ***Guasaule*** (südlich von El Espino, ansonsten gleich angebunden). Auf honduranischer Seite fährt ein Kleinbus in die nächste Ortschaft (von La Manos ist dies El Paraiso, von El Espino aus San Marcos de Colón und von Guasaule aus Choluteca).
- ***Einreisebestimmungen:*** Bestimmungen wie bei El Salvador.

Kompliziert ist die Einreise mit PKW, Motorrad und Fahrrad. Für diese Fahrzeuge sind extra Stempel abzuholen und Gebühren zu entrichten. Generell sind alle Gebühren am Wochenende höher. Bei scheinbar überhöhten Summen kann man die Rechtmäßigkeit der Gebühr durch das Verlangen einer Quittung überprüfen.

- ***Bus ab Nicaragua:*** *Ticabus* von Managua aus (Terminal in Bo. M. Quezada, 2 cuadras oberhalb *Cine Dorado,* Tel. 00505-222-6094), um 5 Uhr (Ankunft 13:30 Uhr) für 40 $, mit *King Quality,* (donde fue el Cine Dorado, 2 cuadras östlich, gegenüber *Ticabus,* Tel. 00505-228-1454, 222-3065) um

4:30 Uhr (Ankunft 13 Uhr), für 40 $.) Auch von ***San José (Costa Rica)*** aus fährt *Ticabus* direkt nach Tegucigalpa oder Panama.

- ***Bus ab Tegucigalpa:*** morgens früh mit *Ticabus* (16ª C. entre 5ª y 6ª Ave., Bo. Villa Adela, Tel. 220-0590, 220-0579) für 20 $, um 9 Uhr (Ankunft ca. 17 Uhr) oder mit *King Quality*, (Blvd. Comunidad Económica Europea, Bo. La Granja, Comayagüela, neben *PACSA*, Tel. 225-2600, 225-5415) um 6 Uhr (Ankunft ca. 15 Uhr) für 35 $.

Schiffsverbindungen

Schiffsverbindungen in Honduras sind ***unregelmäßig.*** Die sich meist in fragwürdigem Zustand befindlichen Kutter und Frachter laufen von Puerto Cortés nach Belize sowie von La Ceiba und Trujillo in die Moskitia (Barra Patuca, Puerto Lempira) aus.

Eine ***touristische Schiffsverbindung*** zu den Islas de la Bahia gibt es mit der *Galaxy II*, Tel. 445-1795, La Ceiba, Roatán (*Safe Way Maritime Transportation Company*, S.A.). Die Fahrpläne werden häufig geändert. Vorherige Erkundigung vor Ort, oder am *muelle de carbotaje* (dem neuen Hafen) in La Ceiba, ist notwendig. Das Schiff verkehrt täglich zwischen La Ceiba und Roatán und werktags zwischen La Ceiba und Utila. Der Preis beträgt 12 $ (einfach) nach Roatán und 10 $ (einfach) nach Utila.

Sicherheit

Honduras ist ein Land, das weitgehend den Sozialstrukturen und Traditionen der feudalen Kolonialzeit verhaftet ist. Hinzu kommt, dass Polizei und Staat gemieden werden. Zunächst also werden Auseinandersetzungen vermieden, sei es durch gute Miene zum bösen Spiel (Honduraner sind relativ frustrationstolerant und weniger aggressiv als wir) oder durch Verdrängung. Kommt es doch einmal dicke – und das ist für uns Europäer schwer abzuschätzen – so löst man Konflikte selbst, in der Regel drastisch und endgültig.

Verbrechen sind deshalb für Honduraner ein rotes Tuch. Sie verunsichern zutiefst und können endlose Racheakte konkurrierender Familien oder Gruppen nach sich ziehen. Aus all diesen Gründen verläuft eine klare Linie zwischen dem Gros der redlichen Bürger, seien sie auch noch so arm, und einer kleinen Zahl von Kriminellen, die man fast ausschließlich in den Städten Tegucigalpa und San Pedro Sula findet. Honduras ist ein recht sicheres Reiseland, allerdings ist auch hier, wie fast überall, die Kriminalität auf dem Vormarsch. Eine gewisse ***Vorsicht*** ist angebracht.

Wie in jedem anderen Land sollte man mit seinem ***Reichtum*** (und für den durchschnittlichen Honduraner ist ein europäischer Tourist reich) nicht protzen und im Verhalten eine gesunde Zurückhaltung üben. Zur persönlichen Absicherung empfiehlt sich, die große ***Kasse*** gut zu deponieren (Geld-

gürtel oder Brustbeutel) oder (bei Hotels ab Mittelklasse) an der Rezeption zu deponieren (stets kompletten Namen des Rezeptionisten notieren). Wesentliche ***Dokumente*** (Pass, Flugschein etc.) sollten per Kopie an einem sicheren Ort noch einmal abgelegt werden, so ist es oft wesentlich schneller möglich, Ersatz zu bekommen. Bei Verlust ist unbedingt die ***Kreditkarte*** zu sperren, ein persönlicher Besuch bei der Vertretung der Kreditkartenfirma in San Pedro Sula und Tegucigalpa mit sichtbarer Bestätigung der Verlustmeldung ist unverzichtbar. Eine telefonische Verlustmeldung allein reicht eindeutig nicht aus. Zum Kartenverlust und zur ***Geldbeschaffung im Notfall*** siehe Stichwort „Geld" im Kap. „Vor der Reise".

Hier wird kontrolliert

Wiederholt gab es Berichte, dass ***Reisegepäck*** selbst aus dem Gepäckabteil von Bussen gestohlen wurde. Wer sichergehen will, kauft eine Extra-Fahrkarte und stellt das Gepäck neben sich auf den Sitz. Das wird von großen Buslinien wie *Hedman-Alas* leider nicht gebilligt.

Schockierend ist die Praxis sog. ***Kofferträger-Genossenschaften*** an den internationalen Flughäfen. Sie sind an einfachen, meist knittrigen braunen oder grünen Uniformen zu erkennen. Die Träger nehmen Gepäckbelege entgegen und greifen die Gepäckstücke vom Band, um sie dann aber nicht dem wartenden Reisenden auszuhändigen, sondern ungefragt zum

Ausgang zu schleppen oder gar gleich in ein Taxi zu legen. Diese Überrumpelung, die eine finanzielle Erwartung (1 bis 2 $) generiert, schmeckt nicht jedem. In Wahrheit widerspricht sie der vorsichtigen, sensiblen Handelsethik im täglichen Straßengeschehen. Daher zwei ***Verhaltensalternativen:*** Jegliche Intervention durch eigenes, tatkräftiges Handeln unterbinden und dies mit klarer Sprache oder entsprechenden Gesten unmissverständlich klarmachen. Oder aber alles geschehen lassen und bezahlen.

Die Wahrnehmung und Diskussion der Risiken bei einer Überlandreise ist aber überzogen. Ich habe mit vielen Honduranern und Reisenden darüber gesprochen: Vor Ort gehört die Betreuung der Koffer, die dann auf dem Dach oder im Fond des Busses aufbewahrt werden, zum Dienstleistungsethos. Fahrer und Helfer empfinden es daher zu Recht als Beleidigung, wenn Ausländer – und da vor allem kriminalitätsgeplagte US-Amerikaner – ihnen das Gepäck vorenthalten.

In ***Tegucigalpa*** gelten das Barrio Abajo, und zwar nahe des Nationaltheaters, und die Gegend um die Märkte von Comayagüela als unsicher. In ***San Pedro Sula*** gilt das gleiche für das südöstliche Zentrum, vor allem ab 22 Uhr. An der ***Nordküste*** hat es Fälle von bewaffneten Überfällen gegeben, ***Camping*** an einsamen Stränden ist daher nicht empfehlenswert. Unsicherheit entsteht nämlich vor allen Dingen da, wo die soziale Kontrolle nicht stattfinden kann, z.B. am Rande der bevölkerten Gebiete, im Dunkeln, etc.

Polizei

1996 wurde von der Regierung *Reina* eine Sonderkommission zur ***Reform der Polizei*** eingesetzt. Bis dahin waren die Sicherheitskräfte als Teil der Streitkräfte *(Fuerzas Armadas)* jahrzehntelang durch Militärregierungen, Antisandinismus und Korruption immer weiter in Misskredit gekommen. Ergebnis der Arbeit war ein neues Gesetz und die Gründung der nun zivilen *Policia Nacional Civil (PNC).* Im Jahr 2000 wurde die einstige Schutzpolizei *FUSEP* von der *Policia Nacional Civil* abgelöst.

Die Polizei, die als ***Schutzpolizei*** (*FUSEP,* auf dem Auto steht eher *FSP*) oder als ***Verkehrspolizei*** *(TRANSITO)* auftritt, genießt wenig Ansehen, aber viel Respekt. Unter dem Namen ***Policia de Turismo*** patrouilliert eine eigens auf das Verhalten und die Risiken von Urlaubern trainierte Schutztruppe, die allerdings kein Englisch oder andere Fremdsprachen beherrscht. Wenden Sie sich an diese Truppe, die Sie an der gleichnamigen Uniformaufschrift und ihren schwarzen Dienstwagen der Marke VW-Käfer erkennen. Die Drohgebärden der Sicherheitskräfte (Maschinenpistolen, martialische Messer, spiegelnde Sonnenbrillen) stammen, sofern sie überhaupt noch spürbar sind, aus jener Zeit. Dennoch ist Honduras heute ein Land, das eine systematische Repression gegen die eigene Bevölkerung nicht mehr kennt. Seien Sie dennoch stets sachlich, freundlich, und drücken Sie ein Auge zu, wenn der kaum gebildete junge Polizist, der wie ein Soldat daherkommt, Ihnen irgendetwas klarmachen möchte. Zum Schutz der Zivilbevölkerung wird seit der Maduro-Regierung verstärkt auch das Militär eingesetzt, welches auf den Straßen patrouilliert.

Sicherheitslage

Aktuelle Hinweise zur allgemeinen Sicherheitslage erhält man hier:

- ***Deutschland:*** www.auswaertiges-amt.de (Länder- und Reiseinformationen), Tel. 030-5000-2000, Fax 030-5000-51000
- ***Österreich:*** www.bmaa.gv.at (Bürgerservice), Tel. 05-01150-4411, Fax 05-01159-0
- ***Schweiz:*** www.dfae.admin.ch (Reisehinweise), Tel. 031-3238484

Buchtipp

- ***Schutz vor Gewalt und Kriminalität unterwegs,*** Reihe Praxis, Reise Know-How Verlag, Bielefeld.

Sport

Trekking

Wegen der unbefestigten Trampelpfade, fehlender Wege-Infrastruktur und der fast völlig fehlenden Beschilderung ist ***jede Wanderung*** in Honduras Trekking. Es ist in Honduras in allen Nationalparks möglich und an den Naturstränden der Karibik und des Pazifik. Selten jedoch sind Rundwege. Empfohlen werden kann die Durchquerung kleiner Bergnebelwälder. Relativ leicht ist die Durchquerung von *La Tigra,* vergleiche Kapitel Tegucigalpa. Relativ schwer dagegen ist die Wanderung durch den Nationalpark *Cusuco,* siehe Kapitel San Pedro Sula. In den Ortsbeschreibungen wird auf besonders ergiebige Trekking-Touren hingewiesen.

Tauchen

Die Korallenriffe der Islas de la Bahia werden alljährlich von Tausenden von Tauchern, vor allem aus den USA, besucht. Gerätetauchen ist nämlich nirgendwo auf der Welt so preiswert wie in Utila. Dort ist ein Anfängerkurs mit PADI-Zertifikat schon für 125 $ zu bekommen, auf Roatán und Guanaja sind es 150 $. Da die dortige Infrastruktur aber fast ausschließlich auf Besucher aus den USA eingestellt sind, können Taucharrangements erst seit Kurzem schon in Europa gebucht werden (s. „Reiseveranstalter" im Kap. „Vor der Reise"). Näheres findet sich in den Ortsbeschreibungen der Inseln.

Tennis, Golf, Reiten

Das Sporttreiben, das in Europa den gestressten Industrieland-Menschen durch spielerische körperliche Ertüchtigung Zerstreuung bringt, ist in Honduras ausschließlich eine Angelegenheit der Oberschicht. Vom Tennis (*Country Club* in Tegucigalpa, *Hotel Copantl* in San Pedro Sula) über Golf (*Country Club* in Tegucigalpa; *Country Club Choloma,* nahe San Pedro Sula; *Club de Golf* in La Ceiba) bis zum Reiten (*Club de Equitación* an der Ausfahrtstraße Richtung Santa Lucía in Tegucigalpa, Reitstall *El Rancho* an der Ausfahrtstraße Richtung Tegucigalpa in San Pedro Sula) werden durchaus viele Sportarten ausgeübt, allerdings allesamt in ***privaten Clubs,*** in die der

Fußball in Honduras

Die ***populärste Sportart*** in Honduras ist der Fußball. Jede größere Stadt hat ihre Mannschaft. Eine besondere Rivalität herrscht zwischen den beiden bedeutenden Fußballmannschaften von Tegucigalpa: *Olimpia* und *Motagua*. Olimpia ist die populärste Mannschaft mit ihrem Maskottchen, dem Löwen, und weiss-rotem Trikot. Motagua dagegen, mit dem Adler als Maskottchen und weiss-blauem Trikot.

Jedes Mal, wenn sich diese beiden Mannschaften in einem Spiel gegenüberstehen, wird schon eine Woche vorher von nichts anderem mehr geredet, und man bereitet sich auf das große Ereignis vor: Knallkörper werden gekauft und das Trikot der Favoritenmannschaft täglich stolz zur Schau getragen.

Es lohnt sich, bei den klassischen Spielen ins Stadion zu gehen, es ist ein wahres Ereignis. Aber auch schon die Atmosphäre in einer Bar, wenn die Großfamilie bei Nachos, Cola und Bier emotional das Spiel verfolgt, wird selbst der größte Sportapatiker zum schreienden Fan.

Das anschließende Fest ist einzigartig. Mit ihren Fansymbolen auf Gesicht und Körper bemalt, sitzen Horden von Fans jubelnd in den Pick-ups und fahren die großen Boulevards hoch und runter. Das Fest mit viel Rum und Bier kann beginnen.

Die honduranische Nationalmannschaft ist eine der besten im Gebiet der CONCACAF *(Confederación Centroaméricana y el Caribe de Fútbol)*. Zu den erfolgreichsten Ereignissen gehörte die Qualifikation zur Weltmeisterschaft in Spanien 1982, drei Teilnahmen an den Jugend-Weltmeisterschaften 1977 in Tunesien, 1997 Qatar, 1999 Nigeria, die Olympischen Spiele in Australien 2000 sowie der dritte Platz in der *Copa America de Futbol 2001*.

Auch im Jahre 2004 brillierte die honduranische Nationalmannschaft und wurde zum Favoriten unter den möglichen Teilnehmern der WM 2006 in Deutschland. Im Spiel gegen Costa Rica gewann sie mit einer stark Garífuna-lastigen Aufstellung (einschließlich Trainer) triumphal mit 5:2.

Viele ausländische Mannschaften kommen zu Freundschaftsspielen nach Honduras. Im Bereich CONCACAF gehört Honduras zu den Ländern, von denen die meisten Spieler im Ausland spielen, z.B. in Italien, Spanien, England, Österreich und in verschiedenen Ländern Lateinamerikas.

Weitere Information zu den aktuellen Spielen und Spielern unter:
- www.clubolimpia.com
- www.aguilasdemotagua.com

Jorge Luis Raudales
(übersetzt aus dem Spanischen)

Reisende von einem Mitglied eingeführt werden muss.

Volkstümliche Sportarten

Volkssport ist der ***Fußball,*** wie wir ihn in Europa kennen. Honduras hat eine fähige Nationalmannschaft, die eine der besten Zentralamerikas ist. Im *Copa de América* schlägt Honduras gelegentlich auch gut gesponserte Teams wie das US-amerikanische.

Ein Besuch im Stadion lohnt sich. Hier herrscht immer gute Publikumsstimmung; ein buntes kulturelles Programm (Livemusik, traditionelle Tänze) und mundgerechte Snacks werden geboten. Für Aktive bietet sich auch das Samstags- oder Sonntagsspiel in der Siedlung an. Europäische Gastspieler werden gern spontan in die Hobbymannschaft einbezogen. Ein Wermutstropfen ist, dass Zentralamerikaner weniger im Team spielen, eher ist die Einzelleistung gefragt.

Besonders volkstümlich ist auch der ***Hahnenkampf*** (z.B. im *El Palenque,* am Blvd. del Norte in San Pedro Sula, nahe der Texaco-Tankstelle mit Star Mart; oder im *Palenque* in der Col. Trejo, gegenüber des *Parque Infantil*) sowie das ***Pferde-Rodeo.*** Letzteres findet jeweils zum örtlichen Patronatsfest statt. Der Bauernverband *(Asociación de Ganaderos y Agricultores)* organisiert das Rodeo auf seinem Schaugelände.

Sprache

Offiziell und real dominiert die ***spanische*** Sprache. ***Englisch*** wird von weniger als fünf Prozent der Honduraner beherrscht, ***andere Sprachen*** beschränken sich auf die jeweilige Gemeinschaft der *residentes* (Ausländer, die in Honduras dauerhaft wohnen). Die deutsche Gemeinschaft zum Beispiel zählt nur ca. dreihundert deutsche Staatsbürger, daneben gibt es etwa noch einmal doppelt so viele Honduraner mit Deutschkenntnissen.

Jeder dritte Honduraner kann nicht lesen und schreiben. In der Schule wird auf praktische Sprachfertigkeit mehr Wert gelegt als auf Sprachstrukturen. Entsprechend schwierig ist es für viele Menschen in Honduras, sich auf die Ungenauigkeiten oder den ***Akzent*** eines Nicht-Spanischkundigen einzustellen. Nur wer *correo* (Post) deutlich stärker rollt als etwa *Corea* (Republik Korea), wird auch erfahren, wo das nächste Postamt zu finden ist.

Im Allgemeinen aber gilt die honduranische ***Aussprache*** als klarer und „spanischer" als die der zentralamerikanischen Nachbarn. Gewöhnungsbedürftig ist das Zusammenfallen der Wörter in einen Sing-Sang, in dem die Wortübergänge nicht mehr erkenntlich sind.

Auf die sprachlichen Besonderheiten von Honduras geht der für Reisende geschriebene Band der Kauderwelsch-Reihe ***Spanisch für Honduras – Wort für Wort*** von *Veronika Schmidt* ein, der im Reise Know-How Verlag erscheint (begleitendes Tonmaterial erhältlich).

Als nicht-spanische zweite Sprache beherrschen viele Menschen ihre jeweilige ***Stammessprache.*** Garífuna, Lenca, Chortí, Jicaque, Sumu Tawahka, Miskito und Pesch sprechen allesamt ihre traditionellen Sprachen, die für Europäer ziemlich schwierig zu lernen sind. Erst ein mehrmonatiger Aufenthalt ermöglicht erste Erfolgserlebnisse des Spracherwerbs. Für das Garífuna gibt es immerhin ein formelles Wörterbuch. Entsprechende Aufzeichnungen über die anderen Sprachen sind beim Verband der Eingeborenen-Völker *CADEA* erhältlich. (*Consejo Asesor Hondureño para el Desarrollo de las Etnias Autóctonas,* Frau *Miriam Miranda Chamorro* ist die Vorsitzende, das Büro befindet sich im Bo. La Granja, 2ª Ave. entre 1ª y 2ª C., hinter dem Gebäude der Molkerei *Leyde,* in Comayagüela, Tel. und Fax 234-4925.)

Das Spanisch in Honduras

In Honduras ist das ***kastilische Hochspanisch*** im 16. Jahrhundert von den Eroberern des alten Kontinents allmählich eingeführt worden. Während zunächst im Rahmen des politisch-militärischen Widerstands auch die Sprachen der Ureinwohner (lenca, maya, pesch) beibehalten wurden, so trat im Rahmen ihrer kulturellen Entwurzelung zunehmend die spanische Sprache anstelle der traditionellen. In diesem Prozess wurde das kastilische Spanisch (in Lateinamerika *castellano* genannte) zunehmend um ***Modismen*** ergänzt und phonetisch abgeschliffen.

Neben das distanzierte, gegenüber Fremden gebräuchliche *Usted* (Sie) und das freundliche, häufig respektvolle *Tu* (Du) trat das *Vos* (Du) als freundschaftliche ***Anrede*** zwischen wirklich guten Freunden oder Verwandten. Das *Vos* ist eine lateinamerikanische Prägung, frei von kolonialem Balast. Mit ihm verbunden ist eine Endung der 2. Person Singular, die von der spanischen Grammatik abweicht. Statt *tu dices* (Du sagst) heißt es *vos decís*, statt *dí* (sag) heißt es *decí*.

Auch ***phonetisch*** hat sich das *castellano* zu einem eigenen lateinamerikanischen Sprachstil weiterentwickelt. Der Laut für d, z, ce oder ci, der in Spanien teilweise fast wie ein englisches „th" klingt, ist in Lateinamerika kaum noch zu hören. Dort wiegt ein einfacher scharfer s-Laut vor. Eine echte Entlastung für Spanisch-Sprachschüler auf Reisen. Generell wird in Honduras ein deutlicheres Spanisch als in den Nachbarländern gesprochen.

Spezielle Ausdrücke und Redewendungen in Honduras:

In Honduras findet man eine Reihe von besonderen Vokabeln und Redewendungen, die sonst keiner versteht. Am bekanntesten ist das *vaya pués* (wörtlich: Na geh schon), das soviel heißt wie: Schon gut! Es wird häufig benutzt und ist stets wohlwollend gemeint.

- *aquí no más* genau hier
- *allí no más* gleich dort
- *anafre* Tonöfchen mit Bohnenpüree
- *bache* Schlagloch
- *balneario* Natur-Schwimmbad
- *barbaridad* Frechheit, Sauerei
- *bárbaro* tollkühn, frech, ungehobelt
- *baronesa* LKW mit Holzaufbau für Passagiere
- *burra* Handwagen auf Schienen
- *burrito* Maisfladen mit Spiegelei darin
- *buya* extremer Lärm, Geschrei
- *catchureco* Mitglied der Nationalen Partei (PN)
- *catracho* Honduraner
- *chancho* Wüstling, Kleckermaul
- *chapin* Guatemalteke
- *chele* blondhaarig
- *chiflado* komischer Kauz
- *chino* Asiate
- *coello* politische Seilschaft
- *compa* Kumpane
- *coronela* von Oberst *(coronel)*: Toyota Land-Cruiser in Luxusversion
- *departamento* Verwaltungsbezirk, Kanton
- *dundo* dumm, schlicht
- *exprés* Charter-Service (Achtung: für das Reisebudget empfindlich teurer!)
- *fresco* kühl; Erfrischungsgetränk, meist synonym für Coca-Cola
- *golazo* eindrucksvolles Fußballtor
- *jalón* Mitfahrt per Anhalter
- *ladino* Mestize
- *limosna* (abwertend für) Bettelgabe
- *machuca* Beilage zur Fischsuppe aus Kochbananen (Garífuna)
- *microbus* Kleinbus
- *milpa* kleiner Acker (Zentrum)
- *negrita/o* Bezeichnung der Mestizen für Garífunas
- *nica* Nicaraguaner
- *obsequio* (schönmalerisch für erbetteltes) Geschenk
- *paisa* Landsmann, -frau
- *paja* Geschwafel

• *palanca*	Kontakt; Stak-Stange für Boot	• *profa*	Anrede für Lehrerin
• *papada*	Blödsinn	• *servicio directo*	Express-Bus, der nicht oft anhält
• *pipante*	Einbaum-Kanu (Moskitia)	• *solar*	kleiner Acker (Norden)
• *propina*	Trinkgeld	• *tico*	Costaricaner
• *pulpería*	Gemischtwarenladen	• *vago*	Vagabund
• *tuktuk*	Innenbord-Motor (Moskitia)	• *vaya pués*	schon gut
• *motor*	Motorboot (Moskitia)		

Siehe auch im Anhang: „Kleine Sprachhilfe"

Telefonieren

Das orange-blaue Logo der öffentlichen ***Telefongesellschaft HONDUTEL*** findet sich in jeder größeren Ortschaft des Landes. Nur in den Straßen der Großstädte befinden sich ***öffentliche Fernsprecher,*** häufig erkennbar an den orangefarbenen Halbschalen, die die Geräte von oben beschützen. Dort ist das Telefonieren einfach: Hörer abnehmen, 20-Centavo-Münze (Ortsgespräch) einwerfen, Dauerton abwarten, Nummer wählen. Ortsnetzkennzahlen gibt es in Honduras nicht. Auslandsgespräche sind von öffentlichen Fernsprechern nur über die Vermittlung (197) möglich. Inzwischen gibt es in Honduras auch ***Telefonmünzen,*** die bei der Telefongesellschaft *HONDUTEL* und in manchen Schreibwarenläden erhältlich sind.

Die ***Vorwahl*** von Honduras nach Deutschland ist 0049, in die Schweiz 0041 und nach Österreich 0043. Die Vorwahl von Honduras selbst ist weltweit 00504.

Wenn kein öffentliches Sprechgerät vorhanden ist, kann man entweder vom ***Hotel*** aus telefonieren – das kostet bei Ferngesprächen etwa das Doppelte der *HONDUTEL*-Gebühren, Ortsgespräche sind meist gratis – oder bei *HONDUTEL* selbst. Dort kosten ***Ortsgespräche*** ein paar Centavos, ***Ferngespräche*** im Land ca. 0,50 $ pro Minute. Das Telefonieren von Haus- und Büroanschlüssen aus ist zwischen 20 Uhr abends und 6 Uhr morgens bis zu 20 % günstiger.

Auslandsgespräche – von öffentlichen Fernsprechern aus nur über die Vermittlung möglich – kosten zwischen 1,50 $ (USA) und 3 $ (Deutschland) pro Minute. Der Service eines ***Operators*** kostet ca. 15 % mehr. Bei Auslandsgesprächen wird häufig gefragt: *Con quien allá?* (Mit welcher Person dort?) Nun kann man den gewünschten Gesprächspartner benennen, das Gespräch wird dadurch geringfügig teurer. Falls diese Person jedoch nicht erreicht wird, muss für das Gespräch auch nicht gezahlt werden. Man kann auch den Empfänger das Gespräch zahlen lassen. Vermittlung über 197 und *„una llamada por cobrar"* verlangen.

Am kostengünstigsten ist die Telefonie per Internet mit nur ca. 0,15 $ pro Min. nach Deutschland, Österreich oder in die Schweiz.

Notrufnummern

Im ganzen Land gelten folgende Notruf-Nummern (nur Spanisch!), die aber nicht immer erreichbar sind. Die wichtigsten Notruf-Telefonnummern sind daher bei den einzelnen Orten angegeben.

- ***Rotes Kreuz*** 195
- ***Feuer*** 198
- ***Polizei*** 199

Fax

In allen mittleren und großen Städten betreibt *HONDUTEL* auch einen öffentlichen Fax-Service. Eine Seite nach Europa kostet etwa 2 €, innerhalb des Landes etwa 1 €.

Mobiltelefon

Ob man das eigene Mobiltelefon auch in Honduras und den Nachbarländern nutzen kann, hängt vom Provider ab. Nur die wenigsten europäischen Mobilfunkunternehmen haben bislang einen ***Roamingpartner*** in Mittelamerika. Schauen Sie auf der Website Ihres Anbieters nach.

Handy-Verlust

Bei Verlust oder Diebstahl des Mobiltelefons sollte man bei einem Laufzeitvertrag, aber auch bei bestimmten Prepaid-Abonnements die Nutzung der SIM beim Provider sperren lassen (nicht immer kostenfrei!). Dazu muss man in der Regel folgende Angaben machen können, die man sich ***vorab notiert*** haben sollte: Rufnummer, SIM-Kartennummer (auf SIM vermerkt), Kundennummer oder Kundenkennwort und IMEI-Nummer (elektronische Zulassungsnummer), die nach Eingabe des Tastencodes Stern-Raute-null-sechs-Raute auf dem Display erscheint – diese muss man auch bei der Polizei bei der Diebstahl- oder Verlustmeldung angeben.

Unterkunft

Hotels

In den mittleren und großen Städten gibt es ***moderne Hotels*** mit zwei bis vier Landes-Sternen, die über Klimaanlage, Pool, Restaurant und vieles mehr verfügen. Sie kosten zwischen 20 und 120 $ pro Doppelzimmer. Die besten Hotels in den Städten Tegucigalpa, San Pedro Sula und La Ceiba gleichen den bei uns üblichen einfachen Business-Hotels (z.B. *Ibis, Best Western*), sind aber deutlich servicestärker, d.h. Personal und Service-Umfang sind flexibler, Sonderwünsche werden bereitwilliger erfüllt usw. In den letzten Jahren wurden einige ***internationale Hotels*** eröffnet: *Princess, Camino Real* und *Holiday Inn* in San Pedro Sula, Princess und Camino Real. Die Preise für ein Doppelzimmern liegen in diesen Hotels zwischen 100 und 160 $, aber der Service ist zunächst auch professioneller als in den klassisch honduranischen Luxushotels. In allen Ortschaften des Landes finden sich außerdem einfache Hospedajes und Hotels. Sie gleichen denen in anderen Ländern des Kontinents, sind aber meist sauberer.

Hoteles

Hoteles gehören zur landestypischen Mittelklasse, sind in der Regel sauber (der Chlorgeruch ist häufig spürbar), sicher und preiswert. Sie kosten zwischen 8 und 20 $ pro Doppelzimmer. Darin sind Handtuch, Seife und Toilettenpapier enthalten. Um ein gutes Preis-Leistungs-Verhältnis zu erreichen, sollte die Besichtigung verschiedener Zimmer vorangestellt werden. Häufig sind die billigeren Zimmer die schöneren, da der honduranische Geschmack nicht unbedingt europäischen Vorlieben entspricht. Beispielsweise sind lichte Zimmer ohne Klimaanlage und solche mit harten, gesunden Matratzen billiger.

Hospedajes und Pensiones

Die einfachste Kategorie honduranischer Unterkünfte hat noch schlechtere Matratzen als die Hotels, ist aber auch sicher und sauber. In dieser Kategorie sollten Ansprüche an Ästhetik und Ausstattung (Leselampe, Duschvorhang, Toilettendeckel) komplett hintangestellt werden. Solche Billighotels gibt es ab 5 $ für das DZ. Je kleiner die Ortschaft, desto ordentlicher sind Unterkünfte dieser günstigsten Kategorie.

Motels

Motels, meist diskret am Rande der Ortschaften gelegen, dienen Pärchen zum Rückzug, zum Beispiel weil sie aus engen Wohnverhältnissen kommen oder ihr Verhältnis sehr kurzfristiger Natur ist. Trotz des Stundenrhythmus sind Motels in der Regel seriös geführt und sicher. Aber Vorsicht, Hygiene und Ausstattung bewegen sich bei manchen jenseits des Zumutbaren.

Übernachtung in Nationalparks

In den Nationalparks gibt es immer mehr Besucherzentren, die eine Übernachtung in soliden Doppel- oder Mehrbettzimmern für wenig Geld ermöglichen. Doch das *SINAP*, das System Honduranischer Naturschutzgebiete, ist noch im Aufbau. Häufig ist es nötig, mit Schlafsack und Isomatte ausgerüstet auf eigene Faust anzureisen und vor Ort nach Übernachtungsmöglichkeiten in den ***Häusern der Einheimischen*** zu fragen. Die Menschen sind freundlich und offen, zugleich aber ge-

Kleinkunst verkaufende Kinder

gen Ausbeutung allergisch. Preis und Bedingungen sollten am Vorabend ausgehandelt werden. Am Morgen sollte man früh aufstehen (nie nach 6 Uhr) und sein Gepäck zur Seite räumen, damit die Familie ihren Tag normal gestalten kann.

Soweit vorhanden, läuft die Reservierung von in Nationalparks gelegenen ***Besucherzentren*** *(Centros de Visita)* über das Ortsbüro der mit der Verwaltung des Nationalparks beauftragten Organisation.

In abgelegenen Gebieten mit uns fremden und daher verletzbaren Kulturen (z.B. Moskitia) ist eine organisierte Expedition eine gute Alternative. Sorgfalt bei der Auswahl der Veranstalter ist dabei angebracht. Die meisten Expeditionen sind allerdings auch unangenehm teuer.

Verhaltenstipps

Mentalität der Honduraner

Honduras größter Trumpf sind die äußerst gelassenen, freundlichen und hilfsbereiten Menschen. Sie sind vertrauenswürdig und angenehm, haben aber meist wenig Kenntnisse über die Welt. Die meisten Honduraner denken daher provinziell und kennen die Bedürfnisse anderer Kulturen, speziell die europäischer Reisender, nur vom Hörensagen.

Hohe Sozialkompetenz geht also mit Unverständnis einher. Eine ruhige, behutsame Art beim Umgang mit Menschen ist in Honduras erste Pflicht: nicht zuviel voraussetzen oder verlangen! Honduraner wollen nicht enttäuschen und überfordern sich deshalb bei uneinlösbaren Wünschen leicht selbst.

Kultureller Respekt

Honduras ist das traditionellste der zentralamerikanischen Länder. So offen die honduranische Volkswirtschaft ist, so geschlossen ist die honduranische Kultur. Trotz der untrüglichen Zeichen fortschreitender US-Amerikanisierung in den Städten funktioniert das Leben der Menschen auf dem Land nach den Regeln vergangener Jahrhunderte. Die Landwirtschaft, die Dorfökonomie, das Arbeitsleben und die familiären Strukturen unterscheiden sich kaum von den feudalen Verhältnissen seit Einzug der Spanier zu Beginn des 16. Jahrhunderts.

Für modern geprägte Menschen mit bürgerlich-emanzipatorischen Werten fällt es schwer, dies so hinzunehmen. Vorschnelle Urteile über die Arroganz der dörflichen Elite, die Unterdrückung der Frau und die unkritische Unterordnung der „Habenichtse“ verhindern wirkliches Verständnis. Nur die Zurücknahme voreiliger Denkschablonen ermöglicht dem Honduras-Reisenden neue Erkenntnisse.

Im Alltag

Begriffe wie „links“ und „rechts“ werden selbst bei der ***Beschreibung von Wegen*** generell vermieden. Mit dem Wörtchen *así* (so) wird eine Hand- oder Lippenbewegung untermalt, die das „rechts“ oder „links“ ersetzen soll. Ein typisch honduranisches Verhalten ist es auch, Richtungen mit den Lippen zu weisen, was für uns durchaus komisch wirken kann. Lediglich auf andere Menschen wird nicht mit den Lippen gezeigt.

Im Angesicht eines Honduraners sollte man möglichst Wutausbrüche vermeiden und auch nicht ***fluchen.*** Vor allem sollte man niemanden ***öffentlich kritisieren.***

Man sollte sich nicht auf eine einzige ***Information*** über den Weg, die Verkehrsverbindung usw. verlassen. Honduraner geben lieber eine ***falsche Antwort*** als überhaupt keine.

Verhalten beim Fotografieren

Fotografieren wird zwar überall akzeptiert, erfordert aber stets das ausdrückliche ***Einverständnis*** der zu porträtierenden Personen. Vorsicht ist bei den afrokaribischen ***Garífunas*** im Norden angebracht, sie fürchten sich vor karmischen Gefahren der Ablichtung. Generell ist es ein Muss, bei ***indigenen Gemeinschaften*** gestenreich und unmissverständlich um ein Foto zu fragen, sich ein wenig Zeit zu nehmen und keine falschen Versprechungen zu machen. Wieder in Deutschland daheim, ist es nämlich praktisch unmöglich, die versprochenen Abzüge sicher in die honduranische Pampa zu schicken.

Das Fotografieren von honduranischen und – in Palmerola bei Comayagua – amerikanischen ***militärischen Einrichtungen*** ist streng verboten und sollte auch tatsächlich vermieden werden, um große Scherereien auszuschließen.

Verkehrsschild Kurve: Wo geht es hin?

Verkehrsmittel

Tegucigalpa, San Pedro Sula, La Ceiba und Roatán verfügen über internationale ***Flughäfen.*** Weitere Inseln (Utila, Guanaja) und Orte des Dschungelgebiets Moskitia (Palacios, Brus Laguna, Puerto Lempira) sind nur mit dem Flugzeug zu erreichen. Insgesamt aber sind die Verbindungen mit ***Bussen*** den Flügen vorzuziehen, obwohl es keine städtischen oder staatlichen Transportsysteme mehr gibt. Private Wellblech-Busse der Marke *Bluebird* (alte gelbe Schulbusse aus Nordamerika) verbinden die Teile einer Stadt und die Ortschaften des Landes.

Überlandbusse

Für außerstädtischen Verkehr gibt es weder offizielle ***Haltestellen*** noch einen festen ***Fahrplan.*** Beides richtet sich nach dem jeweiligen privaten Transportunternehmen. Gelegentlich werden die neuesten Abfahrtszeiten in den lokalen Zeitungen bekanntgegeben. Am sichersten ist es, direkt am Busbahnhof des jeweiligen Unternehmens nachzufragen. Sehr hilfreich ist auch die Zeitung *Honduras Tips,* in der auf den ersten Seiten die verschiedenen Buslinien, Busunternehmen und deren Telefonnummern übersichtlich aufgelistet sind.

Die Fahrgäste sollten sich spätestens 30 Min. vor Abfahrt am Busbahnhof einfinden und am Schalter die Fahrkarte kaufen. Dabei wird der Name auf der ***Fahrgastliste*** und häufig auch auf dem Beleg notiert. Pro km Entfernung sind mind. ca. 0,25 Lps. zu entrichten.

Fahrkarten können zumeist nur bei den teureren Buslinien (mit dem Zusatz *expreso, directo* oder gar *ejecutivo)* vorab reserviert oder gekauft werden. Die Gültigkeit der Karte oder Reservierung erlischt ca. 15 Minuten vor Abfahrt.

Gepäck kann auch außerhalb der Fahrgastkabine verstaut werden, zum Teil in einem seitlichen Kofferraum. Bei *Bluebird*-Modellen oder dem *Toyota-Coaster* wird das Gepäck auch auf dem Dach verstaut, dann ist auf eine Plane als Regen- und Staubschutz zu achten.

Neben dem Fahrer hilft mindestens ein Assistent, der vor Abfahrt des Busses die Tickets einsammelt und mit der Fahrgastliste vergleicht. Das führt häufig zu Chaos, weil die Namen extrem abgekürzt werden.

Viele Busse warten auch nach der offiziellen Abfahrtszeit noch bis zu einer Stunde bis das Fahrzeug voll ist. Dieses führt in der Mittagshitze zu unangenehmen Szenen. Dezente Proteste sind hier angebracht.

Baronesa und Pick Up

Wo in der äußersten Provinz (z.B. zwischen Gracias Lempira und La Esperanza oder zwischen El Limón und Ciriona) kein Bus fährt, gibt es noch ***Baronesa*** (LKW mit Holzkabine) oder einen ***Pick Up.*** Für wenig Geld wird ein *jalón* (Mitfahrgelegenheit) gewährt.

Zug

Besonders empfehlenswert, weil originell und interessant ist die ***alte Eisenbahn,*** die von San Pedro Sula über Baracoa bis Tela fährt.

Das überschuldete Staatsunternehmen *Ferrocarriles de Honduras* hat seine Transportleistungen 1995 wieder aufgenommen, nachdem ein Orkan 1993 viele Brücken weggespült hatte. Die rustikale Staatsbahn fährt von San Pedro Sula nach Puerto Cortés. Zwischen beiden Städten befindet sich das Dorf *Baracoa,* das morgens um 9 Uhr und nachmittags um 15 Uhr von umsteigenden Bahnpassagieren wimmelt. Hier fährt die Bahn nach Tela. Diese Bananenbahn gehört zu den authentischsten Verkehrsmitteln Zentralamerikas und erlaubt einen Einblick in das Leben der ärmsten Honduraner.

Colectivos

In einem armen Land wie Honduras kann man die Waren des Weltmarktes oft nicht bezahlen. Nirgendwo sonst werden so billige Kinderkleidchen, Spielzeugautos oder Kartoffelchips, Fahrräder, Busfahrkarten und Schuhsohlen angeboten. Ganz besonders erfindungsreich ist das System der *colectivos*, der äußerst preisgünstigen ***Sammeltaxis.***

Bei den verwendeten Fahrzeugen handelt es sich fast immer um japanische PKWs mit vier Türen, meist mit Diesel-Motor, die schon mindestens zehn Jahre auf dem Buckel haben. Die Fahrzeuge wurden mit einem km-Stand von mindestens 200.000 und kleinen Schäden in den USA gekauft und preiswert in Honduras eingeführt. Die meisten Fahrzeuge erreichen im Verlaufe ihres Nutzlebens 400.000 bis 500.000 km Fahrleistung. Um diese Leistungen ohne große Ersatzteilkosten zu ermöglichen, fahren die *colectivos* meist im 4. Gang, das Zuwerfen der Türe ist aus naheliegenden Gründen streng verboten. Nur essenzielle Teile (Bremsbeläge, Bremsscheiben) werden vollständig repariert, alles andere wird behelfsmäßig hingefrickelt.

Anders als Taxis fahren die *colectivos* stets eine feste Route, für die jeweils eine Genossenschaft zuständig ist. Die Route geht von einer Haltestelle im Zentrum zu einem Barrio oder einer Colonia am Rand der Stadt, häufig in Entfernungen von über 10 km. Diese Haltestellen sind beschildert. Der Name der Route entspricht der des Zieles, das vom Zentrum aus angefahren wird und ist auf einem gelben Schild aufgemalt, das seitlich und vorne am Fahrzeug angebracht ist.

Abgefahren wird gewöhnlich, wenn alle Plätze besetzt sind. Die Fahrt kostet 5 Lps., nach 22 Uhr mehr. Aus- und Einsteigen kann man im Prinzip überall – aber vom Zentrum aus fahren die *colectivos* ja stets vollbesetzt ab (umgekehrt nicht immer).

Die Fahrgäste nehmen zu dritt auf der Rückbank Platz. Neben dem Fahrer nimmt dann nur noch maximal eine Person Platz. Bis dahin war das heute nur noch im Privatverkehr beherzigte Prinzip gültig, das Auto vorne und hinten so dicht wie möglich zu besetzen, ohne dass der Fahrer eine Sonderstellung eingeräumt bekommt. Entsprechend stellten sich die *colectivos* von vorne betrachtet als Taxi ohne Fahrer dar, weil an der herausgelehnten Sitzhaltung nicht erkannt werden konnte, ob und wo der Fahrer sitzt, ein wirklich lustiges Bild.

- Sonntags um 6:30 Uhr von San Pedro Sula und (zurück) ab 14 Uhr von Tela. Die einfache Fahrt kostet 1,5 $. Bahnhof in San Pedro Sula: 1ª C. entre 1ª y 2ª Ave. N.O., 2 cuadras östlich vom Zentralpark); Tel. 553-2997, 553-1879, 553-4080.

Inlandsflüge

Flugverbindungen gibt es zwischen den großen Städten und von La Ceiba aus zu den drei Inseln und in die Moskitia.

Fluggesellschaften

Das Unternehmen ***Isleña Airlines*** ist die größte honduranische Fluglinie (www.flyislena.com).

- Zentralbüro in La Ceiba: Ave. San Isidro, im Zentralpark, Tel. 443-0179, Tel. am Flughafen 441-2521
- In San Pedro Sula: Tel. 552-8322, am Flughafen: Tel. 668-3333
- In Tegucigalpa: Tel. 237-3410, 237-3390

An zweiter Stelle steht die – deutlich freundlichere – ***Aerolineas SOSA.***

- Zentralbüro in La Ceiba: Ave. San Isidro, im Zentralpark, Tel. 443-1399, am Flughafen: Tel. 441-2512
- In San Pedro Sula: Tel. 550-6545, am Flughafen: Tel. 668-3128
- In Tegucigalpa am Flughafen: Tel. 234-0137

Büros weiterer honduranischer Airlines:

- ***Taca Airlines:*** Ave. San Isidro am Zentralpark, La Ceiba, Tel. 443-3720; in San Pedro Sula: Tel. 550-5262, am Flughafen: Tel. 668-3333
- ***Atlantic Airlines:*** Ed. Plaza del Caribe, Ave. Republica, La Ceiba, Tel. 440-2343, am Flughafen: 440-1220; in San Pedro Sula am Flughafen: Tel. 668-7309; in Tegucigalpa: am Flughafen: Tel. 234-9702
- ***Rollins Air:*** Bajos del Hotel Principe, La Ceiba, Tel. 443-3206, am Flughafen: Tel. 441-2172, 441-2560

Flugpreise

Flugpreise betragen nur ca. ein Sechstel des umgerechneten europäischen Preises. Sie reichen von 18 $ (La Ceiba – Utila) bis 70 $ (Tegucigalpa – La Ceiba – Puerto Lempira). Die exotischste Verbindung ist die von La Ceiba ins karibische Paradies Gran Cayman (hier muss ein gültiger Pass bereit gehalten werden). Zweimal wöchentlich fliegt *Isleña* für 410 $ (Rundflug-Ticket) dorthin. *Caribbean Air* verbindet das Festland mit Roatán und fliegt samstags für 85 $ (one way) bzw. 153 $ von Roatán nach Belize.

Stadtverkehr

Stadtbusse

Die Haltestellen zeigen nicht immer die ***Buslinie*** an, so dass man sich vorher – oder an der Haltestelle bei anderen wartenden Passagieren – nach der Route erkundigen sollte. Der ***Fahrpreis*** (2 Lps.) ist beim Fahrer zu entrichten oder bei einem Jungen, der das Reiseziel vom Trittbrett aus in die wartende Menschenmenge schreit. Eine Fahrkarte gibt es in der Stadt nicht. Man kann für diesen Tarif kreuz und quer durch die Stadt fahren: Als Sightseeing nicht übel!

Städtische Busse fahren zwischen 5:30 und 20 Uhr in der Regel alle 15 Minuten, danach seltener, ab 22 Uhr bricht der Service ab. Die meist ausgeruhten Fahrer helfen gern mit Ratschlägen über Sightseeing, Verbindungen und Adressensuche.

Taxis

Taxis stehen in allen mittleren und großen Städten zur Verfügung. Die meist kompakten PKWs *(Nissan 210, Toyota Corolla)* sind an den auflackierten schwarz-weißen Schildern an Türen und Kühlerhaube zu erkennen. Eine Fahrt im Stadtkern kostet ca. 2 $ (Tegucigalpa, San Pedro Sula), außerhalb des Kerns bis 3 $. In La Ceiba beträgt der durchschnittliche Preis nur die Hälfte, ebenso wie in den meisten Provinzstädten. Am Flughafen stehen größere, üblicherweise gelbe Limousinen bereit. Eine Fahrt mit diesen kostet zwischen 5 und 8 $. Taxameter gibt es überhaupt nicht. Der Fahrpreis ist in jedem Fall vorab durch die Frage „*cuanto me cobra*" oder „*que cuesta*" plus der Angabe des genauen Fahrziels auszuhandeln.

Zeitungen und Zeitschriften

Ausländische Printmedien sind in Honduras schwer zu bekommen, die beste Chance hat man in den Zeitungs- und Tabakläden der großen Hotels. ***Deutsche Zeitungen*** (ältere Ausgaben) liegen in der Deutschen Botschaft aus.

Das ***Wochenblatt*** *Honduras This Week* erscheint in englischer Sprache, es ist an der Hotelrezeption umsonst mitzunehmen. *Honduras This Week* widmet sich politischen und ökologischen Themen mit besonderer Hingabe. Das Niveau ist eher noch oberhalb dessen der Tageszeitungen.

Siehe auch Kapitel „Staat und Gesellschaft, Medien“.

Zeitverschiebung

Die in Honduras landesweit geltende ***Zeitzone*** befindet sich genau sieben Stunden vor der MEZ (mitteleuropäischen Zeit). Will man in Honduras so anrufen, dass dort gerade 9 Uhr morgens ist, so tue man dies um 16 Uhr MEZ. Wegen der nicht vorhandenen ***Sommerzeit*** in Honduras ist der Zeitunterschied zur europäischen Sommerzeit (März bis Oktober) entsprechend eine Stunde größer, also acht Stunden.

Die ***Uhrzeiten*** in Honduras werden nach amerikanischer Art benannt, also immer nur bis zur Zahl 12. Die Uhrzeiten der zweiten Tageshälfte werden mit *pm* (1 *pm* für 13 Uhr) von denen der ersten Tageshälfte (*am*) unterschieden.

Land
und
Natur

Honduras im Überblick

Offizieller Name:	República de Honduras
Fläche:	112.492 km²
Küstenlänge:	124 km Pazifik im Süden 640 km Karibik im Norden
Höchster Berg:	Cerro las Minas, 2849 m
Größter Fluss:	Río Patuca, ca. 340 km
Einwohner:	6,7 Mio.
Bevölkerungsdichte:	ca. 60 Einw./km²
Städtische Bevölkerung:	47 %
Sprache:	Spanisch; indigene Sprachen
Religion:	85 % römisch-katholisch
Analphabetenrate:	24 %
Bevölkerungswachstum:	2,2 %
Naturschutzgebiete:	5,5 % des Staatsgebietes
Staatsform:	Präsidialdemokratie
Staatsoberhaupt:	Präsident *Ricardo Maduro* seit Januar 2002
Verwaltungseinheiten:	18 Bezirke *(departamentos)*
Große Städte:	Tegucigalpa (1 Mio. Einw., Hauptst.) San Pedro Sula (470.000 Einw.) La Ceiba (100.000 Einw.)
Zeitzone:	MEZ -7 Stunden
Wirtschaft:	Bananen, Kaffee, Bekleidung, Krabben
Tourismus:	Tauchen auf den Islas de la Bahía, Maya-Ruinen von Copán, Naturtourismus
Währung:	Lempira (frei konvertierbar), 19,4 Lempiras = 1 US-$ (Februar 2005)

Klima und Geographie

Honduras erstreckt sich auf einer ***Fläche*** von 112.492 km². Das Land liegt zwischen dem 13. und 16. Grad nördlicher Breite, also in den ***Tropen.*** Das Land kann ***geomorphologisch*** in drei Gebiete unterteilt werden: Hochland, karibisches Tiefland und pazifisches Tiefland. Das ***Klima*** ist gekennzeichnet durch relativ große Tagesschwankungen und geringe Schwankungen im Jahresverlauf, hohe Jahresniederschlagsmengen (über 2000 mm) und eine mittlere Durchschnittstemperatur nicht unter 18 Grad Celsius. Dieses Klima ist Voraussetzung für die tropischen immergrünen und halbimmergrünen Regenwälder, welche das Land ursprünglich komplett bedeckt haben und jetzt nur noch zum Teil überziehen.

Es gibt zwei ***Jahreszeiten:*** Sommer (Trockenzeit) und Winter (Regenzeit), welche, bedingt durch die verschiedenen Höhenzonen und die Lage des Landes zwischen den zwei Ozeanen, zeitlich verschieden liegen.

Zentrales Hochland

Honduras wird vom mittelamerikanischen Festlandsrücken durchzogen, das zentrale Hochland macht 82 % der Landesfläche aus. Es ist durch starke Steigungen geprägt. Steiniger und saurer Untergrund mit weniger fruchtbarer Erde machen ***Landwirtschaft*** hier schwierig. Genutzt wird das Hochland hauptsächlich durch Viehzucht; in günstigen Tälern werden Gemüse, Tabak, Zuckerrohr, Obst und natürlich Mais und Bohnen angebaut. Ab ca. 1000 m sind Kaffeeplantagen anzutreffen.

Klimatisch sind das Hochland und das pazifische Tiefland durch eine Trockenzeit zwischen November und April gekennzeichnet. Die Regenzeit dauert von Mai bis Oktober, die Niederschlagsmenge ist deutlich geringer als im karibischen Tiefland des Nordens.

Charakteristische Vegetation des Hochlands ist der ***Kiefernwald*** mit insgesamt sieben verschiedenen Arten, davon kommt eine Kiefernart *(pino caribea)* nur in Honduras vor. Ungeregelte Forstwirtschaft, d.h. rücksichtsloser Raubbau durch Holzsammeln der Ärmsten, hat die Gegend teilweise in eine baumlose Wüste verwandelt. Ärgstes Beispiel ist die Gegend um die Hauptstadt Tegucigalpa. Die Folgen sind Erosion, Wassermangel in der Trockenzeit und drastische, innerhalb weniger Stunden entstehende Überschwemmungen zum Höhepunkt der Regenzeit.

Ab ca. 1200 m Höhe geht der Nadelwald in den ***Bergnebelwald*** über, so genannt wegen seines extrem feuchten Mikroklimas. Von ursprünglich 39 Bergnebelwäldern sind heute noch 20 intakt, die allesamt als Nationalparks geschützt sind.

Höchster Berg des Landes ist der Cerro Las Minas (2849 m) in den Montañas del Celaque. Er liegt im Nationalpark Celaque und ist von Gracias Lempira aus recht gut erreichbar.

Karibisches Tiefland

16 % der Fläche von Honduras liegen im karibischen Norden. Die Küste ist durch hellen Sandstrand geprägt, mit dahinterliegenden Lagunen und ***Mangrovensümpfen.*** Das Hinterland ist sehr fruchtbar. Die Küste zwischen der guatemaltekischen Grenze (im Westen) und der Stadt Trujillo (östlich) wird intensiv ***landwirtschaftlich genutzt,*** vor allem durch Bananen und Ölpalmen. Bis ins 19. Jahrhundert stand hier dichter tropischer Regenwald.

Abgeschnitten von der Infrastruktur und Mischlingskultur des Landes, liegt im Osten des Karibischen Tieflandes die ***Moskitia.*** Dieser Landesteil ist kaum entwickelt, er hat die mit Abstand niedrigste Besiedlungsdichte des Landes. Der größte Teil der Moskitia ist durch tropischen ***Regenwald*** bedeckt. Der Norden, östlich des wasserreichen Río Patuca, geht in ***Feuchtsavanne*** über.

An der Nordküste fallen im Jahr bis zu 3000 mm ***Niederschlag,*** dies wird im Landesinneren nur von dem Gebiet um den Lago de Yojoa übertroffen. Im Norden sind daher nur April und Mai wirklich trockene Monate. Der Höhepunkt der Regenzeit wird zwischen Oktober und Dezember erreicht, nur in dieser Zeit sinkt die Temperatur unter die „Schwitzgrenze“. Die Niederschläge der langen Regenzeit äußern sich in meist nur halbstündigem nachmittaglichem Starkregen bei sonst meist sonnigem Wetter. Der Norden ist auch von den ***karibischen Orkanen*** betroffen, die sich in Honduras weniger durch Sturm als durch tagelangen

Mittlere Tagestemperaturen in °C

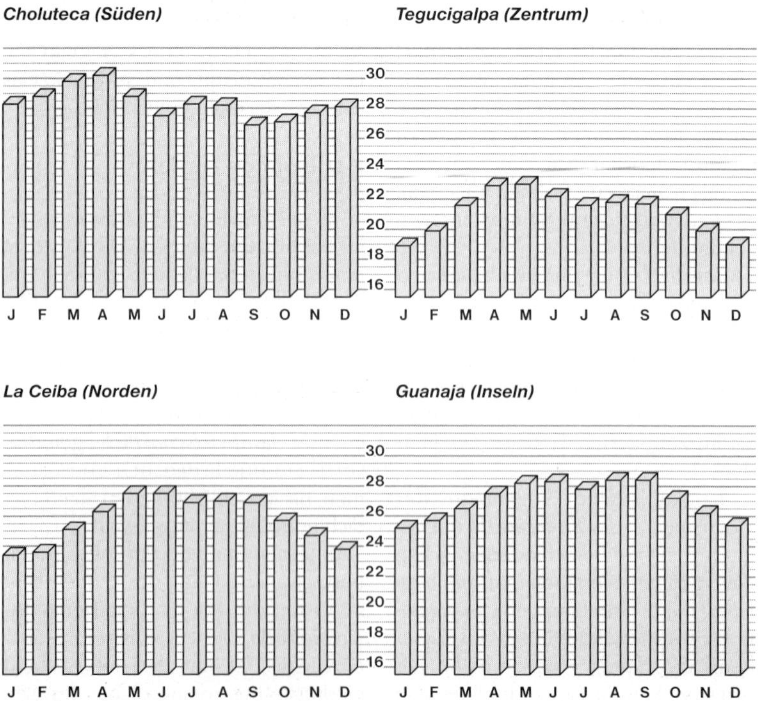

Dauerregen äußern. Dies ist im Jahresverlauf jedoch die absolute Ausnahme. Überschwemmungen und Erdrutsche haben 1954, 1974 (Orkan Fifi) und 1992 viele tausend Menschen obdachlos gemacht.

Die ***Islas de la Bahía*** sind der Nordküste vorgelagert. Sie befinden sich im zweitgrößten ***Korallenriff*** der Erde, welches sich vor der Atlantikküste des tropischen Amerika erstreckt und in Belize und Honduras besondere Artenvielvalt und Schönheit hervorgebracht hat.

Pazifisches Tiefland

Der tropische ***Trockenwald*** an den Südausläufern des Hochlandes, heute wegen exzessiver Abholzung praktisch ***Trockensavanne,*** geht an der Pazifikküste von Honduras allmählich in die

Durchschnittliche Niederschläge in mm

Choluteca (Süden) ***Tegucigalpa (Zentrum)***

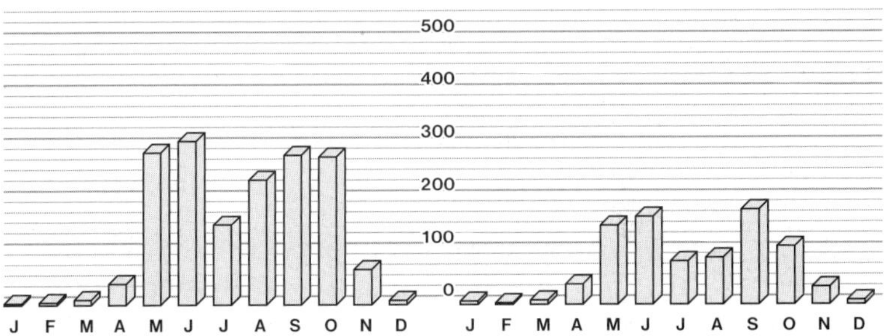

La Ceiba (Norden) ***Guanaja (Inseln)***

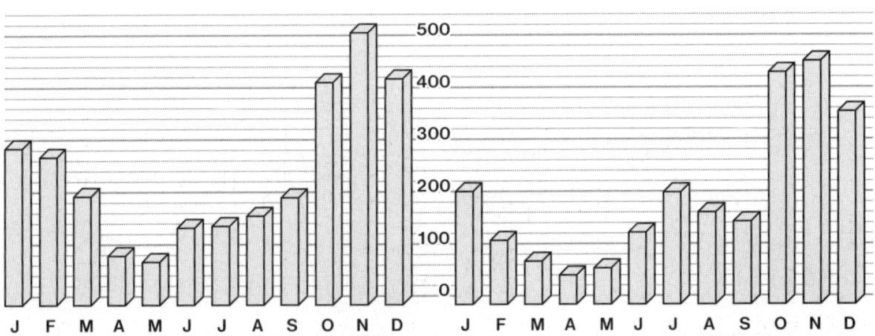

Überschwemmungsgebiete des Río Choluteca über. Daran schließen sich die ***Mangrovensümpfe*** des Golfes von Fonseca an, die sich über weite Teile der nur 124 km langen Pazifikküste des Landes erstrecken. Auf dem Festland des Südens werden Viehzucht, Baumwoll- und Zuckerrohranbau sowie Subsistenz-Landwirtschaft (Mais und Bohnen) betrieben. Im Bereich der weitläufigen Mangrovensümpfe wurden großflächige Krabbenzuchtbecken *(camaroneras)* angelegt. Charakterpflanze des Südens ist der ***Kalebassenbaum*** *(cesentia alata)*, aus dessen Fruchtschale außer Gefäßen auch Rumbarasseln gefertigt werden.

Das pazifische Tiefland ist, ebenso wie das zentrale Hochland, durch die von November bis April reichende ***Trockenzeit*** geprägt. In dieser Zeit fällt im Süden wirklich kein Tropfen Regen, so dass angesichts der Versteppung der Landschaft katastrophale Verhältnisse

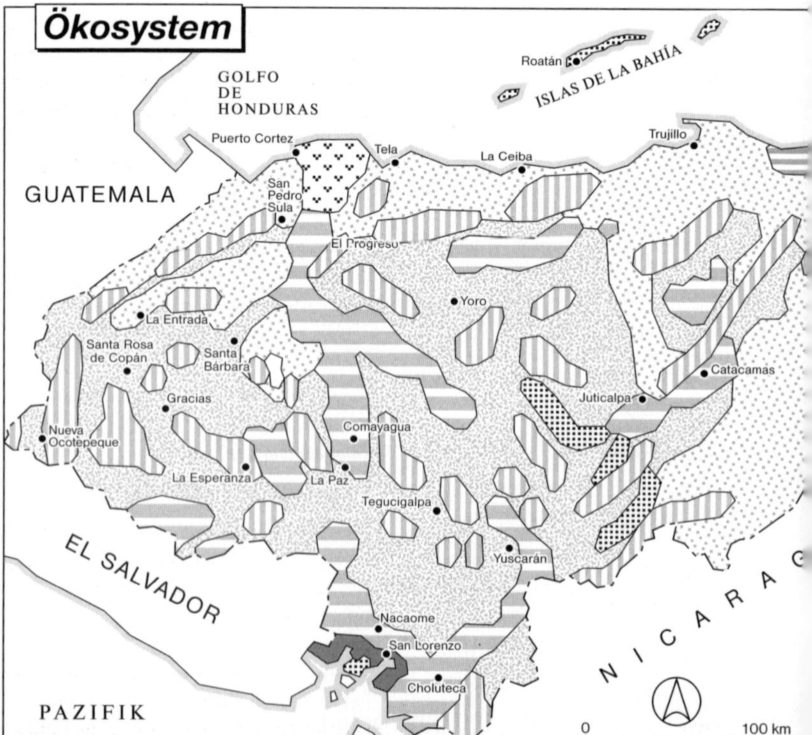

für die häufig mit nur einem halben Hektar Land arbeitenden Familien herrschen. Nicht ohne Grund führt die deutsche Entwicklungshilfe-Organisation GTZ um Choluteca herum seit 1975 ein Ernährungssicherungsprogramm durch.

Natur und Ökosysteme

Vor etwa 2,5 Millionen Jahren trafen Nord- und Südamerika an der mittelamerikanischen Landbrücke, deren Mittelpunkt Honduras bildet, zusammen. Der heutige Artenbestand in Honduras ist von diesem Zusammentreffen und der Vermischung der verschiedenen Faunen und Floren geprägt. Damwild und Gürteltiere aus Nordamerika leben neben südamerikanischen Tapiren und Ameisenbären.

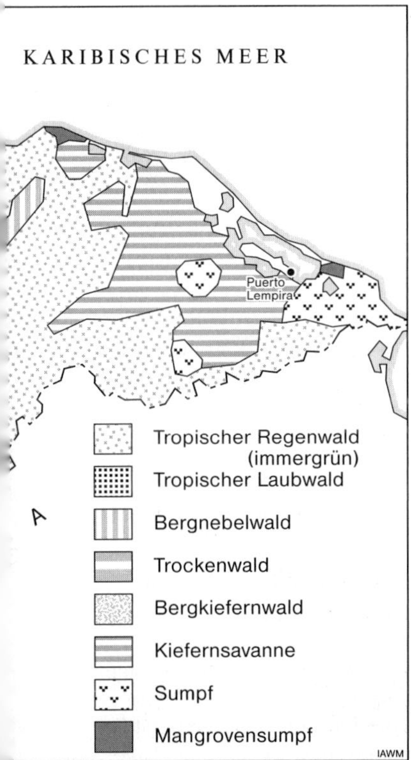

Honduras ist ursprünglich Teil des ***nordamerikanischen*** Tier- und Pflanzenreiches. Deutliches Kennzeichen ist die Verbreitung der Kiefernwälder, welche in den Kiefernsavannen der Moskitia und den Kiefernwäldern des Hochlandes gleichermaßen ihre Verbreitungsgrenze haben. Honduras' Vegetation unterscheidet sich äußerlich also deutlich von derjenigen Costa Ricas, wo keine heimischen Kiefernwälder zu finden sind.

Klima, Niederschlag und Luftfeuchtigkeit, aber auch Geländegestaltung (Topographie) oder der Bodentypus haben zur Ausprägung einer Vielfalt verschiedener Ökosysteme beigetragen, von denen hier einige aufgezählt werden.

Tropischer Tiefland-Regenwald (immergrün)

Das ***Klima*** des Tiefland-Regenwaldes ist gekennzeichnet durch hohe, wenig schwankende Jahrestemperaturen von mindestens 24 °C, tiefe Lage, hohe Luftfeuchtigkeit und starke Niederschläge in einer Regenzeit, die mindestens 8 Monate dauert. Im dichten Dschungel brauchen Bäume und Sträucher viel Blattgrün, um im Wettbewerb

Trockenwald in Perlas

Bergnebelwald im Nationalpark La Tigra

um die wenigen Sonnenstrahlen zu bestehen, daher spricht man auch vom großblättrigen Regenwald. Im tropischen Regenwald leben zwischen 80 und 90 % der Tier- und Pflanzenarten der Welt. Besonders spektakulär sind die Amazonen- und Ara-Papageien. Den seltenen grünen Ara-Papagei (lat. *Ara ambigua* und *Ara militaris*) und den Königsgeier (span. *zopilote rey*) habe ich selbst mehrmals im honduranischen Regenwald gesehen.

Der tropische Tiefland-Regenwald bestimmt den Osten Olanchos, die Zentral-Moskitia und – vor der Abholzung – die gesamte Karibikküste im Norden. Viele der tropischen Regenwälder in Honduras sind inzwischen geschützt. Die Nationalparks Pico Bonito (bei La Ceiba) und Patuca (in Olancho) sowie das Biosphären-Reservat des Río Plátano (in Gracias a Dios) sind die größten des Landes.

Tropischer Trockenwald (halbimmergrün)

Das ***Klima*** dieses Ökosystems ist gekennzeichnet durch hohe, wenig schwankende Jahrestemperaturen von mindestens 24 °C, tiefe Lage, aber niedrige Luftfeuchtigkeit und niedrige Niederschläge in einer Regenzeit, die höchstens 4 von 12 Monaten dauert, häufig aber nur ein paar Wochen.

Trockenwälder sind durch ***anspruchslose Pflanzen*** gekennzeichnet, häufig dürres Gestrüpp, Kakteen und Bäume, die Wasser jahrelang speichern können. Doch im Trockenwald verbirgt sich eine unvergleichliche ***Artenvielfalt.*** Neben Leguanen und Schlangen haben sich eine Reihe von Säugetieren wie das Agouti und der Ozelot an dieses Ökosystem angepasst.

Tropische Trockenwälder befinden sich im Süden des Landes (Provinz Choluteca und Valle) und um Olanchito herum (Provinz Yoro). Die Trockenwälder brennen naturgemäß leicht ab. Raubbau hat hier besonders verheerenden Schaden angerichtet. Tropischer Trockenwald ist im Biologischen Reservat Yuscarán zu sehen, unweit der gleichnamigen Stadt (siehe dort).

Bergnebelwald

Dieses Ökosystem befindet sich in kühleren, nachtkalten Höhen von über 1200 m, wo es fast das ganze Jahr über immer wieder regnet. Trotzdem übersteht das Mikroklima des immerfeuchten Waldes mehrmonatige Trockenzeiten. Am Morgen steht über dem Bergnebelwald eine dichte ***Wolkendecke,*** die aus der Verdunstung von Vortag und Nacht entsteht. Wanderer können beim Trekking zu den Gipfeln erleben, dass sie sich plötzlich oberhalb der Wolken wiederfinden.

Quetzal

Der Bergnebelwald ist durch große Sträucher und Farne gekennzeichnet, Bäume und Lianen dagegen bleiben sehr klein. Wegen dieser verschobenen Dimensionen spricht man auch vom Elfenwald. In ihm lebt der ***Quetzal-Vogel,*** dessen Männchen unvergleichlich prächtige Schwanzfedern entwickelt. Die deutschen Biologen *Hauke Hoops* und *Sabine Weiner* haben das Verhalten der Quetzale im Bergnebelwald Cusuco studiert und dabei unter anderem festgestellt, dass die Quetzale in Honduras - anders als in Mexiko und Guatemala - bis in den Oktober hinein brüten. Im Bergnebelwald leben auch Gürteltiere, Faultiere, der kleine Ameisenbär und viele andere, teilweise bedrohte Säugetierarten. Der Bestand des Bergnebelwaldes ist durch die sich ausbreitenden Kaffeeplantagen gefährdet.

Im Nationalpark-System von Honduras sind heute 20 Bergnebelwälder als Nationalparks geschützt. Die prominentesten sind der Nationalpark La Tigra (Nähe Tegucigalpa), der Nationalpark La Muralla (in Yoro, ca. 4 Std. von Tegucigalpa entfernt) und der erwähnte Nationalpark Cusuco. Leicht selbst zu Fuß erreichbar ist der recht neue, nur gut 1200 m hohe Nationalpark Carpiro und Calentura in Trujillo.

Kiefernwald

Sechs der sieben Kiefernarten, die in Honduras wachsen, kommen im zentralen Hochland vor, und zwar auf Höhen zwischen 300 und 1200 m. Durch Nadelfall und Stoffwechsel trägt die Kiefer zur dauerhaften ***Säuerung des Bodens*** bei, weshalb sie Laubbaumgesellschaften innerhalb ihres Lebensraums keinen Platz gewährt. Diese Höhen entsprechen dem ***subtropischen Klima*** zwischen 20 und 24 Grad Durchschnittstemperatur, die Niederschläge sind eher gering (unter 2000 mm, häufig nicht mehr als 1000 mm im Jahr), die Trockenzeit länger als 6 Monate. Die Vogelwelt im Kiefernwald ist vielfältig, Damwild, Raubkatzen, Kleinsäuger und Reptilien sind hier anzutreffen. Durch den lichten Bewuchs ist die Jagd jedoch besonders leicht, weshalb viele Tierarten sich in dichtere Gefilde zurückziehen.

Schöne Kiefernwälder lassen sich in allen Zentralprovinzen besuchen, besonders im Westen (Lempira, Intibucá), aber auch (oberhalb) von Tegucigalpa in El Hatillo.

Kiefernsavanne des Tieflandes

Im Nord-Osten des Landes befindet sich das Tiefland der nördlichen Moskitia, das durch häufige ***Überschwemmungen*** und eine saure, arme Bodenstruktur gekennzeichnet ist. Die durchschnittliche Jahrestemperatur liegt hier über 24 °C, es regnet täglich während mehr als 8 Monaten im Jahr. Hier wachsen Kiefern der Art *pino caribensis* (oder *caribea*), die niedrig wachsende Tique-Palme und wenige andere Baum- und Sträucherarten. Doch das Gebiet ist voll von Damwild, und auch der legendäre große Ameisenbär soll hier noch vorkommen. Häufig sind auch Gruppen meist roter Aras zu beobachten, ebenso wie Tukane, Amazonen und Kolibris.

Strand, Lagune, Mangrovensumpf

An den ebenfalls tropisch heißen Küsten des Landes wechseln sich Sandstrand, Mangrovensaum und Lagunen ab. Hier mischen sich Salzwasser des Meeres und Süßwasser der mündenden Flüsse.

Viele Flüsse, die in der Trockenzeit kaum Wasser tragen, münden in eine ***Lagune,*** die durch eine *barra* (Strandriegel) zum Meer hin abgeriegelt ist. Nur zum Höhepunkt der Regenzeit ist die *barra* für ein paar Wochen geöffnet (Fahrzeuge müssen dann Pferden und Booten weichen). In dieser Zeit kann Salzwasser in die Lagunen eindringen, das entstehende Brackwasser ist der ideale Lebensraum für die drei in Honduras vorkommenden ***Mangrovenarten*** (weiße, rote und schwarze). Mangroven heben und senken sich mit dem Wasserstand ihrer Umgebung, denn sie stehen ausschließlich auf Luftwurzeln im lockeren Schlamm. Zudem können Mangroven Salzwasser vertragen, halten mit ihrem Wurzelgeflecht Schlamm und Pflanzenreste fest und können den Schlamm durch Verdunstung austrocknen. So sind sie ein natürliches Landgewinnungssystem. Großflächige Mangrovenzerstörung wie in Belize ist deshalb völlig unverständlich und kann nur durch Unkenntnis der vielen Vorzüge dieser Pflanze erklärt werden. In den

Lagunen des Nordens leben viele karibische Rundschwanzseekühe (Manatis), 2,5 m lange, tauchende Säugetiere, die sich von Wasserlilien ernähren.

Die gesamte Küste des Südens, der Golf von Fonseca, ist als Wildreservat geschützt. Im Norden ist besonders der Nationalpark Punta Sal zu erwähnen: Türkisfarbene Naturbuchten, tropischer Wald, Mangrovenlagunen und Ausläufer des Korallenriffs liegen gleich beieinander und sind fast unbeeinträchtigt durch menschlichen Zugriff.

Korallenriff

Der Nordküste vorgelagert befinden sich Riffe, die ein Teil des *Continental Shelf* sind, das sich vor der Atlantikküste des tropischen Amerika erstreckt. Es bildet, nach dem *Great Barrier Reef* (Australien) das zweitgrößte Korallenriff der Erde. Vor den Inseln Utila, Guanaja und Roatán bemüht sich die Bay Island Conservation Association *(BICA)* um eine effektive Rücksichtnahme von seiten der Tausenden Taucher, die jedes Jahr die Islas de la Bahía besuchen.

In Zusammenarbeit mit *BICA* betreibt der deutsche Bund für fachgerechten Natur- und Artenschutz *(BNA)* seit 1996 ein Projekt zum Schutz des Utila-Schwarzleguans (*Ctenosaura bakeri)*, vgl. auch Exkurs „Inselnaturschutz".

Flora

Das Erscheinungsbild der Laubwälder von Honduras wird mitgeprägt durch eine Vielzahl von ***Epiphyten,*** wie z.B. Bromelien und Orchideen. Epiphyten sind keine Parasiten und schädigen ihre „Unterlage" nicht. Epiphytische Pflanzen leben zumeist auf Bäumen, ohne diesen Nährstoffe zu entziehen. Sie nutzen das in der Luft befindliche Wasser und kleine Humusablagerungen auf den Bäumen als Lebensgrundlage. Daher ist eine hohe Luftfeuchtigkeit für diese Pflanzen unerlässlich.

Bromelien sind verbreitet in den amerikanischen Tropen und Subtropen und eine Charakterfamilie für den Kontinent. Sie fangen durch ihre trichterförmig angeordneten Blätter Regenwasser auf. Die Bromelie unterstützt nicht nur die Wasserversorgung der Pflanze, sie dient auch vielen Kleinlebewesen als Lebensraum: Einzeller, Insekten und einige Frösche verbringen einen Großteil ihres Lebens in den schützenden Blatttrichtern. Die Bromelien liefern so direkte und indirekte Beiträge zur Artenvielfalt des Waldes.

Zu den Bromelien gehört auch das ***Louisiana-Moos,*** welches man sogar auf Telefondrähten (vor allem in Tegucigalpa und anderen Ortschaften im Hochland) findet. Zur Wasseraufnahme besitzt die Pflanze Saugschuppen, welche das Wasser direkt aus der Luft aufnehmen. In diesem Wasser sind die Nährstoffe schon enthalten.

Die Pflanzenfamilie der ***Orchideen*** ist die artenreichste Familie auf der Erde mit insgesamt über 20.000 Arten (ca. 8 Prozent aller Blütenpflanzen). Orchideen besitzen die kleinsten Samen aller Blütenpflanzen (1 g Saatgut enthalten bis zu 1,4 Mio. Samen). Diese Samen können nur in Verbindung mit einem für jede Art typischen Wurzelpilz zu einer Pflanze heranreifen, dieser Wurzelpilz bleibt das ganze Leben bei der Pflanze. Die ursprünglich aus Zentralamerika stammende Vanille gehört übrigens auch zu den Orchideen, das kostbare Gewürz wird aus ihrer Samenschote gewonnen.

In Honduras hat man bisher über 700 Orchideen-Arten aufgelistet. Bevorzugter Lebensraum vieler Orchideen ist der Bergregenwald oder Bergnebelwald (z.B. Nationalparks La Tigra, Cusuco, Celaque), der noch zu ca. 5 % die Oberflächen von Honduras bedeckt. Diese schwer zugänglichen und häufig isoliert liegenden Gebiete haben die Entwicklung regional beschränkter (endemischer) und somit häufig auch seltener Arten gefördert (z.B. einige Arten von *Lepanthes, Spiranthes, Cattleya*). Viele dieser Gebiete sind natürliche Produktionsstätten für Trinkwasser, deren Schutz somit praktische Vorteile für den Menschen hat. Das kann viele seltene Lebewesen dieser Regionen vor dem Aussterben bewahren.

Generell gilt: Das Sammeln und Mitnehmen von Orchideen, wie auch aller anderen bedrohten oder gar vor dem Aussterben stehenden Pflanzen- und Tierarten ist in Honduras verboten! Auf Antrag gibt es Ausnahmegenehmigungen (z.B. beim jeweils zuständigen Büro der Forstbehörde *AFE/COHDEFOR)*, welche allerdings selten und nur unter hohem Papier- und Zeitaufwand ausgestellt werden.

Auch unter den Baumarten sind einige besonders erwähnenswert. ***Baumfarne*** gehören zu den Farngewächsen und kommen in den Tropen und Subtropen der Erde vor. Sie benötigen ein ausgeglichenes feuchtes Klima. Deshalb und auch wegen ihrer altertümlichen und im Vergleich zu den Blütenpflanzen umständlichen Fortpflanzungsbiologie findet man sie meist in den Bergnebelwäldern.

Eine Fülle von ***tropischen Nutzpflanzen*** wächst in wilden und kultivierten Formen in Honduras, z.B. Baumwolle, Kautschuk, Kaffee, Kakao, Kardamom, Maracuja, Bananen, Avocado, Papaya und Mango. In Europa noch fast unbekannt sind *Guanábana* (Honigapfel) und *Zapote* (Sapote oder Breiapfel).

Der von den Mayas verehrte ***Ceiba*** (siehe auch Ortsbeschreibung von La Ceiba), auf deutsch Kapokbaum, wird auch vom Menschen genutzt. Kapok-Fasern besitzen in Wasser die 30-fache Tragfähigkeit des Eigengewichtes (zum Vergleich: Kork das 3-fache). Darum werden sie als Füllmaterial, z.B. für Schwimmwesten, verwendet.

Am Ende der Trockenzeit blüht auffällig orange der *Llama del Bosque* (Flammenbaum). Wie ein Urlauber nach einem Extremsonnenbrand sieht der „Nackte Indianer" (span. *indio desnudo*) aus, dessen Rinde sich in großen Fetzen schält.

Eine Liste mit deutschen, spanischen und lateinischen Pflanzennamen befindet sich im Anhang.

Fauna

Auch die Fauna von Honduras ist überaus artenreich. Es gibt mindestens 700 heimische Vogelarten, 200 Wandervogelarten, 195 Säugetierarten (davon 101 Fledermäuse), 77 Amphibien-Arten, 166 Reptilien-Arten, 96 Schlangenarten (14 davon giftig), 15 Schildkröten-Arten, 120 Arten von Süßwasser- und 2000 Arten von Salzwasserfischen. Dabei sind viele Gebiete noch nicht umfassend erforscht.

Wirbellose

Landbewohner

Umfangreiche Untersuchungen sind noch notwendig, um all die Arten zu erfassen und ihre ökologische Bedeutung innerhalb des jeweiligen Lebensraumes festzustellen. Besonders artenreich sind die honduranischen Gliedertiere wie Spinnentiere, Tausendfüßler und Insekten. Spektakulär sind z.B. der bis 18 cm lange ***Herkuleskäfer*** *(lat. Dynaster herculeus)* oder der prächtig gezeichnete ***Harlekin-Bockkäfer*** *(lat. Acrocinus longimanus)*. Der mit einer Flügelspannweite von ca. 30 cm weltweit größte ***Schmetterling*** *Thysania agrippina* lebt ebenfalls in Zentralamerika. Auffallend leuchtend blau schillert der Morpho-Schmetterling *(Morpho peleides)*.

Zikaden und ***Heuschrecken*** bilden die allgegenwärtige und charakteristische Geräuschkulisse der Tropen. Aber wirklich lästige Insekten gibt es natürlich auch: Die ***Anopheles-*** und die ***Aedes-Mücke*** sind Überträger von Malaria und Dengue-Fieber. Die ***Raubwanze*** *(Triatoma spec.)* überträgt die Chagas-Krankheit. Mit diesem blutsaugenden Tier kommt man als Reisender aber – im Gegensatz zu den Moskitos – kaum in Berührung: Sie lebt in den Strohdächern der allerärmsten Behausungen. ***Schaben*** (z.B. *Blaberus giganteus*) sind ziemlich harmlos, dafür aber fast überall anzutreffen. Einige ***Tausendfüßler*** (z.B. *Scolopendra gigantea*) sind relativ giftig. Man findet sie oft unter Steinen, Blättern und Holz. ***Vogelspinnen*** sind in einer Vielfalt von Arten vertreten, aber entgegen der allgemeinen Auffassung nicht lebensgefährlich (zumindest in Honduras): Ihr Gift ist in der Wirkung dem Bienengift vergleichbar.

Zwischen den Telefon- und Stromleitungen in Honduras ist immer eine Menge Grünzeug und Gestrüpp zu sehen. Dort befinden sich auch häufig und in großer Anzahl Netze der großen ***Seidenspinne*** *(Nephila clavipes)*.

Thysania agrippina,
größter Schmetterling der Welt

Die ebenfalls zu den Spinnentieren zählenden ***Skorpione*** sind mit Vorsicht zu genießen. Der Stich mancher Arten kann empfindlich schmerzen und z.B. einen Arm für mehrere Tage lähmen.

Wasserbewohner

Wirbellose Wasserbewohner sind z.B. die Nesseltiere (Cnidaria), zu denen auch die riffbildenden ***Korallen*** zählen. An Artenvielfalt stehen die Riffs von Honduras den mexikanischen oder denen des Roten Meeres in nichts nach. Beim Tauchen oder Schnorcheln ist darauf zu achten, die empfindlichen Polypen dieser festsitzenden Tiere nicht zu berühren: Schon durch geringen Kontakt sterben sie ab. Manche Korallen können auch stark nesseln und zu schmerzhaften und unter Wasser somit sehr gefährlichen Verletzungen führen (z.B. die ***Feuerkoralle*** *Millepora alcicornis* aus der Klasse der Hydrozoa).

Auch die ***Quallen*** zählen zu den Nesseltieren. Die Nesselkapseln der so genannten ***Portugiesischen Galeere*** *(Physalia physalis)* können die Haut des Menschen wirkungsvoll durchdringen. Der Kontakt mit ihnen kann sogar zum Tode führen. Abreibung mit Alkohol, 10 % Formalin, Salmiakgeist oder Natriumbikarbonat können die noch auf der Haut befindlichen Nesselkapseln inaktivieren. Steht das nicht zur Verfügung, helfen Salz, Zucker, Olivenöl oder trockener (!) Sand, die den giftigen Schleim aufnehmen, der dann mit einem Messer oder Holzstück abgeschabt werden kann. Wasser oder feuchter Sand dürfen nicht benutzt werden! Unbedingt ist ein Arzt aufzusuchen!

Im Meer lebende Gliedertiere wie ***Krebse*** *(Crustaceae)* sind an den honduranischen Küsten zu einer bedeutenden Einnahmequelle der Bevölkerung geworden. Hummer und Langusten werden durch Taucher von den Riffen abgesammelt und verkauft. Durch bereits industriellen ***Hummerfang*** wird bei hohem Gesundheitsrisiko der Taucher (Miskito-Taucher schwimmen häufig ohne Flasche bis in 30 m Tiefe) langsam, aber sicher das Riff leergeräumt.

Wirbeltiere

Fische

Eine Aufstellung der in Honduras vorkommenden Fische ist bisher nicht erschienen. An den Küsten und Riffen kann man sich jedoch anhand von Literatur aus den Nachbarländern orientieren.

In allen Küstengewässern sind Haie zu finden. Dennoch sind aus Honduras keine Unfälle bekannt. Der ***Riffhai*** ist jedoch nicht ungefährlich. Er ist in seinem Bestand mittlerweile durch Überfischung stark dezimiert. Die riesigen ***Walhaie*** werden oft vor der Küste in freiem Wasser angetroffen, sie sind Planktonfiltrierer und daher für Menschen harmlos.

Untersuchungen zur Fischfauna honduranischer ***Flüsse und Seen*** stehen ebenfalls aus. Bewohner der jeweiligen Regionen wissen aber sehr gut die Artenvielfalt des Wassers als Nahrungsquelle zu nutzen.

Amphibien und Reptilien

Im Bereich der Reptilien ist Honduras besonders facettenreich: Sieben Arten von ***Meeresschildkröten*** laichen an der Karibikküste (Norden), zwei Schildkrötenarten an der Pazifikküste. Dazu kommen verschiedene Arten von Flussschildkröten. Die Meeresschildkröten landen für eine Nacht an den Stränden von Honduras, um dort ihre Eier abzulegen. Wenig später schlüpfen die Jungtiere, wenn die Gelege nicht vorher von Eiersammlern geplündert wurden. Für die meisten Jungtiere gibt es auch wegen der Fisch- und Vogelattacken eine nur geringe Überlebenschance. Zu den beeindruckendsten karibischen Meeresschildkröten, die häufig zur späten Jahresmitte zwischen Barra del Plátano und Barro Patuca laichen, gehört die bis zu 2,50 m lange und 850 kg schwere Lederschildkröte.

Leguane haben ein sehr schmackhaftes Fleisch und werden auch gern gegessen. In Tegucigalpa ist eine Leguanfarm eingerichtet worden.

Aus der Vielzahl der Eidechsenarten stechen besonders die ***Basilisken*** hervor: Sie können mit hoher Geschwindigkeit über das Wasser laufen und werden deshalb auch „Jesus-Christus-Eidechsen" genannt.

Krokodile werden bei Nacht mit Hilfe von Taschenlampen aufgestöbert: Das sich in ihren Augen reflektierende Licht zeigt leider auch den Jägern, wo sich die Tiere aufhalten. So hat schon mancher namhafte Krokodilzüchter illegal seine teuren Bestände aufgefüllt.

Auch die Schlangen von Honduras sind äußerst artenreich. Hervorzuheben ist die ***Abgottschlange*** *(Boa constrictor)* mit bis zu 4 m Körperlänge. Sie würgt ihre Beute, ist aber ungiftig. Äußerst giftig dagegen ist die bis zu 2 m lange ***Lanzenotter,*** da sie ein eiweißzersetzendes Gift absondert. Auch die kleine, gelb-rot-schwarze ***Korallenschlange*** verfügt über ein höchst wirkungsvolles Nervengift, das in 10 Minuten tödlich sein kann. Diese Schlange hat viele farbliche Nachahmer gefunden (Mimikry), welche ungiftig sind und sich durch ihr ähnliches Farbkleid wirksam schützen. Dies ist nur eine der zahlreichen genialen Entwicklungen der schnellen Evolution im noch großflächig erhaltenen tropischen Regenwald von Honduras. Ein verlässliches Merkmal zur schnellen Unterscheidung dieser Schlangen gibt es bisher nicht. Vorsicht ist also geboten, soll eine Reise in Olancho oder der Moskitia nicht ein rasches Ende haben.

Vögel

Ein spektakulärer Raubvogel des Tieflandregenwaldes ist die ***Harpyie,*** die in der Moskitia noch anzutreffen ist. Sie jagt Säugetiere und fängt häufig sogar Affen aus den Kronen der Bäume. Nicht nur in Honduras, sondern im ganzen Gebiet des tropischen Amerika ist sie extrem bedroht. Da die Harpyie immer wieder auch junge Haustiere fängt, wird sie von den Einheimischen gejagt und weiter dezimiert.

Sehr selten ist auch der ***Königsgeier,*** schwarz-weiß mit rotem Kopf. Er hat

Königsgeier

einen sehr ausgeprägten Geruchssinn und soll auf diese Weise sogar im dichten Wald Aas aufstöbern. Der Königsgeier bestimmte die Mythen der Mayas und Nahuatl.

Der ***Quetzal,*** metallisch-grün mit roter Brust, taubengroß, lebt in den Nebelwäldern des Landes und ganz Zentralamerikas. Der Quetzal war der heilige Vogel der Mayas und Azteken. Seine bis zu einem Meter langen Schwanzfedern waren zeitweilig mehr wert als Gold. Der Quetzal frisst vorzugsweise Früchte aus der Pflanzenfamilie der Lauraceae (z.B. Avocado) und ist gleichzeitig der wichtigste Samenverbreiter dieser Bäume. Er ist ein Beispiel für gegenseitige Abhängigkeit verschiedener Tier- und Pflanzenarten. Solche zwischenartlichen Beziehungen sind bisher nur ansatzweise erforscht. Das Aussterben einer Art kann somit ungeahnte Auswirkungen haben.

Neben dem Quetzal finden sich einige andere Vertreter der Familie der ***Trogone*** in den Bergregenwäldern von Honduras. Diese werden allgemein von den Einheimischen als *Koa* bezeichnet. Sie sind etwas kleiner als der Quetzal, jedoch fehlt ihnen der lange Schwanz, und so sind sie trotz ihrer schönen Farbe nicht so spektakulär wie der Quetzal.

Ein weiterer schöner Bewohner des Bergregenwaldes ist der ***Motmot:*** schillernd gün, mit zwei etwa 20 cm langen (der Form nach an das Pendel einer

Uhr erinnernden) Schwanzfedern. Die Tiere bauen ihre Nester im Erdboden an Abbruchkanten und ernähren sich von Früchten und Insekten.

Erwähnt werden soll auch die große Zahl verschiedener ***Kolibris, Papageien, Spechte*** und ***Baumläufer.*** Neben dem ***Roten Ara*** gibt es im Dschungel den noch selteneren ***Großen Soldatenara*** – er ist der größte Papagei überhaupt.

Allgegenwärtig in den tief gelegenen Landesteilen sind die amselähnlichen ***Zanates.*** Wo sich viele zusammenfinden, kann deren Gesang bei Sonnenauf- und -untergang lautstark erklingen, wie z.B. im Parque Central von Tegucigalpa.

Vom Tiefland bis in Höhen von 1500 m findet man die ca. rabengroßen ***Oropendolas.*** Diese nisten in Kolonien. Die Nester hängen in den Ästen großer Bäume. Oropendolas sind leicht zu erkennen durch ihren seltsamen Balzgesang, den man sicher nicht vergisst. Sehr gerne verspeisen diese Vögel Orangen, in deren Schale sie mit dem Schnabel ein Loch stechen. Von den menschlichen Orangenbaum-Besitzern sind sie daher ungern gesehen.

In Lagunen und entlang der Flüsse und Bäche sitzen immer wieder ***Eisvögel*** (span. *martin pescador*) auf einem Aussichtsast am Ufer, um bei Gelegenheit ihre Beute im Sturzflug aus dem Wasser zu holen.

Der ***Großtao,*** wie auch andere Vertreter der Familie der nur den amerikanischen Kontinent besiedelnden Steißhühner, bewohnt die Wälder des Landes und ist ein sehr schlechter Flieger. Seine hervorragende Tarnung und seine lautlosen Bewegungen machen ihn für die Feinde nahezu unsichtbar. So kann er sein schlechtes Flugvermögen ausgleichen.

Mit den Truthähnen verwandt ist der in den Wäldern lebende ***Hokko*** (lat. *Crax rubra*). Er ist in seinem Bestand gefährdet, weil sein Fleisch sehr schmackhaft ist und sich viele Menschen nur durch die Jagd eine Fleischmahlzeit leisten können. Diese Gefahr droht vielen Wildtieren, nicht nur in Honduras. Neben der Lebensraumvernichtung ist die nahrungsbedingte Jagd eine der größten Bedrohungen für die Tierwelt.

Entlang der Flüsse, an den Lagunen und in den sumpfigen, von vielen Flüssen und Bächen durchzogenen Regionen finden sich eine Vielzahl von ***Schreitvögeln:*** Bei einer Fahrt mit dem Einbaumkanu entlang einer Lagune oder eines Flusses im Tieflandregenwald passiert man wenig scheue ***Salomon-, Kuh-*** und ***Kahnschnabelreiher.*** Sie stehen häufig bewegungslos im Wasser und ergreifen erst bei sehr nahem Herankommen die Flucht.

Zu den Störchen zählt der große, aber auch sehr seltene ***Jabiru.*** Auch er schreitet durch das flache Wasser auf der Suche nach Fischen und Fröschen. Er wird bis zu 6,5 kg schwer, das ist für einen Vogel immens.

Schlangenhalsvögel sind eng mit den auch in Honduras lebenden Kormoranen verbunden und sind ebenfalls hin und wieder an den Ufern zu entdecken: Man sieht sie manchmal in den Bäumen mit ausgebreiteten Flügeln beim Sonnenbad. Sie trocknen dann ihr Gefieder, da sie keine fettabsondernden Drüsen (wie fast alle anderen am Wasser lebenden Vögel) besitzen.

Säugetiere

Die ***Beutelratten*** (Opossums) sind die einzigen Vertreter der Beuteltiere *(Marsupialia)* des amerikanischen Kontinents. Gürteltiere, Ameisenbären und Faultiere sind auf Zentralamerika beschränkt. Der große ***Ameisenbär*** trägt eine extrem lange Nase und einen behaarten Schwanz, weshalb hinten und vorn bei ihm kaum zu unterscheiden sind. Aktuelle Berichte über sein Vorkommen gibt es zwar und es wurde auch 1996 ein junger Ameisenbär bei Las Marías von Einheimischen gefangen, aber wissenschaftliche Belege für seine Existenz in Honduras fehlen seit langem. In Südamerika hingegen sind noch größere Populationen vorhanden.

Die ***Fledermäuse*** sind die zahlenmäßig zweitgrößte Gruppe der honduranischen Säugetiere. In der Dunkelheit sieht man sie in den großen Städten im Schein der Straßenlampen per Ultraschall nach Insekten jagen. In den Regenwäldern Zentralamerikas sind bis zu 40 % aller Säuger Fledermäuse. Viele der über 100 Arten ernähren sich von Früchten und/oder Blütenstaub und sind sehr wichtige pflanzliche Samenverbreiter und Blütenbestäuber. Viele Arten sind hochspezialisiert auf bestimmte Blüten und Früchte.

Bemerkenswert ist die ***Vampirfledermaus*** *(Desmodus rotundus)*, die übrigens sehr gut auf allen Vieren laufen kann. Sie ist relativ häufig in der Nähe von Viehzucht anzutreffen, denn sie leckt Blut aus vorher bei Rindern, Pferden usw. mit den Krallen geschlagenen Wunden. Selbst Menschen finden sich bisweilen unter den Opfern. Die Gefahr einer Attacke auf den Menschen ist glücklicherweise relativ gering, wenn es aber dann doch geschieht, droht die Ansteckung mit Tollwut.

Stark unter Druck geraten sind die Bestände der ***Raubkatzen,*** allen voran der Jaguar, der Puma und der Ozelot. Gefährdet sind sie wegen ihrer hohen Profit bringenden Felle und – mittlerweile noch schlimmer – aufgrund der Einschränkung der Lebensräume, denn ein einziger Jaguar beansprucht 300 ha Wald als Jagdrevier. Insofern bin ich froh, im Rahmen der engagierten Arbeit der Naturschutzabteilung von *Cambio C.A.* von 1990 bis 1992 dabeigewesen zu sein, als es uns gelang, die Errichtung des Nationalparks Patuca gegen anfänglich große Schwierigkeiten durchzusetzen. Dieser Nationalpark ist heute das Bindeglied des größten zusammenhängenden Naturschutzgebietes in Zentralamerika, von Palacios (Honduras) bis Matagalpa (Nicaragua).

Die karibischen ***Rundschwanz-Seekühe*** (siehe auch Exkurs bei La Ceiba) leben im Meer und in den Lagunen an der Karibikküste von Honduras. Auch ihr Bestand ist überall sehr stark gefährdet.

Großer Ameisenbär

Der Große Ameisenbär *(Myrmecophaga tridactyla)* bewohnt tropische Regenwälder, Trockenwälder, Sumpf- und Savannengebiete in Mittel- und Südamerika, von Guatemala bis nach Brasilien und Paraguay. Aus Zentralamerika liegen jedoch keine aktuellen, wissenschaftlichen Berichte über den Großen Ameisenbären vor, und er zählt dort in einigen Ländern bereits zu den ausgestorbenen Arten.

Hauptursachen dafür, dass er mittlerweile auf der Roten Liste der vom Aussterben bedrohten Arten geführt wird, sind die Zerstörung seiner natürlichen Lebensräume sowie die landwirtschaftliche Nutzung dieser Gebiete. Natürliche Feinde aus der Tierwelt spielen dabei eine eher untergeordnete Rolle. Auch für den Menschen hat der Ameisenbär als Jagdbeute, Nahrungsquelle o.Ä. keine Bedeutung.

Aus der Region der Moskitia im Osten des zentralamerikanischen Landes Honduras liegen Berichte von Einheimischen über das Auftreten des Großen Ameisenbären vor. Diesen Hinweisen soll mit einem Forschungsvorhaben nachgegangen werden, in dem festgestellt werden soll, ob tatsächlich ein überlebensfähiger Bestand existiert und wie dieser wirksam geschützt werden kann.

In der Moskitia findet man immerhin alle bekannten Lebensräume des Großen Ameisenbären, davon haben tropischer Regenwald und Kiefernsavanne den größten Flächenanteil. Flüsse, Sümpfe und Lagunen vervollständigen die Gliederung der Landschaft. Innerhalb des Nationalparksystems des Landes *(SINAP)* sind das Biosphärenreservat des Río Plátano, das Anthropologische Reservat Tawahka und der Nationalpark Patuca von besonderer Bedeutung als Lebensraum bedrohter Tiere wie Jaguar, Tapir, Großer Ameisenbär, Harpyie, Ara und Manati. Diese Arten beanspruchen große Territorien und haben deswegen nur in solchen großen zusammenhängenden Gebieten langfristig eine Überlebenschance. Der Große Ameisenbär kann als Leitmotiv für den Schutz dieser gesamten bedrohten Fläche dienen.

Die drei Arten des Ameisenbären *(Myrmecophaga, Tamandua, Cyclops)* gehören innerhalb der Klasse der Säugetiere zur Ordnung der Nebengelenktiere (*Xenarthra*, früher auch *Edentata*, Zahnarme). Zu dieser Ordnung zählen außerdem Faultiere und Gürteltiere. Nebengelenktiere gibt es nur auf dem amerikanischen Kontinent.

Der als tagaktiver Einzelgänger lebende Große Ameisenbär ernährt sich von Ameisen, Termiten und Insekten. Dazu gräbt er mit den scharfen und großen Armklauen ein Loch in den Grund – etwa über einem Ameisennest – und steckt die lange Schnauze hinein. Mit bis zu 160 Zungenschlägen pro Minute wird dann die Nahrung aufgenommen. Ein Nest wird aber nie ganz geplündert, sondern bleibt über längere Zeit als Nahrungsquelle erhalten.

Nur zur Paarungszeit treffen sich Männchen und Weibchen, ansonsten ziehen die Tiere als Einzelgänger umher. Nach 180 Tagen Tragzeit versorgt das Weibchen das eine Jungtier allein. Dabei trägt sie es bis zu 8 Wochen lang auf dem Rücken. Der Große Ameisenbär lebt in einem festen Revier von (in Brasilien gemessenen) knapp 100 ha, d.h. fast 1 km². Als natürliche Feinde treten nur Jaguar und Puma auf. Der ausgewachsene Ameisenbär kann sich mit seinen mächtigen Grabklauen gut verteidigen.

Das Forschungsprojekt soll vorhandene Restpopulationen in Honduras erkunden und dokumentieren sowie – vor allem – geeignete Schutzstrategien für sie und die von ihnen bewohnten Lebensräume entwickeln. Die Forschung am Ameisenbär ist künftig auch dazu geeignet, weitere ähnliche Forschungs- und Schutzprojekte zu erleichtern.

SINAP – das honduranische System geschützter Gebiete

Was wie der Name einer Limonadenmarke klingt, ist die wohl wichtigste Ressource des Landes. Ein paar Pioniere machten in den 1980er Jahren auf die bedrohten Arten und Regenwaldbestände aufmerksam. Mit der Ohnmacht der Regierung angesichts der Brandrodung und Korruption ging die Entwicklung einer Naturschutzbewegung einher, die im Land spürbar an Kraft gewonnen hat. Doch nicht zuletzt waren es der Druck der Konferenz von Río und der so genannten „Geber-Staaten" (USA, Deutschland und Skandinavien), die der Regierung keine andere Wahl ließen. Honduras verfügt über ein System von Naturschutzgebieten verschiedener Kategorien. Das *SINAP (Sistema Nacional de Areas Protegidas)* genannte Netz ergänzt die internationalen und privaten Anstrengungen um den Schutz der spektakulären Bergnebelwälder, des Korallenriffs und des Regenwalds. Man unterscheidet folgende Kategorien:

- ***Nationalparks*** bestehen aus Pufferzonen mit eingeschränkten Nutzungsrechten und Kernzonen mit absolutem Verbot von Land- und Forstwirtschaft. Eine besondere Art des Nationalparks ist der Meerespark, quasi ein Wasser-Nationalpark, der die fragilen Korallenbänke schützt. Ihn finden wir um die Islas de la Bahia herum.
- ***Biosphärenreservate*** sind bei den Vereinten Nationen als „Natur- oder

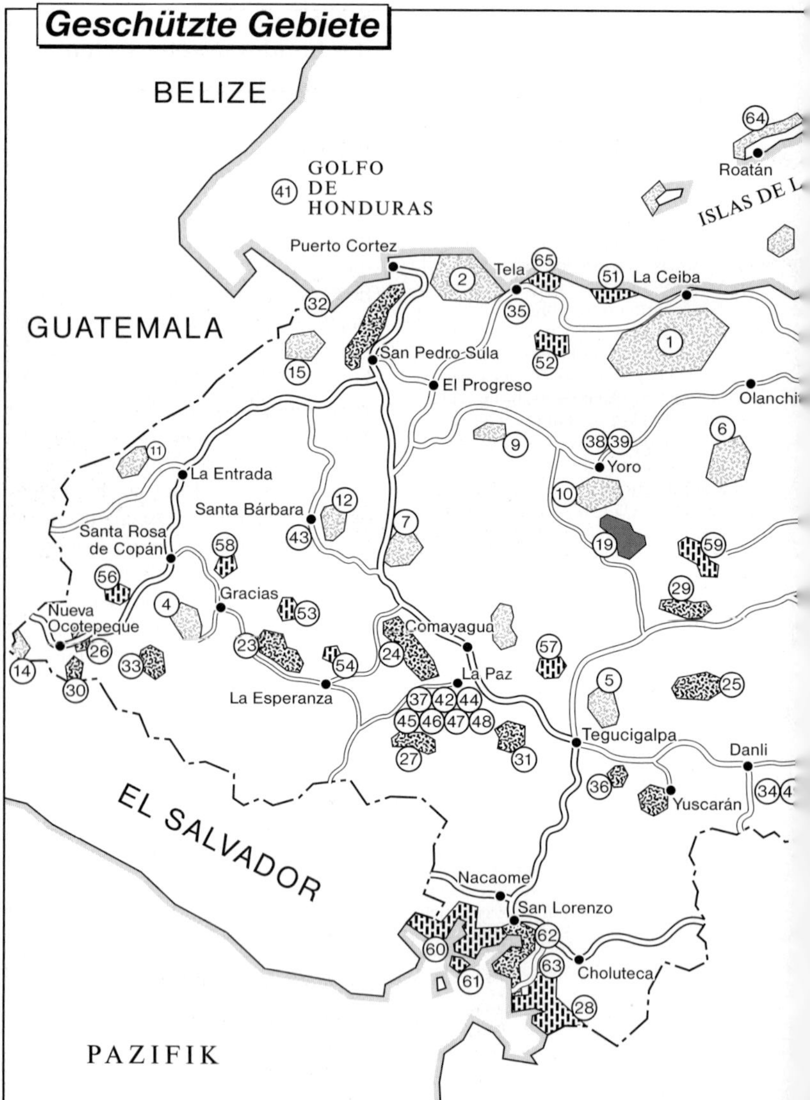
Geschützte Gebiete
BELIZE
GOLFO
DE
HONDURAS
GUATEMALA
EL SALVADOR
PAZIFIK
ISLAS DE L
Roatán
Puerto Cortez
Tela
La Ceiba
San Pedro Sula
El Progreso
Olanchi
Yoro
La Entrada
Santa Bárbara
Santa Rosa
de Copán
Gracias
Nueva
Ocotepeque
Comayagua
La Paz
La Esperanza
Tegucigalpa
Danli
Yuscarán
Nacaome
San Lorenzo
Choluteca

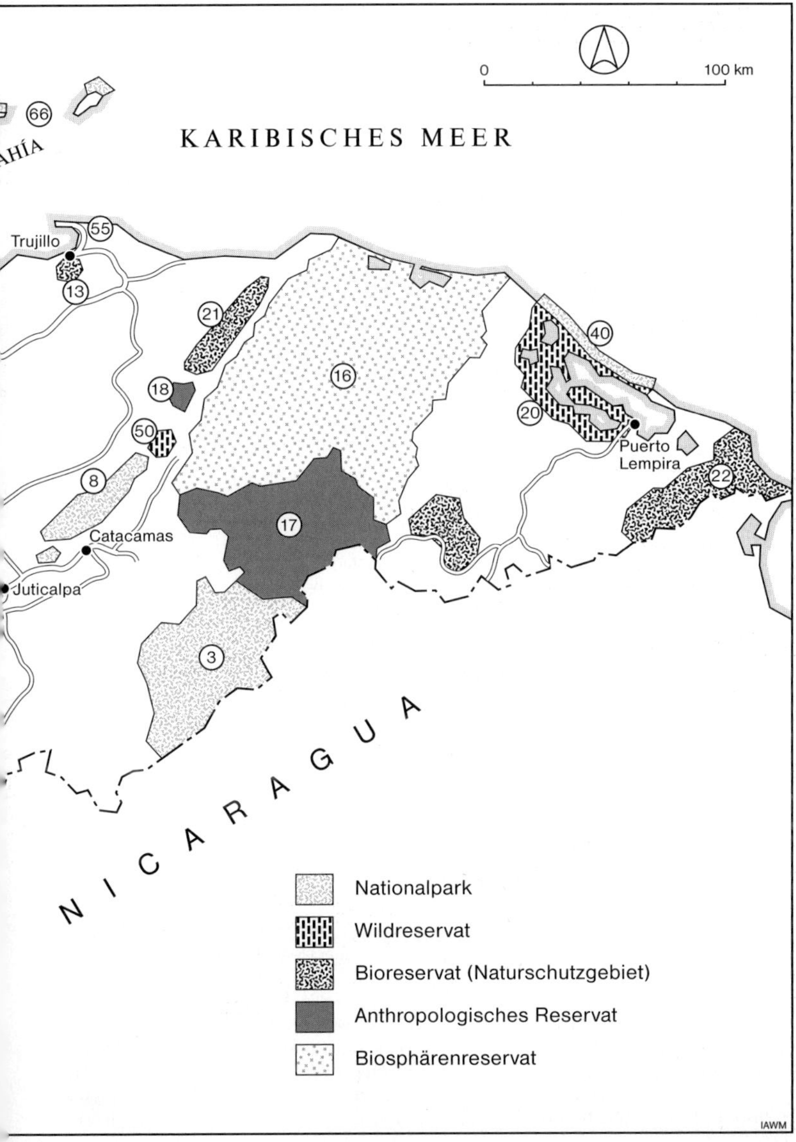
0
100 km
66
AHÍA
KARIBISCHES MEER
Trujillo
55
13
21
16
18
50
8
Catacamas
Juticalpa
17
3
40
20
Puerto
Lempira
22
NICARAGUA
Nationalpark
Wildreservat
Bioreservat (Naturschutzgebiet)
Anthropologisches Reservat
Biosphärenreservat
IAWM

Geschützte Gebiete

Nr.	Infrastruktur	Name	Departamento	Fläche (ha)
Nationalparks				
Tropischer Regenwald				
1	nein	Pico Bonito	Atlántida u. Yoro	112.500
2	nein	Punta Sal	Atlántida	33.200
3	teilweise	Patuca	Olancho, El Paraiso	220.000
Bergnebelwald				
4	nein	Celaque	Lempira, Copán, Ocotep.	27.000
5	ja	La Tigra	Francisco Morazán	23.821
6	ja	La Muralla	Olancho	20.423
7	nein	Cerro Azul Meambar	Cortés, Comayagua	20.000
8	nein	Sierra de Agalta	Olancho	18.000
9	nein	Pico Pijol	Yoro	16.000
10	nein	Montaña de Yoro	Yoro, Francisco Morazán	15.000
11	nein	Cerro Azul	Copán	15.500
12	nein	Santa Bárbara	Santa Bárbara	13.000
13	nein	Capiro y Calentura	Colón (Nähe Trujillo)	5.000
14	nein	Montecristo	Ocotepeque	k.A.
15	ja	Cusuco	Cortés	23.440
Biosphärenreservate, Anthropologische Reservate				
16	nein	Plátano	Olancho, Colón, Gracias a Dios	525.000
17	nein.	Tawahka	Olancho, Gracias a Dios	k.A.
18	ja	El Carbón	Olancho	35.000
19	nein	Montaña de la Flor	Yoro, Francisco Morazán	k.A.
Bioreservate (Naturschutzgebiete)				
20	nein	Caratasca	Gracias a Dios	120.000
21	nein	Rio Tinto	Colón, Gracias a Dios	60.000
22	nein	Rio Kruta	Gracias a Dios	50.000
23	nein	Opalaca	Intibuca, Lempira	14.500
24	nein	Montecillos	Comayagua, La Paz, Intib.	12.500
25	nein	El Chile	Francisco Morazán	12.000
26	nein	El Guisayote	Ocotepeque	7.000
27	nein	Guajiquiro	La Paz	7.000
28	nein	Rio Negro	Choluteca	6.000

Nr.	*Infra-struktur*	*Name*	*Departamento*	*Fläche (ha)*
29	nein	Misoco	Francisco Morazán, Olancho	4.600
30	nein	El Pital	Ocotepeque	3.800
31	nein	Yerba Buena	Francisco Morazán	3.600
32	nein	Rio Motagua	Cortés	3.000
33	nein	Volcán Pacayita	Lempira, Ocotepeque	3.000
34	ja	Cerro Monserrat	El Paraiso (Nähe Yuscarán)	2.960
35	ja	Bot. Garten Lancetilla	(Nähe Tela)	1.681
36	nein	Uyuca	Francisco Morazán	1.138
37	nein	El Chiflador	La Paz	1.000
38	nein	El Ciprezal	Yoro	k.A.
39	nein	Arenal	Yoro	k.A.
40	nein	Cayos Misquitos	Gracias a Dios	k.A.
41	nein	Cayos Zapotillos	Cortés	k.A.
42	nein	El Cedro	La Paz	k.A.
43	nein	El Pacayal	Santa Bárbara	k.A.
44	nein	Las Tancas	La Paz	k.A.
45	nein	Mogola	La Paz	k.A.
46	nein	Sabanetas	La Paz	k.A.
47	nein	San Pedro	La Paz	k.A.
48	nein	San Pablo	La Paz	k.A.
49	nein	Piedra Apaguiz	El Paraiso	k.A.

Wildreservate

50	nein	Montaña de Malacate	Olancho	25.000
51	ja	Cuero y Salado	Atlántida	12.400
52	nein	Texiguat	Atlántida	10.000
53	nein	Montaña Verde	Sta. Bárbara, Intibucá	8.300
54	nein	Mixcure	Intibucá	8.000
55	nein	Laguna de Guaymoreto	(Nähe Trujillo)	7.000
56	nein	Erapuca	Copán, Ocotepeque	6.500
57	nein	Corralitos	Francisco Morazán	5.500
58	nein	Puca	Lempira	4.900
59	nein	El Armado	Olancho	3.500
60	nein	Isla de Exposición	Valle	2.000
61	ja	Isla del Tigre	Valle	550
62	ja	Punta Ratón	Valle	500
63	nein	El Jicarito	Choluteca	k.A.
64	nein	Port Royal	Islas de la Bahía (Roatán)	k.A.
65	nein	Punta Izopo	Atlántida (Nähe Tela)	k.A.
66	nein	Santa Elena	Islas de la Bahía (Roatán)	k.A.

Kulturdenkmäler der Menschheit" eingetragen. Hier wurde global wirksamer Schutz angemeldet, der alle angeht. Die Biosphärenreservate und Anthropologischen Reservate befinden sich - mit Ausnahme der Montaña de la Flor - am und um den Río Plátano.

- ***Biologische Reservate*** schützen bestimmte Ökosysteme, deren Erhaltung aktiv betrieben wird, notfalls auch durch Eingriffe in die dort vorhandene Natur.
- ***Reservate mit Mehrfachnutzung*** sind Gebiete wie der Lago de Yojoa, in denen seit Jahrhunderten Landwirtschaft, Forstwirtschaft und Gewerbe betrieben wird. Davon gibt es aber nur zwei im ganzen Land.
- ***Wildreservate*** schließlich dienen bedrohten Tieren und Pflanzen als Rückzugsgebiete. Hier geht es um die Erhaltung der Art, wie z.B. der Rundschwanzseekuh Manatí in Cuero y Salado, unweit von La Ceiba.
- Tabelle und Karte der Naturschutzgebiete (s.o.) zeigen alle einzelnen Gebiete, nicht genannt sind ***nationale Kultur- und Naturdenkmäler*** wie Höhlen, Minen und Ruinen.

Zuständig für das *SINAP* ist die Abteilung *Areas Protegidas* (Naturschutzgebiete) der **Forstbehörde** *COHDEFOR*, die inzwischen offiziell *AFE (Administración Forestal del Estado)* heißt. Sie betreibt Büros in fast allen größeren Ortschaften des Landes (Internet: www.cohdefor.hn). In Tegucigalpa erteilt das ***Zentralbüro*** (Col. Brisas de Olancho, Blvd. de Norte, 2 cuadras oberhalb der Shell-Tankstelle im Norden, rechts, Tel. 223-1027, 223-7703), in San Pedro Sula das ***Regionalbüro Nord*** Auskunft (Bo. Guamilito, 10ª Ave., 4ª C. N.O., Tel. 550-3390).

Als Info-Stelle hilfreich ist auch die unabhängige ***Ökologische Gesellschaft von Honduras, AMITIGRA*** *(Fundación de Amigos de la Tigra,* Col. Palmira, Ed. Italia, 3 piso, Cubículo No. 6, Tegucigalpa, Tel. 238-6269, 238-0464, Fax 235-8493/94). Der Weg lohnt sich schon wegen der dort erhältlichen Kalender und Bücher über honduranische Flora und Fauna.

Nur in wenigen Nationalparks gibt es gut ausgerüstete ***Besucherzentren*** (in Klammern jeweils die Departamentos und jeweiligen Städte, wo eine Anmeldung erfolgen sollte): La Muralla (Yoro), Cusuco (Cortés, vgl. San Pedro Sula), La Tigra (F. Morazán, vgl. Tegucigalpa), Pico Bonito (Atlántida, vgl. La Ceiba), Cuero y Salado (Atlántida, vgl. La Ceiba), Celaque (vgl. Gracias Lempira). Andere Naturschutzgebiete sind bereisbar, weil die Bevölkerung Übernachtungsmöglichkeiten bereithält: Río Plátano (vgl. Moskitia), Punta Sal (vgl. Tela) oder weil zuverlässige (aber teilweise extrem kostspielige) Expeditionen organisiert werden: Patuca (vgl. Olancho).

Eine Auswahl von Organisationen, die im Umwelt- und Regenwaldschutz bzw. in den Nationalparks tätig und nicht ausdrücklich bei den einzelnen Nationalparks erwähnt worden sind:

- ***FPN*** *(Fundación Parque Nacionales),* Parque Naciones Unidas, El Picacho, Tel. 211-9126, Fax 211-9126/27, fpn@honduras.quik.com.

•PROLANSATE *(Fundación para la protección de Lancetilla)*, Punta Sal y Texiguat, Ed. Kawas, 2 nivel, C. de Comercio, Tela, Tel./Fax 448-2042, 448-1686, fundacionprolansate@yahoo.com.

•FUCAGUA *(Fundación para la Protección de Capiro Calentura y Lago Guaimoreto)*, C. Principal al TDS, Bo. Buenos Aires, Trujillo, Colón, Tel. 434-4294, fcalen@hondutel.hn, http://goodfellowweb.com/honduras/fucagua.

•REHDES *(Red Ecologístas para el Desarrollo Sostenible)*, Ed. Fortaleza, 2 nivel, No. 9, 8ª C., Bo. El Centro, La Ceiba, Tel. 440-0385, redes@caribe.hn.

•FEHRPF *(Fundación Ecologista Héctor Rodrigo Paastor Fasquelle)*, 1er C., Ave. N.O., Ed. Pastor, oberhalb *Pizzería Italia*, Bo. Las Acacias, San Pedro Sula. Tel. 557-6598, Fax 557-6620, fundeco@netsys.hn.

•Fundación Mundo Maya, Hotel *Copantl Sula*, San Pedro Sula, Tel./Fax 556-8900, mundomayahon@sigmanet.hn.

•Fundación Vida, Blvd. Suyapa, Ed. Florencia, 2 piso, No. 203, Apdo. Postal 4252, Tegucigalpa, Tel. 239-1642, Fax 239-1645, fundvida@sdnhon.org.hn, www.fundacionvida.org.

Wildreservat Cuero y Salado

Staat und Gesellschaft

Staatssymbole

Nationalflagge

Die Flagge des Landes besteht laut Gesetz von 1866 aus drei waagerechten Streifen, die beiden äußeren mittelblau gefärbt, der in der Mitte schneeweiß. Innerhalb des weißen Streifens befinden sich zentriert fünf blaue, fünfzackige Sterne, die die Länder der zentralamerikanischen Konföderation darstellen. *Francisco Morazán* erkämpfte 1821 als liberaler General die Unabhängigkeit von Spanien und später auch von Mexiko. *Morazáns* Vision des geeinten Zentralamerikas ist heute noch Teil der staatlichen Symbole. Honduras hat wie kein anderes Nachbarland eine Flagge, die genausogut für alle übrigen Länder des Isthmus Gültigkeit haben könnte: Fünf Sterne repräsentieren die Länder Costa Rica, Nicaragua, Honduras, Guatemala und El Salvador.

Wappen

Das Wappen geht auf das Kriegswappen von 1825 zurück. In einem Dreieck erscheint ein Vulkan zwischen zwei Burgen. 1866 kam eine aufgehende Sonne hinzu und die Legende „Frei, souverän und unabhängig". Im 20. Jahrhundert wurde das Wappen um die Pfeile des indianischen Widerstands (oben), die Kiefern (links unten) und Eichen (rechts unten), den Mineneingang sowie um diverse Werkzeuge aus der Forstwirtschaft ergänzt.

Hymne

Die Nationalhymne von Honduras ist ebenfalls sehr kunstvoll, so dass es den meisten Schulklassen nur mit Mühe gelingt, das profunde Lied angemessen würdig vorzutragen. Die Hymne wurde Anfang des 20. Jahrhunderts von *Karl Hartling* komponiert. Der Leiter des Erfurter Infanterie-Orchesters wurde 1896 vom damaligen honduranischen Staatspräsidenten *Policargo Bonilla* angeworben, um ein nationales Militärorchester in Honduras aufzubauen. Die Nationalhymne erzählt in dem von *Augusto C. Coello* gereimten Text von der tränenreichen und widerspruchsvollen Geschichte des kleinen Landes.

Andere Nationalsymbole

Honduras hat eine ganze Anzahl weiterer Nationalsymbole. Für die Identität des Volkes sind Nationalblume und Nationalbaum dabei besonders wichtig.

Bis 1969 war die Rose ***Nationalblume,*** dann wurde vom Staatspräsidenten *Oswaldo L. Arellano* an ihrer Stelle die Orchidee *Brassavola digbiana* gewählt. Diese Blume wächst in den Nebelwäldern des Landes und blüht zur Mittte des Jahres.

Honduras verfügt über sieben verschiedene Kiefernarten, etwa ein Viertel des Territoriums von Honduras ist von Kiefern bedeckt. Es nimmt daher nicht wunder, dass die Kiefer der ***Nationalbaum*** von Honduras ist. Auch die *PINU* (*partido innovación nacional y unidad*), die drittstärkste politische Partei des Landes, verwendet die Kiefer (span. *pino*) als ihr Symbol.

Geschichte

Überblick

Honduras kann auf seine Geschichte stolz sein. Schon vor vielen Jahrtausenden fanden die Einwanderer aus dem Norden und Süden in Honduras eine fruchtbare Heimat. Die Maya entwickelten in Copán eines der wichtigsten Zentren prähispanischer Zivilisation auf dem Isthmus, dessen Astronomie, Schriftkunst und Architektur zu den Höhepunkten der Weltkultur gehörte und das dann plötzlich zusammenbrach. Weniger strahlend die Eroberung: Nach der Landung von *Christoph Kolumbus* (1502) in Honduras setzte die spanische Krone der Selbstbestimmung der ursprünglichen Bevölkerung nachhaltig ein jähes Ende. Trotz des erbitterten Widerstandes vieler indianischer Gemeinschaften begann erst im neunzehnten Jahrhundert das nationale Herz Honduras' erneut zu schlagen. Die Unabhängigkeit wurde bis 1821 erkämpft, ein konföderatives Bündnis zunächst mit Mexiko und dann mit Guatemala eingegangen. Es war der General *Francisco Morazán,* der in den Jahren 1823 bis 1842 den von Kolonialherrschaft und Abhängigkeit geprägten Eliten trotzte und die junge Seele des neuen honduranischen Staates prägte. Diese Entwicklung schloss die an den Rand gedrängten *Indigenas* allerdings zunächst nicht mit ein. Im Verlaufe des 19. Jahrhunderts erhielten die revanchistischen Kräfte immer wieder Oberwasser. Erst die liberale Revolution (1876) verhalf einem modernen Staat allmählich zum Durchbruch. Der Bau eines interozeanischen Kanals scheiterte. Doch der Goldboom (Ende des 19. Jahrhunderts) und der Bananenboom (Anfang des 20. Jahrhunderts) prägten die fremdfinanzierte Wirtschaft des Landes. Nach der finsteren, durch

Geschichte in Zahlen

mind. 6000 v. Chr.	Erste Besiedlung von Honduras
10. Aug. 3114 v. Chr.	Beginn der Maya-Zeitrechnung
ca. 2000 v. Chr.	Beginn der Entwicklung der Vorfahren der Maya von Copán
ca. 900 v. Chr.	Höhepunkt der prähispanischen Frühkultur von Playa de los Muertos
seit 300 n. Chr.	Entwicklung des Maya-Zentrums Copán
800 bis 820	Niedergang und Exodus aus Copán
ca. 1000	Einwanderung von Regenwald-Gemeinschaften der Macrochibchas aus dem nördlichen Südamerika
30. Juli 1502	*Christoph Kolumbus* entdeckt Honduras
3. Mai 1524	Erste spanische Siedlung (Triunfo de la Cruz) östlich von Tela
16. Mai 1525	Gründung der ersten Hauptstadt von Honduras (Trujillo)
17. Juni 1536	Gründung der heutigen Handelsmetropole San Pedro Sula
17. Aug. 1579	Gründung der heutigen Hauptstadt als Minendorf Real de Minas de Tegucigalpa
15. Sept. 1821	Unabhängigkeitsbeschluss der zentralamerikanischen spanischen Provinzen
28. Sept. 1821	Ratifizierung der Unabhängigkeit von Honduras als Mitglied des zentralamerikanischen Staatenbundes (besteht bis 1938)
1829 bis 1838	*Franzisco Morazán* ist Präsident des zentralamerikanischen Staatenbundes
5. Nov. 1839	Unabhängigkeit der jetzt völlig ungebundenen Republik Honduras
Juni 1855	Beginn des Siegeszuges des Freibeuters *William Walker* von Nicaragua aus
12. Sept. 1860	Hinrichtung und spätere Beisetzung von *William Walker* in Trujillo
1876	Liberale Reform durch den Präsidenten *Marco Aurelio Soto*
30. Okt. 1880	Tegucigalpa wird Hauptstadt von Honduras
1899 bis 1925	Schnell wechselnde Diktaturen vertreten die Interessen der Bananengesellschaften *Standard Fruit Company* und *United Fruit Co.*
1933 bis 1946	Diktatur von *Tiburcio Carias Andino*
1954	Generalstreik in den Bananenplantagen; Frgebnis: Gewerkschaftliche Organisationsrechte und kollektive Vertragsverhandlungen
21. Okt. 1957	Neue Verfassung und Beginn der ersten Reformregierung in der Geschichte des Landes: Der Liberale *Ramón Villeda Morales* bringt wesentliche Gesetze, Infrastrukturvorhaben und vor allem die Landreform auf den Weg
3. Okt. 1963	*Ramón V. Morales* wird durch einen blutigen Putsch abgelöst, führende Mitglieder der Liberalen Partei werden ins Exil gedrängt; Beginn der ersten Regierung von *Oswaldo Lopez Arrellano*
11.7.1969	Im „Fußballkrieg" zwischen El Salvador und Honduras, der in migratorisch bedingten sozialen und wirtschaftlichen Spannungen seine Ursache hat, sterben in nur 2 Wochen fast 2000 Menschen
20.8.1970	Austritt von Honduras aus dem gescheiterten Gemeinsamen Zentralamerikanischen Markt
4. Dez. 1972	Durch einen Militärputsch wird die Militärregierung von *Ramón Ernesto Cruz* durch den inzwischen reformgeneigten *Oswaldo Lopez Arrellano* wieder abgelöst
18. Sept. 1974	Der Orkan Fifi bringt 10.000 Honduranern den Tod
22. April 1975	*Lopez Arrellano* macht dem neuen militärischen Machthaber *Alberto Melgar Castro* Platz

7. Aug. 1978	*Alberto Melgar Castro* wird per Staatsstreich durch *Policarpo Paz García* abgelöst
Nov. 1981	*Roberto Suazo Cordoba* – erster, demokratisch gewählte Präsident
1982 bis 1984	Unter dem General *Alvarez Martinez* und dem Schutz der antikommunistisch gesinnten US-Regierung werden Tausende Menschen willkürlich festgenommen, gefoltert oder verschwinden
Juni 1983	Angesichts der sandinistischen Linksregierung in Nicaragua und zunehmender Radikalisierung der kleinen politischen Linken in Honduras richten Honduras und die USA das militärische Ausbildungslager CREM am Strand von Trujillo ein
13. Dez. 1984	Honduranische Regierung bewilligt eine ständige US-Militärpräsenz mit Schwerpunkt in Palmerola, Nähe Comayagua
24. Nov. 1985	*José Ascona Hoyo* von der Liberalen Partei geht trotz niedrigerer Stimmenzahl als *Rafael Leonardo Callejas* von der Nationalen Partei als Sieger aus der Präsidentenwahl hervor
8. April 1988	Ausrufung des Notstandes, nachdem Demonstranten das US-Konsulat angegriffen haben
26. Nov. 1989	Erster eindeutig fairer Wahlsieg eines Kandidaten der Nationalen Partei in der Geschichte des Landes
27. Jan. 1990	Amtsantritt von *Rafael Leonardo Callejas* als Staatspräsident
Juni 1990	Endgültige Auflösung der von den USA finanzierten antisandinistischen Contra-Verbände, die seit 1982 von honduranischem Boden aus Nicaragua destabilisiert hatten
11. Sept. 1992	Regelung früherer Grenzkonflikte mit El Salvador an der Pazifikküste zugunsten von Honduras; Folge: Das Gebiet des Landes vergrößert sich von 112.088 auf 112.492 km², um die sozial und infrastrukturell verkümmerten sog. *Bolsones* (Ausbuchtungen)
27. Jan. 1994	Amtsantritt des linksliberalen Präsidenten *Carlos Roberto Reina* unter dem Slogan der „moralischen Revolution"
Juni 1994	Abschaffung der allgemeinen Wehrpflicht
20.8.1995	Erstes Sparprogramm unter der Regierung *Reina:* Privatisierungs- und Personalentwicklungsprogramme mit 6000 Entlassungen im öffentlichen Dienst
Dezember 1997	*Carlos Flores* von der liberalen Partei gewinnt die Präsidentschaftswahlen mit deutlichem Vorsprung vor *Nora Melgar*, der Witwe des Junta-Präsidenten seit 1975
Ende Oktober 1998	Der Hurrikan Mitch verwüstet einen Großteil des Landes
26. Jan. 1999	Der Kongress reformiert die Verfassung und beschneidet die weitreichende Autonomie der Streitkräfte
Juli 2000	Honduras wird in die HIPC (Highly Indebted Poor Countries)-Initiative aufgenommen
25. November 2001	Wahlen, neuer Präsident: *Ricardo Maduro*, Nationale Partei
Mitte 2002	Treibstoffpreiserhöhungen und Zweifel an der Transparenz der staatlich beeinflussten Ölimporte bewirken Proteste gegen die Regierung
2003	*Maduro* legt ein Programm zur Bekämpfung der so genannten Maras, Jugendbanden in den Stadtvierteln, vor, welches bis 2004 zu zahlreichen Razzien und Festnahmen führt
2004	Bereits das dritte Weltbankdarlehen wird für ein Paket aus Armutsbekämpfung und Wirtschaftsförderung gewährt

die transnationalen US-Wirtschafts-Enklaven ferngesteuerten Diktatur von *Tiburcio Carias* (1933 bis 1946) setzte sich die Demokratie zunächst unter *Villeda Morales* (ab 1957) und dann in demokratisch gewählten Regierungen beider traditioneller Parteien durch (ab 1981). Einen Überblick gibt die Geschichtsdaten-Tabelle.

Frühe Geschichte

Knochen- und Werkzeugfunde sowie Höhlen- und Felsmalereien weisen auf eine ***frühe Siedlungsgeschichte*** des Landes hin. Jüngst wurde im Departament Olancho eine Höhle mit Knochenfunden aus einer bisher unbekannten prähispanischen Kultur entdeckt.

Noch bevor die heute in Honduras lebenden indianischen Gemeinschaften sich konstituiert hatten, lebten hier ihre primitiven Vorfahren. Über die Siedlungsgeschichte vor den Maya wissen wir von drei verschiedenen archäologischen Ausgrabungsstätten.

In der Nähe des heutigen La Esperanza, im Departamento Intibucá, wurden Überreste des ***Homo speranciensis*** gefunden, der sich der Großwildjagd widmete. Der *Homo speranciensis* wird auf 6000 v. Chr. datiert, eine Zeit, zu der es in Honduras noch Bisons und Urpferde gab. Er lebte als Fischer, Jäger und Sammler und kannte keine Keramik. Zeuge seiner naturalistischen religiösen Vorstellungen sind die Petroglyphen, Steingravuren, die auch am Río Plátano (siehe Ortsbeschreibung) und am Río Patuca (zwischen Portal del Infierno und der Mündung des Río Cuyamel) in Felsen des jeweiligen Flusses gefunden wurden.

In Yarumela, im Departamento La Paz, nahe des Flusses Humuya, wurden Knochen und dreifarbige Tonscherben sowie kultische Figuren von Menschen aus der ***Ocós-Kultur*** gefunden, die vom Jahr 1500 v. Chr. datieren. Diese Urahnen der Honduraner bereiteten auf Tonpfannen bereits Maniok zu, betrieben einfache Landwirtschaft und bildeten erste Siedlungen im heute so bedeutsamen Comayagua-Tal. Die Menschen der Ocós-Kultur wohnten wie ihre Nachkommen des 20. Jahrhunderts in Lehmhütten mit Palmdach.

Auf dem ***Playa de los Muertos*** (Strand der Toten), in Pimienta im Departamento Cortés, ganz in der Nähe der Mündung des Flusses Humuya in den Ulúa, wurden in 5 m Tiefe 14 Gräber gefunden, in denen Holz-Kohle, Keramik, Obsidian, Schmirgelstein, Faustkeile und ebenfalls kultische Figuren vor allem den Frauen und Kleinkindern beigelegt waren. Aus den Forschungen ergab sich, dass die Kultur der Menschen von Playa de los Muertos auf dem Maisanbau basierte und sie wahrscheinlich auch weitere Feldfrüchte und die Imkerei kannten. Sie lebten bereits in zusammenhängenden Dörfern und hatten sich politisch organisiert. Diese Kultur datiert aus der Zeit 900 v. Chr. und fällt damit in die präklassische Periode.

Die Maya

Das Siedlungsgebiet der Maya erstreckte sich bis in das westliche Honduras: Copán ist das größte Maya-Zentrum des Landes und war eines der wichtigsten Zentren der Maya, und noch immer sind die Funde, die dort gemacht werden, spektakulär. Durch diese im-

Aufstieg, Zenit und Fall der **Maya-Kultur** werden in drei Perioden und sieben Subperioden unterteilt:

bis 1500 v. Chr.	***Vorgeschichte***
bis 1000 v. Chr.	frühes ***Präklassikum***
bis 500 v. Chr.	mittleres Präklassikum
bis 250 n. Chr.	spätes Präklassikum
bis 600 n. Chr.	frühes ***Klassikum***
bis 900 n. Chr.	spätes Klassikum
bis 1200 n. Chr.	frühes ***Postklassikum***
bis 1526 n. Chr.	spätes Postklassikum

mer neuen Funde und das in Copán gebaute größte und private Maya-Museum Zentralamerikas ist Copán, neben Tikal in Guatemala, der wichtigste Ort der Maya-Hinterlassenschaft. Andere Maya-Zentren befinden sich in Tikal, Chichén Itzá, Uxmal, Piedras Negras, Quiriguá und Palenque.

Das Tal von Copán ist 2 bis 4 km breit und gut 12 km lang. Es nahm jahrhundertelang die Funktion des städtischen Oberzentrums für ein viele tausend km² großes Siedlungsgebiet wahr, das zwischen dem Sula-Tal (nordöstlich), dem Lenca-Gebiet (heutiges Intibucá bis Lago de Yojoa, südöstlich) und Quiriguá (westlich) lag.

Entdeckung durch die Spanier

Als die Spanier in Honduras landeten, war von den Maya nicht mehr viel zu spüren. Im 13. Jh. hatte sich die Metropole Copán nicht mehr halten können. Sehr wahrscheinlich hatten die Ernteerträge der subalternen Bauern eine Zahlung der nötigen Abgaben nicht mehr erlaubt. Aufgrund geringerer Akzeptanz bei den umliegenden Gemeinschaften und eines Rückganges der monetären und materiellen Einnahmen war die stark arbeitsteilige Herrschaftsstruktur innerhalb weniger Jahrzehnte zusammengebrochen.

Nach Aufzeichnung der Eroberer lebten im Gebiet des heutigen Honduras Maya, Chortí, Lenca, Nahuatl, Xicaque, Pesch, Matagalpa und Chorotega. Sicher ist außerdem, dass zu jener Zeit bereits Miskito und Sumu im Nordosten des Landes lebten, bei der *Conquista* aber zunächst nicht entdeckt wurden.

Die prähispanischen Bewohner des Landes lebten hauptsächlich vom Ackerbau, den sie mit einem einfachen Pflanzstab betrieben. Zugleich wurde im Meer und den Flüssen gefischt, gejagt, in den Flüssen Guajape und Guajambre Gold gewaschen. Der Handel blühte zwischen den Bewohnern der Küste (Muscheln), den Bewohnern des Waldes (Werkzeug, Wild) und denen des Hochlandes im Westen (Keramik, Kakao, Mais). Vor allem die Regenwaldstämme der Pesch, Miskito und Sumu Tawahka lebten lange vor der

Eroberung in Einklang mit dem sie umgebenden Regenwald. Sie wurden bis heute nicht in dem Maße kolonisiert und kulturell umgepolt, wie es den westlichen Ethnien des Landes widerfuhr.

Auf seiner vierten und letzten Reise in die neue Welt landete ***Kolumbus*** am ***30. Juli 1502*** auf der zu Honduras gehörenden Insel Guanaja. Dort fiel den Spaniern vor allem die Fülle von Kiefern ins Auge, die als Nadelbäume auf einer karibischen Insel eher ungewöhnlich anmuteten. Außerdem wurde ein riesiges Kanu gesichtet: „*... der Einbaum war acht Fuß* (ca. 2,40 m) *breit, bestand aus einem einzigen Stamm und Waren des Festlandes und trug sie Richtung Neu-Spanien* (heutiges Mexiko) ... . " Der Sohn von *Bartolomé Colón*, von dem diese Beschreibung stammt, fährt fort: „*Sie* (die Leute auf dem Kanu) *hatten lange Beile, um Holz zu hacken, ähnlich denen aus Stein, jedoch aus gutem Kupfer; aus dem gleichen Metall hatten sie Gefäße dabei; zum Essen führten sie Wurzeln und Getreide* *mit, ähnlich den Menschen aus Española* (heutige Dominikanische Republik), *und sie hatten Wein aus Mais, wie das englische Bier, und außerdem viele jener mandelähnlichen Kerne* (Kakao), *die auch in Neu-Spanien als Münzen verwendet werden. Diese Kerne werden wohl sehr geschätzt, denn mir fiel auf, dass alle aufsprangen und konzentiert suchten, als einer von ihnen hinfiel; als wenn jemand seinen Augapfel verloren hätte.*"

Am ***14. August 1502*** fuhren die spanischen Schiffe weiter gen Osten, wo sie außerhalb der Bucht von Trujillo, im heutigen Puerto Castilla (damals Punto Caxinas genannt), anlegten. Mit vielen Seeleuten und Offizieren feierten die Spanier auf dem Strand von Puerto Castilla die erste christliche Messe auf honduranischem Boden.

Seinen ***Namen,*** so die landläufige Erklärung, bekam Honduras ein paar Tage später, als die Schiffe der Conquista noch weiter ostwärts gesegelt waren. Als *Kolumbus* am 12. September mit Ach und Krach das Kap an der heutigen Grenze zwischen Honduras und Nicaragua erreichte, soll er gesagt haben: *„Gracias a Dios que hemos salido de estas* ***honduras***", was soviel heißt wie *„Gott sei Dank sind wir diesen Tiefen entwichen*". Danach hieß das markante Kap nun *Cabo de Gracias a Dios* und das schöne, wilde Land ***Honduras.***

Eroberung und Besiedlung

Doch erst in den zwanziger Jahren des 15. Jahrhunderts gründeten die spanischen Eroberer die ***ersten Siedlungen*** in Honduras. Untereinander zerstritten waren *Gil Gonzalez Dávila,* der ***1524*** in Puerto Caballos das heutige Omoa gründete, *Cristobál de Olid,* der – vom heutigen Cuba kommend – in der Nähe des heutigen Tela am ***3. Mai 1524*** die Siedlung Triunfo de la Cruz gründete, und schließlich *Francisco de las Casas,* der am ***18. Mai 1525*** Trujillo gründete.

Triunfo de la Cruz kann als erste spanische Gemeinde gelten, denn bei ihrer Gründung wurde Kontakt zu den Ureinwohnern gesucht, die die Autorität der Spanier anerkennen sollten. Die spanische Conquista war mit diesem ersten Schritt begonnen und sollte erst beendet sein, als am Ende des 16. Jahrhunderts alle erreichbaren Ureinwohner brutal unterworfen und alle rebellischen Gruppen gedemütigt waren.

Schon *Gil Gonzalez Dávila* unternahm ausgedehnte ***Expeditionen ins Landesinnere,*** bis hinein in die tiefen Täler von Olancho. Desgleichen tat ihm *Hernán Cortés* nach, der Kolonisator Mexikos und Zentralamerikas, der im Oktober 1524 mit 250 spanischen Soldaten und 3000 Eingeborenen auf dem Landweg (!) von Mexiko nach Honduras aufbrach und erst zehn Monate später im heutigen Puerto Cortés eintraf. *Cortés* erreichte ein paar Wochen später Trujillo.

Von Trujillo aus fanden die wichtigsten Expeditionen auf der Suche nach Gold und Silber statt. In einem Bericht an das spanische Königshaus heißt es: *„Wir schickten einen Offizier mit dreißig Reitern und viel Fußvolk, um ein Tal mit vielen gut bevölkerten Dörfern zu erreichen, reich an allem, was die Erde gebiert; das Gebiet ist sehr geeignet für die Viehzucht und alles, was auch in Spanien wächst; ohne einen Zusammenstoß und eine Verhandlung mit den Eingeborenen, trafen wir sie in Frieden und erhielten Besuch von zwanzig Vertretern ihrer Gemeinschaften, die uns Ehre erwiesen und Unterwerfung zusagten.*" Die Rede ist von den großen Tälern ***Olanchos,*** die die Expedition von Trujillo aus erreicht hatte. Mit der Idee der Rinderzucht setzten die Spanier sich bis heute durch; so nachhaltig, dass selbst international unterstützte Naturschutzgebiete großflächig von honduranischen Viehzüchtern zu Weideland umgewidmet werden.

Auf der Olancho-Expedition wurden auch Eingeborene angetroffen, die am Río Guayape ***Gold*** wuschen. Wenngleich die Goldmenge damals wohl bei weniger als 1/3 g pro Tag lag (heute liegt sie immerhin bei 1/2 bis 1 g täglich), gingen die Spanier später daran, ganze Hundertschaften von Ureinwohnern zum Goldwaschen abzukommandieren. Erst 1579 wurde in Tegucigalpa die erste Goldmine eröffnet, und eine frühe Investitions-Konjunktur rund um das Edelmetall setzte ein. Die „königlichen Minenstädte" (dazu gehören viele kleine, architektonisch

wertvolle Ortschaften um Tegucigalpa herum: u.a. Santa Lucía, Valle de Angeles, El Rosario, Yuscarán, Ojojona) wurden in dieser Zeit gegründet und aufgebaut.

Honduras gehörte zum ***Generalkapitanat Guatemala,*** dessen Hauptstadt damals Antigua Guatemala war. Dort befand sich das administrativ-politische Zentrum der Kolonialherrschaft, und auch Goldschmieden, Handwerksstätten für Kirchenkunst und Ateliers der frühen Architekten waren hier zu finden. In der Provinz Honduras befanden sich die *Villas* als städtische Zentren. Flächen ohne politische Zuordnung (Niemandsland) gab es im ganzen spanischen Kolonialreich nicht, jeder Flecken Land gehörte zu einer *Villa* (z.B. Trujillo, Omoa), die über eine sog. *Comuna* verfügte, eine Stadtverwaltung.

In Honduras befand sich außerdem das kapitanatsweit als Autorität fungierende ***Gericht*** *Audiencia de los Confines,* das alle öffentlichen Streitfälle zwischen Tabasco und Nicaragua zu regeln hatte. Diese Einrichtung war aufgrund des spanischen Gesetzes *Nuevas Leyes de las Indias* geschaffen worden, um den Morden und übelsten Schandtaten an der einheimischen Bevölkerung einen Riegel vorzuschieben.

Der erste ***Bischofssitz*** mit Kathedrale entstand in Trujillo und wurde 1561 auf Antrag des Bischofs *Fray Jerónimo Corella* nach Comayagua verlegt. Die Kirche war die neben Heer und Beamtentum wichtigste Stütze der spanischen Gewaltherrschaft. Sie gab mit der moralischen Rechtfertigung *(„Tragt den Glauben in die Herzen der Wilden")* dem Massenunrecht Rückendeckung, sorgte aber seit den zwanziger Jahren des 16. Jahrhunderts für eine wenn auch unzureichende Schonung der Lebensinteressen der Eingeborenen.

Hafen von Trujillo im Jahrhundert der spanischen Gründung

Am schrecklichsten und – für das langfristige Schicksal dieser Völker – furchtbarsten wirkte sich die ***Feudalisierung*** des Lebens aus. Anstelle der gemeinschaftlichen Arbeit und Gemeindeorganisation wurde das Privateigentum an Boden und Produktionsmitteln eingeführt. Da die spanischen Kolonialherren willkürlich darüber verfügten, wurden die Ureinwohner des Landes praktisch von einem Tag auf den anderen in die totale soziale Marginalisierung und Unwürde abgedrängt. Durch verschiedene Modelle der Ausbeutung waren sie nun Sklaven und Diener der spanischen Eindringlinge, mussten den christlichen Glauben pflegen und hatten bei Verstößen mit Folter und Tod zu rechnen. Neben der direkten Ausbeutung in Form von leibeigenen Sklaven traten im Rahmen humanisierender Gesetze subtilere Formen des Frondienstes.

Die 1536 eingeführte ***Encomienda*** hatte sich im von den Arabern befreiten Spanien bereits bewährt. Sie funktionierte so: Den verdienten Anwärtern auf landwirtschaftlich nutzbares Land wurde dieses einschließlich der auf ihm lebenden Ureinwohner zur Nutzung zugeteilt. In Honduras wurden nicht nur die Offiziere, Ordensbrüder und Gehilfen aus dem Tross des Expeditionskorps mit *encomiendas* bedient. Auch Kaufleute und Kleriker des spanischen Mutterlandes, die sich bei der Finanzierung und Vorbereitung der Conquista verdient gemacht hatten, bekamen honduranischen Boden zugeteilt. Dafür hatten sie dreierlei zu leisten: Erstens waren sie *patrón* über die auf dem Land lebenden eingeborenen Menschen, denen sie den christlichen Glauben aufzwingen sollten. Zweitens hatten sie Militärdienst im spanischen Kolonialregime zu leisten, sei es persönlich oder durch finanzielle Abgaben. Und drittens hatten sie 10 % des Ernteertrages ihrer *encomienda* bei der Kolonialverwaltung abzuliefern.

Als *Pedro de Alvarado*, einer der Gefolgsleute von Kolumbus, am ***27. Juni 1536*** San Pedro Sula gründete, teilte er das im riesigen Sula-Tal liegende Land unter seinen Soldaten auf. Weil er die Ländereien jedoch weder besucht noch befriedet hatte, fielen gleiche Titel in mehrere Hände, diverse Gruppen lehnten sich daraufhin auf und machten den raffgierigen Titelbesitzern das Leben nicht gerade leicht. Auch hier die historische Parallele: Heute noch werden von streitenden Honduranern (Großgrundbesitzer gegen Kleinbauer; zurückkehrender Gastarbeiter als Investor gegen ahnungslose Nachbarn) parallel existierende Landtitel verwendet oder von korrupten Beamten Landtitel mehrfach ausgestellt. Langjährige, juristisch umstrittene Landkonflikte sind die Folge.

Die ***Hauptstadt von Honduras*** war zunächst Trujillo (1525 bis 1543), dann Gracias Lempira (1543 bis 1561), Comayagua (1561 bis 1878), Amapala (1880) und Tegucigalpa (1880 bis heute).

Indianischer Widerstand

In fast allen *villas* regte sich Widerstand gegen die spanischen Eroberer. In Trujllo z.B. wird von zwei *caciques* (dörflichen Oberhäuptern) berichtet, die nicht zur Zusammenarbeit gewillt waren und nach denen deswegen vom *gobernador* der spanischen Krone gefahndet werden musste, um sie am Ende abzuurteilen. Auch die Expeditionen ins Landesinnere waren nicht so friedlich, wie (weiter oben) in den Berichten geschildert.

Herausragend aber war der Fall des jungen Führers ***Lempira.*** In Cerquín, der südlichen Hälfte des heutigen Departamentos Lempira, führte ein Häuptling namens *Entepica* viele Gemeinden seines friedlichen Volkes. *Lempira* war sein Stellvertreter. Der Widerstand ergab sich, als *Pedro de Alvarado*, einer der aggressivsten Eroberer, von Tecoa aus die Stadt Gracias gründen ließ. Dabei gab er den Befehl aus, rücksichtslos alle indigenen Gemeinschaften zu befrieden, d.h. zu unterwerfen oder – im Falle des Widerstands – zu ermorden. Viele indigenen Gemeinschaften versagten den Spaniern daraufhin die Unterstützung und gerieten so schnell in Konflikt mit der Kolonialmacht. Als *Entepica* starb, wurde *Lempira* sein Nachfolger. Eine Gesandtschaft von drei Spaniern wollte von Comayagua aus nach Antigua Guatemala ziehen. Dabei mussten sie durch Cerquín und wurden bei der Durchquerung von den Aufständischen getötet. Einer der Attentäter war

Lempira, der nur knapp einer durch die Spanier versuchten Bestrafung entging. Diese Episode markiert den Beginn der offenen Konfrontation, die zwei lange Jahre dauerte. *Lempira* kontrollierte ein Gebiet von immerhin 500 km² und sammelte gut 30.000 eingeborene Kämpfer um sich. Erst 1539 kann *Lempira* nach vielen gewonnenen Schlachten (bei denen unter anderem Comayagua an anderer Stelle neu gegründet werden musste), nur durch einen Hinterhalt von den Spaniern ermordet werden, woraufhin die antispanische Widerstandsfront langsam zerbröckelt. Noch heute hat *Lempira* für die meisten Honduraner eine magische, identitätsstiftende Bedeutung: Ein armer, stolzer Bauer aus der Provinz rennt gegen eine Weltmacht an und hält sie – zumindest eine Zeit lang – auf.

Analog knüpft der indigene Kampf der Lencas um politischen Einfluss und Finanzzuweisungen, der 1997 in verschiedenen Demonstrationen und der Zerstörung der Kolumbus-Statue seinen Ausdruck fand, an das historische Vorbild *Lempira* an, vgl. Exkurs „Hinein ins 21. Jahrhundert".

Die Provinz Honduras war immer schwer zu kontrollieren. Nicht so sehr die Aufsässigkeit der Bevölkerung, sondern die Entfernung von den Zentralen in Guatemala, Mexiko und Spanien, die Weitläufigkeit der unwirtlichen Waldlandschaft und das Auftreten dritter Interessierter machten Honduras für Spanien schließlich unregierbar. Schon lange vor dem Rückzug der Spanier waren ganz andere Akteure auf den Plan getreten. Die wichtigsten Seehäfen der Provinz wurden von Piraten heimgesucht, die Bevölkerung musste fliehen. 1579 landete *William Parker* in Trujillo, brandschatzte und plünderte es aus, so dass die Trujillaner ihr Heil in der Flucht suchten. Im gleichen Jahr fiel *Francis Drake*, Korsar der englischen Krone, auf der Isla del Tigre im Golfo de Fonseca an der honduranischen Pazifikküste ein und verbreitete an der ganzen honduranischen Pazifikküste Angst und Schrecken. Die Errichtung der kolossalen Festungsanlagen San Fernando (in Omoa, im Westen des Landes) und Santa Bárbara (in Trujillo, im Osten des von den Spaniern verwalteten Gebiets) kam da viel zu spät. So manches reich beladene Schiff der Kolonialmacht wurde aufgebracht. Besonders viele der Freibeuter ließen sich auf den Islas de la Bahía nieder. Zeitweise waren bis zu 5000 Piraten mit Angehörigen und Personal auf der Insel Roatán anzutreffen.

Seit dem 17. Jahrhundert hatten die ***Briten*** sich in der Moskitia festgesetzt. Das Regenwald- und Feuchtsavannengebiet im Nordosten von Honduras und im Osten Nicaraguas ist durch undurchdringliche Gebirgswälder vom Festland und durch tückische Überschwemmungsgebiete vom Meer aus schwer erreichbar. Nachdem die Spanier nachhaltig und grausam von den Regenwaldstämmen des Ostens geschlagen worden waren (in Palacios kamen 1648 ca. 300 Spanier um), kam dieses Gebiet auf der Agenda des Kolonialstaates nicht mehr vor. Doch die mit großen Ambitionen ausgestattete britische Krone interessierte sich für die *Moskito Coast*, nachdem einzelne Piraten seit Beginn des 17. Jahrhunderts in London von ihr berichtet hatten. So setzten sich britische Seeleute, Militärs und Beamte in Palacios fest, einem kleinen Ort im Westen der Moskitia, wo bis heute Kanonen der Spanier und Briten zu finden sind. Als die spanische Krone gegen die Abnabelung der zentralamerikanischen Provinzen nichts mehr machen konnte, da hatten sich die Briten in der Moskitia schon fest etabliert.

Unabhängigkeit von Spanien

Zu Beginn des 19. Jahrhunderts war die Entwicklung in den Provinzen Zentralamerikas an zu eng gesteckte Grenzen gestoßen: Eine wirtschaftliche Entwicklung war nicht eingetreten, der Handel beschränkte sich weitgehend auf die einseitige Ausbeutung der Bodenschätze. Die ***feudalen Verhältnisse*** ermöglichten keine wirtschaftlichen Strukturen, die zu einem Aufbau von merkantilistischen oder kapitalistischen Unternehmen beitrugen. Die ***Bildungsreform*** von *José Antonio Liendа y Goicochea*, die am Ende des 18. Jahrhunderts eine humanistische Neuorientierung des Schulsystems und erster Universitäten brachte, trug zum neuen Selbstbewusstsein der kreolischen und mestizischen Mittel- und Oberschicht bei (Kreolen sind die in Lateinamerika geborenen Kinder europäischer Eltern, Mestizen sind Mischlinge zwischen Europäern und Indigenas. Letztere werden in Honduras *Ladinos* genannt). Spanien war durch die napoleonische Unterwerfung und die revolutionären Prozesse in Europa zu sehr geschwächt, um den Aufständen in Guatemala (1808 bis 1810), San Salvador (1811), Granada/Nicaragua (1811), Tegucigalpa (1812), Guatemala (1813) und El Salvador (1814) Herr zu werden. Doch den kolonialen Herrschern gelang es trotzdem noch ein paar Jahre, den Deckel auf dem Topf zu halten.

Als am ***24. Februar 1821*** *Agustín de Isturbide* die Unabhängigkeit Mexikos (das vormalige Neu-Spanien) von der spanischen Krone vorschlug, wollte die nationale mexikanische Elite keine radikaleren Umwälzungen riskieren, indem sie den Plan zurückweisen würde. In der Tat war *Isturbides* Plan höchst moderat. So blieb der Katholizismus weiterhin Staatsreligion, Zentralamerika sollte zwar unabhängig werden, jedoch als monarchistisches Staatsgebilde, mit dem spanischen Herrscher als ideellem Oberhaupt und in enger Freundschaft zwischen Amerikanern und Europäern. Nun konnte auch der Generalkapitän von Guatemala nicht anders, als eine offene Versammlung einzuberufen. Auf dieser wurde am ***15. September 1821*** vorbehaltlich der Zustimmung der Provinzen (u.a. des heutigen Honduras) die ***Unabhängigkeit der zentralamerikanischen Provinzen von Spanien*** erklärt.

In dieser Versammlung äußerte sich *José Cecilio Del Valle*, ein in Choluteca geborener Gelehrter, für die Unabhängigkeit, schlug aber zunächst ein behutsames Vorgehen vor. Als es in Honduras zur Abstimmung kam, gerieten die verschiedenen Städte und Provinzen in einen historisch bedeutsamen Gegensatz. Die Führung in Comayagua unterstützte die Haltung der kreolischen Aristokratie, die als Fortsetzung der Unterwerfung unter spanische Verwaltung nun einen ***Anschluss an*** das ungleiche, dominierende ***Mexiko*** suchte. Da Mexiko an die Unabhängigkeitserklärung keine liberalen oder gar demokratischen Reformen knüpfte, kam der Anschluss an Mexiko den konservativen Herrschenden gerade recht. Die Führung in Tegucigalpa, ebenso wie die in Santa Rosá de Copán, Gracias, Omoa, Trujillo, Olancho und Choluteca waren aber der Meinung, Guatemala solle sich unabhängig von anderen im Sinne einer ***zentralamerikanischen Föderation*** verwalten. Dazu brauche man das autoritär regierte und übermächtige Mexiko nicht.

Daraufhin schickte *José Tinoco*, Brigadeoffizier in Comayagua, eine Truppe Soldaten nach Tegucigalpa, das vom Generalkommandant *Francisco Aguirre* und seinem Leutnant *Francisco Morazán* erfolgreich verteidigt wurde. Doch als *Morazán* über La Paz hilfesuchend in die Hauptstadt Antigua Guatemala eilte, wurde er gefasst, eingesperrt und gefoltert.

Mitten in den Konflikt zwischen den beiden größten Städten von Honduras fiel die Nachricht, dass auch das Generalkapitanat von Guatemala den ***Anschluss an die neue mexikanische Monarchie*** befürworte. Auch die Tegucigalpenser beugten sich schließlich diesem Willen. Honduras gehörte aber kaum zwei Jahre lang zum mexikanischen Reich.

Die zentralamerikanische Föderation

Schon ***Anfang 1823*** zerfiel die mexikanische Monarchie. Das ermöglichte die Neugestaltung der nun auf sich gestellten zentralamerikanischen Föderation *(Féderación Centroamericana)*, der sich *Francisco Morazán* im Kreise anderer früher liberaler Reformer widmete. Zu dieser Vision eines menschlichen, demokratischen Zentralamerika, die bis heute nicht wirklich realisiert ist, äußerte sich der honduranische Gelehrte *Cecilio del Valle: „Der Wille ist der Ursprung der Verantwortung. Der Wille ist zugleich der Ursprung der Verträge. Wenn es keinen Willen gibt, dann gibt es auch keine Verantwortung. Die Gleichheit wäre eine Täuschung, wenn ein Mensch gegen den Willen eines anderen dessen Rechte ausüben könnte. Die Vereinigung freier Menschen erfordert, um ein Bündnis zu sein, dass* *ebensolche sich in völliger Freiheit zu ihm bekennen. Eine Völkervereinigung erfordert ebenso, dass die an ihr teilhabenden Völker ihre Zustimmung in Freiheit erteilen.“*

Valle und *Morazán* nutzten die ersten Jahre der Föderation, um die Sklaverei abzuschaffen, die feudalen Strukturen durch die Gewährung bürgerlicher Freiheitsrechte aufzubrechen und – vor allem – die ***erste Verfassung*** zu erarbeiten. Sie entsprach den Maximen der französischen Revolution und übernahm wesentliche Passagen der amerikanischen Verfassung von 1776. Bis 1842 kämpfte *Francisco Morazán* um die liberale Ausrichtung und nationale Unabhängigkeit des neuen Staates.

Doch schon bald bildete sich das rivalisierende Interesse zwischen England und den USA an einem ***Kanal*** zwischen Atlantik und Pazifik heraus. Die Engländer hatten zudem Gebiete im Osten Zentralamerikas unter ihrer Kontrolle. Dort stützten sie den Mosko-König, einen von den Regenwald-Gemeinschaften der ***Miskito*** ausgewählten Repräsentanten. Die Briten befanden sich in einem freundschaftlichen Verhältnis mit den Eingeborenen; die Lieferung von Waffen, Rum und Kleidung war dafür vermutlich nicht die einzige Ursache, es gab auch eine gemeinsame Abneigung gegen die arroganten Spanier.

Gegen die ***aufständischen konservativen*** Gruppen führte *Morazán* immer wieder erfolgreich Krieg. Den entscheidenden Sieg, der ihm die ***Präsidentschaft in der Föderation*** bescherte, erzielte *Morazán* im honduranischen Ort La Trinidad, wo er die konservativen Verbände um *Justo Milla* aus Comayagua ***1827*** vernichtend schlug. *Morazán* war zwischen März 1829 und April 1838 Präsident des zentralamerikanischen Staatenbundes. ***1837*** wurden in der gesetzgebenden Versammlung der Föderation erstmals die Zivilheirat, die Scheidung, das Schöffengericht, das Erbrecht u.a. gesetzlich verankert. Doch *Morazán* musste mit ansehen, wie die ***Vereinigten Staaten von Zentralamerika zerfielen*** und sich die Einzelstaaten mit England verbündeten, das es nur auf das Kanalprojekt abgesehen hatte. Demgegenüber standen die USA weitgehend hinter einer zentralamerikanischen Staatengemeinschaft.

Honduranische Unabhängigkeit

Nach dem ***Zusammenbruch des zentralamerikanischen Staatenbundes*** im ***April 1838*** zog Honduras im Oktober des gleichen Jahres mit dem Austritt die Konsequenz. Obwohl Honduras als Republik am **2. *November 1839 unabhängig*** wurde, verfolgte es noch bis weit in das 20. Jahrhundert hinein eine zentralamerikanisch föderalistische Politik. Die relative Bedeutungslosigkeit der an Bodenschätzen armen kolonialen Provinz Honduras und die geringe Dynamik der vom ländlichen Latifundium geprägten honduranischen Wirtschaft waren vielleicht die tieferen Gründe, weshalb das honduranische Bürgertum seine staatspolitische Zielsetzung stets in Kooperation und Konföderation mit den Nachbarstaaten sah.

Mit der Präsidentschaft von *Francisco Ferrera* (Januar ***1841*** bis Januar ***1845***) über den honduranischen Nationalstaat war die morazanische ***Reformphase endgültig vorbei.*** *Ferrera* übertrug nicht nur wesentliche Rechte auf die inzwischen mit der englischen Kolonialmacht verbündeten guatemaltekischen Regierung, sondern erkannte sogar den Mosko-König an, der eigentlich als Marionetten-Regierung von Londons Gnaden angesehen wurde. Die darauf folgenden Präsidenten *Juan Lindo* und *José Trinidad Cabañas*, beides Morazanisten, versuchten in den Folgejahren durch geschicktes Lavieren, die ***USA*** für eine reformorientierte Schutzpolitik zu gewinnen. Doch das kleine Land wurde im Streit der Weltmächte USA und Großbritannien zermahlen. Der Versuch, die USA durch die Gewährung der Eisenbahnlizenz gegen England zu verpflichten, ging schief, weil der Unterhändler just in London Investoren suchte. So fiel auch diese Domäne an die Engländer.

Schon im 19. Jahrhundert war die ***Politik der USA*** in Zentralamerika durch Eigeninteressen geprägt. Als einige Südstaaten der USA in Zentralamerika einen Sklavenstaat aufbauen wollten, schickten sie den jungen Juristen ***William Walker*** im Juni ***1855*** nach Nicaragua. Nach nur einem Jahr hatte sich *Walker*, der lediglich mit etwa neunzig Reitern gekommen war, durchgesetzt und ließ sich zum Präsidenten des Landes ausrufen. Zuvor hatte er eine Explorationsgesellschaft gegründet, die den interozeanischen Kanal am Río San Juán ausheben sollte. Das entsprechende Kapital hatte *Walker* übrigens vom US-Spediteur *Vanderbuilt*, der mit dem Kanal seine auf langsamen Land-Karawanen beruhende Logistik im internationalen Handel wesentlich vereinfachen und beschleunigen wollte. Nach anfänglichem Zögern erkannte die US-Regierung das Walker-Regime in Nicaragua dann auch an. Erst durch die vereinten Anstrengungen der englischen und honduranischen Truppen wurde *Walkers* Armee bei einem weiteren Abenteuer im honduranischen Trujillo aufgerieben und er selbst dort am ***12. September 1860*** hingerichtet und beigesetzt.

Die Bananenrepublik

In eine neue Ära der bürgerlichen Rechte und marktwirtschaftlich-kapitalistischen Entwicklung der Wirtschaft trat Honduras erst in der Amtszeit von *Marco Aurelio Soto* (1871 bis 1883). Seit ***1871*** als Präsident von Honduras im Amt, hatte *Soto* bei den liberalen guatemaltekischen Staats-Reformen als Minister mitgewirkt. ***1876*** gelang ihm die ***große liberale Reform,*** die erstmals gewerbliche Rahmengesetze für Investitionen in der Landwirtschaft, Konzessions- und Patentnormen, Infrastrukturprojekte wie Straßenbau, Eisenbahn und Hafenbau sowie öffentliche Kommunikationsnetze (Post, Telegrafenämter) vorsah.

Schon damals war die Begründung für die Reformen, ***ausländischen Investoren*** diese neuen gesetzlichen Rahmenbedingungen schmackhaft zu machen. Einer der Mit-Reformer jener Zeit drückt es so aus: *„Da ja die Tendenz der USA bekannt ist, im Ausland kaufmännisch tätig zu werden, und die Tatsache auf der Hand liegt, dass unsere Landschaften an der Atlantikküste und auf den Islas de la Bahía sehr geeignet für den Anbau tropischer Früchte sind, wie auch völlig klar ist, dass diese Früchte in den USA eine außerordentliche Nachfrage haben, vor allem zu diesem Zeitpunkt, als die USA die europäischen Handelspartner England, Frankreich und Deutschland ersetzen möchte ... Ist es da nicht nötig, darüber nachzudenken, wie groß und sicher der Ansturm sein wird?"* (*Adolfo Zúniga*, 1878).

In diesem Sinne bot Honduras seine Bodenschätze und besten Ländereien ausländischen Investoren an, noch bevor ein eigenes Bürgertum sich hätte entwickeln können. Dieser Schritt markiert den Beginn des „Modells" Honduras als Bananenrepublik, in der einzelne große ausländische Firmen über das politische und soziale Schicksal eines ganzen Landes entscheiden.

Die ***erste Investitionswelle*** bezog sich auf die ***Silber- und Goldvorkommen,*** die u.a. in San Juancito, unweit der königlich-spanischen Minen, entdeckt wurden. ***1880*** wurde *The New York and Honduras Rosario Mining Company* gegründet, die in dem kleinen Ort El Rosario, am Rande des heutigen Nationalparks La Tigra gelegen, ihre Minen betrieb. Mit einem Kapital von 1,5 Mill. US-$ wurde bis in die vierziger Jahre des 20. Jahrhunderts tonnenweise Gold aus El Rosario herausgeschafft. Die Südhänge von La Tigra weisen bis heute die Spuren massiver Abholzung auf, die zum Stollenbau notwendig geworden war.

Um die Jahrhundertwende wurden die heute dominierenden ***Parteien*** gegründet. Die liberale Partei (PL = *Partido Liberal*, an der rot-weißen Flagge zu erkennen) knüpft an die Reformen *Sotos* an. Sie versteht sich als staatspolitische Wächterin des modernen, demokratischen Honduras. Etwas später wurde die Nationale Partei (PN = *Partido Nacional*, an der blauen Flagge zu erkennen) als die Partei der klassischen Werte aus der Taufe gehoben: Familie, Religion und ein wehrhafter Staat bedeuten ihr alles. Die beiden Parteien haben bis in unsere Gegenwart alle Präsidenten gestellt. In den ersten Jahrzehnten ihres Daseins waren die Parteien ein Reflex auf die politische Macht der ausländischen Konzerne. Mit den Parteien sollten z.B. die Bananenfirmen Ansprechpartner haben, die wirtschaftliche Ziele mit politischen verbinden können.

Doch das System erforderte weiterhin militärische Interventionen der USA, die allein zwischen 1900 und 1925 sechsmal in Honduras einmarschierten. 1925 war Honduras zum weltweit größten Bananenexporteur avanciert. Das geflügelte Wort der ***„Bananenrepublik"*** war international bekannt geworden.

Die ***zweite Investitionswelle*** bestand im Verkauf von fruchtbarem Land für den Anbau von ***Bananen.*** Also ein Schritt zurück in der Chronologie: In Honduras bis dahin eher in der Version der *Plátano* (Kochbanane) bekannt, wurde die Speisebanane von den Firmen *Cuyamel Fruit Company* (Puerto Cortés), *Standard Fruit Company* (La Ceiba) und *United Brands Fruit Company* (La Lima) großflächig im Norden des Landes angebaut. Schon seit den ***zwanziger Jahren*** dieses Jahrhunderts besitzen die drei Firmen, von denen nur die *Cuyamel* heute nicht mehr tätig ist, ein Zehntel der landwirtschaftlich nutzbaren Fläche des Landes. Der Anteil des genutzten Landes ist dagegen viel geringer, so dass die ohnehin schlimme Knappheit fruchtbaren Ackerlandes und der damit verbundene ohnehin hohe Druck auf die Natur – Regenwald soll zu Ackerland werden – seit Jahrzehnten dramatisch verschärft wird.

Diverse Forschungsberichte sind geschrieben und verschiedene spannende Bücher veröffentlicht worden über ***die Wild-West-Methoden,*** mit denen die Bananenfirmen, deren Zentralen sich in Boston und New York befinden, in honduranische Politik direkt eingreifen. Nach Ende der Präsidentschaft *Marco Aurelio Sotos* begann die „Dekade des Mordens", die mit der ***Diktatur*** unter *Tiburcio Carías Andino* ***(1933 bis 1946)*** ihre Zuspitzung erfuhr. In diesen Jahren wurden provinzielle *Caudillos* (so werden charismatische politische Führer aus dem lateinamerikanischen Volk genannt) von den Bananenfirmen dafür bezahlt, Bürgermeister zu ermorden, einen Staatsstreich durchzuführen oder einfach nur zu chaotisieren. Die Schaffung eines modernen Staatsapparates, wie es viele gut gewillte Politiker in jenen Jahren versuchten, war unter diesen Umständen nicht durchführbar.

Carías Andino, der sich schon vor Amtsantritt durch weitgehende Steuerbefreiungen bei den Bananen-Bossen beliebt gemacht hatte, genoss die volle Unterstützung der transnationalen Gesellschaften. Unter seiner Verantwortung geschah 1944 im Zentrum von San Pedro Sula folgende Untat: *„Am Morgen des 6. Juli 1944 versammelten sich ein paar hundert Bürger, unter ihnen die nette junge Frau Toñita Collier, um eine Amnestie für die politischen Gefangenen und die Exilierten zu fordern, sowie eine Wiederaufnahme der Verfassungsrechte. Doch vor dem Protestmarsch hatten sich schon ein paar Heckenschützen in Stellung gebracht, die vom späteren Präsidenten Juan Manuel Galvez befehligt wurden. Mehr als einhundert Menschen wurden sadistisch und brutal niedergemetzelt."* (*Longino Becerra*, 1989)

Der lange Weg zur Demokratie

Ende der 40er Jahre brachen die Diktaturen aller zentralamerikanischen Staaten zusammen. Auch *Carias* konnte sich als Person nicht halten, als die transnationalen Unternehmen und die herrschende Schicht feststellten, dass eine zumindest personelle Erneuerung unverzichtbar war. *Manuel Galvez* ging als einziger Kandidat siegreich aus den 1949 angesetzten Präsidentschaftswahlen hervor.

Die gesellschaftliche Entwicklung nach Ende der dunklen Carías-Jahre wurde durch das Erstarken der **Gewerkschaftsbewegung** und der Bewegung der *Campesinos* (landlosen Kleinbauern) vorangetrieben. ***1954*** hatte die *Tela Railroad Company* für die Arbeit am Ostersonntag nicht die gesetzliche Zulage gewährt. Nach vergeblichen Versuchen, diese Benachteiligung aufzuheben, traten die Arbeiter der Mole von Tela tags darauf in den Streik. Der Aufstand griff schnell um sich, als bekannt wurde, dass die Bananengesellschaft auf Zeit setzte und mit Hilfe der Regierung versuchen wollte, die Streikfront zu entzweien. Mit dieser Strategie (Parallel-Gründungen, *oficialismo*) haben konservative Kräfte bis in die neunziger Jahre hinein versucht, Basis-Bewegungen zu schwächen. Das Vorgehen ist immer das gleiche: Eine mit der Mehrheitsstrategie der Gewerkschaft unzufriedene Minderheit der Mitglieder wird logistisch und politisch-taktisch unterstützt und mit Versprechen über zukünftige Regierungsjobs motiviert. Sie gewinnt in einem der nächsten internen Konflikte Oberhand oder betreibt aktiv die Spaltung der Organisation. Beides schwächt die kämpferische Mehrheitslinie und nützt der an Frieden und Stabilität interessierten Regierung.

Doch der 54er Streik griff noch weiter um sich und zündelte auch in den Nachbarrepubliken. Erst zwei Monate später kam es zu einer Einigung, nachdem in La Lima mehrere Streikführer ermordet worden waren und wochenlang fast die gesamte Nordküste von den Streitkräften besetzt worden war. Die Streitkräfte marschierten in strategische Orte ein und sorgten demonstrativ für Ruhe und Ordnung auf den Straßen. Trotz nur bescheidener Lohnergebnisse erzielte die Bewegung die komplette ***Legalisierung der honduranischen Gewerkschaftsbewegung.***

Folge der gewerkschaftlichen Selbstorganisation der bis dahin fast rechtlosen Landarbeiter war, dass ***1957*** eine ***Reformregierung*** unter dem moderat fortschrittlichen Liberalen *Ramón Villeda Morales* möglich wurde. *Villeda* schuf wesentliche Institutionen des Landes, unter anderem das Arbeitsrecht und die Verordnungen zur Anerkennung von Gewerkschaften und Genossenschaften. *Villeda* nahm 1962 einen ersten Anlauf, die extreme Ungleichverteilung des Ackerlandes durch eine Bodenreform, die ihren Namen verdient, zu mildern. Als mit der Neuverteilung von Land begonnen wurde, war es mit dem Stillhalten der USA vorbei.

Der „Fußballkrieg"

Eine tragische Episode zentralamerikanischer Geschichte ist der so genannte Fußballkrieg. In den 60er Jahren waren Tausende Salvadorianer aus dem westlichen Nachbarland nach Honduras gekommen. Ihre Heimat bot mit einer Bevölkerungsdichte von inzwischen über 200 Einwohnern pro km² keine Chancen für ein Auskommen in der Landwirtschaft. Als 1969 immer mehr Salvadorianer nach Honduras kamen und an den zu Beginn der Regenzeit (Anfang Mai) stattfindenden *Landbesetzungen* teilnahmen, kam es zu (rechtmäßigen) Vertreibungen durch das Agrarinstitut *INA* und die Polizei. Zu Tausenden mussten Salvadorianer Honduras verlassen, was den Druck auf die Regierung in San Salvador bedrohlich erhöhte.

In dieser gespannten Situation fanden die *Qualifikationsspiele zur Fußballweltmeisterschaft* statt. Honduras und El Salvador trafen am 8. Juni in Tegucigalpa und am 15. Juni in San Salvador zusammen. In Tegucigalpa verlief die Begegnung trotz der bitteren Umstände so friedlich, dass der salvadorianische Botschafter öffentliches Lob zollte. Doch in der Woche darauf wurden die honduranischen Schlachtenbummler in San Salvador offen und tätlich angegangen, ihre Autos umgeworfen und Frauen auf offener Straße beschimpft. Die Honduraner verließen erschrocken und zornig das Nachbarland, der Zorn übertrug sich auf die honduranische Bevölkerung. In Honduras kam es daraufhin zu Anschlägen und Plünderungen salvadorianischer Stände und Läden in Tegucigalpa.

Die salvadorianische Regierung lud daraufhin zu einem Bündnis der nationalen Einheit und machte militärisch mobil. Zu diesem Zeitpunkt hatte Honduras bereits die *Organización de Estados Americanos* (*OEA* bzw. *OAS*, Organisation Amerikanischer Staaten) um Vermittlung gebeten. Verschiedene hochrangige Delegationen reisten zwischen Tegucigalpa und San Salvador hin und her, doch eine Einigung scheiterte an El Salvadors Forderung nach Vergabe von Boden an die landsuchenden salvadorianischen Kleinbauern in Honduras. Am Abend des *14. Juli 1969* um 18 Uhr

Selbst der gestandene Bürger *Ramón Villeda Morales* erschien im Lichte der Doktrin der Nationalen Sicherheit der USA als zu anfällig für linkes Gedankengut. Eine von ihnen gewünschte streng antikommunistische Linie konnten die USA während seiner Amtszeit (wegen Wiederwahl bis 1963) nicht feststellen. So kam es zum ***Staatsstreich von 1963.*** Eine Militärregierung übernahm die Geschicke des Staates. Erst 1965 sollten wieder demokratische Wahlen stattfinden. Doch sie wurden in Repression erstickt, nachdem die Sicherheitskräfte des Landes nach Vorbild des nicaraguanischen Diktators *Somoza* seit 1960 entsprechend trainiert worden waren: Immer wieder gelang es den USA, in zentralamerikanischen Staaten die politischen Verhältnisse zu beeinflussen. Eine Methode bestand darin, gezielt autoritäre Politiker und schlagkräftige Einsatzkräfte auszubilden. Mit der technischen Ausbildung ging die Vermittlung des antikommunistischen Weltbildes einher. Effizienz steht dabei vor Differenzierung, so dass die meisten betroffenen Gesellschaften sich noch heute mit dem simpel-autoritären Gedankengut und Verhalten dieser Menschen herumschlagen müssen.

Für Zentralamerika fatal wirkte sich auch stets die Tatsache aus, dass diese kleinen Länder ein Übungsfeld für antikommunistische Techniken im Kalten Krieg waren. Noch in den 80er Jahren mussten revolutionäre nicaraguanische Krankenschwestern, Bauern und Pfarrer als Übungsobjekt dienen: Die folternden Söldner der US-finanzierten Contras praktizierten mit CIA-Handbüchern an ihnen Kriegsführungsmethoden für andere, wirklich wichtige Kriegsschauplätze der Zukunft.

griffen salvadorianische Bomber die honduranischen Städte Tegucigalpa, Nueva Ocotepeque, Santa Rosá de Copán, Gracias Lempira, Juticalpa, Catacamas, Amapala, Nacaome und Guaymaca in einer großräumigen *Luftoffensive* an. Artillerie rückte in vier Zielrichtungen über die gesamte Grenze und eroberte innerhalb von anderthalb Tagen einen durchschnittlich 10 km breiten Landstreifen. So lange dauerte es, bis das völlig überraschte Honduras die Verteidigung aufgebaut hatte, denn dort hatte man bis zuletzt an den Erfolg der Verhandlungen geglaubt und nicht für möglich gehalten, dass die Aufrüstung der Salvadorianer mehr als ein taktisches Manöver zur Unterstützung der Verhandlungen wäre. Vielleicht ist der Schock, den die honduranischen Militärs in jenen Tagen spürten, ein Grund dafür, dass sie in den 70er Jahren zunächst selbst und in den 80er Jahren durch die USA unterstützt die größte Luftstreitmacht Zentralamerikas aufbauten.

Als die honduranische Armee am *16. Juli* um 4 Uhr morgens zum *Gegenangriff* vorging, dauerten die Kämpfe zunächst den ganzen Tag, bis die Salvadorianer aus ihren Positionen vertrieben waren. In El Paraiso (an der Grenze zu Nicaragua) waren sogar 200 salvadorianische Fallschirmspringer eingesickert. Nach vehementen Vermittlungsversuchen und Appellen der *OEA*, die zunächst nur von Honduras beantwortet wurden, trat nach genau 100 Stunden Krieg am *18. Juli* um 22 Uhr ein *Waffenstillstand* in Kraft. 6000 Verletzte und wahrscheinlich 2000 Tote waren auf beiden Seiten zu beklagen.

Honduras nahm die vertriebenen salvadorianischen Staatsbürger nicht zurück. Erst am *30. Oktober 1980* wurde der umfassend verhandelte *Friedensvertrag* unterzeichnet, der die Kooperation beider Staaten in migratorischer, wirtschaftlicher und politischer Hinsicht regelt. Der Prozess der zentralamerikanischen Integration hat erleichtert, dass die beiden Länder heute wieder völlig spannungslos miteinander umgehen. Auf menschlicher Ebene hat mich immer gewundert und gefreut, dass im persönlichen Umgang zwischen Honduranern und Salvadorianern überhaupt keine Animositäten aus jener Zeit mehr zu spüren sind.

Im Chaos der Wahlfolgen wurde unter Protest der liberalen Partei *Oswaldo Lopez Arrellano* zum Präsidenten von Honduras gewählt. Unter ihm fand die erste wirksame Landreform zugunsten Zehntausender armer Kleinbauern-Familien statt. Denn im Jahrzehnt seit seiner ersten Amtszeit hatte er sich ideologisch weiterentwickelt und zählte sich zu jenem fortschrittlichen, reformoffenen Teil des in dieser Zeit in Lateinamerika regierenden Militärs. Anfang der 70er Jahre kam es so zu einer Reformphase der Militärregierung.

Am ***18. September 1974*** tobte der karibische ***Orkan Fifi,*** der 100.000 Familien obdachlos machte und 10.000 Menschenleben kostete. Den Schaden an der honduranischen Volkswirtschaft bezifferte Außenminister *César Batres* bei seinem Hilferuf am 25. September 1974 vor den Vereinten Nationen auf 1 Mrd. US-$. Die Veruntreuung eines Teils der Hilfsgelder war im darauf folgenden Jahr einer der Gründe für die Ablösung des Präsidenten *Lopez Arrellano.*

Lopez Arrellano verfolgte die Mission, mit der Rückendeckung der Streitkräfte die Rahmenbedingungen für eine Entwicklung des Landes zu schaffen. Dabei hatte er auch die ***multinationalen Bananengesellschaften im Visier,*** die seit über 50 Jahren weitgehende Privilegien genossen, aber kaum einen Nutzen für die Gesellschaft gebracht hatten. Am ***18. April 1974*** erließ die honduranische Reformregierung ein Steuergesetz, das auf jede exportierte Kiste Bananen 0,50 US-$ Steuer erhob. Es ging auf ein Treffen der bananenproduzierenden Länder Guatemala, Honduras, Nicaragua, Costa Rica und Panama zurück. Diese hatten in Abstimmung mit Kolumbien und Ecuador eine Exportsteuer vereinbart, um die Erträge aus der Produktion der Krummfrucht nicht allein den US-Multis zu überlassen. Leider setzten nur Honduras, Costa Rica und Panama die Vereinbarung um. Umgehend protestierte die *Standard Fruit Company* auf das schärfste. Sie ließ 100.000 Kisten Bananen, 20.000 Kisten Ananas und 10.000 Kokosnüsse vernichten, um die wirtschaftliche und politische Stabilität des Landes zu gefährden. Honduras musste die Steuer schließlich auf bescheidene 0,50 Lempiras reduzieren.

Doch auch die militärische Reformregierung war an ihrer Spitze korrupt. *Lopez Arrellano* flog schließlich dabei auf, für die Rücknahme der Exportsteuer einen Vorschuss von 1,25 Mio. US-$ auf ein Schweizer Nummernkonto überwiesen bekommen zu haben. In Honduras ist so etwas mangels couragierter Staatsanwälte und Ermittler kaum zu beweisen. Doch an der New Yorker Börse hatten sich Aktionäre im *Wall Street Journal* beschwert, dass ihnen eine so strategische Information vorenthalten worden war.

Der massive Widerstand der ländlichen Mittel- und Oberschicht gegen die Landreform war einer der Anlässe, die Veruntreuung der Aufbauhilfe nach dem großen Orkan und der Bananenschwindel aber waren der offizielle Grund, weshalb *Lopez Arrellano* am ***22. April 1975*** einer ***neuen Militärregierung*** Platz machen musste, die das Land bis 1980 regierte. Damit wurde die Reformpolitik aber nicht einfach abgebrochen. Der neue Präsident *Oscar Melgar Castro* versuchte zunächst, die erwartungsvollen Kleinbauern und Arbeiter zu befriedigen, ohne neue Reformprojekte anstoßen zu müssen. Von einer offensiven Reformpolitik wollte die Führung der Streitkräfte allmählich zu einer bürgerlichen Politik zurückkehren, die auch den ländlichen und gewerblichen Eliten schmackhaft zu machen sei. In die reformistischen ersten Monate von *Melgar Castro* fiel ein Dekret, das den Bananengesellschaften die Nutzungslizenzen für Boden und Häfen entzog und – mit Wirkung ab April und September ***1976*** – die Eisenbahn-Einrichtungen konfiszierte. Diese Maßnahmen wurden freilich vollständig vollstreckt und ***1977/78*** gesetzlich zurückgenommen.

Die ***militärischen Reformregierungen*** zwischen 1969 und 1980 folgten dem politischen Ansatz eines technokratischen Strukturalismus: Sie glaubten, durch große Reformprojekte die historisch gewachsenen Ungleichgewichte kurzfristig überwinden zu können und durch den Aufbau staatlicher Strukturen wie etwa großer Verteillager für Grundnahrungsmittel, riesiger Sägewerke der Forstbehörde usw. die Produktivität genossenschaftlicher und gemeinwirtschaftlicher Unternehmen garantieren zu können. In dieser Zeit wurde auch die honduranische Luftwaffe zur größten Zentralamerikas ausgebaut. Die meisten dieser Projekte scheiterten jedoch an mangelndem Management-Geschick und überbordender Korruption. Erfolgreich waren die Reformen aber woanders. Einige der Campesino-Genossenschaften hatten in den Straßenkämpfen bis 1975 den Zugang zu Boden und Krediten erkämpft. Sie gehören heute (20 Jahre später) zu den leuchtenden Beispielen erfolgreicher Campesino-Ökonomie.

Demokratisch legitimiert und hinreichend stabil sind die honduranischen Regierungen erst seit ***1982.*** Mit *Roberto Suazo Cordoba* (liberal, 1982 bis 1986) erlebte das Land jedoch gleichzeitig einen Rückfall in die ***totale Abhängigkeit von den USA,*** die Ausdruck fand im Betrieb eines Trainingslagers für salvadorianische Anti-Terror-Einheiten auf honduranischem Territorium (*CREM* in Trujillo) und in der Stationierung von US-finanzierten Söldnern, die von honduranischem Territorium aus die sandinistische Regierung Nicaraguas bis 1989 destabilisieren sollten.

In die Zeit von ***1982 bis 1984*** fielen die übelsten ***Menschenrechtsverletzungen,*** die dem Terror der Streitkräfte unter dem ebenfalls US-trainierten General *Alvarez Martinez* zu verdanken waren. Im März 1985 überreichte die Menschenrechtsorganisation *COFADEH* Präsident *Bush* bei seinem Honduras-Besuch eine erschreckende Bilanz: 2000 illegale Verhaftungen, 130 Verschwundene und 220 politische Morde seit 1982. Seit den 60er Jahren schon waren durch die Androhung von Gewalt, dosiertem Terror und – wenn es den Herrschenden unvermeidlich erschien – durch gezielten politischen Mord viele mutige Menschen nachhaltig verunsichert oder eingeschüchtert worden.

Seit 1988 habe ich mich häufig im Kreis politischer Linker in Honduras aufgehalten. Dabei wurde mir immer wieder von politischen Greueltaten berichtet. Trotz inzwischen greifbarer Demokratisierung musste ich jedoch immer wieder feststellen, dass viele kritische Honduraner nachhaltig beeindruckt sind. Die US-gesteuerte antikommunistische Propaganda einerseits und selektive Verstöße gegen die Freiheitsrechte und die persönliche Unversehrtheit jedes einzelnen andererseits haben dazu geführt, dass akzentuierte politische Meinungen in Honduras bis heute öffentlich fast nicht vertreten werden.

Gleichwohl ist der politische Terror von oben und die Anwendung von systematischen Menschenrechtsverletzungen wie Menschenverschwindenlassen und Folter in Honduras nie so umfassend und aggressiv betrieben worden wie in den Nachbarländern. Eines der kritischsten Bücher über die US-Intervention in Zentralamerika überhaupt (*Andino* et al. 1987) beschreibt das so: *„Wenn auch die gröbsten Menschenrechtsverletzungen inzwischen vielleicht seltener geworden sind, so hat die Periode Alvarez Martínez ein Erbe von zynischen, brutalisierten Sicherheitsagenten und Soldaten hinterlassen. Aus Zeitungsmeldungen (selbst in La Prensa), die das CEDOH* (unabhängiges Menschenrechtskomitee, d. V.) *gesammelt hat, lässt sich entnehmen, dass solche Agenten z.B. bei der Verfolgung flüchtiger Straftäter oder Deserteure ohne Rücksicht auf Passanten wild um sich schießen; sie greifen zur Waffe, wenn sie beim Poker oder Billard verloren haben, ihre amourösen Anträge von einem Mädchen oder einer Frau zurückgewiesen wurden. Von im weiteren Sinne politischen Taten, wie der Verhaftung von Pressefotografen und missliebigen Journalisten, eines Studenten, der nur fragte, wie der Mann heiße, der ihn soeben mit dem Tod bedroht hatte, oder von Personen, die das Verschwinden eines Angehörigen melden wollen, nicht zu reden.“*

In der Regierungszeit von *José Ascona del Hoyo* (liberal, ***1986 bis 1989***) wurde die Regierung durch Streitigkeiten innerhalb ihrer verschiedenen Flügel praktisch gelähmt. Dennoch erreichte *Ascona* den Abzug von CREM und Contras – eine Reaktion auf zunehmende Proteste der Bevölkerung, die im ***April 1988*** in der Brandschatzung des US-Konsulats in Tegucigalpa gipfelten. Dass die Polizei damals zwei Stunden lang dem Treiben tatenlos zusah, sagt wohl einiges über die Haltung der Honduraner aus.

Rafael Leonardo Callejas (national, ***1990 bis 1994***) verpasste dem Land ein lange fälliges und entsprechend harsches Sparprogramm, ohne jedoch die strukturellen Probleme (vor allem die geringe Produktivität auf dem Land) damit lösen zu helfen.

Carlos Roberto Reina (liberal, ***1994 bis Ende 1997)***, führte diese Politik weiter. Er versuchte aber auch, ihr ein menschliches Antlitz zu verleihen, indem er durch klassische Sozial- und ländliche Strukturpolitik (Mindestlöhne, ländliche Kredite, Landtitelvergabe) der Mehrheit der ländlichen Armen entgegenzukommen half. Selbst demokratisch gesinnter Anwalt und Moralist der alten Schule, war *Reina* jedoch stets von machtbewussten und zuweilen eigensinnigen Ministern umgeben. Mit rein symbolischer Politik gelang es z.B. *Manuel Zelaya*, einem bekannten Unternehmer und als solcher Zerstörer des honduranischen Regenwaldes, in der Rolle des liberalen Abgeordneten weit nach oben zu steigen. Als Direktor des schon unter dem Vorgänger von *Reina (Rafael L. Callejas)* geschaffenen *Fondo Hondureno de Inversión Social (FHIA)* betrieb *Zelaya* in ganz Honduras sozial wirksame Kleinprojekte, die jeder Bürgermeister beantragen und unbürokratisch genehmigen lassen konnte. Er wurde dadurch nicht nur persönlich berühmt, sondern konnte die ansonsten nur halbherzige Sozialpolitik der grundsätzlich neoliberal orientierten Regierung propagandistisch absichern. Ernsthafte Maßnahmen wie die lange vertraglich zugesicherte Vergabe von Landtiteln an die Garífuna und Lenca dagegen wurden zwar pressewirksam angekündigt, jedoch nie eingelöst. Solche Landtitel widersprechen den Interessen der USA und der Oligarchie im Land.

Die Arbeit des Präsidenten *Carlos Flores* (liberal, ***1998-2001)*** konzentrierte sich darauf, den Wiederaufbau eines (durch den tropischen Hurrikan Mitch) zerstörten Landes durchzuführen. In der Amtszeit *Flores'* blieb keine Zeit für umfassende politische Reformen. Seine Hauptaufgabe war, das Land und seine Leute durch die Zeiten der Katastrophe und des Wiederaufbaus zu führen. Als Erbschaft der Regierung von *Carlos Roberto Reina* hatte er im Januar 1999 durch die Entlassung des Oberbefehlshabers der Streitkräfte und Unterstellung des Militärs unter den Präsidenten bzw. dessen neu ernanntes Verteidigungsministerium formal die Entmilitarisierung des Staates einleiten können.

Ende ***2001*** gewählt und Anfang ***2002*** ins Amt eingeführt wurde *Ricardo Maduro*. Der mit Ende vierzig relativ junge Präsident kommt aus der Kaderschmiede des smarten, konservativen *Callejas* und hatte unter diesem als Zentralbankpräsident gedient. *Maduro* steht für eine moderne Wirtschaftspolitik und einen sozialpolitischen Populismus. Ideologisch rechts, versucht die Maduro-Regierung gleichwohl moderate Modernisierungsschritte durch eine weitere Privatisierung der Infrastruktur sowie eine Belebung von Landwirtschaft und Kleingewerbe. Die professionelle Zusammenarbeit mit internationalen Gebern und Banken hat die Auflage eines Programms zur Armutsbekämpfung und zum Wohnungsbau erleichtert.

Staat und Verwaltung

Aufbau des Staates

Das erst 1821 unabhängig gewordene und 1838 als Staat gegründete Land Honduras ist als ***präsidiale Demokratie*** verfasst. Der ***Staatspräsident*** wird alle 4 Jahre in allgemeiner, freier, gleicher und geheimer Wahl direkt gewählt. Wer einmal Staatspräsident war, darf danach nicht wieder kandidieren.

Gleichzeitig mit der Präsidentschaftswahl werden die 120 Volksvertreter des ***Kongresses*** *(Congreso Nacional)* gewählt. Der Kongress ist das einzige Parlament des Landes. Hier werden alle Gesetze beraten und beschieden. Der Kongress wird von einem ***Parlamentspräsidenten*** geleitet und tagt stets im modernen Gebäude des *Congreso Nacional*.

Als deren Kern gelten Maßnahmen, die den Aufgabenbereich des Obers-

Der Wirbelsturm Mitch und die Folgen

Im Oktober 1998 fegte der tropische Wirbelsturm ***Mitch*** über Zentralamerika und richtete schwere Schäden an. Etwa 70 % der betroffenen Personen und 68 % der wirtschaftlichen Zerstörungen der zentralamerikanischen Region entfielen auf Honduras. Die Gesamtschäden betrugen rd. 3,8 Mrd. US-Dollar, rund 70 % des honduranischen Bruttoinlandsprodukts. Etwa 5700 Menschen fielen den Verwüstungen zum Opfer, knapp 8000 wurden als vermisst erklärt.

Die schwersten Schäden wurden durch die ***sintflutartigen Regenfälle*** während des Sturms verursacht, die zu Erdrutschen und Schlammlawinen führten. Diesen waren insbesondere Angehörige der unteren sozialen Schichten in ihren mit minimalen Mitteln errichteten und an Berghängen gelegenen Häusern schutzlos ausgeliefert. Viele von ihnen leben noch heute in provisorisch errichteten Notunterkünften.

Die verheerenden Folgen des Orkans haben die Verwundbarkeit der wirtschaftlichen, sozialen und ökologischen Strukturen des Landes offen gelegt. Ursächlich dafür ist eine staatliche und soziale Ordnung, welche die große Mehrheit der Bevölkerung politisch und sozioökonomisch an den Rand drängt. Zivilgesellschaftliche Gruppen fordern daher, dass der Wiederaufbau nicht die Rückkehr zum „status quo ante" bedeutet, sondern aus den Fehlern gelernt wird und Änderungen im Entwicklungsmodell vorgenommen werden. Unter dem Motto „Wiederaufbau mit Transformation" fordern sie u.a. eine Reform der politischen Institutionen hin zu mehr Transparenz und Bürgerbeteiligung, die Übertragung zentralstaatlicher Aufgaben, Ressourcen und Entscheidungsmacht an die Gemeinden, eine Agrarreform und die Stärkung des Binnenmarktes durch die Förderung der kleinen und mittleren Produzenten. Die Debatte über die ***Transformation bestehender Strukturen*** bestimmt somit seit dem Hurrikan Mitch die politischen Auseinandersetzungen zwischen zivilgesellschaftlichen Kräften und der herrschenden politischen Klasse, die dadurch ihre politischen und ökonomischen Privilegien bedroht sieht und entsprechende Schritte bisher erfolgreich verweigern konnte. Gleichzeitig haben die internationalen Geber ihre zugesagten ***Hilfsgelder*** von rd. 2,7 Mrd. US-Dollar an die ***Umsetzung von Reformen*** geknüpft. Ihre Rolle als potentielle Verbündete nationaler Reformkräfte ist aber widersprüchlich. Zwar gibt es im Bereich politisch-institutioneller Veränderungen eine relativ große Überschneidung im Forderungskatalog, im ökonomischen Bereich aber erhebliche Divergenzen. Die von IWF und Weltbank verlangte Vertiefung der seit Anfang der 90er Jahre implementierten Strukturanpassungsmaßnahmen (Privatisierung, Deregulierung, Liberalisierung) wird von einem maßgeblichen Teil zivilgesellschaftlicher Akteure mit dem Argument abgelehnt, dass sich dadurch die Armut der Bevölkerung und die Ausbeutung der natürlichen Ressourcen und somit letztendlich die Verletzbarkeit des Landes gegenüber Naturphänomenen wie dem Hurrikan Mitch weiter erhöhen würde.

Aufgrund der starken internen Widerstände und des widersprüchlichen externen Drucks vollzieht sich der Prozess von Wiederaufbau und Transformation bisher zu langsam, und es ist den reformorientierten nationalen Kräften noch nicht gelungen, ihn nennenswert zu beeinflussen. Dabei sind solche Veränderungen für Honduras lebenswichtig, soll nicht der nächste Wirbelsturm wieder ähnliche Verwüstungen anrichten.

Matthias Webendörfer,
(ehemals) Friedrich-Ebert-Stiftung,
Tegucigalpa, September 2001

Informationen über Hurrikan Mitch und seine Folgen sowie die anschließenden Wiederaufbaumaßnahmen, u.a. Plan *Maestro de Reconstrucción y Transformación* und *Estrategia de Pobreza* (Armutsstrategie) unter: www.sdp.gob.hn oder für etwas kritischere Stellungnahmen: http://portal.rds.org.hn

ten Gerichtshofs sowie die Anzahl, Wahl und Amtszeit seiner Richter betreffen. So werden die Kandidaten dem Kongress in Zukunft von einer Nominierungskommission vorgeschlagen, in der zivilgesellschaftliche Organisationen einen zentralen Einfluss haben (u.a. Menschenrechtskommissar). Der Präsident des Obersten Gerichts wird nicht mehr vom Staatspräsidenten ernannt, sondern von seinen 15 Kollegen gewählt. Außerdem wurden die Qualifikationsanforderungen für potenzielle Kandidaten erhöht und deren Amtszeit von vier auf sieben Jahre verlängert, um politische Konjunkturzyklen zu vermeiden. Diese Reform bedeutet einen wichtigen Schritt in Richtung auf eine ***Entpolitisierung der Judikative*** und mehr ***Rechtsstaatlichkeit.*** Sollten sich die damit verbundenen Hoffnungen wirklich erfüllen, wäre eine wichtige Forderung zivilgesellschaftlicher Akteure im Hinblick auf

die Transformation der bestehenden staatlichen Strukturen erfüllt.

Mit dem Staatspräsidenten werden die ***Bürgermeister*** in offener Wahl nach dem Mehrheitsprinzip gewählt.

Der einmal gewählte Staatspräsident ernennt die ***Gouverneure,*** ein Relikt aus der Kolonialzeit. Auch heute gibt es keine föderativen Elemente, die 18 *Departamentos* des Landes werden rein direktiv von Tegucigalpa aus regiert. Nur in der Kulturpolitik und bei der hoheitlichen Kontrolle der Gemeindeverwaltungen können die *Gobernadores* eigene Entscheidungen treffen. Zudem wird dieses Amt, in etwa mit dem eines Regierungspräsidenten in den deutschen Ländern vergleichbar, verdienten Wahlkampfaktivisten zugeschoben. Diese Tatsache trägt nicht zur Hebung des fachlichen Niveaus dieser Funktionäre bei.

Verwaltung

Honduras' Verwaltung arbeitet besser als ihr Ruf. ***Bestechlichkeit*** gibt es freilich auf oberster politischer Ebene. In honduranischer Logik ist es nämlich selbstverständlich, dass der Zugang zu politischer Macht, die vergänglich ist, auch für die Verbesserung der eigenen ökonomischen Stellung gut sein muss.

Diese Bereitschaft, Politik und Geschäft zu mischen, ist jedoch bei operativen Verwaltungseinheiten (z.B. Agrarreformberater, Sachbearbeiter im Passamt) kaum zu finden. Honduranische Stellen sind hilfsbereit, häufig sehr freundlich, wenn auch nicht immer flexibel genug. Mangels Ausbildung und Vision fällt es vielen Verwaltungsstellen schwer, über den eigenen Tellerrand hinauszugucken. Besonders niedrig ist das Niveau des Bildungssystems.

Fehlerhaft und häufig arrogant arbeiten die Institutionen, die früher von den Streitkräften verwaltet wurden, allen voran *HONDUTEL* und die Stromgesellschaft *ENEE.* Aber auch die Einreisebehörde lässt nicht mit sich spaßen. Wer in diesen Behörden etwas

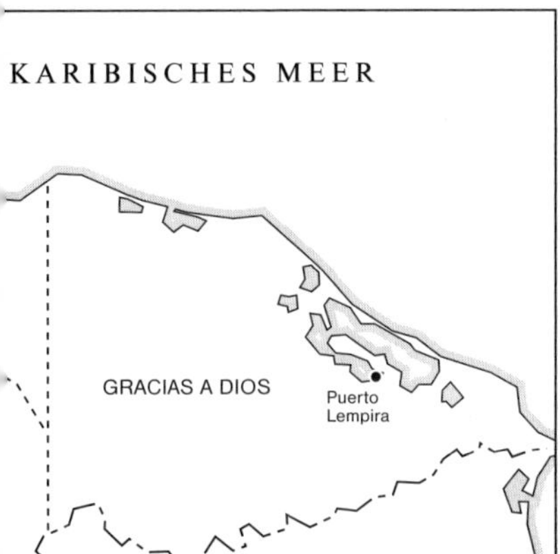

Departamento	Gründung	Fläche in qkm
Francisco Morazán	1825	8.000
Comayagua	1825	5.196
Lempira	1825	4.289
Santa Bárbara	1825	5.115
Yoro	1825	7.939
Olancho	1825	24.350
Choluteca	1825	4.211
El Paraiso	1869	7.218
Copán	1869	3.200
La Paz	1869	2.330
Islas de la Bahía	1872	260
Colón	1881	8.874
Intibucá	1883	3.072
Cortés	1893	7.455
Valle	1893	1.564
Atlántida	1902	2.700
Ocotepeque	1906	1.680
Gracias a Diós	1957	16.639

erreichen möchte, sollte kleinlaut und freundlich sein. Viele Militärs wollen ein bisschen ernst genommen werden. Sie definieren ihren Dienst nicht über moderne Kundenorientierung, sondern über die Vaterlandspflicht. Letztere ist häufig durch übertriebenes Sicherheitsdenken und den Willen geprägt, dem Ausländer zu beweisen, dass nicht nur im fernen Deutschland Regeln eingehalten werden.

Basisorganisationen

Die arbeitende honduranische Bevölkerung ist gut organisiert und setzt stets auf Verhandlungen: ***Bauern-, Gewerkschafts- und Menschenrechtsbewegung*** sind die jeweils relativ stärksten in ganz Zentralamerika. Jährlich zur Aussaat (Beginn der Regenzeit Anfang Mai) besetzen die organisierten *Campesinos* (landlose Bauern) viele tausend Hektar Land, das Großgrundbesitzern gehört, die es zurzeit oder dauerhaft nicht nutzen. Zwar kommt es vereinzelt sogar zu politischen Morden an Campesinos, doch fast immer werden die Konflikte einvernehmlich gelöst. Campesino-Organisationen, Gewerkschaften und – in geringerem Maße – Menschenrechtskomitees werden von Abgeordneten und Ministern empfangen, wenn Probleme anstehen.

Militär und der Einfluss der USA

Die Macht liegt nicht nur bei der Regierung, sondern auch bei den Streitkräften und dem großen Bruder USA, der seit mehr als 100 Jahren. Schon in den Jahren 1903, 1911, 1913, 1917, 1919 und 1924 waren die USA in Honduras einmarschiert, um die wirtschaftlichen Interessen ihrer Bürger in Honduras militärisch zu wahren. Seit Beginn der 80er Jahre des 20. Jahrhunderts hatten die USA ihren vor allem militärischen Einfluss auf Honduras gestärkt, um ein Bollwerk gegen den sozialrevolutionären Sandinismus Nicaraguas aufzubauen und jenes System zugleich mit bezahlten Söldnern (den Contras) zu untergraben. Heute richtet sich die US-Intervention stärker auf die Unterbindung des Drogenhandels und den Schutz der natürlichen Ressourcen.

Die honduranischen ***Streitkräfte*** sind mit ihren 20.000 Soldaten und der ***modernsten Luftwaffe Zentralamerikas*** zwar nicht gerade groß, doch ihr Einfluss reicht bis in die wirtschaftliche und kulturelle Sphäre. Große Unternehmen wie eine der zwei Zementfabriken des Landes oder die *Banco de las Fuerzas Armadas* gehören ihnen. Offiziere haben das Privileg steuerbefreit in ***eigenen Supermärkten*** aus dem Vollen schöpfen zu können. Ihre an Menschenrechtsverletzungen während der 1980er Jahre beteiligten Mitglieder gelten als unberührbar und wurden im Nachhinein mit gut dotierten Staatsposten versorgt. Dennoch haben die Streitkräfte seit Mitte der neunziger Jahre viel an ihrer Stellung als „Staat im Staate" eingebüßt. Die ihnen früher gehörende einzige Telefongesellschaft des Landes wird heute von Zivilisten verwaltet und soll privatisiert werden. Die allgemeine Wehrpflicht ist ebenso passé wie die Kontrolle der Streitkräfte über die Polizei. Der damalige Präsident *Flores* hat 1999 die Figur des bisher allmächtigen Oberbefehlshabers *(comandante en jefe)* der Streitkräfte durch die Änderung verschiedener Verfassungsartikel abgeschafft. Gleichzeitig wurde die Stellung des Verteidigungsministers gestärkt, ein Amt, das mit *Edgardo Dumas* zum ersten Mal mit einem Zivilisten besetzt worden war. In einer im selben Jahr verkündeten neuen ***Sicherheitsdoktrin*** beschränken die Militärs ihre Rolle auf die ***Verteidigung der territorialen Integrität*** des Landes und sehen sich nicht mehr als Ordnungsfaktor im Innern.

Parteien

Liberale Partei

Die Liberale Partei *(PL = Partido Liberal)*, die die älteste des Landes ist, wurde 1891 gegründet und knüpft an die Ideen von *Francisco Morazán* an. Sie stellte zwar seit Ende des 19. Jahrhunderts immer wieder Präsidenten, konnte aber erst 1957, unter *Ramón Villeda Morales*, ihr Reformprogramm ansatzweise umsetzen. Mit *Carlos Flores* war ein liberaler Präsident im Amt (1998 bis 2001). Die eigentlich recht konservative, wenn auch demokratische Partei gliedert sich in verschiedenste Strömungen, die wegen der üblichen Vorwahlen Züge von Kandidatenclubs aufweisen. Die liberale Partei ist an vielen Orten, auch auf Felsen und Straßen, an ihren Farben (rot-weiß) zu erkennen. Sie wird von der *Friedrich-Naumann-Stiftung* ideell und materiell unterstützt.

Nationale Partei

Die rivalisierende Nationale Partei *(PN = Partido Nacional)* ist traditionell die Partei des Großgrundbesitzes und der Streitkräfte, die bis heute eine wichtige Rolle in Honduras spielen. Diktatoren wie *Carías Andino* gehörten stets der stramm rechts stehenden Partei an. Erst die Präsidentschaften von *Rafael Leonardo Callejas* (1990 bis 1994) und *Ricardo Maduro* (seit 2001) haben gezeigt, dass auch ein Präsident der Nationalen Partei institutionelle Reformen, Menschenrechte und Naturschutz ernst nehmen kann. Die nationale Partei zeigt sich in der Öffentlichkeit in den Farben blau-weiß.

Pinu

Die kleine, sozialliberal orientierte Partei der Nationalen Erneuerung und Einheit *(PINU = Partido de Innovación Nacional y Unidad)* wurde erst in den 1980er Jahren gegründet. Sie sammelt aufgeschlossene Wähler, denen die neofeudale Zwei-Parteien-Herrschaft nicht reicht, weil soziale und kulturelle Themen darin zermahlen werden. Die kleine *Pinu* hat es bislang nicht geschafft, innerhalb der ländlichen Bevölkerungsmehrheit Einfluss zu gewinnen.

Christdemokratische Partei PDCH

Die Christdemokratische Partei *(Partido Demócrata Cristiano de Honduras)* ist in den 1970er Jahren entstanden. Sie hat ihre historischen Wurzeln in den humanistisch orientierten ***christ-***

lichen Basisgruppen der 1960er Jahre, die vor allem im kleinbäuerlichen Milieu verankert waren. In den 1980er Jahren war sie eine wichtige Kraft im Kampf für Menschenrechte und Demokratie. Diesen Reformcharakter hat sie insbesondere durch die ministerielle Einbindung in die Regierung *Flores* (1997 bis 2001) eingebüßt. Sie befindet sich zur Zeit in einer schmerzlichen Phase der programmatischen und personellen Erneuerung.

Demokratische Einheit UD

Die Partei Demokratische Einheit *(Unificación Democrática)* ist 1994 im Zuge des zentralamerikanischen Friedensprozesses entstanden. Es handelt sich um den Zusammenschluss von insgesamt vier Linksparteien, die teilweise während der achtziger Jahre den bewaffneten ***Guerrillakrieg*** führten. Sie versteht sich als Ausdruck einer „breiten Linken", steckt aber im Hinblick auf ihre gesellschaftliche Verankerung noch in den Kinderschuhen. Seit 1997 stellt sie in der Provinzhauptstadt La Paz den ersten Bürgermeister in der Geschichte des Landes, der nicht den beiden Großparteien (Liberalen oder Nationalen) angehört.

Den kleinen Parteien ist es bisher nicht gelungen, die Dominanz der Liberalen und Nationalen in Frage zu stellen. Ihr Stimmenanteil bei Wahlen bewegt sich – alle zusammen genommen – um die 4 %. Aufgrund inhaltlicher Differenzen haben sie es bisher nicht geschafft, über entsprechende Wahlallianzen ihre Kräfte auf lokaler oder nationaler Ebene zu bündeln.

Medien

Fernsehen

Die Fernsehlandschaft ist privat und regionalisiert, Tegucigalpa, San Pedro Sula und La Ceiba haben eigene Kanäle. Hier dominieren Unterhaltungsprogramme. Nachrichten werden in Infotainment-Sendungen dargereicht, relativ sehenswert sind *Hoy Mismo* und *Abriendo Brecha*. Wer gerne fernsieht, hat in Honduras *cable* (Kabelfernsehen). In der Provinz sind dies per Satellitenschüssel schwarz kopierte mexikanische und US-amerikanische Programme, die an die lokalen Kunden verkauft werden. Viele Honduraner haben aber auch ihre eigene Schüssel.

Hörfunk

Das Radio ist in Honduras sehr kommerziell, da es ebenfalls privat ist und nur über Werbeeinnahmen finanziert wird. Auffallend sind die ausgedehnten Musiksendungen, Nachrichten fehlen dagegen weitgehend. Ausnahmen sind die Nachrichtensender *Radio América* und *HRN*, deren Journalisten überall im Land unterwegs sind. Zudem gibt es noch den staatlichen Kultursender *Radio Nacional de Honduras*, auf dem mit etwas Glück und Geduld gute Sendungen der nationalen und lokalen Musikszene zu hören sind. Insgesamt ist das Radio sehr populär. Es gibt viele entlegene Dörfer ohne Elektrizität, wo das Radio die wichtigste Verbindung zur Außenwelt darstellt.

Printmedien

Die Printmedien sind ebenfalls privat. Im Bereich der ***Tageszeitungen*** findet sich eine erfreuliche Vielfalt von fünf Titeln: *El Tiempo* (linksliberal), *Tribuna* (rechtsliberal), *Heraldo* (konservativ), *La Prensa* (rechts-konservativ), *El Periódico* (konservativ, Callejas-Linie). *La Gaceta* bringt täglich offizielle Verlautbarungen (Gesetze, gewerbliche Eintragungen etc.). Die Tageszeitungen werden täglich ab 6 Uhr morgens an den Straßenecken der großen Städte und an Sammelpunkten kleinerer Ortschaften für 5 Lps. (0,37 €) verkauft.

Das ***Wochenblatt*** *Honduras This Week* liefert einen sehr guten Überblick über aktuelle Ereignisse in Honduras zu Politik, Kultur, Umwelt, Wirtschaft, Tourismus, etc.

Bei den ***Magazinen*** und ***Fachzeitschriften*** hat Honduras weniger zu bieten. Lesenswert ist die Zeitschaft *Cambio Empresarial,* die sich wirtschaftlichen und unternehmerischen Themen verschrieben hat. Die bedingt konservative Zeitschrift ist in Buchläden zu beziehen. Als Umweltmagazin fungiert *Puca Opalaca,* eine in San Pedro Sula monatlich herausgegebene Sammlung von Reportagen zu Umwelt- und Naturschutzthemen nationaler und internationaler Herkunft.

Ausländische Printmedien sind in Honduras schwer zu bekommen, die beste Chance hat man in den Zeitungs- und Tabakläden der großen Hotels. Deutsche Zeitschriften habe ich bislang nirgendwo gefunden.

Aktuellste und umfangreiche ***Informationen über Honduras*** bietet das Internet, in dem auch die hier genannten Printmedien vertreten sind (siehe Kapitel „Vor der Reise, Internet“).

Wirtschaft

Vor dem tropischen ***Hurrikan Mitch*** 1998 lebten rund 80 % der Bevölkerung in Armut und sie sind dadurch noch ärmer geworden. Ein Indikator dafür ist die ***Arbeitslosenquote.*** Vor dem Hurrikan lag sie bei offiziellen

Zentralbank in Tegucigalpa

31 %, in den Jahren danach waren es 44 %, bis 2003 ging sie wieder auf 27 % zurück. Allerdings ist die wirkliche Zahl sicherlich noch höher. Nach Angaben der honduranischen Zentralbank wurden allein in der Landwirtschaft 800.000 Arbeitsplätze zumindestens vorübergehend vernichtet. Nach Berechnungen der UN-Wirtschaftskommission für Lateinamerika und die Karibik *(CEPAL)* hat der Hurrikan Mitch in Honduras einen Gesamtschaden von 3,8 Mrd. US-$ hinterlassen, das sind etwa 70 % des Bruttoinlandsprodukts. Die Kosten für den ***Wiederaufbau*** des Landes beziffert die Regierung auf rund 5 Mrd. US-$.

Vom honduranischen Durchschnittseinkommen könnte man jeden Tag einen Hamburger in einem honduranischen Schnellrestaurant essen oder jeden zweiten Tag einmal ins Kino gehen oder 2 kg Weißbrot erstehen. „Oder", nicht etwa „und"!

Das Bruttoinlandsprodukt verteilt sich zudem ungleich. Ca. 100.000 Honduraner schneiden sich eine große Portion ab, sie gehören zur meist städtischen ***Oberschicht,*** die durch politischen Einfluss, Großgrundbesitz oder internationale Geschäfte Vermögen anhäufen konnte. Ca. 300.000 Honduraner gehören zur dünnen ***Mittelschicht.*** Sie leben von mehreren Einkommen, häufig als Angestellte in der Stadt, als Arbeitgeber eines Kleinbetriebs und als Besitzer einer Finca oder Rinderherde. Sie können sich eine Mehr-Zimmer-Wohnung leisten, ein zumindest kleines Auto und alle paar Jahre eine Reise ins Ausland.

Alle anderen gehören zur großen Masse der städtischen und ländlichen ***Armen.*** 82 % der honduranischen Bevölkerung lebt unterhalb des von den Vereinten Nationen definierten Existenzminimums. Davon wiederum 70 % leben in absoluter Armut. Im Saldo leben also mehr als die Hälfte aller Honduraner in ***absoluter Armut.*** Das sind vor allem die vielen, teilweise völlig landlosen Kleinbauern. Sie haben nicht einmal die Hälfte des Durchschnittseinkommens von 680 US-$.

Etwas abgefedert wird das schwere Los der armen honduranischen Bevölkerungsmehrheit zwar durch die ***Subsistenzwirtschaft,*** die in den offiziellen Zahlen nicht mitgezählt wird. Fast alle Kleinbauern *(Campesinos)* bauen Mais, Bohnen und Trocken-Reis für ihren Eigenkonsum an. Trotz völlig unproduktiver Anbauweisen überleben so Millionen von Menschen. Doch zugleich hält die Aussonderung dieser Subsistenz-Bauern aus der offiziellen, exportorientierten Landwirtschaft das Land in der Unterentwicklung: Die Böden werden unter ihrem Wert bewirtschaftet, die Menschen ernähren sich nur unzureichend und verelenden, Bildung und Gesundheit leiden darunter.

Deshalb kennen in Honduras 1,5 Mio. Menschen ***Hunger,*** 800.000 Kinder sind nicht nur falsch ernährt, sondern essen auch mengenmäßig unzureichend. Sie werden durch ein dauerndes Hungergefühl geplagt und sind in ihrer körperlichen Entwicklung nachhaltig beeinträchtigt.

Exportorientierung

Die verzweifelte Lage der ländlichen und städtischen Armen hat auch mit der außenwirtschaftlichen Orientierung der honduranischen Wirtschaft zu tun. Anstatt die Eigenversorgung der eigenen Bevölkerungsmehrheit zu sichern, betreibt das Land seit den 1960er Jahren eine Exportförderpolitik. Wichtige Böden werden der nationalen Produktion von Mais, Bohnen und Reis entzogen, gut ausgebildete Arbeitskräfte und vor allem das zu knappe honduranische Investitionskapital fließen seitdem in den Ausbau der Exporte.

Honduras exportiert für über eine Mrd. US-$ Waren, vorwiegend in die USA, Deutschland, Belgien, Italien und Japan. Die wichtigsten ***Exportprodukte:*** Bananen, Schalentiere, Kaffee und Rindfleisch. Der nicht-traditionelle Exportsektor hat in den letzten Jahren stark zugenommen. Mit 39 % liegt er über dem traditionellen Sektor mit 28 % (bedingt auch durch den starken Einbruch der Bananenproduktion seit dem tropischen Hurrikan Mitch, die sich erst langsam wieder erholt). Im traditionellen Sektor liegt Kaffee mit 17 % über dem Bananenexport mit nur 5 %). Im nicht traditionellen Exportsektor überwiegt der Export von Schalentieren mit etwa 10 %. Zwar gibt es Exportförderaktivitäten in Richtung auf Krabben, Edelfische, Melonen, Limetten und viele andere Produkte, doch der internationale Wettbewerb ist in diesen Bereichen ausgeprägt.

Durch den intensiven Wettbewerb im Export von typischen Produkten aus Entwicklungsländern haben sich die Preise honduranischer Exportprodukte stets verschlechtert. Obwohl die Exportmengen meist noch gesteigert werden konnten, verzeichnete die ***Exportbilanz*** (als eine Seite der Handelsbilanz) ein nur bescheidenes Wachstum unter 5 % in den vergangenen Jahren. Da der Bedarf vor allem der Industrie (Rohstoffe, Maschinen und Anlagen) und der städtischen Mittelschichten (PKW, Haushaltselektronik, Verbrauchsgüter) nach Importgütern aber stetig steigt, bleibt das ***Außenhandelsdefizit*** von etwa 280 Mio. $ zumindest erhalten.

Industrie und Infrastruktur

Honduras ist ein traditionell ***landwirtschaftlich geprägtes Land,*** in dem die Industrieproduktion bisher nur schwach entwickelt ist; eine Ausnahme bilden die boomenden so genannten ***Lohnveredelungsbetriebe*** im Norden des Landes, die inzwischen etwa 34 % des Gesamtexportes ausmachen.

Inzwischen gibt es an die 220 *Maquilas,* die Textilien und Acessoires für den nordamerikanischen Markt zuschneiden. Doch die steigende Kriminalitätsrate sowie die Streikneigung der Gewerkschaften lassen den einen oder anderen Unternehmer schon ins benachbarte arbeitseifrige El Salvador hinüberschielen.

Honduras leidet unter dem Dilemma vieler Entwicklungsländer, einerseits kein Industriepotential zu haben und andererseits zunächst die eigene notorisch kaufkraftschwache Bevölkerung mit preiswerten Nahrungsmitteln versorgen zu müssen. Doch zusätzlich ist es durch anhaltende Defizite in der Infrastruktur gebeutelt. Zwar ist es gelungen, das honduranische ***Straßennetz*** in den Jahren der *Callejas*-Regierung auf das technisch höchste Niveau der Region zu bringen. Ein paar Jahre nach dem Hurrikan Mitch sind die wichtigsten Verbindungsstraßen und zerstörten Brücken mit Hilfe vor allem japanischer und schwedischer Internationaler Kooperation weitestgehend wieder aufgebaut worden. Fast alle asphaltierten Straßen sind – mit einigen Ausnahmen – ohne Schlaglöcher oder ähnliche Überraschungen und gut befahrbar. Damit kann Honduras zwar manches Defizit im Bereich des fast fehlenden Schienennetzes und des sich auf technisch niedrigem Niveau befindenden Öffentlichen Straßenverkehrs ausgleichen. Doch der Konkurs der internationalen honduranischen ***Fluglinie*** *TAN-SAHSA* riss seit 1994 ein Loch in die Transportstruktur des Landes, das durch die provinzielle *Isleña Airlines* aus La Ceiba zunächst nicht ausgefüllt werden konnte. Die weiteren Fluggesellschaften haben ihren Flugzeugbestand deutlich ausgebaut (*Islena Airlines* hat etwa ein Dutzend Flugzeuge und *Aerolineas SOSA* neben tschechischen nun auch russische Flugzeuge, darunter mindestens einen Jet). Im ***internationalen Flugverkehr,*** vor allem in Verbindung mit den weiteren zentralamerikanischen Ländern, ist jedoch das Monopol der salvadoranischen Luftgesellschaft *Grupo Taca*, deutlich an den hohen Kosten zu spüren.

Dennoch ist unverkennbar, dass Honduras in einigen Bereichen deutliche Fortschritte macht, vor allem beim Export neuer Produkte (Krabben, exotische Früchte) und im Ausbau der Dienstleistungs- und Tourismusunternehmen (Hotelprojekte in San Pedro Sula und Tegucigalpa).

Stabilitätspolitik

Die Verfolgung einer weltmarktorientierten Stabilitätspolitik (wegen der hohen Exportquote von Honduras) einerseits und einer binnenmarktorientierten Sozialpolitik (wegen der vielen hungernden honduranischen Eltern und Kinder) andererseits sind somit zwei Seiten einer Wirtschaftspolitik, die anscheinend ohne Alternative dasteht. Denn das durch Exportförderung erreichbare ***bescheidene Wirtschaftswachstum*** von 3 % (2003) wird durch die ***hohe Bevölkerungswachstumsrate*** von durchschnittlich 2,2 % meist ausgeglichen. Somit bleibt das Pro-Kopf-Einkommen langfristig gleich, obwohl sich das Land auf Kosten mancher nationalen Entwicklungsziele um eine Steigerung seiner wirtschaftlichen Leistung bemüht.

Große Hoffnung wurde in der Regierungsphase von *Flores* erneut in den ***Privatisierungsbestrebungen*** gesehen. Doch die Verhandlungen, den maroden staatlichen Telefonmonopolisten *Hondutel* zu verkaufen, sind bisher an den hohen Verkaufskosten gescheitert.

Erfolgreich dagegen wurden die vier Flughäfen des Landes von der amerikanischen Betreiberfirma *Interairport* übernommen. Ebenfalls haben Privatisierungen in der Energie- und Wasserversorgung stattgefunden. So wurde die Energieproduktion privatisiert, *ENEE* behält allerdings das Angebotsmonopol. Liberalisierung und Privatisierung haben nach dem Hurrikan Mitch zu gewissen Wachstumsimpulsen geführt. Jedoch die ungute Abhängigkeit von den traditionellen Exportprodukten Bananen und Kaffee, wird jährlich durch die Krisen in diesem Sektor, wie die international gefallenen Kaffeepreise, deutlich. Deshalb gilt es verstärkt, sich auf andere Produkte und Sektoren zu konzentrieren. So werden neue Exportprodukte wie Krabben und exotische Früchte gefördert und der Dienstleistungs- und Tourismussektor ausgebaut.

Das ehrgeizige Wirtschaftsprogramm der letzten Jahre hat zu einer Senkung der Körperschaftssteuer von 42 % auf 25 % geführt. Die Einfuhrzölle für Rohmaterial und Kapitalgüter wurden auf 1 % reduziert. Die Lohnfertigung wurde weiter gefördert und das ganze Land inzwischen zur Freihandelszone erklärt. Bei der Einkommensteuer wur-

Trujillanerin vor Bier-Werbung

Landwirtschaft und Konflikte

Honduras ist ein Land der Kiefern- und Regenwälder, die über 60 % der Fläche des Landes bedecken. Innerhalb der nicht bewaldeten Fläche dominiert dagegen deutlich die Landwirtschaft, sie erstreckt sich auf 25 % der Fläche des Landes.

Die Landwirtschaft trägt mit 13 % zum Bruttoinlandsprodukt bei. Beschäftigt sind in der Landwirtschaft aber 34 % der Erwerbstätigen. Hinzu kommt, dass die Landverteilung in Honduras ähnlich ungerecht ist wie im Rest Lateinamerikas. Die *Minifundien* (Kleingrundstücke unter 5 ha) – das sind 56 % aller landwirtschaftlichen Betriebe – verfügen nur über 9 % der landwirtschaftlichen Flächen. *Latifundien* (Großgrundstücke von mehr als 100 ha Größe) mit nur 2 % aller landwirtschaftlichen Betriebe verfügen über 44 % der gesamten Agrarflächen.

Der entscheidende Faktor aber ist die *Eigentumsfrage* und damit die Frage der Nutzungssicherheit durch die Kleinbauern. 1974 besaßen nur etwa 20 % der ländlichen Familien eigenes Land. Weitere etwa 20 % pachteten Land, um Mais und Bohnen zur Eigenversorgung anzubauen. Und weitere 20 % besetzten Land, um ihr Überleben sichern zu können. Die restlichen 40 % der ländlichen Familien verfügen über gar kein Land, sie sind daher gezwungen, sich als Tagelöhner in der Landwirtschaft anderer zu verdingen.

Die 1962 verfasste und in den siebziger Jahren unter dem Präsidenten *Lopez Arrellano* forcierte *Agrarreform* verteilte bis 1984 zwar fast 300.000 ha an gut 50.000 Familien. Doch heute sind wieder mindestens 300.000 Familien völlig ohne Grundeigentum. Sie organisieren sich in Campesino-Verbänden, die verzweifelt versuchen, auf dem Verhandlungswege weitere Zuteilungen zu erwirken. Da dieses Bestreben gerade in der neoliberalen Ära von *Rafael L. Callejas* (1990 bis 1994) vergeblich war, kam es verstärkt zu traditionellen *Landbesetzungen*, die teilweise noch anhalten und sogar forciert werden.

Aber die Lage im Agrarsektor ist noch viel schlimmer, denn die in den Agrarreformgesetzen mögliche Enteignung von Latifundisten, die ihre riesigen Flächen ungenutzt lassen, wurde nie angewendet. Zugleich verschieben einflussreiche *hacienderos* stetig ihre Zäune. Mit Hilfe von Banden gut ausgerüsteter *pistoleros* ignorieren und brechen Latifundisten häufig auch geltende Gesetze. Die Familie *Valenzuela* etwa hat sich mittels dubioser politischer Kontakte in den 1980er Jahre praktisch eine Halbinsel (außerhalb von Trujillo) komplett unter den Nagel gerissen, und zwar trotz des erbitterten Widerstandes der Garífuna-Bevölkerung und der Stadtverwaltung. Widersetzt sich ein Campesino der Zaunpolitik, fließt häufig Blut, und zwar nicht unbedingt das des mächtigen Hacienderos.

Die ungerechte Vorenthaltung ausreichenden, fruchtbaren Grundbesitzes für Millionen von Menschen auf dem Lande hat in dem sehr friedliebenden Honduras bisher noch zu keinem Massenaufstand geführt. Denn das Ventil sind noch immer die großen Reserven öffentlichen Landes, das sich in den Gebirgen und Waldgebieten, vor allem in Olancho und der Moskitia, befindet. Hier lässt der Staat Tausende landloser Bauern einsickern und sieht tatenlos zu, wie subtile Ökosysteme, die bislang unser Weltklima aufrechterhalten, trotz internationalen Protestes zunehmend zerstört werden.

Eine wirksame Naturschutzstrategie in Honduras hat daher an der Regierungspolitik (durch politischen Druck der Geberländer) und der Einkommenserwirtschaftung der Bauern (mit Hilfe von „Graswurzel"-Arbeit vor Ort) anzusetzen.

den die Freibeträge erhöht, Kosten für Gesundheitsversorgung und Ausbildung können nun abgesetzt werden. Im Gegenzug wurde die allgemeine Verkaufssteuer von 7 % auf 12 % angehoben und eine Touristensteuer von 4 % auf Übernachtungs- und Mietwagengebühren eingeführt. Die Erhöhung der Mehrwertsteuer ist ein wichtiger Schritt, um sich in Richtung einer soliden Finanzierung des Haushaltes zu bemühen.

Wirtschaftliche Perspektiven

Eine zeitgemäße Entwicklungsstrategie für Honduras kommt nicht um eine moderne, d.h. außenorientierte Verfassung für die großen honduranischen Branchen Landwirtschaft, Forstwirtschaft und Naturschutz aus. Die derzeitige wirtschaftliche Aktivität in den drei Bereichen findet auf dem Rücken der ärmsten Bevölkerung statt und hat angesichts fehlenden Investitionskapitals und mangelnder Arbeitsplatzzuwächse keine Perspektive.

Die ***Unterbeschäftigung*** liegt bei 40 % der Erwerbspersonen. Doch innerhalb der 60 % Erwerbstätigen verdienen die meisten nur den ***Mindest-***

Marktstand in Tegucigalpa

lohn von etwa 100 $. Während diese Summe in einer noch abgeschlossenen Volkswirtschaft wie der russischen oder mancher afrikanischen mit hoher realer Kaufkraft verbunden sein kann, kann ein Kleinbauer seine Familie mit 100 $ kaum noch ernähren. Im Vergleich damit sind die Leichtlohnarbeitsplätze in den Bananenplantagen der Fruchtmultis, an den Nähstraßen der koreanischen *Maquila*-Unternehmen (Textile Lohnveredelung) und sogar die Erntejobs in den Ölpalmenkooperativen eine ungleich gesichertere Perspektive für eine fast privilegierte Minderheit der Honduraner.

Wo also kommen die Arbeitsplätze her? Unter den Interessenverbänden (Campesino-Organisationen, Gewerkschaften, Bauernverbänden, Berufsverbänden), den Parteien und den Experten herrscht Einigkeit, dass nur eine Erhöhung der Produktivität und der Wertschöpfung in Land- und Forstwirtschaft den Weg ebnen kann. Die deutsche *Friedrich-Ebert-Stiftung* unter-

stützt seit vielen Jahren die Diskussions- und Verhandlungsprozesse zwischen den sozialen Gruppen, um in diesem Bereich voranzukommen. Ein paar Beispiele für ***sozialverträgliche Schritte*** nach vorn seien genannt.

Landwirtschaft

Über zwei Drittel aller landwirtschaftlichen Betriebe sind auf das reine Überleben orientiert. In Kleinstbetrieben werden die Grundnahrungsmittel Reis, Mais, und Bohnen produziert, die für die Bevölkerung von Honduras existentiell sind. Der moderne Teil der Landwirtschaft ist auf den ***Weltmarkt*** orientiert und von dessen Nachfrageschwankungen abhängig. Die Schere zwischen Arbeitsplatzangebot (hoch) und Wirtschaftskraft (niedrig) in der honduranischen Landwirtschaft klafft sehr weit auseinander. Die Wertschöpfung ist zu niedrig, zu wenig Einkommen wird mit jedem Macheten-Hieb und jedem Spaten-Stich in der honduranischen Landwirtschaft geschaffen. Eine Lösung sehen die meisten unabhängigen Experten zunächst in einer weniger unproduktiven und zugleich rechtlich sicheren ***Verteilung des Bodens.*** Dazu sind erstens Reformen im Bodenrecht, ein sozialer Dialog zwischen Groß- und Kleinbauern und vor allem eine Stärkung eines unabhängigen Agrarinstitutes (das heutige *Instituto Nacional Agrario, INA* befindet sich im Griff der Großgrundbesitzer) nötig.

Zweitens müssen technische und finanzielle ***Förderinstrumente*** geschaffen werden, die den organisierten Bauern (Genossenschaften) helfen, ihre Produktivität zu erhöhen. Da der Staat häufig keinen Einblick in die wirtschaftliche Situation der kleinen Bauern und Genossenschaften hatte, diese selbst aber wegen der Unterdrückung der ländlichen Unterschicht in der Geschichte des Landes kein Vertrauen zum Staat aufbrachten, wurden Verträge falsch aufgesetzt und nicht erfüllt, viel Geld ging verloren, viele technische Hilfen liefen ins Leere. Hier ist in Zusammenarbeit mit sensiblen und professionellen Dienstleistern wie Campesino-Verbänden, Selbsthilfeorganisationen auf dem Lande, ausländischen Organisationen usw. viel zu leisten. Erfolgreich sind gut abgestimmte und kleingliedrige Hilfsinstrumente, wenn die soziale Infrastruktur deren Wirkung unterstützt. Wo es keine Schulen, keine Krankenstationen und keine Allwetterstraßen gibt, da sind auch produktive Förderinstrumente wirkungslos. Denn die unterernährten, häufig kranken und nicht mobilen Menschen machen auf dem Weg zum Ernteerfolg zwischendurch schlapp.

Drittens muss dafür Sorge getragen werden, dass der ***Markt*** die wirtschaftlichen Erfolge der Bauern prämiert. Hier kann die Wertschöpfung entscheidend erhöht werden. In meiner Zeit als Berater von Frauengruppen in Choluteca (1988 bis 1989) gelang es uns, ein völlig neues Produkt (sonnengetrocknete Cashew-Früchte) über deutsche Importunternehmen nach Europa zu bringen. Die deutschen Partner hatten sich dem gerechten Dritte-Welt-Handel verschrieben und

Konflikte ums Wasser

In Honduras ist der Kampf ums Wasser mittlerweile eine zentrale Ursache von Menschenrechtsverletzungen. Wie schon im Jahr 2003 hat auch 2004 der ***„Marsch für das Leben"*** zur Hauptstadt Tegucigalpa stattgefunden, bei dem Kleinbauern, Umweltaktivisten, Gewerkschafter, Kommunalpolitiker und kirchliche Basisgruppen aus allen Landesteilen die staatliche Verantwortung für ein nachhaltiges Management der Wasserressourcen eingefordert haben. In Honduras haben sich um die Frage des Zugangs zu Wasser in ausreichender Menge und Qualität in den letzten Jahren erhebliche und zum Teil ***gewalttätige Konflikte*** entwickelt.

In weiten Teilen des Landes wird die Wasserversorgung durch Oberflächenwasser sichergestellt. Die Rohre werden direkt an die Quelle gelegt und das Wasser wird so in die Dorfgemeinschaften oder größeren Provinzstädte transportiert, wo es entweder mit Chlor behandelt oder direkt an die Verbraucher weitergeleitet wird. Dabei dient die natürliche Bewaldung als Schwamm, der Regen und Feuchtigkeit speichert und über das Jahr verteilt wieder abgibt. Diese „Dienstleistung" der Natur ist in Honduras durch zunehmende Entwaldung gefährdet. Rund 80.000 Hektar Wald gehen jedes Jahr verloren, in den letzten 25 Jahren hat das Land rund 30 % seiner Waldflächen mit der Folge eingebüßt, dass ganze Dorfgemeinschaften an Wassermangel leiden.

Besonders konfliktreich sind dabei die Auseinandersetzungen im Departement Olancho. Hier wurden bereits mehrere Aktivisten umgebracht, die gegen die unkontrollierte und oft ***illegal operierende Holzwirtschaft*** mobil gemacht hatten. Ehemalige Militärs, hohe Regierungsbeamte und Politiker betreiben hier einen erbarmungslosen Raubbau. Mit guten Kontakten zu den richtigen staatlichen Stellen können sie es sich leisten, bestehende Gesetze zu ignorieren. Die Nationale Forstbehörde ist häufig selbst in die Aktivitäten verstrickt.

Neben nationalen Auseinandersetzungen gibt es viele ***kleinräumige Konflikte,*** deren Bewältigung die Betroffenen vor enorme Herausforderungen stellt. In den bergigen Regionen des Westens wird die Entwaldung vor allem durch die Ausweitung der kleinbäuerlichen Produktion vorangetrieben. Nach einigen Jahren ist die neu gerodete Parzelle ausgelaugt und die Produzenten bewegen sich „den Berg hinauf" über die lokale Wasserentnahmestelle hinaus. Das bedeutet dann weniger Wasser für die Nutzer „unten" und eine Belastung des Wassers mit Agrarchemikalien oder Rückständen aus der Kaffeeverarbeitung.

Diese Situation ist auch die Folge einer ***gescheiterten Agrarpolitik.*** Durch die Besitzkonzentration im Agrarsektor sind diese marginalen Standorte für viele Produzenten die einzige Überlebensalternative, die Verbesserung der Anbaumethoden zur Erhaltung der Bodenfruchtbarkeit ist durch den mangelnden Zugang zu günstigen Krediten oder technischem Wissen extrem erschwert. Rund 4000 selbstorganisierten Wassernutzergruppen, die landesweit auf Ebene der Dorfgemeinschaften existieren, sehen zunehmend die Notwendigkeit, neben der Bestandspflege der Rohrleitungen auch Maßnahmen zum Schutz der Wasserquellen zu ergreifen, um somit Ernährungssicherheit und ausreichende Wasserversorgung für alle zu erreichen.

Wasser in den Städten durch Beteiligung der Privatwirtschaft

Manchmal kommt das Wasser nur nachts, manchmal überhaupt nicht, manchmal nur tröpfchenweise, hin und wieder aber auch den ganzen Tag. Dann heißt es „Hähne auf" und Wasser speichern, denn die nächste Durststrecke kommt bestimmt. Viele Häuser in Tegucigalpa haben einen großen Wassertank im Garten oder auf dem Dach, um gegen solche Widrigkeiten der öffentlichen Wasserversorgung gewappnet zu sein. Wasser ist knapp, der Raubbau an der Natur verringert deren Fähigkeit zur Wasserproduktion, ein großer Teil versickert zudem beim Transport durch marode Leitungen, die seit Jahrzehnten nicht erneuert worden sind. Dazu fehlt das Geld. Die ***Ausweitung des Rohrnetzes*** wird seit Jahren durch organisierte Verbraucher oder kleine Privatunternehmen finanziert, die sich natürlich ihre Investitionen vom Konsumenten erstatten lassen. Hin und wieder spendieren auch internationale Entwicklungsorganisationen ein paar Kilometer. Und die Ärmsten der Armen, die nicht ans Netz angeschlossen sind, müssen ihr Wasser von Tanklastwagen kaufen und zahlen dafür zwischen dreißig- und vierzigmal so viel pro Kubikmeter wie ihre Mitbürger mit einem Wasserhahn im Haus. Wasser ist ein lebenswichtiges Gut, jedes Rütteln an den Tarifen politisch unpopulär, wie auch zu rechtfertigen, wenn die Mehreinnahmen sich nicht in einem verbesserten Service, sondern nur in der Aufblähung der Wasserverwaltung niederschlagen, denn die Versorgung der eigenen Klientel mit öffentlichen Posten bringt ***Wählerstimmen*** und sichert das politische Fortkommen.

Es gibt positive Beispiele, wie die Versorgungslage durch ***kommunalpolitische Maßnahmen*** verbessert werden kann. In Puerto Cortés hat man Ende der 1990er Jahre mit Kapitalbeteiligung des Privatsektors ein städtisches Unternehmen gegründet und verfügt heute angeblich über die niedrigsten Tarife und die höchste Deckungsrate im ganzen Land. In Santa Rosá de Copán hat der Stadtrat einen kommunalen Entwicklungsplan beschlossen, der mit Hunderten von Bürgern auf öffentlichen Versammlungen diskutiert wurde, und die Wasserversorgung auf 20 Jahre sichern soll. Diese Aussicht ist den Konsumenten eine Erhöhung der Wasserpreise um fast 300 Prozent Wert gewesen. Seitdem hat sich die Wasserqualität verbessert und verschmutzungsbedingte Krankheiten sind extrem zurückgegangen. Zudem konnten Neuinvestitionen zum Anschluss der städtischen Versorgung an ein neues Wassereinzugsgebiet getätigt werden. Das zentrale Problem liegt somit nicht so sehr in einer Beteiligung von privatem Kapital, sondern in einer adäquaten öffentlichen Regulierung von Tarifen und Investitionen. Und hier sind die Einflussmöglichkeiten der organisierten Bürgerschaft auf ihre Kommunalregierungen eher besser als auf den nationalen Kongress im fernen Tegucigalpa.

Matthias Webendörfer, DED

Unterstützung von einheimischen Organisationen und Selbsthilfe-Initiativen

Der Deutsche Entwicklungsdienst (DED) entsendet berufserfahrene und sozial engagierte Fachkräfte weltweit in ausgewählte Schwerpunktregionen und -länder. Seit 1993 arbeitet der DED in Honduras. Ein Team von durchschnittlich 15 Entwicklungshelfern unterstützt einheimische Organisationen und Selbsthilfe-Initiativen durch fachliche Beratung in den Bereichen:

- Wirtschafts- und Beschäftigungsförderung
- Demokratieförderung und kommunale Selbstverwaltung
- Ländliche Entwicklung und Ressourcenschutz

Darüber hinaus finanziert der DED in Honduras Kleinprojekte lokaler Organisationen und fördert einheimischer Fachkräfte. Weitere Informationen gibt es beim DED-Büro in Honduras:

- ***DED,*** Col. Tepeyac, C. Yoro,
Ave. Luis-Bográn, No. 2247, Tegucigalpa,
Tel. 239-0260/7048/8167,
hnd@ded.de, www.ded.de

waren bereit, einen relativ hohen Preis für ein innovatives Produkt zu zahlen. Heute gilt diese Frauengruppe als ***Erfolgsstory.*** Fast 15 Jahre später präsentierte sich die Sureñita auf der ***EXPO 2000*** in Hannover. Inzwischen verbergen sich hinter der Frauengruppe *„La Sureñita"* 4 Kooperativen, insgesamt 163 Frauen, die sich unter dem Koordinations-Komitee *COPROMAZSH, Comité Coordinador de Cooperativas Procesadoras de la Zona Sur de Honduras,* zusammengeschlossen haben. Die Produkte werden zu 80 % nach Deutschland exportiert. Wenn das Einkommen der Frauen mit monatlich etwa 100 $ auch gering ist, so haben sie es doch geschafft, in einer der ärmsten Regionen des Landes sich nicht nur wirtschaftlich, sondern auch sozial Selbständigkeit zu schaffen. Sind sie doch zumeist die Hauptverdienenden in der Familie.

Ein weiterer Erfolg ist das ***Trans-Fair-Konzept.*** Mit der Zusage, den Erzeugern mehr als den minimalen Erntepreis für Kaffee, Kakao und andere traditionelle Agrarprodukte zu zahlen, halten Trans-Fair-Produkte mittlerweile immer mehr Einzug in den kommerziellen Einzelhandel in Deutschland und anderen Industrieländern. Indem die Erzeuger an der Sammlung, Reinigung, Schälung, Verpackung, dem Transport und sogar der Trans-Fair-Vermarktung zunehmend beteiligt werden, können sie das bei ihnen verbleibende Einkommen erhöhen wodurch die Wertschöpfung steigt.

1996 wurde in Honduras das Gesetz zum *Sector Social de la Economía* verabschiedet. In diesem Gesetz wird explizit die Verantwortung der Arbeiter- und Bauernorganisationen genannt, Unternehmen im sozialen Wirtschaftssektor zu gründen. Hierfür werden günstige Kredite von der Regierung zur Verfügung gestellt, und verschiedene Organisationen bieten soziale und technische Beratung. Außerdem wurde ein eigenes Vermarktungsnetzwerk aufgebaut.

Forstwirtschaft

Schon 1990 wurden 60.000 ha tropischen ***Regenwaldes*** in Honduras für immer ***zerstört.*** Hinzu kam die um ein mehrfaches höhere Ausbeute aus den Kiefernwäldern des Landes. Gehen wir nur etwa von insgesamt 120.000 ha „genutzten" Waldes aus, dann kann die Ausbeute nur schockieren: 6.200.000 Kubikmeter Holz wurden gewonnen, davon gingen 13,5 % in die Nutzung (Bauholz, Möbelindustrie, Export), und 86,5 % wurden verbrannt. Im Durchschnitt wurden dann aus einem ha Wald 52 Kubikmeter Holz gewonnen, wovon wiederum nur 7 Kubikmeter einer einkommenswirksamen wirtschaftlichen Verwertung zugeführt wurden. Nimmt man mit noch größerem Optimismus an, dass die 13,5 % Nutzholz ausschließlich aus dem tropischen Regenwald gewonnen wurden (also keine Edelhölzer verbrannt wurden), so stehen 831.000 Kubikmeter Nutzholz 60.000 ha tropischem Regenwald gegenüber. Das wiederum bedeutet, dass aus jedem ha dichtem, artenreichem Regenwald gerade einmal 14 Kubikmeter

Strandkoks

Honduras liegt bekanntlich mitten drin in Mittelamerika, und damit genau zwischen ***Kolumbien*** und den ***Vereinigten Staaten.*** Mit der karibischen Küste hat Honduras eine 650 km lange Gelegenheit, mit den vielzitierten ***Drogenkurieren*** in Berührung zu kommen. Wird ein mit Koks, Marihuana oder anderen Drogen beladenes Schiff, das gerade an Honduras vorbeischippert, aufgespürt, so wird die wertvolle Ladung geflutet. Ein zweifelhafter Segen für die Küstenbevölkerung im Norden des Landes.

Über Jahrzehnte wurde Kolumbien, das nördlichste Land Südamerikas, allmählich zum ***Weltzentrum der Produktion von Kokain*** und einer ein Drittel des Landes kontrollierenden linksgerichteten Guerilla. Eigentlich zwei verschiedene Paar Schuhe, haben sich die Interessen des illegalen Geldes auf Kosten der Wohlstandskinder in USA und Europa einerseits und der revolutionären Bewegungen gegen die immerwährende Herrschaft der weißen Oligarchie inzwischen vermischt. Ergebnis ist ein hochprofessionelles System von kleinbäuerlichem Coca-Anbau, industriellen Drogenlabors und eines logistischen Weges zum Absatzmarkt.

Der Transport eben berührt auch das harmlose Honduras. Hier gehen vor allem an der langen Küste der Moskitia, zwischen Trujillo (im Westen) und Raya (im Osten) zweimal wöchentlich Pakete des weißen Pulvers an Land. Mal sind es einer oder mehrere Säckchen mit einem kg, mal sind es gar zehn, einmal waren es sechzig. Die ohne Telefon und Strom lebende Bevölkerung ist traditionell bestens vernetzt, jede Landung spricht sich innerhalb von wenigen Stunden weitläufig herum.

Für die von Fischfang und Subsistenzlandwirtschaft lebende Bevölkerung von Miskitos, Garifunas und Ladinos gibt es nun drei Möglichkeiten: Sie geben die Ladung bei der nächsten Polizei ab oder werfen sie zurück ins Meer, das ist legal aber sehr gefährlich; sie horten sie und warten ab, bis die pfeilschnellen Narcos die Ware einsammeln oder sie versuchen, das Zeug selbst zu verkaufen, das ist das Gefährlichste.

Wie die Bewohner der Moskitia aus den Zeiten des Kolonialkriegs heraus immer misstrauisch gegenüber der spanischen Verwaltung waren, so kommt die erste Möglichkeit (Ablieferung) heute praktisch gar nicht in Frage. Man würde auch auf überforderte Polizisten treffen. Diese erfahren von gestrandeten Kokstaschen erst zwei bis drei Tage nach dem Ereignis. Angesichts früherer Anzeigen wüssten sie häufig nicht, wohin mit dem Zeug.

Die dritte Möglichkeit ist ebenfalls schwierig. Wohin mit der Ladung, und wem anbieten? Zudem gibt es viele Fälle der Aufklärung. Denn die *Narcotraficantes,* die Drogentransporteure, kurz *Narcos* genannt, sind bestens organisiert. Schon wenige Stunden nach dem Abwurf der Ware erscheinen daher gut ausgerüstete Trupps am Strand in der Nähe der Abwurfstelle. Sie sind zu zweit oder zu dritt, Honduraner oder andere Lateinamerikaner, mit einem schnittigen Boot und einem ein- bis vierhundert Pferdestärken schweren Außenbordmotor. Schnell erfahren sie, wo und bei wem die Taschen liegen – und zahlen einen guten Preis von 3000 US-$ pro kg. Für einen Fischer ein gutes Honorar!

Edelholz herausgeschleppt wurden, also etwa ein LKW!

Ansätze zur Erhöhung der Holzproduktion erfordern stets eine ***Stärkung des forstwirtschaftlichen Systems,*** bestehend aus der Forstbehörde *Administración Forestal del Estado (AFE,* früher *COHDEFOR),* der Forstausbildung *Escuela Nacional de Ciencias Forestales (ESNACIFOR)* und dezentraler Forstverwaltung (*AFE* in Zusammenarbeit mit den Gemeindeverwaltungen). In allen Bereichen bemüht sich seit vielen Jahren die deutsche Entwicklungshilfeorganisation *Gesellschaft für Technische Zusammenarbeit (GTZ),* Gesetze, Verordnungen und vor allem Arbeitsansätze zu entwickeln, die Anreize zum waldschonenden und zugleich nachhaltig wirtschaftlichen Umgang mit der Ressource Wald ermöglichen. Der Erfolg ist gering, da die *GTZ* sich mit einem Bündel von rechtlichen Widersprüchen und organisierten Interessen herumschlagen muss.

Beispielsweise ist der Wald Eigentum des Staates. Obwohl ein Grundstück dem Honduraner *José Peres* gehören mag, so hat er gar keinen Anreiz, einen Waldbrand zu verhindern oder einen Pilzbefall auch nur anzuzeigen.

Andererseits hat die staatliche Forstbehörde ein unübersichtliches System von dezentralen Vertretungen, die Lizenzen vergeben können. Honduras ist außerdem ein Land, in dem das persönliche Vertrauen immer noch mehr gilt als ein anonymes Gesetz.

Dennoch ist es in den *GTZ*-Projekten gelungen, mit vielen lokalen Multiplikatoren (Förster, Genossenschaften, Schulen u.a.) das Bewusstsein zu schärfen und machbare Ansätze eines ressourcenschonenden Waldmanagements zu schaffen. Es fehlt jedoch an einkommenschaffenden Erwerbsalternativen.

In den letzten Jahren bemühen sich einzelne Bauern und Bauerngemeinschaften zunehmend um ***alternative Anbauformen.*** Haben doch insbesondere die Kaffeebauern, die durch die niedrigen Kaffeepreise auf dem Weltmarkt extreme Verluste hinnehmen mussten, einen Schock erlitten. So gewinnt der **organische Landbau** in Honduras an Attraktivität, da er nicht nur Nachhaltigkeit unter ökologischen Aspekten verspricht, sondern auch einen höheren Preis am Weltmarkt erzielt. Einige Initiativen werden auch vom *Deutschen Entwicklungsdienst (DED)* und von der *GTZ* gefördert.

Tourismus

Touristische Schwerpunkte

Als Geheimtipp ist Honduras seit vielen Jahren touristisch bekannt. Seine zahlenmäßig geringe, aber interessante Entwicklung hat der Tourismus des Landes aufgrund von drei verschiedenen Schwerpunkten genommen:

In ***Copán*** befindet sich das zweitgrößte ***Zentrum der Maya,*** das im Bereich der Kunst und Astronomie unübertroffen ist. Mit Grabfunden der letzten Jahre und dem neuen, umfangreichen Museum mit originären Gräbern und Stelen wird Copán immer wichtiger. Nach Copán finden jährlich 50.000 Ausländer ihren Weg. Die wenigen Hotels mit mittlerem und hohem Standard lassen sich noch an einer Hand abzählen, doch immerhin sollen weitere eröffnet werden.

Vor den ***Islas de la Bahía,*** den Bay Islands, befindet sich das zweitgrößte ***Korallenriff*** der Welt; hier ist alles möglich, was mit Flaschentauchen, Schnorcheln, Wasser-Ski und anderen Wassersportarten zu tun hat. Mit ein paar Dutzend Tauch-Resorts können sich selbst verwöhnte Taucher wohlfühlen. Direktverbindungen zwischen den USA und Roatán erleichtern die Transfers, ein Netz internationaler Flughäfen in Honduras wiederum fördert Land-Wasser-Reisekombinationen. Allein 20.000 Taucher finden jedes Jahr den Weg nach Honduras. Bisher ist dieser Sektor im honduranischen Tourismus fast ausschließlich auf den US-Markt ausgerichtet.

Mit 1,5 bis 2 Mio. ha erhaltenen ***tropischen Regenwaldes*** ist Honduras das Mekka für Naturfreunde und Forscher, die nicht auf bekannten Pfaden wandeln wollen. Jäger und Angler, die noch vor wenigen Jahren die Schwäche der honduranischen Behörden bei der Überwachung der Naturschutzstandards zuhauf ausnutzten, sind jetzt auf dem Rückzug. Immer mehr Ausländer kommen nach Honduras, um eines oder mehrere der spektakulären Naturschutzgebiete kennen zu lernen.

Touristische Entwicklung

Trotz dieses spezialisierten Profils hat Honduras unter den ***Imageschäden der politischen Konflikte*** der vergangenen Jahrzehnte auch touristisch leiden müssen. Als die USA an der Grenze zum sandinistischen Nicaragua ihre Contras operieren ließen, kamen die Agenturmeldungen über die Lager aus Tegucigalpa. Das erweckte in den 1980er Jahren den Eindruck, als herrsche in Honduras Krieg oder Bürgerkrieg. Umgekehrt konnte das Land, das nie eine revolutionäre Auseinandersetzung erlebte, seine friedfertige Identität nie so vermarkten wie etwa Costa Rica. So entwickelten sich die ***Touristen-Ankünfte*** sehr langsam, sie liegen heute bei gut 300.000 pro Jahr.

Für ein armes, ressourcenschwaches Land kann das nicht reichen. Honduras arbeitet seit Anfang der neunziger Jahre hart am Aufbau eines ***modernen Naturschutzsystems.*** Diesen Prozess habe ich bis heute selbst mitgestaltet. Unterhalb der Ebene politischer Schwätzer, die bereitwillig jeden Trend auf ihre Lippen nehmen, gibt es mittlerweile eine starke Lobby im mittleren Management von Staat und NGO (*Non-government-Oragnisations,* nichtstaatliche Organisationen).

Eine unkontrollierte Öffnung der Regenwälder, Bergnebelwälder und Korallenriffe ist jetzt nicht mehr möglich. Eine Allianz aus privaten Förderern (meist Stiftungen), staatlichen Beamten und auch Offizieren der Streitkräfte stellt sich mittlerweile tatkräftig dem Raubbau entgegen, wenn auch nicht immer erfolgreich.

Doch ein Schutz der Wälder, Mangroven und Riffe ist nur möglich, wenn die arme Bevölkerungsmehrheit mit alternativen Einkommensquellen, die den Regenwald nicht gefährden, überleben kann. Tourismus steht hierbei an erster Stelle. Doch es ist schwierig, die richtige Balance zwischen Naturschutz und Tourismus zu halten.

Im Jahre 1999 wurde das Gesetz *„Ley de Incentivos al Turismo LIT“* verabschiedet. Hauptziel ist die ***Entwicklung des Tourismussektors*** in Honduras. So werden Investoren seit Beginn ihrer Maßnahmen 10 Jahre lang von ***Gewinnsteuer befreit.*** Alle Konstruktionsmaterialien können steuerfrei importiert werden sowie die für die Promotion notwendigen Materialien. Darüber hinaus werden alle kulturellen Veranstaltungen steuerbefreit. Bereits im Land angesiedelte Tourismusunternehmen können ebenfalls von der Steuerbefreiungen profitieren, wenn sie ihr Unternehmen ausbauen, sprich ein neues Projekt präsentieren. Die Regelungen gelten ebenfalls für kulturelle Projekte und Projekte im Bereich Naturschutz. Weitere Information sind über das ***Nationale Tourismusinstitut*** oder www.letsgohonduras.com erhältlich.

Zukunft des Tourismus

Auch Honduras hat eine Tür zum Massentourismus, die seit Ende der 1960er Jahre geöffnet zu werden droht. Westlich der Hafenstadt Tela wird auf dem Strand ein Gebiet für die „selektive touristische Nutzung" ausgewiesen. Hier sollen, zwischen Stadt und Nationalpark Punta Sal, 1500 Hotelbetten in sechs Hotels entstehen. Das ist am Strand vielleicht möglich, ohne Biotope zu zerstören oder die Umwelt zu verunreinigen. Schließlich haben hochdotierte Spezialisten im Auftrag der Vereinten Nationen die Umweltverträglichkeit zu prüfen.

Fraglich ist jedoch, wie die nur wenigen hundert Garífuna-Familien mit ihrer afrokaribischen Kultur in die Hotellandschaft integriert werden sollen. Schließlich wohnen sie seit mehreren hundert Jahren auf genau demselben Strand. Um die Garífunas einzubeziehen, reichen keine Begegnungsparks oder Kulturveranstaltungen.

Trotz all dieser noch zu lösenden Aufgaben ist Honduras wahrscheinlich das Modell der Zukunft. In Honduras können die Erfahrungen von Costa Rica, Belice, US Virgin Islands und anderen Destinationen berücksichtigt werden. Honduras ist sehr langsam – und hat dadurch vielleicht die Zeit, aus den immensen Fehlern der anderen zu lernen.

Das Modell der Zukunft kann Honduras vor allem dadurch werden, dass es seine intakten ethnischen Minderheiten in einen aktiven Gestaltungsprozess einbezieht. Dieser Vorgang ist schon in vollem Gange: Die Lenca diskutieren die *Ruta Lenca,* ein von den Vereinten Nationen gefördertes Projekt des Geschichts- und Ethnotourismus, die Chortí interessieren sich zunehmend für Copán, die Garífunas beginnen im Rahmen von *Rescate Cultural* mit kommunitären Beherbergungsformen, die Sumu Tawahka und Miskitos gründen ihre eigenen NGOs, um die touristische Entwicklung am Río Plátano und Río Patuca zu kontrollieren.

Strombus gigas, als Delikatesse beliebt und daher stark gefährdet

Tourismus in Honduras – eine Reflexion

Diverse Studien bestätigen, dass die wirtschaftliche Zukunft der mittelamerikanischen Länder in der ***Land- und Forstwirtschaft*** liegt sowie im ***Tourismus.*** Honduras reagierte auf diese Prognosen. 1998 gliederte die Regierung das Tourismusprogramm aus dem Wirtschaftsministerium aus und forderte eine engere Zusammenarbeit mit dem Privatsektor. Des weiteren erhofft sich die honduranische Regierung vom Tourismus, dass dieser den mittelamerikanischen Integrationsprozess vorantreibt. Seit einigen Jahren ist Honduras Mitglied im Verband *Mundo Maya*, der sich in ganz Zentralamerika bemüht, Werbung für Kulturstätten zu betreiben. Zudem leistet er durch Fortbildung und breite Sensibilisierung der Bevölkerung einen wichtigen Beitrag zur touristischen Entwicklung der Region. Neben weiteren Aktionen startete der Verband Mundo Maya vor kurzem das Projekt ***Cartilla Turística – Touristenfibel,*** mit der bereits Grundschulkinder mit den verschiedenen historischen und kulturellen Erben ihres Landes vertraut gemacht werden, um zukünftig eine positive und respektvolle Haltung gegenüber der Kultur ihres Landes zu entwickeln. In Zusammenarbeit mit den Universitäten sollen darüber hinaus nationale Touristenführer ausgebildet werden, um Nachwuchspersonal für die Tourismusbranche aufzubauen.

Ebenfalls auf zentralamerikanischer Ebene unterstützt das GTZ-Projekt *FODESTUR*, die Förderung einer nachhaltigen Entwicklung durch Tourismus in Zentralamerika, El Salvador, Guatemala, Nicaragua und Honduras. In Zusammenarbeit mit dem Tourismussekretariat von *SICA*, der Organisation für zentralamerikanische Integration, bemüht sich *FODESTUR* gemeinsam mit privaten und öffentlichen Partnern, den Tourismussektor der beteiligten Länder zu stärken. Die Unterschiede der Länder in der Region sind groß. Costa Rica hat besonders im Bereich ***Ökotourismus*** eine ausgebaute Infrastruktur für Touristen, der jährlich etwa 1,1 Milliarden US-$ Devisen ins Land bringt. Guatemala ist vor allem durch die ***Maya-Stätten*** bekannt. Nicaragua, El Salvador und Honduras haben es ein wenig schwieriger, da Nicaragua und El Salvador mit der Zerstörung durch den Bürgerkrieg der 80er Jahre in Zusammenhang gebracht wird und Honduras weiterhin mit dem Image der ***Bananenrepublik*** behaftet ist. Aus diesem Grund arbeitet *FODESTUR* stark an der Vermarktung einer Corporate Identity: ***Zentralamerika als Markenartikel auf dem weltweiten Tourismusmarkt.*** Auf der Internationalen Touristikmesse, *ITB 1999*, trat Mittelamerika zum ersten Mal mit einem gemeinsamen Stand auf. Ebenso präsentierten sich die mittelamerikanischen Länder gemeinsam auf der *EXPO 2000* in Hannover. *FODESTUR* ist dabei, gemeinsame Produkte zu entwickeln, wie z.B. la Ruta de Maíz – „die Maisroute". Die Ruta ist keine Route im eigentlichen Sinne, sondern ein loser Zusammenschluß von ca. 100 Kleinunternehmern und Nichtregierungsorganisationen, die sich alle den ***sanften Tourismus*** mit bestimmten Qualitätsstandards zum Ziel gemacht haben.

Aber auch im Land selbst wurden einige erfolgversprechende Initiativen mit der Bevölkerung gestartet. Wie die Ruta de Maiz wird eine ***Ruta de Lenca*** (Besuch der Lenca-Dörfer) und eine ***Ruta de Tobacco*** (Besuch von Tabakpflanzungen und Fabriken) zusammen mit dem Nationalen Tourismusinstitut gefördert. Des weiteren werden in so genannten Comisiones de Desarrollo Túristico Municipal auf lokaler Ebene mit den Bürgermeistern und in Zusammenarbeit mit dem Privatsektor lokale Tourismusbüros aufgebaut und Personal geschult.

Das Jahr 2001 wurde vom Präsidenten als das Jahr des Tourismus erklärt. „Tourismus geht jeden etwas an" war der Slogan des Nationalen Tourismusinstituts. Dabei geht es darum, das Image von Honduras aufzubessern, Honduras bekannt und von Bildern des Hurrikans Mitch, Guerillaunterstützung und Bananenrepublik frei zu machen. Ein neueres Problem ist die Sicherheitslage. Die Kriminalitätsrate ist in den letzten Jahren stark angestiegen und auch international hat besonders die USA ihre Bürger vor einem Besuch in Honduras gewarnt. In den weitgehend touristischen Gebieten sind bisher jedoch noch nicht viele Übergriffe auf Touristen bekannt geworden, außer den üblichen Vorkommnissen, wie Raub am einsamen Strand und Taschendiebstahl. Trotzdem ist es besser, sich in Honduras jeweils bei den Einheimischen zu erkundigen, wie die Sicherheitslage ist und gewisse Vorsichtsmaßnahmen zu treffen.

Trotz Bedenken zur Sicherheitslage steigen die ausländischen Investitionen. Vor kurzem hat das spanische Konsortium Barceló International nun auch in Honduras, 20 Minuten außerhalb von La Ceiba, ein 5-Sterne Hotel mit Investitionskosten um die 4 Millionen Dollar gebaut. Ganz aus dem bisherigen Rahmen fällt das Prestigeprojekt auf der Insel Guanaja. Der Schauspieler Christopher Lambert zusammen mit dem internationalen Gastronomen Hector Bianchi und der nationalen Gruppe Grupo Midence Soto errichten eine Luxus-Tourismusanlage. 40 Bungalows werden von dem Stararchitekten Jean Luis Godivier entworfen. Als Gäste sollen vorwiegend Prominente aus der Film-, Theater und Musikwelt kommen, die sich einen derartigen exklusiven Luxusurlaub leisten können. Ideen und Initiativen gibt es, sei es auf Luxusniveau mit ausländischen Investoren oder auf ganz kleinem Niveau einzelner nationaler Nichtregierungsorganisationen, die versuchen besonders im Bereich der Nationalparks durch Pfade und die Ausbildung von Führern, eine Infrastruktur aufzubauen. Insgesamt fehlt es den Honduranern und Honduranerinnen jedoch noch an einem guten Stück Qualitätsbewusstsein und einer Serviceleistung für den Kunden, damit dem Touristen nicht das passiert, was *Ricarda Lassek* gut beschreibt:

Im Restaurant: Die Hälfte der auf der Karte angezeigten Gerichte sind nicht bestellbar, „No hay" – gibt's nicht.

Konversation nach einer halben Stunde im gästeleeren Restaurant:

„Haben Sie Salat?" „Nein, gibt's nicht." „Tomaten?" „Ja." „Kopfsalat?" „Ja." „Zwiebeln?" „Ja." „Essig/Öl?" „Ja." „Salz und Pfeffer?" „Ja." „Paprika?" „Ja." „Dann schneiden Sie alles klein, vermischen es, und der Salat ist fertig." Die restliche Bestellung wird aufgegeben, „...mit Salat dazu, bitte." – „No hay".

Es hilft, sich darauf einzustellen: am besten in die Küche marschieren, die Topfdeckel heben und die Hilfe anbieten. Dann gibt es auch Gerichte nach dem eigenen Geschmack. Das Gute daran: Niemand fühlt sich dabei gestört, im Gegenteil, man gehört zur Restaurant-Familie.

Heike Pratsch

Die Menschen

Bevölkerung

Statistische Angaben

In Honduras leben etwa 6,7 Mio. Menschen, die ***Bevölkerungsdichte*** beträgt 60 Menschen pro Quadratkilometer. 85 % der Honduraner sind katholisch, viele davon aktiv. 47 % der Honduraner leben in den Städten. Neben der mit etwa 90 % größten ***Bevölkerungsgruppe*** der Mestizen *(ladinos)* gibt es etwa 2 % spanischsprachige farbige Kariben *(garífuna)* und eine Reihe indianischer Gemeinschaften (*indígenas:* Miskito, Sumu Tawahka, Pesch, Lenca, Chortí und Jicaque/Tolupane).

Die ***Lebenserwartung*** ist auf nun immerhin 67 (Frauen) und 65 (Männer) Jahre angestiegen. Auf 1600 Menschen kommt ein Arzt, auf 900 Menschen ein Krankenhausbett. Die ***Säuglingssterblichkeit*** ist mit 30 pro 1000 Geburten hoch.

Obwohl der Kalorienbedarf laut Weltgesundheitsorganisation zu 98 % befriedigt wird, leidet fast die Hälfte der honduranischen Bevölkerung an ***Fehl- und Unterernährung.***

Nur 76 % der Bevölkerung können lesen und schreiben (Männer- und Frauenanteil inzwischen ausgeglichen). Der Anteil der ***Analphabeten*** ist auf dem Land noch sehr viel höher. Etwa 3 Mio. Menschen leben in den Städten, damit lebt über die Hälfte der Einwohner auf dem Land. Die Folgen des Hurrikans Mitch haben allerdings die Landflucht in die Städte verstärkt.

Wegen des hohen ***Bevölkerungswachstums*** – es lag 2004 bei 2,2 % –

Honduras' Zukunft: die Kinder

In Honduras ist fast die Hälfte der Bevölkerung jünger als 16 Jahre. Kinder sieht man überall und jederzeit. Wer zur Schule geht, ist schon privilegiert; weniger privilegierte Kinder (also die meisten) bieten ihre Dienste als Kofferträger, Zeitungsverkäufer, Schuhputzer, Windschutzscheibenreiniger und Gepäckträger an Busbahnhöfen, Straßenkreuzungen, Märkten und Supermärkten an. Damit tragen sie zum Unterhalt der Familie bei.

Zu viele jedoch fristen ihr Dasein verwahrlost als bettelnde *Straßenkinder*. *„Gebt den Bettelkindern kein Geld, sonst betteln sie ein Leben lang, statt zur Schule zu gehen oder zu arbeiten"* ist die Botschaft eines bekannten Priesters in San Pedro Sula, der mehrere Institutionen für Straßenkinder unterhält.

Von der erbärmlichen Existenz in den Gossen und Nischen der Großstadt bis zur *Kriminalität* ist es nur ein kleiner Schritt. Viele sich selbst überlassene Kinder suchen Trost bei Drogen, viele werden von Erwachsenen für kriminelle Zwecke missbraucht. Der Anteil an minderjährigen Straftätern steigt in dem Maße, wie sich die wirtschaftliche Situation - und vor allem die Verteilung des Sozialprodukts in Honduras - weiter verschlechtert. Angesichts des Rufes nach mehr öffentlicher Sicherheit hat der Oberste Gerichtshof eine Initiative vorgelegt, nach der Minderjährige ab 12 Jahre wie Strafmündige behandelt werden sollen.

Kinderschutzkommissionen protestieren: Nicht die Folgen, sondern die Ursachen der Straffälligkeit seien zu bekämpfen. Diese werden in Honduras in der wirtschaftlichen Krise zum einen und im Zerfall der Familie als stabilisierender Institution zum anderen gesehen. Gerade in der Unterschicht bleibt die Sorge für den Nachwuchs häufig den dafür schlecht vorbereiteten, teilweise selbst noch minderjährigen Müttern vorbehalten, die im Durchschnitt vier bis fünf Kinder allein zu versorgen haben.

(von *Veronika Schmidt)*

ist über die Hälfte der Bevölkerung weniger als 18 Jahre alt. Im Straßenbild, in Behörden und in Unternehmen fällt auf: Kaum trifft man eine Person, die über 50 Jahre alt ist. Würde die Bevölkerung des Landes weiterhin so schnell wachsen, wäre das Land im Jahre 2025 mit über 14 Mio. Menschen besiedelt. Für die Honduraner ist das Bevölkerungswachstum aber nicht die Ursache der Armut.

Besiedlung

Die Geschichte des Landes beginnt nicht erst mit dem Einfallen der Spanier. Schon seit Jahrtausenden war das heutige Honduras besiedelt. Mittelamerika war schon vor 12.000 Jahren besiedelt, doch während der letzten Eiszeit strömten weitere Völker in die Region. Um 5000 v. Chr. begann die Kultivierung von Mais, seit 1500 v. Chr. sprechen wir von der präklassischen Periode der Maya. Die Erforschung der Völkergeschichte des Isthmus steckt allerdings noch in den Kinderschuhen.

Fest steht, dass es vor der Eroberung im wesentlichen zwei migratorisch-zivilisatorische Einflüsse gab. Von Norden siedelten die Maya bis in das westliche Bergland von Honduras und gründeten Städte wie Copán (bis ca. 1200 n. Chr.). Von Süden kamen ca. 1000 n. Chr. Gruppen aus der Chibcha-Sprachgruppe zunächst bis zum Nicaragua-See und stießen dann bis nach Nordost-Honduras vor. Diese Gruppen hatten zuvor in den nördlichen Andenstaaten gelebt.

Nach der Conquista kam es im Bereich der Karibikküste zu weiteren Einwanderungen. Auf den Inseln Roatán, Utila und Guanaja, die von europäischen Seefahrern immer wieder besucht wurden, entwickelte sich ein kultureller Schmelztiegel aus indianischerer, britischer, niederländischer und französischer Bevölkerung. Die Briten erhielten Einfluss auch an der östlichen Karibikküste von Honduras, der so genannten Moskitia. Im 18. Jahrhundert kamen die westafrikanischen Garífuna dazu, die die honduranische Karibikküste kulturell erheblich bereichert haben.

Miskito-Mädchen am Rio Patuca

Bevölkerungsgruppen

Mestizen

Die wenigen in Honduras siedelnden Spanier wurden von der Masse der indianischen Bevölkerung praktisch absorbiert. Im Gegensatz zu den an den Rand der Gesellschaft gedrängten Maya-Nachkommen Guatemalas oder den stolzen Maya im Süden von Belize sind die Maya von Honduras keine abgetrennte Gruppe. Jeder Mestize - das sind rund 90 % der Bevölkerung - ist zugleich auch ein Maya und fühlt sich als solcher. Auch der Industrielle in San Pedro Sula und der Politiker in Tegucigalpa verweist stolz auf sein Profil oder seine Augen, die denen der großartigen Vorfahren gleichen.

Chortí - Die Erben der Maya

Maya im engeren Sinne, die ihre prähispanische Kultur noch nicht vergessen haben, gibt es innerhalb von Honduras nur noch im Bezirk Copán, und zwar westlich bis zur guatemaltekischen Grenze. Die Nachkommen der Maya heißen Chortí, sie beherrschen zum Teil noch die alte Sprache. Als zu Beginn des 16. Jahrhunderts die Spanier durch Copán zogen, war das große Maya-Zentrum schon verlassen worden und von den Chortí besiedelt.

Wie kaum ein anderes Volk widersetzten die Chortí sich der Unterwerfung unter die Fronwirtschaft der Spanier. Noch 1797 unternahm die spanische Kolonialregierung verzweifelte Anstrengungen, das Grenzland der Chortí unter ihre Kontrolle zu bekommen. Grassierende Masern- und Virusgrippeepidemien, aber auch die Arbeitsbedingungen bei der Produktion von *Añil* (Indigo) dezimierten das Chortí-Volk.

Kaum weniger destruktiv wirkte sich die katholische Missionierung aus, viele rituelle Praktiken wurden brutal unterdrückt. Der Glaube der Maya von Copán, der wahrscheinlich auch der Glaube der Chortí zum Zeitpunkt des Eintreffens der Spanier war, hat heute viel mit dem katholischen Glauben gemein. Beide kennen die Taufe, die Kommunion, das Mönchstum, den Weihrauch und das Opfer sowie die Beichte. Heute verehren die Chortí die Göttin der Erde und die Jungfrau Maria im selben Akt. Mit großer Überzeugung pflegen die Chortí die Taufe, um das Kind spirituell und sozial in ihre Gemeinschaft aufzunehmen. Dazu werden Wasser, Salz und Öl verwendet, die auch für die naturreligiösen Rituale herhalten.

Alle Chortí stimmen im Glauben an einen göttlichen Schöpfer überein. Jedes Dorf hat einen eigenen Schutzheiligen, dessen Figur in der Kapelle sorgfältig behütet wird. Der Heilige steht in Verbindung mit Chaac, dem Gott des Regens, und mit Panahturo, dem Gott des Windes. Beide werden vom Heiligen Michael beeinflusst, der das Klima und vor allem die Häufigkeit der Regenfälle regelt. Die Jungfrau Maria dagegen hütet die Maisernte. Der Gott des Schlafes hat das Geschlecht des jeweiligen Gläubigen und verbietet den Schlaf bei Tage. Der Gott des Todes ist geschlechtslos, er trägt einen

Hinein ins 21. Jahrhundert

Indianische Bürgerrechtsbewegung auch in Honduras

Jahrzehntelang bestimmte die Konkurrenz der Gesellschaftssysteme die lateinamerikanische Geschichte. Die zentralamerikanische Interpretation des Ost-West-Gegensatzes erfolgte in Honduras durch den *Frente Morazanista*, eine nur etwa fünfhundert bewaffnete Guerilleros zählende bunte Truppe, die in den siebziger und achtziger Jahren aus den Bergen des karibischen Nordens heraus agierte.

Mit dem Abflauen des Ost-West-Gegensatzes während der Zusammenarbeit der bürgerlich-sandinistischen Regierung in Managua (seit 1990) und der Beilegung des salvadorianischen Revolutionskrieges (seit 1992) sowie dem Friedensabkommen zwischen Regierung und Guerillagruppen in Guatemala (1995) konnten die indianischen Völker sich erstmals hörbar melden, die vorher dem Vorwurf des Zusammenspiels mit kommunistischen Umsturzgelüsten ausgesetzt waren. Nun erzwang die Sorge um Natur und Umwelt ein Ohr für die Stimmen der eigentlichen Naturfreunde: der Indianer.

Fortan bestimmen bodenständige, konkret arbeitende Interessenorganisationen der Ureinwohner das Bild, wie beispielsweise die zapatistische Befreiungsbewegung in Chiapas, Mexiko. In Honduras treffen sich im Frühjahr 1994 Vertreter aller indianischen Gruppen. In einem ***ersten Marsch für Frieden und Würde*** auf die Hauptstadt (*Primera Peregrinación Indígena por la Paz y la Dignidad)*, tragen immerhin 3000 Bürger ihre Unzufriedenheit vor. Am ***9. Juli 1994*** werden in Tegucigalpa so verschiedene Forderungen erhoben wie:

- Erfüllung bisheriger Vereinbarungen
- Holzeinschlagsverbot für 30 Jahre in den von Lencas bewohnten Gebieten von La Paz, Intibucá und Lempira
- Bau einer Fernstraße im Norden von Yamaraguila, um 23 Gemeinden anzubinden
- Neuvermessung und Vergabe der Landtitel ethnischen Gruppen

- Gerichtliche Klärung der Morde und der Kriminalisierung von Jicaque-Führern aus Yoro.

Die Regierung unter *Carlos Roberto Reina*, einem gemäßigten Linken und erklärten Bürgerrechtler, unterschreibt im Juli 1994 die ILO-Konvention 169 zum Schutz der Indianischen Bevölkerung, in der auf den Schutz der Menschenrechte, der indianischen Kultur, der Umwelt der indianischen Landgebiete und ein aktiver Schutz der Land- und Besitzrechte Bezug genommen wird. Darüber hinaus sagt die Regierung 17 Mio. Lempiras (ca. 1,4 Mio. Euro) für Straßenbau, Gesundheitsversorgung und Bildung in Intibucá zu. Im August wird außerdem die zweisprachige Bildung aller indianischen Gemeinschaften im Rahmen des Indígena-Sprachprogramms verabschiedet die erwarteten Erfolge bleiben bisher noch aus.

Am 2. Februar 1995 wird *Francisco Martínez* in Santa Cruz de Guayape bei einem Landkonflikt ermordet, im März die indianischen Bürgerrechtler *Vicente Martínez* und *Rodolfo Cáceres*.

Die Initiatoren des 94er Marsches, das *Consejo Cívico de Oranizaciones Populares e Indígenas* (Bürgerrechtskomitee der Volks- und Indianergruppen, kurz: *COPIN*) organisieren im ***Juli 1995 einen zweiten Marsch*** auf Tegucigalpa. Thema ist die Landnot der karibischen Garífunas, die ihre schon vor zweihundert Jahren zugesprochenen kollektiven Landtitel gefährdet sehen.

Für die Organisation des indianischen Widerstandes sind in Honduras inzwischen for-

mell eingetragene Organisationen gegründet worden.

- *CONICHH*, für die Chortí, die Nachfahren der Maya,
- *COPIN*, für die Lenca,
- *ONAFREH* und *ODECO*, für die Garífunas,
- *NABIPLA*, für die englischsprachigen Farbigen, Isleños genannt,
- *MASTA*, für die Miskitos,
- *FITRIPH*, für die Pesch,
- *FINAH*, für die Nahoa,
- *FETRIXY*, für die Jicaques, auch Tolupanes genannt
- *FITH*, für die Sumua Tawahka

(Garífunas, Isleños und Miskito sind zwar keine prähispanischen Ureinwohner, aber sie gehören zu den ethnischen Minderheiten).

Als Dachorganisation fungieren

- *CONPAH, Confederación de Pueblos Autóctonas de Honduras,*

sowie die schon genannte neue Lenca-Organisation

- *COPIN*, die in letzter Zeit die Initiative übernommen hat.

Während die Regierung die Frage der Landtitel nicht aufgreift, suchen *COPIN* und *CONPAH* die Zusammenarbeit mit mexikanischen, guatemaltekischen und anderen internationalen Organisationen. Am 25. Oktober 1996 besucht die guatemaltekische Trägerin des Friedensnobelpreises, *Rigoberta Menchu*, das *CONPAH*-Büro in Tegucigalpa.

Bedrohung und Willkür gegen die Selbsthilfeorganisationen gehen weiter, und *Salvador Zúniga* (vgl. Exkurs: Revolutionäres Familienidyll in Intibucá) setzt sich innerhalb der Massenorganisationen mit seiner Position durch: Hilfsprogramme bringen nichts, wenn nicht die Landeigentumsfrage geklärt ist. Die Indianerbewegung wird zum Pfahl im Fleische der jungen Demokratie.

Am 12. April 1997 passiert der bisher schlimmste Übergriff: *Cándido Amador Recinos*, Führer der Chortí aus Copán Ruinas, wird hinterhältig und brutal ermordet.

Angesichts des geschilderten und unzähliger weiterer Übergriffe, vor allem im Gebiet der Garífunas, in Cayos Cochinos und Roatán, findet am ***4. Mai 1997 der dritte große Marsch*** auf Tegucigalpa statt. Die Forderungen sind jetzt:

- Aushändigung der Landtitel der Chortí durch Großgrundbesitzer aus Ocotepeque und Copán

- Aufklärung der geschehenen Gewaltverbrechen
- Vermessung und Zuteilung der tradierten Landrechte der Jicaques und Pesch
- Klärung der See- und Inselgrenzen zwischen Jamaika, Kolumbien und Nicaragua.

Erst nach einem Hungerstreik erreichen die Organisationen am 15. Mai ihre Verhandlungsziele, eine Vereinbarung mit 22 Punkten wird unterschrieben: Vor allem die Chortí bekommen 2000 ha Land in Copán und Ocotepeque zugesprochen (ca. 400 ha Land werden tatsächlich zugeteilt).

Am 12. Juli 1997 wird ein ***Ausführungsdekret*** in der *La Gaceta* veröffentlicht, in dem nochmals ganz explizit auf den Schutz der Rechte der indianischen Bevölkerung hingewiesen wird und insbesondere auf die Bildung eines ***Nationalrates der Ethnien*** eingegangen wird. Doch die Umsetzung lässt auf sich warten, im Juli finden weitere Demonstrationen, Hungerstreiks und sogar die Beantragung des politischen Asyls für verfolgte Indianerführer in Costa Rica statt: ohne großen Erfolg. Nach so viel Frust zieht *COPIN* am 12. Oktober demonstrativ mit einer großen Gruppe nach Tegucigalpa und stürzt das Denkmal von Christoph Columbus um.

Unabhängig davon, wie dieser einseitig brutale Kampf ausgeht, ist den indianischen Initiativen wohl folgendes gemeinsam:

- Die Forderungen sind konkret auf die Verbesserung der elenden Situation der Ureinwohner abgestellt.
- Die institutionelle Verantwortung und Umsetzung von Vereinbarungen wird generell „denen da oben" angelastet und an sie delegiert, ohne Blick für die teilweise hochkomplizierten Widersprüche zwischen den herrschenden Institutionen
- Die Akteure sind – zumindest in den prähispanischen Gruppen – glaubwürdig und geradlinig.

Als Ende November 1998 der Nationale Kongress den Artikel 107 der Verfassung erweitern wollte, stieß dieses Vorhaben auf heftigen Protest der Garífuna-Gemeinden. Der Artikel besagt, dass in einem Umkreis von 40 km zur Landesgrenze und zur Küste, das Land nur im Besitz von in Honduras Geborenen sein dürfte. Eine Auflösung dieser Regel sollte mehr ausländische Investoren im Tourismussektor anwerben. Doch die Ethnie sah hierdurch ihre kulturelle Identität gefährdet. Bisher wurde die Erweiterung des Artikels noch nicht ratifiziert.

Im September 2000 hielten rund 500 Ureinwohner der Maya-Völker der *Chorti* und *Lenca* die Ruinen-Stadt *Copán* besetzt. Sie forderten von der Regierung die Einhaltung der langjährigen Versprechungen sowie die Aufklärung der bisherigen Straftaten und Landverteilungen. Der Aufstand wurde unter Gewaltanwendung seitens der Polizei und Streitkräfte niedergeschlagen, so dass es zu Verletzten kam.

Die Bereitschaft, gegen die Nichteinhaltung der Versprechungen seitens der Regierung zu protestieren, besteht weiterhin. *Amnesty International* hat inzwischen ebenfalls offiziell die honduranische Regierung aufgefordert, unabhängige und sorgfältige Untersuchungen der bisherigen Kriminalfälle durchzuführen (der Mord von *Cándido Amador Recinos* und weiteren Opfern ist bisher noch nicht aufgeklärt worden). Des weiteren fordert *Amnesty International* die zügige Klärung der Landverteilungsfrage, die zumeist die Ursache der bisher erfolgten Übergriffe darstellt.

Doch auch innerhalb der institutionellen Vertretungen der verschiedenen indianischen Ethnien kommt es immer wieder zu Unstimmigkeiten. Eine Auswahl bedeutender Probleme der verschiedenen Ethnien, neben den bereits genannten, sind die folgenden:

- ***Schlechte*** soziale und gesundheitliche ***Versorgung*** der Gemeinden
- ***Verzögerung*** bei der Implementierung eines zweisprachigen Schulsystems, was zunehmend die kulturelle Identität bedroht. Diese Programme wurden Jahre lang mit internationaler Hilfe und viel Geld gefördert, doch in der Praxis wurde wenig von den Ideen umgesetzt.

- Zunehmende ***Präsenz von Drogenhändlern*** in der Region, die die Bevölkerung in ihre Geschäfte und den Drogenkonsum involvieren.
- ***Politische Unentschlossenheit*** bei der Ausführung des bereits gegründeten Nationalen Rats der Ethnien.
- Wegen Mangel an anderen Arbeitsmöglichkeiten, gefährden sich insbesondere Jugendliche zunehmend gesundheitlich beim ***Tieftauchen nach Langusten*** im Auftrag von großen Firmen (zumeist ohne Tauchgeräte oder mit schlecht gewarteten Instrumenten).

Ein weiteres, sich seit Jahren zuspitzendes Problem, was derzeit eskaliert, ist das ***Sterben der Kokospalmen.*** Besonders in den Gebieten der *Garífunas* an der Nordküste des Landes wird durch ein Insekt die Krankheit *Amarillo Miento Letal de Coco (ALC)* übertragen, was zum Absterben der Palmen führt. Es ist ein Phänomen, was inzwischen große Küstenteile Zentralamerikas befallen hat. Die ersten toten Palmen wurden bereits 1985 in Honduras gemeldet, doch erst nach der zusätzlichen Zerstörung durch den ***Hurrikan Mitch,*** wird das Problem nationalweit anerkannt. Für viele arme Haushalte der *Garífunas* bildet die Herstellung von Produkten aus Kokos die Lebensgrundlage, die nun durch die erhöhten Rohstoffpreise gefährdet ist. Zusammenschlüsse von Umwelt- und Sozialorganisationen versuchen derzeit gemeinsam mit internationaler Hilfe die Kokospalmen durch Neupflanzungen von Palmensorten, die immun gegen die Krankheit sind, die Küsten wieder neu zu bepflanzen.

In jüngster Zeit wurden im Zuge der Wiederaufbauaktivitäten nach den Ereignissen des Hurrikans Mitch verschiedene Projekte mit den indianischen Gemeinden durchgeführt. So wurde mit dem Schweizer Roten Kreuz vor allem mit der Ethnie *Pesch* im Bereich Landwirtschaft, Gesundheit und Wohnung gearbeitet. In den Gebieten der Biosphäre *Río Plátano* wird mit der indianischen Bevölkerung der *Pesch, Moskiten* und *Garífunas* versucht, eine angepasste und nachhaltige Landwirtschaft zu gewährleisten und im Bereich des Ecotourismus gemeinsame Initiativen zu starten. Siehe hierzu u.a. auch Projektaktivitäten im ***Schutzprojekt der Biosphäre Río Plátano*** mit *KFW* und *GTZ*.

Interessante ***Kontaktadressen*** siehe unten: „Indianische Verbände".

Stock und ein aus Knochen gefertigtes Messer. Da die Verstorbenen sich häufig bei den Lebenden melden, muss ihnen Speis und Trank dargereicht werden, am besten Honiggemüse, das so genannte *tzikin*, die „Speise der Toten".

In Honduras und Guatemala leben heute ca. 55.000 Chortí. Ihre Zahl hat sich seit dem 19. Jahrhundert wieder erhöht. Die meisten von ihnen leben in einfachen Bauerngemeinschaften, mit Schulen und Gesundheitsstationen noch schlechter ausgestattet als die Mehrheit ihrer Landsleute.

Die Landwirtschaft wird auf erodierten, trockenen Hügelböden ganz im Sinne der Vorfahren betrieben: Mais und Bohnen werden hier abwechselnd und mit regelmäßiger Brache angebaut. Geldwirtschaft ist fast unbekannt. Zigaretten und Bonbons werden nur am Sonntag vor einem Gemeinschaftshaus verkauft, wenn die Dorfgemeinschaft zu einem ihrer Riten und Feste zusammenkommt.

Lenca – Tradition im Kiefernwald

Fest verwurzelt in den Gebräuchen der Vorfahren sind die Lenca, die in den südwestlichen Provinzen Intibucá, Lempira und La Paz wohnen. Die Lenca waren schon mit den Maya assoziiert. Sie sind bis heute für ihre ausgezeichneten Keramiken bekannt. Schon vor anderthalb Jahrtausenden lieferten sie Geschirr und Lagergefäße nach Copán. Die Täler von Sula, Naco und Quimistán waren Orte, an denen reger Handel stattfand. In Pulhapanzak, wo der schöne Wasserfall zu bewundern ist, haben sich Lenca und Maya getroffen. Die Lenca sprechen bis heute ihre eigene Sprache und zelebrieren, obwohl Katholiken, das Fest der Masken *(Guancasco)*, das auf vorchristlichen Glauben zurückgeht.

Innerhalb der Bevölkerung des Landes sind etwa 80.000 bis 100.000 Lenca relativ klar zu identifizieren. Sie bewohnten den Südwesten des heutigen Honduras auch dann noch weiter, als das Imperium der Maya von Copán längst zusammengebrochen war. Als die Spanier in Honduras einfielen, leisteten die Lenca unter dem Häuptling *Lempira* zwanzig Jahre lang Widerstand (siehe auch Kap. „Geschichte").

In ihren gemeinschaftlichen Ritualen zeichnen sich die Lenca, die heute längst gläubige Katholiken sind, vor allem durch den Brauch des *Guancasco* und durch die *Compostura de Maiz* aus:

Die Feier des ***Guancasco*** war ursprünglich die rituelle Friedensschließung zweier kriegführender Dorfgemeinschaften. Heute ist es das Treffen zweier Nachbarorte zur Begehung des Patronatsfestes. Am Tag des örtlichen Schutzheiligen ziehen die religiösen und weltlichen Führer des Dorfes in einer Prozession zum einladenden Nachbardorf. Zu Trommel- und Flötenmusik tragen sie die Figur des Dorfheiligen mit sich. Bei Erreichen des Nachbardorfes gehen sie auf die Kirche zu, zollen den Heiligen des Dorfes Respekt und bauen ihre Heiligenfigur für die Zeit des gesamten Festes auf.

Compostura de maiz heißt soviel wie Gärung des Maises. Zu diesem Ritual gibt es einen Vorbeter, den Besitzer des Maisfeldes und seine Gäste. Am Ort der Feier, auf dem Maisfeld, wird aus Zweigen ein etwa 1,50 m hoher rechteckiger Altar aufgebaut, der mit Kiefernzweigen ausgeschmückt und mit einem Kreuz versehen wird. Ebenfalls aus Zweigen wird ein zweites Kreuz aufgestellt, das dann nach der Feier auch dort verbleibt. Die Götter werden durch eine lokale Wildpflanze symbolisiert, die *somo* heißt. Am Fuß des Altars werden Kerzen und Maisbier aufgestellt. Federvieh und Räucherkerzen aus Copal-Harz werden als Opfergaben dazugelegt.

Traditionell bauen die Lenca Mais und Bohnen an. Seit einigen Jahrzehnten erst kultivieren sie auch Kartoffeln und Gemüse, die heute ihre wichtigste Lebensgrundlage bilden und auch auf den Märkten angeboten werden.

Garífuna – Kultur am Strand

1635 kamen vor San Vincente einige britische Schiffe in Seenot. Auf ihnen befanden sich einige tausend Afrikaner, die durch den Willen der Natur für immer vor der Sklaverei gerettet waren. Sie lebten einige Jahrzehnte auf den Hügeln der karibischen Insel, bis sie im 18. Jahrhundert in die Wirren des französisch-britischen Kolonialkonflikts um San Vicente gerieten und gegen die Engländer kämpften.

Aus dieser Zeit stammen einige ihrer noch heute erhaltenen Bräuche und Lieder. Der legendäre Garífuna-Führer *Satuye* musste vor einer wichtigen Schlacht von seiner Frau hören: *„Wenn Ihr Männer das nicht zustandbringt, dann gehen wir Frauen raus und machen das."* Das brachte *Satuye* auf die Idee, seine Krieger als Frauen zu verkleiden. Daraus entwickelte sich der Tanz des *mascaro,* der zu den Neujahrsfeiern der Garífunas aufgeführt wird. Ebenso bedeutungsvoll für den Garífuna-Widerstand ist das Lied *Yurumei* (San Vicente), das den Auszug der Garífuna von der Insel beschreibt, nachdem *Satuye* und seine Leute besiegt worden waren.

Inzwischen etwa 4000 Menschen an der Zahl, gelangten die Garífunas damals nach Roatán. Man schrieb das Jahr 1795. Die Insel Roatán wurde in diesen Jahren gerade der spanisch-kolonialen Verwaltung übergeben, so dass die aus Afrika stammenden Nicht-Sklaven schnell die spanische Sprache erlernten. 1797 schließlich siedelten sie zur Unterstützung des Seehafens in Trujillo, nicht weit von Roatán. Die mehrheitlich spanischen und mestizischen Einwohner Trujillos erhofften sich von den Garífunas eine wirtschaftliche und militärische Stärkung der Stadt.

Der Begriff Garífuna stammt wahrscheinlich vom französischen caribphone, also karibischsprachig. Garífunas sprechen eine eigene Sprache – eine Mischung aus Arawak, der Sprache der karibischen Indianer, Französisch, Yoruba, Suaheli und Bantu, also afrikanischen Sprachen. Doch zugleich sprechen sie einwandfreies Spanisch.

Garífuna leben an der Verbindung von Land und Meer. *Guillermo Yuscarán* erzählt in seinem Büchlein *The Garífuna Story* eine Anekdote, die die Harmonie der Garífunas mit dem Meer beschreibt: Der Autor kam in ein vom Orkan stark zerstörtes Garífuna-Dorf westlich von Tela und erkundigte sich nach den Schäden. Die Antwort des alten Fischers *Jorge Gamboa: „Das Meer ist nicht anders als wir Menschen. Seine wechselnden Launen muss man hinnehmen. Du kannst nicht gegen das Meer kämpfen. Du musst Dich mit ihm verbünden."*

230.000 Garífuna wohnen zwischen Belize und Nicaragua in 51 Gemeinschaften; 180.000 davon in Honduras. In allen Gemeinschaften dominieren die eigene Sprache und Kultur, zugleich aber zeichnen sich diese Menschen durch ihre loyale Haltung zur katholischen Kirche und zum demokratischen Staat Honduras aus.

Die Kultur der Garífunas reicht jedoch deutlich über diese Wertsysteme hinaus, sie wurzelt in der Tradition. Das ***philosophisch-religiöse System*** des *dugu* hat die Balance im Menschen und in der Natur zum Ziel. *Curandero* (Heiler) und *buyei* (Schamane) wachen über die physische und psychische Gesundheit. ***Rituelle Tän-***

ze – übrigens die Grundlage des in Honduras beliebten Punta-Tanzes – werden bei schwerer Krankheit, Tod, religiösem Jahresamt und Volksfesten aufgeführt. Bei diesen Anlässen tanzen die für die Garífuna-Gemeinschaft wichtigen *Clubes de Danza* Tag und Nacht, viele Tänzer befinden sich in Trance, einige haben die Verbindung zu Verstorbenen hergestellt, deren Hilfe beansprucht wird.

Auch in den Ortschaften der Garífuna ist etwas von dieser spirituellen Balance spürbar: In einfachen, gut ventilierten, aus Palmblättern und Schilfrohren gebauten Strandhütten, ohne Zäune, zwischen Kanus und Fischernetzen, im Schatten der Kokospalmen, herrscht natürliche Ordnung, menschliche Ruhe, Sicherheit. Inmitten des unruhigen Zentralamerika haben die Garífunas stets in Frieden gelebt.

Wie lange das kulturelle Erbe der Garífunas bewahrt bleiben kann, ist dennoch fraglich. Zwar ist die Gemeinschaft der Afrokariben weniger fragil als mancher indianischer Stamm in Honduras, doch bis zu 100.000 Garífunas leben als Gastarbeiter in New York und Los Angeles. Häufig kommen sie erst nach Jahrzehnten zurück, geprägt von der konsumorientierten, durch Kriminalität und Geldgier bestimmten Wirklichkeit der Industriegesellschaft. Die traditionelle Wirtschaft, die auf Fischfang, Maniok- und Kokosnussanbau basiert, wird durch die Einkommen der auswärtigen Gastarbeiter immer unbedeutender.

Eine deutliche Herausforderung für die Zukunft der *Garífunas* stellt das ***HIV-Virus*** dar, das sich in den vergangenen Jahren zunehmend unter der *Garífuna*-Bevölkerung ausgebreitet hat.

Pesch – Schatz im Dschungel

Vor 500 Jahren noch waren die Pesch (Spanisch: *paya*) das größte Regenwaldvolk von Honduras. Sie lebten damals nahe der Karibikküste, also im Norden, und zwar zwischen dem Einflussgebiet der Miskito und Tawahka im Osten und dem Gebiet der Lenca, Maya und Nahuatl im Westen. Von allen Ureinwohnern des Landes gelten die Pesch als die widerstandsfähigsten. Viele Jahrzehnte brauchten die spanischen Eroberer und Siedler, um von Trujillo aus die Wälder der Pesch zu erkunden und die Pesch zu christianisieren.

Doch die Pesch wurden nicht nur von den Eroberern schlecht behandelt. Als die Miskito sich mit den Engländern verbündet hatten, kopierten sie deren Sklavengesellschaft und machten Jagd auf Pesch und andere indianische Völker, um diese den Europäern dann als Leibeigene zu verkaufen. Deshalb zogen sich die Pesch allmählich in die Gebiete zurück, in denen sie auch heute noch leben. Rund 3000 Pesch leben in Silín (nahe Trujillo), in El Carbón, zwischen Bonito Oriental (Colón) und San Estebán (Olancho), in Culmí (Olancho) und am Río Plátano.

Dort haben die Pesch ein festgefügtes, polytheistisches System beibehalten, das sie vor der *conquista* noch offen pflegten: Große, mit Jade verzierte

Statuen der Naturgottheiten, kleine Amulette für das familiäre Glück. Die mystische Geschichtsauffassung der Pesch besagt, dass die Menschheit von den Blitzen abstamme. Diese Blitze seien verstorbene Pesch, die zuvor auf der Erde gelebt und *takascró*, das riesige, kannibalische Ungeheuer, verfolgt hätten. Dies würde von vielen *chaca-chacay* unterstützt, großen, schrecklichen Alligatoren.

Noch ausgeprägter als die Tawahka leben die Pesch als Jäger, Sammler und als Subsistenzbauern in totaler Harmonie mit dem bedrohten Regenwald. Bei der Liquidambar-Ernte bemächtigen sich die Pesch jedes Jahr des erneuerbaren Harzes dieses tropischen Baumes.

Miskito – Rebellion im Regenwald

Nur etwa 35.000 Menschen zählen die in Honduras lebenden Miskito, die mit anderen Gruppen vor etwa tausend Jahren aus dem Norden Südamerikas einwanderten. Nachdem sie am Nicaragua-See gesiedelt hatten, zogen sie langsam weiter in den Norden, wo sie im großen Regenwaldgebiet zwischen Honduras und Nicaragua eine Heimat fanden. Sie leben in kleinen bis mittleren Dörfern an der Küste und entlang der Dschungelflüsse Plátano, Patuca und Coco (Segovia) auch im Landesinneren. Ihre Ortschaften sind relativ gepflegt und schön anzusehen, da die Häuser aus Naturmaterial auf Stelzen gebaut und nicht durch Zäune voneinander getrennt sind. Die Miskito haben mittelbraune bis (an der Küste) schwarze Hautfarbe.

Die Miskito sind scheinbar unorganisiert, sie haben weder eine offizielle Dorfvertretung noch eine Gebietsregierung. Doch in ihren Ortschaften vertreten die *sukias* (Medizinmänner) Heilkunst und Tradition. Viele ältere Miskito-Frauen kennen über zweihundert verschiedene Heilkräuter, die sie zu Tausenden sinnvollen Anwendungen zu verarbeiten wissen. Ebenso können sich viele Miskito von den Blättern, Samen, Früchten und Tieren des Waldes ernähren. Die Miskito sprechen ihre eigene Sprache, die der Makro-Chibcha-Sprachfamilie entstammt. Das Miskito enthält aber auch englische und Tawahka-Vokabeln: *Bibi* heißt Baby, *bins* heißt Bohnen, *tinki* danke, *tuktuk* Motorboot. In Miskito kann man nur bis 10 zählen, danach wird die spanische Sprache bemüht.

Die Arbeitsteilung zwischen Mann und Frau ist kompliziert, vor Eintreffen christlicher Missionare herrschte in der Moskitia praktisch ein Matriarchat. Frauen sind für häusliche Arbeiten zuständig, aber auch für die Aussaat, die Bodenpflege und die Ernte. Männer dagegen beschäftigen sich mit dem Nähen, der Vorbereitung des Feldes, der Holzwirtschaft und der Jagd.

Bei ***Eintreffen der Spanier*** waren die Miskito die eigentlichen „Herren" des Dschungels. Zwischen 1577 und 1606 drangen die Spanier in vielen Expeditionen auf der Suche nach den reichen Gründen Taguzgalpas, der legendären Stadt aus Silber, in die Moskitia ein – und fanden nur den Tod.

Zu Beginn des 17. Jahrhunderts errichteten die ***Engländer*** ihre Kolonialverwaltung für Zentralamerika in der Moskitia. Fortan wurde das heutige Palacios, damals Black River genannt, zum Zentrum des britischen Einflusses. Mit Rum und Gewehren beeindruckten die Europäer die Miskito. Diese waren zur Kooperation bereit und sorgten unter Führung ihres Königs für eine ruhige, den Spaniern abgeneigte Stimmung in der Moskitia. Die Briten ihrerseits versorgten sie mit Kleidung, Werkzeug, Rum und Waffen aus Europa. Den Spaniern gelang es erst am Ende des 18. Jahrhunderts, überhaupt zum ersten Male in die Moskitia einzudringen. Doch der spanische Einfluss gewann erst Kontinuität, als die unabhängige honduranische Regierung in Tegucigalpa durch Bildungs- und Gesundheitsdienste auch im entlegenen Nordosten des Landes Fuß fassen wollte.

Als die Engländer sich Ende des 18. Jahrhunderts nach Belize zurückzogen, blieb der Miskito-König allein zurück. Das allein war kein Problem,

Miskito-Frau in Santa Fé, nahe Trujillo

weil der Monarch nie einen Hofstaat unterhalten hatte, seine Macht war rein kultureller Natur, materiell lebte der Miskito-König ärmlich und be-

Miskito-Küche

scheiden. Doch er wollte sich nicht damit abfinden, in der zentralamerikanischen Welt nur ein Wäldchen im Osten des damaligen Departamentos Colón darzustellen. So lud er in der Mitte des 19. Jahrhunderts das preußische Königshaus ein, vielleicht wollten die Deutschen ja eine honduranische Kolonie oder beabsichtigten gar eine Direktinvestition. Der deutsche Monarch entsandte Missionare, die der protestantischen ***moravischen Kirche*** angehörten. Zum miskito-deutschen Deal kam es zwar nicht. Doch die Missionare blieben, bauten ein Krankenhaus in Ahuas, am Río Patuca, und missionierten alle Miskito. Durch den Respekt vor der Sprache und Geschichte des kleinen Volkes hat die moravische Kirche sich wie keine andere Institution um die Erhaltung der Miskito-Kultur verdient gemacht. Erst seit einigen Jahren ist die katholische Kirche wieder auf dem Vormarsch, vor allem in Wampusirpi, wo ein junger Spanier *(José Aguilá* aus Santa Perpetua Moguda bei Barcelona) eine couragierte Gemeinde-Entwicklungsarbeit aufgebaut hat.

Wer Interesse an der Mystik des riesigen Regenwaldgebiets der Moskitia hat, sollte unbedingt das Buch *Moskito-Küste* von *Paul Theroux* suchen – in einer Bibliothek oder im Antiquariat, denn im Handel ist es vergriffen. Das Buch beschreibt das tragische Scheitern einer amerikanischen Pioniersfamilie, die versucht, den Segen der Zivilisation in das grüne Labyrinth der Moskitia hineinzutragen.

Sumu Tawahka – wer zuletzt lacht ...

Von den insgesamt bis zu 12.000 in Zentralamerika lebenden Sumu lebt die Gruppe der Sumu Tawahka (730 Menschen) in Honduras. Die Großfamilien der Sumu Tawahka leben in weniger als zehn Ortschaften, noch abgeschnittener als die Miskito. Nur mit dem *pipante* (Einbaumkanu) oder zu Fuß können die Tawahka andere Ortschaften erreichen. Da sie ohne Handelsaustausch mit Außenstehenden leben, fehlt ihnen Treibstoff. So dauert die Reise nach Ahuas (nächstes Krankenhaus, nächste Flugverbindung nach La Ceiba) zu Fuß drei bis vier schweißtreibende Tage.

Jahrhundertelang waren die Tawahka das kulturell dominierende Volk der Moskitia. Doch die Miskito waren ihnen hinsichtlich Integrationsfähigkeit, Aggressivität und Sprachfertigkeit überlegen. Heute leben die Tawahka im Schatten der Miskito, weil in den Schulen nur auf Spanisch und Miskito gelehrt wird. 96 % der Tawahka-Männer und alle Frauen sind Analphabeten. Doch die Tawahka haben eine große Zukunft: Durch ihre Marginalisierung in den letzten Jahrzehnten haben sie sich auf ihre traditionellen Talente zurückgezogen. Landwirtschaft betreiben sie nur am Rande des Flusses Patuca, an dem sie leben. Im Wald kennen sie sich vortrefflich aus. Durch Jagen, Fischen und Sammeln können sie sich allein ernähren, ohne dem Ökosystem zu schaden. Das passt bestens in die politische Landschaft. Bei der Suche nach Management-Modellen für den bedrohten Regenwald suchen internationale Geber, allen voran der US-AID, nach legitimen Experten. Das sind am ehesten die Tawahka, die schon ihre eigene Stiftung haben *(Fundación Raices)*, um ihr ursprüngliches Siedlungsgebiet durch Überzeugungsarbeit zurückzuerobern, denn sie sind die Bewohner von Taguzgalpa, einem Gebiet, das um die Schutzgebiete Nationalpark Patuca und Indigenes Reservat Sumu Tawahka herum gelegen ist.

Jugendbanden und Kriminalität

Die ersten Jugendbanden in Honduras bildeten sich in den 1950er Jahren, als Ausdruck jugendlicher Rebellion. Diese traditionellen Banden folgten strengen Verhaltensregeln und waren religiösen Werten verhaftet, respektierten neutrale Zonen (Parks, Schulen, Kirchen), benutzten keine Waffen und schädigten keine Außenstehenden.

Anfang der 90er Jahre, mit Zuspitzung der sozialen Konflikts in Honduras, änderte sich dieses Bandenkonzept komplett. Während rend der militärischen Repression des kalten Krieges waren tausende Zentralamerikaner illegal in die Vereinigten Staaten, vor allem Los Angeles, ausgewandert. Dort, ohne Arbeit, am Rande der Gesellschaft und einer ständigen Diskriminierung ausgesetzt, suchten sie Schutz und Einkommensquellen in illegalen Aktivitäten. So formierte sich die berüchtigte ***18th Street,*** die zum ersten Mal eine Tradition bricht, indem sie unterschiedliche Ethnien in einer Bande vereint (180. 000 Mitglieder allein in Los Angeles), und die ***Mara Salvatrucha,*** zu Beginn gegründet von Salvadoranern und Ex-Guerilleros, die bald auch andere Latinos in ihren Kreis aufnehmen.

Zur gleichen Zeit, im Rahmen der ***radikalen Ausweisungspolitik*** des Gouverneurs von Kalifornien, *Pette Wilson*, kehren eine Vielzahl von ihnen in ihre Heimatländer zurück, und gründen ihre eigenen Cliquen. So entstehen 1993 in San Pedro Sula die ***Mara 18*** *(18th Street)* und 1994 die ***MS*** *(Mara Salvatrucha)*, die schnell die traditionellen Banden verdrängen und deren Mitglieder aufnehmen. So sind in Honduras momentan ca. 32.000 vor allem minderjährige Jugendliche in Banden organisiert.

Wie auch andere Länder Zentralamerikas ist Honduras demographisch ein sehr junges Land, fast zwei Drittel der Bevölkerung sind jünger als 30 Jahre. Zur gleichen Zeit überschwemmt eine Welle von Kriminalität und Gewalt das Land, ohne dass der Staat demgegenüber einen schlüssigen Aktionsplan formulieren kann.

Somit – und obwohl die Kriminalitätsstatistiken das Gegenteil beweisen – wird die Schuld von Staat und Medien den Jugendlichen zugeschoben und die Maras somit zum Staatsfeind Nummer Eins erklärt.

Vermeintlich schnelle Lösungen, wie die Herabsetzung des Höchstalters zur Anwendung des Jugendstrafgesetzes von 18 auf 16 bzw. 14 Jahre und die ***Wiedereinführung der Zwangsrekrutierung*** männlicher Jugendlicher, oder gar die ***Deportierung der Jugendlichen*** in abgelegene Gegenden des Landes zu Drill und Zwangsarbeit wurden dennoch schnell verworfen. Statt dessen setzt sich zögernd die Überzeugung durch, dass nur langfristig angelegte Lösungsstrategien, abgezielt auf die Verbesserung der katastrophalen Bildungs- und Armutssituation, die gewünschten Erfolge bringen können.

Für den ***Touristen*** bedeutet das: Besonders in Großstädten, touristisch bereisten Gegenden, Parks und nach Einbruch der Dunkelheit Umsicht walten lassen! Im Zweifelsfall am besten Rat bei Einheimischen einholen.

Mehr Informationen über Maras in Honduras: *Ernesto Bardales*, Jóvenes Hondureños Adelante Juntos Avancemos (JHA-JA), Jhajahn@yahoo.com

Denis Becker

Indianische Verbände

- ***Miskito:*** *Moskitia Asla Takanka (MASTA);* Vorsitzender: *Winsis Wepsta*, Tel. 898-7565, Fax 898-0014; *Mopawi*, Residencial Tres Caminos, 1½ cuadra östlich von *Instituto Maria Auxiliadora*, Bloque B, Lote 67, No. 4, Apdo. Postal 2175, Tegucigalpa, Tel. 235-8659, 232-3484, Fax 239-9234; En Puerto Lempira Tel. 898-7460, 898-7584; En Catacamas, Fax 899-4127; mopawi@mopawi.org.hn, www.mopawi.org.hn.
- ***Sumu Tawahka:*** *Federación Indígena Tawahka de Honduras (FITH);* Vorsitzender:

Carlos Rosa, in Tegucigalpa: Tel./Fax 220-5693, tawahka@sdnhon.org.hn, Büro: Krausirpi, Brus Laguna, Gracias a Dios.

- ***Pesch:*** *Federación de Tribus Pech de Honduras (FETRIPH);* Vorsitzender: *Elpidia Martinez,* über Radio Tocoa: Tel. 444-3030, Büro: Pueblo Nuevo, Subirana.
- ***Lenca:*** *Organización Nacional Indígena Lenca de Honduras (ONILH);* Büro: La Esperanza, Intibucá, in Tegucigalpa: Tel. 237-3965; *COPINH,* Bo. Lempira, ½ cuadra oberhalb *escuela Valero Mesa,* La Esperanza, Intibuca, Tel. 783-0817, copinh@hondutel.hn, http://rds.org.hn/copinh.
- ***Garífuna:*** *Organización Fraternal Negra Hondureña (OFRANEH);* Vorsitzender: *Amilcar Colón,* Büro: Ed. Aurora, La Ceiba, Atlántida, Tel. 443-2492.
- ***Xicaques:*** *Federación de Tribus Xicaques de Yoro (FETRIXY),* auch *Tolupan* genannt, Vorsitzender: *Oscar Amaya,* Büro: Yoro, Tel. 671-2729.
- ***Chortí:*** *Consejo Nacional Indígena Chortís de Honduras (CONICHH);* Ratsvorsitzender: *Ernesto Suchite,* Büro: Carrizalón, Copán Ruinas, Tel. 651-4694.
- ***Islas de la Bahia:*** *Asociación de Nativos, Profesionales y Trabajadores Isleños (NABIPLA), Islas de la Bahía;* Vorsitzender: *Henry Ibans,* Tel./Fax 445-1624.

Dachorganisationen

- ***CONPAH*** *(Confederación de Pueblos Autónomos de Honduras),* conpah@conpah.snhon.org.hn.
- ***Fiscalía Especial de Etnias y Patrimonio Cultural del Ministerio Público,*** öffentliche Institution zum Schutz der Interessen der indigenen Bevölkerung (Col. Lomas de Guijarro, Ed. Plaza II, C. Principal, Ave. República Dominicana, neben Ed. Diario La Prensa, Tegucigalpa, Tel. 221-3099).

Religion

85 % der Honduraner sind ***katholisch.*** Die spanische Eroberung und anschließende jahrhundertelange christliche Missionierung der Ureinwohner des Landes hat keinen Platz gelassen für die zuvor dominierenden polytheistischen Naturreligionen.

Und doch war die Provinz Honduras für die spanische Krone zu weit weg, der Siedlerstrom gen Honduras zu dünn, um die reine christliche Lehre in Honduras tatsächlich durchsetzen zu können. Notwendig war die Allianz mit den *caciques* und Heilern der nicht-christlichen Völker, die bis heute ihre Bedeutung behalten haben. Unter der überwiegenden Mehrheit der Mestizen dominiert die römisch-katholische Konfession. Im Gegensatz zur Rolle der Kirche als Instrument der Unterwerfung in den Jahrhunderten der Kolonialisierung hat sich auch in Honduras, wie in anderen lateinamerikanischen Ländern, eine Strömung entwickelt, die sich als Volkskirche, als ***Kirche der Armen,*** versteht.

Die Diözesen von Santa Rosá de Copán und San Pedro Sula, aber auch die von La Ceiba, Trujillo, Olancho und Choluteca haben sich seit Jahrzehnten auf die Seite der Armen gestellt, klagen Ungerechtigkeit, Willkür, Unterdrückung und Folter immer wieder an. Die katholische Kirche ist in diesen Gebieten die stärkste Waffe des Volkes gegen Übergriffe von Oberschicht und Militär. Typisch für ihre Arbeit ist ein Bibelzitat im Heft *El Hombre y el Trabajo* (Mensch und Arbeit), Choluteca 1975: *„Hört dies, Ihr Reichen: Weint und schreit vor dem Unglück, das Euch passieren wird. Die Bezahlung, die Ihr Euren Erntearbeitern verweigert habt, wird von Euch eingefordert werden, denn Gott hat den Notruf dieser Menschen vernommen."*

Bis heute ist die „Kirche der Armen" ein wichtiger Teil des geistlichen und sozialen Lebens. Viele Menschen bestimmen durch ihre Arbeit die Orientierung der katholischen Kirche an den Problemen der einfachen Menschen.

Ein Priester ist ***Padre Juan,*** ein Franziskaner aus New York. Er lebt und arbeitet in Trujillo an der Seite der Campesinos. Nicht nur Seelsorge, sondern konkrete Hilfe für deren Entwicklungschancen gehören zu seiner Arbeit: Rechtsbeistand und Organisationsberatung bei der Durchsetzung des Rechts auf Agrarland, Gesundheitsversorgung, Bildung und Infrastruktur. Ein anderes Beispiel engagierter Priester ist ***Padre José,*** der eigentlich aus Spanien stammt. Er lebt abgeschieden inmitten des Miskito-Dorfes Wampusirpi und baute dort eine Transport- und Handelskooperative, eine neue Kirche und ein Kommunikationszentrum (mit Video und EDV) auf, womit er die Vormachtstellung der strengeren moravischen Kirche brach.

Die jesuitisch geprägte ***Produktivgenossenschaft HONDUPALMA,*** aus 3000 Familien bestehend, erhielt 1975 durch Landbesetzungen, Demos und Straßenblockaden größere Ländereien aus der Agrarreform. In beispielhaft disziplinierter Weise wurde eine erfolgreiche Ölpalmenplantage und -fabrik aufgebaut. *HONDUPALMA* hat allen Vereinnahmungsversuchen von Politik und Militär widerstanden und ist heute eines der erfolgreichsten honduranischen Unternehmen.

Der gewaltlose Kampf der „Kirche von unten" ist aber auch gefährdet. Nicht nur durch ***brutale Übergriffe*** wie das Massaker *Los Horcones* in Olancho, als sieben Priester Mitte der 70er Jahre in einen Brunnen geworfen wurden, sondern auch durch das Wirken von Hunderten zumeist konservativen ***US-amerikanischen Evangelisierungs-Sekten,*** die, mit viel Geld und Logistik ausgestattet, die honduranische Provinz überfluten. Anders als im Nachbarland Guatemala, wo große Bevölkerungsanteile konvertierten, blieb ihre Wirkung in Honduras bisher aber gering.

Oscar Andres Rodriguez ist im Jahre 2000 zum ***Kardinal*** ernannt worden. Er war jahrelang Präsident des *Consejo Episcopal Latinoamericano,* welches das höchste Vertretungsorgan Lateinamerikas im Vatikan darstellt. Er wird in Honduras sehr verehrt, und gilt als der potenzielle Kandidat für das Amt des Papstes.

Sitten und Bräuche

Verhalten

Die verbreitete ***Gelassenheit und Ruhe*** der Honduraner sind für viele europäische Besucher immer wieder faszinierend. Man kann diese Eigenschaften jedoch auch als unangenehme ***Lethargie*** und Uninteressiertheit erleben.

Honduraner brauchen ***Kommunikation und Nähe,*** sie halten es beispielsweise einfach nicht aus, stundenlang stumm neben anderen Menschen im Bus zu sitzen, vor allem wenn diese anderen gar als Ausländer besonders interessant scheinen. Trotzdem sind sie nie indiskret oder aufdringlich, ***Respekt*** ist das oberste Gebot, weshalb das Reisen in Honduras selbst für Frauen leichter als in den meisten Ländern des Kontinents ist. Der Kontakt ist eben freiwillig; und wenn das einmal nicht funktioniert, dann reicht meist ein akzentuiertes *no* oder *favor me deje.*

Honduras ist ein Land sehr dichter Kommunikation. Neue Impulse greifen hier sofort um sich. Schon lange bevor das neueste Jojo, die neuesten Turnschuhe oder die neueste Art, sich das T-Shirt zu binden, in Europa um sich greift, lange vorher ist es in allen honduranischen Städten verbreitet. Hip ist das, was in der Werbung des Kabelfernsehens erscheint oder als Werbegeschenk die Hamburger-Läden verlässt. Hip ist alles, was die eigene materielle Armut vergessen macht und das Auge staunen lässt.

Familienfeste

Zwei von drei ***Familienfesten*** drehen sich um die *piñata,* ein aus Krepp-Papier gebasteltes großes Fantasie-Tierchen, das mit Bonbons gefüllt und im Garten oder Hinterhof aufgehängt ist. Die Kinder schlagen dann mit einem langen Kochlöffel und verbundenen Augen nach der *piñata.* Wenn sie bricht, fallen lauter süße Sachen aus ihr heraus.

Wie die *piñata,* so ist auch der ***Strandurlaub*** (meist in der *Semana Santa,* der Osterwoche) ein Familienereignis. Neben Ballspielen dominieren der Konsum von Cola (Kinder) und Bier (Erwachsene), schon am frühen Nachmittag liegen überall lallende Bierleichen herum. Eine solche Stimmung ist stets mit Lärm aus dem Radio oder Rekorder verbunden.

Frauen in Honduras

Die honduranischen Frauen sind laut Gesetz *(Ley de Igualdad de Oportunidades)* ***offiziell gleichberechtigt.*** Durchgesetzt hat sich dieses in der Praxis allerdings noch nicht. Armut, geringe Bildung sowie Gewalt behindern die Durchsetzung solcher Gesetze.

Die Realität für die honduranische Frau ist nach wie vor dramatisch. Die durchschnittliche Anzahl an Kindern pro Frau in Honduras beträgt 4,4, wobei die Geburtenrate auf dem Land höher ist als in der Stadt. Bereits im Alter zwischen 15 und 19 Jahren hat von vier Frauen bereits eine ihr erstes Kind geboren. Oftmals sind sie selbst noch Kinder, häufig mit geringer Schulbildung und zumeist allein erziehend. Statistiken zeigen, dass weniger als die Hälfte der Frauen in Honduras Verhütungsmittel benutzen. Zwar sind die Methoden zur Verhütung bekannt, doch häufig werden sie nicht korrekt angewendet. Fehlende Bildung, ungenügende Aufklärung der Frauen, mangelnder Zugang zu Verhütungsmitteln aber offensichtlich auch Nachlässigkeit führen zu dieser Situation. Hinzu kommt, dass viele Männer sich ihr Recht zum sexuellen Verkehr herausnehmen und der Frau jegliche Selbstbestimmung entziehen. Aus Verzweiflung greifen dann viele Frauen, insbesondere auf dem Land, zu drastischen Methoden. So ist in Honduras die ***Sterilisierung*** die häufigste Form der Verhütung. Vor allem auf den großen Einfluss der katholischen Kirche ist zurückzuführen, dass ***Abtreibung*** in Honduras ***illegal*** ist. Die trotzdem stattfindenden Schwangerschaftsabbrüche führen nicht selten zu medizinischen Komplikationen bis hin zum Tod vieler Frauen.

In einer Gesellschaft, in der die Männer das Sagen in der Familie haben, ist nicht nur die unerwünschte Schwangerschaft, sondern in den letzten Jahren auch verstärkt die ***Übertragung des HIV-Virus*** zum ernsthaften Problem geworden. Laut Statistiken breitet sich AIDS unter Frauen schneller aus als unter Männern, insbesondere bei Hausfrauen und Hausangestellten. Insgesamt ist die gesundheitliche Versorgung im Land nicht ausreichend. Dennoch hat die Gesundheitsversorgung der Frauen Fortschritte gemacht, wenngleich die Sterberate von Müttern immer noch sehr hoch und der Zugang zu Krankenhäusern und Gesundheitsstationen vor allem auf dem Land nur schwer bzw. gar nicht vorhanden ist.

Trotz aller Widrigkeiten wird das polygame Verhalten vor allem auf Seiten der Männer im ganzen Land weitgehend toleriert. So lebt ¼ der Bevölkerung in ***ehelosen Lebensgemeinschaften,*** wobei die Männer häufig zahlreiche Nebenfrauen und mit diesen nicht selten mehrere Kinder haben. Dies hat zur Folge, dass 20 % aller Frauen allein, ohne private oder staatliche Unterstützung, für den Unterhalt ihrer Kinder sorgen müssen. Diese Frauen sind einer ***Doppelbelastung*** ausgesetzt, da sie neben dem Haushalt auch für den Lebensunterhalt verantwortlich sind, wobei ihr Einkommen in der Regel deutlich geringer ist als das der Männer.

Auf der Suche nach Beschäftigung wandern viele Frauen in die Städte ab und arbeiten häufig für geringen Lohn als Hausangestellte in anderen Familien. Betrachtet man den hondurnischen Arbeitsmarkt geschlechtsspezifisch, so zeigt sich, dass Frauen hauptsächlich im ***Dienstleistungssektor*** tätig sind, gefolgt vom Industriesektor und Handel. Ein typisches Bild in Honduras ist die Frau mit ihren Kindern unter dem Arm und einem kleinen Essstand am Straßenrand. Es ist ein Bild des so genannten „informellen Sektors“: Beschäftigung mit geringer Produktivität, somit geringer Entlohnung und zumeist keiner ausreichenden sozialen Absicherung. Ein Teufelskreis der Armut.

In Honduras hat in den letzten Jahren der Sektor der *Maquilas* einen extremen Aufschwung erlebt. Hier sind vorwiegend junge, städtische Frauen beschäftigt. Sie gelten als besonders geduldig für die oft monotone Tätigkeit in den Textilfabriken. Die meisten von ihnen sind unverheiratet. Mehr als die Hälfte sind kinderlos, denn ***Schwangerschaft bedeutet zumeist den Jobverlust.*** Auch wenn die Arbeitsbedingungen in den Maquilas belastend sind, so stellt dies doch für viele Frauen mit geringer schulischer Bildung das einzige Auskommen dar. Hier wird geringfügig mehr als der Mindestlohn bezahlt und eine kostenlose Krankenversorgung gewährleistet. Honduras verfügt teilweise über eine sehr moderne Gesetzgebung. Die verschiedenen Regierungen haben zahlreiche internationale Abkommen zu Frauenrechten und Antidiskriminierung verabschiedet. Doch Theorie und Praxis liegen weit auseinander. Trotzdem gelten als wichtige Errungenschaften das Mitte der 90er Jahre verabschiedete ***Gesetz gegen Gewalt in der Familie*** *(ley contra la violencia domestica)* und das im Jahr 2000 verabschiedete ***Gesetz der Gleichheit der Möglichkeiten*** *(ley de igualdad de oportunidades).*

Nachdem die Frauenbewegung lange Jahre dafür gekämpft hat, reagierte Mitte der 90er Jahre der Staat mit der Einführung der ***Staatsanwaltschaft für Frauenangelegenheiten*** *(Fiscalía Especial de la Mujer)* und im Gesundheitsministerium mit den ***Familien-Beratungsstellen*** *(Consejerías Familiares)* auch offiziell auf die Forderungen der Bewegungen. Inzwischen nehmen die Anzeigen von Frauen bezüglich interfamiliärer Gewalt zu.

1957 wurde in Honduras das ***Frauenwahlrecht*** eingeführt. Doch die politische Präsenz von Frauen ist weiterhin gering. Nur etwa 7 % der Abgeordneten sind weiblich. Im Militär sind ebenfalls nur etwa 7 % Frauen beschäftigt, vor allem im Dienstleistungsbereich. In jüngster Zeit wurden einige bedeutende ***Führungspositionen in Politik und Gesellschaft*** mit Frauen besetzt. Doch die Praxis zeigt, dass diese Frauen bei Unstimmigkeiten schnell abgesetzt werden. Auch auf lokaler Ebene haben Frauen wenig politischen Einfluss. Lediglich ca. 7 % der Bürgermeister sind weiblich. Insgesamt bedeutet dies, dass Frauen zwar Führungspositionen inne haben, sich jedoch in der Praxis nicht unbedingt immer kämpferisch für Frauenrechte einsetzen.

Die ***wichtigsten Veränderungen*** gehen allerdings von der ***Zivilgesellschaft*** aus, wo sich verschiedene Frauenbewegungen bereits in den 1980er Jahren gegründet haben, z.B. die *Solidarias* oder *ADP* (Asociacion de Desarrollo Poblacional), die ein Frauenhaus und eine Kerzenfabrik führen. Es existieren immer mehr Organisationen, die sich für die Rechte der Frauen einsetzen. *CDM* (Centro de Derechos de la Mujer) hat sich besonders beim Wiederaufbau nach dem Hurrikan Mitch engagiert und Weiterbildungskurse, Aufklärung und psychologische Hilfe für misshandelte Frauen angeboten. Das *CEM-H* (Centro de Estudios de la Mujer), verfügt zusätzlich über ein Dokumentationszentrum.

Ein bedeutendes Ereignis der letzten Jahre ist für die Frauenbewegung ***„la***

marcha mundial" vom 17. Oktober 2000. An diesem Tag demonstrierten zum ersten Mal in der honduranischen Geschichte mindestens 9000 Frauen in 9 Städten des Landes gegen Armut und Gewalt, für Gleichberechtigung, Frieden und Demokratie. Ein ***Frauennetzwerk*** der Frauen-Organisationen hat sich gebildet, das Präsenz zeigt, um die Entwicklung zur Durchsetzung der Gesetze zur Gleichberechtigung und Gewaltlosigkeit weiter voranzutreiben.

Wichtige Adressen und Organisationen sind vor allem:

- ***CEM-H***
(Centro de Estudios de la Mujer),
cemh@cablecolor.hn, Tel. 232-6301
- ***CDM***
(Centro de Derechos de la Mujer),
CDM@sdnhon.org.hn, Tel. 221-0459
- ***ADP***
(Asociacion de Desarrollo Poblacional),
adp@sdnhon.org.hn, Tel. 237-3353
- ***Colectivo de Mujeres Universitarias***
Politik, Gesundheit, Recht
Mujeres@hotmail.com, Tel. 236-5156
- ***Movimiento de Mujeres Visitación Padilla***
Hilfe für misshandelte Frauen
VP@sdnhon.org.hn, Tel. 222-7779
- ***ENMUNEH*** *(Enlace de Mujeres Negras de Honduras):* starke Frauenbewegung der Garífunas
- ***INAM*** *(Instituto Nacional de la Mujer),* dtecnica@inam.gob.hn, www.inam.gob.hn
- ***Colonia Lara,*** Ave. Benito Juárez, Ed. de AHPROCAFE (Ed. No. 3701), Tegucigalpa, Tel. 221-3637, 221-4832, Fax 221-4827

Architektur

In Honduras, wie auch in vielen anderen tropischen Ländern, wurde selten aus dauerhaftem Material gebaut. Die Menschen verfügen über wenig Geld, um Baustoffe und fachkundige Handwerksleute zu bezahlen. Das Klima verlangt wegen der tropischen Hitze nach einem luftigen Schattenplatz und Schutz vor den bisweilen starken Regenfällen.

Als Zeugen der Vergangenheit sind daher nicht die Hütten und einfachen Lehmhäuser der Bevölkerung erhalten geblieben, sondern fast immer nur die aus Stein gebauten Kirchen oder Verwaltungsgebäude.

Kolonialstil

Honduras war wegen seiner geringen politischen und wirtschaftlichen Bedeutung nicht das Zentrum architektonischer Kunst der spanischen Eroberer. Doch es lag so nahe an den Handwerks- und Baumeisterschulen Guatemalas, dass viele Kirchen und Herrschaftshäuser auch heute noch überzeugen. Phasen intensiver Bautätigkeit waren das 16. Jahrhundert (Kolonisierung) und das 18. Jahrhundert (Verteidigung der Provinz gegen England).

Die meisten so genannt kolonialen Gebäude, die heute noch erhalten sind, stammen aus dem 19. Jahrhundert. Fast alle nicht-sakralen Gebäude sind inzwischen zusammengestürzt, da es an Budgets zu deren Erhaltung und Restaurierung fehlt. Aber auch

das Bewusstsein zur Denkmalpflege ist wenig ausgeprägt.

Besonders beeindruckende Zeugen der kolonialen Architektur sind die kirchlichen Gebäude in Tegucigalpa (Kathedrale, La Merced, Los Dolores), in Comayagua (Kathedrale, La Merced, San Francisco) und in den königlichen Minenstädtchen Santa Lucía, Valle de Angeles und Ojojona. Ganze Städtchen mit durchgehend originaler kolonialer Bausubstanz finden sich in Gracias Lempira und in Yuscarán, hübsch sind aber auch einige Orte im Westen (Copán Ruinas, Santa Rosá de Copán) sowie im Süden (Sabanagrande, Pespire, Choluteca).

An der Nordküste ist Trujillo die einzige Stadt, in der sich koloniale Bausubstanz befindet, wenn auch in einem erbärmlichen Zustand. Doch die Gebäude der Familie *Glynn,* im französischen Stil des 19. Jahrhunderts von Einwanderern erbaut, und der Familie *Castillo Melhado* (Gebäude der *Banco del Occidente*) im portugiesischen Stil sind Kunstwerke für Freunde klassischer Architektur.

Stilelemente

Der spanisch-barocke Stil der eigentlichen Kolonialarchitektur wurde in jüngerer Zeit (ab Mitte des 19. Jahr-

Typisches Stelzenhaus in der Moskitia

hunderts, d.h. seit der Unabhängigkeit) durch andere Einflüsse angereichert, französische, englische und holländische Bauelemente kamen hinzu. In Amapala und Trujillo zum Beispiel finden sich filigran gearbeitete Dachumrandungen französischer Bürgerhäuser.

Stets zeichnen sich koloniale Gebäude durch massive, mit Bruchstein und Lehm, später mit Ziegelstein und Lehmgips oder in jüngster Zeit mit Zement verputzte Wände aus. Im Innern befindet sich ein heller Innenhof *(patio)*, der häufig schön bepflanzt ist, um so Schutz vor der prallen Sonne zu bieten. Die darum liegenden Räume sind fast ganz dunkel, was zwar auf uns deprimierend wirken mag, andererseits aber vor Hitze schützt. Seit dem 19. Jahrhundert sind Veranden hinzugekommen, die meist aus Holz gebaut sind.

Der Baustil der Bananen-Ära

Der Norden des Landes ist mit Ausnahme des altehrwürdigen Trujillo durch die Bauweise der Jahre des Bananenbooms geprägt. In San Pedro Sula (Guamilito), Tela und La Ceiba (Bo. El Centro) finden sich Holzhäuser mit leichtem Dach. Der Garten ist um

Miskito-Haus

das Haus herum gebaut, nicht in seinem inneren Patio, wie im Kolonialstil üblich. Eine ganze Siedlung im Holzbaustil der Bananen-Ära in Tela wurde zum Hotel *Villas Telamar.* Der Bauweise der Südstaaten der USA entlehnt, gleichen die häufig grell oder in Pastellfarben gehaltenen Häuser dem leichten Flair der Karibik.

Traditionelle Bauarten der Indianer

Die indianischen Völker von Honduras kennen eine Reihe traditioneller Bauarten, die auf dem Land häufig zu finden sind.

Olancho

Die Wände werden aus sonnengetrocknetem Lehm *(adobe)* oder aus Tonziegeln *(ladrillo)* gemauert, das Dach auf viel Holz gegründet und mit Tonziegeln *(tejas)* gedeckt. Meist nur mit zwei Räumen (Wohnküche, Schlafraum) ausgestattet, entspricht das Gebäude dem spanisch-mexikanischen Standard und erhält ein angenehm frisches Innenklima auch bei sengender Hitze.

Colón

Mehrere Lehmschichten werden auf das aus leichten Hölzern bestehende Wandgeflecht *(bahereque)* aufgetragen und von der Sonne getrocknet, bis dies einer durchgehenden Wand entspricht, die von außen wie *Adobe* aussieht. Das Dach wird mit Palmblättern (z.B. von der Tique-Palme) gedeckt.

Nordküste

In ***Garífuna-Ortschaften*** (z.B. Salado, Cocobila) stehen Hütten und Häuser aus der harten Rinde der Yagua-Palme oder aus Schilfrohr, das Dach besteht aus *tique* oder anderen Palmen. Die Häuser haben meistens nur einen einzigen Raum. Das Küchenhaus verfügt häufig über ein offenes Dach, der Herd befindet sich in der Mitte.

Moskitia

Die Häuser werden auf 1 bis 2 m hohen Stelzen gebaut. Dicke Kiefernbretter werden waagerecht übereinander auf senkrecht stehende Bohlen genagelt, die aus den Stelzen hervorgehen. Das Dach wird mit *tique* oder anderen Palmen gedeckt und muss alle 5 bis 15 Jahre ausgewechselt werden.

Moderne Architektur

Moderne Architektur in Honduras ist armselig. Meist werden aus Hohlblocksteinen und Zinkblech ***Einfachstbehausungen*** hingehauen, die nicht zu den klimatischen Bedingungen der Tropen passen. Doch halten sie immerhin viele Jahrzehnte.

In den ***Städten*** wird in größerem Maßstab Beton in moderne monolithische Gebäude vergossen. Häufig gehorchen die Entwürfe eigenwilligen Interpretationen des Jugendstils wie des Art Decos. Leben in die Tristesse modernen Bauens bringt der talentierte und engagierte Architekt *Ramiro Bonilla,* dessen Entwürfe und Bauten schon mit zahlreichen Preisen prämiert wurden. Die besten Beispiele für preiswerte und ökologisch sinnvolle Eigenheime hat *Bonilla* im Rahmen der Großsiedlung Ciudad Lempira geliefert. Die Siedlung liegt westlich des Boulevard de las Fuerzas Armadas in Tegucigalpa.

Literatur

Zwar fühlt sich in Honduras jedermann auch ein wenig als Dichter, zwar drückt man sich gerne poetisch aus und ist in der Lage, aus dem Stand eine wohlgesetzte Rede zu halten. Dennoch haben Autoren in einem Land, wo fast jeder dritte Erwachsene nicht lesen kann, eine eher schwache Resonanz.

Bücher sind für die meisten Honduraner unerschwinglich, Bibliotheken rar, die wenigen Buchhandlungen können sich nur über Wasser halten, weil sie nebenbei oder im Hauptangebot Schreibwaren verkaufen. Folglich sind honduranische Autoren darauf angewiesen, sich ihre Leserschaft auch jenseits der Landesgrenzen zu suchen.

Schriftstellerei ist – wie überall auf der Welt – in Honduras aktive Auseinandersetzung mit der Geschichte und Gegenwart des Landes. Schriftstellerei war und ist in Honduras die Triebfeder demokratischer Entwicklung.

Froylan Turcios, geboren 1874, war zunächst Innenminister, Abgeordneter und Diplomat, bevor er sich als einer der heute herausragendsten Prosaisten und Erzähler seines Landes hervortat. Durch eigene Zeitschriften und seine Bücher kämpfte er gegen die US-Intervention in Honduras während der ersten Jahrzehnte des 20. Jahrhunderts. *Turcios* war mit vielen berühmten Schriftstellern befreundet. Er starb im costaricanischen Exil am 20. Dezember 1943.

Mit seinem Roman *Prisión Verde* (Deutsch: *Das Grüne Gefängnis,* 1966) lenkte der Schriftsteller ***Ramón Amaya Amador,*** Jahrgang 1916 und geboren in Olanchito, das Interesse einer internationalen Leserschaft auf die Praktiken der großen Bananengesellschaften in Honduras. Aus eigener Erfahrung schildert er den Alltag und die Ausbeutung von honduranischen Arbeitern auf den Bananenplantagen der Küstenregion. Der vielversprechende Autor verunglückte im Alter von 50 Jahren tödlich.

Juan Ramón Molina, (1875-1908), ist der bedeutendste Poet von Honduras, und neben dem Gründer der modernistischen Schule, *Ruben Dario,* einer der bedeutendsten Vertreter dieser Richtung. Einer seiner bekannten Werke ist „*Tierra, Mares y Cielos*".

Roberto Sosa, Jahrgang 1930, hat sich als Lyriker auch überregional einen Namen gemacht. Seine Gedichte waren in Honduras zeitweise verboten, denn in seiner in Spanien preisgekrönten Anthologie *Los Pobres* (1968) prangert er die ungerechten Verhältnisse im Lande an. *Sosa* kommt wie *Amador* aus einer armen Familie. Sein Band *Los Pobres* wurde auch ins Englische und Französische übersetzt.

Rafael Murillo Selva, Historiker, geboren in Tegucigalpa im Jahre 1936, widmet sich heute vor allem dem Theater. Ein bedeutendes Werk ist *„Luvabagu o el otro lado lejano"*, in dem er die Freuden und Leiden der Garífuna beschreibt.

Erfolgreichster Erzähler ist derzeit der Publizist ***Julio Escoto,*** Jahrgang 1944, aus San Pedro Sula. Während der Kommunistenhatz der 1980er Jahre ging er für längere Zeit nach Costa Rica ins Exil. Er veröffentlichte Erzählungen, Essays und mehrere historische Romane, vor allem über den Nationalhelden *Francisco Morazán*. 1993 erschien sein Schlüsselroman *Rey del Albor-Madrugada*, in dem sich *Escoto* kritisch mit den Machenschaften der CIA in Honduras auseinandersetzt. Einige seiner Kurzgeschichten sind ins Deutsche übersetzt und in Anthologien zentralamerikanischer Erzähler aufgenommen worden.

Roberto Quesada, geboren in Olanchito 1962, schildert in seinem jüngsten Werk „Big Banana" die Situation der lateinamerikanischen Migranten in New York aus eigener Erfahrung. Er selbst lebt seit mehreren Jahren in New York (auch in englischer Übersetzung erhältlich).

Vielversprechende Poeten der jüngeren Generation sind u.a. ***Rigoberto Paredes*** und ***José Luis Quesada.***

Kunsthandwerk

Kunsthandwerk hat in Honduras eine lange Tradition, wie Funde aus der Maya-Zeit immer wieder bestätigen. Heute ist es häufig Domäne der Frauen. Da sie kaum Zugang zur Landwirtschaft oder zu einem formellen Arbeitsplatz haben, ist der eigene kleine Handwerksbetrieb oft die einzige Erwerbsmöglichkeit.

Aus natürlichen Materialien der unmittelbaren Umgebung, wie Palmfaser, Holz, Ton und Leder, werden in Heimarbeit Gebrauchs- oder Schmuckgegenstände hergestellt, die auf dem nationalen Markt und zunehmend auch an ausländische Abnehmer verkauft werden.

Der Bezirk Lempira ist eines der Zentren für die Herstellung von ***Töpferwaren.*** Frauen formen hier ohne Drehscheibe Tongefäße aller Art für den Hausgebrauch und für dekorative Zwecke, darunter Behälter, die Trinkwasser kühl halten, irdene Tiegel zum Backen und Braten, Kerzenständer und Musikinstrumente wie Tonpfeifen und Okarinas. In Form und Verzierung der Töpferwaren lebt die traditionelle Ornamentik der Maya weiter.

Genossenschaftlich organisierte Frauen flechten in Santa Bárbara aus ***Palmfaser*** wunderschöne elastische Strohhüte und hübsche Flaschenhüllen für den berühmten mexikanischen Kaffeelikör *Kalhua*.

Holzschnitzerei ist Männerarbeit. In allen Kunstgewerbeläden gibt es schwere, kunstvoll geschnitzte, einfarbige oder bunte Truhen aus Edelholz, auch

Honduranische Musikinstrumente

●***Caramba*** oder ***Arco Musical.*** Verbreitung: Santa Bárbara, Choluteca, Olancho, Intibucá. Ein mit einer Saite bespannter Bogen mit einem ausgehöhlten, offenen kleinen Kürbis in der Mitte als Resonanzkörper. Der übermannsgroße Bogen wird an der Schulter des Spielers abgestützt. Die Saite wird mit einem Stab geschlagen, der Klang variiert, je nachdem, ob der Kürbis mit der Hand zugehalten wird oder nicht.

●***Sacabuche*** oder ***Zambomba.*** Verbreitung: Santa Bárbara, Choluteca, Olancho. Mit Fell bespannter, ausgehöhlter Kürbis mit einem in der Mitte eingelassenen Stock, der im Allgemeinen mit einer feinen Wachsschicht bestrichen ist. Er wird mit der Hand gerieben und erzeugt einen lauten, monotonen Klang.

●***Uadabu.*** Verbreitung: Nordküste. Das Gehäuse von Meerschnecken (span. *concha de caracol*) wird von den Garífuna als Verständigungsmittel benutzt. Wenn die Fischer die Schnecke blasen, weiß man im Dorf, dass frischer Fisch angekommen ist. Soll ein Haus in Gemeinschaftsarbeit erbaut werden, ruft man damit die Nachbarn zusammen. Auch als Solo-Instrument bei traditionellen Festen ist es gerne gesehen.

●***Cidara.*** Verbreitung: Nordküste. Primitives Saiteninstrument, das vor allem Kinder spielen. Ein Holzbrett, mit drei oder vier Saiten bespannt und einer Konservendose als Klangkörper.

●***Cisira Maraga.*** Verbreitung: Nordküste. Mit Samen und Steinchen gefüllte, ausgehöhlte Kürbisse mit Holzgriff dienen als Rasseln (span. *maraca*). Sie werden bei Heilungs- un Beschwörungszeremonien von den Garífuna-Schamanen *(buyei)* eingesetzt.

●***Tagei Bududura.*** Verbreitung: Nordküste. Mit einem Stock oder einem Nagel wird auf den Bauchteil eines Schildkrötenpanzers (span. *caparazón de tortuga*) geschlagen. Der Klang variiert, je nachdem wohin der Schlag trifft.

Marimba

Landschaften als Relief oder Kleinode wie Kruzifixe, Kästchen, Schalen und Schüsseln. Beliebtes Andenken sind die Schnitzbilder, die hier in fast allen Haushalten an der Wand hängen.

Handgefertigte ***Hängematten*** aus Kunststoff oder Naturfaser, unentbehrliches Requisit für arme und reiche karibische Haushalte, werden auf Märkten oder an den Straßen in allen Farben und Qualitäten angeboten. Allgemein gilt: Je dichter die Maschen, desto haltbarer (und teurer) die Matte.

Besonders exotisch sind die ***tunus*** aus der Moskitia. In den am mittleren Río Patuca gelegenen Orten Ahuas, Wawina und Wampusirpi werden aus der Rinde des Latex-Baumes in einem mehrtägigen, schwierigen Prozess mehrfarbige Wandteppiche, aber auch Taschen und kleine Tukane oder Papageien hergestellt, die in einigen Kunstgewerbeläden zu finden sind.

Ein ***Ausbildungszentrum für Kunsthandwerker*** gibt es seit einigen Jahren in dem hübschen, alten Städtchen Valle de Angeles, unweit von Tegucigalpa (siehe dort). Holzschnitzer, Weber, Gerber und Töpfer arbeiten hier unter fachlicher Anleitung und bieten ihre vielfältigen Produkte in den Geschäften des Ortes und auf besonderen Ausstellungen zum Verkauf an.

Erwähnenswert ist ebenfalls die *Fundación San Juancito* (siehe auch Abschnitt La Tigra), die seit ein paar Jahren verschiedene ***künstlerische Workshops*** mit der lokalen Bevölkerung durchführt und mit diesen bereits beachtliche Kunsthandwerke hergestellt hat.

Malerei

Pablo Zelaya Sierra (1896 bis 1933), gebürtig aus Ojojona (Museum siehe dort), der sich in jungen Jahren in Europa ausbilden ließ, gilt als der eigentliche Begründer der modernen Malerei in Honduras. In seinen realistischen Bildern hielt er Motive seiner Heimat fest.

José Antonio Velasquez (1906 bis 1983) lebte in dem kleinen Ort San Antonio del Oriente (nahe El Zamorano, siehe dort), wo er Frisör und Bürgermeister war. Er ist der eigentliche Star der naiven Malerei in Honduras (Primitivismus), erkennbar an den klar und bunt gezeichneten Landschafts- und Dorfmotiven, in denen immer wieder ein Priester mit Hund auftaucht. 1952 schon stellte er in Washington D.C., 1976 im Hispanischen Institut in Madrid aus. Unzählige namenlose Künstler tun es ihm heute nach. Viele von ihnen stellen in Tegucigalpa aus: Schräg gegenüber vom Haupteingang des Edificio Naciones Unidas und in der langen Auffahrt vom Blvd. Morazán zum Villenviertel Lomas del Guijarro.

Jüngere honduranische Maler haben erst während der letzten Jahrzehnte Zugang zur internationalen Kunstszene gefunden. Mit der Generation der in den 1940er Jahren geborenen Künstler wie *Ruiz-Matute, Aníbal Cruz, César Rendón, Ezequiel Padilla* und *Gregorio Sabillón* wächst in Honduras eine eigene Ausdruckskraft, die auch in europäischen und US-amerikanischen Galerien Beachtung findet. Neben surrealistischen dominieren abstrakte Elemente. Stets setzen sich die farbigen Bilder mit Geschichte und sozialem Leben des Landes auseinander. Diese Art von Kunst fand allerdings weniger Echo im Verkaufsmarkt der Kunstgalerien; nicht ohne berechtigte Selbstironie nannte sich die Gruppe *„Los artistas de lo no vendible"* (die unverkäuflichen Künstler).

Daneben gibt es zahlreiche Landschaftsmaler, Vertreter des ***Primitivismus*** wie *Jesús Valladares, Roque Zelaya* und *Mauricio Pérez,* die liebevoll und häufig auch idealisierend Szenen aus dem ländlichen Alltag darstellen.

Musik und Tanz

Musik erklingt fast überall, allerdings zumeist aus Radios ohne Rücksicht auf deren Tonkapazität. Allerorten gibt es *bandas,* **Musikgruppen** mit nationalem und internationalem Schlagerrepertoire, die in Diskotheken oder zu Festlichkeiten aufspielen.

Traditionelles Instrument der Volksmusik ist die ***Marimba,*** ein Xylophon, so groß, dass es von mehreren Spielern gleichzeitig bespielt wird. Die beliebten *marimberos* treten bei Volksfesten auf, und in San Pedro Sula geben sie donnerstags und sonntags ein öffentliches Ständchen auf den Stufen des Rathauses.

In manchen Freiluftrestaurants sorgen ***Mariachi***-ähnliche Combos – häufig auch Trios – für romantische Stimmung. Sie sind mit Gitarre, Schifferklavier und dem *guitarrón* ausgestattet, einer unförmigen Riesen-Gitarre. Da fast alle honduranischen Männer geborene Tenöre sind, stimmen die Gäste je nach Alkoholpegel laut und leidenschaftlich in den Gesang ein. Gespielt werden zumeist *rancheras,* Bauernlieder über traurige Situationen des Lebens, der Blues des Lateinamerikaners.

Die musikalisch aktivsten Honduraner sind die ***Garífuna.*** In ihren Dörfern an der Karibikküste im Norden spielen sie mit althergebrachten Instrumenten wie Trommeln, Muschelhörnern und Schildkrötenpanzern unverfälschte, mitreißende afrikanische Rhythmen und Melodien. Eine populäre Variante dieser Musik, die ***Punta,*** ist inzwischen auch in Europa bekannt geworden. Gruppen wie die *Banda Blanca* oder die *Gatos Bravos* haben schon mehrfach CDs für internationales Publikum produziert. International bekannt ist das Ballet *Folclórico Garífuna,* das dem Kulturministerium unterstellt ist. Der Leiter der Gruppe ist *Crisanto Meléndez.*

Aus Triunfo de la Cruz, bei Tela, stammt die Gruppe *Lanigui Mua („Corazón de la Tierra"),* die mit ihrem zeremoniellen Tanztheater mit dem Titel *„La danza con las almas"* (Der Tanz mit der Seele) auch außerhalb von Honduras bekannt geworden ist. 2002 fand eine Tournee durch Europa statt.

Modernen Tanz, gibt es mit der Gruppe *Danza Libre* aus Tegucigalpa zu sehen.

Honduras verfügt außerdem über eine ***Nationale Ballettschule,*** *Escuela Nacional de Ballet.*

Jüngst bemüht sich das Ministerium verstärkt, die traditionellen ***Volkstänze,*** *danza criolla* und *danzas indígenas* wiederzubeleben.

Klassische Musik verhallt in Honduras meist ungehört. Allerdings gibt es ein recht gutes nationales Sinfonieorchester. Das Ensemble rekrutiert sich aus Absolventen der Musikschulen in San Pedro Sula und Tegucigalpa. Ein geeigneter Konzertsaal steht aber nur in Tegucigalpa zur Verfügung, und zwar im Teatro Nacional Manuel Bonilla, drei cuadras unterhalb der Hauptpost.

Punta- und Merenguemusik ist immer dabei

Theater

Theater hat in Honduras keine Tradition, weder als erzieherisches Medium für Autoren, noch als Unterhaltung für die Zuschauer. Auch der Staat scheint diesen Aspekt einer Kultur nicht anzuerkennen, jedenfalls stellt er keine finanziellen Mittel zur Förderung des Theaters zur Verfügung.

Die sozial engagierte Bewegung der 1970er Jahre, die nationales und lateinamerikanisches Theater auf die Straße, in die Dörfer und die Schulen gebracht hatte, fand durch die repressive Politik der 1980er Jahre ein jähes Ende. Erst seit der Demokratisierung ab Mitte der 80er finden sich wieder ***Laiengruppen*** von Schülern und Studenten, die aktuelle Probleme wie zum Beispiel Aids dramaturgisch oder pantomimisch aufarbeiten.

Ein bedeutendes Theater ist das ***„Manuel Bonilla“*** im Zentrum von Tegucigalpa. Die wichtigsten künstlerischen Ereignisse finden hier statt: Konzerte, Tänze und Oper. In erster Linie finden hier Gastspiele ausländischer Ensemble statt, zunehmend gewinnt aber auch die nationale Theaterbewegung an Bedeutung. Ein offizielles nationales Ensemble gibt es allerdings nicht. Absolventen der Schauspielschule in Tegucigalpa müssen sich auf eigene Faust durchschlagen.

Seit 1975 besteht das ***TEUM,*** *Teatro Experimental Universitario La Merced.* Vor kurzem hat sich die Theaterkompanie *„La Compañía de Teatro de Morazán“* der Universidad Pedagógica gegründet. Eine eindrucksvolle Arbeit hat der Historiker und Theaterdirektor *Rafael Murillo Selva* mit der Kindertheatergruppe *La Cantera* aus San Juancito auf die Beine gestellt. Mit ihrem Theaterstück *„La historia de la Ceiba“* sind diese inzwischen in Costa Rica und Mexiko aufgetreten und eine Einladung nach Kolumbien steht bevor.

International inzwischen vertreten ist das ebenfalls von *Rafael Murillo Selva* ins Leben gerufene Garífuna Theater *„Grupo Superación Garífuna“*, der Aldea Guadalupe aus dem Departement Colón. Vor allem durch ihr Stück *„Loubavago“*, in dem sie von ihrer Geschichte und ihren Bedürfnissen erzählen, sind sie außerhalb von Honduras bekannt geworden.

Jedes Jahr im Ende März findet das zentralamerikanische ***Theaterfestival Bambú*** im *Manuel Bonilla* statt, organisiert von dem *Grupo de Teatro Bambú.*

1979, im Jahr der ***sandinistischen Revolution*** im Nachbarland Nicaragua, entstand unter dem Bewusstsein, dass Honduras kein Land der großen Bühnendramen ist, sondern wenn eher politischer Art, die ***Theaterwerkstatt TTT,*** *Taller Teatro Tegucigalpa.* Es steht unter der Leitung von *Mario Jaen.*

Es existiert eine ***Escuela Nacional de Teatro,*** das dem Ministerio de Cultura, Artes y Deporte unterstellt ist.

Seit mehr als 30 Jahren besteht die Gruppe *Circulo de Teatro Sampedrano* in San Pedro Sula, die unlängst den größten Theatersaal des Landes gebaut hat.

Film

Die Filmlandschaft in Honduras ist sehr unterentwickelt. Wie in dem ganzen Kultursektor mangelt es an Geld und einer starken Produzentengemeinde, die sich ihren nötigen Freiraum schafft. Mit dem übermächtigen Nachbarn USA nicht gerade ein leichtes Unterfangen, die begehrten Kinosäle zu füllen. Die Produktion der engagierten Künstler bleibt somit weitestgehend auf 16 mm und Video beschränkt, nichtsdestotrotz sind bedeutende Werke entstanden.

Klassiker in Honduras ist *Sammy Kafati* mit *„Mi Amigo Angel“*. Hier erzählt er die Geschichte eines Schuhputzer-Jungen, der jeden Tag gemeinsam mit seiner Mutter, die Wäsche wäscht und dem Vater, einem Alkoholiker, durch Tegucigalpa und Comayagüela zieht. Ein Film, gedreht in einem Ambiente von ***Gewalt und Tragödie,*** in einer Realität, die sich heute von damals – als der Film 1962 gedreht wurde – nicht sehr unterscheidet.

Ein Film mit aufklärerischem Charakter und ein Abbild der Wirklichkeit auf dem Lande ist „*Alto Riesgo*", gedreht von dem in Honduras lebenden Franzosen *René Pauck*. Er erzählt aus Sicht einer Hebamme, ihr Engagement in ihrem Dorf und parallel die Geschichte einer jungen naiven Frau, die sich plötzlich mit einer Schwangerschaft mit „Hohem Risiko" auseinandersetzen muss, und das auf dem Land mit mangelnder ärztlicher Versorgung.

Junge engagierte Künstler sind u.a. *Salvador Lara, Juan Carlos Fanconi, Hispano Durón.*

Bildungswesen

In Honduras besteht ab dem 6. Lebensjahr die ***Schulpflicht*** bis zum 13. Lebensjahr. Der Staat garantiert theoretisch die Versorgung mit öffentlichen Kindergärten (3. bis 5. Lebensjahr), kostenlosen Grundschulen (*primaria*, 6. bis 11. Lebensjahr) und kostenlosen Gesamtschulen (*secundaria*, 12. bis 13., dann freiwillig bis 18. Lebensjahr).

Tatsächlich jedoch bleiben Tausende von Kindern, vor allem auf dem Lande, der Schule fern, weil ihre Eltern das Geld für Schulbücher und Hefte nicht aufbringen können. Deswegen schaffen nicht einmal die Hälfte der Schüler den ***Grundschulabschluss,*** den so genannten *sexto grado*. Zudem fanden 1995 allein im Departement Cortés 10.000 lernwillige Kinder keinen Platz in der Schule, weil es an ***Planstellen*** für Lehrkräfte mangelt. Tausende von arbeitslosen Lehrern fühlen sich zugleich gezwungen, ihren Unterhalt als Taxifahrer, Verkäufer etc. zu verdienen. Zwar gibt es in Honduras mehr als 8000 staatliche Grundschulen. Doch knapp die Hälfte verfügt nur über einen einzigen Raum und einen Lehrer für alle sechs Jahrgänge zugleich. Die Lernziele werden nicht erreicht. Häufig bleiben die Stellen in Landschulen unbesetzt, weil Lehrer sich weigern, in Dörfern zu unterrichten, die nur zu Fuß zu erreichen sind und über keinerlei Infrastruktur verfügen. Zur Erntezeit „schwänzen" Tausende von Kindern die Schule, um ihren Eltern bei der Landarbeit zu helfen.

Mit Abschluss der ***Grundschule*** kann ein Kind lesen, schreiben, das kleine Einmaleins und ein paar Nationalhelden beim Namen nennen. Sollte es trotz materieller Not der Eltern, Kinderarbeit und Sorge für die kleineren Geschwister die ***Gesamtschule*** besuchen können, so erreicht es mit dem 15. Lebensjahr den *plan básico*. Nun kann es ein bisschen Bruchrechnen, ein paar Worte Englisch, kennt soziale Gegensätze und kann sich mit normal gebildeten Erwachsenen unterhalten. Zur Zeit besteht das Angebot an wei-

terführenden Schulen (das sind also alle, die über das sechste Schuljahr hinausgehen) in den so genannten ***„Colegios“***, in denen in den ersten drei Jahren *(„ciclo común“)* ein allen gemeinsamer Fächerkanon angeboten wird und in den weiteren drei Jahren *(„ciclo diversificado“)* ein bunter Strauß von Fachabituren erworben werden

Schulpause auf dem Dorfplatz von Ojojona

können: Sekretärsberufe, Metallberufe, Lehrberufe, Handel und Wirtschaft, etc. Diese sechs Jahre werden als „educación media“ bezeichnet, vom Alter der Schüler und der Dauer her vergleichbar mit der deutschen ***Realschule.*** Die zukünftigen Lehrer werden immer noch in den *„Escuelas Normales“* ausgebildet, die das 10.-12. Schuljahr ausmachen und somit Teil des *„ciclo diversificado“* sind. Dieses Lehrerausbildungssystem bringt also zunächst sehr junge und unerfahrene Grundschullehrer hervor, die sich aber über Fernstudien weiterbilden können, was allerdings oftmals zulasten der Arbeit an den Schulen geht.

Wer nach dem *plan básico* die ***Hochschulreife*** erwerben möchte, strebt am besten gleich das *bachillerato* an. Dieser Grad ermöglicht zwar keinerlei Berufstätigkeit, wohl aber den Zugang zur öffentlichen ***Universität*** *UNAH (Universidad Autonoma de Honduras)* mit Sitz in Tegucigalpa und Ablegern in San Pedro Sula und La Ceiba. An der *UNAH* werden Betriebswirtschaft, Volkswirtschaft, Biologie, Medizin, Bauingenieurwesen, Sozialwissenschaft, Psychologie und Sprachwissenschaften angeboten. Im *Centro Universitario del Norte (CURN)* in San Pedro Sula liegt der Schwerpunkt auf Betriebswirtschaft und Kommunikationswissenschaften, im *Cento Universitario del Litoral Atlántico (CURLA)* in La Ceiba werden auch Forstwissenschaften und Agrarökonomie gelehrt.

Eine weitere öffentliche Universität ist die *UPN (Universidad Pedagógica Nacional)*, die Lehrer mit universitärem Niveau hervorbringt und auch ein Weiterbildungsprogramm für Lehrer im Dienst anbietet. Mit eines der größten Probleme der öffentlichen Universitäten sind ihre beständigen ***Schließungen durch Streiks der Professoren,*** die eine Lohnerhöhung oder Reformen des Systems fordern.

Neben diesen öffentlichen Universitäten, gibt es eine Anzahl ***privater Universitäten,*** die allerdings teilweise beachtliche Studiengebühren erheben. Die teuerste ist *UNITEC (Universidad Tecnologica Centroamericana)*, darüber hinaus gibt es die *Universidad Cátolica* und *Universidad Jose Cecilio de Valle*, alle mit Sitz in Tegucigalpa.

Das weitgefächerte System ist ***in der Praxis*** jedoch sehr schwach. In der Provinz treten die unmotivierten, schlecht bezahlten Lehrer ihren Dienst häufig gar nicht an. Von den beiden einzigen Schulen *(primaria)* der Sumu Tawahka (am Río Patuca) zum Beispiel funktioniert überhaupt nur eine, und das im Durchschnitt auch nur 100 Tage im Jahr. Die Analphabetenrate beträgt landesweit auch fast 30 Prozent.

Auch das teure ***private Schulsystem*** bringt nicht viel mehr für das spätere Leben der jungen Honduraner. Zwar wird den Kindern ab dem 3. Lebensjahr die englische Sprache nahegebracht und der Schulsport nach amerikanischem Vorbild ins Zentrum gestellt, doch die Lehrmethoden sind auch sehr reproduktiv und verhindern die Kreativität und Initiative des Einzelnen.

Die ***Universitäten*** dagegen sind besser als ihr Ruf. Anders als in Europa wird das Verbindende gepflegt, breites, anwendungsorientiertes Wissen steht im Vordergrund. Honduranische Biologen zum Beispiel können unzählige Pflanzen und Tiere unterscheiden, verstehen die Kreisläufe der Ökologie und engagieren sich vielfach für Naturschutz.

Die ***Deutsche Gesellschaft für Technische Zusammenarbeit,*** *GTZ*, unterstützt mit einem Bildungsprogramm bestehend aus verschiedenen Projekten die ***Verbesserung des honduranischen Bildungssystems.*** Das Projekt *ASED* berät das Bildungsministerium im Prozess der Bildungsreform, über Politikberatung, Unterstützung bei der strategischen Planung und Erstellung von Grundsatzstudien. Das Projekt

FEBLI erarbeitet und erprobt auf einem basisorientierten Ansatz pädagogische Innovationen und sonstige Hilfen, systematisiert diese in verschiedenen Materialien, bildet Lehrer fort und verbreitet in diesem Zusammenhang Handreichungen für Lehrer und Selbstlernmaterialien für Schüler.

Die ***Deutsche Gesellschaft für Technische Zusammenarbeit (GTZ)*** unterstützt mit einem Bildungsprogramm, bestehend aus verschiedenen Komponenten, die Verbesserung des honduranischen Bildungssystems. Es setzt auf allen Ebenen des Bildungswesens an und trägt damit den Dezentralisierungsbestrebungen Rechnung: auf nationaler Ebene im Bildungsministerium, auf Ebene der Regierungsbezirke in den *Direcciones Departamentales de Educación*, auf Distriktebene und direkt in den Schulen.

Mit den *Redes Educativas de Honduras* - **Reorganisation der Schulen** in den ländlichen Regionen - sollen die Lernkonditionen (ein Lehrer unterrichtet 80 Kinder unterschiedlichen Alters in einem Klassenraum) und die Qualität des Unterrichts verbessert werden.

Gesundheitswesen

Naturmedizin

Die Mehrheit der Honduraner, vor allem fast alle auf dem Land lebenden Menschen, kennen eine Reihe von ***Kräutern,*** die sie zu Salben, Tinkturen und Extrakten verarbeiten. Eine chronische Bronchitis etwa merzt meine honduranische Schwiegermutter mit dem Extrakt aus Ingwerwurzeln aus. Blähungen eines Säuglings werden zum Beispiel in vielen *Ladino*-Familien dadurch gelindert, dass der Säugling über dem Rauch von brennendem Unrat geschwenkt wird, der an vier Eckpunkten der wichtigsten Dorfkreuzung gesammelt wurde. Während *naturalistas* auf traditionelle Heilkräuter zurückgreifen, verwenden *curanderos* Heilmethoden des Schamanismus.

Öffentliche Gesundheitsversorgung

Im ganzen Land gibt es ein löchriges System schlecht ausgestatteter ***Krankenhäuser*** *(hospital)* und ***Gesundheitszentren*** *(centro de salud).* Trotz einiger positiver Ausnahmen wie dem Hospital *Catarino Rivas* in San Pedro Sula kann das öffentliche Gesundheitswesen keine sichere Versorgung kranker Menschen gewährleisten: Spezielle Medikamente fehlen gänzlich, Personal ist Mangelware, Operationen erfordern wochen- und monatelanges Ausharren auf der Warteliste. Dennoch ist die öffentliche Versorgung die einzige Hilfe für die große Mehrheit der Bevölkerung. Ich selbst wurde an einem kompliziert gebrochenen großen Zeh bestens behandelt: im öffentlichen Krankenhaus von Trujillo und kostenlos. Die nicht ganz so kostenlose Berufsgenossenschaftliche Unfallklinik in Deutschland ersetzte den honduranischen Gips dann aber doch, weil er den deutschen Profis nicht akkurat erschien.

Krankenversicherung

Nur etwa 6 % der Bevölkerung, das sind die formell Angestellten, sind in der öffentlichen Krankenversicherung. Das *Instituto Hondureño de Seguridad Social (IHSS)* betreibt in Tegucigalpa und San Pedro Sula relativ überfüllte eigene Krankenhäuser. Bei der Betreuung von Schwangeren hat sich das *IHSS* einen guten Namen gemacht.

Konkurrierend zum öffentlichen *IHSS* entstanden in den letzten Jahren ***private Krankenversicherungen***, deren Leistungsfähigkeit wegen der geringen Mitgliedszahlen noch nicht überzeugt.

Private Gesundheitsversorgung

In fast allen Städten des Landes bieten private Praxen *(clínica)* und Krankenhäuser *(hospital privado)* ihre Dienste an. Ärzte und Krankenschwestern sind häufig motivierter, nicht jedoch unbedingt besser ausgebildet als in öffentlichen Kliniken. Privatärzte verlangen Barzahlung, die Preise liegen im internationalen Vergleich jedoch überraschend niedrig. Eine *consulta* kostet 10 $, eine Krone ist schon für 40 $ pro Zahn zu bekommen, fachlich sauber ausgeführt. Allerdings weiß man nie, ob der ärztliche Rat zu einem teuren Eingriff eher der Einkommenserzielung dient oder der Gesundheit des Patienten.

Die Spitze des gesundheitlichen Luxus ist daher die Reise nach den USA oder gar nach Kuba, wo der real existierende Sozialismus eine Gesundheitsversorgung auf Weltniveau zustande gebracht hat. Selbst ultrakonservative honduranische Generäle sollen sich schon dem kubanischen Chirurgen-Messer anvertraut haben!

Routen
und Orte

Tegucigalpa und Umgebung

Überblick

Tegucigalpa ist die Hauptstadt von Honduras und liegt im zentralen Hochland. Tegucigalpa hat zwar nicht den wichtigsten Flughafen des Landes und liegt auch weder an Wasserstraßen noch an der Eisenbahnlinie. Doch von Tegucigalpa aus lassen sich viele kulturell und historisch interessante Regionen des Landes erreichen. Vor allem sind es von Tegucigalpa bis zur im Süden gelegenen Pazifikküste nur zwei Autostunden. Tegucigalpa liegt außerdem an der einzigen Verbindungsstraße zwischen karibischem Norden und der im Süden von West nach Ost verlaufenden *Carretera Panamericana.*

Tegucigalpa ist die vielleicht schönste Hauptstadt Zentralamerikas: Sie hat das Flair ihrer Geschichte bewahrt. Die auf rund 930 m Höhe erbaute Stadt liegt am Fuß des Berges Picacho, hinter dem sich der Bergnebelwald von La Tigra erstreckt. Die Stadt zählt heute etwa 1 Mio. Einwohner. Tegucigalpa wurde nie von einem Erdbeben oder einem Großbrand verwüstet. Deshalb bewahrt die Stadt bis heute den Charme der aus rosarotem Sandstein gebauten Kolonialarchitektur. Je weiter man jedoch vom engen, historischen Stadtkern in die Außenbezirke gelangt, desto moderner und internationaler präsentiert sich die Großstadt.

Tegucigalpa wurde erst 1880 Hauptstadt des Landes, 1938 kam die bis dahin unabhängige Zwillingsstadt Comayagüela hinzu. Beide werden heute zusammen als ein Regierungsbezirk

(Distrito Central, D.C.) verwaltet, sind aber sowohl geographisch (der Fluss Choluteca bildet die Grenze) als auch atmosphärisch scharf voneinander getrennt: Während Tegucigalpa das kulturelle und politische Zentrum des Landes darstellt und vielfältige Reize für Geist und Seele bereithält, ist Comayagüela schmutzig und kommerziell. Die Zwillingsstadt kommt fast ohne Baumgrün aus.

Comayagüela ist eher gewerblich geprägt, hier dominieren grelle Läden, die in einem bunten Schilderwald Ersatzteile, Farben, Maschinen und Bekleidung anbieten. In Comayagüela befinden sich die Märkte von San Isidro, ein überdachtes El Dorado für günstige Käufe von allem, was nicht niet- und nagelfest ist. Hier werden seltene Heilkräuter ebenso gehandelt wie Fleisch, Lederwaren oder Elektroteile. In Comayagüela, das noch deutlich lärmiger und schmutziger ist als das schon unübersichtliche Tegucigalpa, befinden sich alle Busunternehmen, mit denen der Reisende den Weg in die Ferne antritt. Entsprechend bietet Comayagüela eine breite Palette preiswerter Hotels und *comedores.*

Geschichte

Tegucigalpa heißt soviel wie Felsen *(galpa)* aus Silber *(teguci),* und zwar in Nahuatl, der Sprache der Eingeborenen, die die Spanier bei ihren Erschließungsexpeditionen aus Mexiko mitbrachten. Eine andere Version löst das Wort ethymologisch in „buntes Gestein" auf: Die um Tegucigalpa liegenden Gebirge bringen tatsächlich rote und grüne Gesteinsarten hervor, die in der Fassade der Kathedrale (rot) im Zentralpark und im Gebäude des Theaters *Manuel Bonilla* (grün) beobachtet werden können.

1578 wurde das erste ***Minencamp*** errichtet, da im Gestein des Picacho auch Gold und Silber gefunden worden waren. Als erste wurde die Silbermine *Agalteca* eröffnet. Am ***29. September 1578*** wurde Tegucigalpa unter dem Namen *Real de Minas de San Miguel de Tegucigalpa* gegründet. Oberbürgermeister wurde *Alonso de Cáceres.* Zwischen 1578 und 1579 wurden die Silberminen von *San Marcos, Santa Lucía, Apasapo* und *Tegucigalpa* eröffnet. Eigentümer waren unter anderem die Spanier *Alonso de Esguaza, Agustín de Espíndula* sowie *Doña Leonor de Alvarado.* Die indianische Bevölkerung arbeitete in den Minen, sie hatte keine Besitz- oder Nutzungsrechte.

Zwischen ***1574*** und ***1586*** baute der Franziskanerorden in Tegucigalpa ein ***Kloster*** auf. ***1590*** wurde dem spanischen Königshaus gemeldet, dass eine strukturierte Besiedlung von Tegucigalpa erreicht worden ist: Viele Bürger spendeten bereits für den klösterlichen Haushalt und den Bau neuer Gotteshäuser und Gemeindeeinrichtungen. Die Wohn- und Geschäftsgebäude befanden sich in dieser Zeit noch ausschließlich am Fluss.

Doch erst fast zweihundert Jahre später erhielt Tegucigalpa den ***Stadttitel*** der spanischen Krone als *Villa de San Miguel de Heredia.* Zu diesem Zeitpunkt war die heutige Altstadt von Tegucigalpa bereits komplett besiedelt, d.h. das Gebiet zwischen dem Fluss Choluteca, dem Fluss Chiquito und dem Berg Picacho. Mitte des 18. Jahrhunderts kam das Barrio (Viertel) Guanacaste hinzu, Mitte des 19. Jahrhunderts das Barrio La Leona am Hang des Picacho. Ende des 18. Jahrhunderts entstand das heutige Barrio Abajo (Unterstadt), um die damals erbaute Kirche Los Dolores herum. Das Viertel wurde von Mulatten und mestizischen Handwerkern bewohnt, der nicht-spanischen neuen Mittelschicht. Diese Menschen trugen viel zur Entwicklung bei, so dass Los Dolores in einer Rekordzeit erbaut wurde. Der Stil entsprach dem „letzten Schrei": In der sich hoch erstreckenden Fassade sind mit buntem Glas verschlossene Nischen eingelassen.

Tegucigalpa war seit Beginn des Unabhängigkeitskampfes das Zentrum der nationalen Bewegung des jungen Staates. Hier wirkten die großen Gründerväter *Francisco Morazán* und *José Cecilio del Valle*. Hierhin verlegte *Marco Aurelio Soto* 1880 die Hauptstadt – der Legende nach, weil seine aus Tegucigalpa stammende Ehefrau in der vorherigen Hauptstadt Comayagua gesellschaftlich nicht akzeptiert worden war. Fortan war Tegucigalpa die Tribüne der liberalen Reform, die dem Land eine bürgerlich geprägte Wirtschaftsverfassung gab. Die beiden heute dominierenden Parteien (liberal und national) gründeten sich beide um die Wende vom 19. zum 20. Jh. in Tegucigalpa. Die Parteien konnten selten die Geschicke des Landes bestimmen: Nach der Konjunktur der Edelmetalle kam die Konjunktur der Bananen-Enklaven im karibischen Norden. Während die Minen in der Nähe der Hauptstadt lagen, entzogen sich die nur in einer einwöchigen Reise zu erreichenden Bananenplantagen dem hauptstädtischen Blick. Die Regierung versuchte dennoch von Tegucigalpa aus, die wirtschaftliche Macht der meist ausländischen Investoren für die Entwicklung des Landes zu nutzen. Oft residierten in Tegucigalpa aber nur eigennützige und selbstherrliche Herrscher wie in den 1930er und 1940er Jahren des Faschismus der Diktator *Tiburcio Carías*.

Tegucigalpa ist bis heute ein intellektuelles und politisches Zentrum mit Ecken und Kanten. Als beispielsweise im April 1988 der aus Olancho stammende Kokainbaron und Volkstribun *Ramón Matta* an die USA ausgeliefert wurde, kam es zu einer Demonstration von Gewerkschaften, Bauernverbänden und Studenten. Die Demonstranten bauten auf der Avenida de la Paz Barrikaden auf, warfen Autos um und setzten das US-Konsulat in Brand. Honduranische Polizisten schauten stundenlang untätig zu. Erst spät setzte sich die US-Regierung durch und ließ brutal zurückschlagen, mindestens zwei Demonstranten kamen dabei um. Tegucigalpa hatte einmal mehr bewiesen, dass es die Heimstätte derer ist, die die nationale Würde notfalls mit aller Entschlossenheit gegen äußere Einmischung verteidigen. Und sei es am Beispiel eines illustren Drogendealers.

Orientierung

Tegucigalpa verwirrt den Bewunderer. Allzu leicht ist es, sich völlig zu verlaufen und zu verirren, da die sonst übliche quadratische Stadtplanung der spanischen Kolonialherren hier an ihre Grenzen stieß. Kaum eine Straße geht wirklich geradeaus. Je weiter der Weg aus den historischen Zentren Tegucigalpas und Comayagüelas wegführt, desto mehr fehlen die ohnehin knappen Gehsteige völlig. Autogerechte Transportwege und undurchdringliche Parkplatzlandschaften blockieren den Fußgänger. Grob teilt sich die Hauptstadt in folgende fünf Zonen: die Altstadt im Norden, die Neustadt oder Zona Viva um den Blvd. Morazán im Osten, die gewerblich geprägte Zwillingsstadt Comayagüela im Südwesten, der grüne und pittoreske Park La Leona (die Löwin) mit Aussichtsplattform im Norden und der Gipfel des Berges El Picacho mit dem Park der Vereinten Nationen im Nordosten, ca. 7 km außerhalb.

Zum großstädtischen Flanieren gut geeignet ist die ***Fußgängerzone*** *Peatonal*, die am Zentralpark beginnt und von dort aus 400 m westlich bis zur Hauptpost *(Correo Central)* führt. Hier befinden sich unzählige fliegende Händler *(vendedores ambulantes)*, die kleine Spiele, Lederwaren, Modeschmuck, Regenschirme, Taschenmesser und vieles mehr anbieten. Verschiedenste Läden sprechen den Passanten mit großen, bunten Werbeschildern an. Nach der langwierigen Modernisierung des Zentralparks vor

der Kathedrale ist dieser als Oase zum Zeitunglesen und Schuhe putzen Lassen wieder attraktiv.

Hinter der Hauptpost befindet sich 2 cuadras weiter westlich das Nationaltheater *(Teatro Nacional Manuel Bonilla)* an einem schönen, belebten Platz.

Außerhalb der engmaschigen Altstadt von Tegucigalpa dominieren als Hauptstraßen der Stadt die Boulevards: Im westlichen Comayagüela geht die in Nord-Süd-Richtung verlaufende Calle Real in den ***Blvd. de la Comunidad Europea*** über, der nach 4 km schließlich zum Flughafen Toncontín führt. In Comayagüela ist die Calle Real eine zwar lärmig-schmutzige Hauptverkehrsstraße, doch (von Nord nach Süd) entlang von Buchhandlungen, dem Park La Libertad mit der Hochschule der Künste bis zum Park El Obelisco mit dem Oberkommando der Streitkräfte lohnt ein Spaziergang.

Vom Stadion nach Osten führt der ***Blvd. Morazán,*** an dessen beiden Seiten sich moderne Gastronomie und Dienstleistung (Banken, Versicherungen, Einkaufszentren) angesiedelt haben. Abends vergnügt sich am modernen Blvd. Morazán die konsumorientierte Jugend der Hauptstadt. An den Tankstellen des Boulevards schallen die Ghettoblaster aus allen Kanälen oder es treten schon mal Live-Bands auf, die honduranischen Rap oder Hip Hop präsentieren. Klänge der Restaurants, der sich persönlich verdingenden Mariachi-Barden und solcher Tankstellenparties überlagern sich.

Ebenfalls vom Stadion ab, und zwar südöstlich, führt der ***Blvd. Suyapa:*** Zunächst etwa 1,5 km bis zur rechts vom Blvd. stehenden Universitätsklinik *(Hospital Escuela)* und dann weiter an der (3 km weiter links befindlichen) Universität *UNAH* vorbei bis zur großen (meist geschlossenen) Basilika Suyapa. Am Boulevard Suyapa befinden sich die Zentralen wichtiger Banken *(Bamer, BCA)* sowie Fernsehsender.

Standbild des Francisco Morazán

Sehenswertes

Rundgang

Ein Rundgang (ca. 3 Stunden lang) durch die Stadt könnte am ***Reiterstandbild*** des Befreiungshelden *Francisco Morazán* mitten im ***Zentralpark*** beginnen. Dann lohnt sich ein Blick in die ***Kathedrale*** mit Altar, Weihbecken und Kirchgarten. Danach geht es 1 cuadra südlich zur ***Plaza La Merced,*** wo die gleichnamige ***Kirche*** (östlich des kleinen Platzes) und die frühere ***Universität*** (rechts neben La Merced) sowie das ***Kongressgebäude*** (südlich der Plaza), die ***Zentralbank*** (westlich der Plaza) und das ***Museum der Republik*** (1 cuadra westlich der Plaza) zu besichtigen sind. Unterhalb des Museums führt die ***Brücke Mallol*** über das breite Becken des Flusses Choluteca zur Zwillingsstadt ***Comayagüela*** hinüber. Auf der anderen Seite der Brücke liegen die großen, überdachten Märkte Comayagüelas. Gerade in der Flussnähe, wo die meisten Schäden des Wirbelsturms Mitch (1998) verzeichnet wurden, sind nun Jahre nach den Ereignissen des Oktober 1998 immer noch recht deutlich die Verwüstungen zu erkennen. Teilweise wurde dieses Gebiet offiziell als gefährdete Zone erklärt, in der das Wohnen verboten wurde. Die ehemaligen Bewohner haben sich inzwischen andere Unterkünfte gesucht oder diese vom Staat zugeteilt bekommen.

Dann, nach Überqueren der Brücke Mallol, geht es rechter Hand die 1ª Calle entlang 4 cuadras geradeaus, bis rechts ein ***gewerblich genutztes Gebäude*** (unter anderem Ersatzteilverkauf von Volkswagen) mit integriertem Gotteshaus (!) sichtbar wird. Vorn an der Ecke werden Einfachstmöbel aus Kiefernholz angeboten, ein Tisch kostet hier nur etwa umgerechnet 10 €. Linker Hand (von Tegucigalpa abgewandt) liegt der große, überdachte ***Mercado San Isidro,*** der größte Markt des Landes. Nach einem ausführlichen Besuch dieses Eldorados geht es über eine ***Brücke*** (*Puente 12 de Julio)* wieder hinüber nach Tegucigalpa.

Nach 9 cuadras geradeaus Richtung Norden erreicht man das ***Nationalmuseum Villa Roy*** und das ***Institut für Anthropologie und Geschichte*** *(IHAH).* Westlich davon befindet sich der ***Park La Concordia*** mit Mini-Repliken der großen Maya-Denkmäler Mittelamerikas. Ein sehr beliebter Park für Familien und Liebespärchen. Leider hat dieser durch die Flussnähe sehr unter Hurrikan Mitch gelitten, erst in jüngster Zeit wurde er teilweise wieder hergerichtet. Zum Schluss des Rundgangs lohnt sich ein Aufstieg zum ***Parque La Leona*** (Löwenpark), der 3 cuadras östlich des Museums (5 cuadras östlich des Parks La Concordia) über steile Treppen zu erreichen ist. Inmitten von La Leona befindet sich ein Basketball-Feld. Hier herrscht Trubel, insbesondere am Wochenende. Es bietet sich ein wunderschöner Ausblick auf die Stadt. Es ist einer der wenigen wirklich gepflegten Parks der Stadt. La Leona ist der ältere Stadtkern der Stadt, hier lohnt sich ein Spaziergang durch die historischen Wohnanlagen.

Wichtige Sehenswürdigkeiten

Für lehrreiche und anregende Stadtexpeditionen ist Tegucigalpa ein reich gefüllter Tresor. Dem europäischen Reisenden, der geordnete Innenstädte mit bürgerlichem Publikum gewöhnt ist, schreit Tegucigalpa entgegen wie ein stinkendes Chaos. Wer dagegen die sehr kommerziellen, von Anonymität und Stress überschatteten Szenen anderer Dritte-Welt-Metropolen oder auch andere lateinamerikanische Zentren kennt, kann in Tegucigalpa eine andere Atmosphäre erspüren.

Nur schwer eröffnen sich dem überwältigten Neuling die Details. Tegucigalpa bietet Szenen, sei es für Maler, Musiker, Schwule oder fast jedwede andere Lebensweise, die in einem kleinen, traditionellen Land nur zarte Ausprägung entwickelt haben.

Die Brücken

Die Altstadt von Tegucigalpa wird mit dem Zentrum von Comayagüela durch fünf und demnächst sechs ***massive Steinbrücken*** verbunden: Nördlich die Puente El Chile, die durch den Hurrikan Mitch zerstört und wieder neu aufgebaut wurde. Sie verbindet den Westen des Barrio Abajo mit den kahlen Hängen des Barrio El Chile in Comayagüela; weiter südlich die Puente 12 de Julio, die von Tegucigalpa aus direkt ins tiefste Gewühl der Märkte führt; weiter südlich die Puente La Soberanía und noch ein Stück weiter südlich die Puente Mallol, die in die Calle Real übergeht. 100 m weiter entsteht die demnächst größte ***Verbindungsbrücke El Estocolmo,*** benannt nach der schwedischen Hauptstadt. Wenig weiter liegt die zurzeit beste ***Verbindungsader Japonia,*** auch diese nach dem entwicklungspolitisch wichtigen Partnerland Japan benannt.

Zentralpark

Im Zentralpark *(Parque Central)* spiegelt sich das ganze Leben der Honduraner. Hier werden Schuhe geputzt und illustre Personen aus Politik und Gesellschaft getroffen, hier begegnen sich Weltlichkeit und Geistlichkeit. Die Kathedrale begrenzt den Zentralpark nach Osten, die Hauptstraße Avenida Paz Barahona nach Norden (Verkehrsfluss nach Osten, Bus- und *Colectivo*-Halt) und die Avenida Cervantes nach Süden (Verkehrsfluss nach Westen).

Die Genossenschaft der ***Schuhputzer*** im Zentralpark bestimmt den Rhythmus der pulsierenden Metropole: Jeder, der echte Schuhe trägt und etwas auf sich hält, setzt sich zwischen 8 und 12 Uhr vormittags in die Reihe unter dem Sonnendach an der Nordostseite des Zentralparks, ergreift eine dort ausliegende Tageszeitung und lässt seinen Schuhen (und damit sich selbst) den letzten, ultimativen Glanz verleihen. Ein Gespräch über eine jener ungebetenen Preiserhöhungen, Stromkrisen oder Korruptionsskandale ist oft unvermeidlich: Der Schuhputzer ist besser informiert als mancher Sonderausschuss des Kongresses.

Museum der Militärgeschichte und Museo del Hombre

3 cuadras östlich auf der Avenida Miguel Paz Barahona befindet sich linker Hand die Kirche San Francisco, die schon 1592 von Franziskanern gegründet wurde. Angrenzend im gleichen Komplex ist das Militärische Geschichtsmuseum des Landes *(Museo Histórico Militar)*, geöffnet von 8 bis 16 Uhr werktags, ein auch für Pazifisten verdauliches Thema, da militärische Stärke für Honduras schon vor der Staatsgründung durch *Francisco Morazán* mit vorbildlichen moralischen Zielen verbunden war.

Modern und klassisch:
Zentralbank und Staatsmuseum

Gegenüber, auf der anderen, südlich gelegenen Straßenseite befindet sich das beispielhaft restaurierte Gebäude, in dem früher das Höchste Gericht residierte. Heute ist es das *Museo del Hombre*, sozusagen das Museum der Museen. Es ist von der Südseite, d.h. von der Avenida Miguel de Cervantes her zu betreten und beherbergt aktuelle musische oder historisch relevante Ausstellungen.

Plaza La Merced

Nur 1 cuadra südlich vom Zentralpark liegt die Plaza La Merced. Sie ist am Standbild des Staatsphilosophen *José Cecilio del Valle* zu erkennen. Hier befindet sich die kleine, wegen ihrer Gemälde kostbare ***Kirche La Merced*** (siehe dort). Neben ihr befindet sich das ***Paráninfo Universitario*** im Gebäude der alten Universität. Es beherbergt seit Ende 1996 die **Nationalgalerie** *Galería Nacional de Arte,* mit Buchhandlung und Café. Hier können die besten Stücke klassischer und moderner honduranischer Malerei sowie Kunstfunde aus prähispanischer Zeit bestaunt werden (siehe unter Museen). Auf dem Platz vor dem Paráninfo Universitario steht das ***Denkmal*** von *José Trinidad de Cabañas:* Der 1805 in Tegucigalpa geborene *Cabañas* war Mitstreiter des Reformers *Francisco Morazán,* Minister und Parlamentspräsident der Föderationsregierung in El Salvador und später Minister der honduranischen Zentralregierung. 1871 starb er in Comayagua, wo er auch begraben liegt.

Südlich der Plaza befindet sich das auf Stelzen stehende ***Kongressgebäude*** und südöstlich das ***Hochhaus der Zentralbank.*** Sie beherbergt die Münzsammlung des Landes *(Museo Numismático)* und die Kunstsammlung *Pinacoteca Arturo H. Medrano.* Hinter diesem Gebäude befindet sich wiederum das ***Museum der Geschichte der Republik*** *(Museo Histórico de la República,* siehe unter Museen).

Mercado San Isidro

Auf der der Altstadt gegenüber befindlichen Seite des Flusses liegen die vier größten ***Märkte*** des Landes dicht beieinander. Zwischen der Puente 12 de Julio und der Puente La Soberanía liegen die Märkte *Las Americas* (im dreigeschossigen Gebäude), *Colón* und *San Isidro* (zusammenhängend, 2 cuadras vom Fluss entfernt) und *Alvarez.* In *Las Américas* reizen die üppigen Fruchtstände. Die Märkte haben unter Hurrikan Mitch großen Schaden erlitten und wurden teilweise mit deutschen Entwicklungsgeldern wieder aufgebaut.

Parque La Leona

Nördlich über der Altstadt liegt die Siedlung La Leona. Sie ist nach einer Raubkatze benannt, die zu Gründerzeiten hier Angst und Schrecken verbreitete. Durch die Besiedlung der Hänge des Berges El Picacho ist jedoch der Wald verschwunden und heute erinnert nichts mehr an einen Lebensraum für wild lebende Tiere. La Leona erlaubt einen schönen Panramablick über beide Städte und – bei klarem Wetter – entsprechende Fotos.

El Picacho

Den schönsten Ausblick auf die Stadt hat jedoch derjenige, der sich bis hinauf zum ***Park El Picacho*** und hier zur ***Jesusstatue*** aufmacht, die insbesondere – wenn nachts beleuchtet – ein Wahrzeichen ist und – ganz praktisch betrachtet – einen guten Orientierungspunkt in der Stadt darstellt. Die Jesusstatue wurde Ende 1997 von dem honduranischen Skulptor *Mario Zamora Alcantara* errichtet. Für die Finanzierung wurde eine *Fundación Cristo del Picacho* gegründet, die unter der Leitung des Kardinals von Tegucigalpa steht. Es empfiehlt sich, kurz vor ***Sonnenuntergang*** zum El Picacho zu gehen, um das Schauspiel der angehenden Lichter der Stadt zu erleben.

Der Park ist zwar durch Polizeipräsenz gesichert, aber es wird trotzdem immer wieder vor Überfällen gewarnt, daher sollten hierhin keinerlei Wertgegenstände mitgenommen werden. Im Park befindet sich der ***botanische Garten,*** *el Parque de las Naciones Unidas,* und ein kleiner ***Stadtzoo,*** immerhin mit einem Jaguar (der größten und in Honduras endemischen Raubkatze des Isthmus) und einem Löwen. Der Tierpark gibt mit unzähligen Exemplaren aus den Regen- und Trockenwäldern Zentralamerikas einen Überblick über die ökologische Begegnung der Spezies Süd- und Nordamerikas, darunter diverse Affenarten sowie Damwild. Hier manifestiert sich, dass die beiden Subkontinente in vorgeschichtlicher Zeit getrennt waren und sich in Honduras einst zusammenschoben.

Anfahrt: Zu Fuß vom Parque La Leona aus den Berg hinauf. Hier sollte man am besten Anwohner nach dem Weg fragen. Jedoch führt dieser durch relativ arme Stadtviertel, die nicht immer sicher sind. Busse fahren am El Picacho vorbei auf dem Weg zur La Tigra (Jutiapa). Abfahrt jede halbe Stunde bis 17 Uhr, 1 cuadra vom Parque Finlay im Zentrum entfernt in Richtung Piligüin; ansonsten mit einem Taxi für ca. 4 $.

Kirchen

Kathedrale

Die zweitürmige Kathedrale, die sich auf der Ostseite des Zentralparks befindet, wurde von 1765 bis 1782 im spanisch-amerikanischen Barockstil errichtet. Sie ist ein Spiegel des Lebens der Stadt. Schon im Eingang kauern Bettler und fromme Pilger, im Inneren des Kirchenhauses finden sich allerlei Gedenktafeln und Blumen. Während die Symbole der ärmeren Frommen aus Plastik und Papier sind, häufig blass oder staubig, finden sich auch Gaben begüterter oder berühmter Honduraner. Im Altar der Kathedrale ist das Zentrum und Tabernakel aus Silber gearbeitet, das aus den Minen um die Stadt herum gewonnen worden war. Die Altarverkleidung dagegen ist aus Blattgold, das nach Vorlagen und mit Goldlaminat der Werkstätten aus Antigua Guatemala aufgetragen wurde. Im Eingang rechts steht ein steinernes Weihbecken von 1646, das aus der ersten Pfarrkirche Tegucigalpas stammt.

Im Hof der Kathedrale befindet sich der älteste ***Baum*** der Hauptstadt, er stand schon vor Eintreffen der Spanier hier: Der *Escilinxochiltl* (sprich: Eskilinsutsche, lat. *Bourrieri huanita*) im eng gedrängten Kirchhof (nach innen gelegen, vom Weihraum aus zu sehen) ist ein Fruchtbarkeitssymbol der Ureinwohner. Auf Nahuatl bedeutet *Escilin* „Frau" und *Xochiltl* „Blume". Außer diesem Baum hat nur das steinerne Weihbecken die Brände vergangener Jahrhunderte überlebt.

La Merced

Wertvoll auch sind die Altäre und Bilder in der Kirche La Merced, die sich nur 2 cuadras südlich vom Zentralpark gleich neben der alten Universität befindet. Auf ihrem Vorplatz liegt das

Paráninfo Universitario – siehe unter Museen, Nationalgalerie.

Virgen de los Dolores

Die Kirche der Virgen de los Dolores dagegen befindet sich 3 cuadras westlich und 3 cuadras nördlich vom Zentralpark. *Los Dolores* besticht durch ihren großzügigen Vorplatz, auf dem Losverkäufer ihre Ticketreihen ausbreiten. Wie vorn im geschichtlichen Abriss zu Tegucigalpa schon dargestellt, ist Los Dolores eine Errungenschaft der kreolischen und mulattischen Mittelschicht: Die monumentale Kirche wurde zeitgemäß mit kleinen Verliesen in der Vorderfront gebaut, in denen buntes Glas eingearbeitet ist – damals eine hochaktuelle Stilblüte.

Museen

Als ***naturkundliches Museum*** fungiert die *Exposición de la Historia Natural de Honduras*, Blvd. Suyapa, Ed. de Sciencias Biológicas, Facultad de Biología. Dies ist das 1. Universitäts-Gebäude linker Hand, auf dem großen Boulevard Richtung Basilika Suyapa, ca. 3 km nach dem Gebäude von *Bancafé* links.

Nationalgalerie

Das ***Paráninfo Universitario,*** das Gebäude der ersten Universität der Stadt, liegt gleich rechts neben der Kirche La Merced, 2 cuadras südlich des Zentralplatzes. In diesem Gebäude befindet sich heute die Nationalgalerie mit einer hochwertigen Sammlung zeitgenössischer moderner und klassischer Malerei, kolonialer Kunst sowie einer Sammlung mit Kunsthandwerk einzelner Provinzen. In verschiedenen Sälen des aufwändig restaurierten kolonialen Gebäudes werden Kunst und Kultur des musischen Honduras gezeigt. Hier befinden sich als Leihgaben archäologische Funde aus allen Landesteilen. Der Eintritt zur Galerie kostet 10 Lps.; geöffnet: Mo.-Fr. 9-16 Uhr, Sa. 9-12 Uhr, So. geschlossen.

Museum der Republik

2 cuadras Richtung Westen ist im ehemaligen Präsidentenpalast das Museum der Republik *(Museo de la República de Honduras)* eingerichtet worden. Anhand von staatlichen Symbolen und Dokumenten, aber auch persönlichen Gegenständen honduranischer Würdenträger gibt es Einblick in die Geschichte der letzten Jahrhunderte. Ein geschmackvolles Arrangement sehr unterschiedlicher Objekte macht die Geschichte des Landes anschaulich.

Das Gebäude war bis 1992 noch der Präsidentenpalast. Es gibt einen lebendigen Einblick in das Ambiente der honduranischen Politik früher und heute. Das Präsidentenbüro sowie der berühmte blaue Saal des Staates sind die Attraktionen. Geöffnet: Di.-Sa. 9-12 Uhr und 13:30-16 Uhr.

Nationalmuseum

Das Nationalmuseum *(Villa Roy)* liegt in der 3ª Calle, entre 9ª y 10ª Avenida, 1 cuadra östlich und 2 cuadras südlich vom Parque La Concordia, im Barrio Abajo ganz oben auf dem Hügel. In der ehemaligen Präsidentenvilla *Villa Roy* gelegen, fungiert es seit 1997

Wächter des Kulturerbes – das Instituto Hondureño de Antropología e Historia

Als 1952 das *Instituto Hondureño de Antropología e Historia IHAH* (Institut für Anthropologie und Geschichte) gegründet wurde, waren die heute bekannten Ausgrabungsstätten der prähispanischen Vorgeschichte schon entdeckt und der Forschung zugänglich gemacht worden. Die Regierung schuf so einen institutionellen Rahmen, damit Honduraner – und nicht nur wohlmeinende Ausländer – ihre bemerkenswerte Geschichte selbst erforschen würden.

Erst 1984 wurde gesetzlich festgelegt, dass vor allem das archäologische Erbe des Landes einen Forschungsauftrag für das *IHAH* darstellt. Die honduranischen Forscher des *IHAH*, die ihre akademische Fachausbildung in den USA, Großbritannien und Deutschland erhalten hatten, unterstützten ausländische Institute schon seit den sechziger Jahren bei den Ausgrabungen in Copán. In den siebziger Jahren trug die japanische Regierung im Rahmen ihres Entwicklungsbüros *Cooperación Técnica Japonesa* zur fachkundigen Freilegung einer größeren Siedlung in El Puente bei La Entrada (siehe dort) tatkräftig bei. Mitte der achtziger Jahre schließlich wurde – lange vor der Eröffnung der Ausgrabungsstätte selbst – das kleine Archäologische Museum in La Entrada eröffnet. Inzwischen wurde es in das archäologische Zentrum von El Puente integriert. Das archäologische Zentrum El Puente mit seinem sehr schönen Besucherzentrum wurde dann 1994 für die Öffentlichkeit freigegeben.

Zurzeit bereitet das *IHAH* am Lago de Yojoa eine frühgeschichtliche Ausgrabung vor. Am Nordufer des Sees befindet sich ein Siedlungszentrum, das ca. 800 v. Chr. entstanden war. Dieses Ensemble mit dem Namen Los Naranjos wird bewusst als Teil des natur- und kulturgeschichtlichen Erbes des Yojoa-Sees behandelt. Archäologie und Geschichte werden als Chance und Herausforderung für die meist sehr arme Bevölkerung des Standortes betrachtet. Sie soll die geschichtlichen Reichtümer als Teil ihres Lebensraumes akzeptieren lernen und auf diese Weise selbst ein Interesse entwickeln, diese zu schützen und zu pflegen. Das geht aber nur, wenn die entsprechenden Stätten als Einkommensquelle konzipiert sind, und zwar als Teil einer für Besucher reizvollen Umgebung. Deshalb wird Los Naranjos integriert sein in die Siedlungsgeschichte und Natur des Lago de Yojoa, gleich in Nachbarschaft zu den Nationalparks Azul Meambar und Santa Bárbara sowie dem Wasserfall Pulhapanzak. Um dies zu erreichen, arbeitete das IHAH anfangs eng mit der Naturschutzorganisation *Eco-Lago* zusammen. *Eco-Lago*

als Museum der Republikanischen Geschichte *(Museo Histórico de la Republica en Villa Roy)*. Ein Land, das seine Souveränität bis heute erkämpfen muss, braucht nationale Symbole: In der wunderschönen Villa des Staatspräsidenten *Julio Lozano*, des Vorgängers von *Tiburcio Carías*, befinden sich sieben Räume, in denen die Geschichte des Landes zwischen 1821 und 1963 anhand von Utensilien, Karten, Dokumenten und Geschenken illustriert ist. Auf einem Parkplatz stehen die Staatskarossen aus sieben Jahrzehnten, zwischen Cadillac und S-Klasse ist alles dabei. Geöffnet: Mo.-Sa. 8-16 Uhr, Eintritt: 20 Lps.

Sala Bancatlán

Eine Sammlung zeitgenössischer honduranischer Malerei und prähispanischer Kunstgegenstände findet sich in der ***Hauptstelle der Bank Atlántida*** am Boulevard Miraflores. Mo.-Fr. 9-15 Uhr.

hat sich seit seiner Entstehung 1992 darum bemüht, die Campesinos am Lago de Yojoa in regelmäßigen Versammlungen für den Schutz des Sees zu gewinnen. Viele Anwohner des Sees sind in die vielfältigen Aktivitäten von *Eco-Lago* so eingebunden worden, dass sie dann auch einen spürbaren Vorteil erleben konnten. Durch den Hurrikan Mitch sind die Arbeiten etwas zum Stillstand gekommen. Jüngst wurde das Projekt wieder aufgenommen und von der Weltbank unterstützt. Ende 2002 wird mit der Fertigstellung und Öffnung für das Publikum gerechnet.

Stets versuchte das IHAH auch, schlimmsten Raubbau am Kulturerbe zu verhüten: Als etwa Touristen große Mengen von kleinen, steinernen Schmuckgegenständen der Nahuatl aus dem Land schleppten, als einzigartige Kolonialvillen dem Ruin preisgegeben wurden, und auch, als wilde Taucher vor Utila nach spanischen Silberwracks des 17. Jahrhunderts suchten – immer artikulierten die Wissenschaftler des IHAH öffentlich ihre Proteste, wenn auch oft vergeblich.

Die Arbeit des IHAH wird durch ein Team von Anthropologen und Anthropologinnen geleistet. Einer von ihnen war der US-Amerikaner *George Hassemann*, der 1998 verstorben ist. Er forschte seit Jahren über die intermediäre Zone, d.h. über das Siedlungsgebiet der Stämme, die im Einfluss der Maya gelebt haben, selbst aber keine Maya waren. Seine Arbeiten haben große Bedeutung für die zukünftigen Forschungen in der Moskitia. *George Hasemann* hat die Vermutung eines großen, vom Regenwald bedeckten Siedlungszentrums (die „Weiße Stadt", siehe Exkurs dazu) theoretisch untermauert. Heute stehen die Forschungen unter der Leitung von *Carmen Julia Fajardo.*

Gloria Lara hingegen ist Honduranerin, sie hat in Hamburg Anthropologie studiert und promoviert (in Honduras werden bisher die Studiengänge Anthropologie und Archäologie nicht angeboten). Frau *Lara* ist besonders hervorgetreten durch ihre engagierten Bemühungen, den historischen Stadtkern von Trujillo vor der rücksichtslosen Bau- und Abrisswut der lokalen Bevölkerung und so mancher öffentlichen Behörde zu schützen. Inzwischen arbeitet die Anthropologin unabhängig vom Institut.

Die Büros des *IHAH* befinden sich unterhalb der *Villa Roy* bzw. des Museums der Republikanischen Geschichte im Barrio Abajo in Tegucigalpa.

Wer sich näher für die Arbeiten des Institutes interessiert, kann sich im Institut an Frau *Carmen Julia Fajardo* wenden: Tel. 222-3470 oder 222-1468, Fax 222-2552, Apdo. Postal 1518, Villa Roy, Bo. Buenos Aires, Tegucigalpa, hondihah@sdn.org.hn.

Pinakothek und Münzsammlung

Im Gebäude der Zentralbank (vgl. Stadtrundgang) in der 12ª Calle, entre 5ª y 6ª Avenida, liegt die Pinakothek von *Arturo H. Medrano,* des früheren Zentralbankdirektors: 500 zeitgenössische Kunstwerke sind hier ansprechend zu einer Ausstellung geformt worden. Im gleichen Gebäude bietet die Nationale Münzsammlung einen Überblick über honduranische und ausländische Zahlungsmittel. Beide Ausstellungen: 9-12 und 13-16 Uhr. Eintritt frei.

Militärmuseum

Im Park ***Valle de Tegucigalpa*** gelegen, befinden sich in diesem Museum die persönlichen Gegenstände und Fotografien illustrer Helden der honduranischen Geschichte. In einem Saal werden alte und moderne Feuerwaffen ausgestellt.

Private Leguanzucht

Sehr nett von dem an der *UNAH* studierten Biologen *Olvin F. Andino* aufgebaut, von Oma und Sohn geführt und lehrreich über die Lebensweise und den Lebenszyklus des Leguans und des sog. *Garobo* ist das *Biosfera Ecocentro* in der Col. La Joya, an der Einfahrtsstraße zur gleichnamigen Siedlung (Col. La Joya, C. Principal No. 2825, Apdo. Postal 3129, Tel./Fax 230-6346). Die Führung beginnt mit einem englischsprachigen Video über den Leguan, begleitend exponiert sich „Francisco, der Leguan", das stadtweit bekannte Prachtexemplar, der liebevoll an der Leine geführt wird. Es gibt verschiedene Leguangehege zu sehen: Mal im Zuchtgehege, mal mit Kaninchen und mal mit Schildkröten. Immer redet der Junge wie ein Wasserfall, ein Kontrast zum ansonsten heißtrockenen Klima. Ein schönes Erlebnis zu einem fairen Preis (10 Lps.). Öffnungszeiten: 9-16 Uhr.

Kultur

Theater

Im ***Teatro Nacional Manuel Bonilla*** (2 cuadras westlich der Hauptpost), Tel. 222-4366, finden regelmäßig nationale, aber auch internationale (zumeist gesponserte) Theater- und Musikaufführungen statt. Hier musiziert auch das einzige ***Sinfonieorchester*** des Landes *(Orquestra Sinfónico Nacional)*. Das *Teatro* ist dem *Teatre de Atheneé de Paris* nachempfunden.

Das private Theater ***La Reforma*** im gleichnamigen Stadtviertel bietet u.a. lokale Komödien, die bei den Einheimischen sehr beliebt sind, jedoch eher einen Seifenoper-Charakter aufweisen.

Deutsches Kulturzentrum

Einen Überblick über kulturelle Veranstaltungen bietet das „schwarze Brett" im ***Centro Cultural Alemán*** (Bo. La Fuente, 8ª Ave., Tegucigalpa, 3 cuadras nördlich von der Fußgängerzone Peatonal, Tel. 237-1555, geöffnet meist erst ab 17 Uhr). Hier finden Deutschkurse und gelegentlich Vorträge und Musikdarbietungen statt. Es können Kontakte zur sehr kleinen deutschen Kolonie in Tegucigalpa geknüpft werden.

Alianza Francesa

Bedeutende kulturelle Ereignisse, Ausstellungen und Konzerte, bietet das ***französische Kulturinstitut.*** Es befindet sich im Stadtviertel *Lomas de Guijarro*, Tel. 221-1692. Die Veranstaltungen werden in den Tageszeitungen angekündigt.

Kunstgalerien

- ***Galería und Café El Paradiso*** ist eine zeitgenössische Kunstgalerie mit Café sowie einer brauchbaren Buchhandlung (Schwerpunkt Poesie und Politik). Jeden Dienstagabend ab 19 Uhr werden internationale Filme auf einer kleinen Leinwand gezeigt, und donnerstags lesen honduranische Dichter aus ihren Werken. Anschließend diskutiert ein kleiner Kreis Intellektueller über diesen Film. Das Café liegt im Barrio La Plazuela, nur 5 cuadras vom Zentralpark Richtung Osten.
- ***Galería Trio's,*** Col. Matamoros, Circuito Gallegos 901, Tegucigalpa, Tel. 236-7238.
- ***Galería Portales,*** Redondel del Artesano, zwischen Barrio Palmira und Bar-

Als Unterkunft nicht erste Wahl: Zentralgefängnis des Landes

rio Guanacaste, Tel. 239-5354; zählt auch Skulpturen zur Sammlung.

Sonstiges

Internationale Popkonzerte finden gelegentlich u.a. im Olympiastadion ***Villa Olímpica*** statt. Ankündigungen in Musikgeschäften oder über Tageszeitungen.

In letzter Zeit hat sich das Zentrum kulturell wieder etwas belebt. So bietet die ***Casita del Pueblo,*** am Parque Finlay, kulturelle Veranstaltungen. Ebenfalls Peña-Ambiente bietet das ***D'Barro,*** (Ave. Manual Gálvez), vom Zentrum aus in Richtung *Hotel Clarion,* Tel. 239-6905, donnerstags und freitags gelegentlich Livemusik, Dichterlesungen oder andere kulturelle Aktivitäten. ***La Mina,*** gegenüber der Texaco-Tankstelle am Anfang der Avenida La Paz in Richtung Zentrum, bietet vor allem lokalen Musikbands Freitag und Samstag eine Möglichkeit, vor größerem Publikum zu spielen. Eintritt ca. 4 $.

Praktische Informationen

Unterkünfte

Hotels in Tegucigalpa

• ***Hotel Real Intercontinental*** (Ave. Juán Manuel Galvez, Col. Alameda, Tel. 231-2727, Fax 231-2828, ana.salgado@gruporeal.com). Inspirierendes Top-Hotel mit Pool, Restaurants, Bar, Fitness, Sauna und Business Centre, erste Wahl in Tegucigalpa, DZ ab 160 $.

• ***Hotel Copantl*** (Paseo al Picacho, Tel. 220-7007, Fax 220-7008, suitescopantl@hondudata.com). Sehr elegantes, ganz modernes Hotel, Pool, Fitnessraum, Bar, Restaurant, Shuttlebus ins Zentrum, DZ ab 120 $.

• ***Hotel Honduras Maya*** (Col. Palmira, Ave. República de Chile, Tel. 220-5000, Fax. 220-6000, guestservice@hondurasmaya.hn, www.hondurasmaya.hn), luxuriöse Zimmer mit TV, AC, Bar und Restaurant, schöner Ausblick, Pool, Gym, Shopping, Parkplatz, Internet gratis, internationales Publikum, eines der traditionsreichsten Hotels der Stadt, DZ 100 $ (So.-Do.), DZ 60 $ (Fr., Sa.).

• ***Hotel Plaza San Martín*** (Col. Palmira, 100 m östlich vom *Honduras Maya*, Tel. 237-2928, Fax 231-1366, reservaciones@plazasanmartinhotel.com, www.plazasanmartinhotel.com). Gutes Restaurant, Bar, AC, jeder Raum mit Originalwerken honduranischer Maler versehen, Rabatt für Deutsche bei Hinweis auf *Cámara Honduro-Alemana (Deutsch-honduranische Handelskammer)*, Panoramablick von oberer Etage aus, bestes Preis-Leistungsverhältnis der Oberklasse im Ort, DZ 70 $.

• ***Hotel Prado*** (Ave. Cervantes, schräg hinter der Kathedrale, Tel. 237-0121, Fax 237-2221, elprado@netsys.hn, www.netsys.hn/~elprado) moderne Ausstattung in alter Fassade, herrlicher Blick auf die Kathedrale, Café/Restaurant, Bar, Whirl-Pool, AC, DZ 50 $.

• ***Hotel Plaza*** (im Zentrum an der Fußgängerzone, gegenüber *Correo Nacional,* Tel. 237-2111, Fax 237-2119), mit Restaurant und Bar, AC, zentral, freundlich, DZ 40 $.

• ***Hotel MacArthur*** (Ave. Lempira, No. 454, Bo. Abajo, Tel. 237-9839, 237-5906, Fax 238-0294, homacart@datum.hn). Modern eingerichtet, ruhiges Ambiente, Pool, kleines Restaurant mit Frühstück und Abendessen, Parkhaus, DZ 36 $, mit AC 42 $.

• ***Nuevo Hotel Boston*** (Nähe *Peatonal*, 2 cuadras westlich der Kirche Los Dolores, Ave. Jerez, Tel. 237-9411), kolonialer Stil, empfehlenswert, sauber mit einem gemütlichen Aufenthaltsraum, die Zimmer zur Straße sind groß, mit Balkon, aber etwas laut, DZ ab 22 $.

• ***Hotel Iberia*** (Peatonal Los Dolores, vor der gleichnamigen Kirche, Tel. 237-9267), laut, freundlich, sauber und einfach, DZ 14 $.

• ***Hotel Granada I*** (Ave. Juan Gutemberg, No. 1401, Bo. Guanacaste, Tel. 222-2654), DZ mit privatem Bad 14 $.

• ***Hotel Granada II*** (gegenüber den Kinos *Aries* und *Tauro*, Übergang von Ave. Jerez in den Bo. Guanacaste, Tel. 237-7079, Fax 238-4438),.Restaurant, sauber (Chlor-Geruch), sicher, Garage, DZ 14 $.

• ***Hotel Granada III*** (gegenüber Granada II, Tel. 237-0843), ist das neueste der drei Granada-Hotels, DZ 14 $.

Hotels in Comayagüela

Besonders während der Nacht ist Comayagüela ohne Auto nicht zu empfehlen. Besser eines der Hotels im Zentrum aufsuchen. Trotzdem eine kleine Auswahl:

• ***Hotel Ismary*** (5ª C. entre 4ª y 5ª Ave., Tel. 238-1393), private Dusche, DZ 10,50 $.

• ***Hotel San Pedro*** (9ª C., 6ª Ave.), mit oder ohne private Dusche (kein warmes Wasser!), *comedor*, DZ 9$.

• ***Hotel Colonial*** (6ª C. entre 6ª y 7ª Ave., No. 617, Tel. 237-5785). Private Dusche mit Heißwasser, gepflegt, preiswert, DZ 5,40 $.

• ***Hotel Pinares*** (17ª C., 6ª Ave. S.O.), mit Ventilator und Privatdusche, DZ 5 $.

• ***Hotel Latino*** (8ª C., 6ª Ave.), DZ 3,60 $.

• ***Hotel Mariacruz*** (17ª C., 6ª Ave. S.O.), mit Warmwasser, *comedor*, DZ 3,20 $.

• ***Hotel Lisboa*** (7ª C. entre 4ª y 5ª Ave.), dunkle, kleine Räume, preiswert, DZ 2,80 $.

Bed & Breakfast

Ohne Restaurant und Schnickschnack, aber sauber und sicher; manche sind eher teurer als klassische Hotels:

•***Leslie's Place*** (Col. Palmira, Calzada San Martín, No. 452, zwischen den Hotels *San Martin* und *Honduras Maya,* Tel. 239-0641, Fax 232-1687, services@dormir.com, www.dormir.com, geschmackvoll eingerichtete Zimmer, Gartencafé, Internet, AC 100 $.

•***Confort*** (Col. Palmira, 2ª C., No. 528, Tel./Fax 239-1254, coxfort@mayanet.hn), freundlicher Familienbetrieb, geschmackvoll eingerichtet, schöner Ausblick auf die Stadt, Pool, Übernachtung mit Frühstück, DZ 60 $.

•***Humuya Inn*** (Col. Humuya, No. 1150, nur 8 Min. vom Flughafen Toncontín, Tel. 239-8962, Fax 239-2206, humuyain@david.intertel.hn), DZ 85 $.

•***Café Allegro*** (Ave. República de Chile, No. 360, Col. Palmira, Tel. 232-8122), saubere 4-Bett-Räume für 5 $ pro Person.

Essen

•***Alondra*** (Col. Palmira, Ave. Republica de Chile, östlich/unterhalb des Hotels *Honduras Maya),* architektonisch und kulinarisch in spanischer Tradition, mit schönem Interieur und Patio, fein, teuer, aber lohnend, Menü mit Getränken pro Person ca. 20 $.

•***Café Allegro*** (s.o.), bietet mittags bis abends leichte italienische und internationale Gerichte, allerdings zu unangemessen hohen Preisen.

•***La Cumbre*** (bei Kilometer 7,5 auf der Carretera El Hatillo, Tel. 211-9000, 211-9001), feine, vielfältige Küche, deutscher Besitzer. Wenn er selbst kocht, gibt es gute deutsche Gerichte. Mo.-Fr. 17-21, Sa. 12-22 Uhr, So. geschlossen, am besten vorher anrufen, Terrasse mit dem schönsten Blick auf Tegucigalpa. Der Höhepunkt: Der Wechsel des Lichtes zur Abenddämmerung, Komplettmenü pro Person ca. 25 $.

•Östlich hinter der Kathedrale liegt das ehemalige ***Al Natural.*** In einem kühlen Patio werden leichte, stets landestypische Speisen serviert, geöffnet 8-20 Uhr. Die Preise sind fair, der Kaffee ist die ideale Grundlage einer Tagebuch-Sitzung.

Nationaltheater Manuel Bonilla

●***Café la Plazuela*** (Nähe „El Arbolito"-Kreisel, 5 cuadras östlich des Zentralparks, gleich neben Café *El Paradiso)*, Restaurant, Bar und Café, hell und sauber, dezentes regionales Publikum, nationale Speisen und Getränke zu fairen Preisen, Internet kostenlos, Fußball auf Wandbildschirmen, Mo.-Sa. 7-22 Uhr.

●***Terraza de Don Pepe,*** eine Herzkammer der Hauptstadt ist auch dieses volkstümliche Restaurant (Ave. Cristobal Colón, 2 cuadras westlich vom Zentralpark). Im Restaurant in der 1. Etage spielt ein Pianist, während in bunt gestalteten Nischen, häufig mit Blick auf die belebte Gasse, preiswerte asiatische und zentralamerikanische Fleisch-, Fisch- und Grillspeisen sowie Pasta und Suppen geboten werden. Bis in die Toilette hinein kleben Zeitungsausschnitte an den Wänden. Terraza de Don Pepe entfaltet seine Magie am Abend und ist ein echter Tipp.

●***El Corral*** (Ave. Juan Pablo II), Rindfleischspezialitäten, aber auch gute Meeresküche.

●***Restaurante Duncan Maya*** (2 cuadras von *Terraza de Don Pepe* Richtung Osten, an der Avenida Cristóbal Colón, nur 60 m von der Kathedrale Richtung Nordwesten), bei jedem Bier auch kleine Häppchen *(boquitas)*, ergiebig, honduranischer Mittelschichtstreff, reell.

●***La Hacienda*** (Blvd. Morazán), Rindfleischspezialitäten in einem Hacienda-Ambiente, etwas teuer, aber exzellenter Service.

●***El Patio*** (Blvd. Morazán, 50 m hinter dem Gebäude der *Seguro Interamericano*, Tel. 232-9646), hochwertiges Rindfleisch als Spieß, Steak etc., riesige Portionen, reicht für zwei, dann ist der Preis auch wieder angemessen. Im El Patio spielen regelmäßig *Mariachis.*

●***D'Barro,*** Ave. Manual Gálvez (Tel. 239-6905), Do. und Fr. des Öfteren Livemusik, Dichterlesungen oder andere kulturelle Aktivitäten, gute, preisgünstige *comida típica.*

●An der Straße Richtung Süden, der *Carretera del Sur* (vom Flughafen *Toncontín* weitere gut 10 km geradeaus) befinden sich die besten ***Pupuserías*** des Landes; kleine Restaurants, die mit Käse oder gegrillter Schweineschwarte gefüllte Tortillas servieren, eine Delikatesse salvadorianischen Ursprungs. Die würzigen Dinger liegen schwer im Magen, Bier oder Schnaps tun gut dazu. Beste *pupusería* ist ***La Popular*** (km 12,5).

Cafés

●***Pastelería Francesa*** (gegenüber vom Honduras Maya), leckere Kuchen und Quiche, Vollkornbrot, zum Frühstücken gut geeignet, 7:30-18 Uhr geöffnet.

●***Café Paradiso*** (Ave. Miguel Paz Barahona 1351, donde el arbolito), ein Künstler-Café mit Galerie, hier gibt es verschiedene Kaffeesorten und kleine Gerichte. Ein kleiner Buch- und Kunsthandwerksladen ist angeschlossen. Treff für Künstler und Intellektuelle, jeden Dienstag ab 19 Uhr Filmabend.

●***Repostería Suiza*** (Blvd. Morazán, westlich hinter der Kirche Guadalupe, am Anfang des Blvd. Morazán, gegenüber der Esso-Tankstelle), mit leckeren Teilchen zu günstigen Preisen. Hier erhältlich sind Schweizer Schokolade, eingepacktes Vollkornbrot und andere Leckereien.

Unterhaltung

Casino

●***Casino Royale*** (im Hotel *Honduras Maya*, Col. Palmira, Ave. República de Chile).

Kino

●Die meisten Filme sind englischsprachig mit spanischen Untertiteln, siehe Anzeigen in Tageszeitungen. Moderne Kinos: ***Cinemark*** in der *Mall Multiplaza*, (gegenüber *Hotel Real Intercontinental*, www.cinemarkca.com). Tipp: langes Hemd einpacken, die Kinos sind häufig wegen AC unterkühlt.

●***Alpha*** und ***Omega,*** Ave. Gutemberg, Ave. La Paz, Bo. Guanacaste, ca. 2 km vom Zentrum Tegucigalpas entfernt. Wegbeschreibung vom Zentrum aus: Calle Jerez geradeaus Richtung Osten, ca. 1 km lang durch das Bo. Guanacaste, dann über die gleichnamige Brücke, nach 500 m auf der rechten Seite.

●***Tauro*** und ***Aries,*** schräg gegenüber vom Hotel *Granada II*, Auffahrtsstraße nach El Picacho, Casamata/El Hatillo, 100 m nördlich vom Parque Finlay. Wegbeschreibung vom Zentrum aus: Calle Jerez geradeaus bis Parque Finlay, dann schräg links hoch am Hotel *Granada* vorbei, nach 50 m links liegen die Kinos.

- ***Avenida Real, Regis, Opera*** befinden sich im *Centro Comercial Centroamérica* am Blvd. Miraflores, ca. 4 km vom Zentrum Tegucigalpas entfernt.
- ***Plaza 1*** bis ***4*** befinden sich im Einkaufszentrum *Plaza Miraflores,* Blvd. Miraflores, ca. 5 km vom Zentrum von Tegucigalpa entfernt.

Tanzen und Trinken

- Ein ähnliches Programm wie im *Tropical Port,* aber gemischt mit englischsprachiger Musik, findet man im ***Rock Castle*** (früher Back Street), Mi.-Sa. geöffnet, schwulenfreundlich. Mehrgeschossige offene Diskothek (Col. Tepeyac, Ave. de Uruguay, ca. 2 cuadras von *Tropical Port*), Eintritt 3 $.
- Karibische und lateinamerikanische Musik im ***Tropical Port*** (Blvd. Juán Pablo II, nur mit Taxi), Eintritt 2 $.
- ***La Mina*** (Bo. Guanacaste, vor Texaco-Tankstelle), Bohemen-Kneipe, eigenwillige, dschungelartige Innenausstattung, freitags oft Livemusik lokaler Bands.
- Weitere Diskotheken im Juan Pablo II in Richtung *UNAH (Universidad Nacional):* ***Las Arenas,*** eher jüngeres Publikum, Tanzfläche teilweise im Freien, South Beach, Bar im Freien, englischsprachige Musik.
- ***Bar Tobacco Road*** (östlich hinter der Kathedrale), amerikanischer Besitzer, gute Musik, Buchaustausch, schöner Innenhof, leider hängen häufig besoffene Typen herum, trotzdem beliebter Platz für Touristen.
- ***Casita del Pueblo*** (unterhalb des Parque Finlay im Zentrum), eine etwas improvisierte, aber durchaus interessante Kleinkunstkneipe.
- In einem ähnlichen Stil ***Las Guitarras*** (Bo. Guanacaste, Ave. La Paz im Zentrum).
- ***Preiswertes Bier*** ab 0,50 $ ist im ***Bo. Abajo*** (3ª y 4ª Ave.) zu bekommen.
- Eine Vielzahl von ***Restaurants und Kneipen*** befindet sich auf dem hinteren Teil des ***Blvd. Morazán.***

Wichtige Adressen

Apotheke

- ***Farmacia Rosna*** (1 cuadra nördlich vom Zentralpark, Tel. 337-0605), sprechen Englisch. Sonn- und feiertags steht an der Tür, welche andere Apotheke Dienst hat *(turno).*

Banken

- Alle Banken der Stadt tauschen US-$ in bar und – widerwillig – auch Reiseschecks.
- Bei ***Credomatic*** (Bvld. Morazán, Ed. Seguro Interamericano) wird auf Vorlage von *Visa-Card* und *MasterCard* eine ***Barauszahlung*** vorgenommen.

Behörden und Verbände

- ***Nationalpark-Infos*** gibt *AMITIGRA,* Tel. 235-8493.
- Weitere ***Nationalpark-Infos*** bei der ***Forstbehörde:*** *AFE/COHDEFOR* befindet sich in Col. El Carrizal, 3 km südwestlich (bergauf) vom Zentrum Comayagüelas Richtung Santa Fé. Im *Departamento de Areas Protegidas* informieren Profis werktags zwischen 8:30 und 16 Uhr über die Naturschutzgebiete des Landes (Tel. 223-1027).
- ***Außenministerium:*** *Ministerio de Relaciones Exteriores,* Ed. Palacio Ministerios, Blvd. Fuerza Armada, antigua Casa Presidencial, 1 cuadra, auf dem *Corte Supremo,* Tel. 239-3462, 234-4921, www.ser.hn.
- ***Einreisebehörde:*** *Dirección Nacional de Migración,* C. Jerez, neben Hotel *La Ronda,* Tel. 222-6149, 222-7711.
- ***Verband der Handelskammern:*** *Federación de Cámaras de Comercio e Industrias de Honduras,* Blvd. Centroamérica, gegenüber von *Hondutel* im Bo. Miraflores, Tegucigalpa, Tel. 232-8110, camara@ccit.hn.

Diplomatische Vertretungen

- ***Belize*** *(Consulado de Belice),* Col. Palmira, Centro de Convenciones, *Hotel Honduras Maya,* Tel. 238-4616, 238-4614
- ***Costa Rica*** *(Consulado de Costa Rica),* Col. Lomas del Guijarro, Res. Triángulo, 1ª C., No. 3451, Tel. 232-1054
- ***Deutschland*** *(Embajada de Alemania),* neben Ed. Los Jarros, Blvd. Morazán, Tel. 232-3161, 232-3162
- ***El Salvador*** *(Embajada de El Salvador),* Col. Ruben Dario, 2ª Ave., 5ª C., No. 620, Tel. 239-7015, 239-7017

● ***Guatemala*** *(Embajada de Guatemala)*, Col. Las Minitas, C. López Rodezno, No. 2421, Tel. 231-1543, 232-5018

● ***Mexiko*** *(Embajada de México)*, Col. Lomas del Guijarro, Ave. Eucalipto, gegenüber *Escuela Americana*, Tel. 232-1670, 232-4039

● ***Nicaragua*** *(Embajada de Nicaragua)*, Col. Lomas del Tepeyac, Tel. 232-4290

● ***Österreich*** *(Consulado de Austria)*, c/o Comercial LAEISZ Honduras, S.A. Desvio a la Pradera, Blvd. al Aeropuerto Toncontin, Tel. 234-0950

● ***Panamá*** *(Embajada de Panamá)*, Col. Palmira, Ed. Palmira, 3 piso, Tel. 239-5508; Blvd. Circunvalanción, 17 Ave.

● ***Schweiz*** *(Embajada de Suiza)*, nur in Guatemala: Tel. 00502-3340743-4, -3365726, -3313725

● ***USA*** *(Embajada de Los Estados Unidos)*, Ave. La Paz, vom Zentralpark ca. 3 km östlich, hinter den Kinos *Alpha & Omega* auf beiden Seiten der Straße, Tel. 236-9320

Hondutel

● 5ª C. entre 4ª y 5ª Ave., Tegucigalpa, 24 Std. geöffnet, Fax-Service tägl. 8-18 Uhr.

Internet

Das Angebot ist insbesondere um den Zentralpark herum reichlich. Zum Beispiel im ***Ed. Midence Soto,*** südlich von der Kathedrale. Außerhalb des Zentrums z.B. in der Avenida San Rafael, beim ***Comedor Meson de Buen Sabor,*** gegenüber vom Büro des *Peace Corps/Cuerpo de Paz*. Stunde ca. 0,70-2 $.

Information

● Das Zentralbüro des ***Honduranischen Tourismus-Institutes*** *IHT* befindet sich im Ed. Banco de Londres, Col. San Carlos, 3 cuadras del Ed. Interamericano del Blvd. Morazán, Tel. 222-2124, Fax 238-2102, ihturism@hondutel.hn, www.letsgohonduras.com. Im 5. Stock bekommt man Stadtpläne und Touristen-Landkarten sowie das *HONDURAS tips* (englisch- und spanischsprachig), das zweimal jährlich erscheint und einen guten Überblick über die wesentlichen Sehenswürdigkeiten von Honduras gibt, mit Busplan, wichtigen Telefonnummern und Adressen (www.hondurastips.honduras.com).

Notruf

● ***Rotes Kreuz,*** Tel. 195, 227-7575, 227-7474

● ***Krankenwagen,*** Tel. 239-9999, 221-444

● ***Feuerwehr,*** Tel. 198 oder Stationen z.B. Stadion Tel. 232-1183

● ***Schutz-und Kriminalpolizei,*** Tel. 199 oder Stationen z.B. Col. Loarque Tel. 226-6670

● ***Verkehrspolizei,*** Tel. 194, 230-2412, 230-2413 oder Patrouille Tel. 230-0765

● ***Frauenpolizei,*** Tel. 193, 220-8223, 227-3201

● ***Touristenpolizei,*** Tel. 392-5157, 222-2124

● ***Privatklinik Hospital Viera,***
5ª C. entre 11ª y 12ª Ave., Tegucigalpa, Tel. 237-3156, 237-7136

● ***Privatklinik La Policlínica,***
3ª Ave. entre 7ª y 8ª C., Comayagüela, Tel. 237-3503, 237-7619

Post

● 4ª Ave. entre 3ª y 4ª C., am Ende der Fußgängerzone Peatonal (4 cuadras westlich vom Zentralpark), mit Lista de Correos (Postlagerung, bis zu 30 Tage). Sorgsam restauriertes koloniales Gebäude mit philatelistischer Abteilung, geöffnet 8-16 Uhr.

Einkaufen

Supermärkte

● ***Mall Multiplaza*** (Col. Florencia, gegenüber *Hotel Real Intercontinental*), Shopping Mall im US-amerikanischen Stil, mit Essständen und modernen Kinos, relativ teuer. Hier flanieren die Honduraner gern, aber nur die Reicheren betreten die Geschäfte.

● In Comayagüela findet man am ***Mercado San Isidro*** von Gemüse bis Secondhand-Klamotten fast alles. Das eifrige Getümmel ist sehenswert, aber: Vorsicht vor Dieben. Dies ist ein Gebiet der Mara (Jugendbanden), abends die Gegend meiden!

● ***Maxi,*** im Zentrum, Nähe Zentralpark.

● ***Mas por Menos,*** Ave. La Paz, Bo. Palmira. Wegbeschreibung vom Zentrum: Calle Jerez geradeaus Richtung Osten, ca. 1 km durch das Bo. Guanacaste, dann über die gleichnamige Brücke, dann in der 2. cuadra links.

● ***La Colonia,*** Blvd. Suyapa, Col. Palmira, gleich neben dem großen Hospital *Escuela.* Vom Stadion: Blvd. Suyapa östlich ca. 2 km geradeaus, dann hinter dem großen Krankenhauskomplex auf der rechten Seite.

● Weitere im ***Barrio Abajo*** im Zentrum oder in der ***Colonia Kennedy*** hinter Miraflores.

Landkarten

● Karten für den Überblick oder über Zonen im ganzen Land in einer Auflösung 1:50.000 (interessant für Naturexploration und Trekking) veräußert das ***Instituto Geográfico Nacional*** im Gebäude des Verkehrsministeriums (Ed. Secopt, Bo. La Bolsa) in Comayagüela, Tel. 225-1330, 225-2288. Mit dem Pass kann man dort Gesamtkarten für 5 $ und Zonenkarten für 2 $ erstehen.

Souvenirs

● Diverse Souvenirläden befinden sich östlich der Kathedrale sowie um das Hotel *Honduras Maya* herum.

● Zu empfehlen für schöne Lenca-Kunstgegenstände: ***Alfarería Lenca,*** Honduras C.A., (hinter der Iglesia Guadalupe, Blvd. Morazán, gegenüber der *Escuela de Baile*, Tel./Fax 231-0018, acta@sigmanet.hn).

● Interessant und einem guten Zweck dienlich ist es, wenn man ***Kunsthandwerke*** insbesondere Hängematten bei den ***Insassen des Gefängnisses*** kauft, die diese selbst herstellen, um sich etwas Kleingeld zu verdienen. Direkt am Gefängnis im Zentrum anfragen.

● Für eine größere Auswahl lohnt es sich, nach *Valle de Angeles* zu fahren.

Buchläden

● ***Shakespeare & Co. Books,*** hinter der Kathedrale, führt nationale und englischsprachige Literatur, auch gebraucht im Tausch. Die *Tobacco Road Tavern* ist ein beliebter Gringo-Treffpunkt, mit Infos und Tourangeboten.

● Bester nationaler Buchladen ist ***Editorial Guaymuras*** (kritischer honduranischer Verlag), Ave. Cervantes, No. 1055. Wegbeschreibung: Auf Hauptstraße zwischen Zentralpark und Hotel *Prado* östlich, d.h. gegen die Fahrtrichtung 3 cuadras laufen, dann liegt der Laden rechts.

● Gut sortiert ist auch die ***Galeria El Paradiso,*** Barrio La Plazuela, 4 cuadras vom Zentralpark Richtung Osten, gleich an der Hinterseite vom Parkplatz des Hotels *La Ronda.*

● Eine weitere sehr gute Auswahl auch internationaler Bücher bietet ***Metromedia,*** in der *Mall Multiplaza.*

● Internationale Bücher gibt es im ***Keller des Hotels Honduras Maya.***

● Auch im ***Book Village*** im *Centro Comercial Castaños*, Blvd. Morazán, findet man internationale Bücher.

Sonstiges

● Wer sich bei einer herrlichen Massage entspannen möchte, suche den ***Außenbereich des Hotels Honduras Maya*** auf (Schwimmbad). Des weiteren gibt es zahlreiche Fitness-Studios z.B. *Gold Gym* (Blvd. Morazán hinter Texaco), gute Atmosphäre mit Schwimmbad im Freien, Sauna, Tageseintritt: 5 $.

Stadtverkehr

Innerhalb der Stadt Tegucigalpa gibt es drei Möglichkeiten, sich schneller als zu Fuß fortzubewegen: Linienbus *(bus),* Sammeltaxi *(colectivo)* oder Einzeltaxi *(taxi)*.

Busse

Die vielen Busse der Hauptstadt fahren auf Routen und halten an offiziellen Haltestellen, die durch die wartende Menschentraube und ein unscheinbares Schildchen als solche erkennbar sind. Nicht ausgeschildert ist jedoch, welcher Bus von der Haltestelle abfährt, welche Route er nimmt und wo er überall hält. Unterscheidbar sind die Stadtbusse an dem Namen des Zielortes (z.B. Reparto, Santa Fé, Lolo, Toncontín). Die Einzelfahrt kostet 0,10 $ und wird bei einem sehr mobilen meist minderjährigen Schaffner entrichtet, der dem Fahrer assistiert. Die Schaffner werben an den Haltestellen um weitere Fahrgäste, indem sie den Namen des Zielortes laut ausrufen. Wichtige ***Haltestellen:***

● Südöstlich des Zentralparks gleich an der Kathedrale und an der Avenida Máximo Jerez, 1 cuadra vom Zentralpark, Ecke Lido/ Palace-Kinos: Busse nach Comayagüela, La Granja, Toncontín, Flughafen und andere südliche und westliche Stadtteile. Busse nach Carrizal und Santa Fé fahren in den Westen Comayagüelas, wo *Hedman-Alas*- und *Saenz*-Busse nach San Pedro Sula abfahren. Busse nach Carrizal und Tiloarque fahren in den Süden Comayagüelas, wo die Terminals von *Mi Esperanza, La Aurora* sowie der Mercado Mamachepa (Busse nach El Amatillo) liegen.

● Gegenüber des Nationaltheaters am Parque Herrera: Kleinbusse nach El Hatillo und La Tigra.

● Nördlich des Zentralparks an der Ecke der Schuhputzer: Busse nach Reparto Arriba und Abajo.

Colectivos

● Die Sammeltaxis, am gelb unterlegten Schild auf den Vordertüren zu erkennen, fahren an definierten Haltestellen ab, sobald vier Passagiere eingestiegen sind, und halten ihre Route genau ein. Sie kosten 0,60 $.

● ***Wichtige Haltestellen:*** Vom Zentrum aus: z.B. Richtung La Kennedy (Plaza Miraflores), Abfahrt: Hinter Parkplatz des Hotel *El Prado*, in Richtung San Miguel *(Hospital San Felipe)* (Ave. La Paz), Abfahrt: Seitenstraße von *Banco Atlantida* am Zentralpark.

Taxis

● Taxis werden durch einfachen Ruf herangelotst. Sie kosten ca. 2-3 $ pro Person. Der Preis ist unbedingt vorher zu vereinbaren.

● ***Funktaxi:*** Funktaxis kosten pauschal ca. 3,40 $. Tel. 225-5563, 225-1879.

Verkehrsverbindungen

Straße

● Tegucigalpa liegt an der Nord-Süd-Hauptverkehrsstraße des Landes (Fernstraße CA5, die die im Süden (zwischen El Amatillo/El Salvador und El Espino/Nicaragua) verlaufende *Carretera Panamericana* (Fernstraße CA3) mit dem Norden (San Pedro Sula, von dort Fernstraße CA4 nach Nueva Ocotepeque und Fernstraße CA13 nach Trujillo) verbindet. Zur *Panamericana* sind es 93 km, nach San Pedro Sula 247 km. Die beiden Straßen sind in gutem Zustand, jedoch kurvenreich.

Autovermietung

● ***Toyota Rent-A-Car*** (empfehlenswert), Col. Palmira, gegenüber redondel de los artesanos, Tel. 235-6694, 235-6783, Fax 236-7563; am Flughafen: 234-3183, trac@123.hn, www.123.hn/trac.

● ***Budget Rent-A-Car,*** Blvd. Suyapa, Tel. 235-9531, 231-1811, Fax 231-1810; am Flughafen: Tel./Fax 233-6927; Agencia Col. Palmira, Superautos Palmira, Tel. 239-5875, covesa.brac @datum.hn, www.budget.com.ni.

● ***Hertz,*** Centro Comercial Villa Real, gegenüber Hotel *Honduras Maya,* Tel. 239-0772, Fax 232-0870; am Flughafen: Tel. 234-3784, Fax 233-9772, hertz@cablecolor.hn.

● ***Avis,*** gegenüber Hotel *Honduras Maya,* Tel. 232-0088, 239-5712, Fax 239-5710, avishonduras@itsnetworks.net.

● ***Maya Rent-A-Car*** (aus guten Gründen preiswert), Col. Palmira, Ave. República de Chile, No. 202, gegenüber Esso-Tankstelle Palmira, Tel. 232-0682, Fax 232-0992.

● ***Molinari,*** 1ª Ave., 2ª C., Comayagüela, Tel. 237-5335; am Flughafen: 233-1307.

Inlands-Busverbindungen

● ***Von San Pedro Sula*** mit *Viana Clasa Oro* (Ave. Circunvalación, 200 m von *Wendy's,* Tel. 556-9261), *ejecutivo* (Luxusklasse mit TV und AC), 7 $, normal 4,5 $. Luxusklasse, aber nur eingeschränkte Fahrtzeiten: 6:30, 9:30 18:15., Fahrpreis: 11 $. Oder mit den Unternehmen *Hedman Alas, Saenz* oder *El Rey* (letztes nicht empfehlenswert), Abfahrten um 5:45, 8:30, 13:30 und 17:30 Uhr. Jedes Stadttaxi kennt die Terminals: *Hedman Alas* (3ª C. entre 7ª y 8ª Ave. N.O., Tel. 553-1361), acht Abfahrten pro Tag ca. alle 90 Minuten, Fahrzeit knapp 4 Std., Fahrpreis 2,50 $, relativ sicher und zuverlässig; *Saenz Primera* (8ª Ave. entre 5ª y 6ª C. S.O., Tel. 553-4969); *El Rey* (7ª Ave. entre 5ª y 6ª C. S.O., Tel. 553-4264).

● ***Von La Ceiba*** aus mit *Viana Clasa Oro* (Esso-Tankstelle Miramar, Blvd. 15 de Septiembre, Tel. 441-2330) um 6:30 und 15 Uhr; mit

Etrucsa (Bo. San José, Blvd. 15 de Septiembre, Tel. 441-0340) um 3, 10 und 14 Uhr; mit *Cristina* (Bo. San José, Terminal Municipal, Tel. 441-2028) um 6:15, 7.30, 9:30, 11, 12:30 und 15:30 Uhr, Fahrpreis: 7 $; mit *Hedman Alas* (Supermercado Ceibeño, Carretera a Trujillo, Tel. 441-5347) um 5:15, 10 und 14 Uhr, Fahrpreis *(ejecutivo)*: 13 $.

- ***Von Trujillo*** aus mit *Cotraipbal* (vom Zentralpark aus, Bo. El Centro, Tel. 434-4932, in Tegucigalpa: Tel. 237-1666), tägl. um 5 Uhr, Dauer 8 Std., Fahrpreis: 10 $.
- ***Von Comayagua*** aus mit *Transportes Catrachos* alle 2 Std., Fahrpreis 2 $, Fahrzeit 3 Std.; mit Expressbus, z.B. *Norteños* oder *El Rey* an der Texaco-Tankstelle an der Hauptstraße, 1000 m westlich der Stadt (Taxi 0,45 $), aus San Pedro Sula kommend, kostet 1 $ und fährt bis Tegucigalpa, Fahrzeit ca. 1,5 Std.
- ***Von Siguatepeque*** aus (Busabfahrtsplatz, erkenntlich an Basketball-Einrichtung) mit *Maribel* (Tel. 773-0254) alle 3 Std, 2,50 $. Insgesamt 15 Busse fahren tägl. nach Tegucigalpa, 2,5 Std. Fahrzeit, 1 $. Ähnlich wie in Comayagua können hier einige Expressbusse *(Norteños, El Rey)* an der Hauptstraße genommen werden, welche 2 km von der Stadt westlich liegt (Taxi 0,40 $).
- ***Von Santa Rosá de Copán*** aus mit *La Sultana* (Bo. Miraflores, Tel. 662-0940), tägl. um 4, 6, 9 und 10:30 Uhr (Dauer 8 Std., 6,5 $), durch schöne Landschaft und Kolonialstädte.
- ***Von Santa Bárbara*** aus mit *El Jungueño* (Tel. 643-2113), Mo. und Fr. 4:30, 7 und 14 Uhr und Di.-Do. 7 und 14 Uhr sowie Sa.-So. 8:30 und 14 Uhr, Dauer 5 Std., 3.20 $.
- ***Von Catacamas*** aus mit *Transporte Aurora* (Tel. Comayagüela 237-3647, Tel. Catacamas 899-4393) alle 90 Min. zwischen 4 und 17 Uhr, Dauer: 4 Std., 2,40 $.
- ***Von Juticalpa*** aus mit *Transporte Aurora* (Tel. 899-4393) alle 90 Min., Dauer: 3 Std., 1,80 $ oder mit Luxusklasse *Lineas Olanchanas* (gegenüber *Empresa Aurora*, Tel. 885-2237) tägl. 7:30, 12:30 und 16:15 Uhr.
- ***Von Danlí*** aus mit *Discua Litena* (Bo. El Carmelo, Tel. 883-2217) oder *Dandy* (Tel. 883-2217), Abfahrt jeweils um 5:45, 7, 9, 12, 14:30 sowie um 16:30 Uhr, Fahrzeit etwa 3 Std., 1,30 $, Ankunft im Mercado Jacaleapa, Col. Miraflores.
- ***Von El Paraiso*** aus viermal tägl. mit *Emtra Oriente* (Terminal Tegucigalpa: 6ª Ave. entre 6ª y 7ª C.), Dauer 2,5 Std., 1,65 $.
- ***Von Choluteca*** aus mit *Mi Esperanza* ab Terminal de buses de Choluteca (1 cuadra unterhalb der Municipalidad, Bo. La Esperanza, Tel. 882-2712), Abfahrt um 6, 10, 14 und 18 Uhr; mit *Royeri* (Bo. El Tamarindo, (Tel. 225-1493), um 6, 7 und 13 Uhr für 1,50 $, Fahrzeit: 2,5 bis 3 Std.

Busverbindungen aus dem Ausland

- ***Von Nicaragua:*** *Ticabus* von Managua aus (Terminal in Bo. M. Quezada, 2 cuadras auf dem *Cine Dorado*, Tel. 00505-2-223031/6094), einmal tägl. um 5 Uhr für 25 $.
- ***Von El Salvador:*** *Ticabus* von San Salvador aus (Hotel *San Carlos*, C. Concepción, No. 121, Tel. 00506-22-8975 oder -4808) einmal tägl. (5 Uhr) für 15 $.
- ***Von Guatemala:*** *Rutas Orientales* von Ciudad de Guatemala (Guatemala City) aus (19ª C., No. 8-18, Zona 1, Tel. 00502-2-53-6714) bis Esquipulas oder El Florido, dann hinter der Grenze weiter mit Regionalbussen.
- Empfehlenswert ist die honduranische Gesellschaft *Hedman Alas* (2ª Ave., No. 8-73, Zona 10, Tel. 00502-362-5072 bis 78) oder sogar aus Antigua (Hotel *Posada Don Rodrigo*, 5ª Ave. N., No. 17, Tel. 00502-490-5763), einfache Fahrt 35 $, mit Rückfahrt 65 $.

Busverbindungen ins Ausland

- ***Nach Nicaragua, Costa Rica, Panama, El Salvador, Guatemala:*** *Ticabus* früh morgens (aktuelle Abfahrtszeit bitte erfragen in Tegucigalpa unter Tel. 220-0590) ab Bo. Villa Adela, 16ª C. entre 5ª y 6ª Ave., Fahrpreis beträgt, einschl. einfacher Mahlzeiten, nach Managua 20 $, San José 36 $, Panamá 55 $, San Salvador 15 $ und Ciudad de Guatemala 24 $.
- ***Nach El Salvador, Guatemala, Nicaragua:*** *King's Quality* (Tel. 225-5415, 225-2600, Blvd. Comunidad Economica Europea, La Granja), tägl. um 6 und 13:30 Uhr, Fahrpreis nach San Salvador 25 $, nach Guatemala Ciudad 48 $, nach Managua 25 $.
- ***Nach Guatemala und Mexico:*** über San Salvador/El Salvador oder von San Pedro Sula aus. Nach Guatemala fährt auch *Hedman*

Alas und verbindet alle honduranische Städte über Copán Ruínas, dort Abfahrt tägl. um 13:30, Ankunft in Guatemala um 18 bzw. (Antigua) 19:30 Uhr. Einfache Fahrt 35 $, mit Rückfahrt 65 $.

Flüge

- Von ***San Pedro Sula*** mit *Isleña, Rollins,* und *Atlantic*. Jedoch haben alle eher ältere Flugzeuge. *Taca* ist sicherer, aber auch teurer. Empfehlenswerter sind hier die Überlandbusse, der Zeitnachteil ist minimal.
- Von ***La Ceiba*** 45 Min. Flug mit *SOSA* um 7:30 (außer sonntags) und 13:30 in einem sowjetischen Businessjet (YAK 42!) oder mit *Isleña* tägl. (außer So.) um 7:30 und 14 Uhr, sonntags um 9:20; jeweils 52 $ oder 94 $ für beide Strecken.
- Von ***Roatán, Guanaja*** und ***Utila*** sowie der Moskitia ***(Puerto Lempira, Palacios)*** mit *Isleña* oder *SOSA;* außerdem mit *SOSA* Mo. und Fr. ab ***Ahuas*** und ***Brus Laguna;*** mit *Atlantic* Mi. und Fr. ab ***Ahuas*** sowie Di. und Fr. ab ***Brus Laguna.*** Alle Flüge über La Ceiba, Abflugszeiten siehe dort. Die ***Preise*** (einfacher Flug): Roatán 80 $, Guanaja 84 $, Utila 80 $, Puerto Lempira 120 $, Ahuas 116 $, Brus Laguna 112 $, Palacios 105 $.
- Für ***Direktflüge in die Moskitia*** kommen auch *Alas de Socorro* (einmal wöchentlich nach ***Ahuas)*** und *SETCO* (Di. und Do. nach ***Mocorón*** und ***Puerto Lempira)*** in Frage. Aktuelle Informationen über Tel. 233-7025 *(Alas de Socorro)* und 233-1711 oder -12 *(SETCO).*
- Für ***Privatcharter*** in ganz Honduras (Flugzeuge für 5, 9 oder 19 Passagiere) dient *SOSA* (Tel. 443-1399, Fax 443-1894), preiswert, sicher und reell.
- ***International*** ist Tegucigalpa mit New Orleans, Miami, Houston, Los Angeles in den USA verbunden, außerdem mit Ciudad de México, Ciudad de Guatemala, Belize City, San Salvador, Managua (Nicaragua), San José (Costa Rica) und Panamá. ***Flüge und Flugzeiten*** siehe „Praktische Reisetipps A–Z, Reise in die Nachbarländer".

Fluggesellschaften:

- ***SOSA:*** am Flughafen: Tel. 239-0757, 235-5107, www.aerolineassosa.com.
- ***American Airlines:*** Ed. Palmira, gegenüber Hotel *Honduras Maya*, Col. Palmira, Tel. 220-7585 oder 800-220-1414 (gebührenfrei), www.aa.com.
- ***Continental Airlines:*** Ed. Palic, Col. Palmira, Ave. Republica de Chile, No. 804, Tel. 220-0999; am Flughafen: Tel. 233-7812, 233-7859, www.continental.com.
- ***Iberia:*** Ed. Palmira, gegenüber Hotel *Honduras Maya*, Col. Palmira, Tel. 239-4565, 232-4566, www.iberia.com.
- ***Isleña:*** Galería La Paz, Ave. La Paz, Tel. 237-3370; am Flughafen: Tel. 233-3568, www.fly-islena.com.
- ***Sol Air:*** Ed. Corporativo, *Hotel Clarion*, Tel. 220-6399, 220-6543, www.solair.net.
- ***TACA:*** Ed. Seguro Interamericano, Blvd. Morazán, auch im *Hotel Clarion*, Col. Alameda, C. Principal, Tel. 220-7602; am Flughafen: Tel. 234-1651; www.taca.com.

Ankunft am Flughafen:

- Der ***Flughafen Toncontín*** liegt etwa 7 km westlich des Zentrums auf dem Weg zur *Carretera del Sur*, der Hauptstraße in den Süden.
- Die ***Landebahn*** des Flughafens von Tegucigalpa ist weniger als 3000 m lang, hier lassen sich die Düsenflugzeuge schnell auf Landeposition fallen und bremsen rechtzeitig ab, um nicht – wie schon einmal geschehen – einen Bus zu streifen, der sich auf dem Weg zum Stadtteil El Pedregal befand.
- ***Ankunft:*** Das Flugzeug wird meist über eine Treppe verlassen. Das ***Flughafengebäude*** ist am für die Hauptstadt so charakteristischen roten Sandstein und der Aufschrift *Toncontin* zu erkennen. Im Gebäude wartet die ***Einreisebehörde*** *Migración*, die die Passkontrolle vornimmt. Es geht dann weiter zur ***Kofferannahme. Kofferträger*** nehmen gern die Gepäckabschnitte *(colillas)* entgegen, fischen Koffer oder Rucksäcke vom Band und bringen sie wenige Meter weiter auf den Prüftisch des ***Zolls*** *(aduana)*. Sie erwarten jedoch für jedes große Gepäckstück eine Bezahlung. Ihr Dienst ist verzichtbar, denn die Ausgangstür zum Parkplatz (eine Empfangshalle existiert nicht) liegt nur wenige Meter hinter dem Gepäckband.
- ***Kontrollen*** sind hier Routine (kein Grund zur Beunruhigung), ***Drogen*** werden zielbewusst

geortet, der Besitz drakonisch bestraft. Offensichtlich neue ***Elektroartikel*** mit einem Wert über 1000 $ müssen verzollt werden. Bei besonders zügiger Abfertigung erwarten die Beamten ein Trinkgeld; 0,50 bis 1 $ sind normal.

- Sollte das ***Gepäck verloren sein,*** z.B. in Miami geblieben, so kann das am Cargo-Management liegen: Häufig sind die Lastquoten der Jets ausgeschöpft. Zu viele honduranische Passagiere haben im Konsum-Paradies USA ihren Bedarf an Elektroartikeln gedeckt und transportieren diese nun zurück in die Heimat (besonders ausgeprägt bei *TACA*). Dann bleibt Gepäck in Miami stehen. Das sollte sofort beim Airline-Personal *(supervisor)* gemeldet werden. Adresse und Telefon werden dann notiert. Meist ist das Gepäck am nächsten oder übernächsten Tag da und wird auch nach Hause (ins Hotel) ausgeliefert.
- ***Service:*** Im Flughafen befindet sich eine ***Bank,*** die Bar-Dollars und Reiseschecks zum offiziellen Kurs tauscht (Öffnung: 9-17 Uhr). Diverse ***Fluggesellschaften*** betreiben Counter in der Abflughalle. Außerhalb des Gebäudes (nach Ausgang rechts in einer Nische in der Gebäudefront) hat die ***Autovermietung*** *Budget* ihr Reservierungshäuschen. Wer sicher sein will, sollte vorher per Fax seine Wünsche anmelden.
- Eine ***Ankunftshalle*** gibt es nicht. Nach dem Zoll führt eine große Tür gleich auf den ***Parkplatz.*** Gelbe, für Honduras ungewöhnlich ***große Taxis*** bieten ihre Dienste für eine Fahrt ins 7 km entfernte Zentrum an. Eine Fahrt kostet pro Person etwa 7 $, teilweise auf 5 $ verhandelbar. Wer diese Summe sparen will, der kann ein paar Schritte (ca. 20 m vom Parkplatz geradeaus) gen Hauptstraße laufen. Dort fahren ***normale*** (kleine) ***Taxis*** für ca. 2 $ ins Zentrum.

Tourveranstalter

- ***Mayan & Caribbean Travel,*** Hotel *Honduras Maya,* Tel. 239-4054, Fax 239-4055, info@mayacaribbean.hn.
- ***Explore Honduras,*** Blvd. Morazán, Ed. Medcast, No. 206, Tel. 236-7694, 236-9003, Fax 236-9800, turavia@explorehonduras.com.
- Tolle ***Fahrradtouren*** in die Umgebung von Tegucigalpa kann erleben, wer sich z.B. einer Gruppe des *Planet Bike-Fahrradladens* anschließt, Col.Palmira, gegenüber Joyería Cantero, Ave. República de Panamá, 1 cuadra vom Gebäude der Vereinten Nationen entfernt, Tel. 232-4707. Jeden Samstag startet eine Gruppe auf eine ca. 5-stündige Tour in die Umgebung von Tegucigalpa. Einige wenige Leihfahrräder sind im Geschäft erhältlich.

Umgebung von Tegucigalpa

Santa Lucía

Etwa 11 km östlich (2,3 km von der Abzweigung rechts ab) von Tegucigalpa befindet sich Santa Lucía. Das ehemalige Minenstädtchen, dessen Hochphase ins 16. bis 18. Jahrhundert fällt, zählt heute noch 4200 Einwohner. Santa Lucía liegt auf 1500 m Höhe und verfügt über ein mildes Klima wie Tegucigalpa, ist aber ganz frei von Abgasen. Santa Lucía bietet für manchen einen ersten Einblick in die koloniale Architektur und Atmosphäre, denn es ist das von der Hauptstadt am besten zu erreichende Minenstädtchen.

Die Ortschaft ist bekannt für ihre kostbaren Christus-Figuren. König *Felipe II.* schenkte der Stadt 1572 eine in Spanien gefertigte Figur, den Christus der Barmherzigkeit. Wie viele kostbare Gemälde der frühen Phase ist auch sie in der Dorfkirche zu besichtigen. Die Kirche liegt etwa 150 m bergab hinter dem Bürgermeisteramt *(alcaldía)*.

In Santa Lucía werden Keramiken, Holzschnitzereien und Lederhandwerksprodukte angeboten. *Cerámicas*

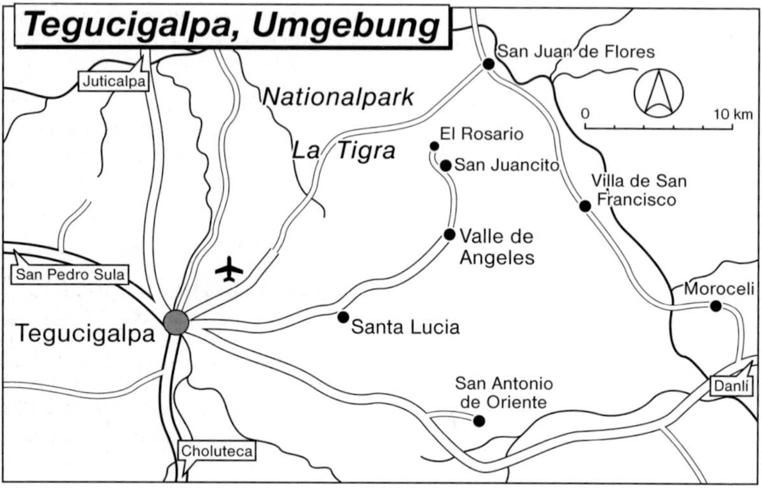

Uclés (hinter der Lagune, nicht zu verfehlen) führt ein gutes Sortiment zu üblichen Preisen.

Santa Lucía ist umgeben vom subtropischen Mittelgebirge mit Nadelwald. Es ist daher der ideale Ort zum Spazierengehen oder auch Wandern. Wanderwege führen auf die Bergkuppe hinauf. Von hier ist die ganze Berglandschaft bis Tegucigalpa zu überblicken. Ein kleiner Maultierpfad führt auch hinunter bis nach Tegucigalpa (ca. 2 Std.).

Kurz vor dem Dorfeingang befindet sich die *Galería Ecológica Ecosistemas,* die neben Kunsthandwerk einen kleinen ***Schlangenzoo*** unterhält. Hier ist einiges über die heimischen, sowohl giftigen als auch ungiftigen Schlangen zu lernen, u.a. befindet sich hier die sehr gefährliche *barba amarilla.* Der freundliche Besitzer *Roger Cruz* beantwortet gerne die Fragen der Besucher und ist auch sonst ein idealer Ratgeber für die umliegenden Wanderpfade.

Unterkunft

Über Hotels und Restaurants verfügt Santa Lucía kaum, doch am Wochenende beleben Feiern und ambulante Verkaufs-Stände die beschauliche Ortschaft.

- Das bisher einzige Hotel: ***Posada Las Nubes*** (im Zentrum gegenüber der Schule „José Cecilio del Valle", Tel. 779-0441, 779-0917, posada_lasnuves@yahoo.com), stilvolles Hotel mit einem herrlichen Blick auf das Tal, Restaurant mit *comida típica,* Souvenirshop, DZ 30 $, Raum für 4 Personen (Herbergsstil) pro Person 10 $ mit kontinentalem Frühstück.

Restaurants

Die einzigen formellen Restaurants werden von europäischen Aussteigern (und in Honduras gut etablierten Einsteigern) betrieben:

- ***Restaurant Miluska*** (Tel. 779-0359) bietet tschechische und deutsche Gerichte zwischen 10 und 20 Uhr, außer Mo.
- ***Portal La Leyenda*** (gegenüber der *municipalidad,* Tel. 779-0917), stilvoll eingerichtetes Café und Bar, Fr. und Sa. 8-22 Uhr, Mo.-Do.

und So. bis 20 Uhr, kleine Gerichte und Gebäck zum Kaffee.

- ***Café Laguna View*** (direkt am Eingang von Santa Lucía), kleine Speisen, Milchshakes.
- *Comedores:* ***Doña Argentina*** und bei der ***Lonchería Caroleth*** gibt es leckere *tacos, enchiladas,* etc.

Feste

- Patronatsfest in der 2. und 3. Woche des Januars.

Anreise

- ***Bus*** ab ***Tegucigalpa*** oder ***Valle de Angeles:*** Ave. La Paz, hinter dem großen Bolívar-Standbild, neben Esso-Tankstelle, an der 7ª Ave., Abfahrt alle 30 Min.

Valle de Angeles

13 km weiter geradeaus hinter der Abzweigung nach Santa Lucía (22 km von Tegucigalpa aus) liegt das mit 6700 Einwohnern größere Valle de Angeles auf 1300 m Höhe. Der historische Ort, an dem früher rege Minenwirtschaft betrieben wurde, ist im Stil der Gründerjahre des 19. Jahrhunderts rekonstruiert bzw. erhalten. Alle Häuser sind aus Ziegelsteinen oder Adobe-Lehmziegeln gebaut und mit Ziegeldächern abgedeckt. Für Valle de Angeles typisch ist die Bemalung der Ziegelfugen in weißer oder bunter Farbe.

Valle de Angeles ist das Zentrum des honduranischen ***Kunsthandwerks***. Hier befinden sich zahlreiche kunstgewerbliche Läden. Am Ende der Einfahrtsstraße, schon außerhalb des historischen Ortes, liegt die ***Kunstgewerbeanstalt*** mit eigenen Lehrwerkstätten. Qualität, Auswahl und Preis der vielfältigen Kunstgewerbeartikel des Landes sind hier besser und teilweise günstiger als anderswo in Honduras. Zu den angebotenen Produkten gehören Lederwaren (Gürtel, Taschen, rustikale Börsen), Holzschnitzereien (Edelholzreliefs, Schmuckkästchen, Kleinmöbel). Die traditionell verwendeten Edelhölzer sind *caoba* (Mahagoni) und *cedro* (Zedernholz). Darüber hinaus Keramiken und Flechtware aus verschiedenen Naturfasern sowie zahlreiche Hängematten. In den verschiedenen Kunsthandwerksläden können Künstler bei ihrer Arbeit beobachtet werden.

Zahlreiche der zum Verkauf angebotenen Kunstartikel stammen aus den Nachbarländern Guatemala, Nicaragua und El Salvador und vereinzelt sogar aus Südamerika.

Unterkunft/Restaurants

- Das einzige formelle Hotel ist ***Posada del Angel*** (Tel./Fax 766-2233, 766-2875, david_issm@hotmail.com), mit schönem Patio-Restaurant, *comida típico* zu guten Preisen, Konferenzsäle, Pool, TV, Livebands am Wochenende, DZ 25 $, Räume bis zu 5 Personen für ca. 40 $.
- *Comedores* und Restaurants sind zahlreich. In dem liebevoll restaurierten, ältesten Haus der Stadt aus dem Jahr 1850 befindet sich das stilvolle Restaurant ***Casa de las abuelas*** (früher *Rudy's Bar,* Tel. 766-2626, corporealminas@hotmail.com), mit sehr guter *comida típica* und Meeresfrüchten, Abendessen am Kaminfeuer, etwas teuer, aber dafür reichlich, und sehr freundlicher Service. Gemütliche Bar, internationale Bibliothek mit Sofas und Fernseher, Buchaustausch möglich, hier kann auch Backgammon gespielt werden.
- ***Papagayo,*** stilvolles Restaurant mit schönem Garten, *comida típica* und Meeresfrüchte zu günstigen Preisen.
- ***Pizzeria Pomodoro*** (gleich beim Dorfeingang), reizvolles Ambiente.

- Im ***El Español*** (direkt am Zentralpark), gibt es gutes Grillfleisch.
- Entlang der Hauptstraße am Dorfeingang vorbei befinden sich zwei Restaurants auf einer Anhöhe mit herrlichem Ausblick: ***Don Quijote*** und ***Restaurante Túristico*** mit *comida típica.*
- ***El Florida*** (auf der Hauptstraße, noch vor dem Dorfeingang, Tel. 766 2121 oder 766 2182), bietet gute typische Küche und einen Freizeitpark mit Ponys und Pool. Hier können auch stundenweise für ca. 12 $ Pferde für einen Ausritt ausgeliehen werden.
- Gegenüber befindet sich das von einem holländischen Ehepaar geführte Restaurant ***Las Tejas,*** landestypische Gerichte, nicht billig.

Internet

- Im ***Gebäude von Hondutel,*** geöffnet tägl. 9-21 Uhr, die Stunde für 2 $.

Bus

- Wie Santa Lucía, jedoch doppelt so weit.

Feste

- ***Ende Oktober*** für eine Woche: *Feria del pueblo.*

Zum Nationalpark La Tigra

Anreise über San Juancito und El Rosario

Die Anreise zur Durchwanderung des Bergnebelwaldes im Nationalpark La Tigra, nur zwanzig Kilometer von Tegucigalpa entfernt, lässt sich gut mit öffentlichen Verkehrsmitteln unternehmen. Für die Anreise bietet sich die Strecke über Santa Lucía und Valle de Angeles nach Rosario an. Wer die Durchquerung des Nationalparks plant, sollte früh vor Sonnenaufgang zunächst den ***Bus*** nach ***Valle de Angeles*** nehmen (Fahrtzeiten siehe Santa Lucía, aber bis Valle de Angeles durchfahren) und dort einen kleinen Bus nach ***San Juan de Flores*** oder ***Cantarranas***. Dieser hält an der Abzweigung, die an einem links der Straße stehenden Wartehäuschen zu erkennen ist (von dort links ab nach San Juancito, das von der Hauptstraße aus schon zu erkennen ist, es fehlen von hier noch 1,5 km).

Das kleine Städtchen *San Juancito* hat ein Ambiente zwischen kolonialem Stil und den soliden Einrichtungen einer erst vor hundert Jahren aufgebauten Goldgräberstadt. Ein sauberer kleiner Gebirgsfluss teilt die kleine Ortschaft. Durch den ***Hurrikan Mitch*** ist das Dorf besonders in Mitleidenschaft gezogen worden. Der Marktplatz wurde durch die herabkommenden Erdmassen vollständig zerstört. Durch den regen Zusammenhalt der Dorfgemeinschaft sind inzwischen viele Häuser wieder aufgebaut. Eine alte Ceiba, die prunkvoll die Geschichte des einstigen Minenstädtchens über Jahrhunderte weg miterlebt hat, wurde Opfer des Hurrikan Mitch. Das rührende Theaterstück „La historia de la Ceiba", das der Autor *Rafael Murillo* mit Dorfkindern einstudiert hat, erzählt von der Geschichte San Juancitos seit der Minenzeit bis zum Jahre 1998, dem Jahr des Orkans. In San Juancito findet seit ein paar Jahren ein ***reges kulturelles Leben*** statt. Die *Fundación San Juancito* unter der Leitung der Künstlerin *Regina Aguilar,* bietet Workshops für die lokale Bevölkerung zu verschiedenen künstlerischen und musikalischen Themen an, u.a. die Herstellung von ***Papier aus Bananen-***

schalen und ***Kunstwerke aus Mosaik oder Metall.*** Für den Unterricht werden Künstler aus aller Welt eingeladen. Der Unterricht findet in der sog. *Escuela Taller* statt, der ***ersten Pepsi-Fabrikhalle Zentralamerikas,*** ursprünglich *„embotelladera la reina"* genannt, geöffnet Mo.-Fr. 7-16 Uhr, Sa. 8-12 Uhr. Jedes Wochenende finden in dem sehr stilvoll dekorierten Haus der Künstlerin Regina, Nachbarhaus der Fundación, kulturelle Veranstaltungen statt, an der regelmäßig kulturinteressierte Tegucigalpenser – trotz der relativ langen Anreise – teilnehmen. Die in den Workshops hergestellten Kunstgegenstände werden in einem umgebauten Schulbus am Marktplatz in San Juancito verkauft. In Tegucigalpa befinden sich die Kunstgegenstände im Geschäft *In Vitro Arte Decorativas,* Tel. 232-3452, 992-2943, aguilaregina@yahoo.com, in der Nähe des Gebäudes der Vereinten Nationen in der Colonia Palmira, geöffnet Mo.-Sa. 10-18 Uhr.

Von San Juancito geht es noch 3,5 km auf einem steinigen, zu Fuß mit geeingnetem Schuhwerk gut zu bewältigenden Weg steil bergauf bis zu dem in den 1950er Jahren verlassenen Minenort ***El Rosario,*** in dem es ein Besucherzentrum gibt. Die heutige Geisterstadt war jahrzehntelang (neben El Mochito nördlich vom Lago de Yojoa) das Zentrum der honduranischen Gold- und Silberexporte. Hier wurden in 72 Jahren über 150 Mio. US-$ erwirtschaftet. Preis war die weitgehende Abholzung von La Tigra. Der Nationalpark hat sich also erst seit etwa 50 Jahren auf den ökologischen Stand von heute regenerieren können.

Übernachtung in San Juancito oder El Rosario

- ***Hotelito San Juan*** (Tel. 777-0522), Bad, *comedor.*
- ***La Casita de huespedes*** (im Gebäude der *Fundación San Juancito,* Tel. 777-0513), die kunstvolle Inneneinrichtung des Hauses reflektiert die Arbeit der Workshopteilnehmer. Übernachtung pro Person ca. 15 $ mit Frühstück. Unterkunft für bis zu 8 Personen. Das Übernachtungsgeld kommt der Fundación zugute.
- In ***Mirador El Rosario*** (El Rosario) bieten die Besitzer, das deutsche Ehepaar *Monika* und *Jorge,* zwei einfache Cabañas mit warmer Dusche und herrlichen Ausblick auf das Tal an, (Info im Laden: caseta Pepsi in San Juancito, Tel. 987-5835), DZ 20 $. Voranmeldung lohnt sich. Unterkunft für bis zu 5 Personen. Transport von San Juancito zu den Cabañas kann arrangiert werden.
- Ebenfalls sehr schön im Stil einer Jugendherberge ist das ***Besucherzentrum des Nationalparks*** La Tigra in El Rosario mit einfachen Betten für 10 $ pro Person.
- Man kann auch eines der ***Minenhäuser*** im nur 20 Min. höher am Hang gelegenen Geisterstädtchen El Rosario (50 $ pro Holzhaus, Platz für ca. 6 Personen, die ihr eigenes Bettzeug/Schlafsack mitführen müssen) mieten. ***Anfrage*** in der *Fundación San Juancito.* In El Rosario wird jedoch nur bis ca. 18 Uhr Essen angeboten.

Anreise mit dem Bus

Gegenüber dem ***Hospital San Felipe*** in der Avenida de La Paz in Tegucigalpa: Direktbus tägl. 15:10 Uhr, zusätzlich Mo., Mi., Sa. und So. um 8 Uhr, Fahrtzeit ca. 1,5 Std., 0,60 $. Bus ***nach*** Cantarranas, aussteigen an der Abzweigung (desvio) San Juancito, 10 Min. Gehweg, Abfahrt Hospital San Felipe ab 10 Uhr bis 17 Uhr alle 1,5 Std.

Ab San Juancito Direktbus: tägl. 6 Uhr und Mo., Mi., Sa., So. auch um 12:30 Uhr. Abfahrt vor der katholischen Kirche.

Busse **von** Cantarranas, Einstieg am *desvio* San Juancito, tägl. ab 7:30 Uhr bis 15 Uhr alle 1,5 Std. Ansonsten einen vorbeifahrenden Pick-up um *jalón* bitten.

Anreise über El Hatillo und Jutiapa

Wer über ein eigenes Fahrzeug verfügt, kann die Anreise über El Hatillo bis Jutiapa unternehmen. Nur einige km danach (fast 25 km von Tegucigalpa) beginnt der Nationalpark La Tigra mit einem neuen Besucherzentrum, das sowohl informativ als auch gut ausgestattet ist. Der Lehrpfad *Bosque Nebuloso* führt hinauf auf den Gipfel des Massivs. Verschiedene Baumarten, Aufsitzerpflanzen und Tiere werden hier auf Schildern erläutert. Der Lehrpfad ist in nur etwa 40 Min. vom Besucherzentrum Jutiapa aus zu bewältigen.

Rückreise

Die letzten Busse zurück nach Tegucigalpa fahren um 17 Uhr von ***Jutiapa*** aus ab.

Nationalpark La Tigra

Der 1980 gegründete Nationalpark, der Bergnebelwald La Tigra, ist 7500 ha groß. Der Gipfel liegt auf immerhin 2270 m Höhe. Nur 20 km von der Hauptstadt entfernt, findet man die Lebensräume von Quetzalen, Gürteltieren, Ameisenbären, Pumas, Ozelots, Pekaries und Opposums sowie einen eindrucksvollen Wasserfall. Die sechs Pfade durch den dichten, feuchten Wald sind gut ausgeschildert. Besucher sollten wasserdichte Kleidung (vor allem in der 2. Jahreshälfte), festes Wanderschuhwerk und eine eigene Wasserflasche mitbringen. Zur Durchquerung des Parks (in drei Stunden) empfehle ich den La Catarrata-Lehrpfad. Hier ist eine Rast auf halber Strecke am Wasserfall möglich.

La Tigra hat sich in den letzten 50 Jahren zu einem vollwertigen Bergnebelwald entwickelt, der an seine frühere Artenvielfalt anknüpft. In La Tigra kommen Vogelkundler auf ihre Kosten, die einen Quetzal oder kleine Papageien und Tukane beobachten wollen. Aber auch Säugetiere wie Raubkatzen und Gürteltiere haben hier wieder einen Lebensraum. Ich selbst habe 1988 das erste Gürteltier meines Lebens im Nationalpark La Tigra gesehen, und zwar auf dem Lehrpfad *Bosque Nebuloso*.

Selbst zu Tageszeiten wie mittags, an denen die Beobachtung wild lebender Tiere sehr schwierig ist, lohnt sich ein Besuch dieses Ökosystems. Der Bergnebelwald zeichnet sich durch seine Höhe, sein kühles Klima und seine geschlossene Walddecke sowie durch einen eigenen klimatischen Kreislauf aus. Das von ihm nachts „ausgeatmete" Wasser steht am Vormittag als eigene Wolkendecke über dem Wald. Durch die Blätter der Bäume und Sträucher wird diese Feuchtigkeit erneut „eingeatmet" oder tröpfelt mit dem nächsten Regen auf den Waldboden. Die besonderen klimatischen Verhältnisse führen zu regem Wachstum im niedrigen und mittleren Bereich des Waldes, Farne und Gräser können gut gedeihen. Dagegen bleiben Bäume eher mickrig. Dadurch unterscheiden sich die Größenverhältnisse des Bergnebelwaldes von denen des tropischen Regenwaldes oder uns bekannter kontinentaler Wälder.

Das ***Besucherzentrum*** *(Centro de Visitantes)* in ***El Rosario*** wird vom erfahrenen *Don Marin* geleitet. Achtung: Warme Kleidung und guten Schlafsack unbedingt mitführen. Vor allem eine lange Hose und ***Mückenmittel,*** die Mosquitos können ziemlich lästig werden. ***Lebensmittel*** gehören zum Trekking-Gepäck, auch wenn *Doña Amalia Elvir* (unterhalb des Besucherzentrums) je nach Laune – wie gesagt nur bis 18 Uhr – leichte ***Mahlzeiten*** anbietet.

Eine ***Durchquerung des Nationalparks von Rosario nach Jutiapa*** ist in 3 bis 5 Stunden auf dem La Catarrata-Pfad gut möglich. Die folgende Beschreibung wurde durch die inzwischen verbesserte Ausschilderung möglicherweise überflüssig: Die Wanderung sollte ***früh beginnen,*** da vom Besucherzentrum Jutiapa bis zur Haltestelle des Busses nach Tegucigalpa nochmals 2 Stunden eingeplant werden müssen. Wer um 15 Uhr das Besucherzentrum auf der anderen Seite erreicht, hat eine gute Chance, die letzte Verbindung um 17 Uhr noch wahrnehmen zu können.

Von Rosario aus muss man zunächst dem Weg oberhalb des Besucherzentrums bis zum Wassertank folgen, dann links abbiegen. Am Schild *sendero cascada* (Weg zum Wasserfall) biegt der Weg nach links ab. Die Abzweigung ist auch an dem rechts davon gelegenen Mineneingang zu erkennen. Die Hauptroute beginnt dann am Schild *sendero jutiapa*. Wer zum Wasserfall (Quellwasser läuft in einer schönen Lichtung den moosigen Felsen hinunter) möchte, muss für den Hin- und Rückweg zusätzlich noch einmal eine Stunde einplanen. Der *sendero jutiapa* führt über die Kuppe des Gebirges auf die andere Seite. Der Weg ist hier an der relativ breiten Schneise erkenntlich. 30 Min. vor Erreichen des Besucherzentrums auf der Seite von Jutiapa führt in einer Rechtskurve des breiten Weges der *sendero nebuloso* (Nebelpfad) links in den Wald hinein. Er dauert etwas länger als der Hauptweg, führt aber auch zum Besucherzentrum und ist ein schöner Abschluss.

Eintritt 10 $ (für Ausländer), 2 $ (für Honduraner); ***Übernachtung*** am Park oder spezielle Infos können bei der beauftragten Naturschutzorganisation „Freunde von La Tigra" *(AMITIGRA)* nachgefragt werden in der Col. Palmira in Tegucigalpa, Ed. Italia, 4o piso, oficina No. 6, Apdo. Postal 3954, Tel./Fax 235-8493, 232-8434. *Kinkayu Productions* hat tolle Dokumentarfilme über La Tigra erstellt. *Gabriel Almendares* führt auch Touren durch (Tel. 231-0242, kinkayu@correoaereo.net, gabrielbertetti@yahoo.com).

Über Comayagua und La Paz in den Westen

Eine wunderbare, weil ursprüngliche und ganz untouristische Route führt über Comayagua und La Paz zu den Ortschaften Marcala, La Esperanza und Gracias Lempira. Sie ist im Kapitel „El Occidente" beschrieben.

El Paraíso bis Las Manos – Grenzland mit Nicaragua

Route und Überblick

Die gut ausgebaute Straße in die Provinz El Paraíso (CA6) ist die direkteste Straßenverbindung von Tegucigalpa nach Nicaragua. Wer früh aufbricht, wird noch bei Helligkeit die Hauptstadt des östlichen Nachbarstaates, Managua, erreichen können. Zugleich führt diese Route in eine Region, die durch versteckte Minenstädtchen und eine verhältnismäßig stark prosperierende Tabakindustrie gekennzeichnet ist. El Paraíso ist ein Juwel der besonderen Art.

Die Ausfahrtsstraße nach El Paraíso und Las Manos ist die Verlängerung der von Norden kommenden *Carretera del Norte,* die als Boulevard de las Fuerzas Armadas an Tegucigalpa vorbei und dann, nach der Unterführung im Stadtteil Miraflores, aus der Stadt herausführt (dies alles: CA6). Zunächst führt die Straße durch das Tal von Zamorano, dann passiert sie die Abzweigung nach Yuscarán, erreicht anschließend die größte Stadt von El Paraíso, Danlí, um danach die Stadt El Paraíso und dann schließlich die Grenze mit Nicaragua in Las Manos zu erreichen.

Entfernungen von Tegucigalpa

• Zamorano	29 km
• Yuscarán-Abzweigung	48 km
• Yuscarán	65 km
• Danlí	90 km
• El Paraíso	110 km
• Las Manos (Grenze)	120 km

Zamorano, Escuela Agrícola Panamericana (EAP)

Das Tal von Zamorano ist eines der fruchtbarsten Täler des Landes. Nicht ganz zufällig befindet sich deshalb hier am Kilometer 29 die *Escuela Agrícola Panamericana* (*EAP*, Gesamtamerikanische Landwirtschaftsakademie), die auf dem ganzen Kontinent einen vorzüglichen Ruf als Kaderschmiede für Agraringenieure und -ökonomen genießt.

Vor mehr als 50 Jahren von der *United Fruit Company* gegründet, versuchte die *EAP* stets, ein Lehrinstitut für alle bäuerlichen Schichten zu sein. Durch ein vernetztes System von Stipendien und Spenden internationaler Geber, darunter u.a das *Deutsche Bundesministerium für Wirschaftliche Zusammenarbeit,* kann die *EAP* auch Nachwuchs aus finanziell schwachen Schichten ausbilden. Der landwirtschaftliche Lehrstoff ist nicht der einzige Inhalt der mehrjährigen Ausbildung. Ein dichter, präzise gesteuerter Tagesablauf zwischen Lehre, Forschung und Produktion macht aus den Studenten professionelle und universell kundige Landwirte. Die Pilotbetriebe der Käserei und Metzgerei bieten in ganz Honduras (und zwar meist in den Supermärkten) gute und preiswerte Waren unter dem Namen *Zamorano* an. Dadurch tragen sie mit immerhin 30 % zur Finanzierung der Akademie bei, die mit mehreren hundert internationalen Fachkräften ein auf dem Kontinent unschätzbares Potenzial besitzt.

An der Ausfahrtstraße nach El Paraíso

Besichtigung der *EAP:* Anmeldung (auf Englisch) über Tel. 776-6140 oder -50, fragen Sie nach *Richard Knab,* dem Assistenten des Direktors, Mo.-Fr. 7:30-16 Uhr.

Unterkunft

- Im ***Centro Kellog*** werden Zimmer im rustikalen, sehr soliden und sauberen Stil der *EAP* für 32 $ pro Person vermietet. Von hier lässt sich nicht nur das vielseitig interessante Institut besichtigen, sondern auch gut wandern. ***Reservierungen:*** *Escuela Agrícola Panamericana* (Apdo. Postal 93, Tegucigalpa, Tel. 232-2660, Fax 232-8543, in Zamorano auch: Tel. 776-6140, 776-6150, Fax 776-6322). Es empfiehlt sich, die Zimmer eine Woche im Voraus zu buchen.

Essen und Trinken

- Frischer Käse, Wurst und Getränke werden im ***Laden*** der *EAP* verkauft, direkt neben dem *Centro Kellog.*

Bank, Post, Telefon

- Die *EAP* ist mit allen wesentlichen Post-, Fernmelde- und Bankdiensten ausgestattet. Gästen sind diese zugänglich.

Verkehrsverbindungen

Straße

- Von ***Tegucigalpa*** aus in Miraflores auf den Blvd. de las Fuerzas Armadas (Fahrtrichtung links, d.h. östlich) fahren, dann 29 km die Fernstraße CA6 entlang.

Bus

- Busse nach Zamorano (wo die *EAP* liegt) und Yuscarán fahren vom Mercado Jacaleapa in ***Tegucigalpa*** ab (Blvd. Miraflores, 1,5 km hinter dem Einkaufszentrum Plaza Miraflores links, 1 km vor der ersten Einfahrt zur Col. Kennedy).

Ausflüge in die Umgebung

Die Schule liegt auch inmitten von sternförmig verlaufenden Wanderwegen nach San Antonio del Oriente, Yuscarán und in dem von der *EAP* verwalteten Bergnebelwald des Bioreservats Uyuca.

San Antonio

Von Zamorano aus können die malerischen Dörfer San Antonio del Oriente und (noch viel kleiner) San Antonio del Occidente erreicht werden. Die 5 km bis dorthin sind – wenn nicht gerade in der Mittagssonne – auch zu Fuß zu machen. San Antonio wurde während des Edelmetallbergbaus von spanischen Siedlern aufgebaut. Die schöne Kirche und die idyllische Szenerie um den Park lassen Erinnerungen an die längst vergessene Zeit aufkommen. Deshalb gehören Sie zu den Motiven der Malerei der Familie *Velásquez* (vgl. Kapitel Kunsthandwerk und Malerei). Achtung: In San Antonio del Oriente befindet sich nur eine einzige Pulpería.

- ***An- und Weiterreise:*** Zu Fuß von Zamorano aus, oder mit dem Bus ab Tegucigalpa (Mercado Jacaleapa, Bo. Miraflores), Abfahrt tägl. um 6:30 Uhr, Rückfahrt von San Antonio aus um 16 Uhr, 1,5 Std., 1,80 $.

Güinope

Direkt von Tegucigalpa aus zu erreichen ist das kleine Dorf Güinope, das für seinen in Eichenfässern gereiften Orangenwein sowie die Orangenmarmelade berühmt ist. In den letzten Märztagen wird hier das Apfelsinen-Fest gefeiert. Der Ort reizt wegen seiner sauberen, provinziellen Einfachheit (vergleichbar mit Ojojona) und seiner 1820 erbauten Pfarrkirche.

- ***Unterkunft:*** Einzige Herberge ist ***Merlin,*** mit privatem Bad, bester Hygiene und freundlichen Besitzern, DZ 2,80 $.
- ***An- und Weiterreise:*** Bus ab Tegucigalpa (Mercado Jacaleapa, Bo. Miraflores), Abfahrt tägl. ab 7:30 Uhr mehrmals, Rückfahrt von San Antonio aus um 17 Uhr, 1,5 Std., 1,60 $.

Yuscarán

Geschichte und Sehenswertes

Immerhin gut zwanzig Kilometer abseits (südlich) der Landstraße nach Danlí befindet sich die nur knapp zehntausend Einwohner zählende Provinzhauptstadt Yuscarán, die auch einst zu den kolonialen Zentren des Silberbergbaus gehörte. Das Klima ist im 1080 m hoch liegenden Yuscarán subtropisch, ja fast montan, nachts wird es frisch. Yuscatán heißt auf Nahuatl „Hügel der Blumen".

Yuscarán wurde erst 1744 gegründet, nachdem dort erhebliche Silbervorkommen gefunden worden waren. 1769 erhielt es den spanischen Stadttitel. Zu diesem Anlass trat in Yuscarán ein eigens aus Paris angereistes Orchester auf. Wegen seiner historischen

Bedeutung ist Yuscarán auch heute noch Hauptstadt des *departamento* El Paraíso, obwohl seine Einwohnerzahl (9200) weit unter der der Städte Danlí (30.000) und El Paraíso (27.000) liegt.

Kostbar ist die ***Kirche San José de Yuscarán,*** deren Holz aus Spanien stammt und deren Heiligendarstellungen die melancholische Stimmung des Momentes einfangen. Links in der Kirche befindet sich das aus Zedernholz geschnitzte Kruzifix, gegenüber lebensgroß die Statue „Jesus auf dem Maultier". Beide stammen aus dem 18. Jahrhundert.

Die Stadt Yuscarán ist wegen ihrer steingepflasterten Gassen und ihres durchgehend alten Gebäudebestandes baulich und atmosphärisch besonders schön. Sie ist auch eine Fundgrube mit reicher Geschichte verborgen, in den vergilbten Originaldokumenten, welche *Oscar Lezama* und *Bella Carolina Flores* im *merendero* (an der der Kirche genau gegenüberliegenden Seite des Parks) aufbewahren. Die Einwohner erzählen stolz, dass Yuscarán die erste honduranische Stadt war, die mit elektrischem Licht und Leitungswasser versorgt wurde. *José María Me-*

Stillleben einer Provinzhauptstadt

dina, Bürger der Stadt, war 1870 Präsident des Landes.

Das ***Museum*** *(Museo y Casa Cultural)*, eine cuadra vom Zentralpark entfernt, ist eine Werkstatt der bürgerschaftlichen Initiative. 1994 kaufte der passionierte Antiquitätenliebhaber *Oscar Lezama* ein altes Haus auf und gestaltete es mit Hilfe von Privatspenden in das heutige Museum um. Im ebenerdigen linken, meist geschlossenen Raum sind allerlei Gegenstände der Minen- und Gewerbegeschichte des Ortes gesammelt. Den rechts danebenliegenden ersten Raum (hinter dem Eingang) durchschreitet der Besucher, um in den Hof zu gelangen. Von dort führen Treppen in die 2. Etage, wo Natur-Bilder an die Wände gemalt und geheftet worden sind. Eine kleine Ausstellung beschreibt Tier- und Pflanzenarten sowie Wanderrouten im Naturschutzgebiet des Nationalparks Monserrat. Das Gebäude dient zusätzlich als ***Kultur- und Musikzentrum.*** Hier üben lokale Tanzgruppen folkloristische Tänze wie *zopilote* und *paradora* ein, die aus Yuscarán stammen und inzwischen im ganzen Land getanzt werden. Geöffnet von 9 Uhr bis 17 Uhr. Falls das Museum geschlossen ist, nach Oscar oder Carolina fragen, sie wohnen eine cuadra von der Kirche entfernt. Oscar und Carolina sind darüber hinaus die beste Adresse für die Organisation von touristischen Ausflügen in die Umgebung (siehe bei Information und Ausflügen).

Yuscarán ist nicht nur wegen seines pittoresken alten Gebäudebestandes einen Abstecher wert. Hier befinden sich zwei ***Destillerien*** des berühmten Schnapses *Yuscarán*, der aus Zuckerrohr gebrannt wird. Auch im tropischen Klima schmeckt dieser und ist recht bekömmtlich, vor allem mit Pampelmuse und Eiswürfeln. Neben *Flor de Caña*, einem ebenfalls akzeptablen Rum, ist *Yuscarán* der beste *aguardiente* (klarer Schnaps) des Landes. Um Yuscarán herum befinden sich große ***Mango-Fincas.*** Einen wunderbaren Blick auf Yuscarán und die wunderschöne Landschaft ermöglicht der kurze Aufstieg auf den Aussichtspunkt *(El Mirador)*. Hier befindet sich eine alte Ceiba und eine kleine Kapelle. Der Platz ist herrlich zum Entspannen und Träumen.

Feste

- Am 28. Mai feiert Yuscarán die ***Gründung des departamento.*** Am folgenden Wochenende findet das berühmte ***Festival de Mango*** statt, ein großes Dorffest mit verschiedenen Wettbewerben, einer Wahl der Dorfkönigin und einem lokalen Karneval.
- Das ***Patronatsfest*** von Johannes dem Täufer *(San Juán Bautista)* findet am 24. Juni statt, das der Jungfrau der Unbefleckten Empfängnis *(Virgen de Concepción)* ist am 8. Dezember.

Unterkünfte

- ***Hotelito Del Holandés,*** saubere private Zimmer in einer honduranisch-holländischen Familie, schöner Blick fast bis Tegucigalpa, DZ 8 bis 16 $.
- ***Casa Colibri,*** stilvoll, sauber und schöner Blick auf den Zentralpark, etwa 15 $ pro Person inklusiv Frühstück.
- ***Karol,*** Tel. 892-7143, Bad/WC, Heißwasser, familiär, angenehm, DZ 7,50 $, 20 m vom Zentralpark stadtauswärts.

Essen

- ***Comedor Lita*** (gleich neben dem Museum), angenehme Atmosphäre mit schönem Ausblick auf die Stadt, landestypische Speisen.
- ***Tipicos Montserrat,*** 2 cuadras vom Zentralpark entfernt in Richtung El Mirador, landestypisches Essen.

Information

- Im ***Museo y Casa Cultural,*** 1 cuadra vom Zentralpark (geöffnet 9-17 Uhr, Tel. 892-7160). Hilfsbereit und gut informiert über Geschichte und Geographie ist dort *Oscar Lezama.* Oscar und seine Ehefrau Carolina sind Anlaufpunkt für Touristen. Sie bieten unter anderem ***Stadtführungen*** an. Einfach bei ihnen (zu Hause oder im Museum) anfragen. Außerdem organisieren sie ***Führungen in die Umgebung*** (siehe Ausflüge). Größere Ausflüge vorher anmelden, dann können auch folkloristische Tanzaufführungen für Touristen organisiert, und z.B. Pferde für einen Ausritt in die Umgebung bereit gestellt werden.
- Über das ***Bioreservat Monserrat*** informieren die Peace-Corps-Freiwilligen, die insbesondere im Bereich des Bioreservats arbeiten. Kontakt über *Oscar Lezama.*
- ***Fundación Yuscarán, Fundación Vida*** und das ***EAP Zamorano*** führen, unterstützt von *US-AID,* ein Projekt zur Unterstützung des Bioreservats durch. Das Büro befindet sich in der Nähe der Kirche am Zentralpark.
- Das Projekt der *Gesellschaft für Technische Zusammenarbeit* namens **AFOCO** *(Apoyo Forestal Comunal)* bemüht sich seit 1994 in der Gegend um nachhaltige Forstwirtschaft und ist ebenfalls im Bioreservat Montserrat tätig, Tel./Fax 892-7158.

Kolonialer Charme

Verkehrsverbindungen

Straße

- Von ***Tegucigalpa*** auf der CA6 nach ***Zamorano,*** dann weiter bis zur ausgeschilderten Abzweigung (km 48), dort rechts (bergauf). Nach 17 km endet die Straße in Yuscarán.

Bus

- Bus von ***Tegucigalpa*** aus: Stündlich vom Mercado Jacaleapa Richtung Danlí (vgl. Zamorano), nach 55 km an der Abzweigung aussteigen und dort um eine Mitfahrgelegenheit *(halón)* bitten. Selten gibt es vom Mercado Jacaleapa auch Direktbusse nach Yuscarán.

Ausflüge ab Yuscarán

Verlassene Mine

Wer die morbid-historische Atmosphäre einer verlassenen Mine sucht, findet etwa 4 km von Yuscarán Richtung Agua Fría die alte Guavias-Mine. In der Nähe des Ausblickspunktes der Stadt *(El Mirador)* befinden sich weitere Minen. Mit einer Taschenlampe ausgerüstet begleitet sie gerne der kleine Junge Oscar des Ehepaars Oscar und Carolina.

Reserva Biológica de Montserrat

Einige Kilometer weiter auf der gleichen Straße findet sich, auf 1300 m Höhe, der Bergwald der *Reserva Biológica de Montserrat*. In Absprache mit dem Museum in Yuscarán können Pferde für einen drei- bis vierstündigen Ausritt in das ***Bioreservat*** gemietet werden. Im Reservat gibt es auch einen erfrischenden Wasserfall und einen kleinen See namens Laguna del Volcán.

Danlí

Etwa hundert Kilometer von der Hauptstadt entfernt befindet sich Danlí, die mit rund 30.000 Einwohnern größte Stadt der Provinz El Paraíso. Danlí ist das Zentrum einer von Maisfeldern, Kaffeepflanzungen, Zuckerrohranbau und Tabakplantagen gekennzeichneten Region.

In der Stadt befinden sich vier ***Tabakfabriken,*** die für exquisite Qualität bekannt sind. Selbst in Deutschland kann man honduranische Zigarren finden, die nie billig sind. Rechts neben dem Kino *Aladino*, gleich im Zentrum, ist die Fabrik *Honduras-América S.A.* zu besichtigen. Im angeschlossenen Laden werden Qualitätszigarren preiswert angeboten.

Das ***Museo de Cabildo*** an der Stadthalle (am Zentralpark) zeigt eine Sammlung verschiedenster Funde aus drei Jahrhunderten (geöffnet zwischen 8 und 12 sowie 13:30 und 16 Uhr). Der Verwalter hat ein profundes Wissen über die Geschichte von Danlí, spricht aber nur Spanisch.

Feste

- Jedes Jahr während der dritten August-Woche findet das ***Festival de Maíz*** statt, ein kulinarisches Marathon auf der Grundlage vielfältiger Mais-Rezepte. Sogar Mais-Bier und schmackhaftes Mais-Gebäck *(rosquillas)* werden gereicht. Rodeo, Fußball und andere volkstümliche Sportarten runden das Programm ab. Am Samstag wird das Zentrum von Danlí in eine einzige Party verwandelt, Musik und Tanz nehmen kein Ende.

Unterkünfte

- ***Gran Hotel Granada*** (an der Hauptstr. am Ortseingang, Tel. 883-2499, Fax 883-2774), Pool, Restaurant, Bar, DZ 17,50 $.
- ***Hotel La Esperanza*** (gegenüber Esso-Tankstelle, Tel. 883-2106), Zimmer mit Dusche/WC, Ventilator, Restaurant, Parkplatz, DZ 8 $.
- ***Hotel Apolo*** (im Zentrum, C. El Canal, gegenüber Shell-Tankstelle, Tel. 883-2177), Zimmer mit Dusche/WC, sauber, einfach, DZ 6 $.
- ***Hotel Danlí*** (im Zentrum, C. El Canal, gegenüber Hotel *Apolo*, Tel. 883-2039), einfach, freundlich, DZ 4 $.

Essen und Trinken

- ***Rancho Típico*** (Nähe *Hotel Danlí*) für Volkstümliches und Grill-Spieße.
- ***El Gaucho*** (im Zentrum) für Steaks und internationale Küche.
- ***Pizzería Piccolino*** (200 m südwestlich vom Zentralpark).
- ***Rodeo,*** Bedienung und Auswahl einfach stimmig.
- ***Comedor Claudio*** (1 cuadra vom Zentralpark), einfache lokale Gerichte.

Wichtige Adressen

Post, Hondutel

- 1 cuadra hinter der Kathedrale.

Verkehrsverbindungen

Straße

- Die Hauptstraße von ***Tegucigalpa*** über Zamorano (CA6) führt südlich dieser Stadt vorbei weiter nach ***El Paraiso.***

Bus

- Tägl. mit *Discua Litena,* Mercado Jacaleapa (Tel. 230-0470) oder *Dandy,* Bo. Villa Adela (Tel. 232-7939), stündliche Abfahrten von 6:30 bis 19:30 Uhr, Fahrzeit 3 Std., 1,30 $, Ankunft im Mercado Jacaleapa, Col. Miraflores, ***Tegucigalpa.***
- Von ***El Paraiso*** (Zentralpark) aus nach Danlí fahren etwa stündlich Kleinbusse (Fahrtdauer 30 Min., 0,45 $).

El Paraíso

An der Straße in Richtung der Grenze mit Nicaragua liegt der Ort mit 27.000 Einwohnern. Die Grenzregion nach Nicaragua ist durch Kaffee-, Reis- und Bananenkultur geprägt. Im Ort gibt es Hotels, einfache comedores, Banken, Post und Telefonservice. El Paraíso ist – ganz im Gegensatz zum Namen – ein Ort, der kaum zum Verweilen einlädt.

Unterkünfte

- ***5ª Avenida*** (5ª Ave., 10ª C., Tel. 893-4298), Dusche/WC, Restaurant, Parkplatz, DZ 6 $. Ein besseres Preis-Leistungs-Verhältnis der Hotels ist in Danlí zu finden.
- ***Lendy's*** (Nähe Busbahnhof, Tel. 893-4461), sauber und nett, DZ ab 5 $.

Verkehrsverbindungen

Straße

- Über Danlí, dann aber auf der Höhe von Danlí schräg rechts weiter die Hauptstraße (Fernstraße CA6), nach ca. 20 km kommt El Paraíso (und nach weiteren 10 km die Grenzstation Las Manos).

Bus

- Aus ***Tegucigalpa*** direkt von Comayagüela (*Emtra Oriente,* 6ª Ave. entre 6ª y 7ª C.) in 2,5 Std., oder von ***Danlí*** (Terminal de Buses) in 30 Min.
- Von ***Danlí*** (Busbahnhof) aus fahren etwa halbstündlich Kleinbusse zwischen 6 und 17:30 Uhr (Fahrtdauer 30 Min., 0,45 $).

Grenze zu Nicaragua in Las Manos

Las Manos ist die von Tegucigalpa aus nächste Grenzstation nach Nicaragua. Sie ist von 8 bis 17 Uhr geöffnet und sehr simpel ausgestattet, doch die Abfertigung läuft inzwischen zügig. Bis 1989 wurde hier ganz in der Nähe noch ein schmutziger Krieg geführt. Davon ist jetzt nur noch optisch etwas zu spüren. Die Länder sind inzwischen ebenso befriedet wie die Menschen es immer schon waren.

Ein- und Ausreisebestimmungen

- Las Manos ist nach meiner Erfahrung der schnellste Grenzübergang in Honduras. Siehe auch „Praktische Reisetipps, Hin- und Rückreise".

Verkehrsverbindungen

Bus

- Von ***Tegucigalpa*** in stündlichem Abstand nach ***Danlí***. Von Danlí aus mit regelmäßigem Bus nach ***El Paraíso,*** dann mit unregelmäßig fahrendem Kleinbus, Pick-up oder per Mitfahrgelegenheit (*halón*) weitere gut 10 km (ca. 20 Min.) an die Grenze. Nach der Ausreise aus Honduras fährt ein Pick-up oder Kleinbus ein paar Kilometer bis zur nicaraguanischen Grenzstation in ***Ocotal.*** Von dort fährt zweimal tägl. ein Bus nach ***Managua*** ab (9 und 15:30 Uhr, 4 bis 5 Std., 3,50 $), aber es gibt auch eine Menge Bummelbusse Richtung ***Estelí*** und ***Matagalpa.*** Wer eine schlechte Verbindung hat, sollte die Zeit nutzen – der Norden Nicaraguas ist schön, selbst Abstecher in den fernen Dschungel (nordöstlich) können sich lohnen.

Die Pazifikküste am Golf von Fonseca

Route

Nur eine einzige inzwischen streckenweise sehr gut asphaltierte ***Gebirgsstraße*** führt von Tegucigalpa über Sabanagrande und Pespire nach Jícaro Galán, dem Kreuzungspunkt mit der *Carretera Panamericana* (CA1), die von Vancouver nach Feuerland führt. Die von Tegucigalpa kommende Straße ist die Fernstraße CA5. Von Jícaro Galán geht es entweder nach El Amatillo (El Salvador), ca. 40 km entfernt, oder nach El Espino (Nicaragua), ca. 110 km entfernt.

Überblick

Die beiden Provinzen ***Valle*** und ***Choluteca*** bilden den Übergang zwischen dem Hochland um Tegucigalpa und dem pazifischen ***Golf von Fonseca.*** Wegen der geringen Nord-Süd-Entfernung stellt der Golf quasi ein Drei-Länder-Eck zwischen Nicaragua im Südosten, El Salvador im Nordwesten und Honduras in der Mitte dar. Rund 124 Kilometer lang und von Stränden aus feinem, vulkanischem Sand gesäumt ist die honduranische Pazifikküste, 30 kleine ***Inseln*** sind ihr vorgelagert. Das Gebiet wurde ***1522*** von *Andrés Niño* entdeckt und nach seinem Ziehvater, dem Bischof *Juan Rodriguez de Fonseca,* benannt. ***1578*** ließ sich der englische Freibeuter *Francis Drake* auf der Isla del Tigre, nahe Amapala, nieder und segelte von hier aus bis nach Peru und Baja California.

Der Süden des Landes ist noch heißer als der karibische Norden, doch die ***Luftfeuchtigkeit*** ist wesentlich geringer. Daher ist es nicht so schwül, die ***Temperaturen*** sind besser zu ertragen. Es fällt dennoch schwer, ohne guten Ventilator oder Klimaanlage einzuschlafen.

Die am Golf von Fonseca überall wuchernden ***Mangroven*** sind ein natürliches Landgewinnungssystem, Brutstätte von Hunderten verschiedener Vögel. Die Naturschutzorganisationen *CODEFAGOLF (Comité para la Defensa de la Flora y Fauna del Golfo de Fonseca)* und *ASCONA (Asociación Sureña de Conservación del Ambiente)* kümmern sich seit Jahren aktiv um dieses Ökosystem. Dazu legen sie sich mit einflussreichen Krabbenzuchtunternehmen an, die auch von Deutschen und US-Amerikanern geführt und betrieben werden.

Heute besteht der Süden von Honduras aus drei ***Landschaftsformen,*** die ringförmig von Norden nach Süden reichen. Die Kordilleren des zentralen ***Hochlandes*** gehen mit den Flüssen Choluteca, Texiguat und Goascorán in das pazifische Küstenland über. Die

nördlichen Grenzen der Bezirke Valle und Choluteca liegen noch auf ca. 800 m Höhe. Danach folgt allmählich das bis zu acht Monate lang im Jahr ausgetrocknete ***Tiefland,*** das durch intensive Bewirtschaftung in der Vergangenheit und die darauf folgende Erosion und Trockenheit heute weitgehend brachliegt. In der Regenzeit bauen die kleinen Bauern Mais und Bohnen an. Moderne Exportbetriebe kultivieren erfolgreich Wasser- und Honigmelonen, die der Trockenheit standhalten. Aus einer alten Cashew-Plantage gewinnen Selbsthilfe-Genossenschaften Nüsse und Früchte, die zu Genussmitteln weiterverarbeitet werden. Die Trockensavanne zieht sich bis zur Küste und dient noch heute mehr als 10 % der honduranischen Bevölkerung als Lebensgrundlage. Dann folgen die ***Mangrovenwälder*** am Wasser, die immer mehr von Krabbenzuchtbecken verdrängt werden.

Schöne Aussichten auf der Landstraße nach Süden

Von Tegucigalpa zur Panamericana

Die Fahrt von Tegucigalpa bis Jícaro Galán ist landschaftlich sehr reizvoll, die Route gehört zu den schönsten des Landes: Die Südverbindungsstraße zur *Panamericana, Carretera del Sur* genannt, beginnt hinter dem Flughafen Toncontín und ist die Verlängerung des Boulevard de la Comunidad Económica Europea (geht aus der Calle Real in Comayagüela hervor). Auf den ersten 15 km finden sich zahlreiche *pupuserías* (siehe Tegucigalpa, Essen).

Ojojona

Bei km 25 geht rechts bergauf die Abzweigung nach ***Santa Ana*** (5 km) und nach ***Ojojona*** (8 km) mit immerhin 8000 Einwohnern, angesichts der dort herrschenden Ruhe und wunderschönen Landschaft, unglaublich viele Menschen. Das älteste Haus des Dorfes, die ***Casa Mayor*** aus dem Jahre 1723, in dem sich bisher das Museum des Malers *Pablo Zelaya* befand, ist im Frühjahr 2001 einem Feuer zum Opfer gefallen. Trotzdem lädt der weit ausladende Dorfplatz mit der Kirche aus dem Jahre 1883 und seinen Ständen, die gegrillte *yuca* und *papas* sowie *fajitas* anbieten, zum Verweilen ein.

Ojojona lohnt sich weniger für das Kunsthandwerk. Hier werden vorwiegend für unseren Geschmack kitschige Tonartikel hergestellt: Motive wie der Adler des Fußballclubs *Motagua* oder der Löwe, Maskottchen des Clubs *Olimpia*.

Eine Einführung in die Geschichte des früheren Minenstädtchens kann vor Ort privat arrangiert werden.

Unterkünfte

- Bisher gibt es keine Hotels und Pensionen, aber wenn das Auftreten gepflegt und freundlich ist, kann man auf eine private Unterkunft hoffen.

Essen

- *Doña Alicia* in der ***Posada*** links hinter dem Museum, in der Casa Mayor, bietet Mahlzeiten an.

Verkehrsverbindungen

- Direkte ***Busse*** fahren alle 30 Min. zwischen 6 und 18 Uhr ab 4ª C., 6ª Ave. in ***Comayagüela;*** Fahrzeit gut 1 Std., Ticket 0,35 $.

Sabanagrande

Wieder zurück auf der Hauptstraße gen Süden, schlängelt sich die Straße zunächst die Kordillere empor, um anschließend die Flusstäler des Río Choluteca zu passieren. In Sabanagrande (km 40) befindet sich die berühmte ***Kirche Nuestra Señora del Rosario*** (erbaut 1810), um die herum Anfang Februar das Patronatsfest *La Virgen de Candelaria* zelebriert wird, ein provinzielles El Dorado mit Rodeo, Tombola, Tanz und Musik. An der Landstraße werden *rosquillas* verkauft, ohne Zucker gebackene Maisringe.

Pespire

Zwischen Sabanagrande und Pespire geht der montane subtropische Wald langsam in tropischen Trockenwald

über. Trockenpflanzen wie Agaven und Kakteen sind hier in ihrem Element. Eine beschauliche Pause ermöglicht einen Besuch in Pespire (km 85), ein durchgehend kolonial anmutendes Städtchen, das um den Zentralpark herum eine Reihe von ***Gebäuden*** von 1887 aufweist, die sehr gut erhalten sind. Auch die ***Kirche*** mit drei großen Kuppeln, die von der Landstraße zwischen Akazien und Mangos sichtbar sind, ist erwähnenswert. Ein Blick hinein lohnt sich. Holzaltar und Kronleuchter schaffen ein spezielles Ambiente. Gegenüber der Kirche kann man sich gemütlich hinsetzen und eine *naranja agria* bestellen, ein erfrischendes Getränk aus sauren Orangen, das die Nieren durchspült.

Der gegenüberliegende Park ist wegen seiner hochgewachsenen Bäume eine Oase inmitten trockener Hitze.

Das Rathaus in Pespire

Jicaro Galán, El Triángulo (Carretera Panamericana)

Wenig später führt die Landstraße ins Tal, schnurgerade zum ***Kreuzungspunkt*** El Triángulo, unweit von ***Jícaro Galán.*** Hier findet man ein paar einfache Hospedajes und ein touristisches Hotel, das *Oasis Colonial.* Am ***Triángulo*** trifft die Landstraße (CA5) auf die *Panamericana* (CA1), rechts geht es nach Nacaome und weiter nach El Amatillo (El Salvador), links über Choluteca und San Marcos de Colón nach El Espino, dem Grenzort mit Nicaragua.

Unterkünfte

- ***Oasis Colonial*** (Tel. 895-4006 bis -4010), Jícaro Galán: Pool, Restaurant und Bar, AC, Parkplatz, wunderschöne Innenhöfe, großzügiger Baustil, DZ 38 $. Das Hotel ist Haltepunkt der zentralamerikanischen Buslinie *King's Quality.*
- Deutlich günstiger, aber dafür auch sehr einfach und etwas schmuddelig: Hotel/*Comedor* ***Sir Leny,*** Tel. 895-4019, Ventilator, Privatbad, DZ 12 $.

Busverbindung bis zur Panamericana

- Busse nach Nacaome und El Amatillo, der salvadorianischen Grenze, fahren häufiger als stündlich vom *Mercado Mamachepa* in **Comayagüela** ab (Orientierungspunkt ist das Kino *Centenario,* 6ª C. entre 9 y 10 C.), Fahrzeit 4 Std., Ticket 1,75 $.

Souvenirs im Überfluss

- Busse ***von Choluteca*** fahren dort fast stündlich von 7 bis 16 Uhr von der Brücke vor der Stadt ab, Ticket 1 $.
- Jícaro Galán bzw. El Triángulo ist so wichtig, weil hier ***internationale Buslinien*** *(Kings, Ticabus* etc.) halten und Passagiere austauschen. So ist es z.B. Reisenden aus Tegucigalpa möglich, den Bus via San Salvador zu verlassen und den nach Managua, der gerade vorbeirauscht, schnell noch mitzunehmen. Oder ein Reisender aus Managua überlegt es sich anders und macht einen Abstecher nördlich ins reizvolle Honduras, statt gleich weiter Richtung San Salvador zu fahren.

Zur Grenze mit El Salvador

Auf der 40 km langen Landstraße zwischen Triángulo (Jícaro Galán) und der Grenze nach El Salvador liegt die weniger bedeutende Provinzstadt ***Nacaome*** (5,5 km westlich von Jícaro Galán), die einzig durch eine schöne Kirche auffällt. Nacaome gilt als die ***Hölle von Honduras.*** Es wird hier teilweise so heiß, dass es selbst dem Teufel zu viel wird (sagt man). Kurz vor der Grenze ist die große ***Brücke von Goascarán*** zu sehen, kurz danach folgt ***El Amatillo.*** Das Städtchen befindet sich auf beiden Seiten der Grenze. Die Grenzstation arbeitet von 8 bis 17 Uhr täglich.

Für knapp 2 $ bekommt man die Genehmigung zum Einkauf in El Salvador. Viele Honduraner nutzen die Gelegenheit und finden schon in El Amatillo gut sortierte Läden. Berühmt sind die bunten Handtücher, aber auch andere Textilien aus den moderneren salvadorianischen Fabriken sind bei mäßigen Preisen von guter Qualität. Gut 40 km entfernt liegt San Miguel, eine der größten Städte von El Salvador.

Unterkünfte

- Im ***honduranischen Teil*** El Amatillos gibt es zwei einfache *Hospedajes*, **Los Arcos** und ***San Andrés.***
- Auf der ***salvadorianischen Seite*** findet man ebenfalls zwei einfache *Hospedajes*: ***Dos Hermanos*** und ***Hotelito Anita.***

Ein- und Ausreisebestimmungen

- Siehe „Praktische Reisetipps A–Z, Reise in die Nachbarländer".

Verkehrsverbindungen

Busse nach El Amatillo

- Ab ***Comayagüela,*** fahren häufiger als stündlich Busse vom *Mercado Mamachepa* ab (Orientierungspunkt ist das *Centenario*-Kino, 6ª C. entre 9ª y 10ª C.), Fahrzeit 4 Std., 2 $.

Busse nach San Miguel und San Salvador

- Stündlich verkehren Busse nach San Miguel (2,5 Std., 1 $). Viermal tägl. fahren Busse in die Hauptstadt San Salvador (4 Std.,1,75 $).

San Lorenzo und der Golf von Fonseca

Vom Triángulo in Richtung Nicaragua liegt etwa 10 km entfernt die Stadt San Lorenzo (21.000 Einwohner), direkt am Golf von Fonseca. Entlang der *Panamericana* findet man Straßenstände mit großen, bunten Hähnen und Krügen aus Ton. Diese einfachen Keramikarbeiten mit schreiend bunter Bemalung stammen aus kolonialer Vorzeit und sind heute auch noch in Portugal und Südspanien zu finden. Vorsicht: Die zwar sehr dekorativen Gartenaccessoires zerbröseln leicht, ein Transport im Flugzeug ist deshalb problematisch. Das Stadtzentrum selbst liegt etwa 10 cuadras rechts (südlich) der Landstraße.

San Lorenzo ist der Pazifikhafen von Honduras. Hier kommt vor allem Fracht aus Asien an. Da der Golf von Fonseca jedoch eines der spektakulärsten Mangroven-Biotope beheimatet, ist vom Stadtstrand aus nicht der pazifische Ozean zu sehen, sondern der grüne Mangrovenwald. Dennoch bilden der Zentralpark mit großen Echsen- und Krokodilmodellen, die Hafenzeile und die dahinterliegenden Mangrovenwälder ein Ambiente, das wohl keinem anderen „Welthafen" gleichkommt. Zur Erkundung der Mangroven können hier kleine *lanchas* (Motorboote) gemietet werden.

Unterkünfte

- ***Miramar*** (Plaza Marina am Wasser, Tel. 881-2138). Mit Restaurant, Internetzugang,

Diskothek. Eine Art Hausboot, Blick aufs Wasser, etwas kitschiger Einrichtungsstil, eine Yacht kann angemietet werden, DZ mit AC, ab ca. 35 $ (inkl. Frühstück). Am hauseigenen Strand kann man durchaus baden, auch wenn die ungefiltert eingeleiteten Hausabfälle und der bloße Anblick nicht dazu einladen.

- ***Hotel Club Morazán*** (1 cuadra westlich vom Krankenhaus, Tel./Fax 881-2400), mit Restaurant, AC, Pool, Karaoke, Kinderbereich, Internet, DZ 35 $.
- ***Hotel & Restaurant Marazul*** (am Hafen), Blick aufs Wasser, AC, DZ 25 $.
- ***Perla del Pacífico*** (Zentrum, Tel. 881-2530), Ventilator, sehr angenehmes Ambiente, DZ 10 $.

Essen und Trinken

- ***Miramar*** (siehe Hotel), schöne Aussicht, schmackhafte Krabben- und Seeschnecken-Gerichte, relativ teuer.
- ***Henecán*** (Nähe Zentralpark), klimatisiert, nicht billig.
- Ansonsten findet man ***comedores*** überall im Zentrum der kleinen Stadt.
- An der *Panamericana* befindet sich die ***Diskothek Panamericano*** mit integriertem Restaurant.
- ***La Cabaña*** (am Hafen), gutes Ambiente unter einem großen Palmendach, sehr zu empfehlen: *Sopa Marinera*.

Entlang der Hafenstraße befinden sich weitere Restaurants.

Verkehrsverbindungen

Straße

- Von Tegucigalpa über die *Carretera del Sur* bis Jícaro Galán, dann links auf die *Panamericana* bis zum Kilometer 102.

Bus

- ***Minibusse*** direkt nach San Lorenzo verkehren fast stündlich von ***Tegucigalpa*** aus (Abfahrt in Comayagüela, Mercado Belén, schmutzig und hektisch). Bequemer sind die normalen Buslinien via Choluteca, die aber direkt an der *Panamericana* halten: *Mi Esperanza, Bonanza* und *El Dandy* (Abfahrt stündlich ab 5:30 Uhr von *Mi-Esperanza*-Terminal aus, 6ª C. entre 23ª y 26ª Ave., Comayagüela). Die Kosten für das Busticket bis San Lorenzo betragen 2 $. Von ***San Lorenzo*** aus starten Busse nach Coyolito (Amapala).

Amapala und die Isla del Tigre

Die Insel, auf der Amapala liegt, ist vulkanischen Ursprungs und erlaubt bei gutem Wetter den Blick bis nach Nicaragua und El Salvador. Der verschlafene Kurort Amapala ist der Hafen der Insel, auf der im 16. Jahrhundert der englische ***Freibeuter*** *Sir Francis Drake* seine Basis hatte. Im Jahre 2004 wurde die Mole durch ein spanisches Projekt restauriert, die Kirche und weitere Gebäude sind ebenfalls wunderschön. Heute ist die Gegend um Amapala herum das bevorzugte Rückzugsgebiet für illustre Machtmenschen wie den Industriellen *Miguel Facussé*, vielleicht wichtigster und reichster Honduraner, und den Ex-Präsidenten *Rafael L. Callejas*, der nahe Coyolito seine Wochenend-Villa gebaut hat.

Der ehemalige Hafenarbeiter *Martín Hernandez*, Jahrgang 1935, erzählte mir viel über die Vergangenheit des alten ***Hafens.*** Das Städtchen war 1876 für ein paar Monate sogar Hauptstadt des Landes und bis zur Mitte des 20. Jahrhunderts der wichtigste Hafen des damals noch völlig unbedeutenden Honduras. Immerhin mussten alle Handelsgüter bis zum Bau der

Panamericana in den 40er Jahren des 20. Jahrhunderts mit Eselskarren bis nach Tegucigalpa gebracht werden.

Don Martín erzählt auch von den letzten Jahren des Hafenbetriebes, als er pro Tag einen Lempira verdiente und es in Amapala ein Kino und eine Rock-o-La-Musikbox gab. Alle waren damals stolz auf die *Comandancia,* die rechts hinter der Hafenmole steht und deren damaliger Glanz auch heute noch erahnt werden kann. Das Casino dagegen steht nicht mehr. Wunderschön ist das alte grüne Holzhaus an der Ecke des Marktes Richtung Hafen. Es wurde von Händlern im 19. Jahrhunderts im französichen Stil erbaut.

Als San Lorenzo 1954 Pazifikhafen wurde und Amapala in die Bedeutungslosigkeit versank, klagten *Martín Hernandez* und seine 350 Kollegen beim staatlichen *Servicio Portuario S.A.* auf 1600 Lps. (damals 800 $) Abfindung. Das Geld wurde den Gewerkschaftern erst 1993 gewährt, gerade noch 200 $ wert.

Amapala zählt heute etwa 8000 Einwohner, hauptsächlich Fischer und Bauern. Auf der Isla del Tigre befinden sich auch Stationen der ***US-Streitkräfte*** und der ***US-Drogenbehörde*** *DEA* – zur Kontrolle des Drogenverkehrs im Pazifik. Diese Stationen haben in den achtziger Jahren aber nicht vermocht nachzuweisen, dass die salvadorianische Guerilla *FMLN* von der sandinistischen Regierung in Nicaragua militärisch versorgt wurde, wie das seitens der USA immer wieder behauptet wurde, um die missliebigen Sozialisten in Managua anzuschwärzen.

Feste

- Am 3. Mai feiert Amapala die ***Feria de la Santa Cruz.***

Unterkünfte

- Einziges Hotel ist ***Playa Negra*** (Tel. 898-8534 in Amapala und Tel. 237-8822, Fax 238-2457 in Tegucigalpa, der Besitzer heißt *Alejandro Villela Suazo),* Restaurant, Pool, Fitness, Ausflüge (Hochseefischen, Boot, Pferd oder Trekking), Zimmer mit Ventilator oder mit AC (unbedingt mit Klimaanlage wählen), DZ 50 $. Ein Ausflug mit dem Pferd kostet sagenhafte 40 $ (2 Std.), mit dem Charterboot 60 $ (ganzer Tag). Bei Vorab-Buchung holt das Hotel die Gäste in Coyolito ab. Sonst ist ein Expressboot von Coyolito zu nehmen oder nach Landung in Amapala ein Taxi bis zum Hotel (5 $).

Alle folgenden „Hotels" haben keine Schilder, sondern sind praktisch ***Privatzimmer*** in meist baufälligen Privathäusern. Die Preise sind flexibel und verhandlungsbedürftig:

- ***Pensión Internacional*** (gleich am Hafen von Amapala, zu *Comedor Iris* gehörig, Tel. 895-8539), sehr einfach, gemeinsames Bad, ohne warmes Wasser, sehr freundliche Familie, *comedor* mit gutem traditionellen Frühstück, pro Person 3 $.
- In der Ortschaft selbst befinden sich weitere kleine Pensionen, die alle sehr einfach ausgestattet sind, z.B. ***Hotel Ritz, Pension Doña Judith*** (Tel. 895-8541).
- Etwas komfortabler, aber nicht dem Namen gerecht: ***Apart-Hotel „Victoria"*** (3 cuadras vom Hafen nach oben, Tel. 898-8543), DZ ca. 20 $ (bis zu 5 Personen, jede weitere Person ca. 3 $ extra).
- In Playa Grande befinden sich ***La Casa Huésped Dignita*** (am Ende des Strandes, Tel. 720-8374), mit AC und Ventilator, Restaurant angeschlossen, etwas teuer für die einfache Ausstattung der Zimmer, DZ 20 $ (ohne

AC), DZ 35 $ (mit AC), aber durch die Strandnähe sehr gutes Ambiente. *Doña Dignita* kocht auf Bestellung.

- Sehr billig in einem Massenbettlager (auch in Hängematten) kann man in der ***Casa Huésped de Don Mauro,*** (gleich am Anfang von *Playa Grande),* für 3 $ pro Person übernachten.
- Appartments mit Küche bei ***Casa Huésped de Doña Julia*** *(de Falck,* in der Mitte von Playa Grande) Reservierung in Tegucigalpa Tel. 225-1266 , für ca. 4 Personen, 40 $.
- Mit Erlaubnis der Besitzer ist an den Stränden Playa Negra, Playa Blanca und Playa Grande (*Doña Dignita* fragen) ***Camping*** möglich.
- Wer gerne mal auf einer ***Militärbasis*** übernachten möchte, (*Base Naval* kurz vor Playa Grande) kann sich inmitten der Uniformierten eine *Cabaña* mieten (Tel. 895-8621).
- ***Aquatours Marfil,*** (Tel. 985-9056 oder in Tegucigalpa 235-8255), schöne Zimmer mit AC, Pool, Ausflüge per Boot, direkt am Strand, die Familie kocht auf Anfrage Meeresfrüchte-Suppe oder andere Fischgerichte, DZ 20 $.

Essen und Trinken

- In Amapala selbst finden sich außerdem sehr einfache, aber saubere ***comedores*** im neuen *Mercado Municipal.*
- Der Pazifik ist fischreich, deshalb lohnt es sich, hier besonders *sopa marinera, camerones* oder andere Fischgerichte zu verzehren. Zu empfehlen ist ***El Faro Victoria*** am Hafen von Amapala, hat jedoch meist nur zwei bis drei der auf der Speisekarte verzeichneten Menüs.
- ***Gute Fischgerichte*** in Playa Grande, Doña Dignita kocht auf Bestellung leckere *Camarones al ajo* und andere Fischgerichte.

Blick auf Amapala

Wichtige Adressen

- ***Gemeindeverwaltung,*** Tel. 898-8524.
- ***Schutz- und Kriminalpolizei,*** Tel. 898-8537.
- ***Krankenhaus und Zahnklinik*** mit *Dr. Gutierrez*, Tel. 898-8117.

Verkehrsverbindungen

Straße

- Zwei Kilometer vor San Lorenzo führt eine Stichstraße 32 km durch tief grünes Mangrovensumpfgebiet der Insel Zacate Grande bis nach ***Coyolito.*** Hier ist der Weg das Ziel, denn die Landschaft mit wenigen Häusern, aber unwillkürlich auftauchenden Hügeln und Inseln in einem sumpfigen Dschungel ist einmalig. In Coyolito, am Ende der Straße, sollte man auf Sicherheit beim ***Parken*** achten, z.B. in Absprache mit der rechts der Straße nahe des Stegs liegenden Polizeistation. Auf La Tigra selbst gibt es einige wenige Autos, die auch als ***Taxis*** dienen.

Boot

- Von ***Coyolito*** aus fahren ca. alle 2 Std. (wenn 10 bis 12 Passagiere versammelt sind) Boote nach Amapala (Ticket 0,50 $, Fahrtdauer 25 Min., Expressfahrt für 5 $).
- Alternativ führt eine halbtägige Bootsfahrt von ***San Lorenzo*** direkt nach Amapala.
- Per Boot kann man von Amapala bis zum ***salvadorianischen*** Ort ***La Unión*** übersetzen, sollte sich aber vorher bei der Einreisebehörde *Migración* einen Ausreise- und sofort bei Ankunft einen salvadorianischen Einreisestempel besorgen.
- Von Gualora aus kann man per Boot die ***Mangroven*** erkunden. In Playa Grande befindet sich *La Cueva de la Sirena* und eine Laguna kurz vor der Militärbasis. Wer den herrlichen Ausblick in die Umgebung genießen möchte, insbesondere auf die Vulkane von El Salvador, sollte sich den 2,5-Std.-Aufstieg auf den Gipfel von Amapala gönnen.

Taxi

- Die auf der Insel geltenden ***Taxipreise*** stehen auf einer Tafel am *Comedor Iris* gegenüber des Restaurants *El Faro Victoria.* Eine Fahrt zum Playa Grande im *colectivo* kostet 0,30 $, im Expresstaxi 3,50 $, zum Playa Negra ungefähr das Doppelte.

Bank

- Eine ***BGA-Filiale*** bietet alle regulären Bankdienstleistungen.

Tourismusinformation

- Öffnungszeiten des ***Tourismus-Büros*** sind Mo.-Fr. 8-12 und Sa. 14-17 Uhr.

Ausflüge ab Amapala

Trekking

Die ***Straße um die Insel*** herum, an der nette Menschen wohnen, eignet sich gut für eine halbtägige Wanderung. Alternativ führt eine ***Straße auf den Gipfel*** der Insel. Es wird empfohlen, mit einem einheimischen Führer und in der Gruppe auf den Gipfel zu klettern. Dazu sollten Wasser, Sonnenschutz und Ganzkörperbedeckung mitgeführt werden.

Strände

Die besten Strände von Amapala sind ***Playa Licona*** (40 Min. südlich von Amapala), ***Playa Negra*** (45 Min. nördlich von Amapala) und ***Playa Grande*** (30 Min.), die jeweils zu Fuß zu erreichen sind.

Pazifikstrand in Cedeño und Punta Ratón

Cedeño

Einen einmaligen Blick auf die Vulkane beider Nachbarländer bietet der kleine, ansonsten wenig einladende Badeort Cedeño. 12 km vor Choluteca führt auf einer sichtbar großen Kreuzung, mitten in der Einöde, eine Straße Richtung Süden. Nach ca. 50 km endet sie am vulkanischen, für honduranische Verhältnisse relativ verschmutzten Strand von Cedeño, der von unzähligen Restaurants gesäumt ist. Alle paar Jahre werden die auf Stelzen stehenden Holzkonstruktionen vom Pazifik geholt. Wegen der Windverhältnisse ist hier das Windsurfen besonders gut möglich.

Unterkünfte

- ***Hotel San Simon*** (Tel. 887-3301), einfach, sauber, DZ 10 $.
- ***Hotel Las Vegas*** (Tel. 887-3309), einfach, sauber, DZ 5 $.
- ***Hotelito Galindo*** (Tel. 887-3312), nur während der Semana Santa, DZ 10 $.

Verkehrsverbindungen

- Ab ***Choluteca*** fährt stündlich ein ***Bus*** nach Cedeño (Fahrzeit 1 Std., Ticket 0,50 $).

Punta Ratón

Einen schöneren Strand mit erheblich weniger Bauten und Gewühl hat der Strandort Punta Ratón zu bieten, zu dem eine Abzweigung rechts etwa 12 km vor Erreichen des Ortes Cedeño führt.

Verkehrsverbindungen

- Ab ***Choluteca*** fährt tägl. einmal um 11:30 Uhr ein ***Bus*** nach Punta Ratón (Fahrzeit 1 Std., Ticket 0,50 $). ***Rückfahrt*** jedoch erst am nächsten Morgen!
- Von der Ortschaft ***Monjaras*** (hier gibt es Banken und Übernachtungsmöglichkeiten) geht es vorbei an Shrimps-Zuchtanlagen auf einem Schotterweg nach Punta Ratón.
- Von Punta Ratón mit einem angeheuerten Boot nach San Lorenzo (ca. 35 $), tägl. ein Bus um 6 Uhr früh nach Choluteca, oder jalón auf einem Pick-up.

Unterkünfte

- In Punta Ratón gibt es kein Hotel. Übernachtungsmöglichkeit bei *José Ramon Trujillo*, freundlicher Fischer, einfach nach ihm fragen, Tel. 887-4613.

Sonstiges

- *José Ramón Trujillo* leitet zusammen mit anderen lokalen Helfern ein Projekt zum ***Schutz der Schildkröte*** *tortuga golfina,* Laichzeit August bis Oktober.

Choluteca

Geschichte

Hauptstadt des heißen Südens ist diese fast 90.000 Einwohner zählende Stadt, die bereits 1535 gegründet wurde. Vor der ökologischen und wirtschaftlichen Marginalisierung des Südens galt Choluteca mit seiner Umgegend als besonders wohlhabend.

Schon seit Mitte des 18. Jahrhunderts war die *Villa de Jerex de la Choluteca* das bedeutendste Zentrum des Südens, nachdem Franziskaner in Nacaome und Goascarán schon seit 1580 tätig gewesen waren.

Heute können die idyllische Altstadt und die mit einfachen, aber präsentablen Hotels

ausgestattete Neustadt schwerlich über die ***Verarmung*** der ländlichen Bevölkerung in der Umgebung von Choluteca hinwegtäuschen. Noch vor achtzig Jahren waren große Teile des Südens von Honduras mit einem tropischen Trockenwald überzogen, der Klima, Landwirtschaft und die Versorgung mit Holz sicherte. Durch die extensive Baumwollwirtschaft und zugunsten immer umfangreicherer Rinderherden wurde das Grün weiträumig vernichtet – mit schlimmen Folgen. Heute wächst auf den trockenen Böden fast nichts mehr. Eine 1989 veröffentlichte Erhebung des deutschen Ernährungssicherungsprogramms in Choluteca ergab: Ein honduranischer Kleinbauer aus einer der südlichen Provinzen Choluteca oder Valle erntet auf seinem durchschnittlich nicht einmal 1 ha großen Land gerade nur soviel Mais, um allenfalls seine eigenen Kinder zu ernähren, Geldeinkommen bleibt ihm nicht. In einer solchen Lage führt schon ein Besäufnis des Vaters oder der spontane Kauf eines Kleidungsstücks die Familie in eine Hungerkrise.

Einfahrt in die Stadt
über die große Hängebrücke

Orientierung

Die größte Stadt des honduranischen Südens erstreckt sich entlang zweier Boulevards, die 5 cuadras voneinander entfernt verlaufen. Nördlich zieht sich der ***Boulevard Choluteca*** von Westen nach Osten, östlich, kurz vor Verlassen der Stadt, trifft er mit der *Carretera Panamericana* zusammen. Südlich erstreckt sich der ***Boulevard Carranza*** ebenfalls von Westen nach Osten.

Zwischen 2ª und 4ª Ave. liegen die wesentlichen ***Busterminals*** von *Mi Esperanza* (1ª y 2ª C. entre 2ª y 3ª Ave.) und der allgemeine Busbahnhof *Ter-*

minal de Buses (Blvd. Carranza entre 2ª y 4ª Ave.). Beide Boulevards werden von der ***Avenida Valle*** gekreuzt. An der Avenida Valle liegt genau zwischen den beiden Boulevards der alte ***Markt*** *(mercado viejo)*, an dem die meisten kleinen Hotels, comedores und Geschäfte zu finden sind.

Sehenswertes

Den Besucher der Stadt beeindruckt zunächst die große ***Hängebrücke*** aus Stahl, die 1937 über den zwar meist (in der Trockenzeit) kleinen, aber durch ein riesiges Bett fließenden Fluss Choluteca gezogen wurde.

Am Zentralpark befindet sich das ***Geburtshaus von Cecilio del Valle,*** einem der mutigen honduranischen Aristokraten und Patrioten, die mit *Francisco Morazán* seit der 1821 erreichten Unabhängigkeit Zentralamerikas von Spanien Seite an Seite für die Integration eines republikanischen Zentralamerika kämpften. In dem Haus befindet sich ein Kommunikationszentrum für die Bürger der Stadt, das ***Casa de la Cultura*** (Kulturhaus) mit der städtischen Bibliothek. Hier werden Veranstaltungen angekündigt und wichtige Ereignisse gemeinsam gefeiert.

La Merced, die wunderschöne, schon 1643 erbaute Kirche, wurde restauriert – für honduranische Verhältnisse aufwendig.

Hier wurde am 22. November 1777 der Gelehrte und Staatsmann *José Cecilio del Valle* geboren

Auf der 3ª C. S.O. befindet sich das ***Kunsthandwerkszentrum von San José Obrero***. Hier sind die für den Süden des Landes typischen Schaukelstühle aus dem Holz des Guanacaste-Baumes zu besichtigen. Zusammengelegt sind die Stühle kompakt und als praktisches Andenken für viele Jahre geeignet. Sie passen zu erdfarbenen oder ethnoartigen Einrichtungen im eigenen Heim.

Feste

- Am 8.12. feiert Choluteca eine ganze Woche lang das Patronatsfest der Jungfrau der unbefleckten Empfängnis (*Virgen de la Concepción).* Direkt anschließend findet die *FERISUR* statt, ein Volksfest mit gleichzeitiger Promotion der wichtigsten Produkte der Region.

Unterkünfte

- ***Hacienda Gualiqueme Hotel y Club*** (Carretera Panamericana, vor der Brücke, Tel. 882-3129, 882-2750, Fax 882-3720), Sauna, Pool, Restaurant, Bar, Tennis, Rocket-Ball, Reitpferde, Stil einer traditionellen Farm, klimatisiert, geschmackvoll, DZ 70 $.
- ***Hotel La Fuente*** (Bo. Los Mangos, Carretera Panamericana, Tel. 882-0253, 882-0263, Fax 882-0273), klimatisiert, Pool, Restaurant, Bar, Spielcasino, DZ 36 $, DZ 32 $.
- ***Hotel Internacional*** (Bo. Los Mangos, Carretera Panamericana, Tel. 882-3940, 880-2667), Pool, Restaurant, Parkplatz, sauber, kompakt und 24 Std. geöffnet, DZ 30 $.
- ***Hotel Camino Real*** (Bo. Brisas del Sur, weit draußen, Carretera Panamericana, Tel. 882-2534, 882-2860), klimatisiert, Pool, Rest., DZ 34 $.
- ***Hotel Pierre*** (Ave. Valle, C. Williams, Tel. 882-0676), klimatisiert oder Ventilator, Restaurant, Eis-Café, Parkplatz, empfehlenswert, DZ 12 $, mit AC 17 $.
- ***Hotel Brazabola*** (Bo. Cabanas, Tel. 882-5535), mit AC und TV, DZ 10,80 $.
- ***Hotel Pacífico*** (Bo. La Esperanza, Tel. 882-3249), auf Wunsch klimatisiert, TV, Parkplatz, DZ 18 $, sehr empfehlenswert.
- Diverse preiswerte kleine Hotels am Zentralpark, z.B. ***Bonsay*** (Tel. 882-2648) wird 2005 in Real Jerez (nach dem früheren Namen Cholutecas) umbenannt; DZ mit AC für 12 $; und ***Central*** (Tel. 882-0112).
- Weitere preiswerte kleine Hotels im etwas lärmigen Zentrum: z.B. ***San Carlos, Santa Rosá de Copán*** (3ª C. N.O., Tel. 882-0355) mit Reinigung oder ***Hibueras*** (Tel. 882-0512), DZ 5 $.

Essen und Trinken

- ***El Torito*** (Carretera Panamericana Richtung Nicaragua), klimatisiert, Rindsteaks aller Art, Kreditkartenannahme.
- ***Conquistador*** (am Ende des Blvd. Choroteca, Carretera Panamericana), Grillrestaurant, auch im Freien.
- ***Restaurante Pierre,*** vgl. *Hotel Pierre.*
- ***Rancho de José*** (ca. 1 km vor dem Hotel Camino Real).
- Essen, Trinken und Musik gibt es im ***Tropical Beer*** (Carretera Guasaule, 3 km von Carretera Panamericana, auf der linken Seite), Biergarten, preiswert.
- ***Pupusería Caminos del Valle*** (500 m verschoben gegenüber von *Tropical Beer*), mit *pupusas* und Getränken.
- ***El Llano*** (200 m von *Pupusería Caminos del Valle*), Pool, gute Auswahl.

Wichtige Adressen

Bank, Post, Hondutel

- Im Zentrum vorhanden.
- Samstags bis 11:30 Uhr ist die ***Banco de Occidente*** geöffnet.

Notfall

- ***Rotes Kreuz, Krankenwagen,*** Tel. 882-4452
- ***Feuerwehr,*** Tel. 882-0503,
Bo. La Guadalupe, Tel. 882-0504
- ***Schutz- und Kriminalpolizei,*** Tel. 882-0951
- ***Verkehrspolizei,*** Tel. 882-2000

- ***Polizei,*** Tel. 882-0951
- ***Notruf:*** 199
- ***Staatliches Hospital Público,*** Tel. 882-0231

Verkehrsverbindungen

Straße

- Wie von Tegucigalpa nach ***San Lorenzo,*** aber dann 35 km weiter die Panamericana geradeaus bis zur großen Brücke von Choluteca, dahinter liegt gleich die Stadt. Zur Fahrt ins Zentrum nach der Brücke schräg rechts abbiegen! Zur Grenze nach Nicaragua bei ***El Espino*** sind es ca. 63 km.

Bus

- Von ***Tegucigalpa*** aus fahren *Mi Esperanza* (Bo. Villa Adela, Tel. 225-1502), Abfahrt um 6, 10, 14, 18 Uhr oder *Royeri* (Bo. Villa Adela, Tel. 225-1493), mehrmals tägl. ab angeblich 2 Uhr im Morgengrauen. Fahrzeit 3 Std., 1,50 $. Dreimal tägl. fahren die Busse – zumindest die von *Mi Esperanza* – bis **San Marcos de Colón** durch. Vorsicht: *Mi Esperanza* fährt zögerlich ab und nimmt keine Rücksicht auf die wartenden, schwitzenden Passagiere. Pochen Sie auf Ihre Rechte.
- ***Abfahrtspunkt*** der Busse in Choluteca ist die westliche Ecke des Mercado San Antonio.
- ***Busse nach San Marcos und El Espino*** (Grenze nach Nicaragua) fahren vom allgemeinen Busbahnhof (*Terminal de Buses,* Blvd. Carranza entre 2ª y 4ª Ave.) ab (Fahrzeit 1 Std. bis zur Grenze, Ticket 1,10 $, Abfahrt zwischen 7 und 14 Uhr stündlich).

San Marcos de Colón

Nur 8 km vor der Grenze mit Nicaragua bei El Espino liegt das Städtchen San Marcos de Colón. Im Kontrast zur trockenen Hitze der südlichen *Departamentos* Choluteca und Valle ist das ***Klima hier*** im auf 950 m Höhe gelegenen San Marcos angenehm frisch.

1824 wurde die Ortschaft unter dem Namen *Mandaime* gegründet, 1836 erhielt sie den Titel einer Kreisstadt, 1927 wurde sie zur kreisfreien Stadt. Bis zur Regierung von *Marco Aurelio Soto*, dem liberalen Reformer, dominierte das Gehöft *Hacienda de Colón* die Geschicke des Ortes. Unter *Soto* sprach die Zentralregierung aber weite Teile des fruchtbaren Landes der Gemeinde zu.

Die fast 10.000 Einwohner widmen sich der ***Rinderzucht*** und dem Handwerk, das mit Rindern einhergeht: Molkerei, Gerberei, Lederwerkstätten. Die hochwertigen Produkte aus Handarbeit sind in den *talabaterrías* (Lederläden) des Ortes zu erstehen: Gürtel, Taschen, Koffer, Geldbörsen, Stiefel und (häufig geflochtene) Schuhe. Passionierte Reiter, Polospieler etc. können hier mit etwas Geschick exzellente Pferdesättel erstehen. Vorsicht: En gros sind diese bei Einfuhr in die EU jedoch nicht zollfrei.

Vom 22. bis 30. Juli findet jedes Jahr die ***Feria de San Marcos de Colón*** *(Ferisamc)* statt, bei der eine Woche lang Spiele, Theater, Rodeo, Musik und Tanz stattfinden. Am letzten Samstag bildet der *Gran Carnaval* den Höhepunkt, mit Livemusik, Schönheitswettbewerb und stundenlangem Tanz. Auf einer großen Ausstellungsfläche zeigt der Bauernverband *AGASM* zugleich die schönsten Zuchtbullen, und veranstaltet einen Melker-Wettkampf, eine Pferde-Parade und einen Stierkampf.

Unterkünfte

- **Hotel Cabañas** (Monte Lorenza, Tel. 887-4819), Restaurant und Pool, AC nicht nötig, Tenniscourt, DZ 60 $.
- ***Colonial*** (nahe Zentralpark), sauber, DZ 9 $.
- ***Hotelito Mi Esperanza*** (nahe Bus-Terminal, 1 cuadra westlich der *Banco Atlántida*, Tel. 888-3062), sauber und freundlich, DZ 8 $.
- ***Hospedaje Flores*** (nahe Zentralpark), einfach und etwas dunkel, DZ 4,50 $.

Essen

- Nette Restaurants und comedores, z.B. das ***Pollos Bonanza,*** liegen im Stadtkern.
- ***Taquería Bonanza*** ist preiswert und original mesoamerikanisch (Einfahrtsstraße).

Verkehrsverbindungen

Bus

- Von ***Tegucigalpa*** aus fahren *Mi Esperanza* (Bo. Villa Adela, Tel. 225-1502), Abfahrt um 6, 10, 14, 18 Uhr oder *Royeri* (Bo. Villa Adela, Tel. 225-1493), mehrmals täglich ab angeblich 2 Uhr im Morgengrauen. Fahrzeit 4 Std., 1,80 $.
- ***Abfahrtspunkt*** der Busse in San Marcos de Colón ist der Zentralpark.

Grenze nach Nicaragua: El Espino und Guasaule

El Espino

9 km hinter San Marcos de Colón liegt El Espino, der Grenzübergang nach Nicaragua. Die Grenze ist von 8 bis 16 Uhr ***geöffnet,*** aber die Nicas haben von 12 bis 13:30 Uhr Mittagspause. Entscheidend ist, vor 16 Uhr mit allen Formalitäten fertig zu sein. Danach fährt kein Bus mehr nach Somoto.

Ein- und Ausreisebestimmungen

- Siehe „Praktische Reisetipps, Hin- und Rückreise".

Busse

- Busse ***von Choluteca*** fahren zwischen 7 und 14 Uhr dort am Busbahnhof ab, 1 Std. Fahrt, Ticket 1,50 $.
- *Bonanza* und *Mi Esperanza* fahren ***von Tegucigalpa*** bis ***San Marcos de Colón*** (siehe dort). Dort überbrückt ein ***Sammeltaxi*** *(colectivo)* die Strecke bis El Espino.
- Umgekehrt fahren *La Bonanza* und *Mi Esperanza* mehrmals tägl. von San Marcos ***nach Tegucigalpa*** (4 Std. Fahrzeit, 1,80 $).
- Zur Durchreise nach ***El Salvador:*** Zunächst bis Choluteca, dann weiter nach El Amatillo.

Busse von El Espino nach Somoto und Managua

- Nur 100 m von der honduranischen Grenzstelle befindet sich die Ruine der nicaraguanischen Grenzstation. Der Ort heißt La Playa, und hier wird tatsächlich auch abgefertigt. Von La Playa fahren Kleinbusse regelmäßig nach ***Somoto*** (Fahrpreis 0,50 $ plus 0,50 $ für jeden Rucksack/Koffer). Von Somoto (5000 Einwohner) fahren zweimal tägl. Busse nach ***Estelí*** und ***Managua*** (Fahrzeit 5,5 Std., Ticket 2,60 $, Abfahrt 6.00 und 14:15 Uhr).

Über El Triunfo nach Guasaule

1992 wurde nach Neubau einer Brücke die Grenze bei Guasaule wiedereröffnet, zu der eine kürzere Route von Choluteca über El Triunfo führt. Hier gelten gleiche ***Öffnungszeiten*** wie in El Espino, auf nicaraguanischer Seite führt die Straße – wenn die Brücken und Flüsse die Durchfahrt ermöglichen – direkt über Chinandega nach León.

Ein- und Ausreisebestimmungen

- Die Grenze bei Guasaule ist neu und übersichtlich. Doch auch hier beschleunigen die Dienste eines *tramitadores* den Prozess. Gerade Autofahrer kommen so schneller durch. Achtung: Honduranische Grenzen machen um 16 Uhr Feierabend. Die nicaraguanischen Kollegen halten eine lange Mittagspause, aber sie arbeiten bis 16:30 Uhr.
- Siehe auch „Praktische Reisetipps, Hin- und Rückreise".

Busse von Guasaule nach Chinandega und León

- Der nicaraguanische Grenzort ***Somotillo*** befindet sich 500 m vom honduranischen Grenzort Guasaule entfernt. Zwischen beiden gibt es keine Taxis oder Busse. Von Somotillo aber fahren halbstündig Busse nach ***Chinandega,*** von dort regelmäßig nach ***León*** und ***Managua.***

Von Tegucigalpa zur Karibikküste

Route und Überblick

Die Verkehrsverbindung zwischen den beiden größten Städten von Honduras ist die wichtigste des Landes (Fernstraße CA5). Sie ist durch eine gut ausgebaute Gebirgsstraße geprägt, die schöne Einblicke in die montanen Wälder des Landes, die Städte des zentralen Hochlandes, vor allem Comayagua und Siguatepeque und auch das am Straßenrand aufgebaute Kunsthandwerk ermöglicht. Hier sticht aber der ***Raubbau an der Natur*** ins Auge. Weite Gebiete wirken durch die Abholzung und die als Folge auftretenden Erosionserscheinungen fast wüstenhaft. Insbesondere in der Trockenzeit wird der karge Baumbestand noch zusätzlich von ***Waldbränden*** dezimiert. Diese werden häufig absichtlich durch Brandrodung verursacht. Zwischen Comayagua und Lago Yojoa befindet sich das Gebiet der *„Caleras"*. Hier werden unter sehr einfachen Mitteln Kalksteine in Holzöfen bei sehr hoher Hitze behandelt, um den Kalk vom Stein zu trennen. Hierfür werden ebenfalls große Mengen an Holz verbraucht.

Die 247 km lange Strecke erfordert im PKW etwa 3,5 Std. Fahrt, Busse und Flugzeuge verkehren regelmäßig zwischen Tegucigalpa und San Pedro Sula.

Noch im 19. Jahrhundert konnte die Strecke zwischen Tegucigalpa und San Pedro Sula nur mit Maultieren bewältigt werden, eine Reise dauerte eine ganze Woche. Bis in die 1950er Jahre hinein war die Straße nicht asphaltiert.

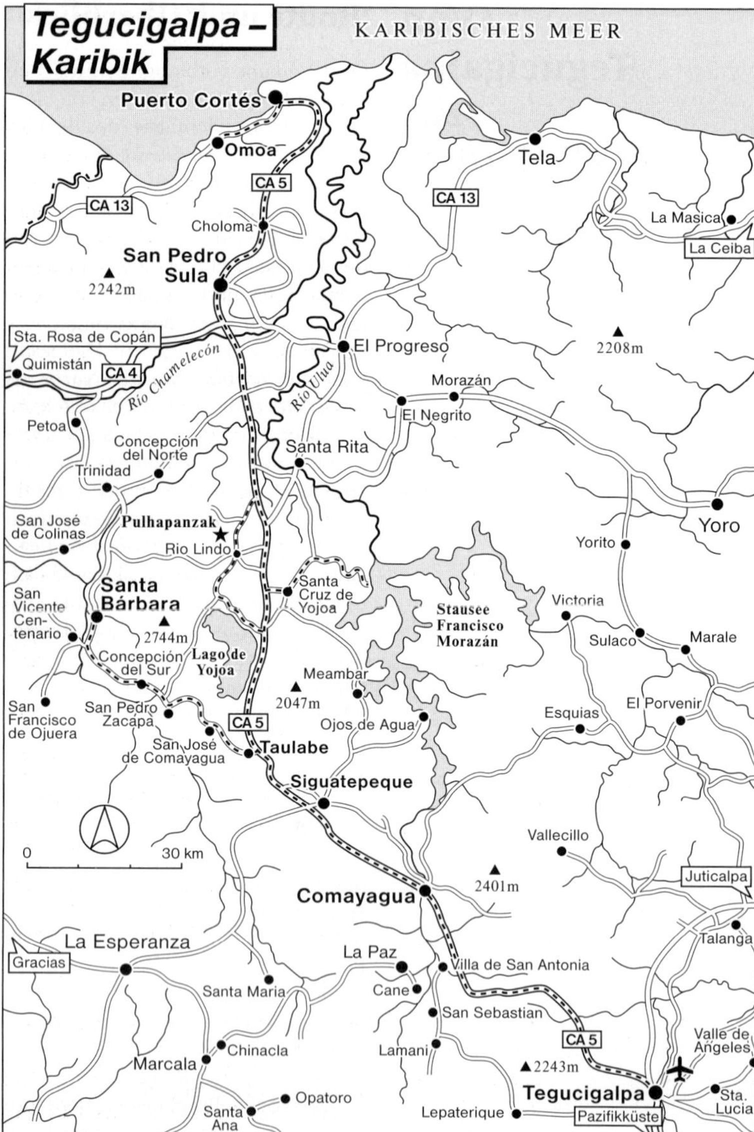
Tegucigalpa – Karibik
KARIBISCHES MEER
Puerto Cortés
Omoa
CA 5
CA 13
Choloma
San Pedro Sula
2242m
Tela
CA 13
La Masica
La Ceiba
Sta. Rosa de Copán
Quimistán
CA 4
Río Chamelecón
El Progreso
Río Ulua
2208m
Morazán
El Negrito
Petoa
Concepción del Norte
Santa Rita
Trinidad
Yoro
San José de Colinas
Pulhapanzak
Rio Lindo
Yorito
Santa Cruz de Yojoa
San Vicente Centenario
Santa Bárbara
2744m
Stausee Francisco Morazán
Victoria
Sulaco
Marale
Concepción del Sur
Lago de Yojoa
Meambar
San Francisco de Ojuera
San Pedro Zacapa
2047m
CA 5
Ojos de Agua
Esquias
El Porvenir
San José de Comayagua
Taulabe
Siguatepeque
0
30 km
Vallecillo
2401m
Juticalpa
Comayagua
Talanga
La Esperanza
Gracias
La Paz
Villa de San Antonia
Santa Maria
Cane
San Sebastian
CA 5
Valle de Angeles
Chinacla
Lamani
Marcala
2243m
Tegucigalpa
Sta. Lucia
Opatoro
Santa Ana
Lepaterique
Pazifikküste

Der Lago de Yojoa musste mit einer rustikalen Fähre überquert werden. Die Reise dauerte zu dieser Zeit noch zwei Tage. Tegucigalpa hatte damals erst 100.000 Einwohner, San Pedro Sula weniger als 40.000.

Comayagua

Comayagua war zwischen 1547 und 1880 die Hauptstadt des Landes. Als Zentrum des gleichnamigen Departamentos hat Comayagua heute 65.000 Einwohner. Die Stadt liegt inmitten eines zwar regenarmen, in der feuchten Jahreszeit aber außerordentlich fruchtbaren Tals. Genau zwischen Pazifik und Atlantik gelegen, ist Comayagua das eigentliche Zentrum von Honduras. Bis heute zeigen die Abbildungen auf Fassaden, Gemälden und Altären der Kirchen den Versuch, der Lebenswelt der Ureinwohner des Tals thematisch entgegenzukommen: Ananas-Früchte, Palmen und dunkelhäutige Charaktere prägen das Bild früher honduranischer Kunst in Comayagua.

Wie keine andere Stadt symbolisiert Comayagua Stolz und Elend von Honduras zugleich. Comayagua war seit der präklassischen Mayazeit das Zentrum des Zentrums: Es lag inmitten des Dreiecks zwischen dem fruchtbaren Tal von Sula, dem heutigen El Salvador und Nicaragua - dreier Regionen, die insgesamt wiederum die Mitte Mesoamerikas symbolisieren. Mesoamerika ist bekanntlich auch wiederum das Zentrum des Kontinents. Um Comayagua befinden sich sensationelle archäologische Fundorte wie Los Naranjos (Lago de Yojoa, dort wurde 1999 ein archäologisches Zentrum eröffnet), Yarumela (nahe der Stadt) und Tenampua (Siguatepeque). In Comayagua war drei Jahrhunderte lang das politische, klerikale und künstlerische Herz der spanischen Kolonialverwaltung. Aber Comayagua wurde im Krieg der USA gegen die sich scheinbar ausbreitende lateinamerikanische Revolution geopfert. Hier wich die nachgiebige, offene honduranische Provinzialität einem Dunstkreis aus uninteressiertem Söldnertum, unbedachter Vergnügungssucht und politisch korruptem Antikommunismus. Die Folgen sind noch viele Jahrzehnte sichtbar - vor dem Hintergrund einer ansehnlichen historischen Landschaft.

Geschichte

Comayagua wurde ***1537*** von *Alonso de Cácerers* als *Villa Santa María de Comayagua* gegründet. Die Stadt musste sofort gegen Angriffe der Indianer verteidigt werden. Schließlich kam es ***1543*** zur Neugründung und späteren Konsolidierung der Stadt. Hier in Comayagua wurde 1543 zum Schutz der einheimischen Bevölkerung vor überbordenden Gewalttaten der vagabundierenden *Conquistadores* (und vor allem ihrer Gehilfen) die *Audiencia de los Confines* gegründet, bevor sie später nach Gracias Lempira verlegt wurde. ***1561*** wurde die Erzdiözese von Trujillo nach Comayagua verlegt. Comayagua ist für Liebhaber kirchlicher Kunst einen Besuch seiner diversen Kirchen und Museen wert.

Seit den ***sechziger Jahren*** befindet sich ein Flug- und Artilleriestützpunkt der US-Army nur gut 10 km südlich von Comayagua, unweit der traditionell wichtigen honduranischen

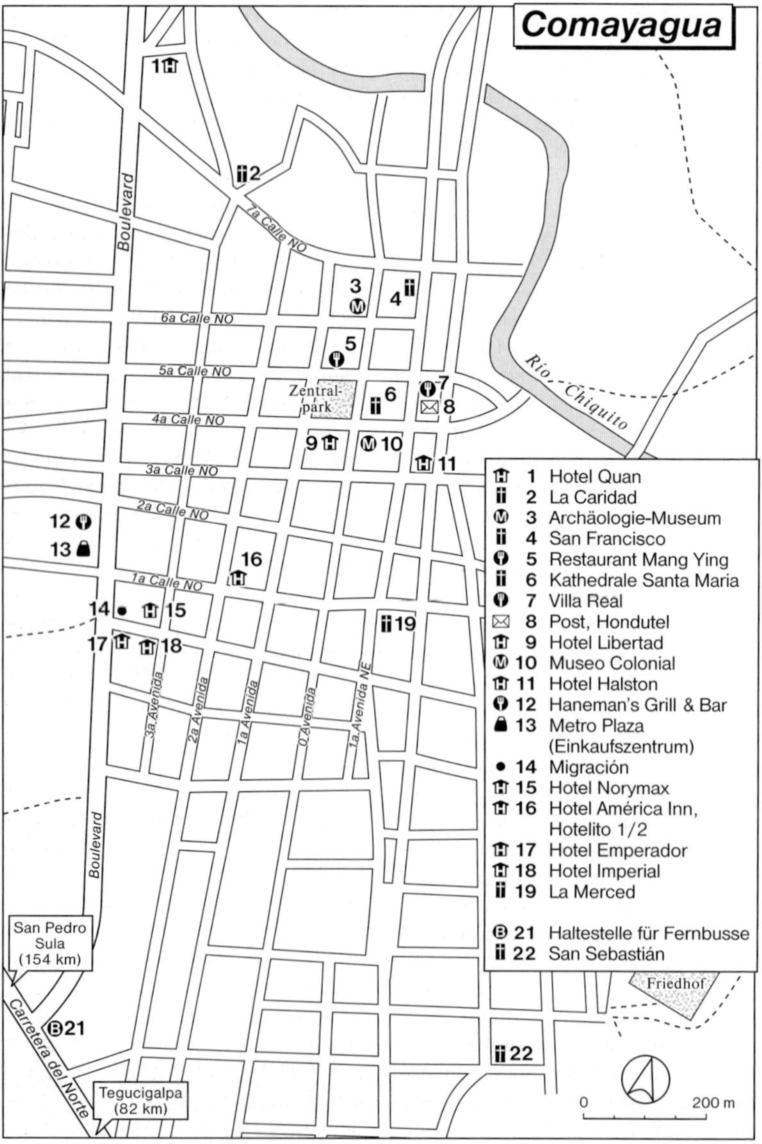
Comayagua
Boulevard
7a Calle NO
6a Calle NO
5a Calle NO
4a Calle NO
3a Calle NO
2a Calle NO
1a Calle NO
Zentral-park
Río Chiquito
3a. Avenida
2a Avenida
1a Avenida
0 Avenida
1a.Avenida NE
Friedhof
Carretera del Norte
San Pedro Sula (154 km)
Tegucigalpa (82 km)
0
200 m
1 Hotel Quan
2 La Caridad
3 Archäologie-Museum
4 San Francisco
5 Restaurant Mang Ying
6 Kathedrale Santa Maria
7 Villa Real
8 Post, Hondutel
9 Hotel Libertad
10 Museo Colonial
11 Hotel Halston
12 Haneman's Grill & Bar
13 Metro Plaza (Einkaufszentrum)
14 Migración
15 Hotel Norymax
16 Hotel América Inn, Hotelito 1/2
17 Hotel Emperador
18 Hotel Imperial
19 La Merced
21 Haltestelle für Fernbusse
22 San Sebastián

schen Luftwaffen-Basis der *Fuerza Aerea*. In den achtziger Jahren waren durchschnittlich 2000 bis 3000 US-Soldaten hier stationiert. Infolge uneinlösbarer Regeln soldatischer Disziplin und dem fahrlässigen Wunschdenken amerikanischer Planer, nahm die Prostitution aber ungewollt stark zu. Als gegen Ende der achtziger Jahre AIDS-Erkrankungen bei offenbar missbrauchten Kindern auftraten, gipfelte die ohnehin brodelnde Anti-Gringo-Stimmung in Brandanschlägen und Mordversuchen. Seit 1988 besteht für die Soldaten daher Ausgangsverbot.

Sehenswertes

Comayagua ist ein kontrastreiches Städtchen: Architektur und Kunstschätze sind ein unschätzbarer, von der Bevölkerung jedoch kaum beachteter Wert. Grelle Werbung, unwirtliche Hamburgerläden und hässliche *Ferreterías* (Eisenwarenläden) verhinderten bisher, dass die Atmosphäre einer wirklich historischen Stadt zur Entfaltung kommen konnte.

Die Stadtverwaltung von Comayagua und das *Honduranische Institut für Anthropologie und Geschichte* haben jüngst ein ambitioniertes ***Restaurierungs-Projekt zur Rettung der Stadtarchitektur*** begonnen. Als erstes wurde 1999 der Zentralpark neu gestaltet. Das Ergebnis ist wohl einer der schönsten Parks des Landes. Alte Fassaden wurden wieder neu gestrichen und Neubauten unter strengen Auflagen dem alten Kolonialstil angepasst. Auch die Neon-Werbeschilder werden zunehmend von rustikalen Holzschildern ersetzt. Die Kirchen werden mit Hilfe der spanischen Entwicklungszusammenarbeit restauriert.

Kirchen

Im Parque Central (Zentralpark) befindet sich die 1685 bis 1715 erbaute ***Kathedrale,*** deren Fassade mit der Darstellung der Apostel zwischen tropischen Gewächsen verziert ist. Die Uhr im Kirchturm ist mit 800 Jahren Alter die ehrwürdigste des Landes, wahrscheinlich sogar die älteste des gesamten Kontinents. Damals von den Mauren für Sevilla angefertigt, wurde sie Jahrhunderte später, im Jahre 1582, vom spanischen König *Felipe II.* der Provinz Honduras geschenkt. Dort wurde sie zunächst in der heutigen Kirche La Merced, die bis 1715 die Funktion der Kathedrale übernommen hatte, und dann in der heutigen Kathedrale installiert. Der Zugang zur Kathedrale ist ganztägig (außer von 13 bis 15 Uhr) möglich.

La Merced wurde schon 1550 bis 1558 errichtet. Das schräg gegenüber dem Marktplatz befindliche Gebäude ist die älteste erhaltene Kirche des Landes. Das Gebäude wurde 1774 nach einem Großbrand fast völlig zerstört und im Barockstil neu errichtet.

Weitere kostbare Kirchen sind ***San Francisco*** (1584), schräg gegenüber vom *Museo Colonial;* ***San Sebastian*** (1585), 750 m südöstlich von La Merced gelegen; und ***La Caridad*** (1730), 4ª Ave., 7ª C.

Museen

Fast alle wertvollen Gold-, Silber- und Edelsteinreliquien der fünf Kirchen befinden sich im 1962 gegründeten ***Kolonial-Museum,*** dem *Museo Colonial* oder *Museo Eclesiástico* (Kirchenmuseum), dem dienstältesten in Honduras. Es liegt nur ein ½ cuadra seitlich rechts von der Kathedrale entfernt. Spanischkundige sollten auf die profunden Kenntnisse und detaillierten Erklärungen des kirchlichen Museums-Mitarbeiters zurückgreifen. Im Gebäude des Kolonialmuseums wurde 1632 die erste Universität Zentralamerikas gegründet. Hier hatten seit Mitte des 16. Jahrhunderts bereits Geistliche gewohnt. Das Museum öffnet tägl. von 9 bis 12 Uhr und von 14 bis 16:30 Uhr, (Sonntag und Feiertag geschlossen), der Eintritt beträgt 1 $.

Ein ***regionales Archäologiemuseum*** befindet sich in der 6ª C., 1ª Ave. N.O., werktags (außer Mo.) von 8 bis 16 Uhr, am Wochenende von 9 bis 12 und 13 bis 16 Uhr geöffnet. Es zeigt Funde der hauptsächlich prähispanischen Ausgrabungsstätten des Bezirks Comayagua und der umliegenden Gebiete, vor allem aus den Flusstälern des heutigen Wasserkraftwerks El Cajón.

Unterkünfte

- ***Hotel Santa Maria Comayagua*** (an der Ausfahrtsstraße Richtung Tegucigalpa gelegen, Tel. 772-7872), angeschlossenes Restaurant *El Portal*, luxuriöse Zimmer, DZ ab 55 $.
- ***Hotel Norymax*** (C. Central, 3ª Ave. N.O., Tel. 772-1210), klimatisierte und nicht klimatisierte Zimmer mit Warmwasser, Restaurant, DZ ab 10 $.
- ***Hotel América Inn*** (1ª C., 2ª Ave. N.O., Tel. 772-0360, Fax 772-0009), AC/Ventilator, Privates Bad, Heißwasser, TV, von den obersten Zimmern aus guter Ausblick über die Stadt, wurde 2004 renoviert, DZ 12,50 $.
- ***Hotel Emperador*** (C. Central, 4ª Ave. S.O., Tel. 772-0332), Ausstattung wie *América Inn*, trotzdem nur DZ 10,80 $.
- ***Hotel Imperial*** (gegenüber *Norymax*, Tel. 772-0215), Architektur wie in einer alten Fabrikhalle, bieten Frühstück an, AC/Ventilator, privates Bad, TV, DZ 12 $.
- ***Hotel Halston*** (3ª C. entre 1ª y 2ª Ave. N.E., 2do nivel, Tel. 772-0755), Ventilator, Privatdusche, TV, nette Rezeption, DZ 8 $.
- ***Hotel Libertad*** (gleich am Zentralpark, rechts der Kathedrale, Tel. 772-0091, 772-1602) hat Charme, ist aber sehr einfach und in schlechtem Zustand. Gemeinschaftsbad, Ventilator, Parkplatz, Kolonialstil-Innenhof mit Hängematten, DZ 3,50 $.
- ***Hotel Quan*** (2 cuadras vom Zentralpark nördlich, dann schräg links abbiegen und 4 cuadras geradeaus, Tel. 772-0070, Fax 772-2585), große Auswahl von einfachen Räumen bis klimatisiert mit Warmwasser, DZ ab 4,80 $.
- Preiswerter sind in 1ª C., 2ª Ave. N.O. das ***Hotelito Honduras 1*** (Tel. 772-18933, DZ ab 7 $) und ***Hotelito Honduras 2*** (Tel. 772-1877), sauber und gut geführt.
- ***Hotel Maru*** (C. Central, Tel. 772-1311), sehr einfach, freundliche Rezeption, mit und ohne privatem Bad, DZ ab 7,50 $.

Essen und Trinken

Essen in Comayagua ist erwartungsgemäß stark amerikanisiert, viele Läden sind laut und ungemütlich. Deshalb wird hier eher nur eine Auswahl typischer honduranischer Restaurants empfohlen:

- ***Villa Real,*** gleich hinter der Kathedrale gelegen, in einem alten Kolonialgebäude angesiedelt. Mit einem herrlichen Innenhof mit Grünpflanzen ist es das schönste und exklusivste Restaurant in Comayagua. Es bietet erstklassige honduranische als auch internationale Küche und ist tägl. für Mittag- und Abendessen geöffnet. Wenn auch vielleicht teuer, so lohnt sich doch zumindest ein Blick hinein.

Kathedrale von Comayagua

- ***Haneman's Bar und Grill*** (im Einkaufszentrum Metro Plaza am Blvd.), solide Küche, besonders empfehlenswert; von US-Soldaten aus Palmerola frequentiert. Tipp: *sopa de pollo.*
- ***Mang Ying*** (am Zentralpark), eines der populärsten chinesischen Restaurants, klimatisiert, chinesische und internationale Küche.
- ***Restaurante La Fonda*** (im Centro Comercial Valladolid, Bo. Torondón), preiswerte mexikanische und honduranische Küche, *tacos, fajitas* und *baleadas.* Am Samstag bieten sie lokale *tamales,* so genannte *nacatamales,* an. So. geschlossen.

Gute **comedores** findet man in der Mitte des Hauptmarktes.

Feste und Feiertage

- In Comayagua werden das Fest der ***Virgen de Lourdes*** am 11.2. und das Fest der ***Virgen de Guadalupe*** am 3.12. jeweils als Patronatsfest mit Prozession und Volksfest gefeiert.

Wichtige Adressen

Post, Hondutel

- 1 cuadra hinter der Kathedrale.

Internet

- Internetcafés gibt es ***um den Zentralpark*** herum.
- Ein ***Internetcafé*** befindet sich gegenüber dem Hotel *Norymax* in der C. Central.

Notfall

- ***Rotes Kreuz,*** Krankenwagen, Tel. 195 oder 772-0290
- ***Feuerwehr:*** Tel. 198 oder 772-6291, 772-0029
- ***Schutz- und Kriminalpolizei,*** Tel. 772-0080, 772-3040
- ***Verkehrspolizei,*** Tel. 772-0046
- ***Krankenhaus,*** *Hospital San Teresa,* Tel. 772-0094, 772-0208

Stadtverkehr

- Innerhalb Comayaguas braucht man praktisch keinen **Bus.** Die meisten Busse fahren vom *Mercado Municipal* aus in die Vororte (La Libertad, 2 Std. Fahrt, 0,70 $; Jamalteca, 1,5 Std. Fahrt, 0,45 $) ab. Bei ihrer Schleife durch die Stadt kann man sich von jedem Ort aus durch Zuruf mitnehmen lassen.
- ***Taxis*** (am blauen Querstreifen auf weißem Lack zu erkennen) gibt es in Comayagua reichlich. Sie kosten 0,50 bis 0,80 $ pro Person, ab 22 Uhr 1 $ pro Person.

Verkehrsverbindungen

Straße

- Von **Tegucigalpa** aus auf dem Blvd. de las Fuerzas Armadas Richtung Norden, über das Tal von Zambrano auf der Fernstraße CA5 insgesamt 86 km bis Comayagua.
- Von **San Pedro Sula** aus 158 km über Pulhapanzak – Lago de Yojoa – Siguatepeque – Comayagua; guter Straßenbelag, aber kurvenreich, teilweise unvollständige Markierungen.

Autovermietung

- ***Amigo Rent-A-Car*** (an der Hauptstraße, neben der Fabrik *Dimasa*), Tel. 772-0371.

Bus

- Die **Haltestelle** der Überlandbusse befindet sich an der Hauptstraße, von dort ist es ca. 1 km (kein Schatten) zum Ort. Für ein Taxi zahlt man 0,40 $.
- Von **Tegucigalpa** aus kann man alle Nordbusse in Richtung San Pedro Sula nehmen, die nicht nonstop *(servicio directo)* fahren: *Contreras Express* (12ª C. entre 8ª y 9ª Ave. No. 817, Bo. Concepción, Comayagüela) fährt jeweils um 6:15, 8:30, 11, 13:30, 15:30, 16:10 und 17:20 Uhr, *Norteños* (12ª C. entre 6ª y 7ª Ave., Comayagüela, Tel. 237-0706) und *Saenz* (12ª C., 7ª Ave., Comayagüela); **Direktverbindung** mit *Transportes Catrachos* (gegenüber von *Taller Universal*, Bo. Torocagua, Comayagüela), Abfahrt alle 45 Min., Fahrzeit ca. 2 Std, Fahrpreis 1 $.
- Von **San Pedro Sula** aus alle Südbusse (d.h. Busse nach Tegucigalpa), die nicht nonstop *(servicio directo)* fahren: *Hedman Alas* (Tel. 553-1361, 3ª C. entre 7ª y 8ª Ave. N.O., acht Abfahrten pro Tag ca. alle 90 Minuten, Fahrzeit knapp 4 Std., Fahrpreis 2,50 $, relativ sicher und zuverlässig); *Saenz* (Tel. 553-1829, 9ª C. entre 9ª y 10ª Ave. S.O.); *El Rey* (Tel. 553-4264, 7ª Ave. entre 5ª y 6ª C. S.O.).
- Direkt von/nach **Siguatepeque** kann man alle 45 Min. mit *Transpinares* fahren. Ticket 0,60 $.

Ausflug nach Yarumela

Zwei der größten Pyramiden des Comayagua-Tals, als sog. *Montículos* von ca. 20 m Höhe bis heute erhalten, sind mit eigenem PKW in nur 15 Min. von Comayagua aus zu erreichen. Alternativ per Bus Richtung La Paz oder per Taxi von der Stadt La Paz aus.

Siguatepeque

Die Gebirgsstadt mit rund 45.000 Einwohnern liegt auf 1150 m Höhe und ist das Zentrum der honduranischen Forstwirtschaft. Die Stadt, etwa 2 km von der Hauptstraße entfernt, ist für den Durchreisenden leicht zu verpassen und daher am besten an der **Forstschule** *ESNACIFOR (Escuela Nacional de Ciencias Forestales)* zu erkennen. Diese liegt direkt an der Landstraße und ist an der Eukalyptus- und Kiefern-Plantage zu erkennen, die alle Forstzentren des Landes auszeichnet. Auf dem Rasen ist in großen aufgepflanzten Lettern *ESNACIFOR* zu lesen.

Siguatepeque verfügt über einen Zentralpark, der im Jahre 2000 – für deutschen Geschmack jedenfalls – merkwürdig umgestaltet wurde. Von der lokalen Bevölkerung wird er auch liebevoll *„el quiosco"* (der Kiosk) genannt. Dieser hat einen Ufo-förmigen Betonüberbau, der nachts durch eine aufwändige Lichter- und Musikshow noch exzentrischer wirkt. Die Stadt ist ein ***Handelszentrum*** für die westlichen Bezirke von Intibucá und Lempira sowie für das *departamento* Comayagua, zu dem Siguatepeque selbst auch gehört. Hier am Mittelpunkt der in Honduras ***dominierenden Verkehrsachse*** und dem späteren so genannten *canal seco* zwischen den Großstädten Tegucigalpa und San Pedro Sula werden in Siguatepeque Früchte und Gemüse aus dem fruchtbaren Zentrum und Westen des Landes gesammelt und gehandelt.

1689 durch die Spanier gegründet, war Siguatepeque bald ein Schmelztiegel zwischen lokalen Lenca-Indianern, von Norden immigrierenden Nahuatl und der spanischen Kolonialverwaltung. 1861 wurde dem Ort der Kreistitel, 1926 die Kategorie der kreisfreien Stadt verliehen. In Nahuatl heißt der Stadtname „Stadt der schönen Frauen".

Sehenswert ist der ***Mercado Municipal*** (im Zentrum), auf dem sich meist sonntags indianische Händler aus dem Westen von Honduras einfinden, um ihre Waren anzubieten. Ansonsten ist Siguatepeque für viele eine unausweichliche Zwischenstation, die den Westen des Landes, d.h. die *departamentos* La Paz, Intibucá, Lempira und dann auch Copán und Ocotepeque, auf eigene Faust bereisen wollen, denn von Siguatepeque fahren viele Busse in den Westen ab.

Zwischen Comayagua und Siguatepeque

Unterkünfte

- Viele reelle, saubere und sichere Mittelklassehotels im typisch-funktionalen Landesstil, z.B. ***Puesta del Sol*** (Tel. 773-4779) und ***Plaza San Pablo*** (Tel. 773-4020), jeweils zentral gelegen.
- ***Hotel Panamericano*** (neben der *Banco de Occidente*, Tel. 773-0202), klimatisiert, Heißwasser, TV, DZ 15 $.
- ***Hotel Zari*** (Tel. 773-0015, 773-0198), neu, mit entsprechend hellen und freundlichen Räumen, Parkplatz, DZ 15 $.

• ***Boarding House Central*** (am Zentralpark, Tel. 773-0108), einfach, sauber, preiswert, DZ ab 10 $.
• ***Hotel Gomez*** (C. 21 de Junio, Tel. 773-0868), modern, sehr einfach, Parkplatz, DZ 10 $.

Essen und Trinken

• ***La Mangosta*** (am Zentralpark), auf zwei Ebenen, oben zum Bestellen und Anwärmen; unten zum Speisen, bietet honduranische und internationale Küche zu vernünftigen Preisen.
• ***Comedores*** der Oberklasse und trotzdem preiswert befinden sich an der Hauptstraße: ***Betania*** (auf der Seite der Forstschule *ESNACIFOR*, aber 1 km weiter nördlich) und ***Granja,*** ein italienisch geführtes Restaurant, das in den letzten Jahren groß ausgebaut wurde und für nationale und internationale Reisende inzwischen fast zu einem obligatorischen Stopp auf der Reise in den Norden geworden ist. An einem großen Buffet werden *plato típicos* serviert. Hier gibt es erstklassigen italienischen Kaffee.
• Im ***Delias*** (auf der anderen Seite, noch einmal 1 km von Betania weiter nördlich) gibt es zusätzlich einen großen Frischkostladen und einen Markt, in dem internationale Waren wie u.a. Sauerkrautbüchsen und eingepacktes Vollkornbrot aus Deutschland angeboten werden.
• ***Chicken's Friends*** (am Zentralpark), Huhn-Fastfood-Gerichte.
• ***Restaurante Adobis*** (Carretera al Norte, bei Kilometer 111), familiäres Ambiente, Besitzer deutscher Herkunft, *comida típica*.
• ***Del Corral*** (Bo. El Centro, neben carnicería El Corral), *pinchos, carne, pollo,* preisgünstig.
• ***China Palace*** (neben Hotel *Gomez*, im Zentrum von Siguatepeque), mit asiatischen und internationalen Gerichten, Mittelklasse.
• Einige durchschnittliche comedores im und um den ***Mercado*** herum.

Feste und Feiertage

• In Siguatepeque begeht man das Fest des Heiligen Paul *(San Pablo)* am 25.1.

Wichtige Adressen

Naturschutzprojekt für den Nationalpark Azul Meambar

• ***Proyecto Humuya*** in Siguatepeque (hinter der Bethlehem-Kirche auf der C. 21 de Agosto, Tel. 773-0426).

Post, Hondutel

• Am Zentralpark, ½ cuadra vom *Boarding House Central.*

Notfall

• ***Rotes Kreuz, Krankenwagen,*** Tel. 190
• ***Feuerwehr,*** Tel. 198
• ***Schutz- und Kriminalpolizei,*** Tel. 773-0042
• ***Verkehrspolizei,*** Tel. 773-0037
• Privates ***Krankenhaus Centro Médico Biológico,*** Tel. 773-2353
• Privates kirchliches ***Krankenhaus Hospital Evangélico,*** Tel. 773-0179

Stadtverkehr

• Wegen der geringen Entfernungen benötigt man keinen ***Bus,*** alles Wichtige kann man gut ***zu Fuß*** erreichen. Außerdem gibt es günstige ***Taxis.***

Verkehrsverbindungen

Straße

• Von ***Tegucigalpa*** aus über ***Comayagua*** 114 km; hinter Comayagua viele Serpentinen. Achtung: Viele Fahrer halten sich trotzdem nicht an das Überholverbot.
• Von ***San Pedro Sula*** aus 130 km über Pulhapanzak und Lago de Yojoa.

Bus

• Von der ***Haltestelle der Überlandbusse*** (Kreuzung) sind es noch 2 km zum Stadtzentrum (Taxi 0,40 $).
• Von ***Tegucigalpa*** aus kann man alle Nordbusse in Richtung San Pedro Sula nehmen, die nicht nonstop *(servicio directo)* fahren: *Hedman Alas* (11ª Ave. entre 13ª y 14ª C., Comayagüela, Tel. 237-7143), *Norteños* (12ª C.

entre 6ª y 7ª Ave., Comayagüela, Tel. 237-0706) und *Saenz* (12ª C., 7ª Ave., Comayagüela).

- Von ***San Pedro Sula*** aus alle Südbusse (d.h. Busse nach Tegucigalpa), die nicht nonstop *(servicio directo)* fahren: *Hedman Alas* (Tel. 553-1361, 3ª C. entre 7ª y 8ª Ave,. N.O., acht Abfahrten pro Tag ca. alle 90 Minuten, Fahrzeit 4 Std., Fahrpreis 2,50 $, relativ sicher und zuverlässig); *Saenz* (Tel. 553-1829, 9ª C. entre 9ª y 10ª Ave. S.O.); *El Rey* (Tel. 553-4264, 7ª Ave. entre 5ª y 6ª C. S.O.).
- Von der zweiten Plaza aus (erkenntlich an Basketball-Einrichtung) kann man mit *Empresas Unidas* oder *Maribel* alle 3 Std. ***nach Tegucigalpa*** und sechsmal wöchentlich ***nach San Pedro Sula*** fahren.
- Direkt von/nach ***Comayagua*** kann man alle 45 Min. mit *Transpinares* fahren.

Taulabé

23 km von Siguatepeque nördlich liegen gleich an der Hauptstraße (CA5) in Richtung San Pedro Sula die ***Tropfsteinhöhlen*** von Taulabé, die vom Landwirtschaftsministerium und einem kleinen Team vor Ort verwaltet werden, die Begleitung durch einen der mit Taschenlampen ausgerüsteten Führer ist empfehlenswert. Die ersten 450 m sind beleuchtet, danach ist Vorsicht geboten. Anwohner berichten von US-Spezialisten, die einmal 12 km weit eingedrungen seien, ohne ein Ende zu finden. Ebenso habe man in 3 km Tiefe ein altes, spanisches Messer gefunden, welches ein Parlamentsabgeordneter gekauft habe. Im Laufe der Jahrtausende haben die Stalagmiten und Stalaktiten interessante Formen angenommen. Am Eingang ist eine Kröte erkennbar, und weiter im Inneren – nur mit Hilfe einer Lampe zu erkennen – ein Buddha.

Die Höhlen sind von 8 bis ca. 17 Uhr zugänglich. Für ein kleines Handgeld (ab 1,20 $) begleiten die Mitarbeiter des Ministeriums den Gast auch ein paar Schritte in die Höhle hinein, und man erhält einige zusätzliche Informationen.

Feste und Feiertage

- Im Städtchen Taulabé feiert man das Patronatsfest des Heiligen Kaspar *(San Gaspar)* am 25. April eines jeden Jahres.

Verkehrsverbindungen

Anfahrt

- ***Bus*** von ***Siguatepeque*** (Zentrum) Richtung San Pedro Sula, aber darum bitten, bei den *Cuevas de Taulabé* zu halten. Alternativ fahren ***Taxis*** von Siguatepeque für ca. 4 $ bis Taulabé. Die Taxifahrer warten ohne Aufpreis bis zu 60 Min., da sie so die Leerfahrt sparen.

Weiterfahrt

- Den ***Bus*** kann man per Handzeichen an der ***Hauptstraße*** vor den Höhlen stoppen. 30 Min. ***Fußweg*** nördlich (bergab) liegt der Ort Taulabé. Dort fahren langsame, aber reguläre Busse in alle Richtungen.

Lago de Yojoa

70 km von San Pedro Sula und 174 km von Tegucigalpa entfernt, befindet sich westlich der Hauptstraße der ***größte Binnensee des Landes.*** Der Lago de Yojoa mit seinen über 90 km² Fläche ist 17 km lang (Süd-Nord-Aus-

dehnung) und 10 km breit (West-Ost-Ausdehnung). Da seine Ufer zunehmend entwaldet werden und der See auszutrocknen droht, engagiert sich die *Stiftung Eco-Lago* mit Fischern und Bauern für die Erhaltung dieses Ökosystems.

Verschiedentlich war in den vergangenen Jahrzehnten nachgewiesen worden, dass der von der kanadischen Firma *AMPAC* im nur 20 km vom See entfernten El Mochito betriebene Abbau von Edelmetallen (Gold, Silber, Zink) eine starke Belastung von Boden und Gewässern mit Blei und Cadmium verursacht hatte. Das Ergebnis der Untersuchung aus Duisburg: Nur die langjährig aufgestauten Ablagerungen sind problematisch, das Wasser selbst ist weitgehend unbedenklich. Negative Nachrichten sind jedoch immer wieder in den Tageszeitungen zu lesen.

Der Lago Yojoa liegt 700 m über dem Meeresspiegel. Das Umland gehört mit etwa 3200 mm Niederschlag pro Jahr bei 22 Grad Durchschnittstemperatur zu den feuchtesten Klimazonen des Landes. Deshalb wachsen hier Ananas und Kiefern, Kaffee und Limetten gleich nebeneinander.

Aktivitäten

Vogelbeobachtung

Der See ist ein beliebtes Brutgebiet für viele Vogelarten, bei Zählungen wurden 375 verschiedene Vogelarten unterschieden. Die Vögel lassen sich vom Ufer des Sees, aber auch vom Paddelboot aus oder vom Aussichtspunkt (dem Restaurant) des Hotels *Agua Azul* am besten früh morgens beobachten.

Bootsfahrt

An den Stegen der Hotels können Paddel-, Motor- und im Motel *Agua Azul* sogar Tretboote ausgeliehen werden: Es können Ausflüge auf die von Dschungel bewachsene kleine Reh-Insel (Isla del Venado) und an die teilweise noch bewaldeten Ufer des Sees unternommen werden; Angeln und Baden ist dann vom Boot aus gut möglich.

Windsurfen

Sofern ein Surfbrett mitgebracht wird, ist der See bei starkem Wind (eher die Ausnahme) ein geeigneter Ort zum Windsurfen.

Los Naranjos

Nur etwa 35 km nördlich vom Kreuzungspunkt Las Guamas liegt der zweitwichtigste ***archäologische Park*** des Landes, Los Naranjos. Im östlichen Einwirkungsbereich der Mayas entstand hier eine Stadt für mehrere tausend Menschen. In Los Naranjos entwickelte sich seit 800 v. Chr. eine Zivilisation, die die bedeutendste ist zwischen dem nördlich gelegenen Maya- und dem südlich gelegenen andinen Einflussgebiet der Inkas. Zu dieser kaum erforschten, intermediären Kultur gehören die Ausgrabungsstätten von Yarumela (vgl. Siguatepeque) und Chalchuapa in El Salvador.

Neben dem archäologischen Mysterium interessiert hier auch die botanische Artenvielfalt. Neben einem Forschungszentrum befinden sich auf dem Gelände mit Teak- und Akazienwäldern dann das archäologische Zentrum, einige Spazierwege mit Aussichtspunkten sowie reizvolle Details wie eine Hängebrücke. Die Brücke führt über den Canaveral-Kanal und verbindet den archäologischen Park mit dem Parkplatz und den angrenzenden Nutzwäldern.

- ***Anfahrt:*** vom Kreuzungspunkt Las Guamas (ca. 35 km geradeaus bis kurz vor dem Ort Peña Blanca. Hier befindet sich das Hinweisschild zur Ausfahrt Richtung Los Naranjos. Von hier sind es noch knapp 3 km. Der Ein-

Neu und schnell berühmt: Archäologischer Park Los Naranjos

Schon seit Jahrzehnten bekannt, ist der archäologische und ökologische Park Los Naranjos erst demnächst, und zwar voraussichtlich ab dem Jahr 2002, für das Publikum zugänglich. Der Hurrikan Mitch hat die Arbeiten verzögert. Der Park befindet sich nordwestlich vom Lago de Yojoa und liegt in einem 400 km^2 großen Tal, welches geologisch auf verloschene Vulkane zurückgeht. Im Zentrum der Anlage befindet sich die Hauptgruppe prähispanischer Architektur, die inmitten einer sehr artenreichen Flora und Fauna gelegen ist. Im Gegensatz zu den Ruinen von Copán ist das ökologische Umfeld hier tropisch feucht, der extrem hohe jährliche Niederschlag von 4000 mm begünstigt Tier- und Pflanzengesellschaften, die an den schwer zugänglichen immergrünen Regenwald erinnern.

Hier hat vor etwa 2000 Jahren eine autochthone Zivilisation gelebt. Ihre Entwicklung begann 800 v.u.Z. Ihre Siedlungsperiode ist die – neben den Mayas von Copán – längste im prähispanischen Honduras. Zusammen mit den Bauwerken in Yarumela (Comayagua, Honduras) und Chalchuapa (El Salvador) befinden sich mit 20 m Höhe hier die höchsten Bauwerke der intermediären Zone, also zwischen den Maya im Norden und den Inkas im Süden.

Wie auf dem Plan zu sehen (Seite 264), werden im Park Los Naranjos ein attraktives Besucherzentrum mit Museum, Kunsthandwerksladen, Cafetería sowie eine Reihe von Lehrpfaden inmitten von Ausgrabungsstätten und Wald entstehen. Zuständig für die Planung, Koordination und den Betrieb des Parks ist das *Instituto Hondureno de Antropología e Historia,* dort Frau Carmen Julia Fajardo, Tel. 222-3470, 222-1468, Fax 222-2552, hondihah @sdn.org.hn, Apdo. Postal 1518, Villa Roy, Bo. Buenos Aires, Tegucigalpa.

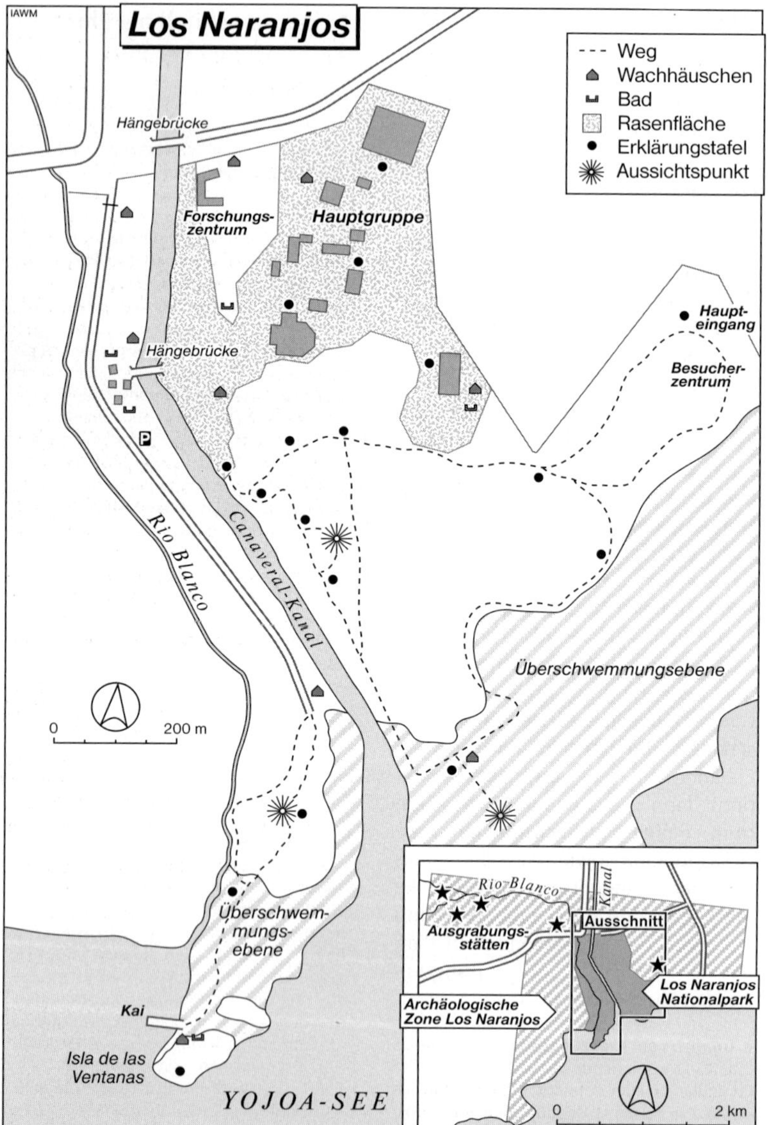
IAWM
Los Naranjos
Weg
Wachhäuschen
Bad
Rasenfläche
Erklärungstafel
Aussichtspunkt
Hängebrücke
Forschungs-zentrum
Hauptgruppe
Hängebrücke
Haupt-eingang
Besucher-zentrum
Rio Blanco
Canaveral-Kanal
Überschwemmungsebene
0
200 m
Überschwem-mungs-ebene
Kai
Isla de las Ventanas
YOJOA-SEE
Rio Blanco
Kanal
Ausschnitt
Ausgrabungs-stätten
Los Naranjos Nationalpark
Archäologische Zone Los Naranjos
0
2 km

gang zum Park befindet sich in El Jaral. Ohne Auto ist der Park mit einem Bus von Peña Blanca aus erreichbar, der etwa stündlich fährt. Der Eintritt zum Park beträgt 5 US-$. Am unteren südwestlichen Zipfel von Los Naranjos liegt schon im Yojoa-See die kleine sog. Insel der Fenster *(Isla de las Ventanas)*. In der Hauptgruppe befinden sich die vier wichtigsten Monumente, die zugleich die wichtigsten Bauwerke des südlichen Zentralamerika sind. Eintrittspreis: 5 $

Trekking

Für Wanderer ist der See der ideale Ort für Trekking-Touren in die Nationalparks *Azul Meambar* (östlich) und *Santa Bárbara* (nordwestlich). Der Geschäftsführer des Hotel *Agua Azul, Angel Bosch,* gibt aktuelle Tipps und kann die entsprechenden Führer für die Nationalparks organisieren.

Ausführliche Routenbeschreibungen sind hier nicht möglich, da die beiden Naturschutzgebiete noch kein Nutzungskonzept haben. Deshalb ist eine Tour nur in enger Koordination mit den beauftragten Naturschützern und Wildhütern möglich. In den Nationalparks gibt es Ameisenbären, Tapire, Affen, Quetzale und Wildkatzen.

Unterkünfte

- ***Gualiqueme Lodge*** (in Tegucigalpa: Tel. 990-9386, Fax 239-2324) ist eine aus vier Bungalows bestehende, inzwischen auch touristisch genutzte Erholungseinrichtung für gestresste Manager der Goldmine von El Mochito, luxuriös, gepflegt und teuer; lohnend als Wochen- oder gar Monatsarrangement für Angler, Bootsbenutzung inklusive, DZ ab 60 $ pro Nacht, Rabatte für längere Aufenthalte.
- Einfache rustikale Cabañas mit schöner Aussicht auf den See bietet das ***Hotel Agua Azul*** (Tel./Fax 991-7244, hotelaguaazul@emv.hn), DZ ab 25 $. Bevor die Fernstraße CA5 nordöstlich des Sees Richtung San Pedro Sula weitergeht, führt eine Abzweigung – der Kreuzungspunkt dort heißt Las Guamas – am Seeufer entlang. Nach 5 km erscheint links das Schild *Hotel Agua Azul*, von dort sind es nur noch 300 m bis zur gepflegten Anlage im Kiefernwald mit Blick auf den See und die bewaldete kleine Insel *Isla del Venado*. *Hotel Agua Azul* verfügt über 2 Restaurants (draußen und drinnen) und Bar. Am Steg befindet sich ein ***Bootsverleih,*** auch der Verleih von ***Angelausrüstungen*** ist hier möglich.
- Ein paar km weiter an der Uferstr. entlang liegt auf der linken Seite ein seltsam aussehender Hotelkoloss: ***Brisas del Lago*** (Reservierung in San Pedro Sula: Tel. 557-8197, Fax 557-1433), mit Pool, Bar, Restaurant, Bootsverleih und Wasserski, DZ ab 36 $.
- An km 9 liegt ***Las Glorias*** (Tel. 566-0461/62, Fax 566-0553), nach einer Anfahrt durch Kaffeeplantagen trifft man auf die schöne Anlage mit *Cabañas*, AC, Balkon mit Seeblick, Restaurant, Bar, Konferenzsäle, Pool, Fahrradverleih und Pferde, DZ 50 $.
- Außerdem befindet sich am Südostufer des Sees an der Fernstraße CA5 das einfache Appartementhotel ***Los Remos,*** Tel. 557-8054, DZ 20 $, das auch über Restaurant, Pferde und Boote verfügt.

Essen und Trinken

- Überall an der Hauptstraße befinden sich da, wo die Straße das Ufer des Sees berührt, ***Fischrestaurants,*** die frischen, in Palmfett gebratenen Barsch mit Plátano-Chips und Salat zubereiten.
- Das ***Hotel Agua Azul*** hat ein wunderschönes, großzügiges Terrassenrestaurant mit einem herrlichen Blick auf den See und sehr freundlichem Service.
- Ebenfalls gut speisen kann man in ***Las Glorias.***

Verkehrsverbindungen

Straße

- Der See liegt an der Fernstraße CA5, das Hotel *Agua Azul* und das Hotel *Brisas del La-*

go sind dagegen 5 km von dieser entfernt, Richtung Nordwesten. Die Abzweigung dorthin namens *Guama* liegt am letzten nördlichen Kontaktpunkt zwischen Fernstraße und See.

Bus

- Von ***San Pedro Sula*** mit Bussen Richtung Comayagua und Tegucigalpa, von ***Tegucigalpa*** aus mit Bussen Richtung Comayagua und San Pedro Sula (Ausstieg nach Absprache mit dem Fahrer, Busse siehe Tegucigalpa und San Pedro Sula).

Wasserkraftwerk El Cajón / Stausee Francisco Morazán

Mit vorheriger Erlaubnis der Stromgesellschaft *ENEE* in Tegucigalpa (Tel. 222-2177 oder persönliche Vorsprache bei *Empresa Nacional de Energía Electrica, Departamento de Relaciones Públicas,* 1ª Ave., Ed. Valle-Aguiluz, Comayagüela; mindestens eine Woche vorher) ist eine Besichtigung des in Lateinamerika zweitgrößten Wasserkraftwerks *El Cajón* möglich. Die über 230 m hohe Staumauer hält das Wasser des über 90 km² großen ***Stausees Francisco Morazán*** zurück. Die gewaltigen Turbinenwerke stehen in deutlichem Kontrast zu dem ansonsten technisch so schwach ausgerüsteten Land. El Cajón wurde 1985 mit finanzieller Unterstützung der deutschen *Kreditanstalt für Wiederaufbau* fertiggestellt. Leider fiel in den Jahren 1993 und 1994 so wenig Regen, dass die notwendige Stauhöhe nicht erreicht wurde. Nicht erst seit dieser Krise wird verzweifelt versucht, durch Wiederaufforstungsprogramme die Austrocknung des großen Gebietes zu verhindern.

Unterkunft

- Nur 21 km vom Staudamm entfernt liegt ***Santa Cruz de Yojoa*** mit einer kleinen Pension *(Hotelito Paraiso,* mit privatem Bad, freundlich und sauber), DZ nur 2,70 $.

Verkehrsverbindungen

- ***Bus*** von ***Tegucigalpa*** oder ***Lago de Yojoa*** (Abzweigung zum Hotel *Brisas del Lago* oder Motel *Agua Azul*) bis 10 km hinter dem See. Dann rechts ab mit dem Lokalbus Richtung Santa Cruz de Yojoa. 23 km nach der Kreuzung liegt die Einfahrt.

Pulhapanzak

18 km weiter nordwestlich vom Hotel *Agua Azul* befindet sich der schönste ***Wasserfall*** des Landes (42 m Höhe), der unterhalb einer von den Maya (und Lenca) schon verehrten ***Kultstätte*** liegt. Die parkähnliche Anlage zeigt linker Hand zunächst eine Arena, an deren Seiten sich verschüttete vorzeitliche kultische Ballspielplätze befinden. Eine abgebrochene Stele und ein unförmiger Opferstein (Klopfen verhilft ihm zu seltsamen Tönen) markieren den Eingang. Geradeaus liegt eine bescheidene Cafetería, die am Wochenende und vor allem in der Osterwoche überfüllt ist. Rechts befinden sich zwei Alleen, die durch eine Art Hecke voneinander getrennt sind. Auf-

merksam betrachtet, trägt die vordere die Reste einer alten Pflasterung, die offensichtlich von den Maya angelegt wurde.

Pulhapanzak bedeutet Fall *(pulh)* des weißen *(zak)* Flusses *(apan)*, auf Spanisch heißt der zügig fließende, relativ saubere Fluss *Río Lindo*. Am Ende der Alleen führt eine kleine Treppe (Vorsicht, kann zu Ende der Regenzeit glitschig sein!) zum Fuß des Wasserfalls hinunter. Von dort lässt sich die tosende Flut bewundern oder gar ein Bad im rauschenden, kühlen Wildwasser nehmen (gut festhalten, sonst geht es mit der kräftigen Strömung hinab Richtung Karibik). Gegen ein (nicht gerade kleines) Trinkgeld führen lokale Kinder die Touristen hinter die Wasserfälle, und wer Lust am kleinen Abenteuer hat, kann über die verschiedenen Wasserbecken den Fluss hinabschwimmen. Es lohnt sich. Die Schuhe tragen einem die Burschen hinterher, allerdings bisweilen patschnass.

Ganz in der Nähe, nicht einmal 1 km entfernt, liegt der Ort ***Rio Lindo.*** In dem kleinen, von Zuckerrohr-Landwirtschaft geprägten Städtchen gibt es ein paar *pulperías* und *comedores*.

- ***Eintritt:*** 0,60 $/Person. Ganztägig geöffnet. Ein Besuch lohnt sich besonders in der Trockenzeit, da der Wasserfall dann kaum weniger reißend, das Wasser aber klarer wirkt.

Wasserfall mit prähispanischem Hintergrund

Verkehrsverbindungen

Straße

- Pulhapanzak ist mit dem PKW (am besten Allradfahrzeug) zu erreichen. Von ***Süden*** aus fährt man auf der Uferstraße des Lago Yoyoa vom Motel *Agua Azul* aus weiter nördlich und hinter El Jaral weiter Richtung Peñas Blancas. Nach den Rohrleitungen des Wasserkraftwerks, auf einer Kuppe inmitten einer grünen Landschaft mit Talblick in den Norden muss die Abzweigung nach links, d.h. westlich genommen werden, von dort ist es nicht mehr weit bis zum Ort Rio Lindo, dort wiederum links, dann nach 800 m rechts. Von ***Norden*** ist an einer Shell-Tankstelle (Abzweigung Caracol), nach einer langen Talfahrt gut 50 km von San Pedro Sula entfernt, die nicht asphaltierte Straße Richtung Rio Lindo-Pulhapanzak zu nehmen, von Rio Lindo aus ist der Weg ausgeschildert.

Bus

- Ab ***San Pedro Sula*** stündlich bis 15 Uhr mit der Aufschrift „El Mochito" mit *TIRLA*, 5ª C. S.E. entre 1ª y 2ª Ave. S.E. Der Bus hält oberhalb von dem Ort Rio Lindo, von dort sind es 10 Gehminuten zum Wasserfall. Der letzte Bus von Rio Lindo fährt um 17:30 Uhr.

Santa Bárbara

Westlich des Lago de Yojoa führt die Straße durch eine hügelig grüne Landschaft in die Provinz Santa Bárbara. Dieser Bezirk wird seit dem 17. und 18. Jahrhundert von spanischen Einwanderern bewohnt, die augenscheinlich unter sich geblieben sind. Nirgendwo sonst in Honduras finden sich Menschen mit so heller Hautfarbe.

Die Stadt Santa Bárbara hat rund 23.000 Einwohner. Sie ist das Zentrum einer sehr armen Region, die sich mit der Herstellung von Pánama-Hüten aus der Faser der Junco-Palme beschäftigt. Auch Mezcal wird zu Hängematten und Teppichen sowie *tule* zu Petate-Matten verflochten. Petate-Matten waren schon bei den Mayas als Gebrauchsgegenstand bekannt, man findet sie auf den Tempeln und in den Kleidungsstrukturen der Stelen-Figuren. In den unzähligen kleinen Or-

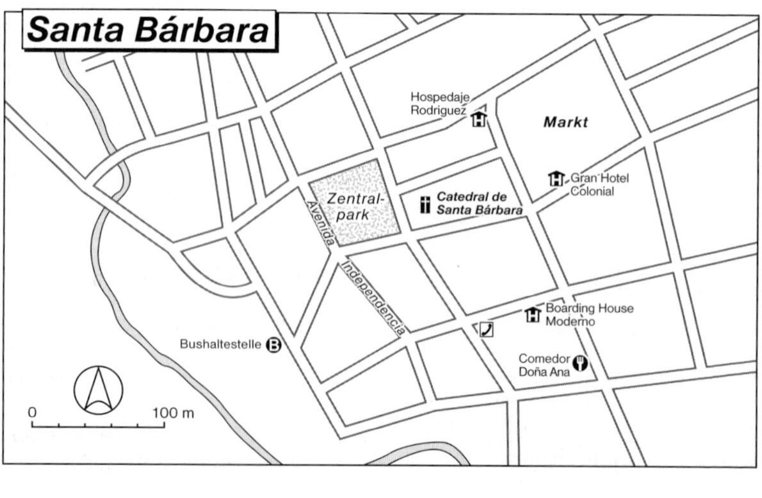

ten, die ihren kolonialen Charme voll erhalten haben, werkeln viele Genossenschaften vor sich hin. An der Hauptstraße verkaufen sie ihre bunt gefärbten Körbe und Hüte.

In der Stadt Santa Bárbara befindet sich das fortschrittliche ***Centro Cultural Hibueras.*** Hier gibt es eine kleine Bibliothek, werden kulturelle Veranstaltungen organisiert, und man kann Informationen über die Provinz bekommen. Kontakt im *Boarding House Moderno.*

Zwar ist Santa Bárbara selbst verschlafen, bietet aber Ausflugsmöglichkeiten wie kaum eine andere Provinzstadt von Honduras.

Unterkünfte

- ***Gran Hotel Colonial*** (1 cuadra vom Zentralpark, Tel. 643-2665), sauber, freundlich, dunkel und ventiliert, DZ mit AC ab 35 $.
- ***Boarding House Moderno*** (2 cuadras vom Zentralpark entfernt, Tel. 643-2203), einfach, sauber, etwas dunkel, DZ (mit AC) 23 $, DZ (mit Ventilator) 16 $.
- Preiswertere ***Hospedajes*** befinden sich zwischen Zentralpark und Markt (1 cuadra nördlich der Ausfahrtstraße): *Rosilei* (gutes Preis-Leistungs-Verhältnis), *Rodriguez* und *Ruth* sind etwas dunkel, aber preiswert: DZ 4 bis 6 $.

Essen

- ***Comedor Everest*** (am Zentralpark), nette Bedienung und gute, typisch honduranische Kost.
- ***Comedor Norma*** (ebenfalls am Zentralpark), freundlich und einfach.
- ***Doña Ana*** (Schild „Casa Blanca"; befindet sich, wenn man aus dem *Boarding House* kommt, rechts um die Ecke), kocht und serviert reichliche und leckere Mahlzeiten in ihrem eignen Wohnzimmer.
- Mit Vorsicht zu genießen sind die Speisen im ***Maxim,*** ebenfalls im Zentrum gelegen, da diese in der Vergangenheit gelegentlich nicht mehr ganz frisch waren.

Feste und Feiertage

- Die Patronatsfeste der Heiligen Barbara (*Santa Bárbara,* 4.12.) und der Jungfrau der Unbefleckten Empfängnis (*Virgen de Concepción,* 8.12.) werden alljährlich in Santa Bárbara mit einem Festival der Palmfasern begangen. Die Kirche wird geschmückt und alle Gläubigen schmücken sich mit Kunsthandwerk aus der Faser der Junco-Palme.

Verkehrsverbindungen

Straße

- Von ***Tegucigalpa*** aus 190 km über Siguatepeque und Taulabé, dann kurz vor Erreichen des Sees Lago de Yojoa links ab (von der Fernstraße CA5 weg) nach Santa Bárbara.
- Von ***San Pedro Sula,*** d.h. von Norden aus, auf der Fernstraße CA4 Richtung La Entrada fahren. In Canoa (58 km von San Pedro Sula) biegt links die Straße in die Provinz Santa Bárbara ab, von dort sind es noch 53 km bis zur gleichnamigen Hauptstadt.

Busse

- Von ***San Pedro Sula*** nach Santa Bárbara fährt *Cotisba* (4ª Ave. entre 9ª y 10ª C. S.O., Tel. 552-8889), Abfahrt stündlich, Fahrzeit 2 Std., Fahrpreis 1,20 $.
- Von ***Tegucigalpa*** mit *El Jungueño* (8ª Ave. entre 12ª y 13ª C., Bo. Concepción, Tel. 237-2921).

Ausflüge ab Santa Bárbara

Nationalpark Santa Bárbara

Zwischen Santa Bárbara und dem Lago de Yojoa liegt der Nationalpark Santa Bárbara mit der zweithöchsten Erhebung des Landes namens ***Montaña Santa Bárbara,*** 2744 m über NN.

Trekking-Touren, Erkundungsexpeditionen und Schutzprojekte für diesen immensen Bergnebelwald, in dem Quetzale und Wildkatzen noch frei leben, sind hier möglich und erwünscht. Der Park ist noch unerforscht.

● **Kontakt:** *Asociación Ecológica Corazón Verde*, Apdo. Postal 28, Santa Bárbara, oder *COHDEFOR*, die Forstbehörde, im Ort.

Junco-Genossenschaften

In den Orten Arada und El Níspero (siehe Gracias Lempira), beide unweit von Santa Bárbara in südlicher Richtung, sowie in San Niclás werden aus den Fasern der Junco-Palme Hüte, Körbe, Siebe und Schmuck hergestellt. Begegnungen mit einer Junco-Genossenschaft werden von der Reiseagentur *Honduras Expeditions* angeboten (siehe San Pedro Sula).

Die Dörfer Gualala und Ilama

Südlich von Santa Bárbara liegen die kleinen Orte Gualala und Ilama, die beide für ihre Junco-Genossenschaften und die erhaltene koloniale Bausubstanz gerühmt werden: Hier ist die Zeit stehengeblieben, ein Besuch des Bürgermeisteramtes *(alcaldía)* oder der Post bzw. der Telefongesellschaft *(Correo y Hondutel)* erinnert an vergangene Jahrhunderte.

San José de Colinas

Nur 300 m weiter südlich von Ilama (hinter der Brücke) befindet sich linker Hand die Auffahrt nach San José de Colinas. Hoch in die Ortschaft führt eine etwa zweistündige Wanderung, aber die kleine Ortschaft lohnt für Ausflüge in die Berge und zur *Laguna Colorada*. Eine preiswerte Pension nahe des Zentralparks (DZ 3 $) steht auch zur Verfügung.

San Pedro Sula

Die mit 1,5 Mio. Einwohnern zweitgrößte honduranische Stadt ist das ***Handels- und Verkehrszentrum.*** Sie verbindet drei Haupt-Regionen: das zentrale Hochland um Tegucigalpa, den Westen mit den berühmten Maya-Ausgrabungen von Copán und den karibischen Norden. Von der Karibikküste ist San Pedro Sula nur 55 km (Puerto Cortés), 68 km (Omoa) bzw. 100 km (Tela) entfernt. Die Fernstraßen CA13 (Karibikküste, östlich), CA5 (von Tegucigalpa, südlich, bis Puerto Cortés, nördlich) und CA4 (bis Nueva Ocotepeque) laufen in San Pedro Sula zusammen. Der Flughafen *Ramón Villeda Morales* ist der größte internationale Flughafen des Landes, der – wie der moderne Hafen in Cortés – als der zukunftsträchtigste Zentralamerikas angesehen wird. Durch den Ausbau der Straße und angrenzender Logistiksysteme zwischen Puerto Cortés und der *Panamericana* im Süden des Landes wird in Honduras in den nächsten Jahrzehnten der so genannte *„canal seco"* (trockene Kanal) entstehen. Er verstärkt die erhebliche Bedeutung dieses Wirtschaftsstandorts und macht San Pedro Sula zur Metropole einer Landverbindung zwischen Atlantischem und Pazifischem Ozean.

San Pedro Sulas ***Klima*** ist wegen seiner Höhe von nur 70 m heiß wie an der ganzen Atlantikküste, allerdings weht nur ein schwacher Wind. Alle mittleren bis gehobenen Büros, Restaurants und Hotels verfügen deshalb über *aire acondicionado* (Klimaanlagen), sogar manche preiswerten *colectivos* (Sammeltaxis) überraschen durch erfrischende Kühle. Beste ***Reisezeit*** für San Pedro Sula ist die Jahreswende oder die Jahresmitte. Fast unerträglich heiß ist der April.

Geschichte

Die am ***27.6.1536*** von *Pedro de Alvarado* gegründete Stadt hieß zunächst *San Pedro de Puerto Caballos* und wurde ein paar Jahrzehnte später an der traditionellen Ansiedlung Azula am Río Piedras erneut aufgebaut, nachdem Eingeborene die koloniale Erst-Siedlung verwüstet hatten. Aus San Pedro und Azula wurde San Pedro Sula, ein Zungenbrecher für Spanier, die spätestens hinter das zweite Nomen ein „de" setzen würden (San Pedro de Sula, was aber falsch wäre). Eine andere Theorie interpretiert die Bezeichnung Sula als Synonym des Flussnamens Ulua. Der in der Regenzeit kräftig anschwellende Ulua hat ein breites Flusstal geschnitten, das aber nicht verhindern kann, dass die Wassermassen alle paar Jahre ganze Orte (wie z.B. Choloma, zwischen San Pedro Sula und Puerto Cortés) in eine Seenlandschaft verwandeln. Man spricht auch vom Sula-Tal.

Das neue, sehr gelungene Anthropologische Museum (siehe unten) zeigt die vielfältige ***Siedlungsgeschichte*** des Tals. Zur Zeit der Maya wurden in Sula schon Handelsgeschäfte betrieben zwischen Nahuatl von der Küste, die mit Muscheln und Fisch handelten, Lenca aus dem Süden und Westen, die (wie noch heute) mit Ton und Palm-Matten Geschäfte machten, und Maya aus den Gebieten Copáns und des heutigen Guatemala, die Kakao und Schmuck verkauften.

Wegen Bränden und Hochwasserkatastrophen ist überhaupt nichts von der kolonialen Bausubstanz übriggeblieben. Das heutige Stadtbild ist geprägt durch die Reste des ***Bananenbooms,*** der zur Wende vom 19. zum 20. Jahrhundert die Wirtschaft des kleinen Landes komplett umkrempelte. In den siebziger Jahren des neunzehnten Jahrhunderts, also dreißig Jahre vorher, war es der Goldrausch gewesen, der Honduras eine erste kleine Welle von wirtschaftlicher Aufmerksamkeit bescherte und sogar zur Verlegung der Hauptstadt von Comayagua (über Amapala) nach Tegucigalpa beitrug. Dann erfasste der Bananenboom die gesamte Nordküste des Landes. Kapitalkräftige US-Konzerne erhielten neben erheblichen Steuererleichterungen insgesamt etwa 10 % der landwirtschaftlich nutzbaren Fläche des Landes. In den ***dreißiger Jahren*** bauten sie eine Eisenbahnlinie, die nach frühen Plänen sogar ursprünglich bis Tegucigalpa gehen sollte, dann aber nur bis Villanueva, südlich von San Pedro Sula, geführt wurde. Bis in die ***fünfziger Jahre*** waren die Bananengesellschaften *Tela Railroad Co.* und *Standard Fruit de Honduras* ein Staat im Staate, der die Behandlung seiner schlecht bezahlten Arbeiter hausintern bestimmte. Mit einem großen, schließlich auf ganz Zentralamerika ausgeweiteten Streik emanzipierte sich 1954 die honduranische Arbeiterschaft. Der Grundstein der heute recht starken, in Zentralamerika hinsichtlich Organisationsgrad und Klassenbewusstsein führenden Gewerkschaftsbewegung wurde damals in San Pedro Sula und dem nahe gelegenen La Lima gelegt.

Wirtschaft

San Pedro Sula ist die Hauptstadt des Bezirkes Cortés. Nicht von ungefähr ist hier das Pro-Kopf-Einkommen fast doppelt so hoch wie z.B. im armen Valle (im Süden) oder fast dreimal so hoch wie das der Moskitia (im Nordosten): In San Pedro Sula befinden sich die großen ***Industrieunternehmen*** des

1 Hotel los Andes
2 Rest. La Espuela, Disco Henry's
3 TACA
4 Pollos El Hondureño
5 Aparthotel Suites del Valle
6 Mercado Guamilito
7 Forstbehörde COHDEFOR
8 Busse Hedman-Alas
9 Aerolineas SOSA
10 Vicente
11 Budget Rent-A-Car
12 Pizzeria Italia
13 Avis Rent-A-Car
14 Centro Cultural Sampedrano
15 IHT (Touristen-Information)
16 Toyota Rent-A-Car
17 Museo de Antropología e Historia
18 Hotel Bolivar
19 Gran Hotel Sula
20 Migración
21 Apart-Hotel Pamplona
22 Hotel Princess
23 Hotel San Pedro
24 Hotel La Terraza
25 Busse El Rey
26 Hotel Real
27 Busse Etumi
28 Hotel El Castillo
29 Hospedaje San Juán
30 Brisas del Occidente
31 Hondutel
32 Busse Impala und Citul
33 Busbahnhof (El Progreso, Tela, La Ceiba)
34 Hotel Parador
35 Hospedaje Siesta
36 Barrio Medina
37 Busse Saenz
38 Busse Torito und Copanecos
39 Post
40 Centro Cultural Infantil
41 Aussichtspunkt Bella Vista
42 Monumento de la Madre
43 Vergnügungsviertel
44 Deutsches Honorarkonsulat
45 Don Udo's Restaurant
46 Pat's Steak House
47 American Airlines
48 José's y Pepe's
49 Café des Artes
50 Tourismuspolizei
51 Holiday Inn, Sol Air
52 El Fogoncito
53 Restaurante Las Tejas
54 Las Carnitas
55 Mall Multiplaza

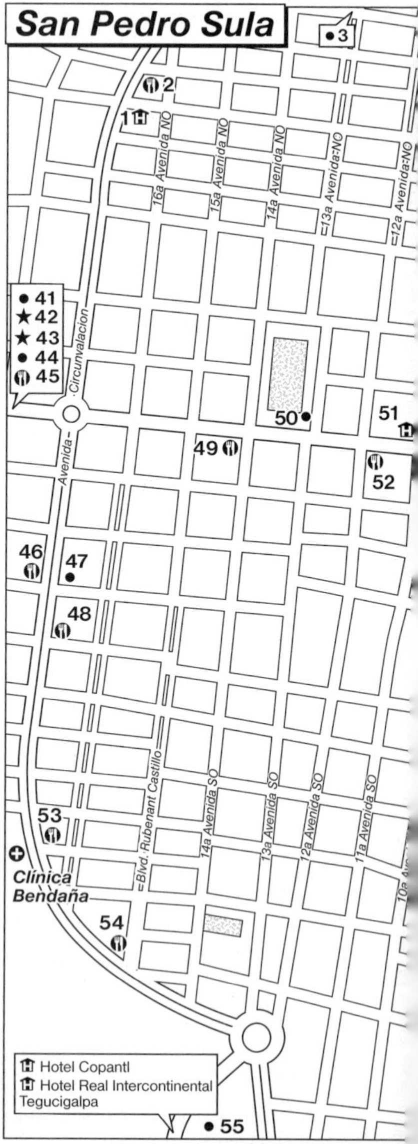

4, 5
11a Avenida NO
10a Avenida NO
9a Avenida NO
8a Avenida NO
7a Avenida NO
6a Avenida NO
5a Avenida NO
4a Avenida NO
3a Avenida NO
2a Avenida NO
7a Calle NO
6
6a Calle NO
5a Calle NO
4a Calle NO
3a Calle NO
2a Calle NO
1a Calle
2a Calle SO
3a Calle SO
4a Calle SO
5a Calle SO
6a Calle SO
9a Calle SO
10a Calle SO
11a Calle SO
12a Calle SO
13a Calle SO
9a Avenida SO
8a Avenida SO
7a Avenida SO
6a Avenida SO
4a Avenida SO
3a Avenida SO
2a Avenida SO
1a Avenida
Zentralpark
Bahnhof
Bahnlinie "Bananenbahn"
7a Calle NE
6a Calle NE
5a Calle NE
4a Calle NE
3a Calle NE
2a Calle NE
1a Calle
2a Calle SE
3a Calle SE
4a Calle SE
5a Calle SE
7a Calle SE
8a Calle SE
9a Calle SE
10a Calle SE
11a Calle SE
4a Avenida NE
5a Avenida NE
3a Avenida NE
2a Avenida NE
2a Avenida SE
3a Avenida SE
4a Avenida SE
5a Avenida SE
6a Avenida SE
7a Avenida SE
8a Avenida SE
Flughafen
0
200 m
7
8
9
10
11
12
13
14
15
16
17
18
19
20
21
22
23
24
25
26
27
28
29
30
31
32
33
34
35
36
37
38
39
40

Zur Karibik

Landes: Die Nahrungsmittelverarbeitung (Weizen-, Mais- und Reis-Schäl- und -Mühlenwerke), die Getränkeindustrie *(Coca Cola, Pepsi Cola,* die Brauerei *Cervecería Hondureña),* die Kaffeeverarbeitungsbetriebe, die exportorientierten Weltmarktfabriken für Lohnfertigung in der Bekleidungsindustrie in den Sonderwirtschaftszonen von Choloma und Villanueva oder die metallverarbeitenden Schmieden und Werkstätten. Hier haben US-Amerikaner und Einwanderer aus Palästina und Europa seit Ende des 19. Jahrhunderts für einen regional beispiellosen Investitions-Boom gesorgt.

Orientierung

Die Orientierung in der weitläufigen Stadt ist leicht: Von Nord nach Süd verlaufende Straßen heißen *Avenidas,* von West nach Ost verlaufende *Calles.* Der Verkehr auf den *Avenidas* hat immer Vorfahrt, außer auf der 1ª, 3ª und der 7ª *Calle* sowie dem Umgehungsring *Circunvalación.* Die meisten Straßen verlaufen als Einbahnstraßen. Zweitens: Das gesamte Straßennetz ist in vier Planquadrate unterteilt, deren Angabe bei Adressen nicht fehlen darf: *noroeste* (N.O. = Nordwesten), *nordeste* (N.E. = Nordosten), *suroeste* (S.O. = Südwesten), *sureste* (S.E. = Südosten). Die Grenze zwischen den vier Quadraten verläuft im Stadtzentrum an der 1ª Calle (auch Boulevard Morazán genannt, läuft vom Merendón-Gebirge Richtung Flughafen, am Zentralpark vorbei) und der 1ª Avenida (parallel zu den *linea* genannten Eisenbahn-Schienen).

Achtung: Generell hat die Kriminalität in San Pedro Sula zugenommen, Reiseartikel wie auffällige Geldbörsen und Kameras sollten verborgen werden. Besonders südöstlich der Bahnlinie (3ª Ave. S.E.) und im Bo. Medina ist es sogar zuweilen zu Messerstechereien gekommen. Besucher der Stadt sollten hier nur am Tage und mit großer Vorsicht hin!

Stadtrundgang

Die etwa zweistündige Wanderung beginnt am ***Kunstgewerbemarkt Guamilito*** (7ª C. entre 8ª y 9ª Ave. N.O., etwa 7 cuadras vom Blvd. Morazán nach Norden), der auch sonntags öffnet (tägl. bis 18 Uhr). Er befindet sich an der Südseite einer großen, überdachten Markthalle mit Obst, Gemüse, Heilkräutern, einfacher Gastronomie und allerlei Gebrauchsartikeln, sogar Kleinmöbeln. Im Kunstgewerbemarkt werden angeboten: Malerei, Keramik, Lederwaren, Holzschnitzereien und Flechtarbeiten. Von hier aus geht es immer auf der 5ª Calle in östlicher Richtung, bis zur 3ª Avenida. An dieser, ein kurzes Stück weiter in südlicher Richtung, befindet sich das ***Museum für Archäologie und Geschichte*** (3ª Ave. entre 3ª y 4ª C. N.O., geöffnet tägl. von 9 bis 16 Uhr), das neben archäologischen Funden auch die Geschichte der Stadt während der Kolonialzeit und vor allem im 20. Jahrhundert darstellt. Vom Museum geht es auf der 3ª Avenida 3 cuadras südlich

zum ***Zentralpark.*** Für Durstige gibt es im Park preiswert *Coca-Cola* oder – im *Café Skandia* im *Gran Hotel Sula* – Milchshakes *(licuados)* oder Limonade. Bisweilen werden am nördlichen Rand des Parks auch lokale Erfrischungsgetränke der Marke *Copán* feilgeboten. Jetzt geht es ins Gewühl der ***3ª Avenida.*** Östlich führt diese große Straße an Fachgeschäften für Textil-, Eisen- und Plastikwaren vorbei bis zur ***7ª Calle*** – insgesamt 6 cuadras vom Zentralpark. Es lohnt sich, einmal in einen der Läden hineinzuschauen.

An der 7ª Calle geht der Weg links (östlich) ab ins ***Barrio Medina,*** das Marktviertel der Stadt. Hier liegt gleich nach 6 cuadras rechts ***Jugos Chalapa,*** ein *Licuado*-Laden, der frisch gemixte Milchgetränke oder Säfte bereitet. Fragen Sie hier auch nach Kombinationen, die meisten stehen auf einem großen Schild auf der Wand. Noch 1 cuadra weiter geradeaus beginnt der ***Frucht- und Gemüsemarkt.*** Um ihn zu besuchen, kann man sich hier links halten (zwischen 7ª und 5ª C.). Hier fallen die Holzkarren auf, die – von Körperkraft gestoßen – auf bloßen Kugellagern fahren.

Sehenswertes

Zentralpark

Der Zentralpark ist Sammelpunkt des Volkes, hier geben sich Lotterie-

Brücke über den Chamelecón-Fluss

Verkäufer, Wanderprediger und ambulante Verkaufsstände mit Einfachst-Artikeln ein Stelldichein. Am nordöstlichen Rand des Parks befindet sich das Dach der Genossenschaft der Schuhputzer. Die eifrigen Genossen tragen T-Shirts der honduranischen Schuhcreme-Marke *KIWI*. Wie in allen städtischen Zentralparks des Landes kann man hier seine Lederschuhe komplett aufmöbeln lassen.

Aussichtspunkt Bella Vista

Die Verlängerung der 1ª Calle Richtung Westen führt über den steinigen Flusslauf des passend benannten Río Piedras. Hinter der Brücke führt die zweite Straße links bergauf in die Kühle des Merendón-Gebirges. In der Nähe eines großen Reklameschildes für *Coca Cola* hat man die Stelle mit der besten Aussicht erreicht: Die verästelte Stadt zieht sich östlich bis zur Lagune Ticamaya, bei gutem Wetter sind dahinter kilometerweite Bananenfelder und der Flughafen zu sehen. Nach Bella Vista fahren keine Busse, aber Taxis sind ja bekanntlich nicht teuer in Honduras. Zu Fuß muss man für den Weg hinauf gut eine Stunde rechnen.

Museum für Anthropologie und Geschichte

Das *Museo de Antropología e Historia* (3ª Ave. entre 3ª y 4ª C. N.O., Tel. 557-1496, geöffnet tägl. außer Di. 9-

Blick von Nordosten auf den Zentralpark

16:15 Uhr, Eintritt 0,75 $, Kinder die Hälfte). Es ist ein in Zusammenarbeit mit dem *IHAH* von der Familie *Fasquelle* gegründetes Privatmuseum, welches das größte von Honduras ist. Es gibt einen kompletten Überblick von der Prä-Maya-Besiedlung bis zur jüngeren Wirtschafts- und Sozialgeschichte der aufsteigenden Stadt. Auf alten Fotos wird anschaulich, dass die Handelsstadt noch vor fünfzig Jahren über keine einzige asphaltierte Straße verfügte. Im Museum finden sich rekonstruierte Bauernhäuser und Funde aus mehr als einem Jahrtausend.

Naturmuseum

Das neue Naturmuseum wurde von der *Fundación Ecologista H.R. Pastor Fasquelle* gegründet und von dieser aktuell geleitet. Es liegt am Biocentro (3ª Ave., 9ª C. N.O.), 24 Ausstellungsräume beschreiben Naturvorkommen, Umwelt und Pflanzen in Honduras. Geöffnet Mo.-Fr. 8-17 Uhr und Sa. bis 12 Uhr. Eintritt 1,5 $.

Kunstgewerbemarkt Guamilito

Der Markt im Barrio Guamilito, genannt *Mercado Guamilito* (7ª C. entre 8ª y 9ª Ave. N.O., also genau 7 cuadras vom Blvd. Morazán nach Norden) hat eine Abteilung für Kunsthandwerk, die bis in den späten Nachmittag geöffnet ist. Hier werden Lederwaren, handgearbeitete Tonwaren, Flechtarbeiten, Holzschmuck, Holzspielzeug, Malerei und vieles mehr angeboten. Der Preis darf heruntergehandelt werden (10 bis 60 %). Lassen Sie sich Zeit, es lohnt sich.

Frucht- und Gemüsemarkt

Ein Markt voller Farben, rund um das Thema Früchte und Gemüse, findet sich im Barrio Medina, östlich der *linea* (Bahnlinie), also ein paar cuadras unterhalb der 1ª Avenida (S.E.), zwischen 5ª und 7ª Calle. Hier liegen Berge von Früchten auf der Straße herum, auf einfachen Ständen (aus Presspappe und Holz) werden exotische Köstlichkeiten verkauft. Die ganze Palette tropischer Früchte der Saison liegt hier üppig herum, besonders aber Bananen verschiedener Genese und Reife. Zwischen den Warenhaufen fahren hölzerne Handkarren herum, mit denen für 30 Lempiras gewichtige Transporte getätigt werden.

Blick über den Pavillon der Schuhputzer auf die Kathedrale

Zur Karibik

Kultur

- Im Kontrast zum schnellen Punta- und Merengue-Tanz, die auf Tanzabenden und in volkstümlichen Konzerten zum Pflichtprogramm gehören, stehen die bürgerlichen Kulturangebote der Stadt. Für ruhige Abende bietet sich das ***Centro Cultural Sampedrano*** an (3ª C. entre 3ª y 4ª Ave. N.O., Tel. 553-3911).
- Professionell geführt und kreativ bespielt ist das neue Theater der Stadt an der *Circunvalación* nordwestlich, von der 1ª Calle nördlich, nahe der Universität: Im ***Theater Fransico Saybe*** werden modernes Ensembletheater und volkstümliche Stücke auf hohem Niveau dargeboten.
- In den beiden Drei-Sterne-Hotels (*Gran Hotel Sula* am Zentralpark und Hotel *Copantl* am Boulevard del Sur) finden oft ***Gesellschaftsabende*** statt, die in den beiden lokalen Tageszeitungen *(Tiempo, Prensa)* angekündigt werden.
- Im ***Centro Cultural Infantil*** (12ª C., 3ª Ave. S.O., Bo. Lempira) gibt es Kulturveranstaltungen für jung und alt.
- ***Kunstausstellungen*** werden ebenfalls periodisch in einem der beiden Kulturzentren gezeigt. Es lohnt sich, deshalb vor allem im *Centro Cultural Sampedrano* mal kurz reinzuschauen.
- Die besten ***Buchhandlungen:*** *Editorial Guaymuras* (7ª C., 10ª Ave. N.O.) bietet eigene ur-honduranischen Publikationen und weitere lateinamerikanische Literatur (Sachbuch und Belletristik). *La Casa del Libro* (1ª C. entre 5ª y 6ª Ave. S.O.) hat mehrsprachige Publikationen (leider keine Deutschen).
- Ein ***Theaterprojekt*** mit kritisch-kreativem Anspruch befindet sich in der 4ª C. entre 3ª y 4ª Ave. N.O., Ed. INMOSA, 3 nivel (Tel. 552-3074).
- Was sonst noch kulturell in San Pedro Sula läuft weiß die ***Alianza Francesa*** (23ª Ave. entre 3ª y 4ª C. S.O., Tel. 552-4359), freitags gibt es Sonderveranstaltungen.

Unterkünfte

- ***Hotel Real Intercontinental*** (Carretera a Tegucigalpa, nur 100 m südlich vom Monumento de la Madre, Circunvalación, Tel. 553-0000), mit Pool, Restaurant, Bar, Fitness, Sauna, klimatisiert, luxuriös, DZ 140 $.
- ***Hotel Princess*** (10ª C. S.O., cerca de Circunvalación, Tel. 556-9600, hotelprincess@globalnet.hn), luxuriöse Zimmer, moderner Service, DZ 130 $.
- ***Gran Hotel Sula*** (Zentralpark, Tel. 552-9991 bis 99, Fax 557-7000), mit kleinem Swimmingpool, 24-Std.-Cafetería, Restaurant, Bar, Fitnesscenter kostenlos (jedoch außerhalb des Hotels), klimatisiert, effizient, DZ 105 $.
- ***Hotel Copantl*** (Bo. Los Arcos, Shuttle vom Zentralpark aus, Tel. 556-8900, Fax 557-3890), mit großem Pool, Tennis, Restaurant, Cafetería, Bar, Casino, klimatisiert, Serviceschwächen, DZ 130 $.
- ***Holiday Inn*** (1ª C. S.O. entre 10ª y 11ª Ave., Tel. 550-8080, ventas@holiday-inn-sps.com), geschmackvoll elegante Zimmer, Business Centre, Restaurant und Bar, Fitness und Pool, ruhig und doch absolut zentral, DZ 75-100 $.
- ***Hotel Los Andes*** (Ave. Circunvalación N.O., No. 84, Tel. 553-2526, 553-4425, Fax 557-1945, handes@mayanet.hn), angenehmes Ambiente, Restaurant-Terrasse, Bars und Restaurants in der Nähe, AC, TV, DZ 45 $ (inkl. Frühstück).
- ***Apart-Hotel Pamplona*** (direkt am Zentralpark *(Cafetería Pamplona)*, Tel. 550-2639, 550-3492), Apartments mit Küche und Bad, AC, TV, Tel., Restaurant, modern eingerichtet, einige Zimmer sehr dunkel, zwei Zimmer mit Balkon, Blick auf den trubeligen Zentralpark, pro Nacht DZ 25 $, pro Woche 150 $.
- ***Hotel La Terraza*** (6ª Ave. entre 4ª y 5ª C., Tel. 550-3108), AC, Restaurant und Bar, sauber und einfach, sichere Gegend, DZ 20 $.
- ***Hotel Bolivar*** (2ª C., 2ª Ave. N.O., Tel. 553-3224, Fax 553-4823), mit Pool, Restaurant, Bar, klimatisiert, DZ 32 $.
- ***Aparthotel Suites del Valle*** (6ª Ave., 11ª C. N.E., Bo. Guamilito, Ausfahrtsstraße nach Cortés, Tel. 552-0134, Fax 552-0137, suitesdelvalle@sulanet.net), große, schlicht eingerichtete Zimmer mit Kochgelegenheit, tolles Foyer zum Ausspannen, Internet und Kaffee kostenlos, DZ 35 $ inkl. Frühstück.
- ***Hotel San Pedro*** (3ª C., 1ª Ave. S., Bo. El Centro, Tel. 550-1513), Cafetería, klimatisiert,

zentral, freundlich, mit Gemeinschaftsbad DZ 17 $, mit Privatbad DZ 26 $.

Günstige Hotels in zentraler Lage

- ***Hotel Real*** (6ª Ave. entre 6ª y 7ª C. S.O., Fax 550-7929, hotelreal2002@yahoo.com), schön dekorierter Patio, solide Zimmer mit AC, DZ 18 $.
- ***Brisas del Occidente*** (5ª Ave. entre 6ª y 7ª C. S.O., Ed. Yuja, No. 55, Tel. 552-2309), kein Fax, Ventilator, Gemeinschaftsdusche und -WC, freundlich, nach Zimmer mit Fenster fragen, nicht ganz sicher bei Nacht, DZ 6 $.
- ***Hotel El Parador*** (6ª C., 2ª Ave., S.E.), mit Ventilator, sehr sauber, mit Privatdusche für DZ 5 $.
- ***Hospedaje San Juán*** (6ª C., 6ª Ave. S.O.), laut, sauber, preiswert, DZ 5 $.
- ***Hotel El Castillo*** (8ª C., 6ª Ave. S.O.), mit Ventilator DZ ab 3,60, mit Privatdusche DZ ab 5,50 $.
- ***Hospedaje Siesta*** (2ª Ave., 7ª C. S.E.), Tel. 552-2650, laut, sicher, mit oder ohne privater Dusche/WC, ab 2,80 $.
- Wenig empfehlenswert, weil weitgehend auf Stundenbasis belegt, aber teilweise unter 4 $ billig sind die ***Hotels im Barrio Medina,*** vom Busbahnhof östlich.

Essen und Trinken

- ***Don Udo's Restaurant*** (Blvd. Los Próceres, westliche Verlängerung der 1ª C., Tel. 553-3106), holländischer Besitzer, Restaurant und Bar, große Auswahl an frisch zubereiteten internationalen Gerichten, breites Angebot von Bieren und Weinen, Delikatessen-Shop, nicht überteuert. Reservierung empfohlen, Brunch am So. zwischen 10 und 14 Uhr.
- ***La Galería*** (im *Hotel Copantl),* speisen umgeben von honduranischer Malerei, alle Gemälde sind zum Kauf angeboten, geöffnet tägl. ab Mittag.
- ***Azulejos*** (im *Hotel Real Intercontinental),* internationale Küche mit verschiedenen Nachtspecials wie Mexikanische oder Spanische Küche, Sonntagsbrunch 12 bis 15 Uhr.
- ***El Fogoncito*** (1ª C., 11ª Ave. S.O.), südamerikanisches Erlebnisrestaurant mit Schwung und kreativen Interpretationen des gesamten kulinarischen Spektrums des Kontinents, Tel. 553-2988.
- ***Mediterraneo*** und ***Las Parillas*** im exklusiven *Club Social Hondureño-Arabe,* (26ª Ave. entre 1ª y 3ª C. S.O., Bo. Río de Piedras), (Eintritt für Ausländer nur nach Passkontrolle), Atmosphäre wie in europäischen Luxussälen, Gourmetrestaurants für Sonntagsbrunch mit jeweils variierender Küche, Voranmeldung erforderlich: Tel. 552-1583, club arabe@globalnet.hn.
- ***Pat's Steak House*** (5ª C., 17ª Ave. S.O., Circunvalación), sehr gute Fleischgerichte zu sehr hohen Preisen.
- ***Vicente*** (7ª Ave. entre 1ª y 2ª C. N.O.), breites original italienisches Angebot zu fairen Tarifen, freundlich.
- ***La Espuela*** (Circunvalación, entre 5ª y 6ª Ave. N.O.), typisch honduranisches *parilla*-Restaurant mit obligatorischen *anafres* (Bohnenpüree und Käse auf einem Tonstövchen) sowie *chismol* (Essig-Limetten-Gemüse nach Art der Maya), gepflegt, preiswert, mit einer Mariachi-Combo (sagen Sie einfach „no", wenn Sie für ein Lied nicht ab 1 $ zahlen wollen).
- ***Pizzería Italia*** (1ª C., 7ª Ave. N.O.), gute Pizza und Pasta.
- ***José's y Pepe's*** (6ª C., Circunvalación), mesoamerikanische Küche mit gutem Service.
- ***Restaurante Las Tejas*** (9ª C. entre 16ª y 17ª Ave., Circunvalación).
- ***Las Carnitas*** (in der Zona Viva), Bar und Restaurant, im Freien, gute honduranische Gerichte, Mittag- und Abendessen.
- ***Chef Marianos*** (in der Zona Viva), besonders beliebt bei den Einheimischen, gute honduranische und Garífuna-Speisen, vor allem Fischgerichte.
- Sehr gute Brathähnchen gibt es bei ***Pollos El Hondureño*** (6ª Ave. N.O., 3 cuadras antes de la Circunvalación, liegt auf der *colectivo*-Route zur Colonia FESITRANH, Abfahrtspunkt 6ª Ave. entre 2ª y 3ª C. S.O.).
- Außerdem wimmelt es in der Stadt von ***Burger King-Filialen*** (US-Einheitskost, sehr hygienisch), ***Wendy's*** (schmackhafte Luxus-Burger, mal eine Abwechslung zur ansonsten honduranischen Kost gefällig?), ***Pizza Hut*** (die unoriginellste Pizza der Welt) und ***Dunkin Do-***

nuts (probieren sollte man die *relampagos* für nur 7 Lempiras, ein dick gefülltes Cremeteilchen).

Unterhaltung

Kneipen und Clubs

Viele Kneipen und Clubs befinden sich in der *zona viva*, vom *Monumento de la Madre* den Stadtring Circunvalación entlang Richtung Norden (die ersten 3 cuadras rechts).

● ***Shauki's Place,*** (Blvd. del Sur, hacia Tegucigalpa), Bar und Restaurant, *Mariachis* spielen hier regelmäßig, Mo.-Sa. ab 16 Uhr.

● ***Frog's Sports Bar*** (Blvd. Los Próceres, Nähe Restaurant *Don Udo's),* mit verschiedenen Bars, Pool-Billard, Kicker, US-Sportsendungen auf großen Screens, eigener Strand-Volleyball-Court geschickt integriert, Tanz am Wochenende.

● Originell und manchmal virtuos ist die ***Peña Boleros*** (genau auf der anderen Seite der Circunvalación gegenüber der Zona Viva, 1 cuadra nördlich von *Wendy's* (Fastfood), die nur Fr. und Sa. ab 22 Uhr öffnet.

Diskotheken

Sie sind auf dem nördlichen Teil der Circunvalación (Eintritt von 30 bis 50 Lps.) zu finden, Taxifahrer wissen Bescheid.

Night Clubs der rauen Art (aber nicht unbedingt gefährlich) befinden sich auf der 7ª C. entre 14ª y 15ª Ave. S.O.

● ***Henry's*** (gleich gegenüber von *Restaurante La Espuela,* Circunvalación, entre 5ª y 6ª Ave. N.O.), eine gepflegte, leicht überklimatisierte Diskothek mit großer Tanzfläche, Profi-Anlage und vor allem Salsa, Merengue und Punta.

● ***Confettis*** (auch Circunvalación, aber weiter nördlich kurz vor Beginn des Blvd. del Norte), etwas lauter und billiger als *Henry's.*

● Eine luxuriöse Diskothek ist ***Millenium*** (im *Club Social Hondureño-Arabe,* Tel. 552-1586), sehr geschmackvoll eingerichtet, Touristen und Einheimische müssen hier ihren Reisepass vorzeigen, Eintritt 6 $.

● Ein Spot für Schwule ist: ***Three World,*** hinter *Multiplaza Mall,* neben *Bamer Autobank,* Di.-Sa. geöffnet.

Cafés und Treffpunkte

● ***Cafetería Pamplona,*** direkt am Zentralpark, südlich der Kathedrale, spanischer Besitzer, relaxtes Ambiente, sehr zu empfehlen, um der Hitze und dem Trubel auf dem Zentralpark einen Moment zu entfliehen, AC, preisgünstige internationale Küche, u.a. *tortillas españolas* und guten Café Expresso.

● ***Café des Artes*** (1ª C. entre 14ª y 15ª Ave. S.O.), sehr schön dekoriert, aber unpersönlicher Service, öffnet erst um 16 Uhr.

● ***Café Skandia,*** im *Gran Hotel Sula* hinten rechts, am Zentralpark. Ideal für Menschen, die am Puls der Stadt sein wollen: Hier treffen sich Arbeiter, Manager und Künstler gleichermaßen. Reichhaltige Auswahl perfekter Snacks auf kleinstem Raum. 24 h geöffnet, ideal für den nächtlichen Hunger.

● ***Mr. Quick*** (2ª C. entre 1ª y 2ª Ave. N.O., gegenüber Ed. Bolivar).

● ***Cafetería Belén*** (6ª C. entre 2ª y 3ª Ave. S.O., Bo. El Centro).

● Besonders empfehlenswert sind die appetitlichen ***Frucht-Milchmixgetränke*** *(licuados)* an der 2ª C. entre 5ª y 6ª Ave. S.O. und an der 1ª C., 5ª Ave. N.O.

Casino

● Im ***Hotel Copantl Sula,*** Carretera a Tegucigalpa, nur am Wochenende geöffnet.

Kinos

Alle Kinos sind klimatisiert und befinden sich dicht beieinander zwischen der 1ª C. (auch Blvd. Morazán genannt), dem Stadion und dem Mercado Guamilito.

● ***Aquarius*** (10ª Ave., 2ª C. N.O., Tel. 553-1188).

● ***Geminis 1ª y 2:*** (12ª Ave., 1ª C. N.O., Tel. 552-6060).

● ***Multicines Plaza de Sula:*** (10ª Ave., 4ª C. N.O.).

● In der Nähe des Zentralparks befindet sich das ***Tropicana,*** (7ª Ave., 2ª C. S.O., Tel. 553-0391).

Die ***modernsten Kinos*** befinden sich im *Mall Multiplaza, Metro Plaza, Mega Plaza.*

Wichtige Adressen

- ***Post:*** 3ª Ave. entre 8ª y 9ª C. S.O. mit philatelistischer Abteilung.
- ***Hondutel:*** 4ª Ave. entre 4ª y 5ª C. S.O.
- ***Internet:*** Im **Centro Comercial Gran Vía** (am Zentralpark, 2 nivel, Local No. 208, Tel. 550-1307), 2 $ pro Std.
- ***Bank:*** Um den Zentralpark herum befinden sich Filialen aller größeren Banken. Für ***Visa und Mastercard*** Barauszahlungen bei *Credomatic* (Tel. 557-4350, 5ª Ave. entre 1ª y 2ª C. N.O.). Das *Mundirama Reisebüro* (552-3400, Ed. Martinez Valenzuela, südlich der Kathedrale) ist Agent von ***American Express.***

Notfall

- ***Rotes Kreuz,*** Tel. 195 oder 553-1283
- ***Krankenwagen,*** Tel. 557-9999
- ***Feuerwehr,*** Tel. 198 oder 556-5270, 556-6180
- ***Schutz- und Kriminalpolizei,*** Tel. 199 oder Wache: Tel. 552-3171, Leitung Nordwesthonduras: Tel. 556-5155
- ***Verkehrspolizei,*** Tel. 559-1255
- ***Staatliches Krankenhaus,*** *Catarino Rivas* (modern), Tel. 566-2948
- ***Clínica Bendaña,*** Circunvalación, zwischen Kaufhaus *Curacao* und *Monumento de la Madre,* gutes privates Krankenhaus mit teilweise englischsprachigem ärztlichem Personal.
- ***Clínica Cemesa,*** Carretera del Sur, südlich gegenüber *Comercial Laeiz* (Lufthansa), gutes privates Krankenhaus mit teilweise englischsprachigem ärztlichem Personal.
- ***Tourismuspolizei,*** 1ª C. neben Station *Francisco Morazán,* Tel. 959-5525.

Diplomatische Vertretungen

- ***Belize*** *(Consulado de Belice),* nur Tegucigalpa (siehe dort)
- ***Costa Rica*** *(Consulado de Costa Rica), Hotel Saint Anthony,* 3ª Ave., 13ª C., Tel. 558-0744, 557-0790
- ***Deutschland*** *(Consulado de Alemania),* 1ª C. entre 8ª y 9ª, Ave. S.O. antiguo Ed. Banco Sogerin, Tel. 553-1244
- ***El Salvador*** *(Consulado de El Salvador),* 3 C. entre 5ª y 6ª Ave., Ed. Ryco, 7 piso, No. 704, Tel. 553-4604
- ***Guatemala*** *(Consulado de Guatemala),* Col. Trejo 24, S.O., neben canal 21, Tel. 556-9550
- ***Mexiko*** *(Consulado de México),* 2ª C., 20ª Ave. S.O., No. 205, Bo. Río Piedras, Tel. 553-2605
- ***Nicaragua*** *(Consulado de Nicaragua),* Col. Trejo, 23ª Ave. A, entre 11ª C. B y 11ª C. C, No. 124, Tel. 550-3394
- ***Österreich*** *(Consulado de Austria),* Col. Residencial El Pedregal Costado Este del Parque El Pedregal Poste ENEE No. 171, Tel. 566-3232
- ***Panamá*** *(Consulado de Panamá),* 4ª C. S.O., Ed. Banco Ficohsa, Tel. 557-4499
- ***Schweiz*** *(Embajada de Suiza),* nur in Guatemala: Tel. 00502-3340743-4, -3365726, -3313725
- ***USA*** *(Embajada de Los Estados Unidos),* nur in Tegucigalpa (siehe dort)

Wichtige Behörden

- ***Nationalpark-Informationen*** gibt es bei der *Administración Forestal del Estado (AFE;* früher *COHDEFOR),* 4ª C., 10ª Ave. N.O., Tel. 553-4959.
- ***Einreisebehörde*** *Dirección General de Migración,* gleich am Anfang der Fußgängerzone am Zentralpark, viertes Haus links (hinter *Pizzeria Romana*), Tel. 552-3076.

Information

- ***Tourismus-Institut*** im Ed. Inmosa, 2do nivel, 4ª C. entre 3ª y 4ª Ave. N.O., No. 21, Bo. Guamilito, Tel. 552-3023, 552-3095; sowie am Flughafen.

Einkaufen

Supermärkte

- ***El Popular,*** 6ª Ave. entre 2ª y 3ª C. S.O.
- ***Fransen Colonial,*** Circunvalación, 1ª C.
- ***Comisariato Los Andes,*** Circunvalación, Nähe Restaurant *La Espuela.*

Souvenirs

- ***Scandú International,*** (5ª Ave. entre 1ª y 2ª C. S.O.), Boutique honduranischer und anderer zentralamerikanischer Kunstgegenstände.

Fahrtdauer mit dem PKW von/nach San Pedro Sula:

Grenze zu Guatemala		
Agua Caliente	6	Std.
El Florido	3,5	Std.
Westen		
Copán Ruinas	3	Std.
La Entrada	1,5	Std.
Gracias Lempira	3,5	Std.
Santa Bárbara	2	Std.
Süden		
Lago de Yojoa	1,5	Std.
Pulhapanzak	2	Std.
Tegucigalpa	3,5	Std.
Comayagua	2	Std.
Norden		
Puerto Cortés	40	Min.
Omoa	1	Std.
Osten		
Flughafen, La Lima	15	Min.
El Progreso	30	Min.
Tela	1,5	Std.
La Ceiba	3	Std.
Trujillo	5	Std.

- ***Einfache Souvenir-Läden*** gibt es in der 4ª Ave. entre 1ª y 2ª C. N.O., d.h. direkt westlich neben dem *Gran Hotel Sula.*

Stadtverkehr

Bus

- Wichtige ***Bushaltestellen*** befinden sich auf der 3ª Ave. (Richtung Süden und Osten), auf der 7ª C. (Richtung Westen) und auf der Circunvalación (Richtung Norden und Süden).

Colectivos

- ***Sammeltaxis*** *(colectivos)* fahren auf festen Routen und halten auf Wunsch des Passagiers. Angesichts der meist sehr aufgeräumten Klientel ist trotz der Enge im kleinen japanischen PKW die Fahrt mit dem *colectivo* sicher und preiswert (für die gesamte Strecke, die bis 10 km reichen kann, 0,25 $ pro Person). Die Abfahrtspunkte sind in der Stadtkarte eingezeichnet.

Vorsicht: reguläre Taxis in San Pedro Sula sind die teuersten in Honduras. Stellen Sie durch die Frage *„va colectivo?"* (fahren Sie als *colectivo)* sicher, dass Sie nicht zu viel zahlen.

- Eine wichtige ***Haltestelle*** befindet sich auf der 6ª Ave. entre 3ª y 4ª C. N.O. (Richtung Norden bis Col. Fesitranh).

Verkehrsverbindungen

Straße

- San Pedro Sula ist ***Knotenpunkt aller Fernstraßen*** außer der *Panamericana.*

Autovermietung

- ***Toyota Rent-A-Car,*** 3ª Ave. entre 5ª y 6ª C. N.O., Tel. 552-0814, 552-5498, am Flughafen: 668-3174, trac@123.hn. Empfohlen!
- ***Budget Rent-A-Car,*** 1ª C., 7ª Ave. N.O., Bo. Santa Anita, Tel. 552-2295, 552-6749, Fax 553-3411, budget.sap@datum.hn, am Flughafen: Tel. 668-3179.
- ***Avis,*** 1ª C., 6ª Ave. N.O., Tel. 553-0888, Fax 553-3718, am Flughafen: Tel. 668-3164, Fax 668-3167:
- ***Thrifty Rent-A-Car,*** am Flughafen, Tel. 668-3152, Fax 668-3154, thrifty@david.intertel.hn, www.thrifty.com.
- Besonders preiswert ist ***Maya Rent-A-Car,*** 3ª Ave. entre 7ª y 8ª C. N.O., Tel. 552-2670, 552-2671, Fax 552-7255, am Flughafen: 668-3168.

Busse in Honduras

- Von ***Tegucigalpa*** mit den Unternehmen *Hedman Alas* (11ª Ave. entre 13ª y 14ª C., Comayagüela, Tel. 237-7143), *Norteños* (12ª C. entre 6ª y 7ª Ave., Comayagüela, Tel. 237-0706), *Saenz Primera* (Centro Comercial Perisur, Tel. 233-4229) oder *El Rey Express* (½ quadra del anexo del *Banco Central,* Tel. 237-8561) fahren zusammen mehr als stündlich und einzeln jeweils alle 2 bis 3 Std. ab. Fahrzeit 3,5 bis 4 Std., Fahrpreis von 3 $ *(Nortenos, El Rey)* bis 9 $ (*Saenz,* mit Snack und Filmprogramm) sowie *Viana Clasa Oro,* (Tel.

235-8185, Blvd. Fuerza Armadas), 6:30, 13:30, 15:30 und 18:15 Uhr (außer Sa.). Fahrpreis: 11 $.

- Von ***Puerto Cortés:*** Die Unternehmen *Impala* (Tel. 665-0606, Bo. San Ramón), *Expresos del Atlántico*, gegenüber dem Zentralpark (Tel. 555-0466), und *Citul* (Tel. 665-0466, 4ª Ave. entre 3 a y 4ª C.) fahren alle 15-60 Minuten, Fahrdauer 1,5 Std.
- Von ***La Lima*** und ***El Progreso:*** Alle fünf bis zehn Minuten vom jeweiligen Zentralpark aus, Ankunft im Busterminal in der 2ª Ave. entre 5ª y 6ª C. S.O. in San Pedro Sula (30 bzw. 60 Min. Fahrtdauer).
- Von ***Tela:*** mit *Viana Clasa Oro*, (Tel. 441-2330, Esso-Tankstelle Miramar,) um 6:30 und 15 Uhr oder alle 30 Min. über El Progreso, dort umsteigen.
- Von ***La Ceiba,*** fast stündlich mit den Unternehmen *Catisa-Tupsa* vom Busterminal aus (Mercado San José, Ave. 15 de Septiembre, Tel. 441-2539), Fahrzeit etwa 3,5 Std., Fahrpreis 2 $.
- Von ***Trujillo:*** Um 4, 6 und 10 Uhr mit *Cotraipbal* (Tel. 434-4932, Bo. El Centro), Abfahrt vom Zentralpark in Trujillo, Fahrzeit 5,5 Std.
- Von ***Copán Ruinas:*** Bester Service mit *Hedman Alas*, (Bo. El Centro; 2 cuadras nördlich vom Zentralpark), Abfahrt 6 Uhr und 13 Uhr, mit *Casasola*, (Tel. 651-4078, gegenüber Hotel Posada), um 7 Uhr und 14 Uhr, oder *Gama*, (Tel. 651-4421, gegenüber vom Hotel Patty), um 6 Uhr und 15 Uhr.
- Von ***Siguatepeque*** (Abfahrtsort nahe Basketball-Platz) sechsmal wöchentlich direkt. Von der Hauptstraße fahren alle 30 Min. Überlandbusse.

Bergnebelwald weit oberhalb von San Pedro Sula

Busse nach Guatemala

Für eine Reise von San Pedro Sula nach Guatemala kommen ***zwei Routen*** in Betracht: Die eine geht über La Entrada zu den Maya-Ruinen von Copán und von dort über den Grenzübergang El Florido nach Guatemala. Die andere verläuft ebenfalls über La Entrada, dann aber über Santa Rosá de Copán in die Bergregion Ocotepeque.

- ***Direkt nach Copán Ruinas*** fährt *Hedman Alas* (Tel. 553-1361), 7 und 10 Uhr, *Etumi* (6ª C., 6ª Ave. S.O., 2,20 $, 6 Std., Abfahrt um 11 und 13 Uhr). ***Mit Umsteigen:*** Zunächst nach ***La Entrada*** fahren *Copanecos* oder Torito (6ª Ave. entre 8ª y 9ª C. S.O., Tel. 554-1954, 553-4930; 1,20 $, 2 Std., Abfahrt 3:45 bis 17 Uhr, zwei Schnellbusse um 8:15 und 14 Uhr). In ***La Entrada*** fährt stündlich und öfter ein Kleinbus nach Copán Ruinas (1,10 $, 2 Std., Abfahrt 5 bis 16 Uhr). In ***Copán Ruinas*** dauernd Pick-ups und Kleinbusse zur 10 km entfernten Grenze von ***El Florido.*** Auf der guatemaltekischen Seite häufig Busse in die Städte des Landes: Chiquimula, Jalapa, Ciudad de G.
- Bequemer, aber viel teurer: *Shuttle Busse* von ***Copán Ruinas*** nach ***Guatemala Ciudad*** (siehe Copán Ruinas).
- Über ***Ocotepeque nach Guatemala:*** Direkt nach Nueva Ocotepeque (der Hauptstadt des südwestlichsten, im Länderdreieck mit El Salvador und Guatemala gelegenen *departamentos*) und in einem Zug weiter zur guatemaltekischen ***Grenze*** von ***Agua Caliente*** fahren abwechselnd (jeweils jeden zweiten Tag) *Impala* oder *Congolón* (2ª Ave. entre 4ª y 5ª C. S.O., No. 23, Tel. 553-3111; 3,40 $, 7 Std., Abfahrt 3:30 bis 15 Uhr). Mit ***Umsteigen:*** Zunächst nach ***Santa Rosá de Copán*** fährt *Copanecos* oder *Torito* (6ª Ave. entre 8ª y 9ª C. S.O., Tel. 554-1954, 553-4F930; 1,80 $, 3 bis 4 Std., Abfahrt 3:45 bis 17 Uhr, zwei Schnellbusse um 8:15 und 14 Uhr). Von dort verkehren Busse nach ***Nueva Ocotepeque*** und ***Agua Caliente.*** Auf der guatemaltekischen Seite gibt es Busse nach Esquipulas.

Bahn

- Der ***Bahnhof*** befindet sich 3 cuadras östlich vom Zentralpark bzw. *Gran Hotel Sula* (Tel. 553-4080).
- Von ***Tela*** aus nur So. um 14:30 Uhr, Umsteigen in ***Baracoa,*** Ankunft um 18 Uhr in San Pedro Sula. Abfahrt ***von San Pedro Sula*** aus nur Fr. und So. um 6:30 Uhr Richtung Tela, Fahrtpreis: 1 $. Die Bahntour ist eine gute Gelegenheit, umweltfreundlich mit Honduranern zusammen zu reisen und dabei in die *barrios* zu schauen.
- ***Nach Puerto Cortés*** fährt So. um 6:30 Uhr, umsteigen um ca. 9 Uhr in ***Barracoa.*** Ankunft ca. 10 Uhr.
- ***Von Cortés*** fährt Fr. und So. um 15 Uhr der Schienenbus *(ferrobus)* ***über Barracoa*** nach San Pedro Sula, es hat aber auch häufige Ausfälle gegeben.

Ankunft am Flughafen

- Inzwischen ist ein neues Flughafengebäude mit moderner Ausrüstung und lichter Architektur eröffnet worden. Der ***Zoll*** *(aduana)* ist freundlich, verlangt aber häufig die Öffnung des Gepäckstücks. Bei besonders zügiger Abfertigung verlangen die BeamtInnen auch schon einmal ein Trinkgeld *(propina).* 0,50 bis 1 $ sind normal.
- Sollte das ***Gepäck verloren sein,*** z.B. in Miami geblieben, muss das sofort beim Airline-Personal *(supervisor)* gemeldet werden. Adresse und Telefon werden dann notiert. Meist ist das Gepäck am nächsten oder übernächsten Tag da und wird auch nach Hause (ins Hotel) ausgeliefert.
- ***Service:*** Die unten aufgeführten ***Fluggesellschaften*** betreiben fast alle Schalter in der Abflughalle.
- Vor dem Flughafen warten die schwitzenden Menschentrauben am Rande des Parkplatzes. Gelbe, für Honduras ungewöhnlich ***große Taxis*** fahren für etwa 8 $ pro Person ins 10 km entfernte Zentrum. Wer diese Summe sparen will, muss 1km weit bis an die Hauptstraße durch die schattenlose Landschaft laufen. An der Hauptstraße (über 2 km vom Terminal entfernt, Blvd. El Progreso) fahren ***normale*** (kleine) ***Taxis*** für 2 bis 3 $ ins Zentrum.

Für die ***Fahrt zum Flughafen*** am besten einen Bus nach El Progreso nehmen und beim Flughafen aussteigen (Fahrer bescheidgeben).

Flüge

Flughafengebühr 30 $ pro Person. Es lohnt sich, bei den Fluggesellschaften nach den ***Flugzeiten*** und ***Preisen*** zu fragen. Es gibt hier immer wieder Änderungen. *TACA* ist zwar die teurere Variante, dafür haben sie auch die moderneren Flugzeuge.

- Von ***Tegucigalpa*** aus gibt es immer wieder Angebote von *Atlantic*, *Taca* oder *Isleña*. Empfehlenswerter sind die Buslinien, der Zeitnachteil ist minimal.
- Von ***La Ceiba*** aus mit *Isleña, Atlantic, SOSA* oder *TACA*, 7:45, 10 und 13:40 Uhr, (Dauer 20 Min., Preis ca. 39 $).
- Von ***Roatán, Guanaja*** und ***Utila*** mit *Isleña, SOSA, Atlantic:* Roatán 67 $, Guanaja 71 $, Utila 67 $, sowie von ***Ahuas, Brus Laguna*** und ***Puerto Lempira*** (über ***La Ceiba***) tägl. außer sonntags mit *SOSA*.
- Für ***Privatcharter*** in ganz Honduras (Flugzeuge für 5, 9 oder 19 Passagiere) dient preiswert, sicher und reell *SOSA* (Tel. 443-1399, Fax 443-0384).
- ***International*** ist San Pedro Sula der wichtigste Flughafen des Landes. Abgesehen von Verbindungen nach Europa werden von hier aus New Orleans, Miami, Houston, Los Angeles, Ciudad de México, Ciudad de Guatemala, San Salvador, Belize, Managua, San José, Panamá etc. angeflogen. ***Flüge und Flugzeiten*** siehe „Praktische Reisetipps A–Z, Reise in die Nachbarländer“.

Fluggesellschaften

- ***SOSA:*** 8ª Ave. entre 1ª y 2ª C., Ed. Romar planta baja, Bo. Guamilito, S.O., Tel. 550-6545, 550-6548, am Flughafen: 668-3223, 668-3128, www.aerolineassosa.com.
- ***American Airlines:*** Ed. Banco Ficohsa, 5ª C. S.O., Ave. Circunvalación, Tel. 553-3506 oder 800-220-1414 (gratis), www.aa.com.

Ticamaya-Lagune unweit der Stadt

• ***Atlantic Airlines:*** am Flughafen: 668-7309.
• ***Continental Airlines:*** Ed. Versailles, Ave. Circunvalación; auch in: Bajos *Hotel Sula*, 4ª Ave. entre 1ª y 2ª C., Tel. 557-4141, www.continental.com.
• ***Iberia:*** Ed. Quiroz, 2 piso, 2ª C., 2ª Ave., Tel. 550-2530, 550-3609, www.iberia.com.
• ***Isleña:*** Ed. Trejo Marlón, Tel. 552-8322 bis -8335, am Flughafen: Tel. 668-3333, www.flyislena.com.
• ***Sol Air:*** *Hotel Holiday Inn*, Blvd. Morazán, Bo. Guamilito, Tel. 550-6944, www.solair.net.
• ***TACA:*** Col. Hernández, Blvd. de Sur, auch: Ave. Circunvalación y 13ª Ave. N.O., Bo. Los Andes, Tel. 550-8222, am Flughafen: Tel. 668-3112, www.taca.com.

Tour Operators

• ***Mayan & Caribbean Tour,*** Ed. Park Plaza Barri, Guamilito, 11ª Ave. N.O. entre 5ª y 6ª C., No. 9, Tel. 557-7638, Fax 557-6344.
• ***MC Tours,*** entre 8ª y 9ª C., 18ª Ave. S.O., Bo. Rio de Piedra, 2 planta, No. 5, Lavanderia Premium, Tel. 552-4455, Fax 557-3076, mctours@mcatours-honduras.com, www.mctours-honduras.com.
• Spezialisiert auf Copán: ***Maya Tropic Tours*** (in der Lobby des *Gran Hotel Sula* am Zentralpark, Tel. 557-8830 und 552-2405).
• Für konventionelle und relativ preiswerte Touren nach Omoa, an den Yojoa-See, zum Tauchen und nach Copán: ***Explore Honduras*** (Ed. Paseo del Sol, 1ª C., 2 cuadras östlich vom Zentralpark, 552-6242, Fax 552-6093).
• Die ***Agencia MATRA*** (2ª C. N.E., salida vieja a La Lima, Tel. 557-1744, Fax 553-3730), ist für Vorbestellung und Preisanfrage zu Fahrten mit der *MS Painkira* entlang der Karibikküste in die Moskitia zuständig.

Ausflüge ab San Pedro Sula

San Pedro Sula ist ein guter Ausgangspunkt für ***mehrtägige Reisen*** in der Nordregion des Landes, so nach Copán (empfehlenswert: 3 Tage/2 Nächte), Lago de Yojoa/Pulhapanzak (3 Tage/2 Nächte) und zum NP Cusuco mit seinem Bergnebelwald (empfohlen: 2 Tage/1 Nacht).

Für eine ***Halbtagestour*** empfiehlt sich der Besuch einer ***Bananenplantage*** der *United Fruit Company* in der Finca La Omanita, Nähe der Stadt El Progreso. Es ist zuvor eine Erlaubnis des Zentralbüros von „Chiquita" in La Lima einzuholen. Die Tour ist nur mit einem Mietwagen möglich, 4 Std. sollten veranschlagt werden.
• Weitere, geführte Halbtagestouren: siehe „Vor der Reise, Reiseveranstalter".

Nationalpark Cusuco

Der Bergnebelwald Cusuco kann nur mit einem zuvor besorgten Miet-Geländewagen oder (für Wandertüchtige) zu Fuß erreicht werden. Zuvor ist aber die schriftliche Erlaubnis der Naturschutzorganisation *Fundación Ecologista HRPF* (3ª Ave. entre 9ª y 10ª C. N.O.) oder der Forstbehörde *AFE* (10ª Ave., 4ª C. N.O., im Bo. Guamilito) zu besorgen.

Ein Besuch lohnt sich, zumal im Nationalpark Cusuco allein fast so viele Tier- und Pflanzenarten gefunden wurden wie in ganz Costa Rica.

Tipp: In Buenos Aires am Rande des Nationalparks, einem Dorf bodenständiger Kaffeebauern mit schönstem Ausblick, wurde kürzlich eine einfache, reelle Lodge eröffnet. Holzbauweise, Solaranlage, gemeinsamer Sanitärbereich, DZ 8 $.

Puerto Cortés

57 km nördlich von San Pedro Sula liegt die Hafenstadt Puerto Cortés. Sie ist, ebenso wie das *departamento,* nach dem Eroberer *Hernán Cortés* benannt. Mit etwa 63.000 Einwohnern ist Puerto Cortés die fünftgrößte Stadt des Landes. Der Hafen ist der modernste Zentralamerikas, gut die Hälfte des honduranischen Außenhandels wird über ihn abgewickelt.

Die Stadt befindet sich – ähnlich wie die vor Trujillo liegende Landzunge von Puerto Castilla – auf einer Halbinsel, die tief in die karibische See ragt. In dieser Perspektive links (südwestlich) liegen die Docks des großen Containerhafens, während sich rechts (nordöstlich) der Karibikstrand befindet, der vom Stadtzentrum unerwartet weit entfernt ist.

Cortés ist eine Stadt mit wenig Flair und schwacher Gastronomie. Der ***Zentralpark*** ist aber beeindruckend, wegen des großen indischen Baumes, dessen Krone dem ganzen Park Schatten gibt. Auch ist der Zentralpark Ende der 90er Jahre um einen historisch anmutenden ***Brunnen mit Schildkröten*** und Indio-Figuren prähispanischer Prägung erweitert worden. Wer ***Strände*** sucht, der wird nur außerhalb der Stadt fündig. Graue, aber feinsandige Strände finden sich in Omoa und Cienaguita (westlich der Stadt, vgl. Bus) und in Travesía und Bajamar (östlich der Stadt, vgl. auch Bus), wo afrokaribische Garífunas ein fröhliches, bescheidenes Leben führen. Ein Ausflug nach Travesía lohnt sich auch schon wegen der dort zubereiteten Garífuna-Speisen.

Volksfest

- ***Venezianische Nacht,*** 3. Sa. im August.

Unterkünfte

In der Stadt

- ***Hotel Ejecutivo Plaza Central*** (am Zentralpark, Innenstadt, Tel. 665-1372), klimatisiert, Restaurant, relativ neu und modern, DZ 33 $.
- ***Hotel Mr. Ggeerr*** (2ª Ave. entre 6ª y 7ª C. E., Bo. La Curva, Tel. 665-4333), 4 cuadras vom Zentrum, klimatisiert, Restaurant, Video-Bar, DZ 33 $.
- ***Hotel Tuek-San*** (gegenüber Zentralpark, Tel. 665-1060), sauber, aber ziemlich runtergekommen, DZ 5 $.

Außerhalb

- ***Hotel Costa Mar*** (Playas de la Coca Cola, ca. 2 km westlich der Stadt, Tel. 665-1367), neu, klimatisiert, Pool, Restaurant, Strandblick, DZ 33 $.
- ***Hotel Playa*** (Cienaguita, ca. 4 km westlich der Stadt, Tel. 665-1105, Fax 555-2287), klimatisiert und holzvertäfelt, Pool, gutes Restaurant, auf dem Strand, DZ 54 $.
- ***Hotel Palmeras Beach Resort*** (Playas de la Coca Cola), klimatisiertes, sauberes, einfaches Strandhotel mit Pool, direkt am Wasser, DZ 38 $.
- ***Hotel Costa Azul*** (Bo. El Faro, Tel. 665-2260, Fax 665-2262), klimatisiert, Restaurant, Diskothek, Pferde, Tischtennis, DZ 35 $.
- ***Hotel Frontera del Caribe*** (auf der Straße nach Travesía, Playas de Camaguey, Tel. 665-5001), am Strand, einfach, freundlich und sauber, DZ 8 $.
- ***Hotel Formosa*** (2ª C., 3ª Ave. E.), korrekt und mit Privatdusche, DZ 5,40 $.
- Preiswerte *hospedajes* im Hafenviertel machen die Begegnung mit Betrunkenen und Prostituierten unvermeidlich, besser ***Hotelito Colón*** (2ª C., 3ª Ave. O.), einfach, sauber und relativ sicher, DZ 3 $.

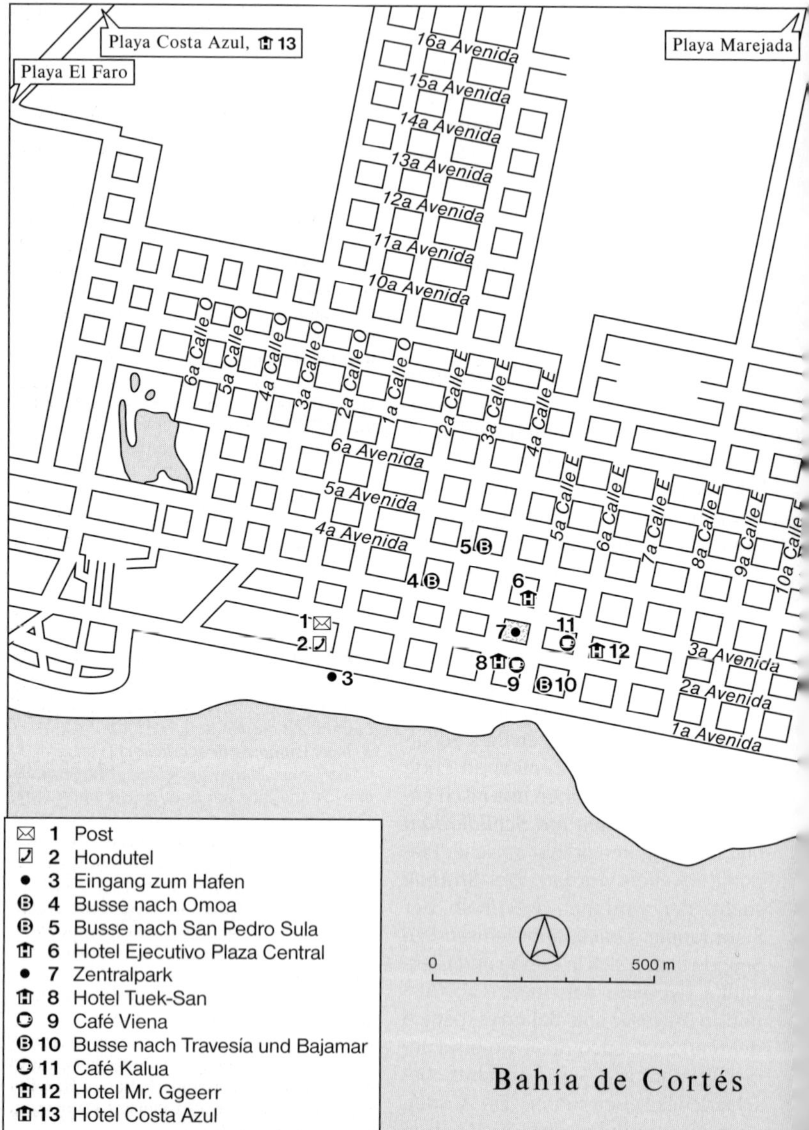
Playa Costa Azul, 13
Playa El Faro
Playa Marejada
16a Avenida
15a Avenida
14a Avenida
13a Avenida
12a Avenida
11a Avenida
10a Avenida
6a Calle O
5a Calle O
4a Calle O
3a Calle O
2a Calle O
1a Calle O
2a Calle E
3a Calle E
4a Calle E
5a Calle E
6a Calle E
7a Calle E
8a Calle E
9a Calle E
10a Calle
6a Avenida
5a Avenida
4a Avenida
3a Avenida
2a Avenida
1a Avenida
1 Post
2 Hondutel
3 Eingang zum Hafen
4 Busse nach Omoa
5 Busse nach San Pedro Sula
6 Hotel Ejecutivo Plaza Central
7 Zentralpark
8 Hotel Tuek-San
9 Café Viena
10 Busse nach Travesía und Bajamar
11 Café Kalua
12 Hotel Mr. Ggeerr
13 Hotel Costa Azul
0
500 m
Bahía de Cortés

Essen und Trinken

- ***Café Viena*** (am Zentralpark), leichte Speisen und guter Kaffee.
- ***Restaurant Kasike's*** (4ª C., 3ª Ave.), gute Auswahl und preiswert.
- ***Pub El Centro*** (2ª Ave., 5ª C. E., Nähe Zentralpark).
- ***Café Consulado*** (8ª C., 2ª Ave.), AC, gute Fischspeisen.
- Gleich ein paar Häuser weiter: ***Candiles*** (2ª Ave. entre 7ª y 8ª C.), Grill- und Fischmenü, preiswert.
- ***Pastelería La Plata,*** schräg gegenüber von Hotel *Formosa,* neben vielem Süßem auch ein günstiges Mittagsmenü.

Wichtige Adressen

- ***Post, Hondutel:*** 1ª C. O., entre 1ª y 2ª Ave.
- ***Einreisebehörde:*** *Migración* (5ª C., 3ª Ave. am Zentralpark, Tel. 665-0582). Wichtig für all diejenigen, die mit dem Schiff nach Belize oder per Trek nach Guatemala weiterreisen wollen. Hier ist ein Ausreisestempel fällig.

Verkehrsverbindungen

Mietwagen

- ***Maya Rent-A-Car,*** 3ª Ave., 3ª C., Tel. 665-3064, Fax 665-1123.

Bus

- ***Von San Pedro Sula*** aus mit *Impala* (2ª Ave. entre 4ª y 5ª C. S.O., Tel. 553-0070), *Expresos del Atlántico* (Bo. Lempira, entre 7ª y 8ª C., 6ª Ave. S.O.) oder mit *Citul* (Bo. Lempira, 6ª Ave. S.O. entre 7ª y 8ª C., Tel. 553-0070), Abfahrt alle 15 Min. bis stündlich, Fahrzeit 1,5 Std., Fahrpreis 1,20 $.
- ***Nach Omoa*** und ***Cienaguita:*** Von der Esso-Tankstelle (vgl. Stadtkarte) im Zentrum fahren halbstündlich Kleinbusse *(microbus)* für 0,35 $ über Cienaguita nach Omoa (15 km).
- ***Nach Travesía*** und ***Baja Mar:*** Abfahrt mehrmals tägl. vom Zentralpark aus (vor dem Gebäude von *Burger King).*

Bahn

- Fr. und So. fährt die staatliche Ferrocarril Nacional vom Bahnhof aus südlich über Baracoa (dort Umsteigen nach Tela) bis San Pedro Sula. Abfahrt um 7:30 und 15:30 Uhr, wenn das Fahrzeug intakt ist. Der Bahnhof liegt ca. 3 km vom Zentrum Richtung Süden. Rückfahrt tägl. um 7 Uhr vom Bahnhof in San Pedro Sula.

Schiff

- Alle paar Tage fährt vom Hafen aus ein grober Kahn *(goleta)* für 50 $ nach Mango Creek, ***Belice.*** Fahrzeit 8 Std., nötig dafür ist ein Besuch beim oben genannten Büro der Einreisebehörde. Dort wird die Ausreise vorab markiert, erst dadurch wird die Fahrt über die Staatsgrenze auf offener See legalisiert. Infos zum Boot gibt es bei der *Empresa Nacional Portuaria* gleich an der Hafeneinfahrt im Zentrum der Stadt.
- Ohne feste Abfahrtszeiten fahren große, teilweise offene Kanus von Puerto Cortés nach Puerto Barrios und Livingston in ***Guatemala.*** Am Eingang des Hafens (Pförtner) teilt das Personal der Hafengesellschaft aktuelle Gelegenheiten mit. Aber Geduld ist geboten. Häufig verzögert sich die vorgesehene Ankunft oder Abfahrt um viele Tage.
- Unregelmäßig verkehren Schiffe zu den ***Islas de la Bahía,*** Infos gibt es am Hafeneingang.
- ***Fährverbindung*** mit der *MV Regal Voyager,* Agentur *Isabel Cortes Ferry Service,* Ltd. Port Isabel, Fax 001-210-943-2235. Das Schiff läuft jeden Mittwochnachmittag von Puerto Cortés aus, Preise ab 80 $ plus Tax in der 4-Bett-Kabine.

Ausflüge ab Puerto Cortés

Travesia und Bajamar

Östlich von Puerto Cortés liegen die Garífuna-Dörfer Travesía und Bajamar am Strand. Zum Baden eignen sich einige Stellen genau zwischen beiden Dörfern. Der Strand ist dort zwar recht schmal, der Sand aber fein, und die dort lebenden Garífunas sind freundlich, ausgeglichen und zugleich temperamentvoll.

- ***Unterkünfte:*** Vor Travesía befindet sich das kleine ***Hotel Frontera del Caribe***, einfach, freundlich u. sauber, vor allem direkt am Strand (Tel. 665-5001), DZ 16 $. Noch vor der Bushaltestelle in Camagüey liegt das ganz einfache Hotel ***El Paraiso,*** DZ für 7 $.
- ***Essen:*** Kleine Restaurants gibt es in beiden Ortschaften. Dort werden wechselnde Garífuna-Speisen angeboten. Stets gibt es in Kokosnussöl gebratenen frischen Fisch. Dazu mundet manchen ein fast eisgekühltes nationales Bier der Marke *Nacional.*
- ***Busse:*** siehe Puerto Cortés.

Omoa

Regelmäßige Kleinbusse verbinden Puerto Cortés mit dem 15 km entfernten Omoa, einem ärmlichen, an einer schönen Bucht gelegenen Badeort mit vielen Strandrestaurants im leichten Bambusstil.

Zwischen Strand und Hauptstraße befindet sich die ***Befestigungsanlage von San Fernando,*** die – wie die in Trujillo befindliche von Santa Bárbara – im 18. Jahrhundert gegen brandschatzende britische Seeräuber errichtet wurde. Einen Besuch wert ist das schöne, übersichtliche ***Museum der kolonialen Seegeschichte*** (Öffnung von 8 bis 17 Uhr tägl., Eintritt für Fort und Museum kostet 1,50 $) gleich gegenüber dem Eingang zum Fort. Das Fort San Fernando wird 2005 restauriert und renoviert, ein Besuch lohnt.

Etwa 1 Std. zu Fuß entfernt liegt der schöne ***Wasserfall El Chorro;*** nach der Kirche rechts bis zum Fluss, dann links am Fluss entlang.

- ***Unterkunft:*** Auf dem Weg nach Omoa befindet sich das Resort ***Acantilados del Caribe***

(Caribbean Cliff Marine Club), mit Restaurant, Bar, Diskothek, Supermarkt und schöner Lage an Steilküste, Bucht und Strand, DZ im Bungalow 36 $. ***Hotel Flamingo's:*** auf dem Strand westlich, ca. 80 m von der Strandkreuzung in Omoa (Tel. 658-9199), großzügige Zimmer teilweise mit tollem Blick auf die Bucht, AC, Kabelfernsehen, Terrasse, Bar und Restaurant, DZ 27-40 $ inkl. Frühstück. ***Hotel Bahía de Omoa,*** am Strand (Tel. 658-9076, Fax 658-9075), die freundlichen niederländischen Eigentümer kümmern sich selbst, mit AC und Privatdusche, Warmwasser, Reinigung, Kabelfernsehen und Fahrradverleih. DZ 18 (ohne) und 24 $ (mit AC). ***Hotel Geminis,*** an der Straße zwischen Festung und Strand, mit Ventilator und Privatdusche, gutes Preis-Leistungs-Verhältnis, DZ 8 $. ***Roli's und Berni's Place,*** 200 m vom Strand (Tel. 555-1506), eine kleine *hospedaje* mit Campingmöglichkeit, geführt von zwei Schweizer Weltenbummlern. Ventilator und privates Bad mit Warmwasser und Moskitonetz, Vermietung von Fahrrädern und Seekayaks. Lauschige Terrasse. DZ 6 $. Alternativ verfügt Omoa über ein paar sehr bescheidene *hospedajes:* ***Champa Julieta*** (am Strand), sehr einfach, DZ 4,50 $, Empfehlung: Fisch.

- ***Essen:*** *Comedores* und Restaurants gibt es reichlich am Strand, alle bieten Fisch- und Schalentier-Gerichte an, z.B.: ***Champa Virginia,*** ausgezeichneter Fisch zu günstigen Preisen, und etwas teurer ***Aqui Pancha.***
- ***Bus*** von Puerto Cortés: Siehe dort. Achtung: Passagiere nach Omoa steigen auf der Hauptstraße vor Omoa aus und laufen auf der unasphaltierten Straße ca. 1,5 km zum Strand bzw. Zentrum.

Playas de la Coca-Cola

Nur etwa 5 km westlich der Stadt am nach Guatemala führenden Karibikstrand (Nahverkehrsbus Richtung Cienaguita) liegen die ***schönsten Strände:*** Die Playas de la Coca-Cola, benannt nach dem Zentrallager des Getränks, beherbergen die Hotels *Playa, Casa de Playa* und *Palmeras Beach* gleich auf dem Strand, alle mit Pool und mittel-

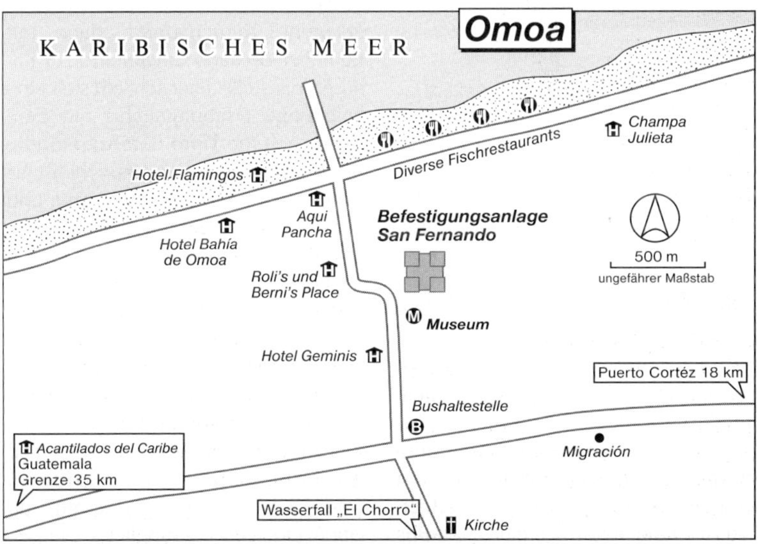

preisig. Es lässt sich aber auch einfach gut baden oder – sonntags umringt von kinderreichen Familien aus San Pedro Sula – günstig maritim speisen.

Tipp: Vom Hotel Playa aus vermietet *Roberto Älvarez Junior* echte Mountainbikes mit Helm und Verbandskasten. Die Tour durch die Berge führt auch zum Wasserfall El Chorro und dauert ca. vier Stunden. El Chorro lässt sich in einem einstündigen Marsch aber auch zu Fuß erreichen. Nach der Kirche rechts bis zum Fluss laufen, dann links am Fluss entlang immer geradeaus.

Nach Playas de Coca-Cola ein bisschen weiter Richtung Westen (Omoa, Guatemala) befindet sich der einfache Ort ***Cienaguita*** mit einsameren Stränden für Selbstversorger und einem großen Schiffswrack (Vorsicht: Erkundung nicht ungefährlich).

Trek nach Guatemala

Westlich von Omoa nähert man sich der guatemaltekischen Grenze, vor der jedoch die Straße endet. Hinter ***Corinto*** folgt ein Wald- und Dickichtstreifen von ein paar Kilometern Breite. Auf guatemaltekischer Seite fehlt ebenfalls noch die Straßenanbindung.

Für Wanderer mit Mut und Ausdauer ist der schwierige Grenzübergang nach Guatemala eine rechte Gelegenheit für ein echtes Abenteuer, das viele hundert Kilometer Umweg spart. Zunächst ist ein ***Ausreisestempel*** nötig, der auch im Büro der *Migración* am Zentralpark von Puerto Cortés erhältlich ist. Dann bietet sich ein Linien-Bus nach ***Corinto,*** nah der Grenze, an. Von dort sind es 2 km zu Fuß nach ***El Cinchado*** am Río Motagua, der schon zu Guatemala gehört. Aber Vorsicht: Leicht verliert man den Weg, ein lokaler Helfer ist sinnvoll oder ein Kompass. Nach Einreise in Guatemala steht eine Flussüberquerung (per Boot) an, um zunächst zur ***Finca Chinoq*** zu gelangen, von der eine alte Bananenbahn zum 15 km entfernten ***Entre Ríos*** fährt. Gute Ausrüstung, einschließlich Schutz vor Mücken und Schlangen, sowie die Mitnahme von Wasser sind unerlässlich. Der ganze Trek dauert einen Tag, wenn er bei Sonnenaufgang begonnen wird.

Kürzere Alternative nach Guatemala

Zunächst ist wieder der Ausreisestempel der *Migración* in Omoa zu besorgen. Es geht per Bus ins westlich gelegene ***Tegucigalpita,*** dann mit dem Pick-up nach ***Cuyamelito*** zur Kanu-Anlegestelle. Hier schließt sich eine halbtägige Dschungelfahrt mit dem Kanu nach ***Rio Tinto*** (Grenze Honduras – Guatemala) an. Nun heißt es Umsteigen in ein größeres Kanu, und über den Rio Montagua zur ***Finca Inca.*** Hier ist die Besichtigung einer Bananenplantage mit Verpackungszentrum möglich. Mit dem Bus geht es weiter nach ***Entre Rios,*** zum Büro der guatemaltekischen Einreisebehörde *Migración,* und weiter nach ***Puerto Barrios.*** Die Tour dauert 5 bis 6 Stunden und kostet insgesamt ca. 15 $. Die ganze Strecke bis nach ***Livingston*** ist, wenn man frühmorgens loskommt, an einem einzigen Tag möglich.

El Occidente: von Copán bis Marcala

Überblick und Route

Die Reise in den Westen des Landes führt in das Gebiet der Maya und Lenca, die im subtropischen Hügelland zwischen Bergnebelwald und fruchtbaren Tälern seit zwei Jahrtausenden leben. Zum honduranischen Territorium gehört ein kleines, aber äußerst wichtiges Gebiet der Maya, jener geheimnisvollsten der prähispanischen Kulturen des amerikanischen Kontinents. Copán, im äußersten Westen von Honduras gelegen, war eine der größten Städte der Maya. Etwa die Hälfte aller Reisenden des Landes verpassen es nicht, das Tal von Copán im subtropischen Wald zu besuchen.

Am leichtesten ist der Weg nach Copán Ruinas von ***San Pedro Sula*** aus, dem wichtigsten internationalen Flughafen von Honduras. Die Route verläuft vom Zentrum San Pedro Sulas aus den Boulevard del Sur entlang ***Richtung Süden*** (wie nach Tegucigalpa, CA5), dann aber nach der Mautstelle *(peaje*, 2 Lps.) auf der CA-4 rechts zunächst am Río Chamelecón entlang durch das Tal von Naco.

Nach knapp 60 km geht in Canoa, an einer Texaco-Tankstelle, links eine Straße über eine Brücke des Flusses Chamelecón in Richtung Santa Bárbara, man fährt aber weiter geradeaus gen Copán durch das Tal von ***Quimistán.*** 108 km hinter San Pedro Sula kommt man durch ***La Entrada.*** Westlich, an der Texaco-Tankstelle schräg rechts ab, geht die Straße nach ***Copán Ruinas*** (weitere 65 km) und in Richtung ***Guatemala.***

Der ***Straßenzustand bis La Entrada*** ist gut, die Trasse asphaltiert und relativ gerade. Die Fahrt im PKW oder Bus kann allenfalls durch Steinbruchverschmutzungen und -fahrzeuge (auf den ersten km nach der Abzweigung in Chamelecón, San Pedro Sula) oder durch Brückenschäden und -arbeiten behindert werden. Die Straße führt durch kleine Ortschaften und ist auf der Strecke nach Copán Ruinas kurvenreich. Vorsicht: Am Rande der Straße gibt es immer wieder Einbrüche im Asphalt. Langsam fahren, Dunkelheit meiden.

Fährt man in La Entrada geradeaus weiter, geht die Fahrt auf der Hauptstrecke noch 46 km bis zur Provinzhauptstadt ***Santa Rosá de Copán*** (bis hierher CA4). Wer möchte, kann von hier aus über ***Nueva Ocotepeque*** nach ***Guatemala*** oder ***El Salvador*** weiterreisen. Biegt man in Santa Rosá de Copán jedoch Richtung Südosten ab, bieten sich die pittoreske Kolonialstadt ***Gracias*** sowie die Orte ***La Esperanza*** und ***Marcala*** zum Besuch an. Von La Esperanza aus gibt es wieder direkte Busverbindungen nach ***Tegucigalpa*** oder in das *departamento* Comayagua, meist nach ***Siguatepeque.***

La Entrada

La Entrada verfügt zwar über ein ***Maya-Museum*** (an der Hauptstraße rechts neben der *Banco Atlántida*), das einen ersten historischen Überblick schafft und ein wenig Töpferwaren und Schmuck zeigt. Auch ist ein Spaziergang durch den unwirklich blau lackierten ***Parque Central*** (Zentralpark) ein Erlebnis besonderer Art (auf der Hauptstraße von Osten kommend nach der Bergkuppe links einbiegen und zwei cuadras hoch; Rückweg über die staubige Dorfstraße parallel zur Hauptstraße südlich). Doch ansonsten ist das kleine, moderne, boomende La Entrada eine der hässlichsten Ortschaften des Landes, wichtig hauptsächlich als Knotenpunkt zwischen Copán, Santa Rosá de Copán und San Pedro Sula.

Unterkünfte

- Das einzig geschmackvolle Hotel ist ***San Carlos*** (an der Hauptstraße, Besitzerin *Angela de Chinchilla*, Tel. 661-2228, 661-2377), klimatisiert, Warmwasser, Restaurant, Bar, Pool, mit AC, DZ 30 $.

- Mehrere einfache und ***preiswerte Hotels*** befinden sich gleich an der Hauptstraße.
- ***Hotel Tegucigalpa*** (Tel. 661-2046), sauber, entspanntes Ambiente, Privatbad und TV, Cafetería, DZ (mit Ventilator) 10 $, mit AC 20 $.
- ***Hospedaje Alejandra*** (an der Hauptstraße, Tel. 661-3075), Ventilator, DZ 2,20 $.

Essen

- Empfehlenswert ist ***La Terraza Steak House,*** neben Hotel Tegucigalpa oder die ***Tankstellenbar*** am Kreuzungspunkt.
- An der Hauptstraße befinden sich einige einfache ***comedores,*** mit exzellentem Preis-Leistungs-Verhältnis.

Wichtige Adressen

- ***Post, Hondutel*** und ***Banken*** liegen ebenfalls an der Hauptstraße. *Banco Atlántida* tauscht auch $-Traveller Schecks.

Verkehrsverbindungen

Straße

- Von La Entrada aus führt die Hauptstraße leicht schräg links (fast geradeaus) weiter südlich zum 46 km weit entfernten ***Santa Rosá de Copán*** und durch malerische Gebirgslandschaft bis ins 141 km weit entfernte ***Nueva Ocotepeque.*** Von Nueva Ocotepeque ist es zu den beiden ***Grenzübergängen El Poy*** (El Salvador) und ***Agua Caliente*** (Guatemala) nicht weit.
- Von der Hauptkreuzung La Entradas aus rechts geht dann die Straße nach ***Copán Ruinas.***

Bus

- Von ***San Pedro Sula*** aus jeden Tag, stündlich zwischen 3:45 und 17 Uhr mit *Copanecos* und *Toritos* (6ª Ave. entre 8ª y 9ª C. S.O.) Richtung Santa Rosá de Copán.

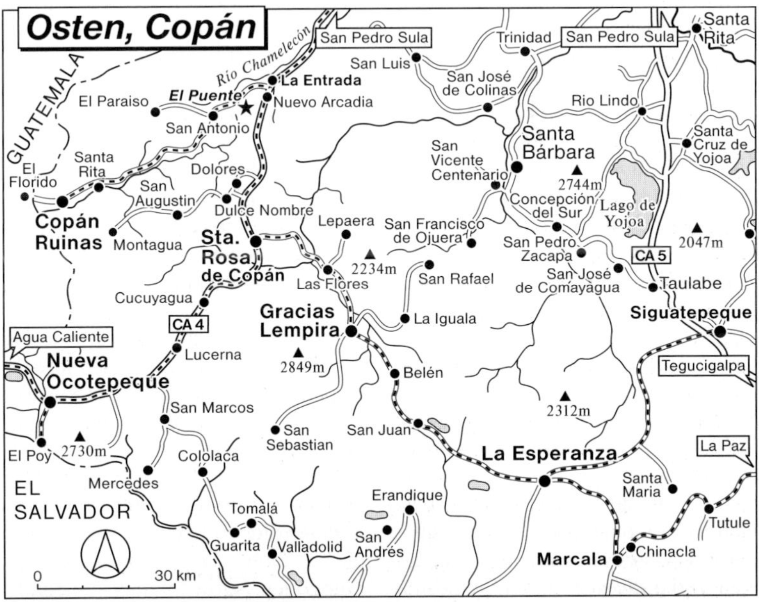

- Von ***Santa Rosá de Copán*** (Busbahnhof) fährt alle 30 Min. ein Bus nach La Entrada (Fahrzeit 1 Std., Ticket 0,50 $).
- Von und nach ***Copán Ruinas*** fährt stündlich zwischen 6 und 16 Uhr ein Lokalbus, ca. 2,5 Std. Fahrzeit (meist unbequeme Kleinbusse, Kleinwüchsige sind im Vorteil).

El Puente

Nur 1500 m westlich von La Entrada, an der Straße nach Copán Ruinas, führt eine Straße rechts ab Richtung La Laguna. 5,5 km entfernt liegt, etwas nördlich des Zusammenflusses von Chamelecón und Chinamito, das ***archäologische Zentrum El Puente.*** Das 1935 von *Jens Yde* entdeckte Maya-Zentrum umfasst 210 Strukturen. Das von der japanischen Regierung geförderte ***Besucherzentrum*** ist mit Adobe-Steinen und Ziegeldach ausgestattet und daher angenehm kühl. Angeboten werden auch Snacks, Souvenirs und Videos über die Siedlungsstruktur der peripheren Maya-Ortschaften.

Im ***Ausgrabungsgelände*** sind einige bis zu 12 m hohe Pyramiden und Stelen freigelegt und rekonstruiert worden, die aus der klassischen Maya-Periode stammen (ab 250 n. Chr.). Sie verteilen sich auf fünf sehr eindrucksvolle Plätze. Hier befanden sich in klassischer Zeit über 200 Bauwerke, die von mehr als tausend Bewohnern betrieben wurden. Der Komplex hat eine West-Ost-Orientierung. Diese ist typisch für die astronomisch und geographisch bedeutsamen Stelen, die bis weit in die Provinz hinein die kosmische Bedeutung der Stadt Copán markieren sollten. Immer wieder stößt der aufmerksame Beobachter auf dem weiteren Weg nach Copán Ruinas auf kleine, runde Hügel *(montículos)*, unter denen sich verschüttete Pyramiden befinden. Schon ein paar Kilometer vor Copán Ruinas sind dann auch unvermittelt in die Landschaft gestellte Stelen zu sehen.

El Puente ist täglich von 8 bis 16 Uhr für Besucher ***geöffnet,*** der ***Eintritt*** für Ausländer beträgt knapp 2 $.

Copán Ruinas

Nur ein kleiner Teil des Siedlungsgebiets der Maya, eines Volkes mit immer noch geheimnisvoller Kultur, befindet sich auf honduranischem Territorium. Um so größer ist die Bedeutung von Copán, das eine der wichtigsten Städte der Maya war und im äußersten Westen von Honduras gelegen ist. Auch heute strahlt Copán eine mystische Atmosphäre zeitloser Ruhe aus, obwohl der Ort als wichtigste Touristenattraktion des Landes häufig besucht wird.

Unweit der Ausgrabungsstätte findet man die heutige Ortschaft San José de Copán (oder modern: Copán Ruinas). Sie steht direkt auf den Ruinen des antiken Ortes. Stele 7 (im Stadtmuseum) befindet sich am Originalstandort! Im pittoresken, teilweise noch im Kolonialstil erhaltenen Städtchen von heute gibt es Hotels und Restaurants aller Kategorien. Obwohl hier dutzende von Besuchern täglich ankommen – teilweise in Bussen aus Guatemala und Mexiko –, hat San José de Copán seine ländliche Atmosphäre erhalten. Neben den Hotels im Ort gibt es inzwischen einige Optionen außerhalb: Lifestyle, Ruhe und erhabene Aussichten für einen echten Urlaub bietet das *Posada Real de Copán,* nur etwa 2,5 km östlich vom Ort über der Straße (siehe Beschilderung).

Die Ausgrabungen von Copán

In einem Brief des Spaniers *Diego García de Palacio* wurde die Maya-Stätte im März 1576 erstmals erwähnt. 1834 besuchte *Juan Galindos* den Ort. Seine Aufzeichnungen waren dem US-amerikanischen Rechtsanwalt *John L. Stephens* bekannt, der 1839 die Wälder von Copán bereiste, begleitet vom britischen Zeichner *Frederick Catherwood.* Die beiden konnten ebensowenig wie *García de Palacio* verstehen, wie *„die Wilden, die Amerika vor Columbus' Ankunft bewohnt hatten, zur Errichtung solch kunstvoller und monumentaler Bauwerke imstande waren."* *Stephens* kaufte das geheimnisvolle Wäldchen mitsamt aller Bauwerke kurzerhand für 50 Dollar. Heute ist Copán einer der spektakulärsten Zeitzeugen einer außereuropäischen Hochkultur.

Die ***wissenschaftliche Erforschung*** Copáns begann um 1885 mit dem Briten *Alfred Maudslay.* Der fertigte rund fünf Tonnen Abdrücke der wichtigsten Monumente an und ließ sie und auch einige Originale auf Maultieren abtransportieren. Heute befinden sich Originale und Kopien im britischen Museum in London. *Maudslay* folgten zunächst Wissenschaftler des *Peabody*-Museums (die 1891 bis 1895 Abdrücke der Hieroglyphentreppe anfertigten). Ihnen folgten einzelne Forscher wie *Herbert Spinden* (zu Beginn des 20. Jh.) und *Sylvanus Morley* (1910 bis 1919). Dann, in den 1930er und 1940er Jahren, führte für über ein Jahrzehnt die *Carnegie Institution* (unter *Gustav Strömsvik*) Regie.

1952 wurde das *Instituto Hondureño de Antropología e Historia* (Honduranisches Anthropologisches und Historisches Institut, kurz *IHAH*) gegründet, das die Arbeiten seitdem koordiniert. In einer ***ersten Etappe*** wurden die architektonischen, archäologischen und ökologischen Grundlagen der Maya von Copán erforscht. Neben Lücken bei der Deutung der Schrift und der Kunst in Stelen, Altären und Reliefs blieb vor allem unklar, auf welcher gesellschaftlichen Schichtung die politische Macht aufbaute und wie es kam, dass Copán als staatliches Gefüge in den ersten beiden Jahrzehnten des 9. Jahrhunderts auf einmal an Bedeutung verlor und verlassen wurde.

Diesen Fragen widmete sich das honduranisch-nordamerikanische Forscherteam in der ***zweiten Etappe*** seit 1977, *dem Proyecto Arqueologico Copán* (PAC). Nach einer intensiven Grabungsperiode unter Leitung von *Claude Baudez* (1977 bis 1980: PAC I) begann man unter *William Sanders* (1980 bis 1985 PAC II), über die Ausgrabung des antiken Zentrums hinaus auch das Umland zu erkunden. Man setzte den Akzent auf die Wohnstätten, Gräber und Märkte, die heute in Las Sepulturas (700 m östlich des Haupteingangs von der Hauptstraße aus durch eigenen Eingang zugänglich) zu bestaunen sind. 1985 startete das *Copán Mosaic Project* unter der Leitung von *William Fash* (USA) und *Ricardo Agurcia Fasquelle* (Honduras).

Noch immer sind die Funde spektakulär, immer wieder werden Gräber, Altare, Stelen und Bauwerke freigelegt, die das Mysterium der Maya weiter erhellen, wichtig für ein ganzheitliches Verständnis Alt-Amerikas. Die intensive honduranisch-amerikanische Forschungskooperation der 80er Jahre fand 1993 ihren Höhepunkt. Mit 1,5 Mio. Lempiras Grundkapital und einer Aufstockung durch Mäzene und Staat baute eine private Initiative das eindrucksvolle und originelle größte, archäologische ***Maya-Museum*** der Welt gleich westlich von den Ausgrabungen in den Park. Copán wird dadurch noch entscheidend aufgewertet und kann als Sehenswürdigkeit heute einen mindestens dreitägigen (zwei Nächte) Aufenthalt rechtfertigen.

Die ganze archäologische Stätte ist von einem ***Labyrinth von Tunneln*** durchzogen, die der weiteren Erforschung dienen. Seit 1999 sind zwei Tunnel für das Publikum geöffnet: der „Tunnel Rosalila" und der „Tunnel Los Jaguares". Der Tunnel Rosalila befindet sich am gleichnamigen Tempel. Hier hat der Besucher einen wunderschönen Blick auf die mit Stuckarbeiten überzogene, am besten erhaltene ***Tempelanlage von Copán.*** Die Replik in Originalgröße befindet sich im Museum im Archäologischen Park. Im Tunnel „Los Jaguares" können verschiedene Reliefs und vor allem die interessanteste Grabstätte von Copán betrachtet werden: Die ***Grabstätte von Galindo,*** die vor 100 Jahren entdeckt wurde. Die Tunnel geben dem Besucher einen Eindruck von den übereinander liegenden architektonischen Schichten der Maya-Herrscher, die, um ein neues Herrscherreich zu gründen, nicht die Werke des Vorgängers zerstörten, sondern über die alten hinweg neue Tempel errichteten. Der Eintritt zu den Tunneln beträgt 12 $.

Besucherzentrum

Nur 1000 m östlich der Ortschaft (die sich mitten auf einem Teil der alten Stadt befindet) liegen die wichtigsten Ausgrabungsstätten des prähispanischen Copán. Der Weg dorhin führt über die Brücke am Ortseingang, dann auf die Hauptstraße, links (nördlich) der Straße entlang auf einem Fußweg an den Stelen 5 und 6 vorbei bis zum rechts der Straße gelegenen ***Besucherzentrum.*** Im Gebäude befindet sich eine Dokumentation der neuzeitlichen Entdeckung, außerdem ein Relief der gesamten Hauptgruppe und die obligatorische Eintrittskasse mit kleiner Verkaufsbibliothek. Der Eintritt kostet für Ausländer zu der Hauptstätte, der ***Akropolis,*** 10 $. Der Eintritt zum neuen ***Maya-Museum*** im archäologischen Park kostet 5 $. Hinzu kommen Sondergebühren für die Tunnel

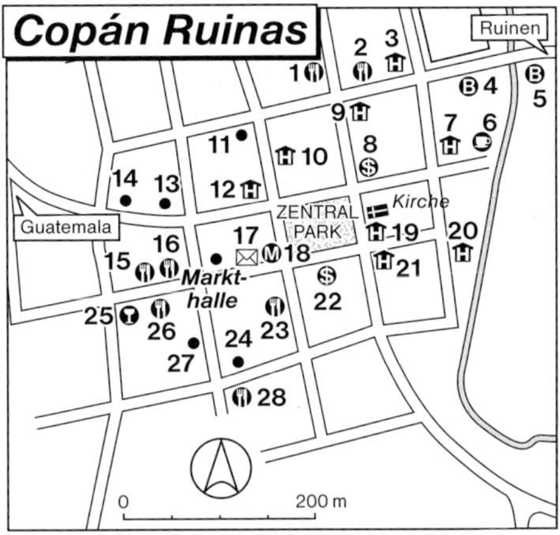

1 En la Manzana Verde
2 El Sesteo
3 Hotel Paty
4 Bushaltestelle (Fernbusse)
5 Hedman Alas
6 Maya Connection Internet
7 Hotel Gemelos
8 Banco de Occidente
9 Hotelito Brisas de Copán
10 Hotel Posada
11 MC Tours
12 Marina Copán
13 Pferdevermietung
14 Polizei
15 Llama del Bosque
16 Comedor El Jacal
17 Post, Hondutel
18 Museum
19 Hotel Plaza Copán
20 Madrugada
21 Hotel Yaragua
22 Banco Atlántida
23 Rest. Vamos a Ver
24 Lavandería Justo al Tiempo
25 Tunkul Bar
26 Café Via Via
27 Go Nature Adv. Tours
28 Carnitas Nia Lola

von Rosalila und Los Jaguares (zusammen wiederum 10 $). Der Eintritt zum ***Stadtmuseum*** beträgt 2 $. Für Honduraner sind die Preise ermäßigt, und dafür sollten Besucher Verständnis haben. Die Karte gilt nur am Tag der Ausstellung, daher empfiehlt es sich, jeweils einzeln zu lösen. Am besten, man beginnt mit der Acropolis, geht anschließend in das Museum und am nächsten Tag besucht man die anderen Stätten, wie die ***Las Sepulturas*** und das Stadtmuseum sowie andere kleinere Mayastätten in der Umgebung.

Das Stadtmuseum, (Tel. 651-4437), geöffnet täglich von 8 bis 16 Uhr, enthält die Funde u.a. der neuesten Grabentdeckungen, Jadeschmuck, die Grabstätte eines Schamanen, Töpferwaren und Stelen. Der Besuch lohnt sich.

Vor dem Besucherzentrum bieten mehrsprachige (auch deutsche) ***Führer*** *(guías)* ihre Dienste ab 10 $ an; eine ganztägige Führung kostet bis zu 20 $. Es lohnt sich, einen Führer, der sich als Mitglied der *Asociación de guías registradas* (an den Uniformen zu erkennen) ausweisen kann, zu bezahlen. Diese erhalten regelmäßig Fortbildungen vom ***Instituto Nacional de Antropología.*** Andere Führer haben zwar eine ganze Menge interessanter Daten und Anekdoten zu er-

Aufstieg und Fall der Maya von Copán

Copán wurde seit dem 4. Jahrhundert von verschiedenen Dynastien als städtisches Zentrum errichtet. Die Herrscherabfolge ist genau bekannt. Wohn-, Verwaltungs- und Ritualgebäude wurden in Schichten übereinandergebaut, Viele Strukturen, wie etwa Rosalila, wurden regelrecht begraben, dabei wurde peinlichst darauf geachtet, dass die alten Gebäude nicht zerstört wurden.

Die klassische Maya-Periode (von 250 bis 900) war die Zeit höchster sozialer Ausdifferenzierung. Die Oberschicht umfasste Priester, Offiziere und Regierende. Darüber stand der Alleinherrscher, der in der Regel auch der höchste Priester war. Die Mittelschicht bestand aus Architekten, Handwerkern, Händlern und Künstlern. Das einfache Volk befasste sich mit dem Ackerbau, der Holzbeschaffung und einfachen Dienstleistungen wie dem Transport.

Während die Akropolis und die umliegenden Plätze für Zeremonien und politische zur Verfügung standen, befanden sich – in konzentrischer Abfolge davon entfernt – die Wohn- und Arbeitsstätten zunächst der Mittelschicht (im Tal) und des einfachen Volkes (auf den Hügeln, in anderen Tälern). So wird verständlich, warum sich die auf Spanisch ***montículos*** genannten Hügel, die Reste von Besiedlungen sind, viele Kilometer bis in andere Landschaften hinein erstrecken. Um Copán herum befinden sich auf nur 24 Quadratkilometern 3450 *montículos*, von denen einige wenige im Bereich des Großen Platzes und der Akropolis heute restauriert und teilweise rekonstruktuiert wurden. Hinter jedem *montículo* befindet sich zumindest ein ehemaliges Wohnhaus der Maya – ein Hinweis darauf, dass schätzungsweise 15-20.000 Menschen im engeren Bereich von Copán gelebt haben. Auch die große Ansammlung von Tempeln, Stelen und Altären mit teilweise außergewöhnlich gut erhaltenen und plastischen Inschriften und Figuren weisen darauf hin, dass Copán eines der wichtigsten Zentren der Maya war.

Die Blütezeit von Copán nahm zu Beginn des 9. Jh. ein abruptes Ende. Der Bau von Häusern und die Skulptierung von Monumenten hörte plötzlich auf. Altar L, auf dem sich das Datum vom 10. Februar 822 findet, wurde nicht mehr vollendet. Auch die Besiedlung nahm immer mehr ab, bis die Stadt im 12. Jh. ganz verlassen war. Der ***Zusammenbruch*** dieser Hochkultur (denn Ähnliches geschah im gesamten Bereich der Maya) ist immer noch rätselhaft. Überbevölkerung, ökologischer Zusammenbruch durch erschöpfte Böden, Klimakatastrophen oder politische Schwächen des möglicherweise dekadenten und wirtschaftlich nicht mehr mit Nachbarkulturen wettbewerbsfähigen Staates gelten als mögliche Ursachen. Diese Theorien haben sich um eine neue erweitert. Als Calakmul, die zweite große Macht neben Tikal, politisch bedeutungslos geworden war „balkanisierte" das Mayagebiet. Tikal alleine konnte das Territorium nicht mehr kontrollieren. Immer neue Stadtstaaten entstanden, die sich immer häufiger in Kriege verstrickten. Am Ende kämpfte jeder gegen jeden. Vom Norden drangen feindliche, evtl. waffentechnisch überlegene Völker ein und im Süden saßen die kriegerischen Lenca.

Kultur der Maya

Schrift

Die Schrift der Maya ist uns hauptsächlich in Stein gehauen, auf Keramik gemalt und in Holz geschnitzt erhalten geblieben. Von den vielen Maya-Handschriften auf Baumrindenbast oder Leder sind lediglich vier erhalten geblieben. Die meisten anderen wurden von den Spaniern als Teufelswerk verbrannt. Im Laufe der Jahrhunderte ging die Kenntnis der Maya-Schrift verloren.

Sie ist eine logosyllabische Schrift: eine Kombination aus insgesamt über 700 ***Wortzeichen*** (Logogrammen) und ***Silbenzeichen.*** Ein Begriff kann alternativ durch ein Logogramm, durch eine Kombination von Silbenzeichen oder durch eine Kombination von beidem ausgedrückt werden. Häufig werden Logogramme durch rechteckige Kleinzeichen (phonetische Komplemente, Affixe) ergänzt. Zusätzlich verkompliziert wird die Schrift dadurch, dass einerseits gleichlautende Begriffe mit dem gleichen Wortzeichen geschrieben werden können (*kan* z.B. bedeutet Himmel, Schlange und 4), andererseits für die gleiche Silbe mehrere Zeichen existieren können (für den Vokal u gibt es neun verschiedene Zeichen). Viele Zusammenhänge werden in den Texten nur angedeutet, so dass ein Verständnis oft nur vor dem Hintergrund umfassender Vorkenntnisse möglich ist. Erst in neuerer Zeit ist es möglich geworden, größere Teile der geheimnisumwitterten Zeichen zu entziffern – ein wissenschafliches Puzzle.

Die Hieroglyphentreppe von Copán, mit 2200 Zeichen das umfassendste in Stein gehauene Schriftstück der Welt der Maya, in dem 200 Jahre der Geschichte Copáns aufgezeichnet sind, beschreibt die Abfolge unterschiedlicher politischer Ereignisse im Leben der Stadt Copán, wie Thronbesteigungs- und Begräbnisfeiern sowie Todesdaten des 7. bis 15. Herrschers. Solche Chroniken stellen den größten Teil der erhalten gebliebenen Inschriften dar.

Kalender

Zu Höchstleistungen liefen die Maya in der Mathematik und Astronomie auf. Der Maya-Kalender bestand aus drei unterschiedlichen Systemen, die der Maya-Kultur wesentliche Orientierung gaben. Die astronomische Präzision der Maya war verblüffend.

Noch vor den Hindus und Arabern erfanden und verwendeten die Maya die Null als Zahl. Ihr Zählweise basiert auf dem Zwanziger-System (Vigesimal-System), wie sich auf vielen Stelen und Altären in den Ausgrabungsstätten nachvollziehen lässt. Größere Zahlen bilden die Maya mithilfe einer geschickten Positionierung ab.

Die verwendeten Kalendersysteme waren untrennbar verbunden mit den religiösen, sozialen und wirtschaftlichen Vorgängen im Leben der Maya. Der ***Kalender des Sonnenjahres, haab*** genannt, wurde in 18 *uinal* (Monate) mit je 20 *kin* (Tagen) aufgeteilt. Einen *uayeb* (Kurzmonat) von 5 Tagen wurde angehängt, um auf die notwendigen 365 Tage zu kommen. Der Kurzmonat galt als glückloses Intermezzo, das für Gebet und Trauer verwendet wurde. Interessanterweise wurden, obwohl den Maya die Dauer des Sonnenjahres bekannt war, keine Schaltjahre eingefügt, so dass sich im Laufe der Jahrhunderte der Jahresanfang immer mehr verschob. So etwas Ähnliches wie Schalttage führten die Maya allerdings in den astronomischen Tabellen des Dresdner Codex ein.

Im praktischen Leben der Maya von gestern und heute bedeutsamer ist der ***tzolkin,*** der als Ritualkalender verwendet wird. Er besteht aus 13 Tagesziffern und 20 Tageszeichen (Tagesgöttern), die miteinander kombiniert werden. Dabei wird fortlaufend durchgezählt. Erster Tag des *tzolkin* ist der *Eins imix*, zweiter Tag der *Zwei ik*, usw. Am vierzehnten Tag jedoch wird wieder mit eins zu zählen angefangen, am zwanzigsten Tag beginnt die Folge der Tageszeichen von vorn. Folglich ergibt sich ein Kalender mit 260 Tagen.

Als ***Ritualkalender*** ist jeder Tag des *tzolkin* einem Gott zugeordnet und hat dadurch bestimmte Eigenschaften. Seine immerkehrende Zyklik vergegenwärtigt dem einzelnen Maya seine Eingebundenheit in Entstehung und Vergänglichkeit als sich bedingende Prinzipien einer geschlossenen Ordnung. Der *tzolkin* wird heute noch verwendet.

Haab als Kalender des Sonnenjahres und *tzolkin* als Ritualkalender wurden von den Maya miteinander kombiniert. Ein bestimmter Tag wurde als Kombination aus *tzolkin*- und *haab*-Datum dargestellt. Das nennt man ***Kalenderrunde.*** Die beiden Kalendersysteme griffen dabei wie ein großes und ein kleines Zahnrad ineinander. Erst nach 18.980 Tagen, also 52 Umdrehungen des *haab* (52 Sonnenjahren) oder 73 Umdrehungen des *tzolkin*, findet sich wieder die gleiche Kombination. Das Ende dieses ***Zyklus von 52 Jahren*** markierte für die Maya (und andere mittelamerikanische Völker) das Ende einer Epoche und wurde stets als unheilvoll angesehen.

Um eine Chronologie erstellen zu können, ist ein Zyklus von nur 52 Jahren, nach dem sich ein Datum wiederholt, einfach zu kurz. Deshalb gab es noch ein drittes Kalendersystem, die so genannte ***Lange Zählung*** (und daneben noch weitere, aber nicht so verbreitete Systeme). Sie zählt die Tage von einem festen Tag Null an, der von den Maya auf den 10. August 3114 v. Chr. gesetzt wurde, den Tag der letzten Schöpfung, der gleichzeitig der Beginn der neuen ist. Auch in diesem Kalender taucht (mit Ausnahme der *uinal*) die heilige Zahl Zwanzig auf: Der Monat hat zwanzig Tage, die Periode *katun* hat zwanzig Jahre etc. Die wichtigsten Einteilungen (es gibt noch viel größere Perioden, mit denen sich astronomische Rechnungen anstellen lassen):

kin (Tag)		=	1 Tag
uinal (Monat)	= 20 *kin*	=	20 Tage
tun (Jahr)	= 18 *uinal*	=	360 Tage
katun	= 20 *tun*	=	7200 Tage
baktun	= 20 *katun*	=	144.000 Tage

Ein Maya-Datum kann dementsprechend exakt auf einen Tag unseres Kalenders umgerechnet werden. Das letzte Datum auf der Hieroglyphentreppe von Copán wird beispielsweise als 9.16.1.16.0 (Lange Zählung) 6 Ahau 13 Zec (Kalenderrunde) transkribiert. Das sind 9 *baktun*, 16 *katun*, 1 *tun* und 16 *uinal* und 0 *kin*, insgesamt 1.411.880 Tage seit Beginn der letzten Schöpfung im Jahre 3114 v. Chr. – nach unserem Kalender der 19. März 753.

Die „Lange Zählung" gleicht die beängstigende Vorstellung der Maya, dass alle 52 Jahre eine katastrophale Zäsur (in Form einer Naturkatastrophe) stattfände, wieder aus. Die Lange Zählung macht eine langfristige Entwicklung der Menschheit glaubhaft, in der Überleben und Entwicklung möglich erscheinen. Die Maya glaubten, das die Welt alle 13 Baktun (ca. 5.200 Jahre) komplett zerstört wird und am selben Tag neu entsteht. Diesem Glauben zufolge leben wir im 4. Weltzeitalter, das am 23. 12. 2012 endet.

So wurden nach Ablauf eines *katun* Stelen errichtet, auf denen herausragende Ereignisse markiert wurden. Üblich war es auch, alle 10 Jahre (zur Halbperiode, dem *lahuntun*) eine Stele zu errichten.

Landwirtschaft und Ökologie

In der Landwirtschaft arbeiteten die Maya mit einfachen Mitteln. Den Pflanzstab *xul* verwendeten sie zum Säen, das Steinbeil *baat* zum Pflügen und Jäten. Nur durch die extrem fruchtbaren Böden, hierarchische Organisation, extensive Bewirtschaftung und das Verständnis der ökologischen Zusammenhänge konnte Copán genug Nahrungsmittel zusammenbringen, um seine Bevölkerung zu ernähren. Kultiviert wurden Mais, Bohnen, Chili, Kürbis,

Die beiden Maya-Kalendersysteme Tzolkin und Haab greifen wie Zahnräder ineinander

Baumwolle und Tabak. Als Baumfrüchte wurden Avocado, Papaya, Cashew und Tamarinde angebaut, außerdem Kakao, dessen Kerne auch als Währung benutzt wurden. Die Pflanzen, der Ackerbau und die Ernährung der Maya von Copán entsprachen zu über 80 % den Gewohnheiten der heutigen Honduraner.

Die Maya-Landwirtschaft funktionierte über viele Jahrhunderte gut. Kennzeichnend waren unterschiedliche Elemente. Grundlegend war zunächst die Technik der ***Milpa:*** Auf den in Flure unterteilten Anbauflächen wurde immer nur der 8. Teil zwei Maisernten, d.h. ein Kalenderjahr, lang bewirtschaftet. In dieser Zeit konnten sich 7/8 des Landes regenerieren. Später wurde diese Technik teilweise durch intensivere Landwirtschaftsmethoden abgelöst. Alle Familien hatten gleich neben ihrer Hütte einen ***Kräuter- und Obstgarten***. Sträucher und Bäume wie Avocado, Papaya, Brotfruchtbaum oder Zapote spendeten Schatten und bereicherten die Ernährung um wichtige Vitamine und Mineralstoffe. Die westlich von Copán Ruinas lebenden Maya-Nachfahren des Stammes der Chortí verweisen stolz auf ihre blühenden Hausgärten.

Die Maya kannten außerdem ***keine Viehwirtschaft***. Dadurch wurden wertvolle Nahrungsmittel und Anbauflächen nicht zur Produktion von Fleisch verschwendet, wie das heute der Fall ist.

Trotz dieser jahrhundertelang relativ stabilen Anpassung an die ökologischen Gegebenheiten kam es schließlich, so vermutet man heute, zur Öko-Katastrophe. Mit zunehmender Bevölkerung musste die landwirtschaftliche Produktion intensiviert werden, Erschöpfung der Böden und Erosion waren die Folgen. Skelettfunde aus dem 8. Jahrhundert dokumentieren die Zunahme von Mangelernährung, Krankheiten und frühem Tod und unterstützen diese These.

zählen, aber nicht unbedingt die sachlich richtigen. Es lohnt in jedem Fall sehr, sich schon vor einem Besuch von Copán über die Maya zu informieren (siehe Literaturliste im Anhang) und vor Ort einen Plan mit Erklärungen zu den einzelnen Monumenten zu kaufen.

Gegenüber dem Besucherzentrum (auf der anderen Seite des Parkplatzes) befindet sich eine Cafetería mit Snacks sowie ein Souvenirladen mit Bücher- und Infoangebot. Hinter diesem Empfangskomplex erhebt sich dreigeschossig das neue ***Maya-Museum*** mit Originalstelen und -grabfunden. Besonders interessant ist eine Kopie der Fassadendekoration, die 1992 von honduranischen Archäologen unter Tempel 16 gefunden wurde – ein „beerdigter" Tempel, der *Rosalila* genannt wird. Im Museum befinden sich lauter Originalstücke, unter anderem der Altar Q; im Gelände stehen inzwischen die Repliken.

Die honduranische Architektin *Angela Stassano* hat das Eingangsportal nach einer mythologischen Schlangendarstellung geformt. Das von der privaten *Asociacion Copán* mit Spenden von honduranischen Unternehmen und Privatleuten errichtete Millionenprojekt wurde 1996 eröffnet.

Stilisierte Affen an den Wänden der Akropolis

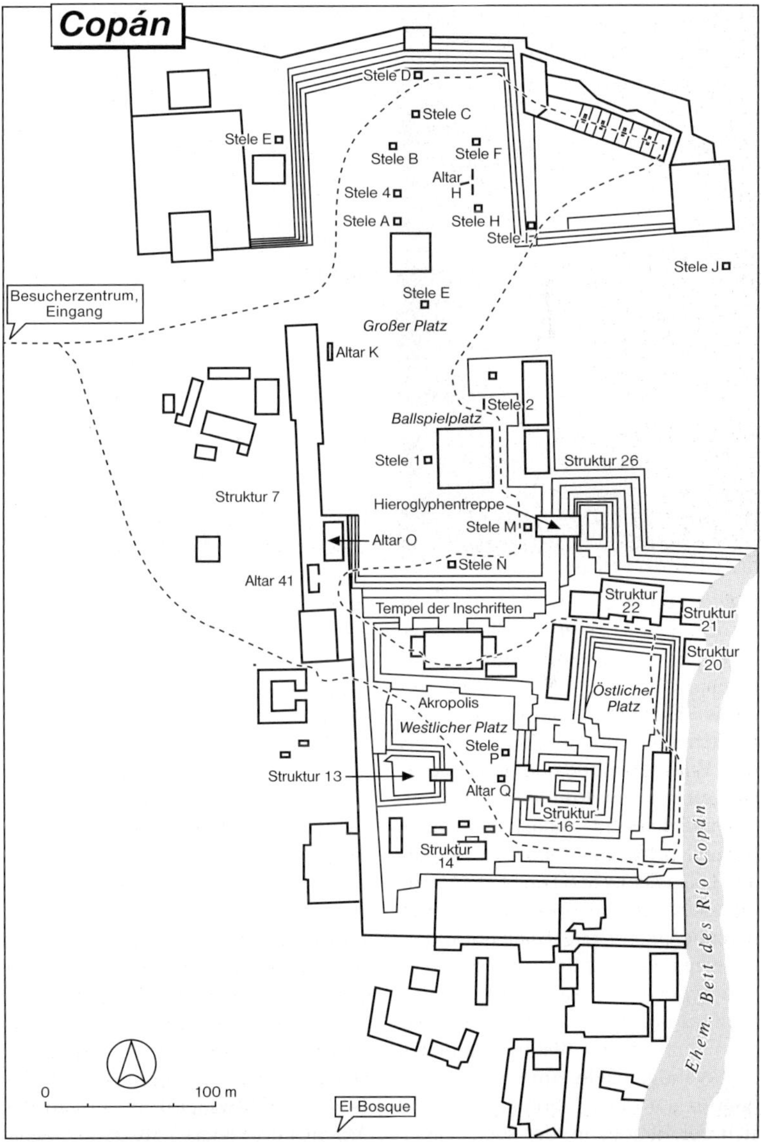
Copán
Stele D
Stele C
Stele E
Stele B
Stele F
Altar H
Stele 4
Stele A
Stele H
Stele I
Stele J
Besucherzentrum, Eingang
Stele E
Großer Platz
Altar K
Stele 2
Ballspielplatz
Stele 1
Struktur 26
Struktur 7
Hieroglyphentreppe
Stele M
Altar O
Stele N
Altar 41
Tempel der Inschriften
Struktur 22
Struktur 21
Struktur 20
Akropolis
Östlicher Platz
Westlicher Platz
Stele P
Struktur 13
Altar Q
Struktur 16
Struktur 14
Ehem. Bett des Río Copán
0
100 m
El Bosque

Neben Rosalila zeigt das Museum einige der schönsten Original-Stelen Copáns.

Das Museum ist vom Eingang bzw. Besucherzentrum aus südwärts, über eine Wiese herüber, durch einen dunkel vermauerten Rundeingang zu erreichen. Er führt zunächst in einen Tunnel unter das Museum, so wie auch die wichtigsten Funde in Tunneln des schichtweise erhaltenen Copán gefunden wurden. Nach einem kurzen Fußweg findet der Besucher sich in einem zweigeschossigen Loft wieder: Im Zentrum das Grabmassiv Rosalila, drumherum Stelen, Bildhauerarbeiten und Wandgemälde. Am Rand des Gebäudes auf einer Erhöhung befindet sich der Rundgang, der sechs Fassaden zeigt. Das ganze Museum ist sehr hell und mit umfangreichen, mehrsprachigen Informationstafeln ausgestattet. Trotz der modernen äußeren Haut bringt das Museum die Schönheit und Mystik der Akropolis in verstärkter Weise zum Ausdruck.

Rundgang durch die Hauptgruppe

Etwa 400 m hinter dem großen Maya-Museum, zwischen Zedern und Kapokbäumen, liegt die eigentliche Hauptgruppe von Copán, die Akropolis. Auf fünf Hektar Fläche finden sich Plätze, Tempel (bis 38 m hoch), Treppen, Stelen und Altäre. Die Stelen wurden von den Herrschern als Propaganda-Kunstwerke verwendet, auf denen vor allem Heldentaten und die Herrscherzeit wiedergegeben wird.

Die bekanntesten Monumente sind die Hieroglyphentreppe (753 n. Chr.), der Tempel 11 und der Tempel 22 (746 n. Chr.). Bekannt ist Copán auch wegen der kunstvoll behauenen, äußerst gut erhaltenen Stelen, die aus grünem vulkanischem Gestein gemeißelt wurden. Neben der Hauptgruppe findet man im Tal 16 weitere Einzelgruppen.

Großer Platz

Auf dem Großen Platz befinden sich ausnahmslos von *18 Kaninchen (Waxaklahun Ubah)*, dem 13. Herrscher von Copán, zum Periodenende 9.15. 0.0.0 (731) in Auftrag gegebene Stelen – *18 Kaninchen* kam 695 an die Macht und wurde 738 umgebracht.

Alle Stelen waren ursprünglich offenbar bemalt, wie sich auf Stele C noch wegen roter Farbe nachvollziehen lässt. Die bekannteste ist die ***Stele A*** (731 n. Chr.). Ihr Inschriftentext ist hervorragend erhalten. Auf einer Seite sind die Emblemglyphen von Copán, Palenque, Tikal und Calakmul aufgelistet. Das ist sehr ungewöhnlich und hat eine ganze Lawine von Theorien ausgelöst.

Daneben befinden sich ***Stele 4*** und ***Stele B*** aus dem gleichen Jahr. Stele 4 weist vor allem auf die „Städtegründung" (159 n. Chr.) hin. Diese erfolgte knapp 300 Jahre vor Gründung des dynastischen Geschlechts, aus dem *18 Kaninchen* stammte.

Stele C, die gleich hinter dem schildkrötenförmigen Altar steht, trägt Reliefs auf beiden Seiten. Westlich des großen Platzes oben auf der Tribüne befindet sich die ***Stele E*** aus dem Jahr 614. ***Stele D,*** die am nördlichen Ende des Platzes zu finden ist, wurde ebenfalls von *18 Kaninchen* in Auftrag gegeben. Auf der Rückseite sind zwei Hieroglyphenreihen mit einem Kalenderdatum in einer ungewöhnlichen Form. Es wird nicht aus den einfachen Zahlzeichen, sondern aus Vollfiguren der korrespondierenden Götter zusammengesetzt, die einen Periodenzähler auf dem Rücken tragen.

Bemalte Stele auf dem großen Platz

Sitzreihe am Ballspielplatz

An der Ostseite des Platzes befindet sich ***Stele F*** aus dem Jahr 731 mit verspielt wirkenden Glyphen. ***Altar G*** aus dem Jahr 800 gehört zu den jüngsten Darstellungen in Copán. ***Stele H*** aus dem Jahr 731 zeigt – so war zumindest eine Zeitlang die Hypothese – den Kopf einer Maya-Führerin!

An der Ecke der östlichen Tribüne unten steht ***Stele I. Stele J*** befindet sich rechts hinten neben der östlich des Platzes liegenden Struktur 3 und stammt aus Quirigua, dem in Guatemala gelegenen nächsten Maya-Zentrum. Quirigua war damals noch von Copán abhängig.

„18 Kaninchen" wollte unbedingt mit 60 Jahren eine weitere Heldentat vollbringen und zog in den Kampf gegen Quirigua, das eigentlich noch zu seinem Reich gehörte, aber bei diesem Kampf wurde er von „Caucac Himmel", Quiriguas Herrscher, gefangen genommen und schließlich den Göttern geopfert. Stele J stammt aus dem Jahre 702, bezieht sich aber auch auf weiter zurückliegende Ereignisse.

Ballspielplatz

Nur etwa 120 m weiter südlich vom Hauptplatz, ein paar Schritte von der Hieroglyphentreppe entfernt, befindet sich der Ballspielplatz. Er ist der zweitgrößte im gesamten Mayareich und einer von mehreren Plätzen in Copán. Mit Sport im heutigen Sinne hatte das kultische Ballspiel der Maya nichts zu tun. Es wurzelt aber tief in der Mythologie der Maya. Über den genauen Ablauf gibt es nur Vermutungen. Man nimmt an, dass der Ball nicht den Boden berühren durfte, und dass Treffer entweder auf speziellen Markiersteinen oder durch steinerne Ringe hindurch erzielt werden konnten. Der Ball bestand wahrscheinlich aus massivem Gummi, weshalb die Spieler mit Schutzkleidung ausgestattet waren. Auch über die Details der Verbindung von Spiel und Menschenopfern kann nur spekuliert werden. So wurden in den Spielen vermutlich die Verlierer zu Ehren der Götter geopfert.

Hieroglyphentreppe

Das größte in Stein gehauene Schriftwerk der Maya wurde im Jahr 753, in der Regierungszeit von *Rauch Muschel*, errichtet. Heute durch eine Schutzplane gegen Witterungseinflüsse geschützt, erzählen die 63 Stufen in über 2200 Zeichen die Geschichte vom 7. bis zum 15. Herrscher von Copán, eine Zeit von gut zweihundert Jahren (553-753). Viele der Zeichen sind leider so erodiert, dass sie nicht mehr lesbar sind. Zudem ist die Treppe so eingefallen, das ganze Hieroglyphenblöcke verrutscht sind.

Am Fuß der Hieroglyphentreppe steht ***Stele M.*** Neben der Treppe ist der Eingang in einen ***Grabschacht,*** allem Anschein nach das Grab des zweiten oder (wahrscheinlicher) dritten Herrschers von Copán. Die Gruft wurde 1989 geöffnet, kunstvolle Keramiken und Jadebeigaben kamen zum Vorschein. Sie befinden sich heute im Museum von Copán.

Der größte Teil der Funde wurde leider am Ende des 19. Jahrhunderts durch ein Abkommen an das ***Londo-***

Hieroglyphentreppe

ner Museum verkauft. So gingen bei Ausgrabungen 50 % der Funde – und sicherlich nicht die unbedeutendsten – an die britischen Leiter der Ausgrabungen. Bis heute wird über die Besitzrechte dieses wichtigen Kulturerbes zwischen den Regierungen verhandelt.

Tempel der Inschriften

Auf dem Platz der Hieroglyphentreppe, vor Tempel 11 steht Stele N (ein bildhauerisches Meisterwerk). Tempel 11 liegt zwischen dem Platz der Hieroglyphentreppe und dem Westplatz. Gelegentlich wird er auch Tempel der Inschriften genannt, zutreffend, denn hier sind acht Hieroglyphenpaneele aus der Zeit des 16. Herrschers zu sehen, einige davon sogar spiegelverkehrt geschrieben. Um zum Ostplatz zu gelangen, muss man die Struktur 23 überqueren (dort steht Altar Z) und dann über die Jaguartreppe absteigen. Man kann aber auch rechts an Tempel 16 vorbeigehen.

Westplatz

Der Westplatz umschließt das für mich schönste Kunstwerk, den ***Altar Q,*** spät im Jahr 776 im Auftrag von *Yax Pak* (nach neuerer Lesung *Yax Pas)* erbaut. Auf Altar Q wird, wie es

sich im Moment darstellt, die zweite Herrscherdynastie Copáns dargestellt. 16 Herrscher sitzen jeweils auf ihrer Namenshieroglyphe. Im Text auf der Oberseite würdigt *Yax Pak* seinen Urahnen, den Gründer seines dynastischen Geschlechts *Yax Kuk Mo*. *Yax Pak* ist auf der Westseite des Altars, rechts neben dem Thronbesteigungsdatum (2.7. 763) gezeigt. Unter Altar Q wurde ein Verlies mit den Knochen von 15 geopferten Jaguaren und einigen Papageien gefunden.

Ostplatz

Unterhalb des Ostplatzes befindet sich die leider geplünderte ***Struktur 18,***

Altar Q

die das Grabmal einer bedeutenden Person beinhaltete. Wer dieser Herrscher war ist nicht ganz klar. Es kann *Yax Pak* gewesen sein; Inschriften auf der Struktur sind eindeutig ihm gewidmet.

Interessant ist auch das an der Nordseite vom Ostplatz liegende Haus ***(Struktur 22).*** An seiner Stirnseite ist die Flechtstruktur der *petates,* der auch heute noch üblichen Matten aus Palmfasern, zu sehen. Das Mattenmuster war das Symbol der Herrscher. Struktur 22[a] wird als *Popol Na,* das heißt ***Matten- oder Rathaus,*** aufgefasst.

Neben Struktur 22, Tempel 18 und (der immer bedeutender werdenden) Struktur 16 liegt auch die ***Jaguartreppe,*** auf der zwei markant stilisierte Exemplare dieser Tierart als Fresken zu

sehen sind, am Osthof. Ursprünglich befanden sich auf den Fresken Obsidianplatten, die die dunklen Flecken im Fell des Tieres markierten.

Auch im Osten des Osthofes befanden sich Gebäude, die aber vom Copánfluss im Laufe der Jahrhunderte abgetragen worden sind. *Palacios* berichtete von einem Turm, dort wo heute nur noch die wenigen Überreste von Struktur 20 übriggeblieben sind.

Rundgang durch die rekonstruierten Wohnstätten Las Sepulturas

Etwa 600 km östlich, d.h. weiter die Straße entlang Richtung La Entrada, und dann rechts durch eine Holzpforte, über einen kleinen Parkplatz (schräg links an dem Holzpavillon zu erkennen) geht es etwa 300 m südlich auf einem befestigten Weg bis in ein Arrangement von rekonstruierten Gebäuden, den sog. Las Sepulturas. Der Eintritt zu diesem archäologischen Park, der hauptsächlich während der zweiten Forschungsetappe (PAC II) seit 1980 ausgegraben wurde, ist im Gesamteintrittspreis inbegriffen.

Hier befinden sich die rekonstruierten Häuser, Höfe, Gräber und Märkte der ***Mittelschicht*** von Copán. Langgezogen und mit einem Strohdach versehen findet man quer liegend ein Gebäude, in dem ein ***Schreiber*** des Herr-

Gräber zwischen Märkten

schers *Yax Pak* lebte. Das weiß man, weil es in diesem Gebäude (9 N-82) eine hervorragend erhaltene und auf das Jahr 781 datierte Hieroglyphenbank gibt (das Original ist im Museum in Copán Ruinas, hier steht eine Kopie). In dem Hieroglyphentext wird *Yax Pak* erwähnt.

Unterhalb der Gebäude befinden sich jeweils kleine gepflasterte „Vorgärten", in denen rege Kommunikation herrschte und Handel betrieben wurde. In diesen „Vorgärten" wurden Artefakte und Haushaltsgegenstände ab der späten Präklassik gefunden.

Es gibt auch Vermutungen, dass einige der umliegenden Wohngebäude sogar von Nicht-Maya bewohnt waren, und zwar von Lenca. Diese belieferten Copán mit Keramik, Muscheln, Nadeln und Leder.

Unterkünfte

- ***Marina Copán*** (½ cuadra nördlich der *alcaldía*, am Zentralpark, Tel. 651-4070, Fax 651-4477, reservations@hotelmarinacopan.com, www.hotelmarinacopan.com. Pool, Sauna, Rest., Bar, CTV, kolonialer Stil, empfehlenswert, DZ 85 $.
- ***Hotel Plaza Copán*** (östlich am Zentralpark, rechts neben der Kirche, Tel. 651-4508, Fax 651-4039, servicio@hotelplazacopan.com, www.hotelplazacopan.com), wurde 1997 eröffnet. Mit kleinem Pool, Restaurant, AC und Ventilator sowie günstiger Lage (nicht immer ganz still), schöner attraktiver Innenhof, DZ 46 $.
- ***Hacienda San Lucas*** (etwas außerhalb des Ortes, in der Nähe der Kultstätte *Los Sapos*, Tel./Fax 651-4495, info@haciendasanlucas.com, www.haciendasanlucas.com). Info auch in deren kleinen Büro (2 cuadras nördlich vom Zentralpark). Ein wunderschön restauriertes altes Landhaus der Jahrhundertwende, mit herrlichem Ausblick und sehr stilvollen Zimmern. Die sehr freundliche Besitzerin sorgt für ein einzigartiges Ambiente und verwöhnt die Gäste. Hier kann, wer will, in der Küche mithelfen und so die traditionelle honduranische Küche kennen lernen. In der Umgebung gibt es einige Wanderpfade zu erkunden. Ganz in der Nähe der Finca befindet sich die Kultstätte *Los Sapos*. Es gibt nur wenige Zimmer, daher lohnt sich eine Reservierung, DZ 45 $.
- ***Hotel Acrópolis Maya*** (1 cuadra nördlich vom Zentralpark, Tel. 651-4634, Fax 651-4118, acropolis@copanhonduras.org), wurde 1998 eröffnet. Tiefgarage, AC, Ventilator, ohne Restaurant und Bar, DZ 40 $.
- ***Madrugada*** (1 cuadra östlich, dann 1½ cuadras südlich vom Zentralpark, Tel. 651-4092), mit Blick auf Fluss und Tal von Copán, einfach und stilvoll, überteuert, DZ 38 $.
- ***Hotelito Brisas de Copán*** (1 cuadra nordöstlich des Zentralparks, Tel. 651-4118), private Dusche/WC, heißes Wasser, King-Size-Matratzen, auf Wunsch klimatisiert, DZ zwischen 7,50 und 22,50 $.
- ***Hotel Paty*** (1 cuadra westlich der Brücke am Ortseingang, Tel. 651-4021), einfach,

freundlich, mit und ohne Privat-Dusche, Parkplatz, DZ ca. 14 $.

● ***Hotel La Posada de Annie*** (nahe *Hedman Alas*, Tel. 651-4536), Privatbad mit warmen Wasser, Ventilator, saubere Zimmer, freundlich, mit kleinem Reisebüro, DZ 10 $.

● ***Café Vía, Vía*** (1½ cuadras vom Zentralpark, neben *Tunkul-Bar*, Tel. 651-4652, www.viaviacafe.com), unter belgischer Leitung, einfache saubere Zimmer mit privatem Bad, Teil einer Kulturcafé-Initiative (weltweit), vorne Bar und Restaurant, DZ 13 $.

● ***Hotel Yaragua*** (½ cuadra westlich des Zentralparks, Tel. 651-4050, www.yaragua.com), DZ 13 $.

● ***Hotelito Yaxpax*** (neben Busstation *Hedman Alas*, Tel. 651-4025), einfache Räume mit privatem Bad, Zimmer 7 $.

● ***Hotel Posada*** (gegenüber Hotel *Marina Copán*, ½ cuadra nordwestlich des Zentralpark, Tel. 651-4059), gerade renoviert, schöner grüner Innenhof, sauber und ruhig, DZ 24 $.

● ***Gemelos*** (Tel. 651-4077, maricel@hondutel.hn), Favorit von Rucksackreisenden, Waschservice, Innenhof, 1 cuadra östlich und ½ cuadra nördlich vom Zentralpark, sehr einfache, saubere Zimmer mit Patio, Gemeinschaftsbad/-WC, DZ 6,50 $.

● ***En La Manzana Verde*** (gleich neben dem Terminal von *Hedman Alas*, Tel. 651-4562, www.enlamanzanaverde.com, en_la_manzana_verde@yahoo.com), neues, sehr schönes und gemütliches Travellerhotel: 3 Gemeinschaftsräume mit 18 Betten, sauber, hell und freundlich, Küche, Waschmöglichkeiten, TV, 4 $ pro Person.

Außerhalb des Ortes

● ***Posada Real de Copán*** (einige Minuten von Copán Ruinas Richtung La Entrada, auf der nördlichen Kordillere des Tals, Tel. 651-4480, Fax 651-4497, posadareal@mayanet.hn, www.mayanet.hn/posadareal), luxuriös und ruhig. Hier verbinden sich Lifestyle und erhabene Aussicht nur 2,5 km vom Ort zu einem Erholungsgefühl, DZ ab 80 $.

● In Santa Rita, etwa 10 bis 15 Minuten von Copán Ruinas Richtung La Entrada, befindet sich die ***Hacienda El Jaral*** (Tel. 552-4457, Fax 552-4891, hotel@haciendaeljaral.com, www.haciendaeljaral.com). Fahrradverleih und seit neuestem ein Kino (das einzige im Umkreis), Shopping Zentrum, Camping-Plätze, Basketball und Fußballfeld, DZ 50 $, mit Pool, Garten, Kirche, im rustikalen, gepflegten Arrangement, oberhalb des Flusses Copán. Etwas teuer, DZ 42 $.

Essen

● ***Llama del Bosque*** (2 cuadras westlich vom Zentralpark, Tel. 651-4431), gut besucht, volkstümlich, breites Angebot an landestypischen Speisen und Getränken.

● ***Carnitas Nia Lola*** (2 cuadras südlich vom Museum im Ort, Tel. 651-4196, nialola@yahoo.com), mit Holzkohlengrill und Blick auf das Flusstal. Reelle typisch honduranische Speisen zu fairen Preisen, kaltes Bier, empfehlenswert. Buchaustausch.

● ***Vamos a Ver*** (½ cuadra vom Zentralpark und *Hondutel*, Tel. 651-4627, www.vamosaver.com, gerarddiny@yahoo.com), künstlerisch angehauchte Cafetería im Garten, gut für frisches Brot nach niederländischer Art, Snacks oder Bücher/Videos. Vorzüglicher Kaffee.

● ***Comedor El Jacal*** (neben *Llama del Bosque*), bietet leckere Tacos, Baleadas, Yuca, sehr günstig.

● ***El Sesteo*** (1 cuadra westlich der Brücke am Ortseingang), einfaches Restaurant mit großem Esssaal und breitem Angebot (Tellergerichte, Steaks, Hamburger).

Cafés und Bars

● Unschlagbar, da stilgerecht, mit Tabakraum und schönem Blick auf den Park (1. Etage), ist ***Café Welchez*** (am Zentralpark, Teil des Hotels *Marina Copán)*. Hier gibt es leckere Kuchen und Kaffee.

● ***Tunkul Bar*** (1 cuadra südlich vom Zentralpark, Tel. 651-4410), mit Livemusik, rustikale Bartische, internationales Publikum, *Happy Hour* von 19 bis 20 Uhr tägl., bekannt für seine gigantisch großen *baleadas* und *burritos*.

- ***Tres Locos*** (1 cuadra östlich und ½ cuadra nördlich vom Zentralpark), von dem Amerikaner *Jerry* und seiner honduranischen Ehefrau *Mimi* geführt, gut für kaltes Bier und entspannte Copán-Besucher.
- ***Café Vía,Vía*** (siehe Hotel), Bar und Restaurant, leckere Speisen, von 7 bis 22 Uhr geöffnet.
- ***Justo a Tiempo*** (1 cuadra vom Zentralpark), Waschservice, Café mit leckerem hausgemachten Gebäck und Buchaustausch, bietet auch gute Touristeninformation: justoatiempo@yahoo.com, www.copanruinas.com.
- ***Maya Connection*** (1 cuadra südlich vom Stadtmuseum) und ein weiteres Lokal (1 cuadra von Banco de Occidente, Tel. 651-4077, Fax. 651-4315, mayaconn@hondutel.hn), Internet, Buchaustausch und Souvenirs.

Wichtige Adressen

Post, Hondutel

- *Hondutel* ist tägl. 8-21 Uhr geöffnet. Von 9 bis 16 Uhr können ***Faxe*** versendet werden. Für ankommende Faxnachrichten ist eine geringe Schutzgebühr zu zahlen.

Bank

- ***Banco de Occidente, Banco Atlántida,*** beide nahe des Zentralparks. *Banco de Occidente* tauscht Reiseschecks (Öffnungszeiten: werktags 8-12 und 14-16 Uhr, Sa. 8-11 Uhr).
- ***Credomatic,*** Barauszahlung bei Master- und Visacard.

Sprachkurse

- ***Ixbalanque 4*** (im Zentrum nahe des Zentralparks, Tel./Fax 651-4432, www.ixbalanque.com, ixbalan@hondutel.hn), bietet Wochenkurse mit tägl. vier Stunden Spanisch an, Kosten einschließlich Unterbringung in Familien 200 $/Woche, ohne Kost und Logis 130 $/Woche.
- ***Escuela de Español Copán,*** Tel. 651-4390, info@guacamaya.com.
- ***Academía de Español Guacamaya,*** Tel./Fax 651-4360, guacamaya@latinmail.com, www.guacamaya.com.

Reiseagenturen

- ***Yaragua Tour*** (im *Hotel Yaragua*, Tel. 651-4645, Fax 651-4050, yaraguatour@yahoo.com), Touren in die Umgebung, Ausritte, zu den Wasserfällen, etc.
- ***Go Native Adventure Tours*** (1½ cuadras südlich von Zentralpark und *Tunkul Bar*, Tel. 651-4667, Fax 651-4410), veranstalten Strandwanderreisen an der Nordküste und zum Río Plátano, eher auf Amerikaner eingestellt.
- ***MC Tours,*** gegenüber von *Hotel Marina Copán*, Tel. 651-4453, Fax 651-4297, www.mctourshonduras.com.

Busservice: Copán-Antigua Abfahrt tägl. 14:30 Uhr: 25 $.

Verkehrsverbindungen

Straße

- Siehe „Von San Pedro Sula nach La Entrada" sowie „Grenze mit Guatemala".

Bus

- Von Tegucigalpa aus tägl. um 5:45 Uhr mit *Hedman Alas* (Comayagüela, 11ª Ave. entre 13ª y 14ª C., Tel. 237-7143).
- Von ***San Pedro Sula*** aus jeden Tag um 5:30, 10:30 und 14:30 Uhr mit *Hedman Alas* (Bo. Guamilito, 3ª C. entre 7ª y 8ª Ave. N.O., Tel. 553-1361), stündlich zwischen 3:45 und 17 Uhr mit *Copanecos* und *Toritos* (6ª Ave. entre 8ª y 9ª C. S.O.) Richtung Santa Rosá de Copán, in ***La Entrada*** umsteigen. Von La Entrada fährt stündlich zwischen 6 und 16 Uhr ein Lokalbus, ca. 2,5 Std. Fahrzeit (meist unbequeme Kleinbusse, Kleinwüchsige sind im Vorteil).
- Von ***San Pedro Sula direkt*** nach Copán Ruinas fährt das Unternehmen *Etumi* (6ª C. entre 6ª y 7ª Ave. S.O., Tel. 553-3674) nur 11 und 13 Uhr, Fahrzeit 5 Std., Fahrpreis 1,85 $.
- Von ***Santa Rosá de Copán*** mit *Etumi* um 11:30, 12:15 und 13:45 Uhr.
- Von ***El Florido,*** der ***Grenze nach Guatemala,*** mit regelmäßigen Pick Ups oder Taxis (ca. 30 Min., 2 $). Gelegentlich fahren Kleinbusse für 0,60 $.

Flug

- Von ***Ciudad de Guatemala*** nach Copán und zurück verkehrt die Linien- und Chartergesellschaft: *Jungle Flying*, Tel. 00502-2-314995, 27ª Calle C, 15-55, Zona 13, Ciudad de Guatemala, oder in Copán Ruinas Tel. 898-3453, Kontakt im Hotel *Marina Copán* (Rezeption). Eine zweitägige Reise kostet ab 200 $.

Ausflüge ab Copán Ruinas

Ausritt

Das vielleicht schönste und Copán am deutlichsten kennzeichnende Erlebnis ist ein Ausritt um das Tal herum. *Jorge Barraza*, ein in Copán geborener mehrsprachiger Maya-Kenner, verfügt über rustikale, geduldige Pferde und gut vorbereitetes Personal für einen informativen Ausritt in die Hänge und Aussichtspunkte um die Ausgrabungsstätten herum. Die Tour zu Pferde führt zu den peripheren Stelen und der Gesteinsformation *Los Sapos* (die Frösche), einem prähispanischen Fruchtbarkeitssymbol. Kosten ca. 18 $ pro Person.

Heiße Quellen

An der alten Maya-Straße Richtung Quiriguá, die vom Parque Central in nördlicher Richtung *(a las fincas cafetaleras)* wegführt, befindet sich in etwa 23 km Entfernung eine heiße Quelle, der Ort heißt ***Agua Caliente.*** Dort kann man bei einer sehr armen Campesino-Familie *tortillas* kaufen und mitgebrachtes Fleisch oder Geflügel grillen lassen (oder selbst am Fluss grillen).

Unterhalb des *ranchito* befindet sich ein Bach mit einfließendem heißem Wasser, das sogar dampft. Hier wird das Baden zwischen heiß und kalt zum echten Vergnügen.

Touren nach Agua Caliente werden von *Go Native* angeboten. Siehe auch *Hacienda San Lucas* und *Yaragua Tours*. Auf der Straße sprechen Jungs die Touristen an, aber für professionelle Führung sollte lieber ein Reisebüro eingeschaltet werden.

Kaffee-Ernte

Auf der Strecke nach Agua Caliente (s.o.) findet zwischen November und Februar die Kaffee-Ernte statt, zu der Hunderte von Chortí aus Guatemala anreisen. Sehr freundlich sind Besitzer und Verwalter in der Finca *El Cisne*.

Wasserfälle

Auf dem Weg zur heißen Quelle (s.o.) befinden sich 20 km hinter Copán, nahe des Dorfes ***El Macote,*** zwei schwer erreichbare aber sehr schöne Wasserfälle im einzigen Bergnebelwald der Region in der Nähe von Copán Ruinas. Leichte Kletter- und vor allem Wanderausrüstung ist erforderlich. Vor Touren auf eigene Faust wird inzwischen gewarnt, es kam in letzter Zeit vereinzelt zu Überfällen in der Gegend.

Rafting

Ohne die Sicherheit eines eingespielten Rafting-Teams, aber mit viel Spaß und „Thrill" kann der Fluss Copán in der Regenzeit (Mai bis November) mit aufgeblasenen Autoreifen befahren werden. Mutige sollten sich aber unbedingt an kundige *copanecos* halten. Auch hier ist *Xukpi* eine gute Adresse, aber auch das Team von *Go Native* hat Erfahrung.

Expeditionen zum Nationalpark Cusuco und in die Moskitia

Der Nationalpark Cusuco liegt nur 70 km Luftlinie nordöstlich von Copán Ruinas (3,5 Std. mit dem Geländewagen) im dichten Bergnebelwald. Eine Tour von Copán Ruinas ist für alle diejenigen quasi ein Muss, die gleich weiter nach Guatemala reisen. Die Tour kostet pro Person ca. 200 $, incl. Fahrzeug, Mahlzeiten, qualifiziertem Reiseleiter (auch deutschsprechend), ab Copán Ruinas, ab 2 Personen.

Eine Expedition in die Moskitia führt in jedem Fall zunächst nach La Ceiba, am nächsten Morgen nach Palacios oder Ahuas und dann weiter mit dem Boot nach Batiltuk/Las Marías oder Wampusirpi zu den *Miskitos* und evtl. später den *Sumu Tawahka*. Touren in die Moskitia bieten *Robert Gallardo* und *Go Native Tours*. Siehe hierzu auch Abschnitt Moskitia.

Touren ins Herz von Honduras' Westen

Max Elvir von *Lenca Land Trails*, vgl. Hotel *Elvir* in Santa Rosá de Copán (Tel. 662-0805, Fax 662-0103), bietet individuelle Touren nach Santa Rosá de Copán (z.B. die Tabakmanufakturen), nach Gracias Lempira (z.B. Architektur, Kirchengeschichte und Thermalquellen) oder nach La Esperanza (z.B. indianische Kultur, Kunsthandwerk) an. Auch Trekking-, Landwirtschafts- und Reittouren sind in seinem Programm. Ein 3-Tages-Arrangement kostet pro Person etwa 170 $, ab 2 Personen.

Zur Grenze mit Guatemala (El Florido)

Verkehrsverbindungen

- ***Nach El Florido,*** an der Grenze nach Guatemala, fahren ***ab Copán Ruinas*** regelmäßig Pick-ups oder Taxis (ca. 30 Min. Fahrzeit, 2 $) und weniger häufig (außer sonntags) Kleinbusse für 0,60 $, Fahrzeit ebenfalls 30 Min.
- Von El Florido weiter ***nach Guatemala*** fahren alle 30 bis 60 Min. (je nachdem, wann sie voll sind) Kleinbusse nach ***Jocotán*** (1 $). Weitere Busse (8:30, 9 und 14 Uhr) fahren von El Florido nach ***Chiquimula.*** Von und nach Chiquimula fahren *Transportes Rutas Orientales* halbstündlich nach/von ***Ciudad de Guatemala*** (3,5 Std. Fahrzeit, Ticket 2 $).

Ein- und Ausreisebestimmungen

- Siehe „Praktische Reisetipps A–Z, Reise in die Nachbarländer".
- Die ***Ausreisegebühr*** beträgt 0,60 $.
- Ein guatemaltekisches ***Konsulat*** gibt es in San Pedro Sula.
- Die Grenze ist auf beiden Seiten von 8:30 bis 16 Uhr ***geöffnet.***

Santa Rosá de Copán

Das hübsche ***Kolonialstädtchen*** Santa Rosá de Copán liegt nur 160 km von San Pedro Sula entfernt. Mit steilen kopfsteingepflasterten Straßen und Gassen ist Santa Rosá die größte Stadt im Westen von Honduras. Als Hauptstadt des *departamentos* Copán hat Santa Rosá etwa 28.000 Einwohner. Die auf 1160 m Höhe liegende Ortschaft wurde bereits 1791 urkundlich erwähnt und avancierte 1812 zur Kreisstadt. Das Klima in Santa Rosá ist mild, nachts wird es kühl, die Temperaturen können bis auf 12 °C absinken.

Sehenswert ist neben dem kolonialen Baubestand in traditionell gepflasterten Straßen vor allem die ***Tabakfabrik*** *La Flor de Copán,* die Exportzigarren erster Qualität herstellt. Alle Zigarren von *La Flor de Copán* sind aus erstklassigen Blättern und mit der Hand gefertigt. Exportiert werden die begehrten Räucherstengel u.a. in die Schweiz, die Niederlande, nach Japan, Deutschland und in die USA. In Deutschland sind diese Zigarren in ausgesuchten Fachgeschäften zu erstehen.

Flor de Copán befindet sich gegenüber dem Hotel *Elvir,* (2 cuadras vom Zentralpark). Nach Voranmeldung kann montags bis samstags die Herstellung von Zigarillos und Zigarren in Handarbeit besichtigt werden. Die Fabrik ist von 8:30 bis 16:30 Uhr für Besucher geöffnet.

Volksfeste

- Vom 20. bis 31. August findet die ***Feria Patronal Santa Rosa de Lima*** statt. Tanz, Musik, Serenaden mit Marimba und Gitarre füllen tagelang Straßen und Plätze. Auch Pferderennen und die Krönung der Tabakkönigin gehören zum festiven Höhepunkt des Jahres.

Unterkünfte

- ***Hotel Elvir*** (auf der C. Real Centenario, Fax 662-0805, hotelelvir@hondudata.com), zentral gelegenes, gepflegtes und ruhiges Hotel. 2000 renoviert, schöner Kolonialstil, AC, Pool, Bar und Restaurant, DZ 50 $. Der Besitzer organisiert auch Ausflüge in die Umgebung (Gracias Lempira, Copán Ruinas).
- ***Hotel Continental*** (2ª C. entre 2ª y 3ª Ave. N.O., Tel. 662-0801), Restaurant, AC, Business Centre, Dusche/WC, freundlich und sauber, DZ 42 $.
- ***Hotel Maya Copán*** (1ª C. y 3ª Ave. N.O., Tel. 662-0801), Zimmer teilweise ohne eigenes Bad, DZ 6 $.
- ***Hotel Mayaland,*** (auf der Hauptstraße gegenüber der Busstation), Tel. 662-0233, sauberes, modernes Hotel, Zimmer mit TV und privaten Bad, Restaurant, DZ 20 $.
- ***Hotel El Rosario*** (½ cuadra vom *Hotel Copán,* Tel. 662-0211), einfache Zimmer, mit privaten Bad, DZ 10 $.
- ***Hotel Blanca Nieves*** (neben *El Rosario,* Tel. 662-1312), für Rucksackreisende, mit gemeinsamer Dusche (kaltes Wasser), DZ 5 $.

Essen

- ***Pizza Pizza*** (530ª C. Centenario, 4½ cuadras östlich vom Zentralpark, Tel. 662-1104, Fax 662-1105), vorzüglich für Pizza aller Art, im Oktober 1994 eröffnet, mit dem netten Eigentümer *Warren Post,* weithin bekannt für seinen feinen Sarkasmus. Inzwischen gibt es in sogar einzeln verpackte Qualitätszigarren und ein Info-Center für Traveller. Hier können auch Bücher getauscht werden.
- ***Flamingos*** (am Zentralpark Nähe Gefängnis *(Penitenciaria Central),* Tel. 662-0654), honduranische Fleischgerichte und asiatische

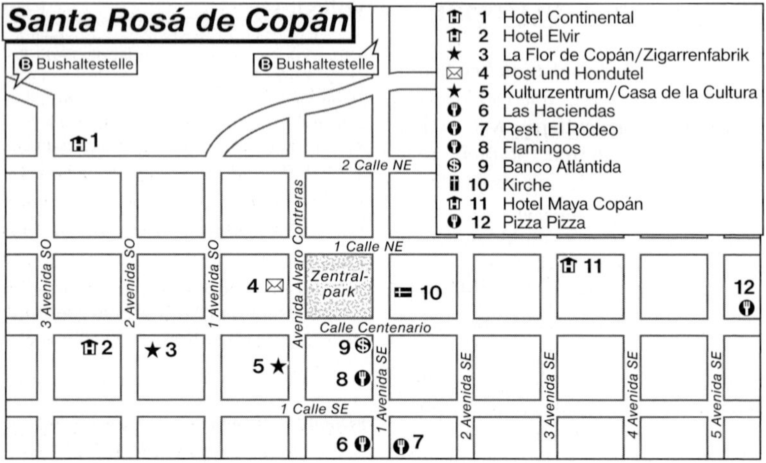

Nudelspeisen, geöffnet 11:30-22 Uhr (Di. Ruhetag).

- ***El Rodeo*** (auch Nähe Gefängnis), geöffnet 11:30-23 Uhr (So. Ruhetag), Fleisch-, Huhn- und Reisgerichte in gepflegter Atmosphäre. Guter Platz, um abends bei Musik einen Drink zu genießen.
- ***Las Haciendas*** (Tel. 662-0317), geöffnet tägl. ab 10 Uhr, Ende offen, preiswerte Volksküche (*pláto típico* u.ä.).
- In Santa Rosá de Copán gibt es auch zahlreiche ***Eisdielen*** und ***Cafeterien.***

Wichtige Adressen

Post, Hondutel

- In der Nähe des Zentralparks. Öffentlicher ***Fax-Service*** bei Hondutel unter Tel. 662-1005. Öffentlicher ***Internet- und E-Mail-Service*** entweder bei *Pizza Pizza* oder bei *Computec,* (2 piso, comercial en una casa amarilla, 2ª Ave. N.O. entre 1ª C. y 2ª C. S.O.) ca. 2 $ pro halbe Stunde.

Ärztliche Versorgung

- Ärztliche Hilfe in englischer Sprache gewährt *Dr. Sohel Rajabian,* ½ cuadra nördlich vom Hotel *Elvir.*
- Zahnärztliche Hilfe in englischer Sprache: *Dr. Wilfredo Urquia,* 2½ cuadras westlich des Zentralparks.

Bank

- *Banco del Occidente* (geöffnet 8-17, Sa. 8-11:30 Uhr); ebenfalls *Banco Atlántida* (geöffnet 9-16 Uhr), beide Banken liegen am Zentralpark.

Tour Operator

Max Elvir von *Lenca Land Trails* (vgl. Hotel *Elvir,* dort Tel. 662-0805, Fax 662-0103), lenca@hondutel.hn, bietet individuelle Touren nach Santa Rosá de Copán (z.B. die Tabakmanufakturen), nach Gracias Lempira (z.B. Architektur, Kirchengeschichte und Thermalquellen) oder nach La Esperanza (z.B. indianische Kultur, Kunsthandwerk) an.

Auch Trekking-, Landwirtschafts- und Reittouren sind in seinem Programm. Ein 3-Tages-Arrangement kostet pro Person etwa 170 $, ab 2 Personen.

Verkehrsverbindungen

Straße

- Von ***San Pedro Sula*** aus über ***La Entrada de Copán,*** dann weiter die Landstraße geradeaus (nicht rechts nach Copán Ruinas). Nach 46 km trifft rechts der Straße der Blick auf das auf dem Hügel liegende Santa Rosá. Die Stadt ist 154 km von San Pedro Sula entfernt.

Bus

- Alle Überlandbusse fahren vom ***Busterminal,*** ca. 2 km südlich vom Hotel *Mayaland,* an der Landstraße, ab. Von dort Transfer ***zum Ortszentrum*** mit dem Bus *El Urbano* oder dem Taxi (ca. 0,60 $).
- Anreise von ***San Pedro Sula*** alle 30 Min. ab 5 Uhr morgens, bis 17 Uhr nachmittags, Terminal *Toritos* oder *Copanecos* (6ª y 7ª Ave. entre 8ª y 9ª C., Tel. 554-1954, 553-4930), Fahrzeit ca. 3 Std., 1,80 $.
- Anreise von ***Tegucigalpa*** um 3:45 Uhr morgens (Terminal *Sultana* in Comayagüela), 3,20 $.
- Anreise von ***Copán Ruinas*** mehrmals tägl., ca. 4 Std, Umsteigen in ***La Entrada.*** Direkt fahren *Torito* und *Copanecos* um 8:30 und um 14 Uhr ab (Halt in La Entrada).
- Von/nach ***Gracias*** stündlich ab 9 Uhr, ca. 1 Std. Fahrzeit, 0,50 $.
- Von/nach ***Nueva Ocotepeque*** mehrmals tägl., ca. 3 Std. Fahrzeit.
- Von ***La Entrada*** ab 6 Uhr morgens stündlich, eine gute Std. Fahrzeit, 0,50 $.

Aktivitäten und Ausflüge ab Santa Rosá

Casa de la Cultura

Eine halbe cuadra vom Parque Central befindet sich das ***Kulturzentrum,*** in dem oft Theaterstücke, Musikveranstaltungen oder Lesungen stattfinden.

Osterprozessionen

Zwischen Gründonnerstag und Karsamstag finden alljährlich die sechs Osterprozessionen statt, in denen der Leidensweg Christi nachgespielt wird. Besonders charakteristisch ist das „Zertrampeln" der aus Blumen und Flechtwaren geflochtenen Teppiche. Um dieses Schauspiel zu erleben, sollte man am Karsamstag nicht nach 9 Uhr eintreffen.

Beneficio Maya

Eine Fabrik zur Herstellung hochwertigen, honduranischen Kaffees ist das Beneficio Maya, wo der Kaffee von der Lese bis zur Röstung verarbeitet wird, eine Erlebnis, das z.B. im Kaffeeland Deutschland nicht erfahren werden kann (bei uns wird nur nachgemischt, geröstet und verpackt). Ein Taxi für 0,50 $ weist den schwer zu findenden Weg zum Beneficio.

La Montanita Park und Doricentro

24 km bzw. zehn Autominuten Richtung Gracias Lempira befindet sich der kleine Park La Montañita und gleich dahinter ein Schwimmbad mit Snackbar. Am Park gibt es einen See, dessen Fische hier frisch zubereitet werden. Einfache Boote *(lanchas)* erlauben eine Ausfahrt.

Wanderung von Dulce Nombre de Copán nach Santa Rita

Wer Copán Ruinas per mehrtägige Wanderung über die Berge erreichen

möchte, kann mit dem Bus zum Dörfchen ***Dulce Nombre de Copán*** fahren. Das Dorf liegt westlich der Hauptstraße – also Fahrtrichtung rechts von San Pedro Sula oder Copán Ruinas kommend – ca. 10 km vor Ankunft in Santa Rosá de Copán. Dort gibt es in der Nähe von *Hondutel* eine einfache Herberge. Gut 20 km zu Fuß geht es auf einer Sommerstraße weiter Richtung Westen nach ***San Augustín.*** Hier gibt es keine formellen Herbergen, mit freundlichem Fragen wird man aber sicherlich einen Unterschlupf finden, in dem man seinen Schlafsack ausbreiten kann. Am nächsten Tag führt ein Tagesmarsch über ***Mirasol*** oder ***El Mirador*** nach Santa Rita, das 8 km von ***Copán Ruinas*** an der Hauptstraße liegt.

Straßenflucht Richtung Osten

Von Belén Gualcho in den Nationalpark Celaque

Belén Gualcho ist ein guter Ausgangsort für interessante Touren in den ***Nationalpark Celaque*** (siehe auch unter Gracias Lempira). Hier befinden sich das ***Hotelito El Carmen,*** sauber, preiswert, und die ***Hospedaje René,*** sehr einfach. Von Belén Gualcho aus führen Halbtageswanderungen auf schmalen Eselspfaden nach ***San Manuel de Coluete*** und ***San Sebastián Colosuca,*** mitten im Gebirge auf ca. 1600 m Höhe gelegen. In beiden Dörfern, die auch von Gracias Lempira aus per Bus zu erreichen sind, gibt es ganz einfache Herbergen und comedores.

Bergführer können für ca. 10 $ angeheuert werden (Auskunft bei Frony).

• ***Anreise:*** Von Santa Rosá mit dem mehrmals tägl. in Richtung Süden fahrenden Bus bis nach ***Cucuyagua,*** dann von ***San Pedro de Copán*** nach ***Corquín,*** wo auch Herbergen und comedores zu finden sind. Von Corquín aus fährt zweimal tägl. ein Bus nach Belén Gualcho.

San Juan (zwischen Gracias Lempiras und La Esperanza)

Hier ist ein Ecotourismus-Projekt besonders erwähnenswert: Besuch von Wasserfällen, biologisches Reservat Opalca, einige Wander- und Reitwege, Thermalbad, biologischer Kaffeeanbau. Auskunft zur Organisation dieser Routen: Besucherzentrum in San Juan mit *Gladys Nolasco* und/oder Volontären von *Cuerpo de Paz (Peace Corps).* Einfache *Hospedajes* sind vorhanden. Anfahrt: siehe Bus nach La Esperanza.

Zur Grenze mit El Salvador und Guatemala

Nueva Ocotepeque

Die Weiterreise nach Agua Caliente, Guatemala (und weiter nach Esquipulas), oder El Poy, El Salvador, geht über Nueva Ocotepeque, das etwa 95 km südlich von Santa Rosá de Copán liegt. Nueva Ocotepeque ist die – wie der Name schon sagt – neue Hauptstadt des Bezirks Ocotepeque, nachdem das schon 1540 gegründete Antigua Ocotepeque 1934 von den Schlammlawinen des Berges Cerro El Pital komplett verschüttet worden war. Im naturkundlichen ***Regionalmuseum*** *Museo Ocotepecano de Ciencias Naturales* im Büro der Provinzregierung (*Gobernación*, am Zentralpark) kann man einen Überblick über die Entwicklung der Region gewinnen (Öffnungszeiten Mo.-Fr. 8-16 Uhr).

Unterkünfte

• ***Hotel Maya Chortí*** (3 cuadras unterhalb der Busstation, östlich der Fernstraße, Tel. 653-3377), gute Ausstattung und Service, günstige Preise, DZ ab 15 $, mit AC ab 22 $.
• ***Hotel Sandoval*** (Tel. 653-3098), Zimmer mit AC, Privatbad, Restaurant, DZ 20 $.
• ***L'Europe Bed & Breakfast*** (Tel. 653-3822), Zimmer mit privatem Bad, Ventilator, Bar und Restaurant, DZ 10 $.
• ***Hospedaje San Antonio*** (½ cuadra westlich der Fernstraße, Tel. 653-3072), einfach, sauber und preiswert, DZ ab 2,30 $, bei Privatdusche wesentlich teurer.
• Weitere billige *hospedajes* zwischen Busbahnhof und Zentralpark, DZ ab 2 $: z.B. ***Congolón, El Viajero, San Antonio*** und ***Maya Chorti.***

Essen

• ***Restaurante Don Chepe*** (tägl. 6:30-22 Uhr) im Hotel *Maya Chortí*, typische und manche internationale Speise in gepflegter Atmosphäre.
• Billiger sind die comedores ***Ruth*** und ***Nora,*** gleich am Zentralpark.

Verkehrsverbindungen

• Bus ***von San Pedro Sula*** nach Nueva Ocotepeque: Neben den mehrmals tägl. verkehrenden Bussen nach ***Santa Rosá de Copán*** gibt es eine ***Direktverbindung*** von San Pedro Sula aus: *Impala* oder *Congolón* (2ª Ave. entre 4ª y 5ª C. S.O., Tel. 553-3111) fahren zwischen 3:30 und 15 Uhr sechsmal tägl. (Fahrzeit 6 Std., Ticket 3,20 $).

Nationalpark Monte Cristo

Im Dreiländereck liegt der gemeinsam von Honduras, El Salvador und Guatemala verwaltete Nationalpark *Monte Cristo*, besser als Projekt *Trifinio* oder *La Fraternidad* bekannt. Am wenigsten mühsam ist der Zugang zum Aussichtspunkt von Metapán, El Salvador, aus. An guten Tagen sind fast ganz El Salvador und der Westen von Honduras zu sehen.

Grenze mit El Salvador (El Poy)

Verkehrsverbindungen

- ***Von Nueva Ocotepeque*** fahren *colectivos* (0,45 $) und Kleinbusse (0,20 $) zum salvadorianischen Grenzort El Poy.
- Busse von der Grenze ***nach San Salvador:*** Von El Poy fahren mindestens 5 Busse tägl. über ***La Palma,*** das Kunsthandwerkszentrum El Salvadors, bis in die Hauptstadt ***San Salvador*** (Fahrzeit 4 Std., letzter Bus um ca. 16:30 Uhr, Ticket 1 $). Wegen der regen Guerilla-Tätigkeit in dieser Region werden auch heute noch Kontrollen in den Bussen durchgeführt.

Ein- und Ausreisebestimmungen

- Siehe „Praktische Reisetipps, Hin- und Rückreise".
- Das nächste ***salvadorianische Konsulat*** befindet sich am Zentralpark von Nueva Ocotepeque.

Grenze mit Guatemala (Atulapa/Agua Caliente)

Verkehrsverbindungen

- Kleinbusse zu 0,25 $ fahren vom Zentrum ***Nueva Ocotepeques*** zum guatemaltekischen Grenzort Agua Caliente.
- Von Atulapa/Agua Caliente fahren alle 30 bis 60 Min. (je nachdem, wann sie voll sind) Kleinbusse nach ***Esquipulas*** (0,60 $). Ab ca. 8 Uhr morgens fahren von dort alle 30 Min. Busse der Linien *Rutas Orientales* und *Rutas Guatesqui* in die ***Hauptstadt*** Guatemalas (Fahrzeit 5 Std., Ticket 3,25 $).

Ein- und Ausreisebestimmungen

- Siehe „Praktische Reisetipps, Hin- und Rückreise".
- ***Konsulate*** befinden sich in Tegucigalpa und in San Pedro Sula.

Gracias Lempira

Gracias Lempira ist schon 1536 gegründet worden. Von 1537 bis 1538 war es das Zentrum des letzten und größten indianischen Widerstandes gegen die spanischen Eroberer in Honduras.

Der *cacique* (traditionelle Führer) *Lempira* vereinte 1537 rund 30.000 indianische Kämpfer zur Verteidigung gegen die Spanier und war darin auch recht erfolgreich. Doch *Francisco de Montejo* und sein Leutnant *Alonzo de Cáceres* setzten alles daran, *Lempira* in seinem strategisch genial gelegenen Camp auf dem Hügel Cequín zu besiegen. Als ihnen das nicht gelang, lockten sie *Lempira* mit einem Verhandlungstrick aus Cequín weg und brachten ihn hinterrücks um. Daraufhin konnte sich der letzte indianische Widerstand gegen die spanischen Eroberer nicht mehr lange halten.

1544 wurde Gracias Sitz der *Audiencia de los Confines* (eine Art höchstes Gericht des Generalkapitanats von Guatemala), wodurch es zeitweilig politisches Zentrum Zentralamerikas war. Das ist angesichts des verträumten

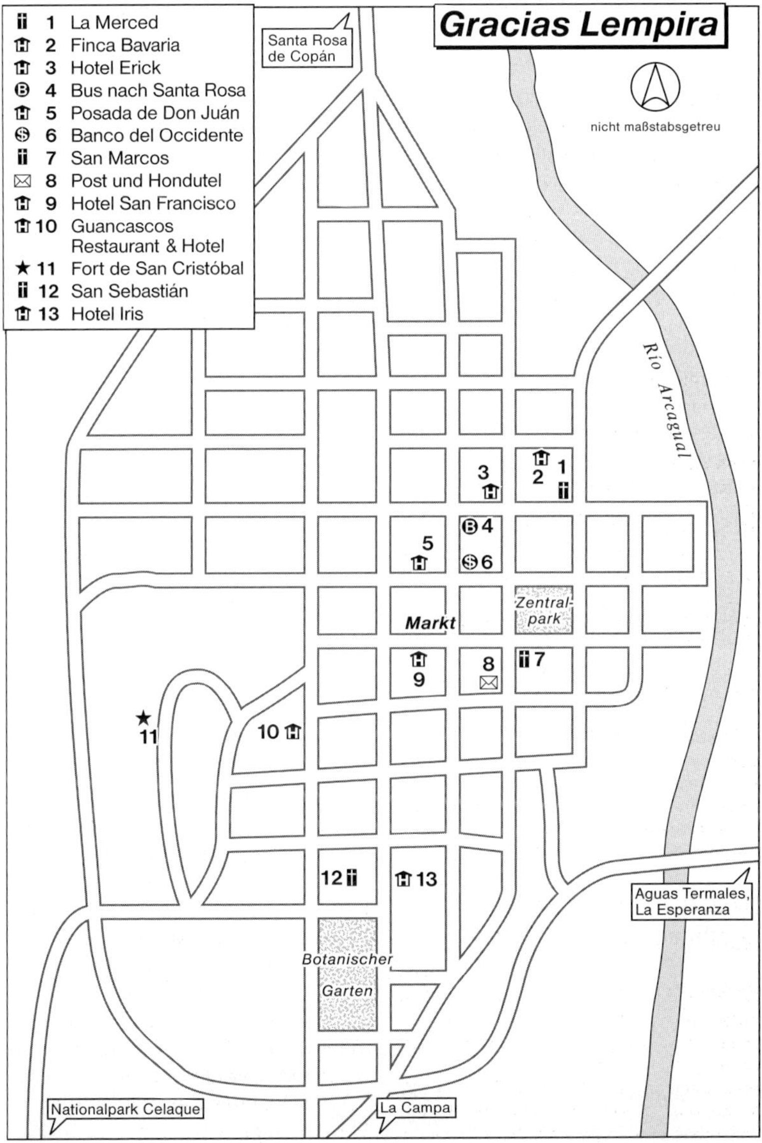
Gracias Lempira
1 La Merced
2 Finca Bavaria
3 Hotel Erick
4 Bus nach Santa Rosa
5 Posada de Don Juán
6 Banco del Occidente
7 San Marcos
8 Post und Hondutel
9 Hotel San Francisco
10 Guancascos Restaurant & Hotel
11 Fort de San Cristóbal
12 San Sebastián
13 Hotel Iris
Santa Rosa de Copán
nicht maßstabsgetreu
Río Arcagual
Markt
Zentralpark
Botanischer Garten
Aguas Termales, La Esperanza
Nationalpark Celaque
La Campa

Charakters des Kolonialstädtchens heute kaum mehr vorstellbar. Gracias gewinnt auch durch seine Lage inmitten einer wilden, gebirgigen Landschaft zwischen dem Nationalpark Celaque und dem Naturschutzgebiet Opalaca. Durch die gebirgige Lage ist das Klima mild, nachts wird es frisch (14 Grad).

Oberhalb des Ortes befindet sich das spanische ***Fort San Cristóbal*** auf einem Hügel, an dessen Hang sich das Grab des Präsidenten *Juán Lindo* befindet, der in Honduras Mitte des 19. Jahrhunderts das allgemeine Bildungswesen einführte.

In Gracias befinden sich drei ***koloniale Kirchen.*** Deren interessanteste ist ***La Merced,*** erbaut im 17. Jahrhundert. Die Fassade von La Merced wird durch Traubenfresken und Statuen lächelnder Heiliger geschmückt. Das heutige ***Pfarrhaus*** *(casa parroquial)* ist das ehemalige Gebäude der erwähnten *Audiencia de los Confines.* Im Garten des ***Hauses der Familie Galeano*** befindet sich der ehemalige botanische Garten, der inzwischen verwildert ist. Hier wohnt der junge Maler *Eduardo Galeano,* der in seinen phantastischen Bildern die Mythen der Lenca mit der Wirklichkeit des heutigen Honduras verknüpft (Auskunft bei *Guancascos).*

Volksfeste

•***20. Juli:*** *Tag des Lempira,* größtes Volksfest der Region. Bereits eine Woche zuvor werden im Zentralpark traditionelle Hütten aufgebaut, Keramik und Essen der Region und das Getränk des Festes, die alkoholhaltige

Die Verfluchung von Gracias

(von *Veronika Schmidt*)

Die alten Kolonialherren vertrieben sich die Zeit gerne mit *tabas,* einer Art Würfelspiel. Diesem Spiele widmeten sich an einem schönen Sommernachmittag Frau Bürgermeister und ein Sakristan auf der Plaza. Hohe Summen waren im Einsatz. Die gerissene Bürgermeistersgattin spielte falsch und betrog den armen Sakristan um seine Ersparnisse. Als dieser begriff, dass er hereingelegt worden war, ohrfeigte er die Honoratiorin in aller Öffentlichkeit, und zwar so kraftvoll, dass sie ohnmächtig umfiel.

Kaum kam sie wieder zu sich, bat sie die Anwesenden um Beistand und Rache. Die erboste Menge verfolgte den Sakristan, der sich in die Kirche geflüchtet und bei der Statue der Jungfrau de Las Mercedes Schutz gesucht hatte. Es half ihm nichts, er starb unter einem Steinhagel. Ein Stein traf die unschuldige Jungfrau sogar an der Stirn und schlug ihr eine Wunde, die später auch mehreren Restaurationsversuchen im Mutterland Spanien widerstand.

Die entsetzten Priester hielten tags darauf eine Messe ab und verfluchten diese und die kommenden fünf Generationen. Anschließend bestreuten sie die Straßen der Stadt mit Salz und verließen sie auf Nimmerwiedersehen. Ein Priester zog sich sogar die Sandalen aus und reinigte die Sohlen, um nicht ein Staubkorn des verfluchten Orts mit sich zu nehmen.

Es heißt, dass Gracias daraufhin in Vergessenheit geriet, viele Menschen mussten abwandern, um sich ein Auskommen zu suchen. Viele alte Leute hielten sogar das Erdbeben, das 1915 Teile der Stadt zerstörte, für eine Folge der Verwünschung. Erst Jahrhunderte nach dem unseligen Zwischenfall kam ein Missionar und hob den Fluch auf. Von da an, so sagt man, ging es wieder aufwärts.

Mais- oder Ananas-Chicha, verkauft. Das handbetriebene Riesenrad und Kettenkarussell werden für die jüngeren feria-Gäste in Gang gesetzt. Am 20. Juli reisen die Menschen aus der ganzen Region an, um Umzüge in traditioneller Kleidung zu bewundern und dem im Zentralpark aufgeführten Theaterstück beizuwohnen, das den Widerstand gegen die Eroberer und den Tod des *Häuptlings Lempira* beschreibt.

- ***13. Dezember:*** Fest der Schutzpatronin Santa Lucía. Zeremonie des ***Guancasco,*** eines prähispanischen Brauchs der Maya, der auch in anderen westhonduranischen Ortschaften anzutreffen ist: Zwei Nachbargemeinden bekräftigen, heute mit Unterstützung der Kirche, ihr Friedensbündnis. Schaulustige und Gläubige kommen in Scharen, lebhafter Handel rankt sich um die Zeremonie.

Unterkünfte

- ***Hotel San Francisco*** (westlich gegenüber vom Markt, Tel. 656-1559), Restaurant, AC, neu und komplett, DZ 26 $.
- ***Posada de Don Juán*** (gegenüber der *Banco de Occidente*, Tel. 656-1020, Fax 656-1323), Warmwasser, Ventilator und Parkplatz, komfortabel mit sehr ordentlichen, sauberen Zimmern, Cafetería mit *comida típica*, DZ (mit Ventilator) 21 $, DZ (mit AC) 26 $.
- ***Guancascos*** (Tel. 656-1219, Fax 656-1526, fronica@tutopia.com, www.guancascos.com), das schöne, großzügige und sehr saubere Hotel ist besonders beliebt bei Rucksackreisenden aus aller Welt. Es liegt unterhalb des *Castillo San Cristobal*, Restaurant mit landestypischen sowie kontinentalen Gerichten, Privatparkplatz, Garten, ruhiges, familienfreundliches Ambiente, für das die holländische Besitzerin *Frony* sorgt, Internetanschluss (0,10 $/Min.). DZ 20 $ mit Warmwasser, Ventilator, TV und eigenem Badezimmer. Vom Hotel aus Transport zum Eingang des Nationalparks *Parque Celaque* ($ 3 pro Person). *Frony* ist eine gute Quelle für Informationen über Gracias und Umgebung. Sie vermietet auch eine Hütte *(cabaña)* im Nationalpark Celaque.

- ***Posada y Cafetería Fernando's*** (auf der Straße nach Santa Rosá de Copán unterhalb des *Castillo San Cristobal*, Tel. 656-1231), sehr ordentliche, einfache Zimmer, um eine Grünfläche angeordnet, Warmwasser, Kabelfernsehen und Ventilator, Privatparkplatz. Die sehr netten Besitzer bereiten auf Wunsch landestypisches Frühstück und Abendbrot zu, DZ 16,50 $.
- ***Finca Bavaria*** (½ cuadra hinter *Iglesia Merced*, Tel. 656-1372), bei *Franz* aus Bayern findet man Ruhe: Auf einem weitgehend naturbelassenen, großen Gelände mit Bananen-, Mango- und Avocado-Bäumen, Zimmer mit Bad, Warmwasser, Ventilator, Parkmöglichkeit, DZ 8,50 $. Gegenüber Restaurant, das tagsüber auf Wunsch Tacos (0,60 $ pro Stück) zubereitet und abends als sehr ruhige, wenig besuchte, familiäre Kneipe dient.

Die ehrwürdige Kathedrale

● ***Hotel Erick*** (im Ortskern Nähe Busbahnhof (Tel. 656-1066), einfach, aber sauber, ist beliebt bei Reisenden mit niedrigem Budget. Alle Zimmer haben privates Bad. DZ 5,30 $ oder 8 $ (Warmwasser, Ventilator) oder 10 $ (Warmwasser, Ventilator, Kabelfernsehen). Privatparkplatz. Der Besitzer ist meist im Geschäft nebenan anzutreffen.

● ***Hotel Colonial*** (½ cuadra vom Zentralpark, Tel. 656-1258), einfache und etwas dunkle Zimmer, einfaches Restaurant, DZ 9,20 $, DZ mit Warmwasser und Fernseher 13,20 $.

● ***Hospedaje San José*** (C. Principal im Marktgebäude), Zimmer sehr einfach, aber relativ sauber, Gemeinschaftsbad, DZ 4 $.

● ***Hotel Los Angeles*** (C. Principal), Zimmer mit Ventilator, Gemeinschaftsbad (Warmwasser), DZ $ 5,20, DZ mit Privatbad, Ventilator und TV kostet 6,60 $. Einige Zimmer haben Balkon, Privatparkplätze.

Essen

● ***Guancascos*** (vgl. Hotel *Guancascos*, Tel. 656-1219), geöffnet zwischen 7 und 20 Uhr, auch gutes vegetarisches Essen wird angeboten. Beste Quelle für allerlei Infos über Gracias und Umgebung, sehr kinderfreundlich. Schöner Blick über Gracias und beliebter Treff für Reisende.

● ***La Fonda*** (am Zentralpark), bei Reisenden bekannt und beliebt, gute einheimische Küche, geöffnet von 11 bis 22 Uhr, preiswert.

● Außerdem gibt es eine ganze Reihe günstiger comedores und Imbissstände im ***Zentralpark.***

● ***Comedor*** (namenlos), (10 m links neben der Busgesellschaft *Gracianos* Richtung Santa Rosá de Copán). Das *comedor* ist an einem Baum zu erkennen, der aus dem Haus herauswächst. Frühstück mit Grillfleisch, Rührei, weißem Käse, Bohnenpüree, Sahne, Café und Wasser sowie gute *tortillas* für 1 $. Ebenso Mittag- und Abendessen, dann aber noch mit Reis (Öffnungszeiten 6 bis 21 Uhr), absoluter Tipp.

● In den oben beschriebenen Hotels kann man in der Regel auch gut essen.

Wichtige Adressen

Information

● ***Guancascos, Centro de Cultura Popular Los Lenca,*** am Zentralpark. Angeschlossen ist ein Laden mit Kunsthandwerk der Region und ein Kulturzentrum. Die honduranischen und niederländischen Eigentümer haben hier ein sympathisches und interessantes Informationszentrum für Ausflüge in Gracias und Umgebung, eingerichtet. *Frony* organisiert auch Reittouren nach Celaque oder in die Umgebung.

Post, Hondutel

● 1 cuadra südlich vom Zentralpark, 15. ***Poststelle*** geöffnet 8-12 und 14-17 Uhr.

● Hondutel geöffnet 7-19 Uhr.

Internetcafés

● ***Ecolem,*** ½ cuadra östlich von *Guancascos.*

● ***Milenium,*** gegenüber von *Hondutel.*

Bank

● *Banco de Occidente,* am Zentralpark, Mo.-Fr. 8:30-16:30 Uhr, Sa. 8:30-11:30 Uhr.

Verkehrsverbindungen

Straße

● Kurz vor ***Santa Rosá de Copán*** links, auf asphaltierter Straße geht es 50 km weiter bis Gracias.

Bus

Busabfahrtzeiten ändern sich schnell, lieber aktuell noch einmal nachfragen:

● Von ***Santa Rosá de Copán*** stündlich ab 7 bis 16:30 Uhr. Von La Esperanza nach Gracias, 12 Uhr, gut mit Pick-up, oft mit Zwischenstopp in San Juán.

● ***Nach La Esperanza:*** Pickups fahren an der *planta eléctrica,* an der Brücke Richtung La Esperanza, Fahrt bis San Juán ca. halbe Std., von San Juán nach La Esperanza ca. 2 Std, pro Strecke ca. 1,50 $.

- ***Von Gracias*** (bei der *veterinaria Zacapa*) ***über La Campa nach San Manuel:*** 12 Uhr
- ***Von Gracias*** (Busstation) ***über La Campa nach San Marcos Caiquín:*** 11:30 Uhr
- ***Von Gracias nach Santa Rosá de Copán,*** stündlich von 5:30 bis 15:30 Uhr
- ***Von Gracias über La Esperanza nach Tegucigalpa:*** 5:30 Uhr

Ausflüge ab Gracias

Nationalpark Celaque

Im Nationalpark Celaque befindet sich der höchste Berg des Landes (2849 m). Das Gebiet wird von Bergnebelwald bewachsen, in dem Riesenfarne, Jaguare, Tapire und Quetzale zu sehen sind.

Das ***Besucherzentrum*** liegt 9 km (ca. 2 Stunden wandern) von Gracias entfernt. Die ersten knapp 6 km bewältigt ein normaler PKW, danach ist ein geländegängiges Fahrzeug vonnöten. Das Zentrum verfügt über eine Kochgelegenheit und einen Schlafsaal mit siebzehn Betten, einigen Latrinen und einer Kaltwasserdusche. Essen gibt es vor Ort nicht immer zu kaufen, es gibt jedoch eine Küche und ein Getränkedepot für Selbstversorger. Die Übernachtung kostet ca. 3,50 $ pro Person, Camping 2 $. Schlafmatte und winterfester Schlafsack müssen mitgebracht werden. Hinter dem Zentrum befindet sich ein kristallklarer Gebirgsbach.

Es gibt im Park eine Farm mit ***biologischem Anbau von Kaffee,*** außerdem können hier interessante Vögel beobachtet werden.

Die ***interessantesten Routen*** sind Villa Verde nach Santa Teresa und über Belén Gualche nach Villa Verde.

Vom Besucherzentrum aus beginnt der eigentliche Aufstieg in den Nebelwald. Mindestens sechs Std. sind es bis zum Gipfel. Die erste Etappe geht drei bis vier Std. bis zu einer Forsthütte auf 2050 m Höhe. Hier befindet sich das erste Bergcamp ***Don Tomás.*** Es gibt eine kleine Schlafgelegenheit, Matte und Schlafsack müssen mitgebracht werden. In dieser Höhe beginnt der dichte Wald. Der Pfad ist an den mit dünnen Seilen umspannten Bäumen zu erkennen. Auf 2000 und 2500 m befinden sich jeweils Lichtungen, auf denen Camping möglich und auch erlaubt ist. Das nächste Bergcamp auf 2560 m heißt ***Naranjo.*** Es befindet sich etwa 2 Std. zu Fuß von Don Tomás entfernt. Außer einer kleinen Hütte steht hier nur ein flacher Grund zum Camping zur Verfügung. Hier wird es nachts bereits richtig kalt, ein Winterschlafsack gehört zur Pflichtausrüstung. Von Naranjo zum Gipfel sind es weitere 2 Stunden Wanderung. Unterwegs eröffnen sich eindrucksvolle Ausblicke auf die umliegenden Täler. Für mehrtägige Wanderungen gibt die freundliche Besatzung des Besucherzentrums wichtige Tipps. Verschiedene Pfade führen ins Innere des großen Waldgebietes, sind aber ohne aktuelle Informationen und eine gute Orientierungshilfe (Kompass) nicht begehbar.

Vor einer Wanderung gen Gipfel Celaque sollte zunächst stets der aktuelle Rat der Forstbehörde *COHDEFOR* (am Zentralpark von Gracias) oder des netten Personals im Besucherzentrum eingeholt werden. Auskunft über ***Tou-***

ren und ***lokale Führer*** bei *Frony*, Restaurant *Guancascos*.

Informationen über die Tätigkeit des GTZ-Projektes ***„Förderung des Nationalparks Cerro Celaque"***, celaque@hondutel.hn

Thermalquellen

6,5 km von Gracias entfernt Richtung Süden, d.h. Richtung La Esperanza (bei Ausschilderung abbiegen), liegen die Thermalquellen *(aguas termales)*, zu Fuß in nur ca. 1 Std. zu erreichen. Die Hauptstraße Richtung La Esperanza 2,5 km geradeaus, dann rechts querfeldein – schwer zu finden, aber kleine Kinder sind immer hilfsbereit. In den Thermalquellen warten vier Bassins mit warmem, schwefelhaltigem Wasser. Der Eintritt kostet 1,50 $ für den ganzen Tag. Dort gibt es auch das *Turicentro Villa de Ada* mit Schwimmbad, Fußballfeld und angeschlossenem Restaurant (vor allem Fischgerichte).

Thermalquellen

Töpferdorf La Campa

Etwa 18 km südwestlich von Gracias liegt La Campa, einmal täglich fährt ein Bus (unregelmäßige Fahrzeiten). Bei Regen ist der Ort nur mit allradgetriebenen Fahrzeugen erreichbar. Es lohnt sich, den Lenca-Frauen bei der Herstellung von einfachem Hausrat (Töpfe, Pfannen, Kerzenständer) zuzuschauen (siehe nebenstehenden Exkurs). La Campa, das eine sehr schöne ***Kolonial-Stil-Kirche*** hat, feiert ein Mal im Jahr, am 20. und 24. Februar, das Fest des *San Matías*, traditionelle Stän-

Die Töpferinnen von La Campa

La Campa, ein Lenca-Dörfchen an der Grenze zu Gracias/Lempira, ist in Honduras berühmt für seine traditionellen Töpferwaren. Produktionsmethoden, Formen und Motive haben die Jahrhunderte fast unverändert überdauert. Der Fortschritt hat um La Campa einen Bogen gemacht. Im Ort gibt es keinen Strom und keine Abwasserkanäle, die Kindersterblichkeit ist hoch, die Menschen sind unterernährt, an allem herrscht Mangel. Nur Ton gibt es reichlich. Aus einer Grube in der Umgebung schaffen Männer auf Lasttieren oder auf dem eigenen Rücken das Rohmaterial herbei. Verarbeitung und Gestaltung ist Sache der Frauen.

Im dämmrigen Lehmhaus oder im *patio*, einem Gärtchen, das sich inmitten fast eines jeden Hauses befindet, arbeitet jede Frau für sich. Zuerst muss der Ton ein paar Tage in der Sonne trocknen. Die spröde Masse wird dann auf einem Mahlstein *(mortero)* feingemahlen und anschließend eine Woche gewässert. *Morteros* benutzten schon die Maya zum Maismahlen und die Lenca zur damaligen Zeit genauso zur Herstellung von Ton. Nach der Wässerung ist das Material elastisch und haltbar. Die geschmeidige Masse wird auf einer Rindshaut ausgebreitet, mit Sand vermengt und mit den Füßen gestampft, bis sich die Materialien verbunden haben. Der Rohstoff ist fertig zur Bearbeitung.

Die Töpferinnen arbeiten, ohne Töpferscheibe, nach verschiedenen Methoden. Auf einem Brett höhlen sie einen Klumpen Ton aus, oder sie formen „Würste", die sie aufeinanderschichten. Zum Glätten der Wände benutzen sie entkörnte Maiskolben oder *jícaras*, Schalen aus der Frucht des Baumkürbis. So entstehen Haushaltswaren wie Schalen, Kochtöpfe, Gefäße, die das Wasser durch Verdunstung kühl halten, Tiegel, Aschenbecher, Kerzenständer und hier und da auch ein Tierchen oder ein prächtiger Leuchter für die Kirche. Die fertigen Gebilde trocknen im Schatten. Anschließend werden sie mit weißer Farbe auf roter Grundierung mit zumeist traditionellen Motiven bemalt. Ist die Farbe getrocknet, werden die Gefäße auf einem Holzstoß im Freien gebrannt. Das Wetter *muss gut sein, der Himmel klar,* und vom Boden darf keine Feuchtigkeit aufsteigen. Für einen gemeinsamen Brennofen fehlt den Frauen das Geld.

Die Vermarktung übernehmen die Männer des Dorfes. Sie tragen das zerbrechliche Gut auf die Märkte der Umgebung. Auf der Straße von La Campa nach Gracias sieht man die Träger, die unter der Last der Krüge fast zusammenbrechen. Sie könnten Lieferwagen anmieten, doch das ist zu teuer, und für die zerbrechliche Ware auf der unasphaltierten Straße zu riskant. Ein Gebiet von ca. 400 km² wird auf diese Weise von den Töpferinnen aus La Campa versorgt. Bevor die Spanier kamen, sagen die Frauen, sei das Verbreitungsgebiet sogar noch größer gewesen.

Veronika Schmidt

El Occidente

de, reichlich Essen und Töpfer-Werke aus Ort und Region - Menschen aus der ganzen Umgebung reisen an, um an diesem Ereignis teilzunehmen. Auskunft über Transport und Übernachtungsmöglichkeiten bei *Frony.* Es gibt ein paar einfache, saubere Pensionen.

Die *Alfareria* ***„La Gigante"*** des *Don Santiago* ist immer einen Besuch wert. Der liebenswürdige ältere Herr, der viel Wissenswertes aus der Region zu erzählen weiß, zeigt gerne seine Töpferwerkstatt, in der er Mädchen Töpferkurse gibt, damit die kunsthandwerkliche Tradition der Lenca erhalten bleibt. Don Santiago vermietet auch zwei einfache Gästezimmer für je 1,30 $ und seine Tochter kocht leckere regionale Gerichte.

- ***Bus ab Gracias Lempira:*** 1 cuadra nördlich des Zentralparks von Gracias befindet sich das Büro von *Cotral.* Ein Bus fährt tägl. um 12 Uhr über La Campa nach San Manuel de Colohuete. Ein weiterer fährt um 12:30 Uhr von La Campa nach San Marcos Caiquín.

San Manuel Colohuete

Von La Campa aus ist es nicht mehr weit bis San Manuel (je nach Fahrzeug und Zustand der Straße etwa 20-30 Minuten). San Manuel ist ein sehr ruhiger Ort in den Bergen auf 1500 m, der einen Besuch lohnt. Die Luft ist angenehm frisch und sehr sauber. Die Straßen außerhalb des Ortes sind kaum befahren, so dass man von dort aus kleine Wanderungen unternehmen kann (z.B. in Richtung San Sebastian). Auch die koloniale Kirche ist einen Besuch wert.

La Esperanza

Die Hauptstadt des Departements Intibucá hat mehr als 30.000 Einwohner und liegt auf 1485 m Höhe. La Esperanza gilt als kühlste Stadt des Landes, nachts wird es bis 5 Grad kalt. La Esperanza gilt auch als sicherste Stadt von Honduras. Das liegt an der indianischen Bevölkerung vom Stamme der Lenca. Da der Ort das Handelszentrum im Siedlungsbereich der Lenca ist, findet täglich (vor allem sonntags) ein bunter Markt statt, auf dem hauptsächlich Kleidung und Lebensmittel angeboten werden, jedoch kaum Kunsthandwerk. Berühmt sind die Obstweine, z.B. aus Orangen.

La Esperanza und Intibucá sind ***Schwesterstädte*** wie Tegucigalpa/Comayagüela oder Buda/Pest. Aber sie sind durch eine imaginäre, sich kreuz und quer durch die Stadt schlängelnde Grenze definiert. Nur eins ist sicher: Der Zentralpark liegt zwischen beiden. Unter der spanischen Krone wurde die Siedlung in einen von Spaniern dominierten Teil, La Esperanza, und einen indigenen Teil, Intibucá, geteilt. Während sich La Esperanza der Töpferei widmete, war die Wirtschaft Intibucás auf die traditionelle Landwirtschaft reduziert. Die in La Esperanza lebenden Lenca der Irmanies konzentrieren sich heute auf Chorola und Le Paterique, die aus Intibucá vorwiegend auf Azacualpa.

Die historische Trennung zwischen mestizischen Einwohnern und rein indianischen wurde während der Unabhängigkeit stark relativiert. Schließlich war *Morazán* genauso wie *Lempira* ein Wegbereiter des unabhängigen nationalen Bewusstseins. Immerhin heißt das Departamento bis heute Intibucá. Dass in Tegucigalpa neben *Francisco Morazán* nicht auch *Lempira*, sondern dem Dominator *Christobál Colón* eine Statue gewidmet wurde, konnte nicht durchgehen. Seit 1996 nahmen die indianischen Bestrebungen nach kultureller und politischer Identität in Honduras so spürbar zu, dass diese Bewegung inzwischen die eigentliche Nachfolge der sozialreformerischen (1950er Jahre) und revolutionären (1970er Jahre) Kräfte angetreten hat.

Im Osten der Stadt befindet sich am Fuß des Cerro San Cristóbal eine **Grotte** *(gruta)*, mit in den Fels gehauenen Stufen und einer Statue der Jungfrau Maria. Vor der Grotte finden auch religiöse Feiern statt, schöner Ausblick.

Unweit der Stadt befindet sich am Cerro de las Crucitas ein **öffentliches Bad** *(baños públicos)*, getrennt für Männer und Frauen, mit Duschmöglichkeit unter einem dicken Wasserstrahl.

Feste

- ***Feria Ecológica,*** Ende September.

Unterkünfte

- ***Upsan-Nah*** (1½ cuadras westlich vom Stadion, Tel. 783-0570), nomen ist hier nicht omen: modernes, einfaches Hotel, DZ 22 $.
- ***Hotel Mina*** (Tel. 783-1071), ein Teil ist luxuriös ausgestattet, DZ 30 $, der andere Teil sehr einfach DZ 14 $, Parkplatz im Innenhof.
- ***Gran Hotel La Esperanza*** (3 cuadras vom Markt, Tel. 783-0068, 783-0746), saubere Zimmer mit TV, DZ 20 $.
- Sehr einfache Unterkünfte z.B. ***Hotel Rey, Hotel Goméz.***
- Vor der Stadt: ***Cabañas entre Pinos*** (4 km vor der Stadt Richtung Siguatepeque, Tel. 783-0743), völlig im kolonialen Stil erbautes, in tropischen Garten eingebettetes Familienhotel mit Restaurant, Bar und Pool, große Zimmer für bis zu 8 Personen, 50 $.
- ***Cabañas Bosques Llanos de la Virgen*** (etwas außerhalb, Tel. 783-0446), sehr schön, mit Küche, warmem Wasser, TV, Grillplatz, für 5 Personen, 45 $ (jedes weitere Bett 4 $).

Essen

- ***Opalacas,*** (traditionell bestes Restaurant, 1 cuadra vom Zentralpark), leckere Fisch- und Fleischgerichte, von 10 bis 21:30 Uhr geöffnet.
- ***Mexicanos,*** gleich neben *Opalacas,* bietet *tacos* und andere typisch mexikanische Snacks und Gerichte zu fairen Preisen (Mittags- und Abendtisch).
- ***El Magus*** (Centro Comercial, Tel. 992-2086), tägl. von 8 bis 21:30 Uhr geöffnet, auch Cafetería-Betrieb mit einfachen Snacks.
- ***Pollito Indio*** (Bo. Plaza de Armas, Tel. 898-2093), tägl. von 10:30 bis 21:30 geöffnet. Geflügel und Snacks.
- ***Café Internet*** (am Zentralpark, Tel. 783-0738), Restaurant, *comida típica* und Internet (4 $ pro Std).
- ***La Hacienda*** (am Zentralpark), sehr gemütlicher Innenhof, große Portionen, sehr zu empfehlen.
- Außerdem mehrere einfache **comedores.**

Wichtige Adressen

Post, Hondutel

- Am Zentralpark.

Informationsstellen

- Das Büro der ***Lenca-Organisation*** *COPIN (Consejo Cívico de Organizaciones Populares e Indigenas)* befindet sich im Bo. Lempira, links hinter einem großen Fußballfeld, Tel. 783-0817.

• Eine hilfreiche Informationsquelle ist der Kontakt zu den **Peace Corps-Freiwilligen,** die hier ihr Regionalbüro haben *(Bo. Bajo,* unterhalb des Marktes), Tel. 783-0688.
• ***ONIL*** (Organización Nacional de Indígena Lempira).

Bank

• ***Banco Atlántida, Banco de Occidente,*** geöffnet tägl. 8-16:30 Uhr, Sa. bis 11:30 Uhr.

Verkehrsverbindungen

Straße

• La Esperanza ist von ***Gracias Lempira*** aus (83 km) nur in der Trockenzeit auf der dann sicher befahrbaren, aber nicht asphaltierten Straße (Geländewagen empfehlenswert) erreichbar, viel Zeit (3 bis 4 Std.) ist dafür aufzubringen.
• Von ***Tegucigalpa*** aus führt die Hauptverkehrsstraße Richtung Norden (San Pedro Sula) zunächst nach ***Siguatepeque*** (117 km) und dann hinter Siguatepeque links (westlich) auf nichtasphaltierter Allwetterstraße durch eine malerische Nadelwald-Berglandschaft über Jesús de Otoro nach La Esperanza (Teilstück Siguatepeque – La Esperanza 66 km).
• Von ***Marcala*** aus ist La Esperanza auf einer guten, nichtasphaltierten Allwetterstraße (36 km) zu erreichen, Fahrtzeit ca. 2 Std.

Bus

• Von ***Gracias*** tägl., aber nicht immer regelmäßig, fährt ein Bus um 5:30 Uhr morgens oder dreimal wöchentlich verkehrendem Postauto (Fragen bei *Guancascos* lohnt sich).
• Von ***Tegucigalpa*** aus mit dem Bus in Comayagüela (an der Dippsa-Tankstelle in San Isidro, 4ª C., Empresa Joelito), Abfahrt um 15 Uhr, Ankunft um 18:30 Uhr, 2,50 $.
• Von ***San Pedro Sula*** mit *Transporte Carolina,* mehrmals tägl. ab 5 Uhr morgens zunächst nach ***Siguatepeque,*** dann vom Abfahrtspunkt in Siguatepeque (etwa 2,5 km nördlich der Stadteinfahrt, an der Kreuzung der neuen Straße Richtung La Esperanza, erkennbar an einer Texaco-Tankstelle) ab 5:30 Uhr morgens alle paar Stunden auf schöner Allwetterstraße.
• Von ***Marcala*** tägl. um 7 Uhr, ca. 1 Std. (später am Tag ist das Fahren per Anhalter einfach, 0,80 $ sollte man dem Fahrer in jedem Fall anbieten), ***nach Marcala*** tägl. um 11 Uhr.

Ausflüge

Exzellent ist die Gegend um La Esperanza zum Wandern geeignet, z.B. nach ***Yaramanguila*** oder in andere benachbarte Gemeinden. Busse fahren regelmäßig von La Esperanza. In einer Lenca-Gemeinde sollte die *Alcaldia Auxiliar* aufgesucht werden, eine indigene Parallelverwaltung, die seit Hunderten von Jahren die Wünsche der Ureinwohner in die Politik einbringt. Sicht und Bodenverhältnisse im lichten Kiefernwald schaffen ideale Trekking-Bedingungen. Abwechslungsreich ist die Landschaft durch Lagunen, Flüsse und Wasserfälle, in denen man gut baden kann. Vorsicht zum Jahreswechsel: Es wird empfindlich kalt.

Nur einen guten Kilometer vom Dorf Rio Grande stürzt ein Wasserfall 120 m tief ins Tal. Der ***Rio Grande*** selbst liegt knapp 20 km von La Esperanza und ist täglich mit dem Bus zu erreichen (Fahrtzeit ca. 1 Std.), der um 10 Uhr bei Repuestos Arles gegenüber dem Zentralmarkt abfährt. Auf dem Weg nach Rio Grande befinden sich interessante Genossenschaften, welche mit archaischen Geräten Stoffe weben (El Cacao) oder Blumen züchten (Nähe der Laguna de Chiligatoro).

Marcala

Marcala liegt etwa 35 km südwestlich von La Esperanza auf 1300 m über NN. Es bietet sich auf dem Weg nach Tegucigalpa als Zwischenstation geradezu an. Marcala wurde schon 1635 gegründet und ist heute mit seinen 11.000 Einwohnern das gepflegte Zentrum des Kaffeeanbaus der Provinz La Paz. Die Stadt liegt szenisch sehr hübsch im Bergland und verfügt über eine recht traditionelle, koloniale Architektur. Zum Greifen nahe liegen einige Parks und Natur-Schwimmbäder.

Eine Spezialität in Marcala (aber gelegentlich auch sonstwo in Honduras zu finden) ist das ***Atole:*** Frische Maiskörner werden zerstampft und mit Wasser vermischt. Die Masse steht dann 12 Stunden an einem warmen Ort, bis sie säuerlich wird. Dann durchseihen, mit Salz zum Kochen bringen. Dazu werden Maiskolben oder rote Bohnen mit Chili gereicht.

Volksfeste

- ***Patronatsfest San Miguel Arcángel,*** vom 20. bis 30. September, mit Gottesdiensten, Tänzen, Musik, Feuerwerk, Kartoffel-, Brombeer- und Orangenwein.

Unterkünfte

- ***Hotel Medina*** (gegenüber von *Hondutel*, Tel. 764-5866), beste Hotel von Marcala, großzügige saubere Zimmer, je nachdem ob mit oder ohne TV, DZ 12 $ oder DZ 14,5 $.
- ***Hotel Posada Real*** (gegenüber der *Cooperativa de Café Comarca*, Tel. 764-5531), einfach, sauber, relativ große Zimmer, privates Bad, warmes Wasser, DZ 8 $, mit TV DZ 13 $.
- ***Hospedaje Edgar*** (an der Hauptstraße am Ortseingang, Tel. 764-5724), mit Gemeinschaftsbad DZ 3,50 $ bis DZ 11 $ (privates Bad, TV, warmes Wasser).
- Weitere einfache ***Hospedajes.***

Essen

- ***El Junior,*** verschiedene Gerichte, gut und preiswert.
- ***El Mirador*** (an der Hauptstraße), geöffnet von 8 bis 22 Uhr, preiswert.
- ***Café Exprés*** (an der Tankstelle), gute honduranische Küche preiswert.
- Außerdem gibt es mehrere ***comedores.***
- Ebenfalls zu empfehlen: ***Santa Elena*** und ***Jairito.***

Wichtige Adressen

Post, Hondutel

- Vorhanden, auch mit Fax-Betrieb.

Bank

- ***Bancafé, Banco de Occidente,*** geöffnet 8 bis 12 und 14 bis 16 Uhr.

Verkehrsverbindungen

Straße

- Von ***La Esperanza*** aus 36 km auf unasphaltierter Allwetterstraße, von ***La Paz*** aus auf guter Straße, aber 70 km weit.

Bus

- ***Von Tegucigalpa*** um 8 und 14 Uhr mit *Transportes Lila* (7ª C. entre 4ª y 5ª Ave., Comayagüela, gegenüber *Cine Hispano*).
- Von ***La Esperanza*** per *Transportes Molina* um 8:30 Uhr oder per Anhalter.
- Nach ***Tegucigalpa*** tägl. um 5 und um 10 Uhr über La Paz, nach ***La Paz*** im großen Bus um 8 Uhr, 2 Std., oder im Kleinbus mehrmals täglich.
- Von ***La Paz*** aus fahren Minibusse um 5:30, 6:30 und 8 Uhr vom Soldatendenkmal am

Blvd. aus nach Marcala, Fahrzeit 1,5 Std., Ticket 1 $.

- Bus **nach San Miguel, El Salvador** (½ cuadra südöstlich des mercado), fährt zweimal tägl. (frühmorgens und mittags), *Transportes Wendy Patricia,* Fahrzeit 7 Std.

Ausflüge ab Marcala

Kaffee-Kooperativen

Marcala ist ein traditionelles Kaffeeanbaugebiet. Hier sind die ersten Kooperativen des Landes entstanden. Von November bis März findet die **Ernte** statt. Im Gespräch mit den *cafetaleros* oder den Erntearbeitern kann man um Erlaubnis bitten, einmal mit hinausfahren zu dürfen.

5 km von Marcala entfernt befindet sich eine kleine Kaffee-Kooperative, die mit Unterstützung des Deutschen Entwicklungsdienstes *(DED)* gegründet wurde.

Nach möglichst ökologischen Gesichtspunkten und ohne kostentreibende Zwischenhändler vertreibt die Kooperative den vorwiegend organischen Kaffee direkt an die europäischen Röstereien *(Trans-Fair).*

Des weiteren hat die *Cooperativa Regional Mixta de Agricultores Orgánicos de la Sierra (RAOS)* ihre Produktion diversifiziert und mittlerweile auf verschiedene andere organische Produkte ausgeweitet. Die *Coordinación de Mujeres Campesinas de la Paz (COMUCAP)* hat sich ebenfalls auf organische Produkte spezialisiert. Beide Organisationen werden u.a. vom *DED* unterstützt. Information bei RAOS: Tel. 764-5544 oder COMUCAP: Tel. 764-5278.

Im Kontrast zu den beschriebenen Gruppen arbeitet die Kooperative *Comarca* im wesentlichen vollautomatisch, sie hat entsprechend die fast fünfzigfache Kapazität. Während dort Ochsenkarren mit Holzrädern fahren, sind es hier Pick-ups und LKWs.

Balneario El Manzanal

3 km vom Ortszentrum Richtung La Esperanza befindet sich die gepflegte Parkanlage *El Manzanal,* mit Mini-Zoo, Restaurant und zwei großen, lauwarmen Thermalschwimmbecken. Der Eintritt beträgt 0,70 $, die Becken sind allerdings nur am Wochenende geöffnet. Nur höfliches und eindringliches Bitten kann auch unter der Woche zu einer Ausnahmeregelung verhelfen.

Chorra de la Estanzuela

4 km vom Ortszentrum Richtung La Esperanza befindet sich – hinter El Manzanal rechts ab – ein breites Wehr in grüner Umgebung. Zum Baden geeignet ist die Chorra aber nur von März bis November, da die Kaffee-Abfälle das Wasser sonst erheblich verunreinigt haben.

Wasserfall El Chiflador

El Chiflador ist ein über 60 m hoher Wasserfall, der jedoch ohne Führer schwer zu finden ist. Er befindet sich ca. 1,5 Std. von Marcala entfernt im Kiefernwald, hinter Kaffeepflanzungen. Wer das Schauspiel erleben mag, bittet eines der Kinder um Begleitung und gibt dafür anschließend ein Trinkgeld *(propina).*

Durch den Westen

Über Comayagua und La Paz nach Marcala, La Esperanza und Gracias Lempira

Ziel ist der kaum bereiste, von Kiefernwäldern und Lenca-Indianern geprägte ***Westen des Landes,*** wo die Freundlichkeit noch völlig echt ist. Hier begegnet man noch keinen Touristen und ist nach etwa 5 Tagen in Gracias Lempira vielleicht froh, einmal Europäer zu treffen.

Zunächst mit jedem Nordbus, z.B. *Empresas Unidas* (7ª Ave. entre 11ª y 12ª C., Comayagüela) ***nach Comayagua;*** 84 km, 1,5 Std. Fahrzeit, 1,20 $ Fahrpreis. Ausstieg an der Texaco-Tankstelle, von dort sind es 1 km zu Fuß oder für 1,20 $ mit dem Taxi ins Zentrum. Günstig ist die Abfahrt ab Comayagüela um 8 Uhr morgens, dann kommt man zur besten Zeit in Comayagua an und es ist nicht so heiß im unklimatisierten Bus. Der Genuss der harmonischen, bergigen Kiefernwälder ist unverfälscht.

- Besondere Empfehlung zur Übernachtung in Comayagua: *Hotel Halston* (Tel. 772-0755, 3ª C. entre 1ª y 2ª Ave. N.E., 2 piso), Ventilator und Privatdusche, nette Rezeption, DZ 8 $ (vgl. auch Comayagua).

Die ***Weiterreise*** – am nächsten morgen – z.B. ***nach La Paz,*** die Hauptstadt der unscheinbaren, aber angenehmen gleichnamigen Provinz im Westen, funktioniert per Bus von der Kreuzung der *Iglesia La Merced* aus (mehrfach tägl., 1 Std. Fahrzeit, 1 $). La Paz liegt auf einem Hochplateau (700 m von NN) mit genau 20.000 Einwohnern. Die schöne Kathedrale und die in ihr und in dem gegenüber befindlichen Gotteshaus stattfindenden Gottesdienste sind lebendig und für jeden offen.

- Besondere Empfehlung zur ***Übernachtung in La Paz:*** *Hotel Alis* (Tel. 774-2637), Patio mit Hängematten, Ventilator und Privatdusche, 11 $ pro DZ, ohne eigene Dusche 5 $ mit *comedor*. Zum Essen empfehlenswert ist *Rainbow*, für Hähnchen aller Art; und für den feineren Geschmack *Tequila* an der Hauptstraße: großes, landestypisches Restaurant mit Bewirtung drinnen und draußen.
- ***Hotel B&B*** (im 2. Stock der *Clinica Zelaya*, C. Los Pinos, Tel. 774-3713), privates Bad, TV, AC, DZ 20 $.
- ***Hotel San Francisco*** (in der Nähe von *Hondutel*, Tel. 774-2205), sehr einfach, wenn überhaupt, dann kein warmes Wasser, DZ 5 $ mit eigenem Bad, DZ 8 $.

Der Bus ***nach Marcala*** fährt vom Kriegsdenkmal am Rand der Stadt ab: um 5:30, 6:30, 8 Uhr und danach alle 2 Std., Fahrzeit 2 Std., Fahrpreis 1,20 $.

- ***Übernachtungsempfehlung in Marcala:*** *Hospedaje Edgar* (an der Hauptstraße Richtung La Esperanza, nahe der Kreuzung), einfache Zimmer mit Hofeingang, DZ mit privater Dusche 4 $, ohne 3 $.
- ***Ausflüge in Marcala:*** Kaffeekooperative Comarca, Balneario El Manzanal, Chorra de la Estanzuela, Wasserfall El Chiflador (vgl. Kap. Marcala, dort ausführlich).

Weiterreise von Marcala: Nach La Esperanza, 36 km, ca. 2,5 Std. auf dem Pick-up, also staubig; weiter ***nach Gracias,*** 80 km, direkt ca. 3 Std, über San Juan ca. 4 Std., insgesamt für ca. 2 $.

Die Karibikküste zwischen Tela und Trujillo

Überblick und Route

Die Nordküste von Honduras gehört zu den vielfältigsten und exotischsten Streifen Lateinamerikas. Hier treffen sich das zweitgrößte Korallenriff der Welt, die lebendige Kultur der Garífunas und Mestizen sowie Nationalparks und Landschaften, die dicht an die karibischen Hafenstädte Tela, La Ceiba und Trujillo heranragen.

Das Klima des Nordens ist durch eine fast ganzjährige Regenzeit (Mai bis Februar) mit kurzen Nachmittagsschauern und immerwährende schwüle, tropische Hitze gekennzeichnet. Hotels und Büros sind deshalb weitgehend klimatisiert. Ohne zumindest einen Ventilator tun Europäer in diesen Breiten nachts vor Schweiß kein Auge zu.

Im Folgenden werden (von Westen nach Osten) die Städte El Progreso, Tela, La Ceiba und Trujillo beschrieben. Alle liegen an der Fernstraße CA13, der asphaltierten Küstenstraße, die zwischen der Kordillere Nombre de Dios und dem Karibikstrand die Städte und Dörfer des Nordens verbindet. Das Meer ist von der Straße aus aber nicht zu sehen. Von La Ceiba und Trujillo aus sichtbar sind dagegen die Islas de la Bahía (Bay Islands), die karibischen Inseln vor Honduras. Diese Tauchparadiese werden im darauffolgenden Kapitel eigens behandelt.

Hier gibt es eisgekühlte Kokosnüsse

El Progreso

El Progreso ist das klassische Beispiel eines schnell wachsenden Zentrums der Agrarreform. 29 km von San Pedro Sula entfernt, liegt El Progreso am Río Ulua und inmitten der Plantagen der *Tela Railroad Company*. Seit Mitte der siebziger Jahre setzen große ***Genossenschaften*** in Guaymas, ca. 12 km nordöstlich Richtung Tela, auf die Gewinnung von Speisefett aus der Afrikanischen Ölpalme. Die nach jesuitischem Kodex arbeitenden Campesinos haben sich politisch und wirtschaftlich durchgesetzt. Diese und andere Projekte lassen El Progreso unentwegt wachsen, so dass die Stadt heute mit 110.000 Menschen schon mehr Einwohner als La Ceiba zählt.

In El Progreso ist erst 1992 eine schöne katholische ***Kirche*** errichtet worden. Sie befindet sich am Zentralpark. In einem der ***Licuado-Läden*** im Zentrum einen Milchshake zu probieren, ist ein Muss für jeden Besucher. El Progreso gibt für den Besucher wenig her. Wer über Nacht dennoch hängenbleibt, findet einige Hotels und Restaurants.

Feste und Feiertage

- Am 24. September wird das ***Patronatsfest der Virgen de las Mercedes*** groß und bunt gefeiert.

Unterkünfte

- ***Plaza Victoria*** (2ª Ave. entre 5ª y 6ª C. S., Tel. 647-2150), klimatisiert, Restaurant, Schwimmbad, Ventilator, preiswerte 22 $ für das DZ.
- ***Gran Hotel Las Vegas*** (11ª C., 2ª Ave. N., Tel. 647-4667), klimatisiert, Restaurant, private Dusche/WC, freundlich, DZ 18 $.
- ***Emperador*** (7 cuadras westlich vom Busbahnhof, 2ª Ave. entre 4ª y 5ª C. S.), Ventilator, mit oder ohne private Dusche/ WC, DZ 4 bis 6,40 $.
- ***Casa Blanca*** (4ª C., 2ª Ave. N., Tel. 647-0143), Ventilator, sehr einfach, aber mit Atmosphäre, freundlich und ruhig, 5,20 $.
- ***Hotel Honduras*** (2ª Ave. entre 3ª y 4ª C. N., gegenüber *Banco Atlantida,* Tel. 647-4264), einfache Zimmer, DZ 5 $.

Essen

- ***Mr. Kike*** (in Parterre des Hotels *Municipal,* 1ª Ave. entre 7ª y 8ª C. N., vom Zentralpark gleich um die Ecke), breite Auswahl von typisch honduranischen Speisen mit Fleisch, Huhn, Fisch oder Krabben, klimatisiert.
- ***La Parilla*** (auf der Hauptstraße rechts neben der Texaco-Tankstelle), gute honduranische und internationale Fleischgerichte, klimatisiert.
- ***Red Dragon Pub*** (4ª C. entre 1ª y 2ª Ave. N.), britisches Management, gute Steaks, abends Bar.
- In El Progreso gibt es außerdem eine Reihe guter comedores.

Verkehrsverbindungen

Straße

- El Progreso liegt an der Fernstraße CA13, die die Karibikküste zwischen San Pedro Sula und Trujillo verbindet. Hier fahren auch die Fracht-LKWs, die Bananen von den Plantagen zu den Häfen der Karibikküste bringen. Vorsicht, sie fahren schnell, manchmal rücksichtslos und sind nachts schlecht beleuchtet.

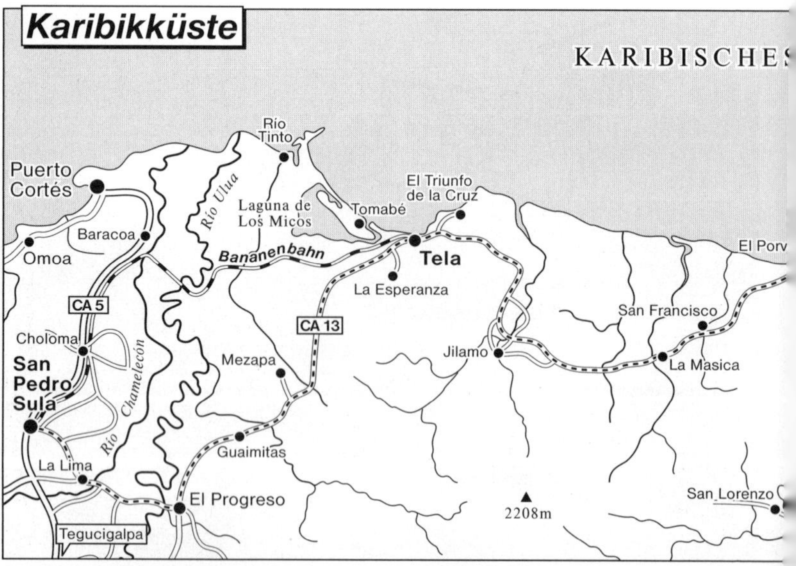

Östlich von El Progreso führt eine gut asphaltierte Straße südlich über Santa Rita (25 km) auf die Fernstraße CA5 Richtung Tegucigalpa.

Bus

- Ab ***San Pedro Sula*** (Busterminal in der 2ª Ave. entre 5ª y 6ª C. S.O.) alle 5 bis 10 Min., Fahrzeit 60 Min., Ticket 0,50 $. 1 cuadra vom Zentralpark in El Progreso entfernt wartet der Anschlussbus (Fahrzeit 90 Min., Abfahrt alle 30 Min., Ticket 1 $). für die Weiterfahrt nach ***Tela.***

Ausflüge ab El Progreso

Balneario El Chorro, Las Minas

Auf der Abkürzungsstraße von El Progreso Richtung Santa Rita, d.h. südwestlich Richtung Tegucigalpa, befindet sich 10 km hinter El Progreso das Dörfchen Las Minas. Von dort sind es nur 1000 m zum Balneario El Chorro, einem Naturschwimmbecken mit erfrischendem Wasserfall, eine Empfehlung für heiße Tage.

Yoro und Nationalpark Montaña de Yoro

Vom Busbahnhof in El Progreso geht stündlich ein Bus nach Yoro, der Hauptstadt des gleichnamigen Departamentos. Nur 9 km vom im Tal gelegenen Städtchen befindet sich der Nationalpark Montaña de Yoro, ein über 250 km² großer Bergnebelwald. Um den Nebelwald herum leben die indigenen Gemeinschaften der Tolupan oder Xicaque (sprich: *Chikake).* AFE-COHDEFOR wurde der Schutz des

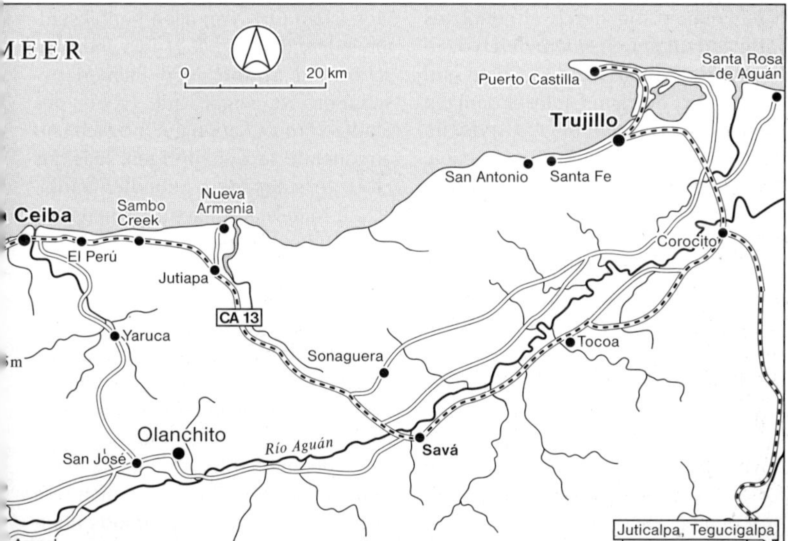

Naturparks übertragen. Der lokale Verein *AMY (Amigos Montaña de Yoro)*, Büro im Zentralpark von Yoro, kümmert sich um Schutz und Forschung im Nationalpark.

- Unterkünfte in Yoro: ***Hotel Marquez*** (Tel. 671-2952), Zimmer mit AC, DZ ca. 25 $ und ***Hotel Grand Palace,*** einfache Zimmer mit Ventilator, DZ ca. 5 $.

Morazán und Nationalpark Pico Pijol

Auf halber Strecke zwischen El Progreso und der Departements-Hauptstadt Yoro liegt das Dörfchen Morazán. Vom Zentralpark Morazáns fährt mehrmals täglich ein Bus nach La Nueva Esperanza. Von dort geht ein zweitägiger Marsch auf die Spitze (2280 m) des Nationalparks Pico Pijol. Nach einem Tag durch abgeholztes Farmland und noch einem durch dichten Wald (Kompass und Machete sind Pflicht) liegt dort am Gipfel einsam ein Gästebuch. Auskunft bei *AMY* oder im Büro von *COHDEFOR*, Tegucigalpa: Tel. 223-4346. Variante: Von Morazán mit einem Kleinbus nach Los Murillos, dann zu Fuß nach Ocotillo und von dort zum Wasserfall Las Piratas, der mitten im Nationalpark liegt. Kenntnisse der Region hat vor allem die Studentengruppe *GEMA (Grupo Estudiantil del Medio Ambiente)* mit Sitz in Morazán, Yoro. Hier kann man Tucane, Quetzale, über 50 verschiedene Schmetterlingsarten und Tiere wie Mono Carablanca (Spinnenaffe), Tepescüintle, Mico de Noche, Mono Aullador (Brüllaffe) etc. entdecken.

Tela

Die Wiege der Bananenwirtschaft ist zugleich ein ***Badeort*** für Honduraner. Die 70.000-Einwohnerstadt verlor ihre logistische Bedeutung, als die Holz-Mohle in den siebziger Jahren abbrannte. Seitdem hat die Stadt vorwiegend touristische Bedeutung, und die Chiquita-Banane der *Tela Railroad Company* wird von anderen Häfen aus nach Europa verschifft. Bemerkenswert ist der Bahnhof und die Tatsache, dass die einzige wirklich noch funktionierende Eisenbahnlinie von San Pedro Sula und Puerto Cortés hier endet. Der Hotelkomplex ***Villas Telamar*** war ursprünglich Wohnstätte des Führungspersonals der Bananengesellschaft.

In der Osterwoche ist Tela voller Urlauber, deshalb gibt es auch so viele Hotels am Ort. Von allen Karibikstädten in Honduras verfügt Tela über den schönsten ***Strand.*** Von Palmen beschattet, ist sogar auf Höhe des Stadtzentrums Baden gut möglich und angenehm. In der rührigen, teils aus Holz, teils aus Stein gebauten karibischen Mittelstadt macht das neugierige Flanieren richtig Spaß. Auch in der Umgebung findet man lohnenswerte Ausflugsziele und weitere schöne Strände (siehe unten).

In den vergangenen Jahren gab es vereinzelte, vor allem nächtliche ***Sicherheitsprobleme für Frauen.*** Auch allein im Bikini am Strand zu liegen, kann unangenehme Anmache nach sich ziehen. Tagsüber sollte man sich nicht zu weit vom Hauptstrand entfernen und auch nachts dunkle Ecken

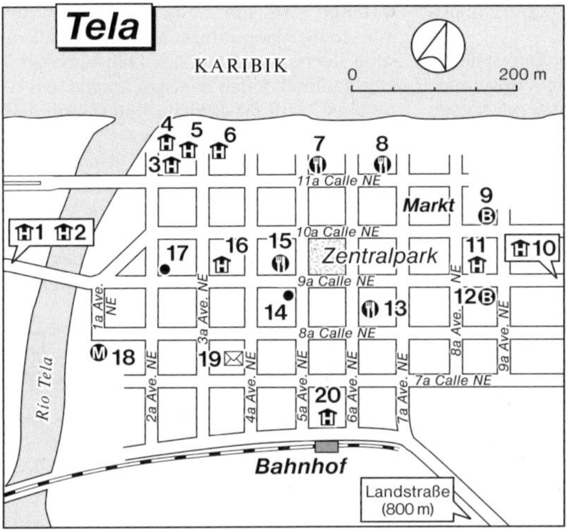

- 1 Villas Telamar
- 2 The Last Resort
- 3 Hotel Playa
- 4 Hotel Mar Azul
- 5 Hotel Sherwood
- 6 Hotel u. Restaurant Cesar Mariscos
- 7 Luces del Norte
- 8 La Casa Azul
- 9 Busbahnhof (aldeas)
- 10 Hotel u. Restaurant Maya Vista
- 11 Hotel Robert
- 12 Allg. Busbahnhof
- 13 Tia Carmen
- 14 Garífuna-Tours Tourismusbüro
- 15 Cafetaria Tuty's
- 16 Hotel Tela
- 17 Prolansate
- 18 Garífuna-Museum
- 19 Post, Hondutel
- 20 Hotel Gran Central

meiden. Offenbar wurden 2004 kaum noch Überfälle registriert, da in Tela das Experiment mit einer *policía de turismo* fruchtet. Unter diesem Namen patrouilliert eine eigens auf das Verhalten und die Risiken von Urlaubern eingestellte Schutztruppe, die allerdings kein Englisch oder andere Fremdsprachen beherrscht. Wenden Sie sich dennoch an deren Station, die sich eine Parallelstraße von der Strandpromenade schräg hinter dem *Hotel Cesar* befindet. Charakteristisch sind die schwarzen VW-Käfer als Dienstwagen.

Volksfest

- ***San Antonio*** im Juni.

Unterkünfte

- ***Villas Telamar*** (1 km westlich vom Zentrum, Tel. 448-2196, Fax 448-2984, telamar@simon.intertel.hn), klimatisiert, Pool, Restaurant, Bar, Läden, Golf, Tennis, Holzhäuser à 40 bis 60 $.
- ***The Last Resort*** (in Tornabé, 4 km westlich vom Zentrum, Tel. 984-3964), Holzhäuser gleich am Strand, Restaurant, eingebettet in Garífuna-Dorf, schöne Lage, etwas heruntergekommen, DZ 35 $.
- ***Hotel Sherwood*** (am Hauptstrand, Nähe Parkplatz, Tel. 448-1065), klimatisiert, Pool, Zimmer mit Meeresblick, Livemusik und Kutschen-Shuttle, neigt zu Reizüberflutung, DZ 32 $ (Preis je nach Saison verhandelbar).
- ***Hotel & Restaurante Cesar Mariscos*** (entre 3ª y 4ª Ave., Strandpromenade, Tel. 448-1934, cesarmariscos@hotmail.com), originell designte helle Zimmer mit Meeresblick, Balkon und Hängematte. Immer wieder Reparaturbedarf der schwachen Infrastruktur; beste, nicht billige Meeresfrüchte mit Blick auf den Strand, DZ 40 $.
- ***Hotel und Restaurant Maya Vista*** (9ª C. N.E., Tel. 448-1497, mayavista@hotmail.com, www.mayavista.com), feine Pasta- und Fischspeisen, kontinentales Frühstück, Besitzer aus dem französischsprachigen Kanada, familiär und mit vorzüglichem Blick aufs Meer, insbe-

sondere von einer Aussichtsplattform des Hotels aus, DZ ab 15 $.

- ***Gran Central*** (gegenüber der Bahnstation), Tel./Fax 448-1099, grancentral@hotmail.com, Appartments im Kolonialstil mit Küche, gutes Preis-Leistungsverhältnis, Appartment 34 $.
- ***Hotel Tela*** (9ª C. entre 3ª y 4ª Ave. N.E., Tel. 448-2150), Ventilator oder klimatisiert, mit Restaurant, sauber, klassisch und sympathisch, DZ 20 $.
- ***Hotel Playa*** (11ª C. entre 3ª y 4ª Ave. N.E.), ruhig, sehr einfach, DZ 4,40 $.
- ***Hotel Mar Azul*** (11ª C., 4ª Ave. N.E.), Tel. 448-2313, strandnah, mit Waschgelegenheit, DZ mit Privatdusche für 6,50 $.
- ***Hotel Preluna*** (9ª C., Nähe Busbahnhof *aldeas),* sehr einfach, DZ ab 4,50 $.
- ***Hotel Robert*** (9ª C., 6ª Ave. N.E.), laut, mit oder ohne Bad/WC, DZ ab 2,80 $.
- In ***La Ensenada*** ist das ***Hotel Budari*** empfehlenswert (Tel. 996-1153), DZ etwa 20 $ und in ***San Juan*** der ***Tela Beach Club*** (Tel. 448-1887), DZ etwa 50 $, oder ***Back Packers Budget,*** etwa 3,50 $, in ***Tornabé*** die ***Resort Apartments,*** DZ etwa 13 $.

Essen und Trinken

- ***Hotel Sherwood*** und ***Cesar's*** am Hauptstrand bringen sehr guten Fisch und Meeresspeisen auf den Tisch, erstklassiger Service.
- ***La Casa Azul*** (1ª Ave.), italienische Küche, internationales Ambiente, Treff für Reisende.
- ***Luces del Norte*** (1ª Ave., 2ª C. N.E.), gute Meeresküche (vor allem große Fisch- und Seeschneckensuppe: *Sopa Marinera* und *Sopa de Caracol,* eine honduranische Spezialität) und Landesküche, freundlich, bietet außerdem Buchtausch an.
- ***El Pescador*** (ca. 30 Min. Fußweg dem Strand entlang oder 5 Min. bzw. 0,70 $ mit dem Taxi, westlich in San Juan), unter einem soliden Dach, einfach und sauber: frischer Fisch mit üppigen Kochbananen, Salatkreationen zu Bestpreisen von ca. 2 $ pro Mahlzeit.
- ***La Banana*** (im *Caribbean Coral Inn),* Bar und Restaurant, Spezialitäten der Garífunas und kreolische Gerichte.
- ***Mango Café*** (im Garífuna Museum, Tel. 448-2856, mango@honduras.com), italienische Küche, kontinentales Frühstück, ab 7 Uhr geöffnet, jeden Samstag *tapado,* ein typisches Garífuna-Gericht, Internetservice, Musikbar.
- ***Cafeteria Tuty's*** (gegenüber von *Garífunas Tours),* sehr gutes Frühstück, verschiedene frische Fruchtsäfte, bereits ab 6 Uhr geöffnet.
- Besonders zum Frühstück zu empfehlen sind die gefüllten Teigtaschen *(baleadas)* bei ***Tia Carmen*** (1 cuadra südöstlich des Zentralparks), sie sind billig und lecker.

Diskotheken

- In Tela Nueva (600 m westlich des Zentrums an der Hauptstraße) befindet sich die Diskothek ***El Gecko*** sowie viele andere Bars, die besonders von Einheimischen besucht werden.
- ***Delfin Telamar*** (direkt am Strand bei Hotel *Villas Telamar),* Bar, Restaurant und Tanz, angenehm ruhige Atmosphäre, häufig Livebands mit Marimba-Musik und Fassbier (!).
- ***El Magnate*** (in der Nähe der Brücke), Restaurant und richtige Disco mit Dancefloor, sicher, Fr. bis So. ab 19 Uhr.

Wichtige Adressen

Einreisebehörde, Migración

- 8ª C., 3ª Ave.

Post, Hondutel

- 4ª Ave. N.E. entre 7ª y 8ª C.

Notfall

- ***Rotes Kreuz,*** Tel. 195 oder 441-2121
- ***Feuerwehr,*** Tel. 198 oder 448-2350
- ***Schutz- und Kriminalpolizei,*** Tel. 448-2079
- ***Verkehrspolizei,*** Tel. 448-2149

Information

- Im *Centro de Visitantes* der ***Naturschutzorganisation Prolansate,*** inzwischen gemanagt von *Garífuna Tours,* an der C. de Comercio (9ª C. entre 2ª y 3ª Ave. N.E., im Zentrum von

Tela, Tel. 448-2035), werden von motivierten Naturschützern und freiwilligen Helfern des *Peace Corps* gern Infos über Naturschutzprojekte und Ausflugsmöglichkeiten gegeben. *Prolansate* und *Garífuna Tours* sind für folgende Naturschutzgebiete zuständig: Nationalpark Punta Sal, Botanischer Garten Lancetilla, Wildreservat Texiguat und Wildreservat Punta Izopo. Unregelmäßige Öffnungszeiten.

- Die ***Corporación Municipal***, gleich am Zentralpark, gibt im Auftrag des Tourismus-Instituts Auskunft über kulturelle Ereignisse, Tel. 448-2729.
- ***Allgemeine Information*** zu Tela: www.tela-honduras.com, *Prolonsate:* Tel. 448-2042.

Tour Operator

- ***Garífuna Tours*** (9ª Calle am Zentralpark, Tel. 448-2152, www.garifuna-tours.com, garifuna@hondutel.com), unter italienischer Leitung. Organisieren Touren in die umliegenden Dörfer, in den Botanischen Garten Lancetilla und zum Nationalpark Punta Sal und Punto Izopo. Englischsprachige Reiseführer. Mit Mountainbike-Verleih und Internetservice. Shuttle Service nach San Pedro, Copán Ruinas, La Ceiba. Hier erhält man Auskunft über spanische Sprachkurse.

Verkehrsverbindungen

Bus

- Von ***San Pedro Sula*** über ***El Progreso.*** Von dort alle 30 Min., Fahrzeit etwa 2 Std.
- Von und nach ***Tegucigalpa*** mit *Cristina* (Ausfahrt Richtung La Ceiba, Tel. 448-2520), alle 2-3 Std., letzter Bus um ca. 17 Uhr, Fahrtzeit 4-5 Std, Ticket 7 $.
- Alle lokalen Busse zu den ***Garífuna-Dörfern*** fahren östlich des Marktes ab, mindestens stündlich.

Bahn

- Die Bahn fährt nur sporadisch (2004: freitags und sonntags) zwischen Puerto Cortés, San Pedro Sula und Tela. Die Züge werden hauptsächlich von Arbeitern frequentiert, um ihre Familien am Wochenende zu besuchen. Für Touristen ist es eine eindrucksvolle Fahrt durch verschiedene Landschaften. Doch Geduld mitbringen. Abfahrt um 6:45 Uhr in San Pedro Sula, Ankunft mittags. Abfahrt um 13:45 Uhr in Tela, Ticket 1,50 $. Auskunft im Büro von San Pedro Sula unter Tel. 553-4080.

Ausflüge in Tela und Umgebung

Garífuna-Museum

Am Ende der 8ª Calle, im 2. Stock des *Mango Cafés,* befindet sich das 1995 eröffnete ***Garífuna-Museum.*** Die Besitzerin des *Mango Cafés* (Ehefrau des Besitzers von *Garífuna Tours)* hat hier mit lokaler Initiative eine kleine Zusammenstellung von Gebrauchsgegenständen der Fischerei und Landwirtschaft der afrokaribischen Garífuna aufgebaut (geöffnet tägl. 7:30-21 Uhr, So. 7:30-15 Uhr, Tel. 448-2856). Tragen Sie sich in das Besucherbuch ein.

Botanischer Garten Lancetilla

Der Botanische Garten Lancetilla, in letzter Zeit nach seinem Begründer auch *Wilson-Popenoe-Garten* genannt, wurde 1926 von der *Tela Railroad Company,* einer Tochtergesellschaft des Bananenmultis *United Fruit Company,* als Pflanzen-Experimentierstation angelegt. Über 1000 Pflanzenarten, darunter verschiedene Zitrusfrüchte, asiatische Obstbäume, afrikanische Ölpalmen und verschiedene Bambusgewächse wurden aus den tropischen Ländern der Welt importiert. 1976 gab die *United Fruit Company* das Gelände dem honduranischen Staat zurück; seit 1992 wird der

Park von der in Siguatepeque ansässigen *ESNACIFOR* und der Forstbehörde *COHDEFOR* verwaltet.

Das Gelände liegt, vor karibischen Orkanen und Überschwemmungen geschützt, in einem kleinen Tal 5 km südlich der Hafenstadt Tela, umgeben von einer bis zu 600 m hohen, zum Teil noch mit Primärwald bewachsenen Hügelkette, die sich nach Norden zum Meer hin öffnet. Lancetilla ist der größte Botanische Garten in Zentralamerika. In einer unvergleichlichen Farben- und Formenpracht gedeihen unter freiem Himmel nicht nur Nutz- und Zierpflanzen der tropischen Breitengrade, man hat auch über dreihundert Vogelarten im Park gezählt, darunter Papageien, Tukane, Kolibris und Eisvögel. Es lohnt sich früh aufzustehen, um die Vögel noch vor Anbrechen der Hitze in ihrer Vielfalt zu erleben. Im Besucherzentrum des Parks befindet sich eine Cafetería. Es empfiehlt sich, dort zu frühstücken und dann den Park zu erkunden. Im Park findet man außerdem eine Orchideenzuchtstation (Blütezeit von April bis Juli) und ein Gewächshaus zu Studien- und Verkaufszwecken.

Bambuswald

Tornabé

- Der ***Eintritt*** beträgt ca. 6,50 $, Führungen ab 4 Personen, tägl. 7:30-15 Uhr.
- Der ***Bus*** Richtung El Progreso fährt an der Einfahrt zum Botanischen Garten vorbei, die ca. 1 km nach *Petrotela* (große Treibstoffsilos) links zu sehen ist. Dort werden auch die Eintrittskarten verkauft. Wer die 2 km Entfernung von der Einfahrt bis zum Garten vermeiden möchte, muss früh aufstehen: Ein Angestellten-Bus fährt tägl. um 7 Uhr morgens vom Zentralpark aus los.

Triunfo de la Cruz

Östlich von Tela liegt in einer Traumbucht mit guten Bademöglichkeiten Triunfo de la Cruz, ein buntes, fröhliches und selbstbewusstes Garífuna-Städtchen. Vor fast 500 Jahren (genau: 1524) war Triunfo die ***erste spanische Siedlung auf dem amerikanischen Festland.*** Hier fand auch eine Schlacht zwischen *Cristóbal de Olid* und *Francisco de las Casas,* zweier Leutnants von *Kolumbus,* im Jahr der Gründung statt.

• ***Unterkunft:*** *Caribbean Coral Inn,* siehe Unterkünfte in Tela.
• ***Essen:*** Das Restaurant *La Banana* im *Caribbean Coral Inn* bietet beste Garífuna-Küche. Auch sonst findet man ***Garífuna-Spezialitäten*** wie *machuca* und *pan de coco.*
• ***Anreise:*** Busse ab Tela fahren vom Zentralpark aus ca. alle 90 Min. Der letzte Bus fährt schon am frühen Nachmittag zurück.

Wildreservat Punta Izopo

Hinter Triunfo liegt das Kap von Izopo (Punta Izopo) mit der Mündung des Flusses Leán. Das Gebiet wurde 1992 zum Wildreservat erklärt und ist seit 2000 Nationalpark. Nähere Infos gibt *Prolansate* (siehe oben), die für die Nationalparks um Tela zuständige Naturschutzorganisation. Es ist schwierig, sich im feuchten, von Tümpeln und Kanälen durchzogenen Gebiet zu bewegen. Am sichersten ist eine Tour mit *Garífuna Tours.* Letztere bieten eine sehr schöne ***Tages-Tour in Kayaks*** an.

San Juan, Tornabé, Miami

Wegen der großen, von Mangroven umwachsenen ***Laguna de los Micos*** ist die Küste westlich von Tela praktisch eine schmale Landzunge, deren heller Sandstrand und Kokospalmreihen zum Erholen einladen. Auf dem Stück bis zum Nationalpark Punta Sal, der von Naturschützern und Siedlern hart umkämpft ist, wohnen Garífunas in kleinen Stranddörfern.

Nur 3,5 km von Tela sind ***San Juán*** sowie – hinter einer weiteren Sandbank – ***Tornabé*** zu finden. Die Sandbank ist zum Höhepunkt der Regenzeit für ein paar Wochen geöffnet und

kann dann nur mit einem Boot überquert werden.

Wiederum 12 km von Tela entfernt hinter einer Sandbank liegt ***Miami.*** Miami hat im Vergleich zu den angrenzenden Dörfern seine traditionelle Bau- und Lebensweise noch am besten bewahrt. In allen Garífuna Dörfern wird traditionelles Essen angeboten und die Bräuche gepflegt. Exotisch sind die Tänze *punta* und *yancunu,* die deutlich die afrikanische Herkunft der Garífunas widerspiegeln.

Von hier paddeln Garífunas in seetüchtigen Kanus Richtung Westen, in den Nationalpark Punta Sal. Die Bootsfahrt ist nicht teuer, verhandelt werden kann aber nur auf Spanisch.

Zu empfehlen ist auch eine ***Fahrradtour*** durch die verschiedenen Garífuna-Dörfer (Mountainbikes bei *Garífuna Tours).*

- ***Unterkünfte und Essen:*** In San Juán und Tornabé wird leckerer, in Kokosnussöl gebackener Fisch serviert. In Tornabé bietet ***The Last Resort*** acht einfache, am Strand gelegene Bungalows (siehe Unterkünfte in Tela).
- In San Juán ***Tela Beach Club*** oder ***Back Packers Budget*** (siehe Unterkünfte in Tela). In Tornabé: ***Resorts Apartments.***
- ***Anreise:*** An der Ostseite des Zentralparks von Tela fahren häufig ***Busse*** über San Juan und Tornabé bis Miami. Ein ***Taxi*** von Tela aus kostet ca. 4 $.

Nationalpark Punta Sal

Einer der beeindruckendsten Nationalparks des Landes befindet sich am Ende der Landzunge westlich von Tela: Punta Sal ist ein Ensemble von kleinen Naturstrandbuchten, einem Küstenregenwald, Mangrovenlagunen, den Ausläufern des Korallenriffs der Islas de la Bahía und einigen Klippen, die die karibische See brechen.

Zwischen den Garífunadörfern San Juan, Tornabé und Miami einerseits und dem Nationalpark Punta Sal soll demnächst die erste große ***touristische Anlage*** von Honduras entstehen. Mit Unterstützung der Vereinten Nationen und des Mexikanischen Tourismus-Instituts plant die honduranische Regierung hier seit über zwanzig Jahren eine moderne Strandanlage. Seit der *Callejas*-Regierung wird diese jedoch im Rahmen eines *turismo selectivo* definiert, eines kontrollierten Tourismus. Eine Zufahrtstraße und die Stromversorgung sind fertig. Wann mit den Baumaßnahmen begonnen wird, ist unsicher. Kritiker befürchten eine Vernichtung der ungezwungenen, häufig kollektiven Lebenskultur der zahlenmäßig unterlegenen Garífunas. Die Größe der geplanten Anlage mit 1500 vorgesehenen Betten ist für honduranische Verhältnisse ein dicker Brocken.

Das Schicksal des malerischen Punta-Sal-Nationalparks ist nicht nur wegen der geplanten Anlage fraglich. Landlose ***Bauern*** sind seit 1993 massenweise in die Feuchtsavanne am

Hauptstrand im Zentrum

Punta Sal –
karibische Naturstrandbuchten

Westufer des Río Tinto geströmt und haben das am Strand liegende idyllische Garífuna-Dörfchen Río Tinto umzingelt. Das Land bildet praktisch die Westgrenze des Nationalparks, weshalb der Nationalpark nun auch erweitert werden soll. Doch die Naturschutzbewegung stößt in der großen Anzahl landloser und bettelarmer, aber gut organisierter Bauern auf Widerstand. Die engagierte Naturschützerin *Jeanette Kawas,* Gründerin und Kassiererin von *Prolansate,* wurde 1995 heimtückisch ermordet.

La Ceiba

La Ceiba ist mit 90.000 Einwohnern die größte Stadt des karibischen Honduras. Einstmals wegen ihres Hafens das Handels- und Verkehrszentrum des Nordens, versorgt La Ceiba heute außerdem die Islas de la Bahía und die weitläufige Moskitia.

La Ceiba ist auch die wohl karibischste Stadt des Landes. Erst 1877 gegründet, seit damals das Zentrum der honduranischen Karibik, ist La Ceiba durch den Zuzug von Garífunas, englischsprachigen Kariben, US-Amerikanern und Europäern zugleich der Treffpunkt vieler Kulturen.

Die Stadt liegt an einem schmalen Küstenstreifen zwischen karibischem Meer und der Kordillere Nombre de Dios, die den ganzen Norden des Landes prägt. Deshalb verfügt La Ceiba über die meisten attraktiven Ausflugsmöglickeiten aller honduranischen Städte, die zudem relativ nahe gelegen sind. Deshalb ist der Ort auch bei Wochenend-Urlaubern aus Honduras beliebt. Ein altes Vorurteil unter Honduranern besagt außerdem, dass Waren – und dabei vor allem Textilien – in La Ceiba billiger wären als irgendwo sonst. Nicht ganz zufällig finden sich zwischen den zwei Hauptstraßen der Stadt, der Avenida San Isidro und der Avenida 14 de Julio, eine Unmenge von Warenhäusern, Märkten und Fachgeschäften.

La Ceiba verfügt nicht gerade über die schönsten Strände. Attraktiver sind die Strände von El Perú, Corozal und Sambo Creek östlich der Stadt (Busse fahren regelmäßig vom Busbahnhof).

La Ceiba ist auch bekannt für seine Diskotheken. Empfehlenswert sind eigentlich alle auf der Barra (1ª C.), vom Kanal aus östlich. In La Ceiba kommt auf 5000 Einwohner eine Diskothek! Dabei sind die zusätzlichen Tanz-Salons in den einzelnen Stadtteilen noch nicht mitgezählt.

Geschichte

Entstehung und Wachstum der Stadt waren bis zur Mitte des 20. Jahrhunderts eng mit der *Vaccaro Bros. & Co.* verknüpft. 1860 wurden die ersten ***Bananen*** von Roatán aus nach New Orleans geschickt und trafen auf gute Nachfrage. An der Mündung des Río Cangrejal (wo heute der neue Hafen liegt) und im idyllischen Städtchen Balfate (östlich von Nueva Armenia, nahe der kleinen Stadt Jutiapa auf der Hauptstraße Richtung Trujillo) entstan-

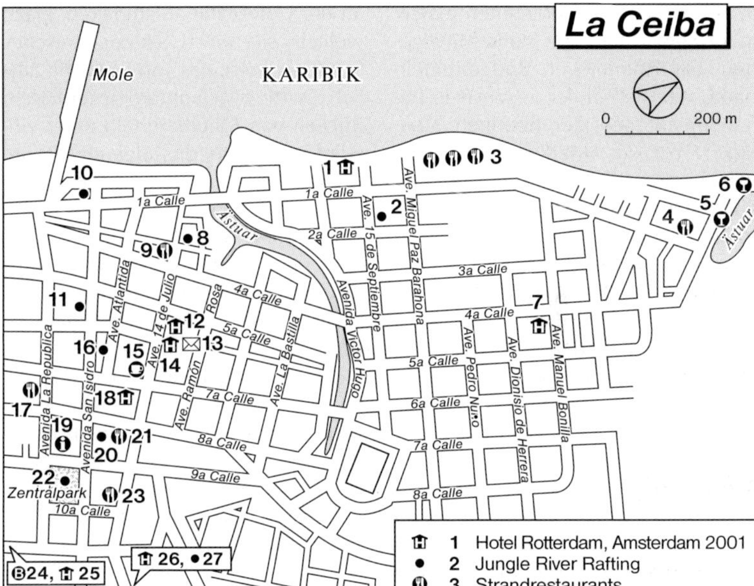

🏨	1	Hotel Rotterdam, Amsterdam 2001
•	2	Jungle River Rafting
🍴	3	Strandrestaurants
🍴	4	La Chabelita
🍸	5	El Piloto
🍸	6	Sea View
🏨	7	Hotel Paraiso
•	8	La Moskitia Ecoaventuras
🍴	9	Cric Cric
•	10	Garífuna Tours
•	11	Caribbean Travel Agency
🏨	12	Hotel Italia
✉	13	Post, Hondutel
🏨	14	Hotel Colonial
☕	15	Cafetería Cobel
•	16	FUCSA, INTERCON
🍴	17	Mazapán
🏨	18	Hotel Príncipe
ℹ	19	Info-Kiosk IHT (Touristen-Info.)
•	20	Aerolineas Sosa, Isleña
🍴	21	Rest. Palace
•	22	Rathaus
🍴	23	Ricardo's
Ⓑ	24	Busbahnhof
🏨	25	Hotel Siesta VIP
🏨	26	Hotel La Quinta
•	27	Central America Spanish School, Centro Internacional de Idiomas

den die ersten Bananenplantagen. Im statistischen Jahrbuch von 1889 heißt es: „*La Ceiba verfügt jetzt über breite und lange Straßen, solide Häuser, davon sogar 22 Stück mit zwei Geschossen. Viele Straßen sind erleuchtet und in Kürze wird es auch ein Trinkwasser-Netz geben. Öffentliche Gebäude sind das Bürgermeisteramt, die katholische Kirche, zwei weiterführende Schulen und ein Markt. Es ist heiß, aber gesundheitsschonend. Denn im Laufe der letzten Jahre wurden viele Tümpel* (als Moskito-Brutstätten) *aufgefüllt. Um La Ceiba herum sind 8000 manzanas* (ca. 6000 ha) *mit Bananen und anderen Früchten bepflanzt.*“

Die ***Vaccaro-Brüder*** und ihre Kousins, die ***D'Antoni-Brüder,*** investierten in den folgenden Jahrzehnten massiv in die Entwicklung der Stadt. Mit eigenen und öffentlichen Budgetmitteln bauten sie neben den extensiven Bananenplantagen der heutigen *Standard Fruit Co.* (Markenname: *Dole*) verschiedene andere Unternehmen auf: die Brauerei (Markenname: *Salva Vida*), die Seifen- und Fettfabrik (Markenname: *La Blanquita*), eine Spirituosen-Brennerei und eine Schuhfabrik namens *NACO*. Die *Vaccaro Bros. & Co* baute ein Eisenbahnnetz zwischen La Ceiba, Jutiapa und Olanchito. Die Firmengruppe wurde schließlich mehrfach von der Stadtverwaltung La Ceibas für öffentliche Bauprojekte unter Vertrag genommen: So baute die *Vaccaro* nach dem vernichtenden Brand von 1914 die katholische Kirche La Milagrosa (1915), das große Zollgebäude (1918) sowie das Gebäude der Stadtverwaltung (1930). Selbst das sehr moderne und leistungsfähige private Krankenhaus *D'Antoni* ist ein Unternehmen der heutigen *Standard Fruit Co.*

1905 hatte La Ceiba erst 3000 Einwohner, 1916 waren es schon 7000. Doch die Bedeutung der Stadt war damals wie heute in der ***Verkehrsanbindung*** zu Übersee zu suchen. Ganz im Gegensatz zur Verkehrsanbindung hinsichtlich des honduranischen Zentrallandes. Zu Beginn des 20. Jahrhunderts dauerte eine Reise von der Hauptstadt Tegucigalpa in die Hafenstadt La Ceiba eine ganze Woche. Ein Zeitzeuge berichtet: „Im Jahr 1913 wollte eine Gruppe honduranischer Studenten in die USA reisen, um dort an der Universität zu studieren. Dazu wollten sie ein US-amerikanisches Schiff nehmen, das von La Ceiba auslief. Dorthin gelangten sie auf dem Rücken von Maultieren, in einer einwöchigen Reise, die folgender Route folgte: Tegucigalpa – El Picacho – Ocotes Caidos – La Libertad (Comayagua) – Potrerillos – San Pedro Sula – Puerto Cortés. Von Puerto Cortés aus lief das honduranische Dampfschiff namens *Barahona* nach La Ceiba aus. Bevor sie in La Ceiba ankamen, verbrachten sie auf der *Barahona* Momente der Angst." Die Reise von La Ceiba bis New Orleans dagegen dauerte auch zu jenen Zeiten nicht länger als 3 Tage.

Ceiba ist der spanische Name für den ***Kapok-Baum*** *(Ceiba pentrada, Bombax ceiba)*, der als Baum des Himmels schon von den Mayas verehrt wurde, da seine Äste im rechten Winkel zum Stamm stehen, also dem Horizont entsprechen. Als die Stadt gegründet wurde, befand sich ein prachtvolles Exemplar dort, wo heute das Zollgebäude steht. Der mächtige Baum wurde *el árbol de los araganes* (Baum der Trägen) genannt, weil die (noch) beschäftigungslosen Hafenarbeiter unter ihm ruhten, während sie der ankommenden und Arbeit bringenden Seeschiffe harrten. Als der Baum in einer lauen Nacht des Jahres 1917 gefällt wurde, sprach die Stadt von der *noche triste*, der traurigen Nacht. Doch noch heute befinden sich in La Ceiba eindrucksvolle Exemplare dieser Art. Achten Sie mal darauf und schreiben Sie mir, welche *„Ceibones"* Sie am besten finden.

Orientierung

La Ceiba besteht aus dem Zentrum, das reißbrettartig in Calles und Avenidas unterteilt ist, sowie der Barra (1ª C.), die von Westen nach Osten eine cuadra hinter dem Strand entlang verläuft. Auf der Barra befinden sich Bars und Restaurants mit Nachtleben. Die Fernstraße CA13 verläuft etwa 1,5 km südlich des Zentrums.

Volksfest

- ***San Isidro,*** am 15. Mai. Das Patronatsfest, auch ***Carnaval de La Ceiba*** genannt, läuft 2 Wochen lang, jeweils werktags in Form eines Umzuges, mit bunt geschmückten Festwagen, die durch die einzelnen Stadtteile rollen. Der Höhepunkt findet am letzten Samstag im Zentrum der Stadt statt. Tausende von Menschen tanzen in den Straßen zu Livemusik, die von honduranischen Gruppen auf mehreren Bühnen gespielt wird.

Unterkünfte

- ***The Lodge at Pico Bonito*** (auf der Strecke in Richtung Flughafen, auf Hinweisschild am Straßenrand achten, Tel. 440-0388, Fax 440-0468, picobonito@caribe.hn, www.picobonito.com, auch auf Deutsch), im Jahr 2000 neu eröffnete erste *Eco-Lodge*, Luxus-Cabañas, direkt am Nationalpark gelegen, eingebettet in eine wunderschöne Anlage, Pool, Bar, Restaurant mit exklusivem Menü, erstklassiger Service, ein echtes Paradies, EZ/DZ ca. 170 $. Von hier aus können mit Führern des Hotels Vogelbeobachtungen oder Ausflüge in die Umgebung, wie z.B. in den *Nationalpark Pico Bonito* oder das *Reservat Cuero y Salado*, unternommen werden.
- ***Caribbean Sands Resort*** (20 km östlich von La Ceiba, im Dorf Roma, Tel. 443-0035), Zimmer mit AC und Ventilator, Bar, Restaurant, Pool, Privatstrand, DZ 65 $. Organisiert Tagestouren zu den Cayos Cochinos.
- ***Belmar Beach Resort*** (in Boca Vieja, 10 km östlich von La Ceiba, Landstraße nach Trujillo, nach 5 km links abbiegen und weitere 5 km Richtung Strand, Tel. 440-0666, 236-7560, Fax 235-7580). In drei großen Holzhäusern, die auf dem großartigen Strand auf Stelzen stehen, befinden sich wohnliche Doppelzimmer, gut geeignet für Familien, DZ 55 $, auch buchbar im Bausteinprogramm von *Honduras Expeditions.*
- ***Villas del Mar*** (1ª C., westlich des Zentrums, nach Überschreiten der Bahnlinie in der 4. cuadra links, Tel. 442-0083), luxuriöse große Zimmer, klimatisiert, mit warmem und kaltem Wasser, teilweise Blick aufs Meer, ruhige Lage, aber nicht ganz zentral, DZ 48 $.
- ***Tesla's Guest House*** (C. Montecristo, No. 212, Col. El Naranjal, Tel. 443-0922, 443-3874, eurohonduras@caribe.hn), wunderschöne Privatzimmer, Garten und kleiner Pool, persönlicher Service durch die deutschstämmige Familie *Seibt*, DZ 45 $.
- ***Hotel Siesta VIP*** (zu Beginn der Ave. 15 de Septiembre, führt vom Zentrum zum Busbahnhof, Tel. 443-0968), geschmackvoll, ruhig, zentral, DZ 32 $.
- ***Hotel La Quinta*** (Stadtausfahrt, gegenüber Golfclub, Tel. 443-0223, Fax 443-0226), klimatisiert, Restaurant, Bar am Pool, gutes Preis-Leistungs-Verhältnis, professionell, DZ 40 $.
- ***Gran Hotel Paris*** (am Zentralpark, Tel. 443-2391, 443-1614, hotelparis@psinet.hn, www.granhotelparis.com), Zimmer mit AC und Ventilator, Pool, Bar, Restaurant, bestes Preis-Leistungs-Verhältnis in der Stadt, DZ 35 $.
- ***Hotel Colonial*** (Ave. 14 de Julio, 4 cuadras vom Strand, Tel. 443-1953, Fax 443-1955, hotel_colonial@hotmail.com), klimatisiert, Restaurant, Dach-Bar, Whirl-Pool, stilvoll eingerichtet, teilweise enge Zimmer, Fenster können wegen der Klimaanlage nicht geöffnet werden, freundlich, DZ 27 $.
- ***Hotel Paraiso*** (4ª C. E., Bo. La Isla, östlich des Zentrum, nur 3 cuadras vom Strand, zwischen Ave. Manuel Bonilla und Ave. Dionisio de Herrera, Tel. 443-3535, Fax 443-3536), ruhig, sauber und klimatisiert, Warmwasser und Klimaanlage, DZ 25 $.
- ***Posada de Don Giusepe*** (Ave. San Isidro, 13 C., Tel. 442-2812), schöne Zimmer mit AC und Ventilator, Bar, Restaurant, DZ 25 $.

- ***Hotel Italia*** (3 Häuser vom *Hotel Colonial* Richtung Strand, Tel. 443-0150), mit Restaurant, DZ 22 $.
- ***Hotel Príncipe*** (7ª C., Ave. San Isidro, Ave. 14 de Julio, Tel. 443-0516), zentral gelegen, wahlweise klimatisiert, mit oder ohne Ventilator, DZ mit Ventilator 15 $.
- ***Hotel Rotterdam*** (Ave. 15 de Septiembre, Bo. La Isla, am Strand, Tel. 440-0321), Besitzerin *Teresa* ist holländischer Herkunft, Zimmer mit privatem Bad, gutes Preis-Leistungsverhältnis, DZ 15 $.
- ***Hotel Amsterdam 2001*** (neben Hotel *Rotterdam*, Tel. 443-2311), *Jan*, der Vater von *Teresa*, ein etwas verschrobener, freundlicher älterer Herr; nettes Ambiente, DZ 10 $, im Massenlager pro Person 3,50 $. Name des Hotels entstand vor 40 Jahren, als der Besitzer sagte, er wolle Honduras im Jahre 2001 wieder verlassen, doch noch ist er in La Ceiba ...
- ***Omega Tours Jungle Lodge*** (in den Bergen gelegen, siehe *Omega-Tours* bei „Tour Operator", Tel. 440-0334), rustikal, Pool, Bar und Restaurant, DZ 8 $, deutscher Besitzer *Udo*, absolut lohnenswert!
- ***Jungle River Lodge Cangrejal*** (siehe *Jungle River Rafting* unter „Tour Operator", Tel. 440-1268, jungle@televicab.com, www.hondurasjungletours.net), sehr einfach, aber urig, DZ 15 $.

Essen

- ***Itzama,*** exklusive Küche in der luxuriösen *Lodge at Pico Bonito* gelegen. Reservierung erforderlich: Tel. 440-0389.
- ***Ricardo's*** (Ave. 14 de Julio, 3 cuadras vom *Hotel Colonial* Richtung Süden), gute Fischgerichte und Pasta, nicht billig.
- ***Mesón del Puerto*** (am Strand), die traditionelle Konstruktion mit Palmendach schafft ein gutes Ambiente, honduranische und internationale Küche, gute Fischgerichte, aber etwas teuer.
- ***La Chabelita*** (1ª C. immer geradeaus ostwärts, 50 m vor Ende links, Zona Viva), original ceibanische Küche, vor allem in Kokosnussöl gebratener frischer Fisch.
- ***Caribeños*** (Zona viva am Strand), typische honduranische Küche, 7-22 Uhr.
- ***Restaurante Palace*** (8ª C., Ave. San Isidro, Tel. 443-0685), eine Institution in La Ceiba, chinesische Küche, klimatisiert.
- ***Mazapán,*** (1 cuadra vom Zentralpark nördlich, in der gleichen cuadra des Hotel *Paris*, auf der anderen Seite, gegenüber Eisenbahn-Park der *Standard Fruit Company),* mit gutem Frühstücksbuffet.
- ***Expatriates Bar & Grill,*** (Col. Naranjal), unter kanadischer Leitung, hier wird Englisch gesprochen, gutes, informelles Ambiente, großer Fernseher (besonders beliebt bei Fußballübertragungen), Grillspezialitäten, Verkauf von feinen honduranischen Zigarren, Do.-Mo. ab 16 Uhr bis nach Mitternacht geöffnet, So.-Di. bis 22 Uhr.
- ***Cafetería Cobel*** (7ª C., auf der Ave. San Isidro 2 cuadras vom Zentralpark Richtung Strand, dann rechts abbiegen, hier unscheinbar in der 2. cuadra auf der linken Seite, Tel. 442-2192), breites Angebot von schmackhaften Tagesmenüs zu niedrigen Preisen.
- ***Café Giarre*** (im Hotel *Posada de Don Guiseppe),* Café europäischen Stils, Gartentische, guter Cappuccino, tägl. außer So. 11-22 Uhr.
- La Ceiba verfügt über eine breite Palette von Fastfood-Läden, vor allem **Cric Cric** (insgesamt vier in der ganzen Stadt, einer an einem schönen Park).

Trinken und Tanzen

- In jeder der Bars und Diskotheken an der Barra im ***Vergnügungsviertel*** (Zona viva), d.h. an der 1ª C., die am Strand entlang führt, werden Drinks angeboten. Bei ausgelassener Stimmung kann den Tanzenden, den Schönen oder – wegen der Bauweise nach innen – dem Meer zugeschaut werden.
- ***El Mussol*** (1ª C., Zona viva), Strandbar mit guten Cocktails, Do. bis Sa. geöffnet.
- ***Africa Dance*** (Zona viva), Kombination aus Garífuna Livemusik und Diskomusik, populär bei der einheimischen Garífuna-Bevölkerung, *punta*-Musik, Trommeln, interessantes Ambiente, wenig Touristen.
- ***Sea View*** (sehr ruhig) oder ***El Piloto*** (typisch honduranisch) am Ende der Barra, ca. 1 km vom Zentrum, sind wegen ihrer Nähe zum Wasser besonders empfehlenswert.

• ***Cherrys,*** populäre Diskothek, Fr. und Sa.
• Zu empfehlen ist auch die ***Bar Tropical*** (im *Gran Hotel Paris*), gemütliche Bar unter Palmendach.

Wichtige Adressen

Post, Hondutel

• 2ª Ave. (Ramón Rosa) entre 5ª y 6ª C.

Internet

• ***INTERCON,*** Bo. El Centro, Ed. Plaza del Sol, 2 planta, Ave. San Isidro, Tel. 440-1430, intercon@honduras.com.

Notfall

• ***Rotes Kreuz,*** Tel. 195 oder 443-0707
• ***Feuerwehr,*** Tel. 198 oder 442-2695, 441-0716
• ***Schutz- und Kriminalpolizei,*** Tel. 441-0795, 441-1899
• ***Verkehrspolizei,*** Tel. 441-0995
• ***Staatliches Krankenhaus,*** *Hospital Atlántida Integrado,* Tel. 442-2195, 442-2095
• ***Privates Hospital Vicente D'Antoni,*** Blvd. Morazán (auch C. D'Antoni genannt), Tel. 443-2264, 443-0029, 443-2234, Notaufnahme Tel. 443-0593, Fax 443-2214.
• ***Centro Médico*** *(Hospital Eurohonduras),* 1ª C., gegenüber dem Strand, mit dem deutschsprachigen, sehr hilfsbereiten Gynäkologen *Siegfried Seibt,* Tel. 440-0930.

Sprachschulen

• ***Central America Spanish School,*** Ave. San Isidro entre 12ª y 13ª C., Tel. 440-1742, 984-1135, info@ca-spanish.com, www.ca-spanish.com.
• ***Centro Internacional de Idiomas,*** Ave. San Isidro, No. 13, Tel. 440-1557, cii@laceiba.com, www.worldwide.edu/honduras/cici.

Information

• Das ***Tourismusinstitut*** betreibt einen Infokiosk im Zentralpark und am Flughafen Golosón (letzterer Tel. 442-0929).

Einkaufen

• Kunst und Kunsthandwerk mit Niveau bietet die Galerie ***Deco Arte*** in der 10ª C. entre Ave. San Isidro y Ave. 14 de Julio (geöffnet 9-12 und 14-16 Uhr).

Kino

• 8ª C., Ave. 14 de Julio.

Stadtverkehr

• In La Ceiba ist das ***Taxifahren*** besonders günstig. Eine Fahrt ***in der Stadt*** kostet nur 0,40 $, eine Fahrt zum ***Busbahnhof*** 0,60 $, eine Fahrt zum ***Flughafen*** nur 3 $.

Tour Operator

• ***La Moskitia Ecoaventuras*** (No. 208, Blvd. 15 de Septiembre, gegenüber der *Policia Nacional,* Tel./Fax 441-0839, 965-7742, moskitia@caribe.hn, www.moskitiaecoaventuras.com), Wanderung Pico Bonito, River Rafting, Nationalpark Cuero y Salado, Moskitia Expeditionen (auf Anfrage), professioneller Führer *Jorge Salavera,* teuer.
• ***Rios Honduras*** über *Caribbean Travel Agency* (Ave. San Isidro, Ed. Hermanos Kawas, Tel./Fax 443-0780, 443-1360), bieten Rafting-Touren auf dem wunderschönen Cangrejal-Fluss, immer professionell und naturschutzbewusst; auch fünftägige Rafting-Expeditionen zum Rio Sico für allerdings 675 $. Das Schwesterunternehmen ***Sea Blades*** bietet Sea Cayaking in Roatán an (von West End bis Dixon's Cove), 2 Tage ab 125 $ pro Person (Minimum 2 Personen).
• ***Jungle River Rafting*** (½ cuadra von Hotel *Rotterdam,* Tel. 440-1268, jungle@televicab.com, www.hondurasjungletours.net), bietet preiswerte Touren im Umfeld von La Ceiba.
• ***Omega Tours*** (in den Bergen über dem Cangrejal-Fluss, Tel. 440-0334, www.omegatours.hn, z. Hd. *Udo Wittemann),* betreibt eine sehr rustikale Berglodge mit Familienanschluss und täglichen Aktivitäten – auch zu Pferd – rund um den Cangrejal-Fluss, auch Rafting etc., sehr empfehlenswert.
• ***Caminos*** (Col. La Ponce, Tel./Fax 441-1874), vermieten Motorräder und führen selbst Bike-Safaris durch.

Verkehrsverbindungen

Straße

- La Ceiba ist von San Pedro Sula (198 km) über El Progreso (170 km) und Tela (103 km) auf einer gut asphaltierten Straße zu erreichen, von Trujillo (171 km) über Savá (rechts ab, da sonst bis Olanchito). Von Tegucigalpa (444 km)führt der kürzeste Weg zunächst Richtung San Pedro Sula, dann aber in La Flecha (auf halbem Weg zwischen Lago de Yojoa und San Pedro Sula) rechts ab nach El Progreso, und von dort weiter über Tela nach La Ceiba.

Autovermietung

- ***Toyota Rent-a Car,*** Final Ave. San Isidro) Tel. 443-1976; am Flughafen: Tel. 443-4047; trac@123.hn, www.hondurasrentacar.com.
- ***Budget,*** Col. Toronjal, carretera Ceiba-Tela, Tel. 441-1105, Fax 441-2929; am Flughafen: 441-3398; www.budgethonduras.com.

Direktbusse nach La Ceiba

- ***Tegucigalpa:*** mit *Viana Clasa Oro* (Bo. Fuerza Armadas, Tel. 235-8185) tägl. 6:30, 13:30 Uhr; mit *Hedman Alas* (11ª Ave. entre 13ª y 14ª C., Comayagüela, Tel. 237-7143) tägl. 5:45, 10, 13:30 Uhr; mit *Traliasa* (8ª C. entre 6ª y 7ª Ave., Tel. 237-3647) tägl. um 6 und 9 Uhr; mit *Etrusca* (Bo. Concepción, 12ª C., Comayagüela) tägl. um 7, 10, 12 und 16 Uhr; mit *Cristina* (Bo. Concepción, 8ª Ave. entre 12ª y 13ª C., Comayagüela).
- ***San Pedro Sula:*** mit *Hedman Alas* (Bo. Guamilito, 3 C. N.O. entre 7ª y 8ª Ave., Tel. 553-1361) tägl. 6, 10, 14 und 18 Uhr; mit *Catisa-Tupsa* (2ª Ave. entre 5ª y 6ª C. S.O.) stündlich von 5:30 bis 18 Uhr, 3 Std., 2 $.; mit *Cotuc* (gegenüber der Eisenbahnlinie, 1ª Ave. entre 7ª y 8ª C., Tel. 557-3175).
- ***Tela:*** vom Terminal (östlich Nähe Zentralpark) aus alle halbe Stunde, 2 Std., 0,80 $.
- ***Trujillo:*** vom Zentralpark aus um 2, 4, 6, 10 und 14 Uhr, 3 Std., 2,20 $.

Bus von La Ceiba aus

- Alle Busse fahren vom **Busbahnhof** *(Terminal de Buses)* im Mercado San José ab, an der Ave. 15 de Septiembre, 2 km westlich vom Zentrum:
- Etwa stündlich fahren die Busse nach ***Corozal*** (10 km östlich), ***Sambo Creek*** (15 km östlich) und ***Nueva Armenia*** (40 km östlich, Ausgangspunkt für Bootsüberfahrten zu den Tauch-Eilanden Cayos Cochinos oder Hog Islands).
- Etwa stündlich fahren Busse über ***El Porvenir*** nach ***La Unión*** (20 km westlich), Ausgangspunkt für Touren nach Cuero y Salado.

Bahn

- ***Banana Life Tours*** (Tel. 443-3525) bietet ab 10 Teilnehmern eine klimatisierte Ausflugsbahn an, die zum Naturschutzgebiet Cuero y Salado und an die Strände von El Perú fährt.

Flug

- Am ***internationalen Flughafen Golosón,*** ca. 10 km westlich von La Ceiba, starten und landen selten Direktflüge aus dem Ausland. Der Flughafen verbindet Honduras jedoch mit den Karibikinseln und der Moskitia.
- Nähere Auskünfte erteilen in der Stadt ***Isleña*** (am Zentralpark, Tel. 443-0179, Fax 443-2326) und ***SOSA*** (am Zentralpark, Tel. 443-1399, Fax 433-0384). *SOSA* ist besonders empfehlenswert für Privatcharter.
- Nach ***Tegucigalpa:*** mit *Isleña* tägl. (außer So.) um 8 und um 14 Uhr, Mo., Fr.-So. um 10 Uhr, zurück Mo.-Sa. 9 und 15 Uhr, Mo., Fr.-So. um 11 Uhr (35 Min., 24 $).
- Nach ***San Pedro Sula:*** mit *SOSA* tägl. um 11:30 Uhr, zurück 14:30 Uhr.
- ***Nach Roatán:*** mit *Isleña* tgl. um 6, 7:30, 9, 10, 11, 12:30, 14, 15 und 16 Uhr (32 $). Mit *SOSA* Mo.-Sa. um 6, 8, 9:30, 12:30 und 15:30 Uhr. ***Von Roatán:*** mit *Isleña* tgl. um 7, 8, 10, 10:30, 12, 13, 15, 16 und 17 Uhr. *SOSA* fliegt Mo.-Sa. um 8:30, 10:30, 14:30, 16 und 17:15 Uhr.
- ***Nach Guanaja:*** mit *Isleña* Mo.-Sa. 12:30 und 16 Uhr, Mo. auch 6 Uhr; mit *SOSA* Mo.-Sa. um 6 Uhr über Roatán, um 16 Uhr direkt; Preis 20 $. ***Von Guanaja:*** mit *Isleña* Mo.-Sa. 6:45, 13:15, Sa. 16 Uhr, mit *SOSA*, Mo.-Sa. 7:15 und 16:45 Uhr (über Roatán).
- ***Nach Utila:*** mit *SOSA* Mo.-Sa. um 6, 10 und 15 Uhr , mit *Isleña* Mo.-Sa. 6 und 16 Uhr;

Preis 12 $. ***Von Utila:*** mit *SOSA* Mo.-Sa. 6:30, 10:30 und 15:45 Uhr, mit *Isleña* Mo.-Sa. 6:30 und 16:30 Uhr.

- Nach ***Puerto Lempira:*** Mo., Mi., Do. und Sa. mit *Isleña* um 7, Rückflug um 8:15 Uhr, Di., Do. und Sa. auch mit *SOSA* um 7, Rückflug 8:30 Uhr, 36 $.
- Nach ***Palacios:*** mit *Isleña* tgl. (außer So.) um 10 Uhr, Rückflug 11 Uhr; 24 $.
- Nach ***Brus Laguna*** (28 $) und ***Ahuas*** (33 $): nur Mo., Fr. um 7 Uhr mit *SOSA*, zurück um 8:30 Uhr.

Schiff

- Alle paar Tage fahren Schiffe Richtung Karibikinseln und Moskitia (nach Barra Patuca mit der *La Marguerita*),an der Mole fragen.
- Die *MV Tropical* verkehrt tägl. von **Roatán** (Abfahrt Di.-Sa. 7 Uhr, So. 15:30, Mo. 7:30 Uhr) und von **Utila** (Abfahrt tägl., außer am Wochenende, 11:30 Uhr) aus. Die Fahrkarte kostet 8 $ (Roatán) und 6,30 $ (Utila) für die einfache Fahrt, Kinder von 7 bis 12 Jahren zahlen die Hälfte, darunter ist es gratis.
- Die *MV Starfish* fährt ab dem neuen Hafen (außerhalb, Taxi benutzen) Dienstag gegen Mittag nach ***Utila,*** dort startet sie jeweils montags um 4 Uhr morgens (Fahrpreis etwa 5 $).
- Die *MS Painkira* (*Agencia MATRA*, 2ª C. N.E., salida vieja a La Lima, San Pedro Sula, Tel. 557-1744, Fax 553-3730) läuft jeweils dienstags von La Ceiba **Richtung Moskitia** aus, nach **Puerto Lempira** (Do.), **Kaukira** (Fr.), **Barra Patuca** (Sa.) und **Puerto Cortés** (So.). Am Montag verlässt das Schiff Puerto Cortés. Die Hinfahrt in die Moskitia ist stürmisch, nur für seefeste Passagiere geeignet. Die Rückfahrt dagegen ist – wegen des günstigeren Windes – ruhig. Vorbestellung und Preis-Anfrage telefonisch oder per Fax.

Sonstiges

- ***Finca y Jardin de Mariposas y Serpentario,*** sehenswerte Schmetterling-Sammlung – von der Larve bis zum Schmetterling (Besitzer: *Robert Gallardo* – siehe auch Copán Ruinas) und von einheimischen Schlangen (Koordinator: *James Adams).* In der Nähe von *Pico Bonito Lodge,* Auskunft bei der Lodge unter: Tel. 440-0458, geöffnet Mi.-So. 8-16:30 Uhr, Eintritt 2 $, für Eintritt Serpentario 1,5 $.
- ***Butterfly and Insects Museum,*** 4 cuadras del Hotel La Quinta, www.hondurasbutterfly.com.

Ausflüge ab La Ceiba

Nationalpark Pico Bonito

Mit 2433 m Höhe und 670 km² Größe ist der Nationalpark Pico Bonito der größte der insgesamt elf erst 1987 deklarierten Nationalparks des Landes. Pico Bonito heißt „schöner Gipfel". Der Schöne ist aber schwer zu erreichen: Gelegentliche, von der Nord-Abteilung der Honduranischen Universität *(CURLA)* durchgeführte Expeditionen dauerten nicht kürzer als eine ganze Woche. Der Nationalpark umfasst ebenerdig tropischen Regenwald, am Hang weitgehend unzerstörten subtropischen Wald und in Lagen über 1000 m Bergnebelwald. Hier leben Tapire, Jaguare und Ameisenbären. Einen Ausflug in den Wald sollte man im *CURLA* selbst beginnen (auf dem Weg zum Flughafen nach der Molkerei *Leyde* bei großem Hinweisschild links abbiegen, dann noch 1,5 km Zufahrt zu den Universitätsgebäuden). Dort stehen Mitglieder des Fachbereichs Forstingenieurwesen *(Facultad de Ingeniería Forestal)* mit Rat und Tat zur Seite, *guardabosques* (Waldhüter) begleiten Besucher gern zum Camp der Uni, das etwa 5 km entfernt liegt. Jenseits des Camps liegt der Fluss Río Bonito. Schwimmen im glasklaren Wasser zwischen hellgrauen Findlingen macht hier richtig Spaß.

Blick Richtung Pico Bonito

Weitere ***Information zum Park*** bei *Fundación Parque Nacional Pico Bonito (FUPNAPIB)*, 11ª C. entre Ave. San Isidro, Ave. La República, Ed. Plaza del Caribe, No. 205, gegenüber *Ministerio Público*, La Ceiba, Tel. 442-0618, fupnapib@tropicohn.com, www.pico bonito.com.

Río Cangrejal und Wildwasserfahrten

Der östlich vom NP Pico Bonito entstehende Wildwasser-Fluss führt die meiste Zeit des Jahres nur wenig, aber sauberes Wasser. Sein Tal ist landschaftlich hinreißend, wegen der steil emporgehenden Dschungelhänge auf der Seite des Nationalparks. Am Wochenende ist eine ***Raftingtour*** ein toller Spaß. In der Regenzeit (November bis Februar) bieten die meisten Veranstalter (siehe unter La Ceiba) professionell gemachte Rafting-Touren.

Doch auch für ***Nicht-Rafter*** lohnt sich eine Tour den Cangrejal hinauf. Die Straße parallel zum Cangrejal-Fluss geht hinter der großen Cangrejal-Brücke (auf der Fernstraße nach Trujillo) gleich rechts ab. Nach etwa 10 km zeigt ein Schild *Balneario* auf eine Flussbiegung, die wegen ihrer großzügigen Becken zum Schwimmen und Planschen einlädt. Für gute Wanderer oder gar Kletterer reizt auf der Flussseite des Pico Bonito ein großer

Wasserfall zum Aufstieg. Vorsicht: Die Hänge sind sehr glitschig, ohne Profi-Ausrüstung ist ein Aufstieg hier kaum möglich. Wer motorisiert ist, sollte die gleiche Flussstraße entlang noch weiter hochfahren, Richtung Yaruca, bis eine alte Eisenbrücke den Weg über den Cangrejal weist. Hier sind bunt bemalte Lehmhäuser (Adobe) zu bewundern und eindrucksvolle Flussbecken tief unterhalb der Straße.

Strände

Die Badestrände von La Ceiba befinden sich außerhalb der Stadt, und zwar östlich, Richtung Trujillo. Lt. aktuellen Leserberichten wird allerdings vor einem Besuch abgeraten, da es neuerdings durch Jugenbanden Übergriffe nicht nur auf Touristen, sondern auch selbst auf Honduraner, gibt.

Balnearios

Das Talent der Honduraner, aus einem simplen Bachlauf ein Naturereignis mit Freizeitwert zu machen, ist entlang der Landstraße von La Ceiba nach Trujillo am besten zu beobachten: Nur 5 km von der Brücke über den Río Cangrejal entfernt weist ein Schild *Eco-Zona Río María* auf ein schönes kleines ***Flussbett,*** das zum Schwimmen und Faulenzen einlädt. Etwas weiter befinden sich die ***Kaskaden*** von ***Los Chorros,*** wo man Rafting auf

Häuser der Fischer und Kokosnussbarone

Reifen betreiben oder schwimmen kann. Es werden auch Getränke gereicht. Am Schwimmbad ***Agua Azul,*** noch ein Stück weiter die Landstraße entlang Richtung Trujillo, ist ein weiteres Schwimmbad mit Restaurant.

Cuero y Salado

Der 130 km² große ***Mangroven- und Küstenregenwald*** zwischen den Fischerdörfern Salado (östlich) und Cuero (westlich) wurde seit 1987 von der Naturschutzorganisation *FUCSA* dem Zugriff der Viehzüchter schrittweise entrissen. In dem von überwucherten Kanälen und Flüssen durchzogenen Gebiet trifft man auf Brüllaffen und manchen seltenen Wasservogel. Nicht selten tauchen weiße Kapuzineraffen auf, Eisvögel, Tukane und Reiher. Das Wildreservat Cuero y Salado dient jedoch vor allem dem Manatí, der Karibischen Rundschwanzseekuh (siehe Exkurs).

- Anreise: Nach ***La Unión,*** dem Ausgangspunkt eines **Ausflugs** nach Cuero y Salado gelangt man per Mietwagen oder Bus. Von La Unión aus fährt die *burra*, ein einfaches eisernes Schienenwägelchen, das mit Holzstangen gestakt wird. Die *burra* als Transportmittel entspricht der Beschaulichkeit der Viehweiden, Kokosnussplantagen und des tropischen Waldes auf beiden Seiten der etwa einstündigen Fahrtstrecke. Jeder Burra-Lenker nimmt etwa 5 $. Zielpunkt der Fahrt

Manatí – die Seekuh

An der Nordküste von Honduras befinden sich zahlreiche *Ästuare*, die Mündungen von sauberen Flüssen, die aus dem Regenwald kommen und in die Karibik drängen. Sie stauen an der Küste zu großen Lagunen. Eine *barra* (Strandzunge) trennt sie vom Atlantischen Ozean. Nur für ein paar Wochen im Jahr, wenn die Regenzeit das Wasser der Lagune zum Überlaufen bringt, öffnet sich die *barra*. Durch die Lücke fließt nicht nur Süßwasser aus, sondern auch Salzwasser ein, Ästuare bestehen somit aus Brackwasser.

Die im Brackwasser gedeihenden Wasserlilien, weit auswachsende, großblättrige Pflanzen, stellen das Lieblingsessen des honduranischen „Seeungeheuers" dar. Das Ungetüm wird 2,50 m lang, 300 kg schwer und frisst im erwachsenen Zustand 100 kg Wasserlilien pro Tag! Die Rede ist vom Manatí, der *Karibischen Rundschwanzseekuh*. In Honduras lebt sie in der Nähe von La Ceiba und in der Moskitia. Die Seekuh ernährt sich ausschließlich von Pflanzen und trägt ihre Jungen zwei Jahre lang aus. In den achtziger Jahren war das honduranische Manatí dem Aussterben nahe, bis die Stiftung von Cuero y Salado (*Fundación Cuero y Salado, FUCSA*) ein Wildreservat in der Nähe von La Ceiba durchsetzte, das den Lebensraum des „Ungeheuers" schützt.

Der 130 km² große Mangroven- und Küstenregenwald, von Kanälen und Flüssen durchzogen, wurde durch Viehzüchter, die das Gebiet rücksichtslos abholzten und -brannten, stark gefährdet. Auch als die Regierung das Reservat bereits gesetzlich ausgewiesen hatte, wurde noch kräftig weitergefällt. Der Kampf um das Reservat war eine der großen Pionierleistungen der honduranischen Naturschutzbewegung. Mit vereinten Kräften von Stiftung, Kommunalpolitikern La Ceibas, Polizei und Militär wurden die Züchter schließlich gestoppt – zum Wohle des Manatí, dessen Population sich seitdem fast verdoppeln konnte.

ist das Dorf ***Salado,*** dessen Bewohner vom Fischfang und dem Schälen reifer Kokosnüsse leben, die von der *Standard Fruit Company* hier angebaut werden. In Salado befindet sich das **Besucherzentrum** *(Centro de Visitantes)* von *FUCSA (Fundación Cuero y Salado).* Hier kann für ca. 3 $ in Cabañas der Fundación übernachtet werden. Anhand von Fotos, Karten, Knochen und einer Menge Erfahrungswissen informieren Biologen und Waldhüter sowohl über Geschichte als auch über die Entwicklung des Gebiets. Eine ***Bootsfahrt,*** die einschließlich der fachgerechten Erklärung etwa 20 $ kostet, führt durch die überwucherten Flüsse und Kanäle und ermöglicht eine nahe Begegnung mit Flora und Fauna. Der Eintritt in den Nationalpark kostet für Ausländer 10 $.

- Ein Ausflug sollte in La Ceiba bei ***FUCSA*** (*Ing. Leonel Sánchez,* Tel. 443-0329, fucsa@laceiba.com, Zona Mazapán, Ed. del Ferrocarril Nacional, Atrás Gerencia Standard Fruti Co., No. 674, La Ceiba, Atlántida), angemeldet oder mit einem der Veranstalter organisiert werden. 10 $ sind zugunsten des Naturschutzes zu entrichten.

Trujillo

Etwa 170 Straßenkilometer östlich von La Ceiba liegt die ***erste Hauptstadt*** von Honduras, das 1502 entdeckte und 1525 gegründete Trujillo. Wegen ihres günstigen ***Seehafens*** musste sich die Stadt über viele Jahrhunderte gegen brandschatzende britische Eroberer und Piraten verteidigen.

Das noch vor wenigen Jahren bewundernswerte, kolonial geprägte Zentrum der nur 8000 Einwohner zählenden Hauptstadt der Provinz Colón ist in einem sehr schlechten Zustand. Die drei reichsten Familien der Stadt lassen das Kulturerbe nach und nach verfallen. Das Institut für Anthropologie und Geschichte in Tegucigalpa sieht mit Grausen zu, wie die nach Trujillo fließenden Dollars amerikanischer Investoren in alles mögliche investiert werden, nur nicht in die Erhaltung des architektonischen Erbes.

Trujillo liegt in einer großen Bucht, die die schmalen, aber feinsandigen Strände innerhalb und außerhalb der Stadt schützen. Das Barrio El Centro, wie die Innenstadt genannt wird, ist von Mestizen bewohnt. Die Stadtteile Río Negro (östlich) und Cristales (westlich) aber werden von Garífunas bewohnt, die die Hälfte der Bevölkerung dieser Stadt stellen.

Sehenswertes

Ein Rundgang durch die Stadt (1 Std. bis *alcaldía,* 3 Std. insg.) könnte an der ***alten Mole*** (am Ende der Straße, die Río Negro und das Zentrum trennt, am alten Hafen) beginnen. Von hier aus kann man einen Blick auf die Bucht werfen und am Strand, Richtung Osten schauend, die Reste der alten Eisenbahn der *Trujillo Railroad Company* sehen. In den ersten Jahrzehnten des 20. Jahrhunderts betrieb diese frühe Gründung der heutigen *United Brands* hier an der Hafenstraße von Trujillo einen regen Exporthandel. Man erkennt auch die Ruinen der ehemaligen Lager- und Verwaltungsgebäude in der Hafenstraße, die zur alten Mole führt.

Dann geht es über die Hafenstraße zur ***Hauptstraße,*** rechts hoch Richtung Zentrum. Nachdem die Straße eine kleine Linkskurve nimmt, sieht man rechts den Pavillon des öffentlichen ***Krankenhauses.*** Im Hof befindet sich der Ort, an dem *William Walker* 1860 hingerichtet wurde (siehe Geschichte). In diesem Krankenhaus versucht man, trotz finanziell schlechter Lage den vielen Armen und Unterernährten gerecht zu werden.

Der Weg führt weiter Richtung Zentralpark vorbei an der Feuerwache. Hinter dem ***Gefängnis,*** einem verwitterten grünen Gebäude, vor dem ein alter Magirus-Deutz-Feuerwehrwagen rostet, biegt man rechts ein und passiert die ***Zollverwaltung.*** Geradeaus stößt man auf das ***Fort Santa Bárbara.*** Mit dieser großen, gegen brandschatzende Piraten gerichteten Wehranlage erreichten die Spanier erst Ende des 18. Jahrhunderts die Verteidigungsfähigkeit der Provinz Honduras. Trujillo war davor bereits zweimal völlig zerstört worden. Der Eintritt ins Fort Santa Bárbara kostet 3 $ und bietet in der gerade restaurierten Befestigungsanlage ein Museum mit kolonialen und zeitgenössischen ethnischen Artefakten. Geöffnet ist die teilweise restaurierte Anlage werktags von 8 bis 16 Uhr.

Aus dem Fort herausgetreten, geht es rechts weiter zum ***Zentralpark*** mit der ***Kathedrale*** (links), ein erst Ende des 19. Jahrhunderts neu errichtetes Gebäude. Auf der anderen Seite des Zentralparks befindet sich das ***Bürgermeisteramt*** *(alcaldía),* in dem alte Bilder Trujillos zu sehen sind. Hinter dem Gebäude ermöglicht ein Aussichtspunkt einen schönen Blick auf den ***Hauptstrand*** mit der Fressmeile der Fischrestaurants.

Wer jetzt noch mehr von der kolonialen Architektur Trujillos sehen möchte, wendet sich wieder der Stadt zu und läuft geradeaus ins ***Stadtzentrum.*** Hier befindet sich das ***Wohnhaus der Familie Melhado,*** die im 19. Jahrhundert aus Portugal kam und hektarweise den Regenwald zwischen Tocoa und Trujillo in Ackerfläche verwandelte. Das Haus ist ein Beispiel gepflegter Architektur der zweiten Gründungszeit (19. Jh.). Eine cuadra weiter Richtung Berg (südlich) befindet sich auf der Ecke rechts das ***Wohnhaus der Familie Glynn,*** britischen Einwanderern des 19. Jahrhunderts. Geht man aber eine cuadra nach rechts (westlich), liegt auf der gegenüberliegenden Seite der ***Mercado Municipal*** (Markthalle). Daran vorbei geht man Rich-

- **1** Black & White
- **2** Coco Pando
- ★ **3** Alte Mole
- **4** Christopher Columbus
- **5** La Quinta Trujillo
- ★ **6** Fort Santa Bárbara
- ★ **7** Alcaldía
- **8** Krankenhaus
- **9** Hotel Colonial
- ★ **10** Melhado-Haus
- **11** Truxillo Paradise
- ★ **12** Markt
- ★ **13** Glynn-Haus
- **14** Hondutel
- ✉ **15** Post
- ★ **16** Don Rufino
- **17** Hotel Trujillo
- ★ **18** Cemeterio Antiguo (Alter Friedhof)
- **19** Hotel Villa Brinkley

tung Berg (südlich) und findet nach 80 m rechts den ***alten Friedhof*** (*Cementerio Antiguo*, Schlüssel beim Bürgermeister), wo die Namen der Träger des bürgerlichen Aufschwungs der Stadt stehen: *Dole, Melhado, Crespo, Glynn etc.* Die Gräber sind teilweise offen, zerstört, aber die Atmosphäre ist einzigartig. Hier findet sich auch das Grab von *William Walker.*

Nach dem Friedhof rechts herum und dann 300 m immer geradeaus (nach dem neuen Friedhof leicht schräg links halten) Richtung Westen kommt man zur letzten Station des Rundgangs, dem ***Privatmuseum von Don Rufino,*** einem kauzigen Sammler, der historische Utensilien (Schreib-, Näh- und sonstige Maschinen) und archäologische Funde (Maismörser, Figuren, Keramik) in einer beeindruckenden Sammlung angehäuft hat. Es lohnt ein Rundgang unter der Anleitung von *Don Rufino* selbst. Die Begeisterung des eifrigen Sammlers lässt die Geschichte wieder lebendig werden. Vor dem Museum ist ein 1985 verunglücktes Militärflugzeug aufgebaut. *Don Rufino* ist ein Fan der US-Armee, die in Trujillo in jenen Jahren ein Anti-Guerilla-Trainingslager unterhielt. Zum Museum gehört auch ein ***Schwimmbad,*** das mit natürlichem Flusswasser betrieben wird. Eigenwillige, interessante Konstruktion, der Eintritt zum Schwimmbad und Museum kostet zusammen 1,50 $, ganztags geöffnet. Falls einmal geschlossen ist, weckt ein freundlicher Ruf *„Don Rufino"* den Sammler.

Wer mehr über die Geschichte Trujillos wissen möchte, sollte im ***Hotel Emperador*** nach *Prof. Cuevas* (nur spanischsprachig) fragen.

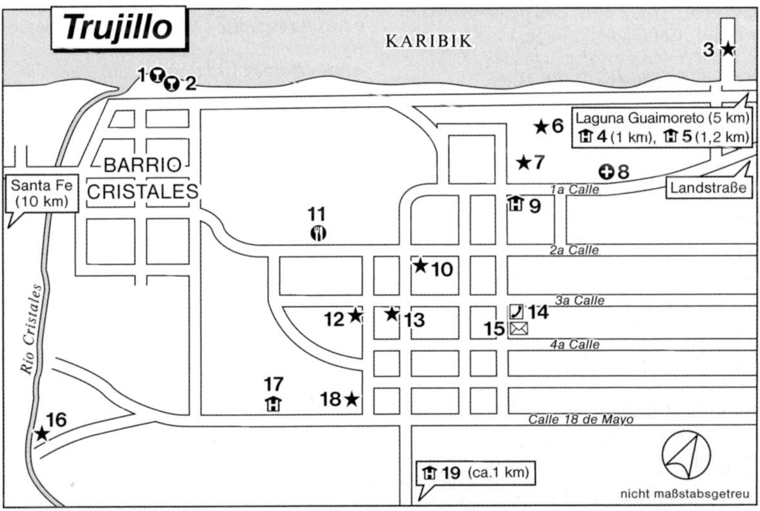

Feste

- ***San Juan Bautista*** (Ende Juni).
- Durch den Einfluss der tanz- und musikfreudigen Garífunas geraten auch normale Feiertage zu fröhlichen Festen.

Unterkünfte

- ***La Quinta Trujillo*** (an der Einfahrt zum Landestreifen, stadteingangs, Tel. 434-4398), Restaurant, AC, unromantisch und reell, beste Wahl am Ort, DZ 40 $.
- ***Hotel Villa Brinkley*** (Bo. Buenos Aires, ca. 800 m vom Zentralpark immer bergauf, Tel. 434-4444, Fax 434-4269), wunderschöner Baustil, Blick über Altstadt und Bucht, Restaurant, Bar und Pool, DZ 40 $.
- ***Christopher Columbus*** (am Strand von Silín, an der Flugpiste, Tel. 434-4966, 434-4973, Fax 434-4971), klimatisiert, Restaurant und Bar, TV, Läden und Wassersport, optisch katastrophal, DZ 54 $.
- ***Campamento Hotel & Restaurant*** (4 km auf dem Weg nach Santa Fé, Tel. 991-3391, Fax 434-4200), neue Apartments mit AC und Kühlschrank, Pool im Bau, gutes Restaurant und gute Bar, DZ 30 $, sehr empfehlenswert.
- ***Hotel Colonial*** (Zentralpark, Tel. 434-4011), klimatisiert, Restaurant, DZ 20 $.
- ***Hotel Trujillo*** (C. 18 de Mayo, ½ cuadra westlich vom alten Friedhof, der wiederum oberhalb des Marktes liegt, Tel. 434-4202), *comedor*, kaltes Trinkwasser, bescheiden und freundlich, sauber, DZ 15 $.
- ***Hotel Mar de Plata*** (2ª C. westlich, am Ende links, Tel. 434-4458), einfache Zimmer mit Bad 8 $, ohne Bad 6 $ pro DZ.
- ***Coco Pando*** (Bo. Cristales, am Strand), einfach, im Herzen der afrokaribischen Lebensart, DZ 6 $.

Essen und Trinken

- ***Bucanero Restaurant*** (im *Hotel Colonial)*, internationale Küche.
- ***Lempira*** (im *Hotel Villa Brinkley)*, herrlicher Blick über Trujillo, Suppen- und Salatbar, europäische Küche, gut, aber etwas teuer.

- ***Oasis,*** nettes Rstaurant im Zentrum der Stadt.
- ***Truxillo Paradise*** (2ª C.), mit angenehmem Ambiente im Bambusstil.
- ***Playa Dorada*** (am Hauptstrand, Zona Playa Centro) u.a. exzellente Meeresfrüchte-Suppe.

Trinken und Tanzen

- Cocktails im Hotel ***Villa Brinkley*** oder in der ***Bahía Bar*** (US-Eigentümer), östlich vom Hotel *Christopher Columbus.*
- ***Gringo Bar,*** am Strand, unter Palmdächern.
- ***Bahia Bar*** und ***Chino's Bar*** sind vor allem bei den Einheimischen beliebt.
- Bei Ausländern ziemlich beliebt ist ***Jerry's,*** am Strand, amerikanisches Frühstück.

Hotel Villa Brinkley

●Typische ***Garífuna-Kneipen*** sind am Strand im Bo. Cristales zu finden. Das kleine Lehmhaus am Ende der Stichstraße links bietet die nationalen Schnäpse *Yuscarán* oder *Extra Seco* mit Toronja (Pampelmuse) oder Limette. Wahlweise auch Tequila oder kalte Biere.

●Nahe der *Los Menudos* befindet sich die Diskothek ***Black & White*** bzw. ***Coco Pando.*** Fast tägl. geöffnet, am Wochenende heiß und anregend: gemischte Musik zwischen Reggae und *Punta*, Eintritt am Wochenende 1 $.

Wichtige Adressen

Post, Hondutel

●Entre 3ª y 4ª C., 1,5 cuadras oberhalb des *Hotel Colonial.* Manchmal sind die Briefmarken vergriffen.

Bank

●Die ***Banco Atlántida,*** am Zentralpark, nimmt Reiseschecks (zeitaufwändig, da vorher die Unterschrift des Filialleiters benötigt wird) oder tauscht bare US-$.

●***Banco de Occidente,*** gibt Barauszahlungen auf Master/Euro- und Visacard sowie Reiseschecks.

Sprachschulen

●Das beschauliche Trujillo eignet sich gut für Sprachaufenthalte: ***Ixbalanque*** (Tel. 434-4461, Fax 651-4432), verbunden mit der gleichnamigen Schule in Copán; oder ***Centro Internacional de Idiomas,*** C. 18 de Mayo, Tel. 434-4777.

Tour Operator

●***Turtle Tours*** (unter deutscher Leitung; Info-Tisch im Hotel *Villa Brinkley*, www.turtletours.de) und ***Trujillo Rent A Bike,*** (Büro im comedor am Zentralpark, geöffnet 8-11 und 17-18 Uhr tägl.) verleiht Motorräder für 36 $ pro Tag und bietet Motorradtouren an (beide Unternehmen erreichbar über das Hotel *Villa Brinkley*, Tel. 434-4431).

●***Trujillo Ecotours*** (Tel. 434-4101), Information über deren Tours bei *Chino's Bar.*

Verkehrsverbindungen

Straße

●Von ***La Ceiba*** aus auf der Fernstraße CA13 171 km, östlich über ***Savá,*** dort an der Texaco-Tankstelle links nach Trujillo. Die Straße ist gut asphaltiert, aber nachts gefährden schlecht beleuchtete Sattelschlepper (mit Bananen-Containern) den Verkehr.

●Von ***Tegucigalpa*** aus über ***Olancho*** nur knapp 400 km (gegenüber 565 km über La Ceiba), und zwar zunächst nach Juticalpa (166 km), der Hauptstadt Olanchos, und weiter geradeaus bis zur (unscheinbaren) Kreuzung (weitere 11 km), die an der rechts der Straße befindlichen LKW-Waage erkenntlich ist. Von dort geht die unasphaltierte Fernstraße durch die tiefste Provinz des Landes, sozusagen den wilden Westen von Honduras: San Francisco de la Paz (20 km), Gualaco (28 km), San Esteban (42 km), Bonito Oriental (68 km), Corocito als Kreuzungspunkt mit der Fernstraße CA13 aus La Ceiba (8 km). Von hier geht es rechts herum nach Trujillo (32 km).

Bus nach Trujillo

●***La Ceiba:*** vom dortigen Busterminal aus alle 2 bis 3 Std. (Dauer 2,5 bis 4 Std., 2,20 $).

●***San Pedro Sula:*** mit *Cotraipbal* (1ª Ave. entre 7ª y 8ª C., S.E., Bo. Medina, Tel. 557-8470) tägl. Abfahrten von 6 Uhr bis 16 Uhr; mit *Cotuc* (gegenüber der Eisenbahnlinie, entre 7ª y 8ª C., 1ª Ave., Tel. 557-3175) Abfahrten täglich von 6 bis 16 Uhr alle 45 Min., Fahrzeit 5,5 Std.

●***Tegucigalpa:*** mit *Cotraipbal* (7ª Ave. Comayagüela, entre 11ª y 12ª C., Tel. 237-1666) um 7:30 Uhr (Dauer ca. 8 Std., 4,50 $).

Busse ab Trujillo

●***La Ceiba:*** vom Busbahnhof (ca. 1,5 km vor der Stadt) um 2, 4, 6, 10 und 14 Uhr, 2,20 $.

●***Juticalpa*** (von dort weiter nach Tegucigalpa): vom Busbahnhof aus um 4 Uhr, 8 Std., 4 $, mit *Cotraipbal.*

●***Tegucigalpa:*** vom Busbahnhof aus mit *Cotraipbal* (Tel. 434-4932) um 5 Uhr, Fahrzeit ca. 9 Std., 10 $, über San Pedro Sula.

- ***San Pedro Sula,*** mit *Cotraipbal* (Bo. El Centro, Tel. 434-4932) tägl. von 1 Uhr bis 12 Uhr; mit *Cotuc* (Tocoa Carr. Salida Trujillo, C. 18 de Septiembre, Tel. 444-2181) von 1 Uhr bis 13 Uhr.
- Nach ***Bonito Oriental, Corocito, Tocoa*** und ***Savá:*** ca. jede halbe Std. vom Busbahnhof aus, mit *Cotraipbal.*
- ***Santa Fé, San Antonio*** und ***Guadalupe:*** vom Alten Friedhof aus (jede Stunde).
- Richtung ***Moskitia:*** nach Santa Rosa del Aguán und Puerto Castilla vom Zentrum aus, kein fester Abfahrtsort, keine festen Zeiten. Ab Santa Rosa gibt es Busse oder Pickups nach Limón, evt. sogar nach Iriona. Von da geht es nur zu Fuß weiter (siehe Moskitia).

Schiff

- Von der Mole in Trujillo aus und von Puerto Castilla (auf der anderen Seite der Bucht) fahren etwa einmal wöchentlich Schiffe zu den ***Inseln*** oder sogar (selten) in die ***Moskitia.***

Flug

- ***Isleña,*** tägl. außer So. von Trujillo nach Palacios, 31 $, von Trujillo nach la Ceiba 27 $.

Ausflüge ab Trujillo

Heiße Quellen

Nur 7 km von Trujillo entfernt in Richtung Tocoa befindet sich das ***Agua Caliente Resort,*** ein idealer Ort zum Entspannen.

Capiro y Calentura

Hinter dem Hotel *Villa Brinkley* geht eine Straße weiter südlich bergauf und führt nach nur 200 m in den Nationalpark Capiro y Calentura, einen nur knapp 1100 m hohen Bergwald, der eindrucksvoll alle klimatischen und vegetativen Zonen vom tropischen (heiß, viele Palmen) über den subtropischen (gemäßigt warm, hauptsächlich Laubbäume, viele Cecropien als Sekundärwuchs) bis zum montanen Wald (nachtkalt, hauptsächlich Eichen und Kiefern im Zwergwuchs sowie Farne) zeigt. Der gesamte ursprüngliche Wald fiel dem spanischen Schiffs- und Hausbau zum Opfer, so dass wir einen sekundären Wald bewundern können. Auf den ersten paar hundert Metern gehen kleine Trampelpfade rechts zum Bach (Río Cristales) hinunter. Diese Pfade führen in den Wald, in dem auch Brüllaffen und viele Vogelarten heimisch sind.

Information über den Nationalpark im Büro der *NRO Fucagua* in deren Besuchszentrum oberhalb des Hotels *Villa Brinkley* (Straße weitergehen, eines der letzten Häuser nach ca. 300 m, Tel. /Fax 434-4294); der Eintritt in den Nationalpark kostet 10 $.

Santa Fé, San Antonio, Guadalupe, Betulia

Westlich von Trujillo liegen die ältesten Garífuna-Siedlungen des Landes am Strand. In ***Santa Fé*** (10 km von Trujillo) gibt es im Restaurant *El Caballero* leckere, aber nicht ganz billige Speisen. Auf einer Strandwanderung oder per Bus sind später ***San Antonio, Guadalupe*** und (nur zu Fuß auf einer teilweise erhaltenen altspanischen Pflasterstraße, ca 1,5 Std.) ***Betulia*** zu erreichen, eine alte Farm, die am schönen Fluss liegt. Überquert man dessen *barra* mit dem Boot, erreicht man eine von hohen Kokosnusspalmen bewachsene ***Halbinsel,*** auf der arme Mestizenfamilien leben. Auf der anderen Seite der Halbinsel ist ein sauberer, malerischer Kiesstrand. Von Betulia aus kann man in einer sehr anstrengenden Tageswanderung (schmaler, rutschiger Pfad, teilweise über den Küstenfelsen) bis ***Río Esteban*** oder ***Balfate*** kommen. Dort gibt es einfache Unterbringungen und Transport nach Jutiapa oder La Ceiba.

Wasserfall

Hinter dem Stadion, ca. 2 km außerhalb der Stadt (Richtung La Ceiba), geht an einem großen Llama-del-Bosque-Baum ein kleiner Trampelpfad zunächst über eine hügelige Weide und dann – an einer Wasserleitung entlang – immer weiter südlich in den Wald. Nach etwa 20 Min. Fußweg hört man schräg rechts des Weges das Plätschern eines Wasserfalls. Das Wasser in Trinkwasserqualität fällt in ein Naturschwimmbecken.

Lagune Guaimoreto

Wer morgens früh aus dem Bett kommt, kann sich in Jericó, außerhalb der Stadt (vom Stadion aus östlich), den Fischern anschließen, um die Mangroven der Lagune Guaimoreto kennen zu lernen. Der Weg: Hinter dem Stadion weiter die Hauptstraße Richtung La Ceiba laufen. Nach ca. 2 km wird eine zugewucherte Straße gerade noch sichtbar, die schräg links abbiegt und nach 400 m auf eine alte Holzbrücke führt. Hier legen zum Sonnenaufgang einige Fischer ab, unter ihnen viele Kinder.

Hinter der Brücke, die über die Lagune führt, liegt auf dem Weg nach Puerto Castilla, dem Hafen, das neue Strandhotel *Casa Kiwi* mit Restaurant und Ausflugstipps.

- ***Casa Kiwi*** (auf halbem Weg von Trujillo nach Puerto Castilla, mit dem Linienbus erreichbar, Tel. 434-3050), Strandzugang, Traumaussicht, Restaurant und Bar, einfach, DZ 8 $.

Islas de la Bahía: Karibikinseln Roatán, Guanaja und Utila

Überblick

Die Islas de la Bahía bestehen aus den drei Hauptinseln Utila, Roatán und Guanaja, den kleinen Cayos Cochinos und etwa fünfzig weiteren winzigen Inseln, den *cays* oder *keys* (beides in Honduras wie das englische *keys* gesprochen). Die drei Hauptinseln (von West nach Ost: Utila - Roatán - Guanaja) liegen in einem nach unten offenen Bogen, dessen linker Zipfel gut 30 km nördlich von La Ceiba beginnt.

Geologisch sind die Islas de la Bahía eine Fortsetzung der Sierra de Omoa. Der Kontinentalsockel erstreckt sich sichelförmig von West nach Ost. Während die westliche und kleinste Insel Utila ganz flach ist, streckt sich Michael's Rock Peak auf Guanaja immerhin 412 m hoch.

Honduras ist eine Verzahnung von Lateinamerika und Karibik. Wenn die Hauptstadt Tegucigalpa mit den umliegenden, altspanisch geprägten Minenstädtchen das Sinnbild Lateinamerikas ist, dann sind die Islas de la Bahía (geläufiger ist der englische Name Bay Islands) das Sinnbild des ***karibischen Einflusses.*** Hier wird Englisch gesprochen, die aufgeschlossene und zugleich inselhaft provinzielle Bevölkerung lebt von Langusten-Tauchen und Tourismus. Häufig scheint es, als sei der relative Wohlstand der *Isleños* nur mit den Resten von piratischen Reichtümern zu erklären. Die gutbürgerliche weiße Bevölkerung von Utila z.B., die dort etwa die Hälfte der Familien stellt, ist britischer Abstammung und kam zu Beginn des 19. Jahrhunderts als bescheidene Siedler von den Cayman-Inseln herüber.

Auf den Inseln ist das ***Klima*** tropisch. Die Regenzeit ist wie im Nordosten des Festlandes auf die Phase Mai bis Februar verschoben, es regnet praktisch das ganze Jahr über regelmäßig in kurzen Schauern. Das tropischheiße Klima wird aber erträglich durch die frische Brise der karibischen See. Tagsüber ist es im Durchschnitt 27 C° heiß, nachts etwa 21 C°. Die Wassertemperatur liegt zwischen 25 und 30 C°. Die jährliche Niederschlagsmenge liegt bei 215 mm, davon regnet fast die Hälfte am Jahresende nieder.

Geschichte

Als ***Kolumbus*** auf seiner vierten und letzten Reise am ***30. Juli 1502*** auf Guanaja, der östlichen der drei Inseln, landete, fand er ***Ureinwohner*** vor, die den Pesch, Nahuatl oder Maya zuzuordnen sind. Alle drei Theorien sind durch archäologische Funde auf den Inseln gestützt, die Forschung hat noch einiges zu klären. Wissenschaftler sind sich aber inzwischen fast einig, dass die Urbevölkerung der *Islas* den Pesch entspricht, die vor Ankunft der spanischen Eroberer die Gegend um das heutige Trujillo bewohnten. Pesch sind heute in Silin (südlich von Trujillo), El Carbón (Straße von Bonito Oriental, Colón, nach Catacamas, Olancho), Culmí und recht vereinzelt am Río Plátano anzutreffen.

Im 16. und 17. Jahrhundert fungierten die Inseln als Lager der ***Piraten*** und Freibeuter, die es auf die wertvollen Edelmetalle vom honduranischen Festland abgesehen hatten. Noch bevor diese von den spanischen Unterdrückern per Schiff auf den alten Kontinent gebracht werden konnten, wurden ganze Schiffe von den Piratenteams gekapert. Legendäre Freibeuter wie *Morgan*, *Coxen* und *Morris* gaben sich in Roatán, der größten der *Islas*, ein Stelldichein. In jenen Jahren benutzten sie vor allem das nur zur See offene Port Royal, im Osten der Insel, als Camp und Rückzugshafen. Da Spanien jegliche Unterstützung für die Eindringlinge abschneiden wollte, wurde die gesamte Urbevölkerung der Inseln bis 1650 westlich ans Festland gebracht.

Die Insel war entvölkert, bis 1742 im Zuge des britisch-spanischen Krieges Roatán auch offiziell von England besetzt wurde. Als Spanien erst 1782 wiederum Port Royal überfiel und nach zwei Tagen zerstört hatte, wurde Roatán als unbewohnte Insel hinterlassen. Erst am 12. April ***1797*** sorgten knapp 4000 afrokaribische *Garífunas*, die von Gran Cayman nach Roatán kamen und Punta Gorda im Norden gründeten, für den Beginn des modernen Roatán. Die Gründung von Punta Gorda wurde zweihundert Jahre später in Anwesenheit hoher honduranischer Regierungsvertreter und einer von *Cambio C.A.* geförderten deutschen Journalistengruppe würdig gefeiert.

Zusammen mit der Moskitia gehörten die Inseln bis zur Unabhängigkeit des Landes zur britischen Kolonie in Zentralamerika, die von Kingston, Jamaika, aus verwaltet wurde. Erst im 19. Jahrhundert zogen sich die Briten nach Belize zurück.

Die Zentralregierung in Tegucigalpa begann erst zu Beginn des 20. Jahrhunderts, die Inseln allmählich administrativ und kulturell an das Mutterland anzubinden. Viele Inselbewohner dachten zu jener Zeit, sie seien Teil des britischen *Commonwealth*.

Trotz der kulturellen und wirtschaftlichen Kluft zwischen Festland und Inseln sind die *Islas*, wie sie kurz genannt werden, ganz und gar honduranisch. Kein gebildeter *Isleño*, der nicht auch perfekt Spanisch sprechen könnte. Kein erfolgreiches Unternehmen auf den Inseln, das nicht auch in der Hauptstadt Tegucigalpa politisch und imagemäßig gut dastehen möchte. Seit ***1859***, als die Islas und die Moskitia im Tausch gegen Belize von den Briten an Honduras übergingen, sind sie niemals als honduranisches Hoheitsgebiet in Frage gestellt worden. Daher ist es eher dem Marketing geschuldet, wenn Tauchferien in den USA als Ferien auf den Bay Islands angeboten werden, ohne Honduras auch nur zu erwähnen.

Tauchen

Entlang der Islas de la Bahía verläuft ein Teil des – nach dem australischen Great Barrier Reef – ***zweitgrößten Korallenriffs der Welt.*** Beim Schnorcheln und Flaschentauchen können Dutzende bunter Korallen- und Fischarten sowie Meeresschildkröten beobachtet werden. Der Reichtum des Riffs, das teilweise sogar zu Fuß erreichbar ist, muss aber auch ***geschützt*** werden.

BICA (Bay Islands Conservation Association) hat sich den Schutz des Riffs auf die Fahnen geschrieben. Mit Unterstützung der Vereinten Nationen erforscht *BICA* die Ursachen des besorgniserregenden Korallensterbens. Ursachen können das Tauchen selbst, ungeklärte Haus- und Hotelabfälle oder die Emissionen der Schifffahrt sein. Tun Sie alles, um die teils jahrhunderte alten Korallen nicht zu berühren, aber auch nicht durch wilde Flossenbewegungen indirekt zu bewegen. Weitere ***Informationen*** bei *BICA*, Coxen Hole/ Roatán, C. Principal, Ed. Cooper, Tel. 445-1424 oder im Büro in Utila (an der Dorfstr., gegenüber *Mermaid's Restaurant*, Tel. 445-3260).

Die Inseln sind ein Eldorado für ***Flaschentaucher.*** Sie zählen zu den preiswertesten Tauchregionen der Welt. In nur zwei bis vier Tagen kann man in vielen Tauchschulen *(Dive-Shops)* einen PADI-Schein *(open water)* erwerben und zahlt oft nicht mehr als 150 $. Die Auswahl ist groß, und vor allem Utila glänzt durch geschützte Tauchgründe und professionelle Tauchanbieter. Der Service sollte aber gründlich geprüft werden. Allzu flexible und spontane Tauchlehrer erweisen Anfängern einen gefährlichen Bärendienst: Techniken zur Dekompression beim Auftauchen, zur Vermeidung von Alkohol und Überforderung sowie zur allmählichen Einführung in immer tiefere Ebenen des Riffs erfordern einige Zeit. Personal des Tauchzentrums *„Utila Watersports"* fiel einmal da-

Gefahren beim Baden, Schnorcheln und Tauchen

Die Gefahren beim Baden, Schnorcheln und Tauchen sollten nicht unterschätzt werden. Eine Gefahr geht von den ***Korallen*** aus, die in manchen Buchten schon in geringer Tiefe wachsen. Beim Baden oder Schnorcheln kann man sich, wenn man sie einfach nur berührt, empfindlich verletzen, denn sie haben sehr scharfe Kanten. Manche Korallen können auch stark nesseln und zu schmerzhaften und unter Wasser somit sehr gefährlichen Verletzungen führen. Auch den Korallen selbst schadet eine Berührung, die sensiblen Organismen sterben dann ab. Nicht berühren!

Auch die Nesselkapseln mancher ***Quallen*** können die Haut des Menschen wirkungsvoll durchdringen und zu äußerst schmerzhaften Verletzungen oder zum Tode führen. Abreibung mit Alkohol, 10 % Formalin, Salmiakgeist oder Natriumbikarbonat können die noch auf der Haut befindlichen Nesselkapseln inaktivieren. Steht das nicht zur Verfügung, helfen Salz, Zucker, Olivenöl oder trockener (!) Sand; so kann der giftige Schleim mit einem Messer oder Holzstück abgeschabt werden. Wasser oder feuchter Sand dürfen nicht benutzt werden! Es ist ein Arzt aufzusuchen! Eine weitere Gefahrenquelle ist die tropische ***Sonne,*** die vielfach unterschätzt wird. Schon bei einer Sonneneinstrahlung von mehr als 10 Minuten werden die meisten Menschen ohne Sonnenschutz mit üblem Sonnenbrand bestraft. Auch sonnengewöhnte und robuste Haut widersteht der intensiven tropischen Sonne auf Dauer nicht. Deshalb empfiehlt es sich, beim Schnorcheln und Baden ein T-Shirt zu tragen. Ansonsten sind Sonnenschutzmittel mit hohem Lichtschutzfaktor unverzichtbar.

Auch die Risiken beim ***Tauchen*** werden gern unterschätzt. Tauchkurse werden von routinierten Lehrern auch in den seriösen Tauchschulen häufig als Kurzprogramme angeboten. Wer danach anfängt, die von Kindheit an tauchbegeisterten *Isleños* nachzuahmen, überschätzt sich leicht selbst. In größere Tiefen, Höhlen oder Wracks zu tauchen, ist nichts für Anfänger und Ortsunkundige.

Nicht gefährlich, aber nervtötend können die ***Sandfliegen*** *(sand flies)* sein, besonders in windstillen Buchten. Zwar verursachen sie kaum Schmerzen, angesichts ihrer Häufung aber führen sie zu einer unangenehmen Hautreizung. Beste Vorbeugung ist das Auftragen einer dicken Fettschicht aus Sonnenöl oder – noch besser – einfachem, mildem Babyöl, das lange haften bleibt.

Tauchboot in Guanaja

durch auf, einer asthmatischen Deutschen einen Schnellkurs zu verkaufen – wider besseres Wissen.

Presse- und Infostelle

- ***Coconut-Telegraph,*** *Bay Islands English Magazine,* 6 Ausgaben pro Jahr für 25 $, Cooper Building Suite 301, Coxen Hole, Roatán, Honduras C.A., Tel. 00504-445-1660 und Fax -445-1659; das Jahresabo von 6 Ausgaben für Europa kostet 35 US-$. Der Coconut-Telegraph greift zeitgeschichtliche, kulturelle und vor allem touristische Ereignisse auf.
- Das ***honduranische Tourismusinstitut*** betreibt einen Infostand am Flughafen von Roatán: Tel. 445-1559 (Öffnungszeiten in der Regel 8-16 Uhr).

Notfall

- ***Feuerwehr,*** Tel. 445-1198
- ***Schutz- und Kriminalpolizei,*** Tel. 445-1138
- ***Krankenhaus*** mit ***Überdruckkammer:*** *Cornerstone Mission Clinic, Anthony's Key Resort,* Sandy Bay, Roatán, Tel. 445-1515, VHF-Kanal 26. Viele seriöse Hotels und Tauchschulen berechnen automatisch oder auf Wunsch eine Gebühr für die Dienste von *Cornerstone Mission* zur Versorgung verunglückter Taucher.

Roatán

Roatán ist mit 128 km² und etwa 15.000 Einwohnern die größte der drei Islas und liegt zwischen Utila (westlich) und Guanaja (östlich). Die langgestreckte Insel ist etwa 42 km lang, nur 3 bis 4 km breit und vollständig von Korallenriffen umgeben.

Für Liebhaber eines behutsamen, Ressourcen schonenden Tourismus ist Roatán eher ein trauriges Kapitel. Anders als in Utila hat die arme Bevölkerung kaum Vorteile vom Boom der Tauch-Resorts gehabt, viele Planungen

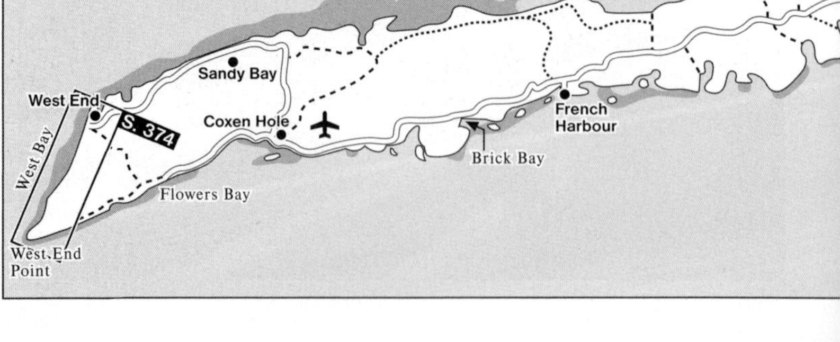

haben die Mangroven beschädigt, für *Fantasy Island* etwa ist eine Halbinsel eigens angeschüttet worden. Trotzdem ist das Karibikflair hier durch die wunderschönen ***Palmensandstrände,*** insbesondere am *West Bay,* stärker ausgeprägt als auf *Utila.*

Die ***Ortsbeschreibungen*** sind in Sandy Bay, West End und Coxen Hole und Osten von Roatán unterteilt: In den westlich gelegenen Ortschaften Sandy Bay und West End befinden sich die schönsten Strände und manches preiswerte Traumresort. In Coxen Hole und östlich davon in French Harbour, Oak Ridge, Brick Bay, Punta Gorda und Paya Bay dagegen dominieren schicke Resorts für komplette Taucharrangements, die auch mit einem der von uns empfohlenen Reiseveranstalter gebucht werden können. Dagegen stehen die Ortschaften drum herum den elendigsten Stranddörfern des Festlands in nichts nach.

Verkehrsverbindungen auf der Insel

Eine einzige asphaltierte ***Straße*** führt vom westlichsten Punkt West End über Sandy Bay, die Hauptstadt Coxen Hole nach French Harbour, von dort als unbefestige Straße über Oak Ridge weiter nach Punta Gorda.

Östlich dieser Straßenverbindung schließen sich die Buchten von Port Royal und die Naturschutzgebiete von Santa Elena, Morat und Barbareta an. Wer diese kennen lernen möchte, der chartert sich ein ***Segelschiff,*** zum Beispiel in der *Fruit Harbour Pension* auf Guanaja, und fährt ein paar Tage von Bucht zu Bucht oder eines der zahlreichen ***Wasser-Taxis*** (ca. 20 $/Std.).

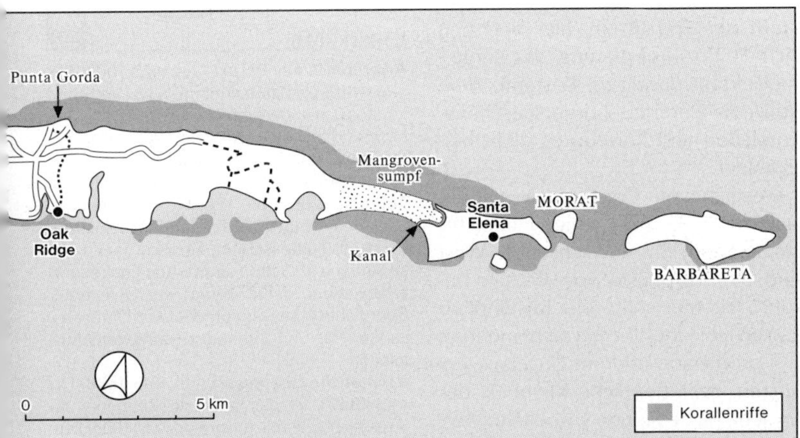

Es lohnt sich, auch für einen Tag mit einem ***Mietwagen*** die Insel zu erkunden. Wer es scheut, selbst zu fahren, kann sich selbstverständlich auch ein Taxi mieten und sich für ca. 30 $ pro halbem Tag zu den verschiedenen Ecken der Insel fahren lassen, um sich auf diese Weise, fern von den Touristenunterkünften, einen Eindruck vom authentischen Leben der Inselbewohner zu verschaffen (siehe auch *French Harbour Casi Todo-Buchhandlung).*

Noch authentischer ist es, mit Kleinbussen, die zwar regelmäßig, aber nicht häufig verkehren, die Insel zu bereisen. Der Preis liegt bei 1 bis 2 $ pro Einzelfahrt. Wer keine längeren Wartezeiten an der meist schattenlosen Landstraße verbringen will, ist auf ***Taxis*** angewiesen.

Flughafen und ***Hafen*** von Roatán liegen 15 Gehminuten von Coxen Hole entfernt (Richtung Westen). Coxen Hole oder Roatán City ist die ***Hauptstadt*** der drei Inseln, hier befinden sich die Bezirksregierung, das Bürgermeisteramt *(alcaldía),* Postamt, *Hondutel,* die Einreisebehörde, Geschäfte, Fotoläden und Reisebüros dicht beieinander.

Westlich von Coxen Hole windet sich die Straße über einige Hügel, bis sie bei Sandy Bay und schließlich West End die Nordküste von Roatán berührt. Bis hier sollte die Taxifahrt ab Coxen Hole im *colectivo* nicht mehr als 2 $ pro Person oder im Einzeltaxi 7 $ kosten, der öffentliche Kleinbus, der ca. jede halbe Stunde vorbeifährt, verlangt ungefähr 1 $.

Sandy Bay

Sandy Bay hat einen schönen, wenn auch an vielen Stellen sumpfigen und ungepflegten Strand. Die Küste ist noch kaum durch große Hotels geprägt, neben vielen privaten Häusern und kleinen Pensionen ohne Werbung ist das altehrwürdige *Anthony's Key Resort (AKR)* das einzige international bekannte Tauchresort. Hier ist das Riff seit 1989 im Rahmen des inzwischen großen ***Roatán Marine Reserve*** unter Naturschutz gestellt worden. Und hier befindet sich das im *Anthony's Key Resort* gelegene ***Meeresmuseum*** *Institute for Marine Sciences* (tägl. 8:30-18 Uhr, Eintritt 2 bis 4 $, Weg und Eintritt lohnen sich) sowie der ***Botanische Garten Carambola,*** der erst 1985 angelegt wurde. Familie *Brady* (Tel. 445-1117) bietet halbstündige Rundgänge durch den Lebensraum von Leguanen und Papageien an.

Unterkünfte

- ***Anthony's Key Resort*** (Tel. 445-1003, Fax 445-1140, akr@globalnet.hn, www.anthonyskey.com), wunderschöne Cays und Bucht mit Holz-Lodges, eigenem Zoo, Delfin-Becken, Museum, Tauchstation, Tauch-Krankenhaus, Vollpension einschließlich Tauchen zwischen 700 und 1200 $ pro Woche. Preise je nach Lage (cay teurer als Festland, Hochsaison teurer als Nebensaison). Einzelne Tauchgänge sind mit 40 $ pro Fundive (mit Equipment) relativ teuer, dafür verfügt der Divecenter über zahlreiches Equipment, wie Unterwasserkameras und Videoausrüstung zum Ausleihen.
- ***Inn of the Last Resort*** (Tel. 445-1838, Fax 445-1848), ist das optimale Refugium für Stressgeplagte mit Anspruch: Das Hotel liegt auf einer Halbinsel unter schattenspenden-

den Baumkronen. Die Räume sind mit AC und Ventilator ausgestattet, Tauch- und Hochseefischen ist hier bestens organisiert. Preis für den Tauchaufenthalt im DZ 700 $ pro Person.

- Für Taucher, die auch Strand wollen, ist ***Sunrise Roatán Resort*** geeignet (kurz vor *Anthony's Key Resort* rechts, Tel. 445-1265), klimatisiert, Restaurant, Tauchschule, nicht sehr professionell, DZ mit VP 78 $.
- ***Oceanside Inn*** (Tel. 445-1552, Fax 445-1532), ohne Strand, aber mit Tauch- und Schnorchelservice sowie sehr schöner Sonnenterrasse, gepflegte Zimmer mit Dusche und Ventilator sowie vorzüglichem Restaurant, DZ ab 44 $.
- ***Caribbean Seashore*** (600 m westlich von *AKR*, Tel. 445-1123), kleiner Strand und gute Bademöglichkeit, Zimmer mit Dusche und Ventilator, Kochgelegenheit, EZ/DZ 35 $.
- ***Beth's Hostel*** (auf dem Hügel, Tel. 445-1266), ausgestattet mit Herd und Ventilator. *Beth* hat eine umfassende englischsprachige Bibliothek. Freundlich und preiswert, DZ ab 20 $.

Essen und Trinken

- ***Oceanside Inn*** bietet Fisch- und Krabbenmenüs, gepflegt und freundlich, nicht zu teuer, vgl. Unterkünfte.
- ***Rick's American Café*** (am Hügel über der Straße), mit schönem Meerblick, gut für Steaks und Hamburger, aber nicht billig.
- ***Ceiba Tree Restaurant*** (gegenüber *Sunrise Resort)*, mit einfacher honduranischer Küche, auch Snacks, zu günstigen Preisen.

Information

Es gibt kein Touristen-Informationsbüro auf der Insel, aber durch www.roatanonline.com oder www.bayislands.com erhält man einen guten Überblick.

Autovermietung

- ***Sandy Bay Rent a Car,*** Tel. 445-1710, 984-2651, Fax 445-1711, sbrc@globalnet.hn.

West End

Hinter Sandy Bay führt die Straße weiter in das ***Strandparadies von Roatán,*** West End oder West End Village genannt. Hier ist die touristische Entwicklung zwar wirtschaftlich am deutlichsten erfolgt, kleine und mittlere Hotels und Restaurants säumen die Strandstraße zu beiden Seiten, doch die unbeirrt ruhige und weltvergessene Lebensart der nur 400 Bewohner dieses kurzen Küstenstreifens scheint unverändert. West End ist ein Strand- und Tauchbadeort für Individualreisende mit kleinem und mittlerem Budget.

West End ist der vielleicht beliebteste Ort auf Roatán, denn es gibt kleine Hotels, relativ gute Restaurants, preiswerte Tauchschulen und einen 200 m langen Sandstrand. Wegen dieser Qualitäten ist hier fast das gesamte kulinarische Angebot aufgelistet. Ein Bier kostet 1 $, ein Fischgericht ca. 5 $. Wer auch das noch sparen will, sollte sich andere Destinationen aussuchen.

Unterkünfte

- ***Luna Beach Club Resort Community*** (am Strand in Richtung West Bay, Tel./Fax 445-0009, Tel. auch 991-3759, TLC@globalnet.hn, www.lunabeachresort.com), italienischer Besitzer, luxuriöse Anlage mit eigener Tauchbasis, Pool, schönen Zimmern mit AC und Ventilator, Restaurant, Bar und Diskothek, DZ ca. 130 $.
- ***Lost Paradise Cabins*** (südlich gleich links an der Straße, Tel. 445-1306, Fax 445-1388, paradise@simon.intertel.com), ohne Tauchbasis, mit Zimmern sowohl im Hauptgebäude als auch in Bungalows, mit Dusche, AC und Ventilator, sehr gepflegt und etabliert, Restaurant, Bar, DZ ab 90 $.

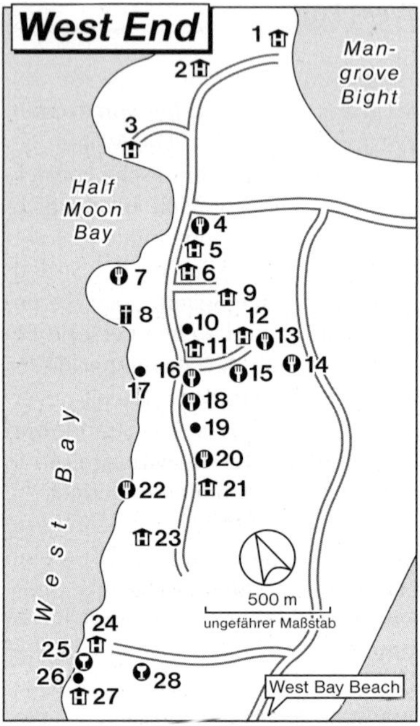

- 1 Seagrape Plantation
- 2 Casa Calico
- 3 Half Moon Bay Cabins
- 4 Salt and Pepper Restaurant
- 5 Posada Arco Iris
- 6 Chilie's
- 7 Belvedere's
- 8 Kirche
- 9 Valerie's
- 10 West End Divers
- 11 Pura Vida
- 12 Mariposa Lodge
- 13 Stanley's Restaurant
- 14 Brick's Oven
- 15 Pinocchio
- 16 Boulangerie
- 17 Sueño del Mar
- 18 Cindy's
- 19 Ocean Divers
- 20 Bamboo Hut
- 21 Rudy's Hotel und Restaurant
- 22 Foster's Restaurant
- 23 Lost Paradise Cabins
- 24 Keifito's Plantation
- 25 Reggae Bar Vibration
- 26 Galindo Tropical Beach Park
- 27 Luna Beach Club R.C.
- 28 Loafers

•***Half Moon Bay Cabins*** (nördlich der Half Moon Bay, Tel. 445-1015, Fax 445-1075), ohne Tauchbasis, mit Holzbungalows, Dusche, AC und Ventilator sowie kleinen Nischen im Felsenstrand; Restaurant, Bar, Anlegestelle eines Glasbodenboots *(Underwater Paradise)* und einer Tauchsonde für zwei Personen (Tauchen ohne Schein); wunderschöner Blick auf die Bucht; DZ ab 49 $ mit Ventilator, ab 70 $ mit AC.

•***Pura Vida*** (Tel./Fax 445-1141, info@puravidaresort.com), italienische Besitzer, sauber, aber etwas sterile Hotelzimmer mit AC und Ventilator, Restaurant mit italienischer Küche und guten, aber etwas teuren Fischgerichten, in dem Komplex befindet sich auch eine Tauchbasis, DZ 50 $.

•***Seagrape Plantation*** (nordöstlich von Half Moon Bay zum offenen Meer, Tel. 445-1428, Fax 445-1717), Anlage von einzelnen *Cabañas* mit Meeresblick, Restaurant, DZ ab 50 $,

•***Casa Calico,*** (etwas abgelegener, in Richtung *Seagrape Plantation)*, große Zimmer mit Küche in einem Privathaus, wunderschöner Garten mit Grillgelegenheit, sehr freundliche Besitzerin, Kayaks, große Terrasse mit Hängematten und schönem Meeresblick. Räume für bis zu 6 Personen 50 $, DZ 70 $.

•***Coconut Tree*** (Tel. 445-1648), mit Restaurant *Salt and Pepper,* Bar und Diveshop, DZ 60 $. Nicht besonders empfehlenswert, aber dort werden Infos über Festlandsausflüge und speziell die *Pico Bonito Jungle Adventure Tour* gegeben.

•***Rudy's,*** mit Dachterrasse, große Zimmer mit Küche, Ventilator, Badewanne, Terrasse und Hängematte, sehr schön, DZ 35 bis 45 $. Im Restaurant serviert man Bananenkuchen und Omelettes. Atmosphäre und Laune vom Besten, hier lebt die Insel, wie sie ist.

•***Georphy's Tropical*** (bei Rudy's, s.o., Tel. 445-1794), *Cabañas* in einer Gartenanlage, von außen etwas schäbiger Eindruck, aber innen sehr schön, mit Terrasse, bis zu 4 Personen, DZ 50 $.

● ***Posada Arco Iris*** (Tel./Fax 445-1264, posadaarcoiris@globalnet.hn, www.roatanposada.com), argentinischer Besitzer, wunderschöne Zimmer mit Terrasse, Küche und teilweise Meeresblick inmitten einer gepflegten Gartenanlage, sehr freundliches Ambiente, DZ ab ca. 35 $ (ohne Küche), ab 50 $ (mit Küche).

● ***Keifito's Plantation*** (12 min. südlich außerhalb der Ortschaft Richtung West Bay, kein Telefon, Fax 445-1648), gepflegte Zimmer mit Ventilator und Dusche auf dem schattigen Hügel, Sonnenterrasse mit Schwimmsteg über dem felsigen Strand, gutes Restaurant, sehr freundlich und empfehlenswert, ab 30 $ pro DZ.

● ***Pinocchio*** (200 m vom Strand am Hang, Tel.445-1466, pinocchio69@bigfoot.com, www.roatanet.com/pinocchios), schöne Zimmer, aber durch das Restaurant und die Bar etwas laut DZ 35 $, im Restaurant gibt es raffinierte Gerichte, z.B. Haifisch in Kokosnusshülle und an der Bar leckere Drinks.

● ***Mariposa Lodge*** (etwa 200 m nach innen dem Weg entlang bei *Hotel Pura Vida*, mariposalodge@earthlink.net, www.mariposa-lodge.com), sehr schöne Appartments mit Küche, sehr freundliches Ambiente, ruhig, pro Person 15 $. Im Haus: *Sue's Shiatsu Massage*.

● ***Chilie's*** (neben *Posada Arco Iris*, Tel. 445-5365), besonders zu empfehlen die *Cabañas* im hinteren Teil, schlicht, aber sauber, mit Küche und jeweils 2 separaten DZ, angeschlossene Tauchbasis, DZ 15 $.

● ***Anderson Place*** (neben *Baptist Church*, Tel. 455-5365), lokale etwas brummelige Besitzer, sehr einfache *Cabañas* mit Meeresblick, gemeinsame Dusche, DZ 15 $, Privatbad DZ 25 $.

● ***Valerie's*** (hinter *Tyll's Dive Shop* im Zentrum, Tel. 984-2646, woodys@globalnet.hn, www.roatanonline.com/valeries) bietet individuelle Betten mit kollektivem Bad (5 $ pro Person) oder private Zimmer mit Dusche und Ventilator, DZ ab 10 $. Der Patio ist ein sozialer Treffpunkt für Reisende aus Honduras und Übersee. Ganz eigene Atmosphäre, Community-like.

● Viele Familien in West End bieten eigene ***Fremdenzimmer*** für kleines Geld, ab ca. 7,50 $ pro DZ.

Essen und Trinken

Viele der oben genannten Unterkünfte haben auch ein hauseigenes Restaurant (s.o.). Darüber hinaus gibt es folgende Speiselokale:

● ***Foster's Restaurant*** (südlich in West End), aus Holz über dem Wasser in wunderschöner Lage errichtet, bietet das große Restaurant Meeresfrüchte, Fleisch, Geflügel und kleine Salate an; Hängematten und ein Wassertaxi nach West Bay sind verfügbar.

● ***Belvedere's*** (gleich gegenüber von *Tyll's Dive Shop)*, amerikanischer Eigentümer *Denis*, mit italienischer Abendküche (Hummer, Krabben, Fisch, Pasta) zu mittleren Preisen, schöner Blick, Fr. und Sa. geschlossen.

● ***Light House*** (hinter der Kirche gleich am Wasser), Hinterhof-Ambiente, gutes Frühstück und Essen zu fairen Preisen.

● ***Coral Reef,*** nettes kleines Restaurant, reichhaltiges Frühstück (bestens: *huevos rancheros, enchiladas)*, freundlich und preiswert.

● ***Bamboo Hut,*** gute, reichliche italienische Gerichte, Fisch jedoch einfallslos.

● ***Papagayo,*** unter deutscher Leitung, übers Wasser gebaut, hier gibt es u.a. leckere Kokosnussshrimps, gutes Frühstück, kleine Speisen und Kaffee gratis.

● ***Cool Lizard*** (am Strand), gutes Essen mit Rock-Musik, etwas hippiemäßig.

● ***Brick's Oven*** (von Norden kommend, hinter Restaurant *Pura Vida* links landeinwärts ca. 400 m), Pizza aus dem Steinofen, der Besuch lohnt sich.

● Zum Frühstücken zu empfehlen: ***Boulangerie*** (gleich neben *Pinocchio*), guter Kaffee, französische Croissants und andere Leckereien, Mo. geschlossen.

Bars und Nachtleben

Nachts ist West End relativ ruhig, nur am Wochenende (außer So.) herrscht ein bisschen mehr Trubel, wenn sich die Bars und Diskotheken mit Touristen und Einheimischen füllen.

●***Luna Beach Club Resort Community*** (s.o.), am Wochenende Diskothek, exklusives Ambiente.

●***Foster's Restaurant*** (s.o.), jeden Freitag und Samstag Fete.

●***Twisted Tucan,*** ultimative Bar für den Abend. Ab 16 Uhr (Happy Hour) versammelt sich die auswärtige Tauchgemeinde um das Bier- und Cocktailcenter.

●***Loafers,*** (am Strand noch vor *Luna Beach),* Billardtisch, Volleyballfeld, gute Musik, relaxte Atmosphäre, füllt sich oft erst, nachdem die anderen Bars im Ort zumachen und ist bis früh morgens offen. Auch sonntags geöffnet.

●***Reggae Bar Vibration,*** (neben *Loafers),* sehr informelle Strandbar mit Hängematten und Reggaemusik. Die lokalen Besitzer *Cynthia* und *Lonny* organisieren Fischtouren mit einem kleinen Fischerboot. Mittags und abends kocht *Cynthia* hier leckeren Fisch oder andere Gerichte zu günstigen Preisen.

Sonstiges

●***Underwater Paradise,*** ein Glasboot (wie *Coral Reef Explorar),* Abfahrt tägl. 10, 11 und 14 Uhr. Pro Person 20 $. Abfahrt von *Half Moon Bay Cabins.*

●Bei ***Brick's Oven*** werden regelmäßig Videofilme gratis gezeigt, Plakate mit Ankündigungen entlang des Hauptweges.

●***Roatán Sea Charters,*** Fischerei und Wassersport (Segeln), Tel. 445-1437, Roatan_sea_charters@msn.com.

●***Pico Bonito Jungle Adventure Tour,*** Information beim *Coconut Tree* Hotel bzw. *Salt and Pepper* Restaurant, Tel./Fax 445-1648. Preis ca. 100 $ pro Person.

●***Roatán Butterfly Garden*** (in Richtung *Sandy Bay),* herrliche Sammlung von verschiedenen einheimischen Schmetterlingsarten, tägl. außer Sa. 9-17 Uhr geöffnet. Eintrittspreis 5 $. Angschlossener Souvenirshop. Im Eingangsbereich befinden sich herrliche Exemplare von exotischen Bäumen wie dem Cashew-Baum, Brotfruchtbaum, etc.

●***Galindo Tropical Beach Park,*** 2004 eröffnet. Der Park bietet ein umfassendes Angebot an Pferdereiten, Schnorcheln, Tauchen und abenteuerlichen Kletteraktionen über eine Hängebrücke, umgeben von einer herrlichen Landschaft mit tropischen (zum Teil zahmen) Vögeln.

Autovermietung

●***Captain Van's Rentals*** bietet auch Motorräder und Fahrradverleih.

Tauchservice

Zur Vermeidung eines ruinösen Wettbewerbs hat die Inselregierung Mindestpreise festgesetzt, die von allen Dive-Shops eingehalten werden: 200 $ für einen Tauchkurs mit Zertifikat für Anfänger, 160 $ für Fortgeschrittenen, 30 $ pro Tauchgang. Diverse Tauchstationen in West End bieten mehrsprachige Kurse und moderne Ausrüstung: *Ocean Divers, Tyll's Dive, Sueño del Mar, West End Divers* u.a. Für deutschsprachige Anfänger *Tyll's Dive* oder *Reef Gliders,* letztere unter deutscher Leitung. Häufig sind einfache Zimmer bei den Tauchkursen inklusive, mit deutschem oder Deutsch sprechendem Personal sowie Literatur. Bei mehreren Tauchgängen gibt es ein günstigeres Paket. Eigene Ausrüstung ist bei den meisten Tauchschulen nicht unbedingt erforderlich. Erst bei den Tauchpaketen der größeren Tauchbasen kostet das Ausleihen der Ausrüstung extra.

Anreise von Coxen Hole aus (Flughafen)

Taxis vom Flughafen für ca. 8-10 $ (verhandelbar), Taxis außerhalb des Flughafens für ca. 7 $ **nach West End Village.** *Colectivos* nehmen pro Fahrgast ca. 2 $, sind aber eher außerhalb des Flughafengeländes zu finden.

West Bay

In West Bay südlich vom West End ist insgesamt der Standard eher auf ***luxuriöseren Tourismus*** ausgerichtet. Hier gibt es weniger Restaurants und Bars, dafür aber von noblerem Schlag und direkt am Strand. West Bay selbst verfügt über den schönsten Strand. Mit seinem kristallblauen Wasser und weißen Sandstrand passt der Ausdruck ***Trauminsel,*** die Korallenriffe sind hier direkt vom Strand aus beim Schnorcheln oder mit Tauchausrüstung erkundbar.

Preislich lohnt es sich, in West End zu wohnen und mit den Wassertaxis (für 2 $) an den Strand von West Bay zu fahren. Man kann auch am Strand entlang von West End bis West Bay wandern (ca. 45 Min.).

Unterkünfte

- ***Island Pearl,*** dieses Hotel ist eine wirkliche Perle der Insel (Tel. 978-6955, islandpearl@roatanpearl.com, www.roatanpearl.com), unter französischer Leitung, künstlerisch eingerichtete Zimmer mit Luxusbädern, DZ in eigener Villa 120 $, angeschlossen stilvolles Restaurant und Bar mit internationaler Küche und eigenem Weinkeller, Dive-Center.
- ***Las Rocas*** (Westpoint, Tel. 445-0164, allisson@lasrocasresort.com, www.lasrocasresort.com), schöne *Cabañas,* ruhig gelegen, DZ 80 $ mit Frühstück.
- ***Bananarama*** (Tel. 992-9679, 979-0754), dem traditionellen Garífunastil nachgeahmte *Cabañas,* mit Ventilator, privates Bad, angeschlossenes Dive-Center, Restaurant, nette Atmosphäre, DZ 66 $.

Essen und Trinken

- ***The Bite on the Beach*** (direkt am Übergang zwischen *West End* und *West Bay),* gut mit dem Wassertaxi zu erreichen, Restaurant und Bar mit herrlichem Blick aufs Meer.
- ***Mariscos y Más*** (Tel. 991-6412, paradise@globalnet.hn) , Restaurant und Bar, am exklusiven *Mayan Princess Resort,* Meeresfrüchte, aber auch andere Gerichte, etwas teurer.

Sonstiges

- ***Ausflüge in West Bay:*** In der Nähe vom Restaurant *Bite on the Beach* (Westpoint) fährt der ***Coral Reef Explorer*** ab. Ein Glasboot mit dem auch für Nicht-Taucher ein herrliches Unterwasserpanorama erschlossen werden kann. Der Ausflug lohnt sich für 20 $ pro Person. Abfahrtszeiten zweimal tägl. 11 und 14 Uhr. Die Fahrt dauert ca. 1 Std., englischsprachige Führung, Tel. 455-5402.

Coxen Hole und der Osten von Roatán

Östlich von Coxen Hole führt die Straße durch trostloses Weideland nach ***French Harbour.*** Hier befinden sich am Rande eines armseligen Dorfes die Verpackungsanlagen für Fisch und Langusten. Weiter östlich trennen sich die Wege. Wer ein bisschen fern der Touristenwelt authentischeres, aber dafür auch ärmeres Inselleben erleben möchte, der sollte nach *Oak Ridge* fahren.

Oak Ridge (Bus von Coxen Hole: 1,60 $) liegt auf Stelzen im Meer, die Überfahrt besorgt ein Kahn (0,40 $ pro Passagier). Hier ist Atmosphäre (hölzerne Häuser, bunte Boote), akzeptable kleine Restaurants und ein Laden fehlen nicht. Empfehlenswert für das schmale Budget: ***Hotelito San José,*** mit oder ohne private Dusche/WC (DZ 7 bis 12 $).

Auf der anderen Seite der Insel liegt ***Punta Gorda,*** der Landungspunkt der von San Vincente 1795 vertriebenen ***Garífunas,*** sicher die letzte verbliebene Inselsiedlung der Garífunas. Alle anderen Nachkommen der ca. 3000 damaligen Neuankömmlinge wohnen an den Stränden zwischen Belize und der Moskitia. In Punta Gorda leben Philosophie, Musik und Glauben der

Garífunas fort, was sich jeweils trefflich während der ***karibischen Woche*** vom 8. bis 12. April erleben lässt.

Per Boot von Oak Ridge aus können die ***Buchten von Old Port Royal*** besucht werden (zu Fuß anstrengende ca. 3 Std.).

Auf der Insel ***Fort Cay,*** ca. 1 km von der Küste entfernt, finden sich britische Kanonen aus dem 18. Jahrhundert.

Oberhalb von Port Royal liegt das ***Port Royal Park and Wildlife Refuge,*** mehr schlecht als recht beschildert, doch wichtig zur Erhaltung endemischer Spezies. Nähere Infos bei der Naturschutzorganisation *BICA*.

Spektakuläre Funde dort heimischer Pflanzengattungen ermöglichen auch die drei Naturschutzgebiete, die dann folgen: ***Santa Elena, Morat*** und ***Barbareta.*** Eine Erkundung ist nur per Charter-Boot möglich (in Oak-Ridge fragen) und sollte mit größter Rücksicht auf Flora und Fauna unternommen werden (nähere Infos bei *BICA*).

Unterkünfte

Unter unzähligen Hotels und Resorts aller Preisklassen sind viele im Vorhinein ausgebucht, vor allem die einschlägigen Resorts wie *Anthony's Key, Coco View* oder *Fantasy Island*. Ein Tauchurlaub erfordert eine ***frühe Buchung*** mit einem deutschen Veranstalter oder direkt mit dem Resort, aber möglichst ein halbes Jahr im Voraus. Bei Direktbuchung wird es nicht billiger.

- ***Coco View Resort*** (in French Harbour, Tel. 445-5011, Buchungen per Fax über USA: 001-904-588-4158), Holz-Lodges wie *Anthony's Key Resort* (Sandy Bay), aber familiärer, eigener Strand und Tauchstation, Vollpension einschließlich Tauchen zwischen 600 und 800 $ pro Woche, pro Tag: 150 $ (drei Mahlzeiten und Tauchgänge).
- ***Casa Romeo's*** (im Zentrum von French Harbour, Tel. 455-5518), mit AC und Ventilator sowie dem besten Restaurant auf der Insel. Am Steg liegt der *Bay Islands Aggressor*, eine professionelle Tauchyacht mit Wochenarrangements: Kreuzfahrt und Tauchsportreise zugleich.
- ***Fantasy Island Beach Resort*** (French Harbour, Tel. 455-5222), große Luxusanlage auf traumhafter, aber künstlich angeschütteter Halbinsel. Alle Wassersportarten, Vollpension einschließlich Tauchen zwischen 900 und 1180 $ pro Woche.
- ***Buccaneer Hotel*** (French Harbour, Tel. 445-1032, Fax 445-1289), mehr Hotel als Resort, gutes Restaurant, 3-Tage/2-Nächte-Arrangements für 195 $.
- ***Hotel Cay View*** (Tel. 455-1222), mit AC, Ventilator, Dusche und schönem Blick auf Osgood Cay, DZ ab 28 $
- ***Hotel Mom*** (Tel. 455-1139), erst kürzlich eröffnet, Ventilator und kollektive Duschen, DZ ab 8 $.
- ***Hotelito San José*** (in Oak Ridge), sauber, einfach und freundlich, mit oder ohne private Dusche/WC (DZ 7 bis 12 $).
- ***Hotelito El Paso*** (Coxen Hole, neben dem *Coral Reef*, Tel. 445-1059), Ventilator und gemeinsame Dusche/WC, DZ 14 $.

Essen

- ***Casa Romeo's*** (French Harbour, vgl. Unterkünfte): bestes Restaurant der Insel, mit Fisch-, Krabben-, Hummer- und Pastaspezialitäten sowie frischen Säften und Cocktails, mit Blick aufs Wasser.
- ***Restaurant im Hotel El Paso,*** gute Meeresfrüchte-Suppe und herrlicher Blick aufs Meer.
- ***Paya Bay Resort*** (östlich von Punta Gorda; Tel. 435-2139), idyllisches kleines Tauchhotel am Strand, mit Ventilator, Dusche, Restaurant und Bar, DZ ab 90 $, aber besser als Komplettarrangement über *Honduras Expeditions* (Tel. 552-7274, Fax 550-3026).
- In allen ***Resorts,*** vor allem in French Harbour *(Bucaneer Inn)*, wird gute Meeresküche geboten.
- Preiswerter sind die ***Burger-Läden*** in Coxen Hole und French Harbour.

- Auch ***comedores*** befinden sich in den Ortschaften, selten aber hygienisch einwandfrei.
- Preiswert und gut ist ***Rolando's,*** im Zentrum von Coxen Hole, mit typischer honduranischer Kost zu fairen Preisen.

Trinken

- An den Bars der ***Resorts*** oder – wenig gemütlich – in einer der ***Diskotheken*** in Coxen Hole und French Harbour.

Tauchen

- In allen genannten ***Resorts*** werden professionelle Tauchschulen betrieben, die zertifizierten Tauchern Tauchgänge auf Tagesbasis anbieten (meist 2 gefüllte Flaschen und 1 bis 2 Ausfahrten pro Tag, auf Wunsch zusätzlich Verleih sämtlicher Ausrüstung). Alle diejenigen, die die mit 80 bis 100 $ quotierten Pauschalangebote zu teuer finden, suchen sich am besten eine Tauchbasis aus und in der Nähe ein preiswertes kleines Hotel. Dadurch wird der Gesamtpreis reduziert, denn ein Tag Tauchen kostet ab 30 $.
- ***Off the Wall Divers*** (French Harbour, Tel. 445-1478), SSi Open-Water-Kurse ab 200 $, Tagesbasis 40 $.
- ***Ben's Dive Resort*** (Punta Gorda, am östlichen Ende der Inselstraße, Tel. 435-1916), im historischen Garífuna-Kern der Insel, mit schönen Zimmern, guter Tauchbasis und exzellenten Speisen. Taucharrangement mit Vollpension und drei Tauchgängen pro Tag ab 500 $ pro Person und Woche!

Wichtige Adressen

Post, Hondutel

- In Coxen Hole.

Bank

- In ***Coxen Hole*** und ***French Harbour*** gibt es jeweils verschiedene Banken, *Credomatic,* Barauszahlung auf Master- und Visacards, in ***Oak Ridge*** existiert nur eine Filiale von *Bancahsa,* wo auf Eurocard bar ausgezahlt wird. Keine Banken gibt es in ***West End.***

Autovermietung

- ***Toyota Rent-A-Car,*** am Flughafen, Tel. 445-1488.
- ***Coral Reef Rent-A-Car,*** schräg links gegenüber dem Flughafen, Tel. 445-1990.
- ***Island Rental,*** French Harbour, vorwiegend amerikanische Fahrzeuge, 24-Std.-Service, Tel. 455-5740.

Sonstiges

- ***Casi Todo Buchhandlung,*** (Tel./Fax 445-1944, casitodo@globalnet.hn, auf dem Weg in die Stadt), Buchaustausch, gute Infoquelle über ***Inselaktivitäten.*** *Averyl Mulle,* bietet ***Inselexkursionen*** für 25 $ an (5 Std.). Im gleichen Raum ***Que Tal Café*** (Tel. 445-1007, quetal@globalnet.hn), mit Internetservice.
- ***BICA*** *(Bay Island Conservation Association),* Sandy Bay, desvío *Anthony's Keys Ressort,* 1ª Planta Casa Brady, Fax 445-1117, bica@hondutel.hn.

Verkehrsverbindungen mit dem Festland

Flug

- Von ***La Ceiba*** mit *Isleña* tägl. zwischen 6 und 16 Uhr neun Flüge (ca. 25 Min. Flugdauer, 32 $). Mit *SOSA* Mo.-Sa. um 6, 8, 9:30, 12:30 und 15:30 Uhr (ca. 25 Min. Flugdauer). Zusätzlich fliegt *Rollins Air* mehrmals täglich. *TACA* bietet Direktflüge von Roatán nach Miami, Houston, New Orleans.
- Von ***Guanaja*** Mo.-Sa. um 16:45 Uhr mit *SOSA.*
- Nähere ***Auskünfte*** in ***La Ceiba,*** siehe dort.

Schiff (French Harbour)

- Mehrmals wöchentlich verbinden Kutter ***French Harbour*** mit ***Puerto Cortés*** oder ***La Ceiba.***
- Die *Galaxy II,* (Tel. 445-1795), läuft tägl. um 15 Uhr in La Ceiba aus. Zurück um 7 Uhr. (Ticket 13 $, Fahrtzeit 1,5 Std.).

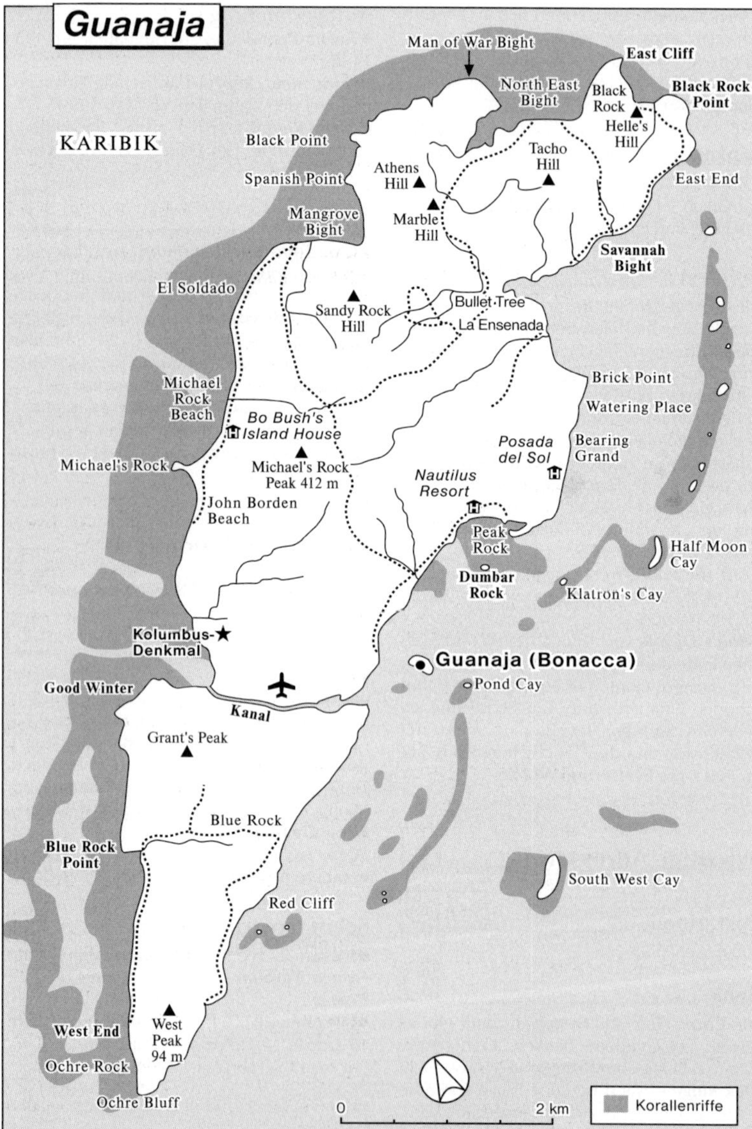
Guanaja
KARIBIK
Man of War Bight
East Cliff
North East Bight
Black Rock
Black Rock Point
Helle's Hill
Black Point
Tacho Hill
Athens Hill
Spanish Point
East End
Mangrove Bight
Marble Hill
Savannah Bight
El Soldado
Sandy Rock Hill
Bullet Tree
La Ensenada
Brick Point
Michael Rock Beach
Watering Place
Bo Bush's Island House
Posada del Sol
Bearing Grand
Michael's Rock
Michael's Rock Peak 412 m
Nautilus Resort
John Borden Beach
Peak Rock
Half Moon Cay
Dumbar Rock
Klatron's Cay
Kolumbus-Denkmal
Guanaja (Bonacca)
Pond Cay
Good Winter
Kanal
Grant's Peak
Blue Rock
Blue Rock Point
South West Cay
Red Cliff
West End
West Peak 94 m
Ochre Rock
Ochre Bluff
0
2 km
Korallenriffe

Guanaja

Guanaja wird von den *Isleños* Bonacca genannt, scherzhaft auch - da viele Häuser auf Stelzen ins Wasser gebaut sind - das Venedig von Honduras. Guanaja ist der erste Ort des heutigen Honduras, der von den Spaniern betreten wurde. Kolumbus nannte Guanaja „Insel der Kiefern". Tatsächlich befindet sich auch heute noch auf der 56 km² großen Insel ein schütterer ***Kiefernwald,*** der an den wenigen Bachläufen in einen subtropischen Wald übergeht. Trotz geringer Regenfälle hat sich auf diese Weise ein Ökosystem gehalten, das zu mehrstündigen kleinen Trekking-Touren einlädt.

Wegen der Moskitos und Sandfliegen scheinen sich die meisten der 4200 Einwohner auf das vor Guanaja liegende Inselchen ***Bonacca*** zurückgezogen zu haben. Dicht gedrängt stehen hier, teilweise auf Stelzen ins Wasser gebaut, Häuser und Läden. Auf dem auch Guanaja Town genannten Cay werden gar Wassergrundstücke zu Preisen von Landgrundstücken verkauft. ***Transport*** ist auf Guanaja nur mit Wassertaxis möglich, da Straßen und Autos nicht existieren.

Guanaja verfügt auf seiner Nordseite über die schönsten Naturstrandbuchten der Inseln. Hier kommen auch die Nicht-Taucher auf ihre (allerdings hohen) Kosten.

Unterkünfte

Wie auf Roatán sind die einschlägigen Resorts wie *Posada del Sol* möglichst im Voraus zu buchen. Vor Ort kann man es trotzdem versuchen.

- ***Posada del Sol*** (ein paar km östlich von Bonacca, d.h. Guanaja Town), Tel. 435-4505, posada@netsys.hn, klimatisiert, Restaurant, Bar, Pool, Privatstrand, Dive-Shop, Tennis, Marina, Kolibris, DZ ab 150 $, besser als Wochenarrangement mit Tauchen und Halbpension.
- Auf dem solitären Felsen ***Dumbar Rock*** wurde ein gleichnamiges einfaches, aber teures Resort eröffnet, Tel. 453-4506, originell, mit Restaurant, Bar und Tauchkursen, DZ ab 120 $.
- ***Nautilus Resort,*** Tel. 453-4389, familiär, bestens für Gruppen zwischen 4 und 6 Pers., Restaurant, fast ohne Strand, DZ ab 120 $.
- ***Bo Bush's Island House*** (an der Nordküste der Insel), Tel. 991-0913 (Nachricht auf Englisch hinterlassen), ist eines der preiswertesten Resorts der Inseln, in sehr schöner Strandlage. Hier sind auch Inselausflüge kompetent betreut durch *Bo,* dem Eigentümer. Pro Person im DZ ab 40 $, mit Tauchservice 80 $, oder 600 $ pro Woche.
- ***Caribbean Houseboat*** (in Savannah Bight), Tel. 453-4368. Der kreative und zuverlässige Schwabe *Hans Weller* vermietet Segelyacht (Above und Below) und Hausboot, Preise auf Anfrage.
- Preiswerte Hotels gibt es auf Bonacca (Bonacca Zentrum), etwa ***Hotel Miller,*** Tel. 453-4327, Ventilator (auf Wunsch klimatisiert und mit privater Dusche/WC), Restaurant, Ausflüge nach South West Cay, DZ 15 $ oder ***Hotel Rosario,*** Tel./Fax 453-4240, saubere Räume mit Dusche und Kabelfernsehen, DZ ab 20 $.
- ***Hotel Alexander*** (Bonacca Zentrum), Tel. 453-4393, Fax 453-4369, komfortabel mit AC u. großzügiger Ausstattung, DZ ab 32 $.

Essen und Trinken

- Mehrere einfache *Comedores* und Restaurants sind auf Bonacca zu finden, darunter ***The Nest*** (Tel. 453-4290, Nähe *Banco Atlántida*) in netter, offener Atmosphäre.
- Originell ist eine ***namenlose Bar*** auf dem offenen Wasser, zwischen Dumbar Rock und Südküste gelegen.

Wichtige Adressen

Post, Hondutel

- Auf Bonacca.

Bank

- ***Banco Atlántida,*** Tel. 453-4262 und ***Bancahsa,*** Tel. 453-4178, beide auf Bonacca.

Notfall

- ***Polizei,*** Tel. 453-4310.

Kiefernwald und Sandstrand an der Nordküste von Guanaja

Wassertaxis

- Als Wassertaxis dienen ungekennzeichnete, private Motorboote. Fast jeder Führer eines an einem Steg liegenden Bootes kann (in englischer Sprache) um einen Transport gebeten werden; wenn er nicht selbst zur Verfügung steht, wird er Hinweise geben. Über See-Funk (VHF-Festkanal) können Bootsführer verständigt werden. Wer von einem Hotel, Resort, Restaurant oder einer Tauchschule abgeholt werden will, bittet dort um die Verständigung eines Wasser-Taxis per Funk. Eine Kurzstrecke (z.B. Flughafen bis Bonacca oder Bonacca bis Guanaja-Südküste) kostet ca. 7 $ pro Person, eine Mittelstrecke (Bonacca bis Bayman Bay Club oder Bonacca bis Savannah Bight) ca. 12 $ und eine Inselumrundung ca. 25 $.

Verkehrsverbindungen

Flug

- ***SOSA,*** in Bonacca (Tel. 453-4359)
- ***Isleña,*** in Bonacca (Tel. 453-4208)
- Der kleine ***Flughafen*** befindet sich etwa 15 Min. von Guanaja Town entfernt, Transport mit dem Wasser-Taxi. 7 $.
- ***Flugscheine*** können in einem kleinen Reisebüro auf Bonacca erworben oder rückbestätigt werden.
- ***Von La Ceiba*** aus wird Guanaja mit *Isleña* Mo.-Sa. um 12:30 und 16 Uhr, Mo. auch um 6 Uhr angeflogen; mit *SOSA* um 6 Uhr über ***Roatán*** (dort ab 6:45 Uhr). Der einfache Flug kostet 20 $ und dauert ca. 35 Min.
- Zurück ***nach La Ceiba*** mit *Isleña* Mo.-Sa. 6:45, 13:15 Uhr, Sa. 16 Uhr, mit *SOSA* Mo.-Sa. 7:15 und 16:45 Uhr (über ***Roatán***).

Schiff

- Fischkutter und Transportschiffe fahren nach ***Roatán, La Ceiba,*** nach ***Puerto Castilla*** und selten zur ***Moskitia.*** Warten lohnt sich, erfordert aber oft viele Tage Geduld.

Utila

Mit 41 km² Fläche und 1500 Einwohnern ist Utila die kleinste der drei Inseln. Utila ist zugleich auch die von La Ceiba aus nächste Insel (ca. 15 Min. Flug) und die am wenigsten durch große, teure Resorts geprägte Karibikinsel des Landes. Deshalb sind in Utila bislang keine so auffälligen Entwicklungswidersprüche eingetreten: Arm und reich, modern und traditionell können hier kaum unterschieden werden. ***East Harbour*** (bzw. Utila Town), der kleine Hauptort der Insel, besteht aus hellen Häusern und Villen im Gründerstil, meist aus Holz. Um die Häuser herum befinden sich Gärten (und Gerümpel), die Utileños sitzen auf ihren Terrassen oder gehen ganz ohne Eile ihren Erledigungen nach. Auf Utila gibt

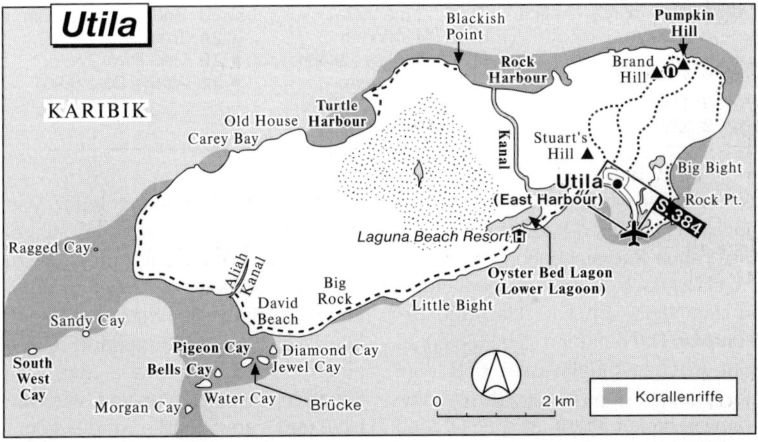

Karibikinseln

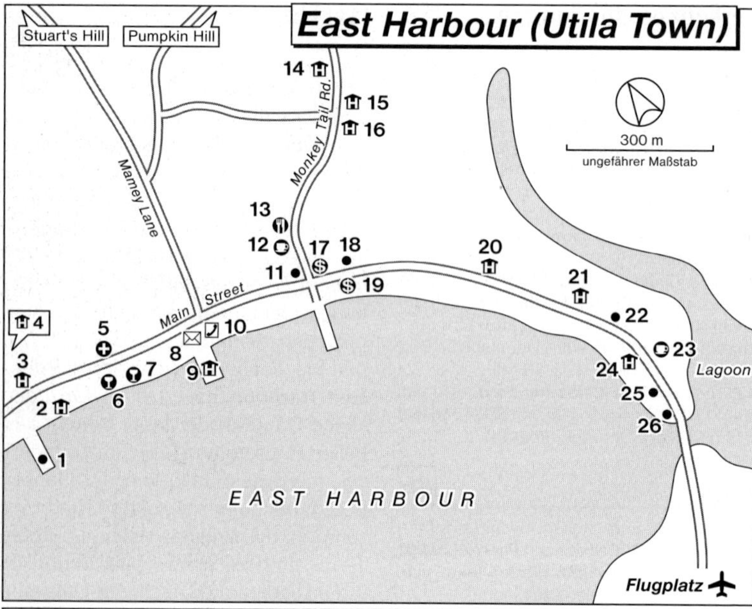

● 1 Gunter's	10 Hondutel	19 Banco Atlántida
2 Bay View	● 11 Capitain Morgan's	20 Laguna del Mar
3 Sea Side Inn	12 Munchies Café	21 Cross Creek
4 Laguna Beach Resort	13 Jade Seahorse	● 22 Utila Water Sports
5 Community Medical Center	14 Loma Vista	23 Sunrise Coffee Bar
6 Mario's Place	15 Mango Inn	24 Trudy's
7 Coco Loco Bar	16 Monkey Tail Inn	● 25 Utila Dive Center
8 Post	17 Bancahsa	● 26 Alton's Dive Shop
9 Utila Lodge	● 18 Utila Tour Travel Center	

es nur einige wenige rostige Autos, die auf die Fußgänger, Radfahrer und Tri-Bike-Fahrer Rücksicht nehmen.

Utila ist flach, es gibt nur zwei Hügel in der Nähe von East Harbour. Bei ***Pumpkin Hill*** befinden sich Höhlen, es gibt frisches Quellwasser und – je nach Saison – eine kleine Erfrischungsbar. Am nahen Strand ist gutes Baden möglich, aber bei mangelnder Vorsicht kann man sich leicht am Strandriff verletzen. Es ist auch möglich, zu Fuß die ***Nordseite*** der Insel zu erreichen, wo ein heller Kiesstrand liegt. Der Weg (40 Min.) verläuft durch einen kleinen Tropenwald, der auch Schatten spendet. Vorsicht vor Mücken und – am Strand – Sandfliegen.

Eines der spannendsten Themen auf Utila ist das deutsche Projekt zum Schutz des ***Schwarzleguans.*** So verbinden sich sinnvolle Beiträge für das Weltnaturerbe mit der unbeschwerten Leichtigkeit eines echten Tropenparadieses (vgl. Exkurs: Inselnaturschutz).

An Utilas Südwestseite gibt es ein paar kleine Inseln, von denen nur ***Pigeon Cay*** wirklich besiedelt ist. Die Leute auf Pigeon Cay sind ausgesprochen freundlich. Es gibt leider keine Zeltplätze oder Gastronomie. Die Privatinseln ***Morgan Cay, Sandy Cay*** oder ***Diamond Cay*** (letztere mit festem Haus) können bei *George Jackson* (Pigeon Cay, Tel. 425-3161) oder bei *Frank Morgan* (Auskunft bei Büro von *SOSA*) angemietet werden. ***Sandy Cay*** sollte man drei Monate im Voraus buchen. Hier können bis zu 6 Personen übernachten. ***Little Cay*** kann man über *Harry Jacobsen* in Tegucigalpa mieten, Tel. 238-4033.

Auf ***Pigeon Cay*** werden am Fischmarkt auch Leckerbissen für den eigenen Insel-Grill verkauft, täglich fangfrisch.

Water Cay: Die etwa 20 Minuten dauernde Überfahrt kostet 7 $ (max. 10 Personen, fast jedes Boot fungiert als Taxi), die Abholung kann am späten Nachmittag verabredet werden. Auskunft über Boottaxis u.a. bei *Bundú Café* (siehe „Essen und Trinken").

Bells Cay vor Utila

Auf Water Cay werden gelegentlich kleine, preiswerte Snacks angeboten, ansonsten gibt es keine Infrastruktur, nur Sand, Palmen und ein nach Süden gelegenes Riff, das seinesgleichen sucht. Auch hier besteht Verletzungsgefahr! Es empfiehlt sich, Sonnenschutzmittel, Öl gegen Sandfliegen, literweise Trinkwasser, Verpflegung und Schnorchelausrüstung mitzunehmen.

Wegen der starken Preiskonkurrenz zwischen den zahlreichen Tauchstationen ist Utila inzwischen ein Zentrum für preisbewusste europäische (und weniger amerikanische) Rucksackreisende geworden. Der kleine Boom hat Ladinos vom Festland angelockt, so dass nicht mehr alle *Isleños* begeistert sind.

Jüngst hat die *Bay Islands Conservation Association (BICA*, Tel. 425-3260) eine ***Naturschutzsteuer*** von 0,5 $ erfunden. Sie sollte gezahlt sein und belegt werden können, wenn das Boots- oder Flugticket zurück ins harte Leben wieder ansteht.

Tauchen

● Alle Dive-Shops von Utila bieten moderne Ausrüstung und Sicherheit, und das zu niedrigen ***Preisen.*** Schnorchelausrüstung ist ab 3 $ zu mieten, ein Tauchtag kostet um die 30 $ (zwei Tauchgänge). Laut einer sinnvollen, weil den Sicherheitsstandards dienlichen Vereinbarung der Tauchschulen wurden die Preise weitgehend vereinheitlicht. Die Kosten für den Open-Water-Course betragen inkl. Steuer und Riffschutzgebühr 220 $, für den Scuba-Diver-Course 145 $. Der Open-Water-Course dauert durchschnittlich 3,5 Tage, der Scuba-Diver 2,5 Tage. Beim Open-Water-

Unterwasserwelt vor Utila

Tauchgründe vor Utila

- ***Laguna Beach:*** Liegt gleich am Laguna Beach Resort. Sandschluchten fallen allmählich bis 27 m ab. Vielfalt an weichen Korallen und Schwämmen.
- ***Silver Garden:*** Zwei große Sandfelder liegen in 6 m Tiefe, umrandet von einer scharfen Kante, die auf 24 m abfällt. Säulenkorallen und schwarze Korallen an der Wand.
- ***Pretty Bush:*** Hier gibt es Sandschluchten und schmale Einbuchtungen mit Muränen und Baby-Haien. Vielfalt an harten Korallen, Tiefe zwischen 6 und 27 m.
- ***Jack Neal:*** Die Tauchgründe beginnen hier schon am Strand. Den Sandfeldern folgend, erscheint auf 18 m Tiefe eine Felsnase. Sandfelder werden von Bandkorallen, Geweihkorallen und Tintenfisch-Schwärmen umringt.
- ***Big Rock:*** Eine Felsnase gibt es hier gleich an der Kante. Flache Schrägen bis 24 m Tiefe, viele rote und schwarze Korallen, Adlerrochen an und im tiefen Blau.
- ***Raggedy Key:*** Dies ist der erste der berühmten nördlichen Tauchgründe von Utila. Die Plattform auf 9 m fällt in einer gemäßigten Schräge bis auf 40 m ab. Große Grouper, Muränen und Fischschwärme.
- ***Stingray Point:*** Nahester Tauchgrund von den Keys aus (die westlich von Utila liegen). Hier beeindruckt die Vielfalt an hochliegenden Korallen, die die Oberfläche erreichen. Zungen- und Rillenkorallen, Stachel- und Adlerrochen.
- ***Don Quickset:*** Schluchten westlich und östlich der Muringsboje (Anlegeboje), Vielfalt weicher Korallen. Barracudas, Grouper und Familien gefleckter Trommelkorallen.
- ***Turtle Harbour:*** Utilas erster Meerespark erlaubt spektakuläres Wandtauchen: Schildkröten, Stachelrochen, große Grouper und zahlreiche Fischschwärme im flachen Wasser. Turtle Harbour ist vor allem für erfahrene Taucher geeignet.
- ***Blackish Point:*** Einige Höhlen in 20 m Tiefe. Vorsicht: Stachelrochen im Sand. Große Pfeifen- und Seilschwämme.
- ***Rock Harbour:*** 40 m von der Muringsboje entfernt ist das blaue Loch mit Glanzfegern. Die Höhle ist 7,50 m tief. Viele große Dogsnapper.
- ***Jake's Bight:*** Sehr geeignet für Strömungs-Tauchen, denn die Wand ist 1 km lang. Baby-Haie, Schildkröten und mitternachtsblaue Papageienfische.
- ***Black Hills:*** See-Sockel 2 km von der Insel entfernt. Der Gipfel ist 10 m tief und geht in einer gemäßigten Schräge auf 42 m hinunter. Hier ist das beste Fisch-Tauch-Revier in Utila, unter anderem gibt es atlantische Schwertfische. Gute Gelegenheit für UW-Fotos und Video.
- ***Airport Caves:*** Einige Unterwasser-Höhlen in nur 6 m Tiefe. Gute Fotogelegenheit.

- ***Literaturempfehlung:*** *Becker, Klaus,* Tauchen in warmen Gewässern, 160 Seiten, erschienen in der Praxis-Reihe, Reise Know-How Verlag, Bielefeld.

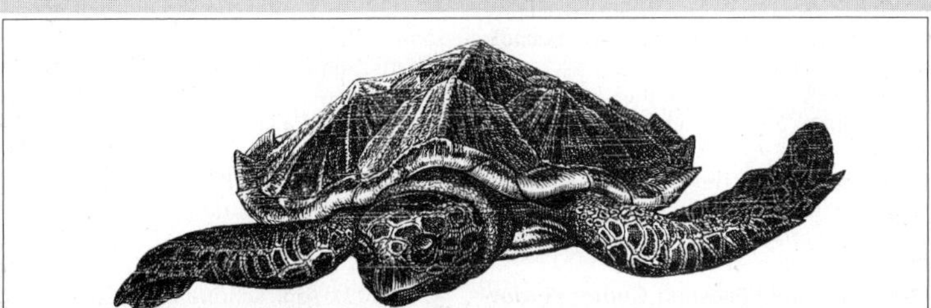

Karettschildkröte

Course darf man bis zu 18 m tief tauchen, beim Scuba-Diver nur 12 m und auch nur in Begleitung eines erfahrenen Tauchers. Einen Meisterkurs (3 Wochen) gibt es ab 700 $. Jedes Dive-Center hat seinen eigenen Stil entwickelt, der unterschiedliche Geschmäcker anzieht. Ebenso werden Tauchkurse in verschiedenen Sprachen angeboten (auch auf Deutsch). Hauptunterschied sind die Größe der Boote (bei Regen ist ein Boot mit Überdachung empfehlenswert) und die Unterkunftsmöglichkeiten. So bieten einige Dive-Center kostenlos ein Hotelzimmer zum Kurs an (unterschiedliche Qualität – siehe Hinweis bei den Hotels) oder als Ersatz, einen Fun-Dive (2 Tauchgänge).

- Professionell: ***Utila Water Sports*** unter Leitung von *Troy Bodden* (3 Min. von der Landepiste Richtung East Harbour, rechts, Tel. 425-3239, Fax 425-3264, www.geocities.com/utilawatersports/Menu1.html).
- ***Utila Dive Center*** (östlich des Ortes links, gleich bei der Ankunft vom Flugplatz her sichtbar, Tel. 425-3326, Fax 425-3327, info@utiladivecentre.com, www.utiladivecentre.com), etabliertester Laden seit 1991, routiniert und groß, mit Ruheraum. Unterkunft im *Mango Inn* im Tauchkurs enthalten (Reservierung empfehlenswert).
- ***Underwater Vision*** (neben *Utila Dive Center*, Tel./Fax 425-3103), Tauchkurs inklusive Unterkunft im *Trudy's Hotel.*
- ***Alton's Dive Shop*** (neben *Utila Dive Center*, Tel. 425-3108, Fax 425-3103, altons@hondutel.hn), Unterkünfte mit Meeresblick, Kurse in vielen Sprachen (u.a. Deutsch), lockeres Spaß-Ambiente.
- ***Captain Morgan's*** (an der Dorfkreuzung gegenüber der Bank, Tel. 425-3161, captm@hondutel.hn, www.divingutila.com), freundlicher Service, gute Laune.
- ***Cross Creek*** (vgl. Unterkünfte), lehrt in kleinen Gruppen, auf Wunsch einfache Betten für 2 $.
- ***Gunter's,*** westlich des Ortes am Ende der Straße über das Wasser gebaut, Tel./Fax 425-3350, ecomar@hondutel.hn, www.riconet.com/ecomarine.
- Der Maler und Philosoph ***Günter Kordovsky*** verfügt über 27 Jahre Tauchpraxis in Utila.

Unterkünfte

- Luxusklasse: ***Laguna Beach Resort*** (am Büro von *Utila Water Sports* fragen), unter Leitung von *Troy Bodden*, wurde 1995 eröffnet (Tel/Fax 425-3239, www.utila.com), DZ mit Vollpension und Tauchen ab 150 $; extra Services: Fischen, Kayakverleih.
- ***Utila Lodge*** (am Ende von East Harbour, links, Tel. 425-3143, Buchung auch über Fax 001-904-588-4158), klimatisierte holzgetäfelte Zimmer mit Hafenblick, Restauration nur bei guter Belegung, Profi-Ausrüstung zum Angeln und Hochseefischen, DZ ab 80 $.
- ***Hotel Utila*** (westlich im Ort, Tel. 425-3340), sicher und sauber, neu, AC, Ventilator und Dusche, schöner Blick, DZ ab 50 $.
- ***Sharkey's Reef Cabins*** (gleich östlich am Eingang des Ortes rechts, Tel./Fax 425-3212), AC, Ventilator, Dusche und Terrasse über dem Wasser, klein aber fein, DZ ab 30 $ (extra Person 5 $), mit Küche 45 $, Hochseefischen 50 $ pro halbem Tag.
- ***Cross Creek*** (neben *Utila Water Sports*, Tel. 425-3334, Fax 425-3234, guests@utila-net.com, www.ccreek.com), einfache Betten für 3 $, luxuriöse *Cabañas* DZ 40 $, angeschlossene Tauchschule.
- ***Mango Inn*** (Monkey Tail Road nach oben, noch hinter *Monkey Tail Inn*, Tel. 425-3326, Fax 425-3327, info@mango-inn.com, www.mango-inn.com), sehr sauber und ruhig, vollständig aus Holz erbaut, wunderschöne Terrasse, gepflegte Parkanlage, Bar und Restaurant mit Frühstück (bester Kaffee der Insel), unterschiedliche Zimmer: *Cabañas* DZ 55 $, pro extra Person 7 $, Zimmer mit Bad und AC, DZ 35 $, einfache Zimmer mit gemeinsamem Bad DZ 10 $ pro Person in Gemeinschaftszimmer (doppel/dreier), angeschlossene Tauchschule *Utila Dive Center* (Zimmer bei Tauchkurs inklusive, möglichst mit Reservierung, da sehr beliebt), bei *Alba Diamond* an der Rezeption erhält man Auskunft über die Anmietung von den kleinen Inseln, wie Sandy Cay und Little Cay.
- ***Laguna del Mar*** (nahe *Trudy's Hotel*, Tel. 425-3103), sehr schöne und saubere Zimmer, Terrasse, angeschlossen: Tauchstation *Underwater*, DZ ab 12 $.

Inselnaturschutz: deutsche Hilfe für den Utila-Schwarzleguan

Unter Leitung von Dr. Gunther Köhler führt die Zoologische Gesellschaft Frankfurt seit 1995 auf Utila, der westlichsten der honduranischen Islas de la Bahía, ein Projekt zum Schutz des Utila-Schwarzleguans durch. Ein Großleguan, der nur auf dieser kleinen Karibikinsel vorkommt und durch übermäßige Jagd vom Aussterben bedroht ist. Ziel des Projektes ist den dauerhaften Fortbestand des Utila-Schwarzleguans *(Ctenosaura bakeri)* in seinem natürlichen Lebensraum auf Utila sicherzustellen. Im Vordergrund stehen Aufklärungsarbeit, Durchsetzung des Jagdverbotes, Erforschung der Biologie, Erfassung der Flora und Fauna im Umfeld sowie die Vermehrung des Schwarzleguans in Zuchtprogrammen.

Seit April 1997 wohnt die deutsche Naturschützerin Elke Blinn auf Utila und kümmert sich hauptamtlich um den Schutz des Leguans. Im Vordergrund ihrer Arbeit steht die Umwelterziehung. Zum Beispiel malen die Kinder der Insel einen nur in Umrissen auf einem großen Poster skizzierten Leguan farbig aus. Anschließend signieren sie das bunte Poster und suchen einen Platz auf der Insel, wo viele Menschen darauf aufmerksam werden.

Bei der ersten Nachzucht des Schwarzleguans wurden aus einem Gelege mit elf Eiern im Mai 1997 (nach einer Inkubationszeit von 89 bis 92 Tagen) acht Jungtiere gewonnen. Gleichzeitig mit den Untersuchungen zum Wachstum freilebender Leguane werden die nachgezogenen Tiere alle zwei Monate gemessen und gewogen. www.utila-iguana.de

Das Projekt wird unterstützt von:

- ***Deutsche Gesellschaft für Herpetologie und Terrarienkunde*** *(DGHT)*, Rheinbach;
- ***Arbeitsgemeinschaft für Leguane*** in der DGHT, Offenbach;
- ***Bundesverband für fachgerechten Natur- und Artenschutz*** *(BNA)*, Hambrücken;
- ***Stadtgruppe Frankfurt*** der DGHT;
- ***International Iguana Society,*** Big Pine Key, Florida, USA;
- ***Forschungsinstitut und Naturmuseum Senckenberg,*** Frankfürt am Main;
- ***Zoologische Gesellschaft für Populations- und Artenschutz,*** München;
- ***Zoologischer Garten,*** Halle.

Kontakt: Gkoehler@senckenberg.de. Volontäre sind immer herzlich willkommen. Die Organisation übernimmt *Sven A. Zörner*, volo@utila-iguana.de.

- ***Margarite Ville*** (westlich am Dorfende, Tel. 425-3366, Fax 425-3266), große, schöne Zimmer mit zwei Doppelbetten, Dusche und Ventilator, wunderbarer Blick, DZ ab 10 $.
- ***Trudy's Hotel*** (in East Harbour links, nur 5 Min. von der Landepiste, Tel. 425-3103), mit und ohne Bad/WC, mit comedor, mit Küchenbenutzung, Balkon mit Meeresblick, DZ 10 $, bietet auch Tauchkurse *(Underwater Vision)*.
- ***Bay View*** (hinter *Utila Lodge* links, Tel. 425-3114, bayviewhotel@hotmail.com), sauber und ruhig, mit Bad/WC und sehr schönem Blick auf Hafen und Bucht, DZ 12 $/15 $.
- ***Sea Side Inn*** (Tel. 425-3150), einfache Räume mit Seeblick, Dusche, DZ 8 $.
- Diverse kleine und preiswerte ***Hospedajes*** liegen an der Monkey Tail Road, die von der Dorfkreuzung (vgl. Bank *Bancahsa)* rechts den Hügel hochführt.
- ***Blueberry Hill,*** einfache Holzhütten mit Dusche und Kocher, originell, DZ 6 $.
- ***Monkey Tail Inn*** (Tel. 425-3155), einfache Zimmer in einem Holzhaus, gemeinsame Dusche, DZ 5 $.
- ***Loma Vista*** (Tel. 425-3243), einfach, hell und sauber, Küchenbenutzung, DZ 5 $.

Essen

- In East Harbour gibt es viele kleine Restaurants und Bars. Die Preise liegen 20 bis 50 % über Festland-Niveau. Statt Mais-Tortilla gibt es Weißbrot, Pommes Frites und Banana-Chips (auf dem Festland: *Tajaditas de Plátano* genannt), dazu natürlich Fisch, Fisch und nochmals Fisch. Wer Fisch, Krabben, Langusten, Seeschnecken oder Calamaris gebraten, gedünstet oder in der Suppe nicht mag, muss sich mit Hamburgern zufriedengeben oder kann sich mit *baleadas* (Weizentortillas gefüllt mit *mantequilla* und *frijoles)* bei den *Mamás* am Hafen lecker und billig bei einem kleinen Dorfschwätzchen den kleinen Hunger stillen.

Folgende Restaurants sind besonders zu empfehlen:

- ***Munchies Café*** (an der Hauptstraße), von 6 bis 21 Uhr geöffnet, bietet alle Mahlzeiten, sehr leckeren Fisch und recht schnellen Service (im Gegensatz zu den meisten anderen); im Garten sonnen sich regelmäßig Leguane.
- ***Jade Seahorse*** (Monkey Tail Road), einzigartiges Ambiente durch ein stilvolles Dekor, eine der besten Fischgerichte der Insel und leckere Fruchtshakes, aber etwas teurer.
- ***Looney Lagoon Bar-Restaurant*** (im Hotel *Cross Creek*), gute Atmosphäre, im Freien, Grillspezialitäten.
- ***Sunrise Coffee Bar*** (kurz vor *Alton's Tauchschule)* gute und günstige Fischgerichte, besonders zu empfehlen: *Lobster.*
- ***Mango Café*** (im Hotel *Mango Inn)*, jeden Sonntag Grillfest, gute Musik, angenehmes Ambiente, exzellentes Frühstück mit ausgezeichnetem Kaffee italienischen Stils, auch vegetarisches Essen ist im Angebot, Fernseher an der Bar.
- ***Mario's Place*** (Richtung Strand, nach der Bar *Coco Loco)*, u.a. Fischgerichte, guten und günstigen Lobster, rustikales Ambiente.
- ***Bundú Café*** (ca. 500 m vom Hafen in Richtung Flughafen), guter Kaffee im europäischen Stil, einfaches gutes Essen, angeschlossener Book-Exchange-Laden; hier gibt es Informationen über Ausflüge zu den verschiedenen Cays.
- Französische ***Croissants, Baguette*** (gegenüber von *Gunter's* Tauchschule), freundlicher älterer Franzose bäckt tägl. frisch.

Trinken und Tanzen

- Samstags steht die Insel auf dem Kopf. Eine bei den Einheimischen beliebte Diskothek ist ***Casino*** *(Rap, Punto, Computo).*
- ***Bar on the Bush*** (Monkey Tail Road hinter *Hotel Mango Inn)*, wird von Einheimischen und Touristen besucht, jedoch oft Schlägereien, geöffnet Fr. und Sa. 17-3 Uhr morgens, Restaurant und Volleyballfeld.
- ***Seabreaker*** (200 m westlich vom Hafen), über dem Wasser, hier trifft man auf die lokalen Fischer, etwas rauhe Atmosphäre, wenig Touristen.
- ***Coco Loco*** (500 m östlich vom Hafen), ausgezeichnete Bar mit freakiger europäischer Musik (Drum & Bass), über dem Wasser.

Sonstiges

- Auf Utila gibt es ***einzigartige Feste,*** so ist insbesondere die *Sunjam-Party* mit europäischen DJs (Anfang August) ein Muss für alle Techno, Drum-'n'-Bass-Fans. Näheres unter http://sunjam.com.
- ***Bundú Cinema*** (Eingang beim *Bundú Café)*, großer Fernsehbildschirm, eine Gelegenheit, europäische Klassiker in Originalsprache nochmals zu Gesicht zu bekommen, Ankündigungen tägl. auf einer Tafel vor dem Café, Eintritt 2 $.
- ***Cinema Reef*** (neben *Bundú Café*, Tel. 425-3254*)* Kinoleinwand, Eintritt 2.50 $, Videoverleih, hier kann man auch internationale Telefonanrufe tätigen, 2,25 $ pro Min.
- Im Hotel *Mango Inn:* **Fahrradverleih *„Lorenzo – Rent a Bike"*** (der preisgünstigste auf der Insel: 4 $ pro Tag).
- ***Gunter's Galery*** (in *Gunter's* Tauchschule, Tel. 425-3113), Österreicher, der bereits seit 30 Jahren auf der Insel lebt, gründete die Tauchschule, selbst verrückter Höhlen-Taucher, dreht Filme über die Insel. Es lohnt sich, mit ihm ein Schwätzchen über sein Leben auf der Insel zu führen.
- ***Edward C. Camp*** (westlich auf der Hauptstraße vor *Gunter's Tauchschule)*, Amerikaner der seit etwa 8 Jahren auf der Insel lebt, malt vor allem Unterwasserwelten.

Wichtige Adressen

Bank

- ***Bancahsa*** an der zentralen Kreuzung in East Harbour und ***Banco Atlántida,*** 40 m westlich. Öffnungszeiten: 8 bis 11:30 Uhr Mo.-Sa., 13:30 bis 16 Uhr nur werktags.
- Überall werden Bardollars akzeptiert, und *Cross Creek Divers* gibt auf Eurocard gar Bargeld.

Post, Hondutel

- Nähe *Utila Lodge* (nach *Bancahsa* geradeaus), Öffnungszeiten Mo.-Fr. 7-12 Uhr und 14-17 Uhr, Sa. 7-11 Uhr.

Internet

- ***Diverse Internetcafés*** entlang der Hauptstraße. Preise sind ungewöhnlich hoch (0.30 $/pro Minute, Fax 3 $/pro Seite) und Verbindung oft unterbrochen. Zu empfehlen: Offline-Schreiben und Fax über Internetservice schicken.

Notfall

- ***Community Medical Center,*** geöffnet von 8 bis 18 Uhr, 5 $ pro Beratungsgespräch.
- ***Polizei,*** Tel. 425-3137, 425-3277.

Verkehrsverbindungen

Flug

- Ab ***La Ceiba*** mit *SOSA* Mo.-Sa. um 6:30 und 15:30 Uhr, mit *Isleña* Mo.-Sa. 6 und 16 Uhr; Preis 20 $. ***Zurück*** mit *SOSA* Mo.-Sa. 7:30 und 15:30 Uhr.
- *SOSA*-Agent auf Utila: (nationale und internationale Flüge), Tel. 425-3161. Für den Fall der Ausbuchung ist es sogar vorteilhaft, das Rückflugticket (Utila – La Ceiba) auf der Insel zu kaufen.
- ***Atlantic Airlines*** (nationale und internationale Flüge), Tel./Fax 425-3241, ***Isleña*** (gegenüber von *Banco Atlántida),* Öffnungszeiten 8-11:30 -und 14-17 Uhr.

Schiff

- Um 8:15 täglich fährt die ***Galaxy II*** in La Ceiba ab (Tel. 445-1795). Sie fährt um 9:45 Uhr wieder zurück (12 $, Fahrtzeit 1 Std.). Ebenfalls tägl. fährt die ***Utila Princess,*** und zwar ab La Ceiba um 9 und 16:30 Uhr sowie ab Utila um 6:30 und 15 Uhr, Fahrt: 90 Min., 12 $. Achtung: Das Boot fährt nicht an der Mole in La Ceiba ab, sondern an der noch weiter draußen liegenden Muelle de Cabotaje, ein Taxi dorthin kostet etwa 4,50 $.
- Weniger regelmäßig gibt es Boote nach ***Roatán*** und ***Puerto Cortés.***

Tour Operator

- ***Utila Tour Travel Center,*** Tel./Fax 425-3368, Agent beider nationaler Airlines *(Isleña, SOSA)* verkauft und bestätigt alles und bietet auch Touren auf dem Festland an.

Cayos Cochinos

Nur 18 km nordöstlich von La Ceiba liegen die Cayos Cochinos (wörtlich: Schweineinseln) oder Hog Islands, zwei kleine Inseln und 15 winzige Eilande, die von der Natur verwöhnt wurden. Wie die großen Inseln mit einem wunderbaren Korallenriff und hellen, sauberen Stränden ausgestattet, verfügen die Cayos Cochinos zusätzlich über einen intakten tropischen Wald. Der paradiesische Ort befindet sich in Privatbesitz und wird von der ***Smithsonian Society*** *(Smithsonian Tropical Research Insitute),* einer in Washington D.C. ansässigen Naturschutzorganisation, verwaltet, welche auf dem Cayo Pequeno ein kleines Büro unterhält.

Da sogar die zwei Hauptinseln (Cayo Grande und Cayo Pequeno) noch von urwüchsigem Regenwald bedeckt sind, wurde mit der *Reserva Marina de Cayos Cochinos* die Inselwelt nebst des sie umgebenden Korallenriffs unter strengen Schutz gestellt. Die seit zweihundert Jahren auf dem südlich gelegenen Lower Monitor Cay lebenden Garífunas sind davon wenig begeistert, da sie ausschließlich vom Fischfang leben. In ihrem Dorf namens Chachauate findet der respektvolle und zurückhaltend Reisende eine heile Welt.

Tauchen

In einem genau 8 km Radius um die Inseln befindlichen Ring verläuft das ***Korallenriff,*** welches bestes Tauchen und Schnorcheln ermöglicht.

Das einzige offizielle Resort *(Banana Plantation)* hat eine Tauchstation mit Ausrüstung und Booten. Wer unabhängig davon das Riff bewundern will, sollte eine eigene Schnorchelausrüstung mitbringen.

Unterkünfte

- ***Banana Plantation*** (Cochino Grande, Tel./Fax 442-0974, pbr@laceiba.com, www.plantationbeachresort.info), einfache Holzhäuser, Restaurant, Bar, private Dusche/WC mit Heißwasser, Tauchstation. Das große Tauchboot von Banana Plantation fährt samstags nach La Ceiba. Jeweils Ende Juli findet unter Koordination von Banana Plantation ein beliebtes Musik- und Tanzfestival mit angesagten Garífuna-Bands statt. Pro Person 86 $ (inkl. drei Mahlzeiten und drei Tauchgängen), ohne Tauchen pro Person 75 $. Bei einem Aufenthalt von mind. einer Woche ***Abholservice von La Ceiba.***
- ***Cayo Timón,*** ein eigenes kleines Eiland, wird von der Familie *Jackson* aus Utila (Tel. 425-3212) bewirtschaftet, Übernachtung ab 6 Personen zu je 8 $.
- ***Garífuna-Familien*** in Chachauate auf dem Eiland Lower Monitor Cay bieten, nach vorheriger Absprache, einfache Unterkunft und Verpflegung an. Oder: nach *Rene Arzu* fragen, er kann weiterhelfen.

Verkehrsverbindungen

Schiff und Boot

- Alle 60 Min. fährt ein Bus vom Busbahnhof in La Ceiba über Jutiapa nach Nuevo Armenia) oder von ***Sambo Creek*** (ebenfalls häufig abfahrende Busse vom Busbahnhof in La Ceiba). In Nuevo Armenia und Sambo Creek fahren früh am Morgen um 6 Uhr reguläre ***Einbaum-Kanus*** hinüber (pro Person ca. 8 $ – oder das Doppelte für das ganze Boot), später muss eines gemietet werden. Fahrzeit von ***Nueva Armenia*** ca. 30 Min., von ***Sambo Creek*** ca. 60 Min. (nach *Rene Arzu* fragen).
- ***Caribbean Sands Resort,*** 20 km (östlich von La Ceiba – im Dorf Roma), organisiert Tagestouren zu den Cayos. Tel. 443-0035.

Die Moskitia: von Palacios bis Puerto Lempira

Überblick

Geographie

Die Moskitia ist das größte zusammenhängende Regenwaldgebiet Zentralamerikas und lädt zu entsprechenden naturkundlichen Expeditionen ein. Sie umfasst geographisch die ***östliche Karibikküste*** des Landes. Im Hinterland schließt sich die durch Überschwemmungen geprägte ***Feuchtsavanne*** an. Die Feuchtsavanne wird von der Tique-Palme und der Tieflandkiefer *(lat. Pino caribea)* bestimmt. Danach kommt der ***Regenwald.*** Er beeindruckt durch hunderte verschiedener Harthölzer, Bromelien, Farne und wilde Tiere wie den großen Ameisenbären, Jaguar, Puma, Tapir etc. Die weiträumige Landschaft wird durch wenige Gebirge unterbrochen, die meist massiv aus dem Tiefland hochragen.

Große ***Flüsse*** haben die Landschaft der Moskitia geprägt. Der Río Coco oder Río Segovia bildet die Grenze zwischen Honduras und Nicaragua und mündet am Cabo de Gracias a Dios in die karibische See. Der Río Patuca entspringt aus den Flüssen Guayape und Guayambre, fließt durch das große Regenwaldgebiet der vier Nationalparks Bosavos, Río Patuca, Sumu Tawahka und Río Plátano und mündet bei Barra Patuca ebenfalls in die karibische See.

Der Río Plátano entspringt im gleichnamigen Gebirge in der Moskitia und fließt bei Barra del Plátano in die karibische See. Aus diesen und anderen, kleinen Flüssen gespeist, haben sich an der Moskitia-Küste ***Ästuare*** und ***Lagunen*** gebildet, deren Wasser sich staut und zeitweise über geöffnete Sandbänke *(barras)* ins Meer fließt. Der dort meist zum Höhepunkt der Regenzeit entstehende Austausch von Salz- und Süßwasser führt zur Entstehung jenes Brackwassers, das den idealen Lebensraum für Mangroven darstellt. Die Lagunen von Ibans, Brus und Caratasca sind daher von ***Mangrovenwäldern*** umringt, in denen viele Vogelarten ihre idealen Nistplätze finden.

Besiedlung

Moskitia wird der Osten des *departamento* Olancho und das gesamte *departamento* Gracias a Dios genannt. Das Gebiet umfasst fast ein Viertel des Territoriums von Honduras, ist aber nur äußerst dünn besiedelt. Den größten Bevölkerungsanteil stellen rund 30.000 ***Miskito,*** die hier noch weitgehend ihre eigene Kultur beibehalten haben. Sie sprechen nur gebrochen Spanisch. Das Miskito ist eine eigene Sprache, die viele Wörter aus dem Englischen entlehnt hat (*bibi* = Säugling, *tinki* = danke). Neben den Miskito leben hier noch wenige, vom kulturellen Aussterben bedrohte Sumu Tawahka, einige tausend Pesch und selbstverständlich Mestizen, die zumeist als Siedler oder Lehrer in der Moskitia sind.

Die Moskitia verfügt praktisch über ***keinerlei Infrastruktur.*** Keine Straße

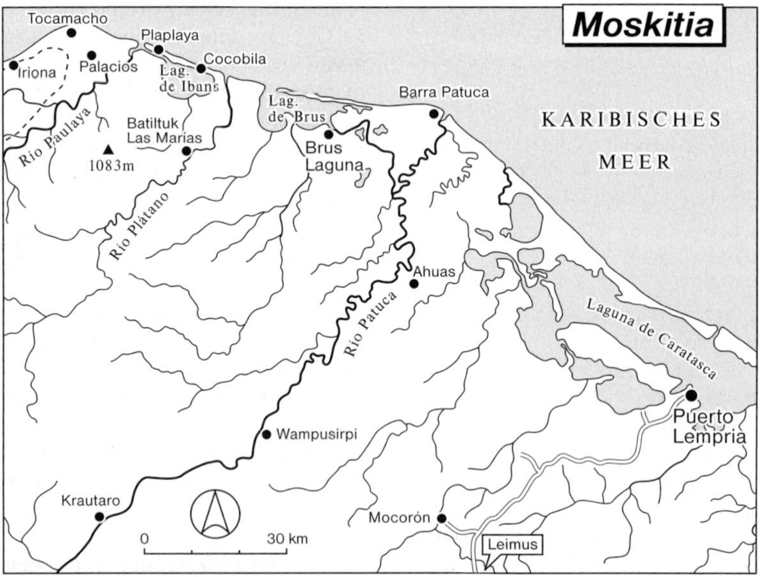

oder Eisenbahn verbindet die Departamentos El Paraiso, Olancho und Colón mit Gracias a Dios. Nur innerhalb der Moskitia gibt es eine Allwetterstraße zwischen Puerto Lempira, der Hauptstadt von Gracias a Dios, und Mocorón bzw. Leimus an der Grenze zu Nicaragua. Doch diese Straße wird nur von zwei bis drei LKWs benutzt, die nicht aus der Moskitia hinausgelangen.

In Honduras herrscht wegen der ungleichen Verteilung von Kapital und Boden das Gefühl, dass es zu wenig landwirtschaftlichen Boden für die Versorgung der Bevölkerung gibt. Deshalb grassiert seit Jahrzehnten die Vorstellung, dass eine Kolonisierung der Moskitia Abhilfe schafft. Da das Gebiet aber unerschlossen ist, trauen sich nur Abenteurer und Degradierte in diese Wildnis. Um so zerstörerischer ist die Wirkung auf das Naturparadies durch Neusiedler, Viehzüchter und Wilderer.

Geschichte

Vor mindestens eintausend Jahren waren verschiedene ethnische Gruppen aus der Chibcha-Sprachgruppe Südamerikas bis nach Zentralamerikas vorgedrungen. Die heutigen Sumus – und unter ihnen die Tawahka – differenzierten sich in verschiedenen Un-

Blick auf die Küste der Moskitia

Kleine Sprachhilfe für Aufenthalte in der Moskitia

Augen	*nakra*
Brief	*waujtaya*
Essen	*plun*
Fluss	*li*
Frau	*mairin*
Frucht	*dusma*
Fuß	*mina*
viel, genug	*ailal*
Haare	*tawa*
Hand	*mijta*
Haus	*utla*
Kanu	*duri*
Kind	*tukta*
Kopf	*lal*
laufen, gehen	*wapaya*
rennen	*plapaya*
Mann	*waikna*
Messer	*kisuru*
Mond	*kati*
Mund	*bila*
Regen	*liajwaya*
schlecht	*saura*
schön	*pain*
schreiben	*ulbaya*
sitzen	*iwaya*
Sonne	*lapta*
Teller	*plit*
trinken	*diyaya*
1	*kum*
2	*wal*
3	*yujmpa*
4	*waljwal*
5	*matchip*
10	*dusa kum*
20	*dusa wal*
Wie gehts?	*najki sma*
Gut, danke!	*pain tinki*
Vielen Dank!	*tinki pali*
bitte	*pliskam*
danke	*tinki*
Auf Wiedersehen	*aisabe*
Bis dann!	*yu wala kliwal praubia*

tergruppen und siedelten allmählich auch im heutigen Honduras, und zwar in der Moskitia. Erst als englische und holländische Piraten und Kolonialisten an der Küste der Moskitia Fuß fassten und Verbündete suchten, bildete sich eine Gruppe heraus, die alle restlichen Völker schnell dominierte. Es waren die ***Miskito,*** die die Ausrüstung, die Außenkontakte und die christliche Lehre der Europäer einerseits und die Einflüsse afrikanischer Garífunas andererseits zu nutzen wussten. Sie wuchsen – obwohl doch aus deren Schoße stammend – über die Sumus hinaus und unterdrückten diese bis hin zur offenen Versklavung.

Die Miskito und Sumu Tawahka leisteten den spanischen Eroberern jahrhundertelangen, erbitterten Widerstand. Die indianischen Gruppen aus der Moskitia wurden daher bis heute von den Spaniern und deren Nachfolgern wenig berührt. In den ersten 150 Jahren der Conquista schreckten die unwegsamen Sümpfe und undurchdringlichen Wälder ab, diverse spanische Expeditionen jener Zeit schlugen fehl. Seit Mitte des 17. Jahrhunderts geriet das Gebiet unter den Einfluss der Briten, die den Miskito Gewehre lieferten und den lokalen Mosko-König auf Reisen nach Jamaika feierlich anerkannten. Von Palacios aus, dem damaligen Black River, kontrollierten die Briten den Osten Honduras' und den Westen Nicaraguas. Doch ohne die Miskito und Sumu Tawahka, die bis heute wenig für die Spanier und deren Nachfolger übrig haben, hätten die Briten keine Chance gehabt. Denn nur durch die Ureinwohner des Gebietes wurde der Widerstand gegen Spanien möglich, damals wurden Tausende von gut ausgerüsteten Spaniern im Laufe der Jahre gnadenlos aufgerieben.

In der Moskitia unterwegs

Als Naturreisender sollte man sich auf eine sorgfältige Anrede der Bevölkerung und ein Zeit- und Geldbudget einstellen, welches diesem weitläufigen, geheimnisvollen Gebiet auch entspricht. Eine Bootsfahrt nach Las Marias kostet eben 129 $, und die Bevölkerung hat immer weniger Verständnis für low-budget-Begegnungen. Ein Abstecher in die Moskitia sollte mindestens eine Woche dauern und nicht unter 200 $ kosten. Sinnvoll ist der Zusammenschluss zur Gruppe. Man kann sich in San Pedro Sula oder La Ceiba bereits ab 4 Personen als Gruppe konstituieren und bei einer der professionellen bzw. naturverträglichen Reiseagenturen (siehe *La Ceiba)* nach Expeditionsterminen fragen. Die ***Flugverbindungen*** zwischen den größeren Orten sind regelmäßig und – je nach Bedarf – zum Teil mehrmals täglich. Von dort aus geht es zumeist mit kleineren Booten weiter ins Landesinnere. Auf der Strecke zwischen Palacios und Las Marias sind die Einheimischen relativ gut auf Touristen eingestellt, so dass eine Route – am besten als Kleingruppe von 4 Personen – hier gut selber (mit entsprechenden Spanischkenntnissen) organisiert werden kann.

Das ***Reisen ins Innere der Mosquitia*** ist mit einem gewissen Zeitaufwand und Geduld verbunden. Die Flüge werden über Funk organisiert und starten je nach Anzahl der Passagiere, was mitunter mehrtägiges Warten mit sich bringt (Expressflüge sind möglich, aber da privat gechartert entsprechend teuer). Gelegentlich fehlt auch mal Benzin für die Boote.

Palacios

Palacios befindet sich am westlichen Rand einer Küstenregion, in der hinter dem karibischen Badestrand gleich mangrovenumwaldete Lagunen und weite Flussmündungen liegen, hinter denen der Regenwald beginnt. Palacios selbst ist ein von Miskito und Mestizen bewohntes Städtchen am Ufer der Lagune von Bacalar. Es besteht aus zwei Teilen: An der Landepiste heißt es Buena Vista, zwischen Buena Vista und dem Meer heißt es Batalla. Beide Ortsteile zusammen bilden Palacios.

Geschichte

Hier in Palacios befand sich am Rande eines Miskitodorfes seit 1630 eine kleine englische Siedlung, die von *William Pitt,* einem Holzunternehmer, 1699 als ***Black River*** gegründet wurde. Während des englisch-spanischen Krieges, der auch den harten Disput um den Osten von Honduras einschloss, verlieh die englische Krone Black River die Souveränität. 1787 musste Pitts Sohn den Spaniern schließlich die Schlüssel übergeben:

Denn deren kraftvolle Attacken von See und über Land (via Olancho durch den Dschungel!!) waren nicht aufzuhalten.

Doch Miskito und Briten hatten sich mit Kanus ins Hinterland geschlagen. Versuche der Spanier, Black River zu besiedeln, erwiesen sich als untauglich. Vom feuchten tropischen Klima und den vielen unwirtlichen Insektenplagen gepeinigt, zogen sich die Neuankömmlinge schnell wieder zurück nach Westen. Miskito zogen dann ab 1800 wieder nach Black River, im Volksmund La Criva genannt.

Herumliegende englische Kanonen zeugen noch von jener Zeit, als Black River den Sitz der britischen Kolonialverwaltung darstellte. Von den prachtvollen englischen Verwaltungsgebäuden ist – Holz ist vergänglich – nichts mehr zu sehen. Die Einwohner von Palacios sprechen Spanisch, Miskito, Garífuna und – nur wenige – Englisch.

Unterkunft

- ***Hotel David*** (direkt an der Landebahn), Dusche und Ventilator, 7 $ pro Person, comedor und Cafetería, Information über das Biosphärenreservat, Schautafeln von Tieren.
- ***Hotel Moskitia Jungle Lodge*** (Tel. 440-1863, 978-8397, hotelmoskitia@yahoo.com), Restaurant, Bar und Diskothek angeschlossen. Dusche und Ventilator: 30 $. Mit viel zu lauten und schnellen Booten werden hier Angeltouren unternommen.
- ***Hospedaje Rio Tinto*** (gleich am Ende der Landebahn, Tel. 966-6465), Agentur von *Isleña:* mit Dusche und Ventilator, DZ 8 $ und 10 $. Ebenfalls zum Service gehört ein exzellenter comedor mit *platos típicos* ab 1,5 $.
- Weitere einfache ***Hospedajes*** entlang des Flusses.

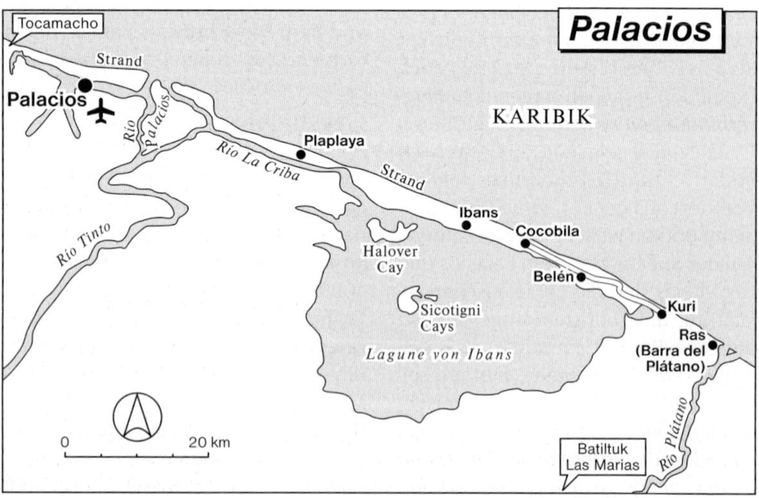

Ciudad Blanca – Weiße Stadt inmitten des Dschungels

Ein Sinnbild des „geheimnisvollen Honduras" ist die Weiße Stadt, von der es immer wieder Gerüchte und Legenden gibt. Die Weiße Stadt symbolisiert Mythos, Dschungel, Exotik und Tradition zugleich. Sehr vieles spricht für ihre tatsächliche Existenz (ich selber glaube auch daran), sie ist sogar auf hochoffiziellen Honduras-Karten eingezeichnet – Beweise in Form von Fotos oder archäologischen Funden fehlen aber bisher. Bislang ist noch jede Expedition zur *Ciudad Blanca* gescheitert.

Im Jahr 1554 schrieb der Bischof von Honduras, *Cristóbal Pedraza*, einen Bericht an den spanischen König. Östlich von Trujillo befinde sich hinter den Bergen ein großes Dschungelgebiet, das er jüngst gesehen habe. Es habe drei Tage gedauert, bis er die Kordillere hinaufgestiegen sei. Dann aber habe er den Ausblick auf ein riesiges Tal gehabt, und zwar auf das Tal der Flüsse Sico und Paulaya (zwischen Trujillo und Río Plátano). Dort habe er riesige Ortschaften gesehen. Seine Helfer (indianische Arbeiter aus Trujillo, die dem Stamm der Pesch angehörten) hätten sich bestens mit den Bewohnern der immensen Täler verständigen können.

In den Expeditionen der spanischen Eroberer und Missionare ging es jahrzehntelang um die Entdeckung und Eroberung von Taguzgalpa. *Taguzgalpa* bedeutet „Felsen aus Gold". Die Legende zu jener Zeit besagte, die Bewohner von Taguzgalpa äßen von Goldtellern und seien vorzügliche Goldschmiede.

Seitdem in den zwanziger Jahren des 20. Jahrhunderts regelmäßig Flugzeuge den Dschungel überqueren, hat es immer wieder Piloten gegeben, die aufgeregt von einer großen, weiß schimmernden Siedlung im Dschungel berichten. Der Ort soll irgendwo östlich der Sierra de Agalta und des Ortes Dulce Nombre de Culmí, im südlichen Teil des Biosphärenreservats des Río Plátano liegen. Dort sieht übrigens die deutsche Entwicklungsbank *Kreditanstalt für Wiederaufbau* ein archäologisches Reservat vor.

Auf den honduranischen Karten ist die Weiße Stadt dort sogar eingezeichnet, selbst in den relativ detaillierten, offiziellen Militärkarten des Nationalen Geographischen Instituts *IGN (Instituto Geográfico Nacional)*.

Auf meinen Reisen in die Moskitia habe ich viele Indios getroffen, die von der Suche nach der Weißen Stadt abraten, jedoch selbst davon überzeugt sind, dass sie existiert oder jemand kennen, der dort war. Einmal habe ich sogar selbst jemanden getroffen, der steif und fest behauptete, dort gewesen zu sein, und verschiedene bearbeitete Steine konkret beschrieb. Dabei bedauerte er, keinen der schweren Steine auf den langen Rückweg mitgenommen zu haben.

Es gibt aber auch wissenschaftliche Anhaltspunkte, die für die Existenz der Weißen Stadt sprechen. Östlich der Mayastadt Copán und nordwestlich der Inka-Länder befindet sich die intermediäre Zone, die größtenteils noch unerforscht ist. Hier gab es Völkerwanderungen und Kommunikation zwischen beiden Kulturkreisen. Vor allem in Honduras deuten verschiedene Funde auf eine Zivilisation hin, die den Maya bekannt und ihnen kulturell verwandt, in ihrer Organisation und Religion aber verschieden war. Sie mag der heutigen Pesch- oder Tawahka-Zivilisation ähnlich gewesen sein, war aber ungleich größer und entwickelter, als diese Gemeinschaften es heute sind. Forscher des Honduranischen Instituts für Anthropologie und Geschichte – allen voran *George Hasemann* (gestorben 1998) – weisen darauf hin, dass alle Nicht-Maya-Funde, die in Honduras gemacht worden sind, auf die Existenz einer großen Metropole deuten.

Essen

- Einfache comedores, wie ***Siete Hermanos,*** an der *Hospedaje Rio Tinto* und ***Hotel David.***

Verkehrsverbindungen

Flug

- Tägl. außer So. um 6:30 Uhr und 10 Uhr fliegt *SOSA* von ***La Ceiba*** nach Palacios (Rückflug ab 7:30 Uhr), Dauer 50 Min. Ticket 40 $, in der Saison ist eine Reservierung empfehlenswert. *Isleña* macht (falls Gäste vorhanden) in Trujillo Zwischenlandung.

Schiff und Boot

- Von ***La Ceiba*** und ***Trujillo*** fahren unregelmäßig (im Durchschnitt alle 1 bis 2 Wochen) kleine Frachtschiffe und Fischerboote (letztere nur von Trujillo) nach Palacios, die Fahrt kostet pro Person 10 bis 30 $ und beinhaltet die Mahlzeiten. Vorsicht: Die See ist rau, die Schiffe alt und rostig.
- Ebenfalls unregelmäßige Stopps in Palacios macht das aus La Ceiba kommende Schiff *Miss Mari* (in La Ceiba an der alten Mole, am Ende der Bahnschienen).

Auto

- Zur Trockenzeit (Februar bis Mai) fährt *Pedro Blanco* (im Ort nach ihm erkundigen) mit seinem Pick-up ***von Batalla*** aus ***nach Tocoa.*** Anstrengende, aber aufregende Tour am Strand entlang, vorbei an Garífunadörfern und wunderschönen Stränden, ca. 4-5 Std., 15 $ (gute Möglichkeit, um ***nach Trujillo*** zu kommen).

Durch Garífuna-Dörfer in Iriona nach Palacios

- Wer etwas mehr Zeit und Abenteuerlust mitbringt, kann, statt zu fliegen, ***über Land nach Palacios*** reisen. Die neun malerisch am Strand gelegenen Garífunadörfer (u.a *Punta Piedra, Cusuna, Ciriboya, La Punta, Sangrelaya, Tocamacho, Batalla)* sind bislang touristisch relativ unberührt geblieben, erst jetzt befindet sich eine Straße im Bau. Von *Tocoa* fährt in der Trockenzeit einmal tägl. (Abfahrt 5 Uhr morgens) ein Bus bis *Ciriboya.* Ganzjährig verkehren allradbetriebene Pickups zwischen *Tocoa* und *Sangrelaya* (Abfahrt vormittags vom Terminal am „El Punto", 10 $). Sehr empfehlenswert ist die ***Bootsfahrt*** von *Sangrelaya* nach *Tocamacho* durch die Lagune von *Calderas* und den dicht bewachsenen *Rio Tocamacho* (Mücken- und Sonnenschutz mitnehmen). Wenn man Glück hat, bekommt man dort Affen und Krokodile zu Gesicht. Von *Tocamacho* geht es entweder zu Fuß nach *Batalla* oder vom 20 Min. entfernten *Graspís* mit dem Boot direkt nach *Palacios.* In *Sangrelaya* für die Bootstour nach *Lacho Arriola* fragen, der auch ein kleines Restaurant *(Comedor Lecker)* betreibt. Wegen **Übernachtungsmöglichkeiten** bei *Mauro Batiz* erkundigen.

Ausflüge ab Palacios

Laguna de Ibans

Eine Bootsstunde östlich von Palacios liegt, gleich hinter Cocobila und Belén, die Laguna de Ibans (Ebenholz-Lagune). Die leicht salzige Lagune ist fischreich. Die Bewohner der Landzunge zwischen Palacios und Barro del Plátano ernähren sich von der Krabbenfischerei im offenen Meer und dem Süßwasserangeln in der Lagune. Landwirtschaft wird an den Hängen des Gebirges von Baltimore (südlich der Lagune, Richtung des berühmten Pico Damas) und auf dem Halover Cay betrieben. Auf dieser Landzunge leben drei Völker friedlich gemeinsam. Hier eine Gebietszuordnung von West nach Ost: Plaplaya – Garífuna, Ibans – Mestizen, Cocobila – Miskito, Belén – Miskito, Kuri – Garífuna und Miskito, Ras – Miskito

(anderer Name für Ras: Barra del Plátano).

Von der internationalen Unterstützung für das Biosphärenreservat Río Plátano und die zunehmende Anzahl von abenteuerlustigen Reisenden überrascht, haben sich die freundlichen Bewohner des paradiesischen Streifens inzwischen zu Selbsthilfeorganisationen formiert. Besucherbücher werden geführt, Eintrittsgelder erhoben. In Cocobila fungiert ein *Comité de Vigilancia de Tierras,* um die Landrechte der Miskito und Garífunas gegenüber neuen (Naturschützern) und alten (Siedlern) Eindringlingen zu artikulieren.

Mestizenhütte

Lederschildkröten in Plaplaya

In Plaplaya, dem ersten Ort von Palacios Richtung Río Plátano, findet sich das Büro des lokalen Projekts zum Schutz der Lederschildkröte *Dermochelys coriacea.* Das Tier erreicht die Größe eines Mini-Autos und bringt dann bis zu 700 kg auf die Waage. Auf spanisch *baula* genannt, ist sie inzwischen rar geworden. Die extensive Krabbenfangwirtschaft mit ihren Netzen hat ihr zugesetzt. Im nur von Garífunas bewohnten Ort Plaplaya freuen sich die Projektmitarbeiter über freiwillige Helfer. Unterkunft und Verpflegung sind nicht schwer zu organisieren.

Zwischen Ende März bis Mai kommen die *baulas* an den Strand und vergraben ihre Eier. Zum Schutz vor Räubern, seien es Tiere oder Menschen, die diese als Spezialitäten verkaufen, suchen lokale Helfer des Schutzprojektes turnusmäßig die ganze Nacht hindurch den Strand ab. Treffen sie auf eine *baula* im Moment des Eierlegens, so verfolgen sie dieses Schauspiel und sammeln die Eier (ca. 150 in der Größe von Tischtennisbällen) und bringen sie an einen geschützten Ort. Das Schauspiel kann beobachten, wer – am besten als Gruppe – nächtelang laut- und erschütterungslos den Strand absucht und sich, wenn die großen Weibchen nahen, ruhig verhält. Auf gar keinen Fall sollten die Tiere gestört werden! Ein einmaliges Erlebnis ist, wenn zwischen Juli und August die kleinen Schildkrötchen schlüpfen und in Massen ins Meer strömen.

Finca Mariposa (Schmetterlingsfarm) in Raistá

In Raistá, einem winzigen Ort eingeklemmt zwischen Cocobila und Belén, unterhält *Eddie Boddens* eine Schmetterlingsfarm. Für 2,50 $ führt er den neugierigen Besucher gern durch die Sammlung hunderter heimischer Schmetterlinge und anderer Insekten. Sein Bruder *Sergio* ist Experte auf dem Fußtrail hinauf in das Gebirge von Baltimore, am Südende der Lagune. Der Landweg hoch nach Las Marias dauert sieben bis acht anstrengende Stunden, spart andererseits aber die kostspielige Bootsfahrt. Für 13 $ pro Tag und Gruppe wird man von einem *guía* begleitet. Expeditionskleidung, Wasser und Verpflegung sind hier überlebenswichtig.

Flüge nach Brus Laguna, Ahuas, ...

Mit der kleinen *Servicio Aereo Misquito (SAMI)* gehen tägl. um 7:30 Uhr Flüge von Belén, einem kleinen Ort zwischen Cocobila und Kuri, in die anderen Orte der Mosquitia: Brus Laguna, Ahuas und Puerto Lempira. Nach Wampusirpi, Leimus (Mocorón) oder an das Kap von Gracias a Dios fliegt *SAMI* zu einem durchaus fairen Chartertarif.

Biosphärenreservat Río Plátano

Von Cocobila nach Batiltuk/Las Marias

Individuell oder als organisierte Gruppe kann man das ***Biosphärenreservat Río Plátano*** bereisen. Das international bekannteste Naturschutzgebiet des Landes wurde von den Vereinten Nationen zur in Zentralamerika ersten ***World Heritage Site und Biosphere Reserve*** (Naturerbe der Menschheit) erklärt. Neben einer unvergleichlichen Flora und Fauna im tropischen Regenwald finden sich hier Petroglyphen der Ureinwohner.

Schön ist vor allem der **Weg** hinein ***in das Gebiet.*** Von Palacios geht es, 45 Min. im Außenborder, bis zu 90 Min. im Innenborder (*tuk-tuk*), durch die Wasserlandschaft bis Cocobila oder Belén. Neuerdings kann man per Kanu sogar bis Kuri durchfahren, verpasst dann aber die schöne Wanderung durch die Dünenlandschaft zwischen Cocobila und Kuri. Der Landstreifen zwischen diesen beiden Ortschaften (zu Fuß 60 min.) trennt genau den Atlantischen Ozean (links, nordöstlich) und die Lagune (rechts, südlich). In Kuri lädt *Don Sixto* zur Übernachtung ein (Preis ca. 5 $ pro Person). Eine andere Anreisemöglichkeit ist per privat gechartertem Flug ab La Ceiba. Von hier aus kann innerhalb kürzester Zeit auf Wunsch ein Motorboot für die Reise nach ***Las Marías*** organisiert werden. Benzin ist hier teuer, daher kostet die Bootsfahrt mit Bootsmann für eine Tour von ca. 3 Tagen hin und zurück mit einem Tag Aufenthalt ca. 120 $. Daher ist es am besten, wenn man sich zu viert (zur Trockenzeit max. 4 Touristen pro Boot) zusammentut und sich so die Kosten eines Bootes teilt. Die Boote sind sehr unterschiedlich. Es empfiehlt sich ein etwas größeres mit Außenmotor anzuheuern. Die Reise dauert ca. 4-6 Std. Hier kann man den Bootsmann ruhig mal bitten, eine kurze Schwimmpause einzulegen. Die Kommunikation zwischen den Dörfern erfolgt per Radio, so kann man bereits in Palacios die Tour ankündigen und sich so eventuell mit weiteren Touristen absprechen.

Die eigentliche Expedition beginnt am nächsten Morgen. Mit einem in Kuri oder Ras (ein paar Kilometer östlich von Kuri) gecharterten Motorboot geht es einen ganzen Tag den Río Plátano aufwärts vorbei an einfachen Hütten von Moskito und Pesch-Familien nach Las Marías bzw. Batiltuk, wo einige Miskito-Familien einfache Herbergen betreiben (DZ 2 bis 4 $). Über den Übernachtungspreis hinaus erwarten die Herbergseltern, dass der Reisende hier die Hauptmahlzeit einnimmt, obwohl diese mit 2 $ reichlich bezahlt ist: Sie besteht aus Reis und Bohnen, auf ausdrücklichen Wunsch auch ein Stückchen Fisch, bescheiden im Vergleich zu den comedores in La Ceiba und Palacios. Die Einwohner haben Las Marías als ***alkoholfreie Zone*** erklärt, daher sollten auf keinen Fall Alkoholika und sonstige Drogen mitgebracht werden! Einheimische Frauen verkaufen hier Kunsthandwerk, das mit Naturfarben bemalt ist, wie Taschen und geschnitzte *pipantes,* außerdem selbst hergestellten Kakao und Gebäck. Lokale Führer empfangen die Reisenden und klären sie über das regionale touristische Angebot auf. Die Regeln und festen Preise für Touren in die Umgebung sind an den hospedajes auf einer Tafel angeschrieben.

Das ***Biosphärenreservat Río Plátano,*** in dessen Zentrum Batiltuk (Las Marías) liegt, ist von Süden her von Siedlern schon stark geschädigt worden. Mit Hilfe der deutschen Kreditanstalt für Wiederaufbau *(KfW)* und der Gesellschaft für Technische Zusammenarbeit *(GTZ)* soll es gelingen, die Kontrolle über den Regenwald wiederherzustellen. Dazu sind Ausbildungs- und Trainingsmaßnahmen mit den Bewohnern, Organisationsberatung für die indigenen Gemeinschaften und einkommenschaffende Maßnahmen zur Verhinderung weiteren Raubbaus geplant. Kontakt zum ***Projekt Río Plátano*** über das Büro in Tegucigalpa, Col. Palmira, Ave. República Panama, 2043, Tel. 235-6251, rioplata@hondu data.hn oder über das Zentralbüro

COHDEFOR, Bo. Santa Fé, Comayagüela, Tel. 223-1027.

Auch die Pesch und Miskito in Las Marías und Batiltuk sind keine ökologischen Musterknaben. Zwar leben sie seit Jahrhunderten größtenteils im Einklang mit dem Wald, doch der Einzug moderner Handfeuerwaffen hat ihnen die Krokodilsjagd gebracht.

Ausflüge von Las Marías in den Regenwald

Las Marías erlaubt mehrstündige Wanderungen in den Wald, Ganztagestouren zu Fuß oder Boot und Mehrtagesexpeditionen. Jede solcher Touren wird von der örtlichen Bevölkerung betreut, denn alleine im Wald ist es für den Gast weder erkenntnisreich, noch sicher, noch besonders förderlich für den örtlichen Naturschutz.

Damit alle Bewohner des Ortes zu ihrem Recht kommen, routiert die Reiseleiterverantwortung zwischen den 80 Familien, Qualität der Logistik und Kompetenz des Reiseleiters sind entsprechend unterschiedlich. Ein Reiseleiter bekommt pro Tag 6 $. Die Einbaumkanus, die mit Pfählen gestoßen werden und zwei Gästen Platz bieten, werden darüber hinaus von 2 Bootsleuten gelenkt, die das gleiche Honorar erwarten. Das Boot selbst kostet noch einmal ein paar $ je nach Spritbedarf.

- ***Übernachtung*** z.B. bei *Don Bernardo* (Reiseleiter aus Marías). Die Schlafräume sind mit Betten und Moskitonetzen ausgestattet, so dass man hier ohne viel Gepäck ankommen kann, es gibt reichlich Essen. Eine Übernachtung kostet 3 $ pro Person und Essen 2 $. Aufregend ist eine nächtliche Krokodilstour per Boot, ausgestattet mit einer Taschenlampe, auf der Suche nach deren funkelnden Augen.

Walp Ulban Sirpi und Walb Ulban Tara

Die Inschriften auf den im Fluss befindlichen Felsen stammen aus der Siedlungszeit der Pesch oder Nahuatl, lange bevor die Sumus aus Südamerika oder gar die Spanier aus Europa diese Gegend unsicher machten. Eine Reise dorthin dauert sinnvollerweise zwei Tage, mit einer Nacht im eventuellen Camp (Holzpfosten, Plastikplane, mitgebrachte Schlafsäcke und Matten).

Río Cuyamel, Cerro El Mirador und Río Plátano

Eine Dreitages-Bootstour flussaufwärts führt zum Río Cuyamel, einem wunderschönen Flüsschen im Inneren des Waldes. Von hier startet eine zweitägige Wanderung zum Aussichtspunkt Cerro El Mirador, wo das eigentliche Zentrum des unberührten Primärregenwaldes beginnt. Hier liegt die Quelle des Río Plátano, und damit das Herz des zentralamerikanischen Biogürtels: Einen schöneren Wald findet man auf diesem Subkontinent nirgendwo. Wer die 10-Tages-Tour (hin und zurück) mit lokalen Führern nicht aufnehmen will, findet in *Jorge Salavery*, einem Halb-Miskito, einen professionellen, aber gelegentlich auch raubeinigen Expeditionsführer (*La Mosquitia Ecoaventuras*, s. Tegucigalpa).

Idyll im Dschungel

Brus Laguna

Die Kreisstadt mit 1500 Einwohnern liegt an der Lagune von Brus (eigentlich: Brewer's Lagoon) und riecht wegen des vielen stehenden Wassers meist faulig. In Brus Laguna schwirren noch mehr Stechmücken umher als in Puerto Lempira. Ausreichende Malaria-Prophylaxe ist deshalb notwendig.

Brus Laguna ist ein günstiger Ausgangspunkt für Exkursionen ins Innere der Moskitia, da hier Kanus und kleine Flugzeuge verkehren. Als Ort für einen längeren Aufenthalt eignet sich Brus Laguna selbst dagegen weniger.

Informationen über den Ort und die besten Ausflüge geben die Mitarbeiter von *MOPAWI*, einer kirchlichen Naturschutzorganisation, die in der Moskitia arbeitet.

Unterkunft

- ***La Estancia*** (Tel. 898-7959), Inhaber ist *Don José Osvaldo Cruz*, Restaurant und Bar, Bad und TV, sauber, DZ ca. 20 $.
- ***Laguna Paradise*** (Tel. 898-7952), nur fünf Zimmer, Ausstattung wie *La Estancia*, DZ ca. 20 $.
- ***Don Joaquín*** (*en el anden*, d.h. am Steg), sehr einfach, EZ 2 $.

Essen

- ***Restaurant*** (unterhalb des *hotelito* von *Don Joaquín)*, dort gibt es geräuchertes Kotelett, Hähnchen, oft Krabben und Steaks zu günstigen Preisen.

• ***Doña Norma*** und ***Doña Aurora*** bieten auf Vorbestellung auch warme Küche (preiswert).

Wichtige Adressen

Post

• Vorhanden, aber nicht empfehlenswert, wegen einwöchiger Verzögerung im Vergleich mit La Ceiba.

Hondutel

• Tägl. geöffnet von 8 bis 11:30 Uhr und von 14 bis 16 Uhr, nur Telegramme und Funkverkehr.

Bank

• Nicht vorhanden, Geldtausch im Notfall privat.

Verkehrsverbindungen

Boot

• Zur östlich gelegenen eigentlichen ***Mündung des Río Patuca*** (Barra Patuca) einmal tägl. für ca. 5 $ (express gechartert kostet das Boot 60 $).

• *MV Captain Rinel* fährt die Lagune von Brus einmal pro Woche an, die Fahrt nach ***La Ceiba*** dauert 2 Tage.

• Zum südlich am Patuca gelegenen ***Ahuas*** (Krankenhaus und Infrastruktur, aber wegen der Mission sehr amerikanisiert) kostet das Express-Boot ca. 60 $.

• Zum gut eine Tagesreise entfernten ***Wampusirpi*** (siehe unten) kostet das Boot ca. 110 $.

Flug

• Der ***Flughafen*** befindet sich ca. 4 km vom Ort entfernt, der Transport dorthin kostet etwa 1 $.

• Reguläre Flüge nach ***Puerto Lempira*** und ***La Ceiba*** Mo., Mi. und Fr. mit *SOSA*, Abflug um 6 Uhr in La Ceiba und Rückkehr um 7:30 Uhr von Brus Laguna nach La Ceiba, (Dauer 1 Stunde, Ticket einfach: 55 US $), oder mit *Atlantic*, Mo., Mi., Do. und Sa., Abflug um 6:15 Uhr in La Ceiba, Rückkehr um 7:30 Uhr von Brus Laguna nach La Ceiba).

• Mit *Atlantic*, von ***La Ceiba nach Ahuas,*** Mo. und Do., um 15 Uhr, von ***Ahuas nach La Ceiba,*** Di. und Fr. um 11 Uhr, mit *SOSA*, von ***la Ceiba nach Ahuas,*** Mo., Mi., Fr. um 6:30 Uhr und zurück an den gleichen Tagen um 7:30 Uhr.

• Expressflüge mit *SAMI (Servicio Aereo Misquito)* nach ***Ahuas*** kosten etwa 100 bis 150 $, nach ***Wampusirpi*** 150 bis 200 $, Kontakt über jede Funkstation.

Ausflüge

Cecilio Colindres, der seit zwanzig Jahren Touren am Sigre und am Patuca macht, hat ein lokales Touristikkomitee gegründet *(COVITUDENA)*. Die *pulpería* am Landesteg von Brus Laguna weist den Weg. *COVITUDENA* führt Expeditionsreisen den Sigre flussaufwärts durch, Tagespreis zwischen 40 und 100 $ je nach Gruppenstärke, einschließlich Ausrüstung und Vollverpflegung.

Tuhsi-Cocal

Zum Karibik-Strand von Tuhsi-Cocal (wild und schön) kostet das reguläre Boot 3 $, das gecharterte 16 $.

Wampusirpi

Für eine eingehende Beschäftigung mit der Lebensart und Kultur der Miskito ist eine Reise entlang des Río Patuca zu empfehlen. Am Mittleren Patuca ist die Landschaft vielfältig. Nördlichster Ort des Gebietes ist Wampusirpi, von Brus Laguna zwei bis drei und von Ahuas ein bis zwei Tage mit dem Boot entfernt. Der Name des Dorfes kommt aus dem Miskito: kleiner *(sirpi)* Fluss *(wampu)*.

Die Ortschaft, die heute gut 1200 Einwohner zählt, liegt tatsächlich an einem kleinen, dunkel-morastigen Fluss, der kaum Strömung hat und ein Altarm des großen Patuca ist. Die Ortschaft ist weder an Straßen, noch an Elektrizität noch an eine Wasserleitung angeschlossen. Nähert man sich Wampusirpi von Süden, aus dem riesigen Waldgebiet des Mittleren Patuca kommend, so wähnt man die gut sichtbare Ortschaft aus Pfahlbauten weit weg vom Ufer. Das Boot ist schon vorbeigezogen, wenn der kleine Fluss sichtbar wird, der Wampusirpi mit dem Patuca verbindet.

Der ***Ort*** hat eine angenehme, parkartige Atmosphäre. Die auf Pfählen gebauten Holz- und Bambushäuser stehen auf kurzem Savannengras, das immer frisch geschnitten und gepflegt aussieht – es wächst aber nicht höher. Die meisten Bewohner sitzen auf den Eingangstreppen ihrer Häuser oder im Gras zwischen den tragenden Pfählen, um Reis zu schälen oder *Tunus* herzustellen.

Aus dem ***Tunu-Baum*** geschälte Rinde wird im Flusswasser 30 min. aufgeweicht und anschließend breit auseinandergeschlagen. Wenn eine zwar grobporige, aber geschmeidige Matte entstanden ist, wird diese behutsam getrocknet. Der helle Stoff wird mit einer Borde versehen und als Hintergrund einer bunten, collagenartigen Naturlandschaft verwendet, die von den Dorfbewohnern auf mechanischen Nähmaschinen mühevoll zusammengefügt wird. Nach dem Besuch europäischer Designer werden nun auch kleine Tukane und Papageien angeboten, die aus bunten Tunu-Stoffen per Hand angefertigt wurden.

Wampusirpi war in den achtziger Jahren Büro des UN-Flüchtlingshochkommissariates sowie des Roten Kreuzes für das Grenzland mit Nicaragua. Ein großes Lager nahm die Hilfslieferungen der Vereinten Nationen für die vielen ***Flüchtlingsfamilien*** der Miskito auf. Zu dieser Zeit lebten in Wampusirpi bis zu 1500 Stammesbrüder aus Nicaragua. In traditionellen Holzhäusern zwischen Ortschaft und Feuchtsavanne hatten die Menschen vorübergehend eine Bleibe gefunden, bis sie 1990 unter Beobachtung des UN-Flüchtlingshochkommissariates zurücksiedelten.

Wampusirpi wird fast ausschließlich von Miskito bewohnt, die sich seit der britischen Einflussnahme und dem Königreich des Mosko nur auf informelle – quasi anarchische – Weise organisiert haben. Um so wichtiger sind die moravische und die katholische ***Kirche.*** Während der *reverendo* der moravischen Kirche streng über die Sitten wacht, treibt der junge katholische *Padre* die Modernisierung per Konsumgenossenschaft, Solaranlage und PC voran.

Autorität des Ortes ist das *patronato,* in dem kirchliche Aktivisten und Lehrer den Ton angeben. Den honduranischen ***Soldaten,*** die zu fünft die polizeiliche Ordnung aufrechterhalten sollen, ist das Dorf – wie viele andere –

ein Graus. 1993 wurden ein Soldat getötet, ein Oberst des Heeres aus Mocorón schließlich samt Hubschrauber schlicht zur Flucht gezwungen. Anlass war ein Diebstahl durch einen jungen Miskito gewesen, der vor den fahndenden Polizisten versteckt gehalten wurde. In der Auseinandersetzung um seine Herausgabe waren Schüsse gefallen. Daraufhin formierte sich ad hoc eine Demonstration gegen die „Mestizen-Besatzung" durch die honduranischen Sicherheitskräfte. Mit den Miskito ist eben seit jeher nicht zu spaßen.

Eine Reise nach Wampusirpi ist eine echte Herausforderung an das Einfühlungsvermögen des Reisenden. Man sollte sich klarmachen, dass die Menschen, die hier leben, keine exotischen Fotoobjekte sind, dass Güter und Dienstleistungen im angemessenen, ortsüblichen Rahmen entgolten werden sollten.

Unterkunft

- Gästehaus der ***Familie Rivas,*** sehr sauber, DZ 3,5 $.
- In einem ***Gemeindehaus an der Kirche,*** pro Person 2,50 $, einfache Zimmer, Toiletten und Duschen auf dem Hof, nach dem spanischen *Padre* fragen.

Essen

- Im Ort befinden sich zwei kleine comedores. Gleich ***hinter dem Krankenhaus*** kann man preiswert in einem engen, dunklen Raum einfach speisen (z.B. Reis mit *plátano* und Fleischbeilage). Im großen Haus der ***Familie Rivas*** ist das Essen reichhaltiger, die Atmosphäre familiärer und gepflegt (Porzellangeschirr!).
- ***Getränke*** sind im abgelegenen Wampusirpi knapp. Früchte der Saison werden in den Familien teilweise zu leckeren Getränken verarbeitet. *Guanábana* (Honigapfel), *Limón* (Limette) und *Granadilla* (Granatapfel) ergeben schmackhafte Erfrischungen. Softdrinks oder Bier erhält man in einer der drei *Pulperías* sowie den comedores.

Wichtige Adressen

Information

- Auskünfte erteilen *Roque Ferrera,* der Leiter der Grundschule, oder der katholische Geistliche, ein faszinierender Macher in indianischer Selbstorganisation.

Post, Hondutel

- Eine ***Poststelle*** befindet sich im einzigen comedor gleich hinter dem Krankenhaus, ist aber wegen der langen Postlaufzeit (selten weniger als 14 Tage allein bis La Ceiba) nicht empfehlenswert. Keine Päckchen oder Wertsachen von Wampusirpi aus wegschicken!
- ***Hondutel*** ist nicht vertreten. Muss im Notfall ein Flugzeug oder Hubschrauber angefordert werden, helfen der Pfarrer der moravischen Kirche oder der katholische *Padre,* die beide über Funkgeräte verfügen.

Bank

- Die nächste Bank gibt es in Puerto Lempira.

Notfall

- Bei kleineren Gesundheitsproblemen bietet sich das örtliche ***Krankenhaus*** an, das jedoch nur im Routinefall hilfreich sein kann. Besseren Rat geben *Doña Amanda Maybeth.* Beide wissen etwa zweihundert Heilpflanzen zu unterscheiden.
- Einzige Lösung ***bei akuten Krankheiten*** und Krisen: *SAMI (Servicio Aereo Misquito)* in Puerto Lempira und *SOSA* in La Ceiba schicken eine Cessna vorbei, die über Funk angefordert wird. Für nicht krankenversicherte wäre *Alas de Socorro* günstiger. Der Flugdienst des Krankenhauses der Moravischen Kirche in Ahuas ist preiswerter, fliegt aber nur dorthin.

Verkehrsverbindungen

Wampusirpi befindet sich sehr weit im unerschlossenen Zentrum der Moskitia. Als nördlichster Ort am Mittleren Patuca ist es immerhin noch ein (Außenborder) bis zwei (Innenborder, *tuk-tuk*) Bootstage von Brus Laguna, der karibischen Kreisstadt im Norden, entfernt. Von Süden sind es glatte 5 Tage per Expedition von Olancho aus. Gute Ausrüstung und Absprachen mit der Bevölkerung sind unverzichtbar, weshalb diese wunderschöne Route nur organisiert bereist werden kann.

- ***Regulären Bootsverkehr*** gibt es nicht. Zweimal pro Monat fahren Boote der Genossenschaft von Wampusirpi *(cayuco de la cooperativa)* nach ***Barra Patuca*** und zurück.
- Als Alternative kann von ***Brus Laguna*** aus ein ***Express-Boot*** oder ***Express-Flugzeug*** der *SAMI* gechartert werden (allerdings kostspielig, der Preis liegt bei 200 $ für beide Wege, siehe dort).
- Für den ***Rückweg*** kann ein Transport der Genossenschaft oder ein Krankentransport durch *Alas de Socorro* abgewartet werden.

Kinder beim Spiel

Ausflüge

Wer die Umgebung erkunden will, braucht Kondition und sollte sich vorher eingehend erkundigen.

Bodega und Wawina

Zu Fuß kann man südlich (Bodega) oder nördlich (Wawina) andere Miskito-Orte besuchen. Der oft schlammige Trampelpfad durch die Feuchtsavanne wird von Regenwald-Spots unterbrochen. Am Weg können vielmals Tukane, Ara-Papageien und Geier beobachtet werden. Neben dem stets unersetzlichen Mückenschütz ist eine Kopfbedeckung wegen der mittags sengenden Hitze unverzichtbar.

Kürzere Ausflüge

Wer nur ein paar Stunden baden will, kann sich von den Einwohnern Wampusirpis einen der criques zeigen lassen. Inmitten des Dschungels kann man dort im kristallklaren Quellwasser planschen. Eine andere Möglichkeit ist es, einen der Bauern oder Fischer bei seiner Arbeit zu begleiten.

Nationalpark Patuca, Tawahka-Reservat

Der 2200 km² große Nationalpark Patuca ist auf eigene Faust leider nicht zu bereisen. Wegen der Konflikte zwischen Siedlern und ursprünglicher Bevölkerung und des fragilen ethnischen Gefüges ist von individuellen Vorstößen unbedingt abzuraten. Je nach vorhandenen Kapazitäten können evtl. individuelle Touren über eine der lokalen NGOs organisiert werden. Dies

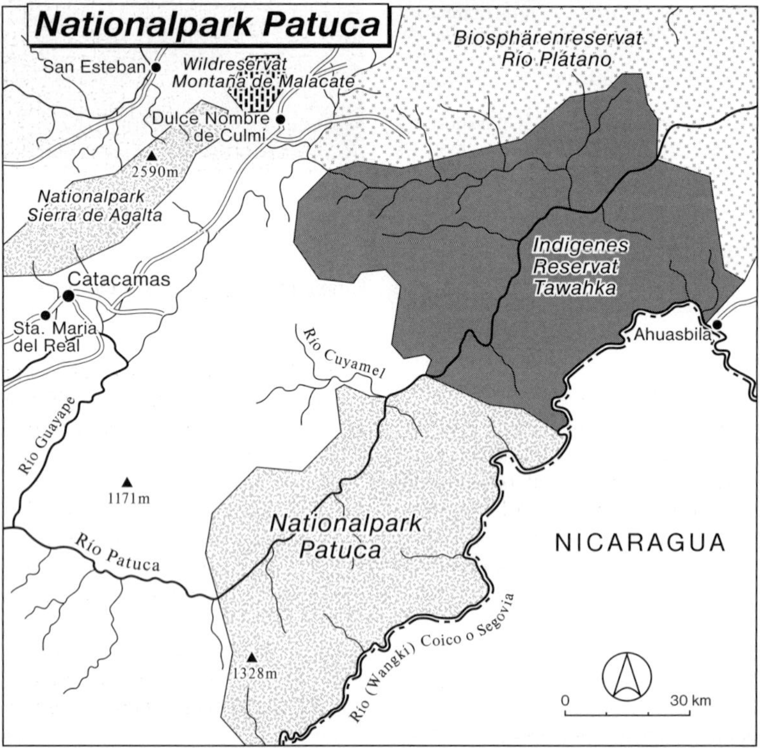

sind jedoch keine Touristenbüros, daher freundlich und vorsichtig anfragen: ***Sumu Tawahka,*** Umwelt- und Sozialorganisation, Asociación ASANG LAUNA, Bo. Guanacaste, 2ª C. Calzada San Miguel, No. 1336, Apdo. Postal 1992, Tegucigalpa, Tel./Fax 237-7210, tawahka@sdnhon.org.hn, oder ***MOPAWI*** *(Mosquitia Pawisa),* Adresse siehe Puerto Lempira.

Sumu Tawahka mit Bogen

Sumu Tahwahka schnitzen ein Einbaum-Kanu

Sumu Tawahka mit Naturflöte

Puerto Lempira

Puerto Lempira ist die Hauptstadt der Provinz Gracias a Dios. Die 3500 Einwohner widmen sich dem Tauchen nach Hummern, der Fischerei und der Holzwirtschaft. Puerto Lempira eignet sich als Ausgangsbasis für eine kalkulierbare, mehrtägige Reise in die Moskitia. In Puerto Lempira ist auch gerade derjenige gut aufgehoben, der das exotische Gebiet bereisen will, ohne jedoch auf die Segnungen der Zivilisation, wie z.B. kühles Bier, Nachrichten und Tageszeitungen, gänzlich zu verzichten.

Foto: Rolf Baumgartner

Kampf um die Regenwälder Mittelamerikas

Der 1995 von Deutschen und Schweizern gegründete ***Patuca e.V.*** will mit seinem ökologischen und humanitären Engagement im gleichnamigen Nationalpark dazu beitragen, das letzte zusammenhängende, ca. 20.000 km² große Regenwaldgebiet Mittelamerikas zu erhalten.

Habgier und Profitsucht spielt bei der Zerstörung des Patuca-Nationalparks zwar auch eine Rolle, doch weitaus bedrohlicher ist der folgenschwere Wanderfeldbau auf der Basis von ***Brandrodung*** durch mittellose Campesinofamilien – einer armen Landbevölkerung. Diese müssen täglich aufs Neue um ihr Überleben kämpfen. Hier ist nicht Mobilmachung gegen den einen bösen Feind angesagt, sondern besonnenes Arbeiten mit Menschen am Rande ihrer Existenz. Patuca e.V. ist bis heute die einzige Initiative, die sich aktiv für den stark bedrohten Nationalpark Patuca einsetzt.

Einzigartige Tierwelt

Cochranella granulosa (Glasfrosch), Basiliscus plumifrons (Stirnlappenbasilisk) und Bolitoglossa striatula (Pilzzungensalamander) heißen einige der wissenschaftlich bestätigten Raritäten im Nationalpark Patuca. Aber auch Weißkopf- und Brüllaffen, Tapire, Jaguare, der Große Ameisenbär, Tucane, Rote Ara-Papageien und der sehr seltene Harpyie-Adler (Harpia harpyia) finden im Nationalpark noch arterhaltende Lebensräume.

Teufelskreis der Armut

Wenn der Boden nicht mehr genügend für die Selbstversorgung abwirft, verkaufen die Campesinos das von ihnen gerodete Land nach ein paar Jahren für den doppelten Preis an Rinderzüchter, denn ihnen ist gerodetes Land ist mehr wert als „unnützer" Regenwald. Dass die Campesinos selbst sich damit auf Dauer ihre eigene Lebensgrundlage vernichten, ist vielen nicht bewusst. Mit Umweltbildungsmaßnahmen vermittelt der Patuca e.V. den Menschen im Park ein Bewusstsein für ihre ökologischen Ressourcen. Mit dem Aufbau von Modellprojekten erhalten die Menschen Alternativen zum Wanderfeldbau. Der Verein hilft Gruppen von Siederfamilien, sich in Interessengemeinschaften zu organisieren und neue Wege zu beschreiten.

Eine Chance auf Bildung

90 % der Kinder im Nationalpark haben keine Chance auf Bildung, denn es gibt keine Schulen. 1998 eröffnete der Patuca e.V. die erste Schule, inzwischen sind es bereits sechs kleine Dorfschulen, die sich wie eine Perlenkette entlang des Patuca-Flusses aneinander reihen.

Paten für Mensch und Natur

Der gemeinnützige Verein finanziert seine Projekte aus Spenden und Patenschaften. Man kann Natur- und Baumpatenschaften und Patenschaften für Kinder – oder sogar für eine ganze Schule – übernehmen.

Tourismus im Nationalpark Patuca

Die Natur des Parks ist faszinierend. Schon wenige Touristen könnten hier wichtige Einnahmequellen schaffen. Mit dem Aufbau von Infrastrukturen in Gemeinden arbeitet Patuca auch am Aufbau der Grundlagen für Tourismus. Interessenten für einen Besuch im Park können sich jederzeit melden.

Die Projekte des Vereins

- ***Bildung für Kinder*** (Aufbau von Grundschulen) und Erwachsene (Lehrgänge) im Nationalpark
- Beispielhafte ***Modellprojekte*** zur Schaffung von Einkommensquellen, Ernährungssicherung und Steigerung der landwirtschaftlichen Produktivität
- ***Naturschutz*** durch wissenschaftliche Arbeit

Weitere Informationen

- ***Patuca e.V.,*** Barbara Baumgartner, Torkelbergstr. 17, D-78465 Konstanz, Tel. 07531 9420-51, Fax -52, info@patuca.org, www.patuca.org, Spenden: Volksbank Konstanz, Kto. 22 44 244 00, BLZ 692 910 00, Schweiz: Credit Suisse Kreuzlingen, Nr. 440-524668-91, Patuca e.V. wird gefördert von *Deutsche Umwelthilfe* und *Oro Verde*

Barbara Baumgartner, Patuca e.V.

Foto: Barbara Baumgartner

Unterkünfte

- ***Yu Baiwan View Hotel*** (Tel. 898-7653), Restaurant, TV, AC, DZ 30 $.
- ***Gran Hotel Flores*** (an der Lagune), Tel. 898-7421, Restaurant, TV, AC, Dusche/WC, einfach und sauber, DZ 24 $.
- ***Villas Caratasca*** (an der Lagune), einzelne Holzhäuser, Ventilator, Dusche/WC, Restaurant, DZ 18 $.
- ***Pensión Moderno***, Ventilator, freundlich, DZ 5,60 $.
- ***Hospedaje Modelo*** (von *Gran Hotel Flores* Richtung Flugplatz), sauber und nett, Ventilator, DZ 4 $.
- ***Hotelito Central*** (an der Hauptkreuzung im Zentrum), sauber, mit Ventilator, DZ für 5 $.

Essen

- ***Restaurante Caratasca*** (gleich an der Lagune), bietet Fisch- und Fleischgerichte an. Das in Puerto Lempira beste Restaurant ist mit 4 $ pro Menü aber auch vergleichsweise teuer.
- ***Yampus*** (an der Landebrücke zur Lagune), solide und preiswert.
- ***Delmy*** (3 cuadras nördlich der C. Central), einfach und preiswert.
- ***Comedor Típico*** (neben *Gran Hotel Flores),* mit einfacher landestypischer Küche und preiswertem kalten Bier.

Wichtige Adressen

Post

- Wegen der langen Laufzeiten nicht empfehlenswert.

Bank

- ***Banadesa*** kauft Bar-$ zu ungünstigem Kurs.

Information

- ***Mopawi-Büro:*** *MOPAWI (Mosquitia Pawisa),* Res. Tres Caminos, Bloque B, Lote 67, No. 4, Tegucigalpa, mopawi@optinet.hn, Tel. 235-8659, 232-3480, 239-9234; ***in Puerto Lempira*** (3 cuadras südlich vom Hauptsteg an der Lagune, Tel. 898-7460, Tel./Fax 898-7584) ist eine eigens für und in der Moskitia arbeitende Selbsthilfeorganisation, die kulturelle, soziale und ökologische Themen aufgreift. Nicht frei von religiösen Einflüssen der dominierenden mährischen (morawischen) Kirche, führt *MOPAWI* Projekte in fast allen großen Orten der Moskitia durch. Das Büro in Puerto Lempira informiert interessierte Freiwillige gern über die Möglichkeiten für ein Praktikum oder ein Freiwilliges Jahr.

Verkehrsverbindungen

Straße

- Jeden Morgen fährt mindestens ein Pick-up nach ***Mocorón,*** einem Militärdorf an der ***Grenze zu Nicaragua.*** Jedes Fahrzeug nimmt Anhalter mit. Der Weg führt durch die Feuchtsavanne. Dies ist die einzige Straße in der Moskitia.

Wer von Mocorón weiter nach Nicaragua reisen möchte, sollte seinen Ausreisestempel bereits im Büro der Einreisebehörde *Migración* im Zentrum Puerto Lempiras eingeholt haben. In diesem Fall gibt es fast tägl. ein Fahrzeug von Mocorón nach Leimus am Río Coco. Der Weg dorthin dauert gut 3 Std. und kostet ca. 3 $.

Boot

- Reguläre Boote kreuzen die Lagune von Caratasca nach ***Kaukira*** und ***Yagurabila.*** Am Nachmittag kann die Lagune wegen des Wellengangs nicht mehr überquert werden.

Flugzeug

- Der ***Flugplatz*** von Puerto Lempira ist nur 10 Gehminuten von der Stadt entfernt.
- Mo. bis Sa. ist Puerto Lempira durch *Isleña* mit ***La Ceiba*** verbunden (Abflug La Ceiba um 7, Rückflug um 8:15 Uhr), ebenfalls Mo. bis Sa. auch durch *SOSA* (Abflug La Ceiba um 6:30 Uhr , Rückflug um 8 Uhr), Dauer ca. 70 Min., 50 $ (einfach).
- Zusätzlich fliegt *Atlantic,* von La Ceiba Mo. bis Sa. um 6:15 und 15 Uhr, Rückkehr aus Puerto Lempira um 7:40 und 17 Uhr.
- Darüber hinaus gibt es Expressflüge mit *SAMI* an alle Orte der ***Moskitia.***

Olancho: der wilde Osten

Überblick

Die Provinz Olancho mit der Hauptstadt Juticalpa erstreckt sich östlich der Provinz Francisco Morazán bis an die Moskitia. Mit 23.900 km² ist Olancho das mit Abstand größte *departamento* von Honduras, welches über 20 % der Fläche des Landes ausmacht. Olancho ist die große Entdeckung der *conquistadores,* ein mit fruchtbaren Böden, Flussgold und üppigen Wäldern gesegnetes Land. Von den umkämpften, rohstoffarmen Küstenorten kamen mutige, anpakkende Siedler der spanischen Krone, viele aus Spaniens Süden stammend, über unwegsame Pfade des *camino real* in das vom Wald eingeschlossene, riesengroße Olancho. Wegen der Entfernung nicht nur vom Mutterland, sondern auch von den Verwaltungszentren Trujillo, Comayagua und Ciudad de Guatemala und der erheblichen Mühen der Pionierarbeit entwickelte sich hier ein besonderes Selbstverständnis – beinahe ein Nationalbewusstsein. Da es große Tropen- und Bergnebelwälder sein eigen nennt, wie die heute geschützten ***Nationalparks*** La Muralla, Agalta und Patuca, ist Olancho auch für den Naturreisenden eine besondere Herausforderung.

Der Osten von Olancho grenzt an Nicaragua, und das vom ***Dschungel überzogene „Drei-Länder-Eck"*** zwischen Olancho, Gracias a Dios (dem *departamento* der Moskitia) und dem Nachbarstaat Nicaragua ist das ganze 20. Jahrhundert über, wenngleich mitten im Wald gelegen, ein ***brodelnder***

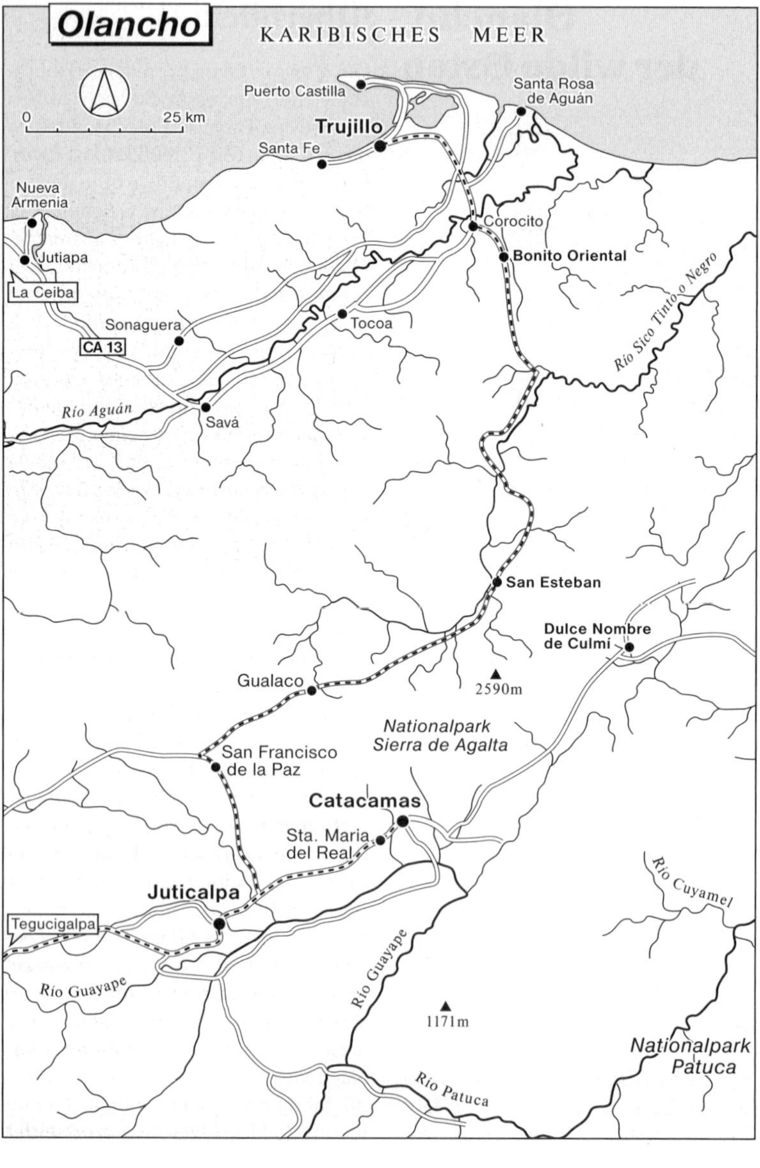
Olancho
KARIBISCHES MEER
0
25 km
Puerto Castilla
Santa Rosa de Aguán
Trujillo
Santa Fe
Nueva Armenia
Jutiapa
La Ceiba
Corocito
Bonito Oriental
Río Sico Tinto o Negro
Sonaguera
Tocoa
CA 13
Río Aguán
Savá
San Esteban
Dulce Nombre de Culmí
2590m
Gualaco
Nationalpark Sierra de Agalta
San Francisco de la Paz
Catacamas
Sta. Maria del Real
Juticalpa
Tegucigalpa
Río Cuyamel
Río Guayape
Río Guayape
1171m
Nationalpark Patuca
Río Patuca

Konfliktherd gewesen. Hier bündeln sich ethnische, kulturelle, soziale, politische und gar weltpolitische Gegensätze. Die Sumu Tawahka, das wohl bedrohteste zentralamerikanische Volk, wurde seit den vierziger Jahren des 20. Jahrhunderts allmählich vom Río Cuyamel (auf der Höhe von Catacamas) an den mittleren Río Patuca (nördlich von Wampú) verdrängt. Kulturell ist Olancho die Heimat der ewiggestrigen, traditionellen Cowboys: Macho durch und durch, wissen die männlichen Olanchanos, wie man aus Regenwald Ackerland macht, Rinder züchtet und Frauen den Willen diktiert. Sozial ist Olancho vom Konflikt der Großgrundbesitzer *(terratenientes)* mit den landlosen Kleinbauern *(campesino)* geprägt.

Olancho ist auch die Provinz, in der der ***Raubbau am tropischen Regenwald*** am spürbarsten ist, aber auch – auf der anderen Seite – mehr und mehr Initiativen für eine kluge und verantwortungsbewusste Nutzung des Waldes entstehen. Die Forstverwaltung *COHDEFOR*, die in allen Ortschaften, die in diesem Kapitel beschrieben werden, Büros unterhält, war beispielsweise bis in die achtziger Jahre hinein an „informellen" Einschlagslizenzen und Korruption betei-

Expedition von Olancho in die Moskitia

ligt. Heute jedoch, nach der Reorganisation und Gründung zur *Administración Forestal del Estado (AFE)* und mit massiver Beratung durch die deutsche *GTZ*, wurden manche Lizenzen gesperrt und den frechsten Holzunternehmern der Kampf angesagt.

Olanchos ***Landschaften*** gehören zu den schönsten des Landes. Täler und tiefe, gebirgige Wälder wechseln sich ab. Dies ist besonders auf der Strecke zwischen Juticalpa und Bonito Oriental (unweit von Trujillo) zu beobachten. Die Bevölkerung von Olancho ist zugleich der – außer den Indianern – traditionellste Menschenschlag. Hier gilt das Wort noch etwas, die Leute sind zupackender als in den Städten. Verwaltung und Polizei sind immer weit weg.

Geschichte

Ursprünglich ausschließlich von Pesch, Sumu Tawahka, Jicaque und Nahuatl sowie jüngst entdeckten früheren Zivilisationen besiedelt, wurde das wilde Land im 16. Jahrhundert von spanischen ***Kolonisatoren*** heimgesucht. Hier trafen 1524 die widerstreitenden *Gil Gonzalez Dávila* und *Hernando de Soto* aufeinander und rieben durch diesen „Zweikampf" die selbstbewussten indianischen Stämme auf. In der majestätisch und unzerstörbar sich darbietenden Gebirgskette Sierra de Agalt wurde 1526 die erste spanische Ortschaft Jerez de la Frontera gegründet, gefolgt von La Hermosa in der Nähe der heutigen olanchanischen Hauptstadt Juticalpa. 1530 folgte San Jorge de Olancho und 1532 Catacamas und Juticalpa. Von den frühen Ortschaften wurden mit Hilfe indianischer und afrikanischer Sklaven die Goldvorkommen der Flüsse ausgebeutet, denn schnelleres Geld ließ sich damals nicht verdienen. Die Landwirtschaft Olanchos entwickelte sich zu großen *haciendas*, die die ***Selbstversorgung*** vorantrieben. Die Marktplätze, auf denen zugekauft oder die Ernte feilgeboten hätte werden können, waren von Olancho aus nur in wochenlangen Expeditionen zu erreichen. Noch in der ersten Hälfte des 20. Jahrhunderts war Olancho vor allem mit dem Flugzeug zu erreichen. Die heute regional führende *TACA (Transporte Aereo Centro Americano)* wurde in Honduras gegründet und flog in den 20er Jahren vor allem Olancho an.

Die ***Mentalität der Olanchanos*** ist durch die Isolation und die Eigenständigkeit geprägt. Die Behauptung, die zur Selbstjustiz neigenden Menschen seien gefährlich, täuscht. Wer die Menschen respektiert, trifft in Olancho bescheidene, gastfreundliche, zuverlässige Menschen. Hier baut man auf traditionelle Werte und löst Probleme selbst.

Im 19. Jahrhundert musste *Francisco Morazán*, damals schon Präsident der Zentralamerikanischen Föderation, Olancho mit viel Mut und Überzeugungskraft in den jungen honduranischen Staat integrieren. Die zur Autonomie neigenden Provinzler hatten seit Ende 1828 in Gualaco, dem heutigen Ausgangsort für Expeditionen in die Sierra de Agalta, eine ***Rebellion*** gegen den liberalen, scheinbar unchristlichen Neustaat angezettelt. Juticalpa hielt zu *Morazán*, aber ganz Olancho stand bewaffnet gegen seine Garde. Als der charismatische General aber in La Vuelta seine Waffen niederlegte und sich schutzlos in den Kreis der dort versammelten Aufständischen begab und fragte, weshalb sie denn nicht zum Staat dazugehören wollten, war das Eis schnell gebrochen. La Vuelta ist übrigens nur ein paar Kilometer von der Kreuzung der Hauptstraße Richtung Francisco de la Paz gelegen und durch ein deutlich sichtbares Denkmal bis heute leicht zu erkennen.

Heute ist Olancho das Herz von Honduras und trotz des rauen Windes hat die Kultur des spanischstämmigen, nicht indianischen Honduras nirgends so viel Profil wie hier.

Weltpolitisch wurde Olancho wichtig, weil es zunächst das Rückzugsgebiet der linksrevolutionären nicaraguanischen ***Sandinisten*** war, die sich in Olancho sammelten, bewaffneten und berieten, um 1979 schließlich erfolgreich den Diktator *Somoza* aus dem Amt zu treiben. In Olancho sammelten sich drei Jahre später aber auch die von den USA gesponserten und aus der Luft versorgten ***Contras,*** die bei Aguacate, nur ca. 15 km östlich von Catacamas, acht Jahre lang ein Camp unterhielten, von dem aus sie die überwiegend unbeteiligte Grenzbevölkerung des jungen, sandinistischen Nicaragua terrorisierten. 1989 wurden die Contras aufgelöst, heute ist der Osten Olanchos völlig ruhig.

Von Trujillo über Gualaco nach Tegucigalpa (Ostroute)

Auf der Suche nach Rundreiserouten ist Olancho das entscheidende Kettenglied. Ob man mit dem Auto von Trujillo nach Tegucigalpa reist, was hier beschrieben wird, oder von Tegucigalpa nach Trujillo: Olancho ist immer eine Reise wert, und wer das echte Landleben liebt, sollte in Gualaco oder San Esteban eine Nacht verbringen.

Von Trujillo nach San Esteban

Die Strecke geht zum Kreuzungspunkt ***Corocito*** (32 km), dann links Richtung Süden, ins Landesinnere. 40 km hinter Trujillo erreicht man ***Bonito Oriental,*** ein weitläufiges Dorf, das aus einem Pionierscamp entstanden ist. Es wird in *Paul Theroux'* Roman „Moskitoküste" erwähnt. Doch im Gegensatz zum Roman ist das Städtchen schon lange nicht mehr vom Tropenwald umringt.

Als nächste Stadt folgt ***San Esteban*** (76 km von Corocito). Hier befindet sich das nette und preiswerte ***Hotel San Esteban*** (kein Telefon, DZ 2,40 $), das von einigen comedores umringt ist. Beste, handgemachte *tortillas* mit schmackhaftem, öltriefendem Bohnenpüree sind nirgendwo leckerer als hier.

Flussdurchquerung auf der alten Landstraße südlich von Gualaco

Nach Gualaco

Die Straße nach Gualaco führt durch die höchsten Erhebungen der ***Agalta-Berge.*** Östlich der Straße kann man die ***Wasserfälle*** des Babilonia-Bachs in

der Sierra de Agalta sehen, Tukane am Rande der Straße sind nicht selten.

Nächste Station ist ***Gualaco*** (118 km von Corocito), ein verträumter Ort. Es gibt keinen Strom, wohl aber ein Kino, eine Kirche, diverse Kommunalbehörden und eine Gemeindehalle um den großen Zentralpark herum. In Gualaco sind wenige einfache ***Hotels*** und ***comedores*** zu finden.

Auch dieser Ort ist für einen Aufenthalt empfehlenswert, zumal hier ein guter Ausgangspunkt für eine ca. fünftägige Trekkingtour durch den Nationalpark Sierra de Agalta (siehe dort) ist.

Die Bäche werden breiter

Weiter nach Tegucigalpa

Nach Gualaco folgt die Stadt ***San Francisco de la Paz*** (146 km von Corocito), westlich der Durchgangsstraße, mit comedores und wenigen einfachen *hospedajes*. Nicht mehr weit ist nun der Kreuzungspunkt zur Hauptstraße nahe Juticalpa. Bevor dieser erreicht wird, erinnert ein kleines Denkmal rechts neben der Straße an die Einigung zwischen dem im 18. Jahrhundert berüchtigten Revolverhelden *Chinchonero* und dem honduranischen Nationalhelden *Francisco Morazán* (vgl. Geschichte).

An der Kreuzung geht es links nach ***Catacamas*** (und weiter östlich und nördlich Richtung Moskitia) und rechts über ***Juticalpa*** (177 km von Corocito) und ***Campamento*** (243 km von Corocito) bis nach ***Tegucigalpa.***

Rundreise mit dem Bus

Von Tegucigalpa nach Trujillo: Täglich um 5 und 12 Uhr mit *COTRAIPBAL* (7ª Ave. entre 11ª y 12ª C., Comayagüela, 6 $, 9 Std. Fahrt, Tel. 237-1666). Oder zuerst nach Juticalpa, dort Zwischenübernachtung und um 3 oder 5 Uhr morgens mit *COTRAIPBAL* (Busterminal) nach Trujillo (Ankunft dort um 12 bzw. 14 Uhr). Die Route kann sich aber zugunsten von ***La Unión*** ändern, aktuelle Erkundigungen schaffen hier Klarheit.

Von Trujillo, Tocoa oder La Ceiba nach Tegucigalpa (Westroute)

Auf einer weniger spektakulären, für Selbstfahrer aber bequemeren Westroute liegt der schöne, oft unterschätzte Nationalpark La Muralla.

Von der Küste nach La Unión

Der Weg führt von La Ceiba, Trujillo oder Tocoa zunächst nach Sabá und von dort nach Olanchito. Vor erreichen der kleinen Stadt El Mamé links Richtung La Unión/Tegucigalpa abbiegen. Auf halber Strecke zwischen der Küste und Tegucigalpa (200 km von Tegucigalpa oder La Ceiba, gleichermaßen) liegt der Ort La Unión auf 820 m Höhe. Hier bietet das **Restaurant** *El Ranchito* passables Essen, gute Tour-Tipps gibt Herr *Argueta* in der *La Muralla Cafetería.*

- ***Hotels:*** *Karol, Muralla,* jeweils DZ 2,70 $.

Nationalpark La Muralla

Nur 14 km entfernt befindet sich der Eingang zum Nationalpark La Muralla. Morgens fahren Geländewagen der Forstbehörde zum Park. Der Fußweg dauert ca. drei Stunden und führt über das Dorf El Díctamo. Hier befindet sich ein schönes, kleines ***Besucherzentrum*** mit drei Betten, Reservierungen nimmt das *COHDEFOR/AFE*-Büro unter Tel. 222-1027 in Tegucigalpa entgegen.

Im Nationalpark befinden sich die ***Gipfel*** Las Parras (2065 m), Los Higuerales (1985 m) und La Muralla (1980 m). Zur Wanderung auf jeden dieser Gipfel sollte ein Zeitbudget von zwei bis drei Tagen reichen. Gute Ausrüstung und ein Waldführer von *COHDEFOR,* der die Routen gut kennt und ca. 5 $ pro Tag nach Hause bringen möchte, wird geboten.

Von Tegucigalpa nach La Unión (oder umgekehrt)

Von Tegucigalpa führt die Straße zunächst über Talanga nach El Campamento. Kurz danach geht es an der Kreuzung links nach La Unión (Richtung Yoro).

Mit dem Bus:

Täglich um 7:30 Uhr fahren Busse mit *COTRAIPBAL* (7ª Ave. entre 11ª y 12ª C., Comayagüela, Tel. 237-1666) über La Unión nach La Ceiba oder Trujillo sowie vom Busbahnhof in La Ceiba oder Zentralpark in Trujillo nach Tegucigalpa. Die Route kann sich aber zugunsten Gualaco und San Esteban (Osten) ändern, aktuelle Erkundigungen schaffen da Sicherheit.

Juticalpa

Die Hauptstadt von Orlancho, 166 km von Tegucigalpa entfernt, war bis in die siebziger Jahre hinein nur mit dem Flugzeug zu erreichen. Die Stadt mit ihren fast 100.000 Einwohnern hat gute einfache und mittlere Hotels zu bieten. Als Eingangstor in die Provinz Olancho, auch zur kulturellen Gewöhnung an ein Völkchen von eigenwilligen Cowboys und Revolverhelden, wie sie nur im tiefsten Mexiko noch zu finden sind, ist Juticalpa einen Besuchstag wert.

- 1 Aparthotel La Muralla
- 2 Hotel Honduras
- 3 Hotel Antuñez
- 4 Hotelito Familiar
- 5 Dino's Pizzeria
- 6 Hondutel
- 7 Post
- 8 Kathedrale
- 9 El Rancho
- 10 Hotel El Paso
- 11 Bushaltestelle nach Trujillo und Tegucigalpa

Unterkünfte

- ***Aparthotel La Muralla*** (2 cuadras westlich vom Zentralpark, Tel. 885-1270), Dusche, Ventilator, Telefon und Fernsehen, DZ 12 $; mit AC 20 $.
- ***Hotel Antuñez*** (1 cuadra vom Zentralpark, Tel. 885-2250), Zimmer klimatisiert oder mit Ventilator, mit eigenem oder Gemeinschaftsbad, DZ ab 15 $.
- ***Hotel Honduras*** (neben *Hotel Antuñez*, Tel. 885-1331), DZ 17 $, mit AC 24 $.
- Empfehlenswert ist ***Hotel El Paso*** (zwischen Zentralpark und Ortsausgang/ Busbahnhof, Tel. 885-2311), Ventilator, sauber, Parkplatz und Innenhof, DZ 13 $, mit AC 23 $.
- ***Hotelito Familiar*** (1ª C. N.O., zwischen *Hotel Antuñez* und Zentralpark), Dusche und Ventilator, DZ 5,50.
- ***Hotelito Regis*** (1ª C. N.O.), Dusche, Ventilator, einige Zimmer mit Balkon, DZ 4,50 $.
- ***Hotelito Granada*** (500 m vom Busbahnhof nördlich Richtung Stadtkern links), Ventilator, sauber und geräumig, DZ 4,50 $.

Essen

- ***Restaurante La Fonda*** (an der Hauptstr. Richtung Tegucigalpa gleich hinter der Tankstelle rechts), typisches *Parilla*-Restaurant mit Fleischspießen und – gratis – Bohnenfondue im Stövchen.
- ***Casa Blanca*** (1ª C. S.E.), preiswertes Buffet „típico" von morgens früh bis 20 Uhr, preiswert und appetitlich.
- ***Comedores*** gibt es reichlich, auch gleich neben dem Hotel *El Paso*.
- Am Zentralpark findet man ***Dino's Pizzeria,*** mit Gerichten aller Art, nicht nur Pizza.
- ***El Rancho*** (2ª Ave. N.E.), serviert Fleischgerichte in einem halbgeschlossenen Holzlokal.

Wichtige Adressen

Post

- Am Zentralpark.

Hondutel

- 1 cuadra nördlich (Richtung Gebirge) vom Zentralpark aus, dann rechter Hand.

Notfall

- ***Polizei,*** Tel. 885-2028
- ***Feuerwehr,*** Tel. 885-2910
- ***Rotes Kreuz,*** Tel. 885-2221

Bank

- Nur ***Bancahsa*** tauscht Reiseschecks, und das nur auf eindringliches Bitten.

Verkehrsverbindungen

Straße

- Von ***Tegucigalpa*** über Comayagüela, dann oben in ***Santa Fé*** (am Fuße von Bo. Alemania) rechts Richtung Olancho, oder direkt vom Hotel *Mac Arthur* (Bo. Abajo) aus hinunter, dann immer geradeaus, bis am Gipfel des Berges (nach etwa 2 km) ein Schotterweg schräg links die Verbindung zur ***Carretera Olancho*** herstellt. Von dort geht es immer geradeaus nach Juticalpa und Catacamas.

Bus

- Der ***Busbahnhof*** von Juticalpa befindet sich an der Ausfahrtsstraße kurz vor der Landstraße, rechts, ca. 1,5 km vom Zentralpark. Dort fährt jedes Taxi für 0,70 $ hin.
- Von ***Tegucigalpa*** aus mit *Discovery*, (7 Ave. entre 12 y 13 C., Comayagüela, Tel. 222-4256), fahren tägl. zwischen 6:15 und 16:15 Uhr stündlich Busse nach Juticalpa und Catacamas ab (3 Std., 2 $).
- Von ***Trujillo*** aus fährt *COTRAIPBAL*, (Bo. Centro, Tel. 434-4932), tägl. frühmorgens und mittags (9 Std. Fahrt, 5 $).

Catacamas

55 km östlich von Juticalpa liegt die Cowboy-City Catacamas. Wegen der eingeschossigen Bauweise mutet die Stadt wie ein zu breit geratenes Dorf an. Viele Straßen sind nicht asphaltiert, die peripheren Stadtteile erinnern an Slums. Aber Vorsicht: Schubladen passen weder auf Olancho noch auf Catacamas, das mit 55.000 Einwohnern eine in Honduras bedeutende Stadt ist.

Catacamas ist die Ausgangsbasis für ***Siedler und Goldwäscher,*** die am Río Plátano und Río Patuca durch harte Arbeit im Wald ihr Glück suchen. Tatkraft und Pioniergeist ermöglichen ihnen häufig, schnelles Geld zu verdienen, sei es mit Edelholz, Gold, Reis oder Viehzucht.

Unterkünfte

- ***Hotel La Colina*** (½ cuadra südlich vom Zentralpark, Tel. 899-4488), Dusche, Ventilator und Fernsehen, DZ 10 $.
- ***Hotel Catacamas,*** (Blvd. Las Américas, Tel. 899-4082), Dusche und Ventilator, DZ 10 $.

- ***Central*** (gleich im Zentrum), einfach und reell, DZ 6 $.
- ***Juan Carlos*** (Bo. José T. Cabañas, Tel. 899-4212), einfach, mit comedor, DZ 11 $.
- ***Hotel Rapalo*** (Bo. San Sebastian, Tel. 899-4348), einfach, DZ 6 $.

Essen

- ***Ace de Oro*** (50 m von der Hauptstr. Richtung Osten), erstklassiges Essen zu stolzen Preisen, auch vegetarisch.
- ***Restaurante Pollo Rico*** (1 cuadra nordöstlich vom Park, breite Auswahl (nicht nur Hähnchen, wie der Name irreführend sagt) zu fairen Preisen.
- ***Rinconcito Típico*** (1 cuadra nordöstlich vom Park), alles von Steak bis Hamburger, auch mit Sonderwünschen.
- ***El Rodeo*** serviert gute Fleischspeisen oder *plato típico* (preiswert).
- ***Comida Buffet „Dely House“*** (½ cuadra östlich des Zentralparks).
- ***La Cascada,*** typische honduranische Küche, zuverlässig.

Trinken

- Nach Stil der Cowboys in ***cantinas*** (Kneipen), die Bierflaschen werden auf dem Tisch gesammelt, bis der Aschenbecher keinen Platz mehr hat.
- In und außerhalb der Stadt wird ***vino de coyol*** (bis Mai) serviert, ein Palmwein.
- Die ***chicha*** wird aus Mais oder Zuckerrohr angesetzt, immer nach der Anzahl der Gärungstage fragen (Vorsicht bei mehr als zweien!).

Wichtige Adressen

Post, Hondutel

- Bo. El Centro, 1 cuadra vom Zentralpark.

Bank

- Im Zentrum.

Verkehrsverbindungen

Straße

- Catacamas liegt 33 km östlich von Juticalpa am Ende der asphaltierten Fernstraße Carretera de Olancho.

Bus

- Fast stündliche Verbindungen nach ***Juticalpa*** und ***Tegucigalpa.***
- Vom *mercado municipal* fahren auch Busse und *baronesas* um 6 und 12 Uhr tägl. nach ***Culmí*** (Richtung Río Plátano, Rückfahrt von dort ab 13 Uhr, Fahrpreis jeweils 1,20 $) und nach ***Nueva Palestina*** ab (Entstehungslauf des Río Patuca, südlich, halber Weg Richtung El Paraiso).

Ausflüge ab Catacamas

Richtung Río Plátano

Von Catacamas verkehrt mehrmals täglich ein Bus nach ***Dulce Nombre de Culmí*** (3 Std., 1,40 $, an der Esso-Tankstelle an der Hauptstraße fragen). Im kurz Culmí genannten Ort gibt es nur wenige Unterkünfte *(Hotel Rixy,* DZ ca. 8 $ und ein paar comedores).

Von Culmí gehen nördliche Routen zum Fluss ***Paulaya*** (mehrtägiges Trekking), nordöstliche zum ***Reservat des Río Plátano*** und östliche in die Siedlungsfront am ***Río Lagarto*** (ca. eine Woche Trekking bis zum Río Patuca). Alle Routen erfordern gute Ausrüstung, Erfahrung und Ausdauer.

Von Culmí nördlich 6 km geradeaus gabelt sich die Straße, links geht es über Las Marias zu den ***Quellen*** des Río Plátano oder des Río Paulaya. Das Gebiet ist bestens für Expeditionen geeignet, da dies die wichtigste Siedlungstraße in die Moskitia ist. Zeugen

des Raubbaus und Elends der Siedler sind politisch hilfreich für den Schutz des Waldes. Die rechte Weggabelung führt zur Quelle des Río Wampú. Wer die anstrengende Expedition mit sachkundiger Begleitung machen möchte, wende sich an die für Honduras maßgeblichen Naturreiseunternehmen.

Der *camino real*, viele Jahrhunderte benutzt und in Landkarten verzeichnet, führt weiter westlich über Portillo de Will nach ***Sico,*** ein völlig vergessenes Städtchen im allerdings ackerbaulich zerstörten Dschungel flussaufwärts von Palacios (vgl. Moskitia) gelegen. Hier vermietet *Carlos Mejía* für nur 3 $ nette Zimmer, seine Frau kocht.

Das harte Siedlerleben

Höhlen von Talgua

Nur 5 km von Catacamas entfernt liegt die Höhle von Talgua, eine archäologische Sensation (siehe Exkurs). Sie wird zurzeit intensiv erforscht und archäologisch ausgewertet.

El Boquerón

Zwischen zwei riesigen Felsen ergießt sich beschaulich ein kleiner Fluss, der den Namen Olancho trägt, Naturschwimmbecken bildet, eigene Höhlen gräbt und Anlass zu manch schönem Ausflug in die Gegend bietet. Hier lag jenes mysteriöse San Jorge de Olancho, dass 1611 angeblich durch einen Fluch über die gotteslästernde Bevölkerung von einem Steinregen verschüttet wurde und – das ist erwiesen – als Klein-Olancho über

Die Höhle der leuchtenden Schädel

1994 stießen *Greg Cabe* und *Tim Berg*, zwei Mitglieder des US-amerikanischen *Peace Corps*, zusammen mit den honduranischen Kollegen *Jorge Yanez* und *Desiderio Reyes* bei einer Höhlenwanderung auf eine bis dahin unbekannte Kultur. Sie waren in der zwar schon bekannten, aber bis dahin wenig erforschten Talgua-Höhle in der Nähe von Catacamas, in Olancho, auf Erkundung, als sie 600 m tief im Inneren, in einem kathedralengroßen Raum mit einem 9 m über ihnen liegenden Eingang, Reste eines Dutzend keramischer Gefäße sowie die leuchtenden Knochen von etwa zweihundert Personen fanden.

Daraufhin führte *James E. Brady* von der *George Washington University* in Zusammenarbeit mit *George Hasemann*, dem Leiter der archäologischen Abteilung des *IHAH* (Honduranisches Institut für Anthropologie und Geschichte), die erste systematische Expedition dorthin durch – und datierte die leuchtenden sterblichen Überreste auf 1000 v. Chr. Das entspricht in etwa der Zeit, in der auch die mit den Maya verwandten Bewohner von Los Naranjos am Lago de Yojoa gelebt haben. Er fand auch heraus, dass die Menschen in Olancho die Gebeine ihrer Verstorbenen zuerst zerlegt, dann mit einem phosphoreszierenden Kalk eingerieben und zum Schluss Knochen für Knochen präzise auf dem Boden angeordnet hatten. Klar ist laut *Brady* auch, dass die Menschen dieser Gruppe keine Maya waren, denn Eiweißanalysen der Knochen ergaben, dass sie sich nicht von Mais ernährt hatten. Wahrscheinlich hingegen ist, dass sie Maniok zu essen pflegten. Mit diesem Fund ist die bisher größte Vor-Maya-Zivilisation in Honduras entdeckt und zum ersten Mal konkret eine Siedlung der sonst fast unerforschten so genannten intermediären Zone aufgespürt worden. Das Geheimnis der unerforschten Wälder zwischen Westhonduras (dem Südausläufer der Mayakultur) und Kolumbien (dem Nordausläufer der Inkakultur) wird durch die leuchtenden Schädel kulturhistorisch noch spannender: Hatten die Stämme der intermediären Zone Einfluss auf die Maya – oder war es vielleicht umgekehrt? Denkbar ist auch, dass die Höhle Teil der Frühgeschichte der Pesch ist.

Schon in vergangenen Jahrhunderten war verschiedentlich die Rede von Höhlenfunden und deren z.T. religiöse Bedeutung für die Ureinwohner. So berichtete z.B. im Jahre 1600 der spanische Missionsarzt *Alonso Criado de Castilla*, dass man Häuser mit Kellerverliesen gefunden hätte, in denen die sterblichen Reste der Verwandten aufbewahrt würden. Auch heute leben viele Dorfgemeinschaften der Maya-Nachkommen in der Nähe von Höhlen, die für sie Kraftquellen der Naturgottheiten des Regens und der Fruchtbarkeit sind. Wie in diesen Fällen so wird auch für Talgua vermutet, dass dies eine Familien- oder Sippenhöhle gewesen ist. Noch aus dem Anfang des 20. Jahrhunderts sind Bestattungen wichtiger ländlicher Personen in solchen Höhlen bekannt.

Am Eingang befinden sich ein ***Besucherzentrum,*** eine Cafetería und ein kleines Museum. Die Höhlen sind tägl. (außer Mo.) von 8 Uhr bis 16 Uhr geöffnet. Der Eintrittspreis für Ausländer beträgt 5 $.

Die ***untere Höhle*** verfügt über Lichter und Fußpfade. Besucher sind hier verpflichtet, sich einen Führer zu nehmen (Tour ca. 30 bis 45 Min.). Oberhalb der ***Haupthöhle*** befinden sich weitere Höhlen, die mit Führung (auch ohne) besucht werden können. Diese Höhlen sind älter und verfügen nicht über Fußpfade oder Lichter (eigene Lampe mitbringen, Tour 2-3 Std.).

Führer können am Eingang engagiert werden. Der im IHAH angestellte *Jorge Yanéz* ist Höhlenforscher und als Regionalleiter des Projektes wesentlich an den Ausgrabungen beteiligt. Es lohnt sich, eine Führung mit ihm zu organisieren.

- ***Anreise:*** Von Catacamas kostet ein Taxi ca. 4 $ bis zu den Höhlen *(Cuevas de Talgua)*, von dort sind es noch einmal 30 Min. zu Fuß.

100 km nördlich wieder aufgebaut wurde, das heutige Olanchito in Atlántida.

Links, d.h. nördlich der Straße von Juticalpa nach Catacamas ab Richtung Gebirge, entlang dem Río Olancho, erreicht man nach fünf km das ***Dörfchen La Avispa.*** Von dort ist der Weg interessant gen Cerro (1280 m) und hintenherum zurück nach El Tepescuintle. Gute Wanderer machen das in einem Tag, ruhiger und sicherer ist es in zwei Tagen zu schaffen.

Nationalpark Sierra de Agalta

Zwischen den Hauptstraßen Trujillo – Juticalpa (westlich, Ortschaften wie Gualaco und San Esteban), Juticalpa – Catacamas (südlich) und Catacamas – Dulce Nombre de Culmí (östlich) befindet sich der große Nationalpark Sierra de Agalta, 60.000 ha groß und Heimat endemischer Arten. Hier haben honduranische Biologen neue Insekten- und sogar Baumarten entdeckt. Im Zentrum des Bergnebelwaldes in der Nähe des Berges La Picucha (2354 m hoch) befinden sich Zwergkiefern, die ungewöhnlich breit, aber nur wenige Meter hoch wachsen. Sie sollen an keinem anderen Ort der Welt vorkommen.

Von allen Seiten ist der ***Zugang*** in den Nationalpark nicht leicht, denn es gibt nur schmale, glitschige Trampelpfade ohne Markierung. Am besten ist die Zusammenarbeit mit den hilfsbereiten Wildhütern und Förstern. Gegen ein bescheidenes Honorar und Verpflegung begleiten sie Reisende gern auf ein- bis dreitägigen Trekking-Touren in das Innere des Nationalparks (Büros von *COHDEFOR* gibt es in allen oben genannten Ortschaften, sie sind an der Holzbauweise, dem charakteristischen grün-gelben Anstrich und ihrer Lage an der Hauptkreuzung vor der Stadt zu erkennen).

Eine besondere Herausforderung ist ein 30 km langer Pfad zwischen San Esteban und Dulce Nombre de Culmí. Man braucht dafür einen einheimischen erfahrenen und motivierten Führer, ein Zelt mit Verpflegung sowie mindestens zwei Tage Zeit.

Anhang

Literaturhinweise

Allgemeines

- *Andino, R.; Lawrence, E.; Driessler, W.:* **Garnison Honduras – ein bitterarmes Land im Griff des Pentagon,** Wuppertal 1987. Kritische, faktenreiche Darstellung der CIA-Interventionen in Honduras und Nicaragua während der frühen 80er Jahre.
- *Becerra, L.:* **Evolución Histórica de Honduras,** Tegucigalpa, 6. Aufl. 1989. Honduranisches Standardwerk zur Geschichte des Landes.
- *Becker, Klaus:* **Tauchen in warmen Gewässern,** Bielefeld, Reise Know-How Verlag, Praxis-Reihe.
- *Floyd, T.S.:* **La Mosquitia – un Conflicto entre Imperios,** Honduras 1990. Spannende Beschreibung des kolonialen Konfliktes zwischen britischer und spanischer Krone im Dschungel der Moskitia.
- *Gonzalez C., F.* (Hg.): **Páginas de Oriente,** Tegucigalpa 1992. Anekdoten zur Geschichte und Lebenskultur des Südostens (El Paraìso).
- *Gonzalez, R.:* **Guía por los Caminos de Honduras, Nr. 5,** Tegucigalpa. Kurzbeschreibungen und Geschichten honduranischer Orte.
- *Hermann, Helmut:* **Reisefotografie,** Bielefeld, Reise Know-How Verlag, Praxis-Reihe.
- *Instituto Hondureño de Turismo* (Hg.): **Listado General de las Ferias, Festivales y otras Celebraciones Populares de Honduras,** Tegucigalpa. Auflistung aller Feste und Feiern in Honduras.
- *Kuster, R.:* **Dschungelwandern,** Bielefeld, Reise Know-How Verlag, Praxis-Reihe.
- *Las Casas, B. de:* **Kurzgefasster Bericht von der Verwüstung der Westindischen Länder,** Hrsg. von *Hans Magnus Enzensberger,* Frankfurt/M. 1981. Der berühmte historische Bericht des Dominikanermönches und Verteidigers der Indianer beschreibt die Greueltaten der Spanier bei der Eroberung der „Neuen Welt".
- *Littek, Frank:* **Fliegen ohne Angst,** Bielefeld, Reise Know-How Verlag, Praxis-Reihe.
- *Pastor Fasquelle, R.:* **Biografía de San Pedro Sula 1536 a 1954,** San Pedro Sula 1990. Gesamte Geschichte San Pedro Sulas mit teilweise erschlagender Datenfreudigkeit.
- *Rivas, R. D.:* **Pueblos Indígenas y Garífuna de Honduras – una Caracterización,** Tegucigalpa 1993. Lesenswerte Beschreibung der Geschichte und Lebenskultur der indianischen Gruppen und Garífuna.
- *Salinas, I.M.:* **Arquitectura de los Grupos Etnicos de Honduras,** Tegucigalpa 1991. Bilderreiche Darstellung der Baustile der honduranischen Indianer-Gruppen.
- *Sarmiento, José A.:* **Historia de Olancho,** Tegucigalpa 1990. Ausführliche Darstellung der Geschichte und der Eigenheiten der Provinz Olancho.
- *Schmidt, V.:* **Spanisch für Honduras – Wort für Wort,** Kauderwelsch Band 111, Bielefeld. Speziell für den Reisegebrauch zugeschnittener Führer des in Honduras gebräuchlichen Spanisch, mit begleitendem Tonmaterial.

• *Theroux, Paul:* **The Mosquito Coast,** London 1996 (deutsche Ausgabe vergriffen). Tragikkomischer Roman über das Scheitern eines Auswanderers in den Tiefen der Mosikitia, wurde mit *Harrison Ford* in der Hauptrolle sehenswert verfilmt.
• *U.C.C.I.* (Hg.): **Guía de Tegucigalpa,** Madrid 1992. Bester Städteführer über Tegucigalpa, guter Überblick, wenig Fakten.
• *Yankelevich, P.:* **Honduras – una Breve Historia,** México 1988. Objektive Darstellung der honduranischen Geschichte, Gesellschaft, Wirtschaft und Politik.
• *Yuscaran, G.:* **Conociendo a la Gente Garífuna,** Tegucigalpa, 2. Aufl. 1992. Nahaufnahme von Geschichte und Kultur der Garífuna.

Maya

• *Coe, Michael:* **Die Entzifferung der Mayaschrift,** 1995.
• *div. Autoren:* **Geo Special: Die Welt der Maya,** Hamburg 1993. Reportagen zu den Maya gestern und heute.
• *Eggebrecht, Eva und Arne; Grube, Nikolai* (Hrsg.): **Die Welt der Maya,** Mainz 1992. Sehr empfehlenswerter Katalog zur Hildesheimer Maya-Ausstellung 1992 mit reichen Hintergrund-Informationen.
• *Riese, Berthold:* **Die Maya – Geschichte, Kultur, Religion,** München 1995.
• *Scheele, L.* und *Freidel, D.:* **Die unbekannte Welt der Maya,** München 1991. Die wohl beste derzeit auf Deutsch erhältliche Einführung in Geschichte und Kultur der Maya, mit sehr guten Artikel über Copán.
• *Stephens, John Lloyd:* **Die Entdeckung der alten Mayastätten,** Ein Urwald gibt sein Geheimnis preis. Stuttgart 1993. Die Wiederentdeckung der Mayastätten, Bericht aus dem 19. Jahrhundert.

Natur und Ökologie

• *Bärtels, Andreas:* **Farbatlas Tropenpflanzen,** Stuttgart 1990. Gutes Standardwerk tropischer Zier- und Nutzpflanzen mit Farbfotos auf jeder Seite.
• *Collins, Mark (Hrsg.):* **Die letzten Regenwälder,** Gütersloh 1990. Einführung in die komlexen Zusammenhänge des tropischen Regenwaldes und seine Bedrohung. Zahlreiche Fotos und Karten.
• *Grandjot, Werner:* **Reiseführer durch das Pflanzenreich der Tropen,** Köln. Allgemeine Einführung in die Botanik der Tropen mit zahlreichen Fotos und Zeichnungen.
• **Pflanzenführer Tropisches Lateinamerika,** Pforzheim 1993. Zahlreiche Pflanzenbeschreibungen, empfehlenswert, aber etwas teuer.
• *Tuck, Gerhard* und *Heinzel, Hermann:* **Die Meeresvögel der Welt,** Hamburg, Berlin 1990. Taschenbuch mit Illustrationen und Karten der Brutgebiete von Meeresvögeln
• *von der Ohe, S.:* **Wenn Weltbanker Wälder in Wert setzen,** in: *Kahl, M. Et Al.* (Hg.): *Seeing the People behind the Trees,* aus der Reihe *ASA-Studien.* Saarbrücken 1995. Beitrag zu den Zwängen des Regenwaldschutzes in Honduras.

Glossar

aeropuerto	Flughafen
AFE	Forstbehörde, früher *COHDEFOR*
agencia de Viajes	Reisebüro
albergue	Herberge, Lodge
alojamiento	einfache Privatunterkunft
alquilar	vermieten
artesanía	Kunsthandwerk
Ästuar	Mündungstrichter eines Flusses
avenida	Straße von Ost nach West
bahía	Bucht
balneario	Freibadeanstalt
baño compartido	Gemeinschaftsbad
baño pivado	Bad (zum Zimmer gehörig)
baronesa	Pick-up, der zum Personentransport dient
barra	Sandbank
barrio	Stadtviertel
boca	Flussmündung
bomberos	Feuerwehr
cafetal	Kaffeeplantage
calle	Straße von Nord nach Süd
carnicería	Metzgerei
carretera	Landstraße
Carretera Interamericana	auch *Panamericana*, „Traumstraße" von Alaska bis Feuerland
casa	Haus
casa de cambio	Wechselstube
cerro (Co.)	Berg, Berggipfel
chortí	Indianischer Volksstamm in Honduras und Guatemala
cine	Kino
ciudad (Cd.)	Stadt
COHDEFOR	Forstbehörde, jetzt auch *AFE*
colectivo	Sammeltaxi
colonia	Siedlung
comedor	einfaches Restaurant, Garküche
cordillera	Bergkette
correos	Postamt
Cruz Roja	rotes Kreuz
cuadra	Häuserblock zwischen zwei Straßen, auch Entfernungsangabe (ca. 100 m)
departamento	Departament, Bezirk
desayuno	Frühstück
edificio	großes Gebäude, Hochhaus
endemisch	Vorkommen einer Tier- oder Pflanzenart nur in einem kleinen, bestimmten Gebiet

Epiphyten	Aufsitzerpflanzen, die vom Standort der Wirtspflanze profitieren, ohne von dieser Nährstoffe zu beziehen
esquina	Ecke
farmacia	Apotheke
finca	Bauernhof, kleineres Landgut
garífuna	Afrokariben
gasolina	Benzin
hacienda (Hda.)	größeres Landgut, Farm
halón	Trinkgeld
HONDUTEL	Honduranische Telefongesellschaft
hospedaje	einfache Privatunterkunft
hostal	Herberge
iglesia	Kirche
IHAH	Honduranisches Institut für Anthropologie und Geschichte
IHT	Staatliches Tourismus-Institut
indígenas	Ureinwohner, Indios
isla	Insel
jaloú	Trampen
laguna	See
lavandería	Wäscherei
Lempira	Honduranische Währung
librería	Buchhandlung
llanura	Ebene, Flachland
marisquería	Fischrestaurant
mercado	Markt
Mestizen	Mischlinge aus Weißen und Indios
mirador	Aussichtspunkt
miskito	Indianischer Stamm in der Mosikita
NGO	*Non Government Organisation* (Nicht-Regierungsorganisation)
panadería	Bäckerei
parada	Haltestelle
parque central	Zentralpark
parque nacional	Nationalpark
pastelería	Konditorei
paya, pesch	Indianischer Stamm in der Moskitia
playa	Strand
plaza	Platz
pollo	Hähnchen
Primärwald	natürlich gewachsener „Urwald"
propina	Trinkgeld
puerto (Pto.)	Hafen
puesto de salud	Krankenstation
punta (Pta.)	Landzunge
quebrada (Queb.)	Bach
refresco	Erfrischungsgetränk
refugio	Schutzhütte, Schutzgebiet

refugion nacional de vida/fauna Silvestre	Nationales Naturschutzgebiet/Wildtierreservat
reserva biológica	Biologisches Reservat
residencia	gehobene Siedlung
río	Fluss
Saumriff	Korallenriff, nur durch schmalen Wasserstreifen vom Land getrennt
Sekundärwald	nach Rodung nachgewachsener, nicht forstwirtschaftlich genutzter Wald
semana santa	Karwoche (Ostern)
sendero	Pfad, Wanderweg
servicentro	Tankstelle
servicio	Service, aber auch Toilette
servicio directo	Nonstop-Busverbindung
sumu tawakha	Indianischer Stamm in der Moskitia
teléfono publico	Öffentliches Telefon
terminal	Busbahnhof
urbanisación (Urb.)	städtische Wohnsiedlung
valle	Tal

Kleine Sprachhilfe

Aus Platzgründen können an dieser Stelle nur die wichtigsten Begriffe genannt werden. Für den Einstieg in eine schnelle und effektive Kommunikation in die Sprache des Reiselandes empfehlen wir den Sprechführer ***Spanisch für Honduras*** aus der Kauderwelsch-Reihe.

Die wichtigsten Fragen

¿Tiene usted ...?
Haben Sie ...?
¿Hay ...?
Gibt es ...?
Estoy buscando...
Ich suche ...
Necesito ...
Ich brauche ...
Quiero ... / Quisiera ...
Ich will / möchte ...
Por favor, déme ...
Geben Sie mir bitte ...
¿Dónde se puede comprar ...?
Wo kann man ... kaufen?
¿Cuánto cuesta ...?
Wie viel kostet ...?
¿Cuánto cuesta el viaje a ...?
Wie viel kostet die Fahrt nach ...?
¿Cuánto cuesta esto?
Wie viel kostet das da?
¿Qué es esto?
Was ist das?
¿Dónde está ...?
Wo ist / befindet sich ...?
Quiero ir a ...
Ich möchte nach ... fahren.
Perdone, ¿para ir a ...?
Wie komme ich nach ...?
¿Es esto el tren para ...?
Ist das der Zug nach ...?

¿A qué hora sale el autobús para ...?
Wann fährt der Bus nach ... ab?
Por favor, lléveme a ...
Bringen Sie mich bitte zu/nach ...

Die wichtigsten Floskeln und Redewendungen

sí / no
ja / nein
por favor
bitte (um etw. bitten)
¡(Muchas) gracias!
(Vielen) Dank!
¡De nada!
Keine Ursache!
¡Buenos días!
Guten Tag! (vormittags)
¡Buenas tardes!
Guten Tag! (nachmittags)
¡Buenas noches!
Guten Abend!
¡Bienvenida!
Herzlich willkommen! (zur Frau)
¡Bienvenido!
Herzlich willkommen! (zum Mann)
¿Cómo estás / está Usted?
Wie geht es dir/Ihnen?
¿Qué tal?
Wie geht's?
(Muy) bien. / Mal.
(Sehr) gut. / Schlecht.
Adiós.
Auf Wiedersehen!
¡Hola! / ¡Chau!
Hallo! / Tschüss!
¡Hasta luego / ahora!
Bis dann / gleich!
¡Muy bien!
In Ordnung!
No sé.
Ich weiß nicht.
¡Buen provecho!
Guten Appetit!
¡Salud!
Zum Wohl! Prost!
¡La cuenta, por favor!
Die Rechnung, bitte!
¡Perdón!
Entschuldigung!
¡Lo siento mucho!
Es tut mir sehr Leid!
Está bien.
Schon gut!
¡Con permiso!
Gestatten Sie!
¡Por favor, ayúdeme!
Helfen Sie mir bitte!

Die wichtigsten Fragewörter

¿dónde?
wo?
¿de dónde?
woher?
¿adónde?
wohin?
¿por qué?
warum?
¿cómo?
wie?
¿cuál?
welcher?
¿quién?
wer?
¿cuánto?
wie viel ?
¿(desde) cuándo?
(seit) wann?
¿qué?
was?

Die wichtigsten Richtungsangaben

a la izquierda	(nach) links
a la derecha	(nach) rechts
derecho, recto	geradeaus
acá, aquí	hier
allá, allí	dort
arriba	oberhalb
debajo	unterhalb
frente	gegenüber
contiguo	angrenzend
delante de	vor
al lado de	neben
detrás de	hinter
en dirección	in Richtung
atrás	zurück
cerca, cercana	nah
la linéa ferrocarril	Eisenbahnlinie
lejos	weit
semáforo	Ampel
esquina	Ecke
cuadra	Häuserblock
en el centro	im Zentrum
cruce(ro) (m)	Kreuzung
fuera de la ciudad	außerhalb der Stadt

Die wichtigsten Zeitangaben

ayer	gestern
hoy	heute
mañana	morgen
pasado mañana	übermorgen
por la mañana	morgens
al mediodía	mittags
por la tarde	nachmittags
por la noche	abends
por la noche	nachts
diariamente	täglich
(más) tarde	spät(er)
(más) temprano	früh(er)
pronto	bald

luego, entonces	dann
en seguida	sofort
después	nachher
antes	vorher
siempre	immer

Nichts verstanden?

Sólo hablo un poquito español.	Ich spreche nicht gut Spanisch.
¿Puede repetirlo, por favor?	Können Sie das wiederholen?
No entiendo.	Ich verstehe nicht.
¿Hay alguién quién hable inglés?	Spricht hier jemand Englisch?
¿Cómo se llama esto en español?	Wie heißt das auf Spanisch?
¿Qué significa „...“?	Was bedeutet „...“?
... en alemán/inglés/francés	... auf Deutsch/Englisch/Französisch
¿Cómo? / ¿Mande? (umgangsspr.)	Wie bitte?
Por favor, ¿podría hablar más despacio?	Könnten Sie bitte etwas langsamer sprechen?
¿Puede apuntármelo, por favor?	Können Sie mir das bitte aufschreiben?

HILFE!

Dieses Reisehandbuch ist gespickt mit unzähligen Adressen, Preisen, Tipps und Infos. Nur vor Ort kann überprüft werden, was noch stimmt, was sich verändert hat, ob Preise gestiegen oder gefallen sind, ob ein Hotel, ein Restaurant immer noch empfehlenswert ist oder nicht mehr, ob ein Ziel noch oder jetzt erreichbar ist, ob es eine lohnende Alternative gibt usw.

Unsere Autoren sind zwar stetig unterwegs und versuchen, alle zwei Jahre eine komplette Aktualisierung zu erstellen, aber auf die Mithilfe von Reisenden können sie nicht verzichten.

Darum: Schreiben Sie uns, was sich geändert hat, was besser sein könnte, was gestrichen bzw. ergänzt werden soll. Nur so bleibt dieses Buch immer aktuell und zuverlässig. Wenn sich die Infos direkt auf das Buch beziehen, würde die Seitenangabe uns die Arbeit sehr erleichtern. Gut verwertbare Informationen belohnt der Verlag mit einem Sprechführer Ihrer Wahl aus der über 170 Bände umfassenden Reihe „Kauderwelsch" (siehe unten).

Bitte schreiben Sie an:

REISE KNOW-HOW Verlag Peter Rump GmbH, Postfach 140666, D-33626 Bielefeld, oder per e-mail an: info@reise-know-how.de

Danke!

Kauderwelsch-Sprechführer – sprechen und verstehen rund um den Globus

Afrikaans • Albanisch • Amerikanisch - *American Slang, More American Slang,* Amerikanisch oder Britisch? • Amharisch • Arabisch - Hocharabisch, für Ägypten, Algerien, Golfstaaten, Irak, Jemen, Marokko, • Palästina & Syrien, Sudan, Tunesien • Armenisch • *Bairisch* • Balinesisch • Baskisch • Bengali • *Berlinerisch* • Brasilianisch • Bulgarisch • Burmesisch • Cebuano • Chinesisch - Hochchinesisch, kulinarisch • Dänisch • Deutsch - *Allemand, Almanca, Duits, German, Nemjetzkii, Tedesco* • *Elsässisch* • Englisch - *British Slang, Australian Slang, Canadian Slang, Neuseeland Slang,* für Australien, für Indien • Färöisch • Esperanto • Estnisch • Finnisch • Französisch - kulinarisch, für den Senegal, für Tunesien, *Französisch Slang, Franko-Kanadisch* • Galicisch • Georgisch • Griechisch • Guarani • Gujarati • Hausa • Hebräisch • Hieroglyphisch • Hindi • Indonesisch • Irisch-Gälisch • Isländisch • Italienisch - *Italienisch Slang,* für Opernfans, kulinarisch • Japanisch • Javanisch • Jiddisch • Kantonesisch • Kasachisch • Katalanisch • Khmer • Kirgisisch • Kisuaheli • Kinyarwanda • *Kölsch* • Koreanisch • Kreol für Trinidad & Tobago • Kroatisch • Kurdisch • Laotisch • Lettisch • Lëtzebuergesch • Lingala • Litauisch • Madagassisch • Mazedonisch • Malaiisch • Mallorquinisch • Maltesisch • Mandinka • Marathi • Modernes Latein • Mongolisch • Nepali • Niederländisch - *Niederländisch Slang,* Flämisch • Norwegisch • Paschto • Patois • Persisch • Pidgin-English • *Plattdüütsch* • Polnisch • Portugiesisch • Punjabi • Quechua • *Ruhrdeutsch* • Rumänisch • Russisch • *Sächsisch* • *Schwäbisch* • Schwedisch • *Schwiizertüütsch* • *Scots* • Serbisch • Singhalesisch • Sizilianisch • Slowakisch • Slowenisch • Spanisch - *Spanisch Slang,* für Lateinamerika, für Argentinien, Chile, Costa Rica, Cuba, Dominikanische Republik, Ecuador, Guatemala, Honduras, Mexiko, Nicaragua, Panama, Peru, Venezuela, kulinarisch • Tadschikisch • Tagalog • Tamil • Tatarisch • Thai • Tibetisch • Tschechisch • Türkisch • Twi • Ukrainisch • Ungarisch • Urdu • Usbekisch • Vietnamesisch • Walisisch • Weißrussisch • *Wienerisch* • Wolof • Xhosa

Pflanzennamen

Spanisch, Deutsch, wissenschaftl. Name

aceituno, Olivenbaum, *Simarouba glauca*
aguacatillo, Wilder Avocado, *Nectandra sanguinea*
alcornoque, *Mora oleifera*
almendro, Indischer Mandelbaum, *Terminalia catappa*
amarillón, *Terminalia amazonia*
arbol de flor blanca, Pagodenbaum/Frangipani, *Plumeria rubra*
arbol vaco, Milchbaum/Kuhbaum, *Brosimum utile*
ardillo, *Pithecellobium arboreum*
azahar de monte, Balsamfeige/Klusie, *Clusia odorata*
balsa, Balsabaum, *Ochroma lagopus*
botarrama, *Vochysia ferruginea*
burío blanco, *Heliocarpus appendiculatus*
cacao, Kakaobaum, *Theobroma cacao*
candelillo, Magnolienbaum, *Magnolia poasana*
canilla de mula, *Licania arborea*
cantarillo, *Conostegia oerstediana*
canuela batamba, *Swallecochloa ubtessellata*
caoba, Mahagoni-Baum, *Swietenia macrophylla*
caobilla, *Guarea rhopalacarpa*
capulín blanco, *Trema micrantha*
carao, Goldregenbaum, *Cassia grandis*
cativo, *Prioria copaifera*
cedro amargo, Bitterzeder, *Cedrela mexicana*
cedro dulce, Süßzeder, *Cedrela tonduzii*
cedro maría, Gummiapfel (Kalababaum), *Calophyllum brasiliense*
ceiba, Kapokbaum, *Ceiba pentandra*
cenízaro, Regenbaum, Genisarobaum, *Pithecellobium saman*
cerillo, Schweinsgummibaum, *Symphonia globulifera*
ciprés blanco, Weiße Zypresse, *Podocarpus oleifolius*
ciprés lorito, Steineibe, *Podocarpus montanus*
cipresillo, Eskallonie, *Escallonia poasana*
cocotero, Kokospalme, *Cocos nucifera*
copey, Balsamfeige/Klusie, *Clusia major*
corteza amarillo, Goldbaum, *Tababuia ochracea*
crespón, *Urera caracasana*
cuajada, Mönchspfeffer, *Vitex cooperí*
espavel, Kaschubaum, *Anacardium excelsum*
fruta de pan, Brotfruchtbaum, *Artocarpus altilis*
fruta dorada, *Virola sebifera*
gavilán, *Pentaclethra macroloba*
gomero, Gummibaum, *Ficus elastica*
guabo, Regenbaum, *Pithecellobium macradenium*
guácimo, *Guazuma tomentosa*
guácimo colorado, Lühea, *Luehea seemannii*
guapinol, *Hymenaea courbaril*
guarumo, Cecropie, *Cecropia obtusifolia*
guava maría, Inga, *Inga montaniana*
guayabillo, Eugenie (Kirschmyrte), *Eugenia cartagensis*
guayabo de monte, Bergguavebaum, *Psidium guajava*
güísero, Guavenbaum, *Psidium guineense*
higuerón, Würgfeige, *Ficus sp.*
higuerón de corona, Feigenart, *Ficus ovalis*
hule, Kautschukbaum, *Hevea brasilensis*
indio desnudo, Weißgummibaum, *Bursera simaruba*
ira (rosa), Wilder Avocado, *Nectandra sanquinea*
jaul, Erle, *Alnus acuminata*
javillo negro, Sandbüchsenbaum, *Hura crepitans*
jícaro, Kalebassenbaum, *Crescentia alata*
jícaro danto, *Permentiera valerji*
jobo, Gelbe Balsampflaume, *Spondias mombin*
laurel, Brustbeerbaum, *Cordia alliodora*
lechozo, Milchbaum/Kuhbaum, *Brosimum utile*
lengua de vaca, *Miconia sp*
lirio de agua, Wasserhyazinthe, *Eichhornia crassipes*
lmadroño, *Calycophyllum candidissimun*
magnolia, Magnolienbaum, *Magnolia poasana*
mangle botoncillo, Knopfmangrove, *Conoparpus erectus*
mangle colorado/rojo, Rote Mangrove, *Rhizophora mangle*
mangle mariquita, Weiße Mangrove, *Laguncularia racemosa*
mangle piñuela, Mangrovenart, *Pelliciera rhizophorae*
mangle salado, Schwarze Mangrove, *Avicennia germinans*
mango, Mangobaum, *Mangifera indica*
mano de tigre, Fensterblatt, *Monstera deliciosa*
manzanillo, Manzanillobaum, *Hippomanea mancinella*
maría, Gummiapfel (Kalababaum), *Calophyllum brasiliense*
mata gente, *Oreopanax xalapensis*
matapalo, Würgfeige, *Ficus sp.*
mora, Brotnussbaum, *Brosimum alicastrum*
nance, *Byrsonima crassifolia*
nazareno, *Peltogyne purpurea*
níspero, Breiapfelbaum, *Manilkara zapota*
paira, *Melanthera nivea*
palma yolillo, Bastpalme, *Raphia taedigera*
palmera chonta, Schwarze Palme, *Astrocaryum standleyanum*
palmera viscoyol, Viscoyol-Palme, *Bactris minor*
palo verde, Parkinsonie, *Parkinsonia aculeata*
papaturro, Meertraube/Seetraube, *Coccoloba uvifera*
papayillo, *Didymopanax pittieri*
pasto jaragua, Jaragua-Gras, *Hyparrhenia rufa*
peine de mico, Tibourbou (Affenkamm), *Apeiba tiburbu*
pilón, *Hieronyma alchornoides*
pino, Kiefer, *Pinus oocarpa*, *Pinus pseudostrobus*, *Pinus caribea*, *Pinus maximinoii*, *Pinus patula*, *Pinus harwegii*
plomo, *Tachigalia versicolor*
poró, Korallenbaum, *Erythrina abyssinica*
poroporo, Schneckensame, *Cochlospermum vitifolium*
quira, *Caryodaphnopsis burgeri*
quizarrá, *Phoebe valeriana*
roble de sabana, Savanneneiche, *Tabebuia rosea*
roble encino, Steineiche, *Quercus oleoides*

ron-ron, Sternenbaum, *Astronium graveolens*
sangregao, Flügelfruchtbaum, *Pterocarpus officinalis*
soncoya, Flaschenbaum, *Annona purpurea*
súrtuba, Erdpalme, *Geonoma binervia*
tamarindo, Tamarinde, *Tamarindus indica*
teka, Teakholzbaum, *Tectona grandis*
tempisque, *Mastichodendron capiri*
tirrá, Mexikanische Ulme, *Ulmus mexicana*

Deutsch, Spanisch

Affenkamm, *peine de mico*
Andiroba, *cedro macho*
Balsabaum, *balsa*
Balsamfeige, *azahar de monte, copey*
Bastpalme, *palma yolillo*
Bergguavebaum, *guayabo de monte*
Bitterzeder, *cedro amargo*
Brotfruchtbaum, *fruta de pan*
Brotnussbaum, *mora*
Brustbeerbaum, *laurel*
Cecropie, *guarumo*
Erdpalme, *súrtuba*
Erle, *jaul*
Eskallonie, *cipresillo*
Eugenie, *guayabillo*
Feigenbaum, *higuerón colorado*
Fensterblatt, *mano de tigre*
Flaschenbaum, *soncoya*
Flügelfruchtbaum, *sangregao*
Frangipani, *arbol de flor blanca*
Gelbe Balsampflaume, *jobo*
Goldbaum, *corteza amarillo*
Goldregenbaum, *carao*
Guavenbaum, *güísero*
Gummiapfel, *cedro maría*
Gummibaum, *gomero*
Indischer Mandelbaum, *almendro*
Inga, *guava maría*
Jaragua-Gras, *pasto jaragua*
Kakaobaum, *cacao*
Kalababaum, *cedro maría*
Kalebassenbaum, *jícaro*
Kapokbaum, *ceiba*
Kaschubaum, *espavel*
Kautschukbaum, *hule*
Kiefer, *pino*
Kirschmyrte, *guayabillo*
Knopfmangrove, *mangle botoncillo*
Kokospalme, *cocotero*
Korallenbaum, *poró*
Kuhbaum, *arbol vaco, lechozo*
Lühea, *guácimo colorado*
Magnolienbaum, *candelillo, magnolia*
Magnolienbaum, *magnolia*
Mahagoni-Baum, *caoba*
Mangobaum, *mango*
Manzanillobaum, *manzanillo*
Meertraube, *papaturro*
Mexikanische Ulme, *tirrá*
Milchbaum, *arbol vaco, lechozo*
Mönchspfeffer, *cuajada*
Olivenbaum, *aceituno*
Pagodenbaum, *arbol de flor blanca*
Parkinsonie, *palo verde*
Regenbaum, *guabo*
Rosenholz, *cocobolo*
Rote Mangrove, *mangle colorado, mangle rojo*
Sandbüchsenbaum, *javillo negro*
Savanneneiche, *roble de sabana*
Schwarze Mangrove, *mangle salado*
Schwarze Palme, *palmera chonta*
Schweinsgummibaum, *cerillo*
Steineibe, *ciprés lorito*
Steineiche, *roble encino*
Sternenbaum, *ron-ron*
Süßzeder, *cedro dulce*
Tamarinde, *tamarindo*
Teakholzbaum, *teka*
Viscoyol-Palme, *palmera viscoyol*
Weiße Mangrove, *mangle mariquita*
Weiße Zypresse, *ciprés blanco*
Weißgummibaum, *indio desnudo*
Wilder Avocado, *aguacatillo, ira (rosa)*
Würgfeige, *higuerón, matapalo*

Tiernamen

Säugetiere

Spanisch, Deutsch, wissenschaftl. Name

ardilla, Zwerghörnchen, *Microscirus alfiri*
ardilla roja, Rotes Eichhörnchen, *Sciurus granatensis*
armadillo, Gürteltier, *Dasypus novemcintus*
ballena jorobada, Buckelwal, *Megaptera novaeangliae*
breñero, Wieselkatze, *Felis yagouaroundi*
cabro de monte, Roter Spießhirsch, *Mazama americana*
cacomistle, Katzenfrett, *Bassariscus sumichrasti*
caucel, Ozelotkatze, *Felis tigrina*
chiza, Grauhörnchen, *Sciurini sp.*
colmenero, Ameisenbär, *Tamandua mexicana*
comadreja, Langschwanz-Wiesel, *Mustela frenata*
conejo de monte, Waldkaninchen, *Silvilagus brasiliensis*
coyote, Kojote, *Canis latrans*
cusuco, Gürteltier, *Dasypus novemcintus*
danta, Tapir, *Tapirus bairdii*
delfin común, Delphin, *Delphinus delphis*
delfin de nariz de botella, Großer Tümmler, *Tursiops truncatus*
guatusa, Aguti, *Dasyprocta puntacta*
manatí, Seekuh, *Trichechus manatus*
manigordo, Ozelot, *Felius pardalis*
mapache, mapachín, Waschbär, *Procyon lotor*
margay, Baumozelot, *Leopardus wiedii*

mono colorado, Klammeraffe, *Ateles geoffroyi*
mono congo, Mantelbrüllaffe, *Alouatta palliata*
mono tití, Totenkopfäffchen, *Saimiri oerstedii*
murciélago pescador, Hasenmaul-Fledermaus, *Noctilio leporinus*
nutria, Fischotter, *Lutra longicaudus*
olingo, Makibär, *Bassaricyon gabbii*
oso caballo, Großer Ameisenbär, *Myrmecophaga tridactyla*
oso hormiguero, Ameisenbär, *Tamandua mexicana*
perezoso de dos dedos, Zweizehen-Faultier, *Choloepus hoffmanni*
perezoso de tres dedos, Dreifingerfaultier, *Bradypus variegatus*
pizote, Nasenbär, *Nasua narica*
puercoespín, Baumstachler, *Coendou mexicanus*
puma, Puma/Berglöwe, *Felis concolor*
rata algodonera, Baumwollratte, *Sigmodon hispidus*
ratón semiespinoso, Stacheltaschenmaus, *Liomys salvini*
saíno, Halsbandpekari, *Tayassu tajacu*
serafín de platanar, Zwergameisenbär, *Cyclopes didactylus*
tepezcuinte, Paka, *Agouti paca*
tigre, Jaguar, *Panthera onca*
tigrillo, Tigerkatze, *Felis tigrina*
tolomuco, Tayra, *Eira barbara*
venado, Weißwedelhirsch, *Odocoileus virginianus*
zorra gris, Graufuchs, *Urocyon cinereoargenteus*
zorro de balsa, Wollbeutelratte, *Caluromys derbianus*
zorro hediondo, Stinktier, *Conepatus semistriatus*
zorro pelón, Opossum, *Didelphis marsupialis*

Deutsch, Spanisch

Aguti, *guatusa*
Ameisenbär, *colmenero, oso hormiguero*
Baumozelot, *margay*
Baumstachler, *puercoespín*
Baumwollratte, *rata algodonera*
Buckelwal, *ballena jorobada*
Delfin, *delfín común*
Dreifingerfaultier, *perezoso de tres dedos*
Fischotter, *nutria*
Graufuchs, *zorra gris*
Grauhörnchen, *chiza*
Großer Ameisenbär, *oso caballo*
Großer Tümmler, *delfín de nariz de botella*
Gürteltier, *cusuco, armadillo*
Halsbandpekari, *saíno*
Jaguar, *tigre*
Katzenfrett, *cacomistle*
Klammeraffe, *mono colorado*
Kojote, *coyote*
Langschwanz-Wiesel, *comadreja*
Makibär, *olingo*
Mantelbrüllaffe, *mono congo*
Nasenbär, *pizote*
Opossum, *zorro pelón*
Ozelot, *manigordo*
Ozelotkatze, *caucel*
Paka, *tepezcuinte*
Puma, *puma*
Roter Spießhirsch, *cabro de monte*
Rotes Eichhörnchen, *ardilla roja*
Seekuh, *manatí*
Stacheltaschenmaus, *ratón semiespinoso*
Stinktier, *zorro hediondo*
Tapir, *danta*
Tayra, *tolomuco*
Tigerkatze, *tigrillo*
Totenkopfäffchen, *mono tití*
Waldkaninchen, *conejo de monte*
Waschbär, *mapache, mapachín*
Weißwedelhirsch, *venado*
Wieselkatze, *breñero*
Wollbeutelratte, *zorro de balsa*
Zweizehen-Faultier, *perezoso de dos dedos*
Zwergameisenbär, *serafín de platanar*
Zwerghörnchen, *ardilla*

Vögel

Spanisch, Deutsch, wissenschaftl. Name

águila arpia, Harpyie, Haubenadler, *Harpia harpyia*
águila blanco y negro, Schwarzweiß-Haubenadler, *Spizastur melanoleucus*
águila crestado, Würgadler, *Morphnus guianensis*
águila pescador, Fischadler, *Pandion haliaetus*
bobo chizo, Cayennekuckuck, *Piaya cayana*
búho de anteojos, Brillenkauz, *Pulsatrix perspicillata*
capulinero colilargo, Langschwanzseidenschnäpper, *Ptilogonys candatus*
carancho, cargahuesos, Karakara, *Polyborus plancus*
carpintero cando, Rotschopfspecht, *Phloeoceastes spec.*
carpintero careto, Eichelspecht, *Melanerpes formicivorus Dryocopus lineatus*
chachalaca, Braunflügelguan, *Ortalis vetula*
chocuaco, Kahnschnabel, *Cochlearius cochlearius*
clarinero nicaraguense, Nicaragua-Bootsschwanz, *Quiscalus nicaraguensis*
codorníz, Baumwachtel, *Colinus leucopogon*
codorníz corcovado, Zahnhuhn, *Odontophorus gujanensis*
colibrí colidorado, Goldschwanzsaphir, *Hylocharis eliciae*
colibri pechiazul, Blaubrustamazilie, *Amazilla amabilis*
cormorán neotropical, Biguascharbe, *Phalacrocorax olivaceus*
espátula rosada, Rosa Löffler, *Ajaia ajaja*
galán sin ventura, Jabiru, *Jabiru mycteria*
gallina de agua, Zwergsultanshühnchen, *Porphyrula martinica*
gallina de monte, Weißkehlwachtel, *Odantophorus leucolaemus*

gallito de agua, Gelbstirnjassana, *Jacana spinosa*
garceta tricolor, Dreifarbenreiher, *Hydranassa tricolor*
garcilla bueyera, Kuhreiher, *Bubulcus ibis*
garcilla verde, Grünreiher, *Butorides virescens*
garza nocturna, Cayenne-Nachtreiher, *Nyctanassa violacea*
garza real, Silberreiher, *Casmerodius albus*
garzón, Amerika-Nimmersatt, *Mycteria americana*
garzón azul, Graureiher, *Ardea herodias*
gavilán blanco, Weißbussard, *Leucopternis albicollis*
gavilán cabecigris, Cayenne-Milan, *Leptodon cayanensis*
gavilán cangrejero, Krabbenbussard, *Buteogallus anthracinus*
gavilán pescador, Schwarzhalsbussard, *Busarellus nigricollis*
gaviota reidora, Aztekenmöve, *Larus atricilla*
golondrina de mar, Königseeschwalbe, *Thalasseus maximus*
golondrina de ribereña, Uferschwalbe, *Riparia riparia*
guaco, Lachhabicht, *Herpetotheres cachinnans*
halcón peregrino, Wanderfalke, *Falco peregrinus*
jilguero, Schwarzgesichtsclarino, *Myadestes melanops*
lapa roja, Hellroter Ara, *Ara macao*
lapa verde, Grüner Ara, *Ara ambigua*
lechuza ratonera, Schleiereule, *Tyto alba*
lora frenitblanca, Weißstirnamazone, *Amazona albifrons*
loro cabeciazul, Schwarzohrpapagei, *Pionus menstruus*
loro frentirojo, Rotstirnamazone, *Amazona autumnalis*
martín peña, verdirrojizo, Salomonreiher, *Tigrisoma fasciatum*
martín pescador, Grünbrauner Eisvogel, *Chloroceryle*
martín pescador verde, Grüner Eisvogel, *Choloroceryle americana*
martinete coroninegro, Nachtreiher, *Nycticorax nycticorax*
momoto cejiceleste, Türkisbrauensäkeracke, *Eumomota superciliosa*
oropéndola de montezuma, Montezuma-Stirnvogel, *Psarocolius montezuma*
ostrero americano, Austernfischer, *Haematopus palliatus*
pájaro campana, calandria, Hämmerling, *Procnias tricarunculata*
pájaro sombrilla, Schirmvogel, *Cephalopterus ornatus*
paloma morada, Schuppenbrusttaube, *Columba speciosa*
pato aguja, Schlangenhalsvogel, *Anhinga anhinga*
pava granadera, Rotbauch-Schakuhuhn, *Penelope purpurascens*
pavón grande, Tuberkelhokko (Baumhuhn), *Crax rubra*
pecho amarillo, Gelbbauch-Höhlentyrann, *Myiodynastes luteientris*
pelícano pardo, Brauner Pelikan, *Pelecanus occidentalis*
perico frentianaranjada, Elfenbeinsittich, *Aratinga canicularis*
piche, Pfeifgans, *Dendrocygna autumnalis*
piquero moreno, Brauntölpel, *Sula leucogaster*
quetzal, Quetzal, *Pharomachrus molinno*
reinita garganta de fuego, Spitzschnabel-Waldsänger, *Vemivora gutturalis*
zopilote rey, Königsgeier, *Sarcoramphus papa*
saltarín colilargo, Langschwanzpipra, *Chiroxiphia linearis*
saltarín toledo, Langschwanzpipra, *Chiroxiphia linearis*
sargento, Scharlachbürzeltangare, *Pipra mentalis*
sotorrey matraquero, Rotnackenzaunkönig, *Campylorhyuchus rufinucha*
tangara escarlata, Scharlachtangare, *Piranga olivacea*
tijereta de mar, Prachtfregattvogel, *Fregata magnificens*
tinamú grande, Großtao (Steißhuhn), *Tinamus major*
tortolita azulada, Schmucktäubchen, *Claravis pretiosa*
trepador rojizo, Kappenbaumsteiger, *Dendrocincla homochroa*
trogón collarejo, Halsbandtrogon, *Trogon collaris*
trogón violaceo, Veilchentrogon, *Trogon violaceus*
tucán de swainson, Braunrückentukan, *Ramphastos swainsonii*
tucán pico iris, Regenbogentukan, *Ramphastos sulfuratus*
tucancillo, Laucharassari, *Aulacorhynchus prasinus Pteroglossus torquatus*
urraca copetona, Elsterhäher, *Calocitta formosa*
viuda azul, Blaugrau-Tangare, *Thraupis episcopus*
viuda roja, Kupferschwanztrogon, *Trogon elegans*
yiguirro, Schlichtdrossel, *Turdus plebejus*
zambullidor piquipinto, Bindentaucher, *Podilymbus podiceps*
zopilote cabecirrojo, Truthahngeier, *Cathartes aura*
zopilote negro, Rabengeier, *Coragys atratus*

Deutsch, Spanisch

Amerika-Nimmersatt, *garzón*
Austernfischer, *ostrero americano*
Baumwachtel, *codorníz*
Biguascharbe, *cormorán neotropical*
Bindentaucher, *zambullidor piquipinto*
Blaubrustamazilie, *colibri pechiazul*
Blaugrau-Tangare, *viuda azul*
Brauner Pelikan, *pelícano pardo*
Braunflügelguan, *chachalaca*
Braunrückentukan, *tucán de swainson*
Brauntölpel, *piquero moreno*
Brillenkauz, *búho de anteojos*
Cayenne-Milan, *gavilán cabecigris*
Cayenne-Nachtreiher, *garza nocturna*
Cayennekuckuck, *bobo chizo*
Dreifarbenreiher, *garceta tricolor*
Eichelspecht, *carpintero careto*
Elfenbeinsittich, *perico frentianaranjada*
Elsterhäher, *urraca copetona*
Fischadler, *águila pescador*
Gelbbauch-Höhlentyrann, *pecho amarillo*
Gelbstirnjassana, *gallito de agua*
Goldschwanzsaphir, *colibrí colidorado*
Graureiher, *garzón azul*

Großtao, *tinamú grande*
Grünbrauner Eisvogel, *martín pescador*
Grüner Ara, *lapa verde*
Grüner Eisvogel, *martín pescador verde*
Grünreiher, *garcilla verde*
Halsbandtrogon, *trogón collarejo*
Hämmerling, *pájaro campana, calandria*
Harpyie, Haubenadler, *águila arpia*
Hellroter Ara, *lapa roja*
Jabiru, *galán sin ventura*
Kahnschnabel, *chocuaco*
Kappenbaumsteiger, *trepador rojizo*
Karakara, *carancho, cargahuesos*
Königseeschwalbe, *golondrina de mar*
Königsgeier, *zopilote rey*
Krabbenbussard, *gavilán cangrejero*
Kuhreiher, *garcilla bueyera*
Lachhabicht, *guaco*
Langschwanzpipra, *saltarín colilargo, saltarín toledo*
Langschwanzseidenschnäpper, *capulinero colilargo*
Laucharassari, *tucancillo*
Montezuma-Stirnvogel, *oropéndola de montezuma*
Nachtreiher, *martinete coroninegro*
Nicaragua-Bootsschwanz, *clarinero nicaraguense*
Pfeifgans, *piche*
Prachtfregattvogel, *tijereta de mar*
Quetzal, *quetzal*
Rabengeier, *zopilote negro*
Regenbogentukan, *tucán pico iris*
Rotbauch-Schakuhuhn, *pava granadera*
Rotnackenzaunkönig, *sotorrey matraquero*
Rotschopfspecht, *carpintero cando*
Rotstirnamazone, *loro frentirojo*
Salomonreiher, *martín peña, verdirrojizo*
Scharlachbürzeltangare, *sargento*
Scharlachtangare, *tangara escarlata*
Schirmvogel, *pájaro sombrilla*
Schlangenhalsvogel, *pato aguja*
Schleiereule, *lechuza ratonera*
Schlichtdrossel, *yiguirro*
Schmucktäubchen, *tortolita azulada*
Schuppenbrusttaube, *paloma morada*
Schwarzgesichtsclarino, *jilguero*
Schwarzhalsbussard, *gavilán pescador*
Schwarzohrpapagei, *loro cabeciazul*
Schwarzweiß-Haubenadler, *águila blanco y negro*
Silberreiher, *garza real*
Spitzschnabel-Waldsänger, *reinita garganta de fuego*
Truthahngeier, *zopilote cabecirrojo*
Tuberkelhokko, *pavón grande*
Türkisbrauensäkeracke, *momoto cejiceleste*
Uferschwalbe, *golondrina de ribereña*
Veilchentrogon, *trogón violaceo*
Wanderfalke, *halcón peregrino*
Weißbussard, *gavilán blanco*
Weißkehlwachtel, *gallina de monte*
Weißstirnamazone, *lora frenitblanca*
Würgadler, *águila crestado*
Zahnhuhn, *codorníz corcovado*
Zwergsultanshühnchen, *gallina de agua*

Reptilien und Amphibien

Spanisch, Deutsch, wissenschaftl. Name

boa, Abgottschlange (Boa), *Boa constrictor*
caimán, Krokodilkaiman, *Caiman crocodilus*
cascabel, Klapperschlange, *Crotalus durissus*
cherepo, Helmbasilisk, *Basiliscus basiliscus*
cocodrilo, Spitzkrokodil, *Crocodylus acutus*
corál, Korallenotter, *Micrurus spec.*
garrobo, Schwarzleguan, *Ctenosaura similis*
iguana verde, Grüner Leguan, *Iguana iguana*
rana ternero, Ochsenfrosch, *Leptodactylus pentadactylus*
rana transparente, Glasfrosch, *Centrolenella valerioi*
rana venenosa, Giftlaubfrosch, *Prynohyas venulosa*
rana venenosa, Pfeilgiftfrosch, *Dendrobates pumilio*
salamandra, Tropensalamander, *Oedipina sp.*
sapo marino, Aga-Kröte, *Bufo marinus*
terciopelo, Lanzenotter, *Bothrops asper/atrox*
tortuga baula, Lederschildkröte, *Dermochelys coriacea*
tortuga carey, Karettschildkröte, *Eretmochelys imbricata*
tortuga jicotea negra, Unechte Karettschildkröte, *Caretta caretta*
tortuga lora, Bastardschildkröte, *Lepidochelys olivacea*
tortuga verde, Suppenschildkröte, *Chelonia mydas agassizi*

Deutsch, Spanisch

Abgottschlange, *boa*
Aga-Kröte, *sapo marino*
Bastardschildkröte, *tortuga lora*
Boa, *boa*
Giftlaubfrosch, *rana venenosa*
Glasfrosch, *rana transparente*
Grüner Leguan, *iguana verde*
Helmbasilisk, *cherepo*
Karettschildkröte, *tortuga carey*
Klapperschlange, *cascabel*
Korallenotter, *corál*
Krokodilkaiman, *caimán*
Lanzenotter, *terciopelo*
Lederschildkröte, *tortuga baula*
Ochsenfrosch, *rana ternero*
Pfeilgiftfrosch, *rana venenosa*
Schwarzleguan, *garrobo*
Spitzkrokodil, *cocodrilo*
Suppenschildkröte, *tortuga verde*
Tropensalamander, *salamandra*
Unechte Karettschildkröte, *tortuga jicotea negra*

Aktuelle Reise-Gesundheits-Informationen Honduras

Stand: 31.01.2005

Die nachstehenden Angaben dienen der Orientierung, was für eine geplante Reise in das Land an Gesundheitsvorsorgemaßnahmen zu berücksichtigen ist. Die Informationen wurden uns freundlicherweise vom *Centrum für Reisemedizin* zur Verfügung gestellt. Auf der Homepage: **www.travelmed.de** werden diese Informationen stetig aktualisiert. Es lohnt sich, dort noch einmal nachzuschauen.

Einreise-Impfvorschriften

Bei einem Direktflug aus Europa sind keine Impfungen vorgeschrieben. Bei vorherigem Zwischenaufenthalt (innerhalb der letzten 6 Tage vor Einreise) in einem der aufgeführten Länder (Gelbfieber-Endemiegebiete) wird bei Einreise eine gültige **Gelbfieber-Impfbescheinigung** verlangt.

Angola · Äquatorialguinea · Äthiopien · Benin · Bolivien · Brasilien · Burkina Faso · Burundi · Ecuador · Elfenbeinküste · Franz. Guayana · Gabun · Gambia · Ghana · Guinea · Guinea-Bissau · Guyana · Kamerun · Kenia · Kolumbien · Kongo, Rep. · Kongo, Dem. Rep. · Liberia · Mali · Niger · Nigeria · Panama · Peru · Ruanda · Sao Tomé & Principe · Senegal · Sierra Leone · Somalia · Sudan · Suriname · Tanzania · Togo · Tschad · Uganda · Venezuela · Zentralafr. Republik

Empfohlener Impfschutz

Generell: Tetanus, Diphtherie, Hepatitis A

Je nach Reisestil und Aufenthaltsbedingungen im Lande
sind außerdem zu erwägen:

Impfschutz	Reisebedingung 1*	Reisebedingung 2**	Reisebedingung 3***
Typhus	x		
Hepatitis B (1)	x		
Tollwut (2)	x		

(1) vor allem bei Langzeitaufenthalten und engerem Kontakt zur einheimischen Bevölkerung
(2) bei vorhersehbarem Umgang mit Tieren

***Reisebedingung 1:** Reise durch das Landesinnere unter einfachen Bedingungen (Rucksack-/Trecking- /Individualreise) mit einfachen Quartieren/Hotels; Camping-Reisen, Langzeitaufenthalte, praktische Tätigkeit im Gesundheits- o. Sozialwesen, enger Kontakt zur einheimischen Bevölkerung wahrscheinlich.

****Reisebedingung 2:** Aufenthalt in Städten oder touristischen Zentren mit (organisierten) Ausflügen ins Landesinnere (Pauschalreise, Unterkunft und Verpflegung in Hotels bzw. Restaurants mittleren bis gehobenen Standards)

*****Reisebedingung 3:** Aufenthalt ausschließlich in Großstädten oder Touristikzentren (Unterkunft und Verpflegung in Hotels bzw. Restaurants gehobenen bzw. europäischen Standards)

Wichtiger Hinweis

Welche Impfungen letztendlich vorzunehmen sind, ist abhängig vom aktuellen Infektionsrisiko vor Ort, von der Art und Dauer der geplanten Reise, vom Gesundheitszustand sowie dem eventuell noch vorhandenen Impfschutz des Reisenden. Da im Einzelfall unterschiedliche Aspekte zu berücksichtigen sind, empfiehlt es sich immer, rechtzeitig (etwa 4-6 wochen) vor der Reise eine persönliche Reise-Gesundheits-Beratung bei einem erfahrenen Arzt oder Apotheker in Anspruch zu nehmen.

Malaria

Mittleres Risiko ganzjährig in ländlichen Gebieten unterhalb 1500 m folgender Departements: Atlantida, Choluteca, Colón, El Paraiso, Gracias a Dios, Valle und Yoro.

Geringes oder kein Risiko in den übrigen Landesteilen sowie in Städten.

Vorbeugung:

Ein konsequenter Mückenschutz in den Abend- und Nachtstunden verringert das Malariarisiko erheblich (Expositionsprophylaxe).

Die wichtigsten Maßnahmen sind:

- In der Dämmerung und nachts Aufenthalt in mückengeschützten Räumen (Räume mit aircondition, Mücken fliegen nicht vom Warmen ins Kalte)
- Beim Aufenthalt im Freien in Malariagebieten abends und nachts weitgehend körperbedeckende Kleidung (lange Ärmel, lange Hosen).
- Anwendung von insektenabwehrenden Mitteln an unbedeckten Hautstellen (Wade, Handgelenke, Nacken). Wirkungsdauer ca. 2-4 Std.
- Im Wohnbereich Anwendung von insektenabtötenden Mitteln in Form von Aerosolen, Verdampfern, Kerzen, Räucherspiralen.
- Schlafen unter dem Moskitonetz (vor allem in Hochrisikogebieten)

Ergänzend ist die Einnahme von Anti-Malaria-Medikamenten (Chemoprophylaxe) evtl. zu empfehlen. Zu Art und Dauer der Chemoprophylaxe fragen Sie Ihren Arzt oder Apotheker, bzw. informieren Sie sich in einer qualifizierten reisemedizinischen Beratungsstelle (s.u.). Malariamittel sind verschreibungspflichtig.

Kurzbeschreibung der erwähnten Erkrankungen

Tetanus (Wundstarrkrampf): Tetanusbakterien können bei Wunden jeder Art, auch bei Bagatellverletzungen, in die Haut gelangen. Besonders gefährdet sind mit Straßenstaub oder Erdreich verschmutzte Wunden und Tierbisse. Die Erreger sondern ein Gift ab, das nach einer Inkubationszeit von 1-2 Wochen (die Wunde ist meist schon verheilt) zu schweren, schmerzhaften Muskelkrämpfen und Lähmungen mit Todesfolge führen kann. Die Diagnose wird aus den klinischen Symptomen gestellt.

Diphterie: Bakterielle Infektion, die meist durch Tröpfcheninfektion übertragen wird. Symptome sind Fieber um 38 Grad, leichte Rachenentzündung mit grau-weißen Belägen und süßlichem Mundgeruch und Allgemeinerscheinungen. In schweren Fällen kann es zu einer Halsschwellung mit Luftnot, zu Herzmuskelentzündung und zu Nervenlähmungen kommen. In tropischen Ländern siedelt sich die Diphtherie öfter in Hautgeschwüren an. Diagnose durch Bakterien-Nachweis aus dem Rachen.

Hepatitis A: Diese Virusinfektion der Leber ist weltweit verbreitet, meist in Entwicklungsländern. Die Inkubationszeit liegt zwischen 2 und 6 Wochen. Die Erkrankung beginnt mit Grippegefühl, Fieber, Appetitlosigkeit, Übelkeit und Erbrechen. Nach einigen Tagen wird der Urin dunkel und der Stuhl hell, schließlich entwickelt sich eine Gelbsucht (zuerst im Weiß der Augen bemerkbar). Der weitere Verlauf ist unterschiedlich, meist leicht, besonders bei Kindern. Gelegentlich kommt es bei Erwachsenen zu schwereren und länger anhaltenden Krankheitsbildern (bis zu einigen Monaten). Dauerschäden treten nicht auf. Die Diagnose wird durch Blutuntersuchungen auf Leberzellfermente und spezifische Antikörper gesichert. Die Übertragung erfolgt faekal-oral. Das Virus wird vorwiegend über verunreinigte Nahrung und Trinkwasser aufgenommen, besonders häufig über Muscheln, Austern und Krebstiere, aber auch über Milch, kaltes Fleisch und andere Speisen.

Hepatitis B: Krankheitsbeginn wie Hepatitis A. Die Krankheitsdauer liegt nicht unter 4 Wochen. In ca. 10 % der Fälle rechnet man mit Komplikationen, schweren oder chronischen Verläufen, vereinzelt mit Dauerschäden. Infektiös sind Blut und andere Körperflüssigkeiten von Erkrankten und Virusträgern (in Mitteleuropa 0,1-0,5 %, in einzelnen tropischen Ländern über 20 % der Bevölkerung). Die Übertragung erfolgt über entsprechende Kontakte; Bluttransfusionen, unsterile Spritzen, Nadeln und Instrumente (z.B. bei unqualifizierten medizinischen Eingriffen, Drogenabhängigen, Tätowierungen) sowie beim Geschlechtsverkehr.

Typhus: Typhusbakterien werden mit verunreinigter Nahrung und Trinkwasser aufgenommen. Nach einer Inkubationszeit von ca. 2 Wochen entwickelt sich hohes Fieber mit schwerem Krankheitsgefühl und Lethargie, das unbehandelt mehrere Wochen anhalten kann. Komplikationen wie Darmblutung und Bauchfellentzündung können tödlich verlaufen. Beim „Paratyphus" handelt es sich um verwandte Erreger, die ein ähnliches, meist etwas milderes Krankheitsbild hervorrufen. Die Diagnose ist aus dem Blut, später aus dem Stuhl zu sichern.

Tollwut: Viruserkrankung von Tieren, die gelegentlich auf den Menschen übertragen wird und immer tödlich endet. Die Inkubationszeit liegt in der Regel zwischen 1-3 Monaten. Infektiös ist der Speichel eines tollwütigen Tieres, und zwar 3-5 Tage vor Ausbruch der Symptome bis zu seinem Verenden nach 7-10 Tagen. Der Mensch infiziert sich durch Bissverletzungen, meist von Hunden und Katzen, oder durch Einbringen von deren Speichel in verletzte Hautstellen oder unverletzte Schleimhäute (Augen). Die Krankheit beginnt beim Menschen mit Schmerzen und Kribbeln im Bereich der oft bereits verheilten Bissstelle und führt über Krämpfe, Erregungszustände und Lähmungen innerhalb von 2 Wochen zum Tod.

Malaria: Malaria wird durch einzellige Parasiten (Plasmodien) verursacht und durch bestimmte Stechmücken (Anophelen) übertragen. Leitsymptom ist Fieber, mit Kopf- und Gliederschmerzen mit starkem Krankheitsgefühl. Schüttelfröste und Schweißausbrüche können vorkommen. Die „bösartige" Malaria (tropica) hat eine Inkubationszeit von 7-12 Tagen. Sie kann rasch zu lebensbedrohlichen Zuständen mit Koma, Nierenversagen und Schock führen. Die „gutartige" Malaria (tertiana) kann nach 9-16 Tagen auftreten, bisweilen noch bis zu einem Jahr nach der Rückkehr. Spätere Rückfälle sowie eine dritte Art (Malaria quartana) sind extrem selten. Die Diagnose wird während der akuten Erkrankung durch den mikroskopischen Parasitennachweis im Blut gesichert, nachträglich kann sie noch durch spezielle Antikörperuntersuchungen geführt werden. Trotz wachsender Resistenzprobleme ist die Malaria bei rechtzeitiger Behandlung heilbar.

Unter www.travelmed.de finden Sie Adressen von:
- Apotheken mit qualifizierter Reise-Gesundheits-Beratung (nach Postleitzahlgebieten).
- Impfstellen und Ärzte mit Spezialsprechstunde Reisemedizin (nach Postleitzahlgebieten).
- Abruf eines persönlichen Gesundheitsvorsorge-Briefes für die geplante Reise.

Register

Der Autor

Hans-Gerd Spelleken ist Volkswirt und lebte fünf Jahre in Honduras, wo auch seine Kinder Hans K. und Irma zur Welt kamen. Dort engagierte er sich für Naturschutz und Wirtschaftsförderung. Er war maßgeblich beim Kampf des deutschen Vereins Patuca e.V. um den Nationalpark Patuca und bei der Entwicklung des honduranischen Naturtourismus beteiligt. Heute lebt Spelleken als entwicklungspolitischer Unternehmensberater (Schwerpunkt Südosteuropa und Lateinamerika) in Alzenau nahe Frankfurt am Main.

Kartenverzeichnis